法　学　阶　梯
INSTITUTIONES
普通高等教育法学规划教材

劳 动 法

Labor Law

第四版

王全兴 著

法律出版社
——北　京——
始创于1954年

好书，同好老师和好学生分享

出版说明

法律出版社在其奋进发展的六十年光辉历程中，秉精诚之心，集全社之力，服务于我国法学教育事业，致力于法学教材出版。尤其在改革开放三十余年间，本社以“传播法律信息，推进法制进程，积累法律文化，弘扬法治精神”为宗旨，协同司法部法学教材编辑部，规划并组织出版了国家“八五”、“九五”期间的法学规划教材，为我国改革开放之初的法学教育和法治建设做出了开创性贡献；进入21世纪之后，法律出版社又根据教育部的部署和指导，相继规划并组织出版了“十五”、“十一五”和“十二五”法学规划教材，为我国法学教育事业的发展与改革付出了艰辛努力。

承蒙法学教育领域专家作者的信任，以及广大法律院校师生的支持，法律出版社经过三十年的发展与积累，相继出版各类法学教材达四百余种。在学科范围方面，完成以法学核心课程为重心，涉及法学诸学科的“全品种”横向结构；在培养层次方面，健全以本科教育为根本，兼顾职业教育和研究生教育的“多层次”纵向结构，进而打造“法律版”法学教科书体系，以期更好地为法学教育服务，为法治建设贡献绵薄之力。

近年来，法律出版社应因法学教育的发展变化，在教材编写体例及系列安排方面做出相应调整。在教材编写体例方面，结合当前教学实际与培养方案，将系统、全面的理论知识讲授与灵活、丰富的法律实践和能力训练相结合，倡导教材内容差异化，增加教材可读性，以期更好地培养法科学生的思维能力和法学素养。在教材系列安排方面，全力推进新品教材编写与注重既有教材修订相结合，根据教材风格与特色进行适当的套系整合，集中现有的国家级规划教材和在编的规划教材，形成以“普通高等教育法学规划教材”为名的全新教材系列。

本系列教材多为出版多年并广受好评的经典教科书。此次全新推出，既是向长期以来关心支持法学教育出版事业的专家作者的崇高致敬，也是法律出版社为中国当代法学教育事业发展拳拳努力之情的真诚表达。法律出版社将以高度的精品意识和质量标准，不断丰富、完善本系列教材的结构和内容；除教材文本之外，还将配有多层次、多形式的教辅材料，更好地为广大师生服务。

“好书，同好老师和好学生分享”，法律出版社愿与法律共同体诸同仁，分享好书，分享智识，分享法治进程中的点点滴滴！

法律出版社　谨识

2014年10月

作者简介

王全兴 1956年8月生,湖北省大冶市人。现任上海财经大学法学院教授、博士生导师;兼任中国经济法学研究会副会长,中国社会法学研究会副会长、学术委员会主任,中国劳动法学研究会副会长,中国劳动学会学术委员会委员、劳动人事争议处理专业委员会副会长、劳动保障监察专业委员会副会长,中国人力资源开发研究会劳动关系分会副会长、适度劳动分会副会长,国家人力资源和社会保障部专家咨询委员会委员,中华全国总工会法律顾问委员会委员,中国企业联合会/中国企业家协会维权工作委员会副主任等。1978年上大学前当过农民和人民公社干部。1982年7月本科毕业于原湖北财经学院法律系并获法学学士学位,1989年研究生毕业于北京大学法律系并获法学硕士学位。曾在原江西财经学院、原中南政法学院、中南财经政法大学和湖南大学任教。湖北省有突出贡献中青年专家(1997年),国务院政府特殊津贴专家(2005年)。公开发表经济法学论文70多篇、社会法学论文70多篇,有50余篇论文被公开出版物转载,独著"九五"普通高等教育国家级教材《劳动法》,主编"十五"普通高等教育国家级教材《劳动法学》。获司法部"九五"期间优秀科研成果一等奖、教育部2002年全国普通高校优秀教材一等奖、司法部2002年优秀论文三等奖、司法部2006年科研成果二等奖、中国劳动法学研究会"《劳动法》十周年优秀科研成果论文一等奖"等多项奖励。主要著作有:《经济法基础理论专题研究》、《劳动法》、《企业法学》(合著)、《企业国有资产法》(合著)、《劳动合同法条文精解》等。

作者简介

第二版前言

本书(初版)1997年由司法部法学教材编辑部作为“九五”规划高等学校法学教材之一出版,并被原国家教委列为“九五”普通高等教育国家级重点教材之一(教高函[1997]16号),2000年获司法部“九五”期间优秀科研成果一等奖(司发通[2000]096号)。

本书初版当时,司法部法学教材编辑部要求定位为“供研究生和本科生使用”的“专著性教材”,故撰稿过程中试图既确保基本原理的完整性,又注重对某些问题作有一定深度的探讨性论述,书中某些当初有适度超前性的观点,被后来的劳动制度改革和劳动立法实践所验证和吸收。这可能是本书(初版)虽然一直未作修订却仍有销路的原因之一。但是,这些年来的劳动制度改革、劳动法制建设和劳动法学研究已取得长足进展,经济、社会、法制的发展对劳动法理论的需求日益强烈,本书(初版)就难免显得滞后。故应法律出版社的约请和催促,对本书(初版)作首次修订,其中既吸收了本人近些年的研究心得,又力求尽可能反映改革、立法和学界的新动态。尽管如此,因本人水平有限,本书(修订版)仍会有些瑕疵,敬请读者见谅和批评指正。

我国劳动法学及其教学,较之法学其他学科,至少有两个特点:(1)老学科,新问题。劳动法学在世界上已有200余年的历史,20世纪20年代传播到我国,在我国已有80余年历史,[1]可算是一门老学科。但是,其研究对象却是新问题。新中国成立后至“文化大革命”前的劳动法学,深受前苏联劳动法学的影响。“文化大革命”后的劳动法学,虽然主要是研究和论述经济体制改革中的劳动政策法规,但在1986年国务院制定《国营企业实行劳动合同制暂行规定》以前,劳动政策法规还是计划经济那一套,直到1994年以前,计划经济的色彩在劳动政策法规中还很浓厚,故劳动法学还是或基本是与计划经济体制对应的劳动法理论,其观点、体系和方法仍未摆脱前苏联劳动法学的影响。1994年制定的《劳动法》,是劳动制度和劳动法发生根本转变的主要标志,它为中国市场经济的劳动制度奠定了法律基础,要求放弃与计划经济体制相对应的劳动法理论,建立与市场经济体制相对应的劳动法理论。此时的劳动法学需要以市场经济的劳动制度和劳动法为研究对象,面临着内容更新和体系重构的任务。这种研究既要摆脱对以往劳动法理论的路径依赖,又不能照搬西方国家的劳动法理论,而需要创建符合中国国情的市场经济的劳动法理论。还需要说明的是,新中国成立前的劳动法理论,由于旧法统的废除而未能成为新中国成立后的劳动法理论的学术渊源,在1994年《劳动法》出台后,它对于建立市场经济的劳动法理论当然不乏学术价值。但它是私有制雇佣劳动的劳动法理论,基本上照搬于德国、日本,不足以说明社会主义市场经济条件下的劳动关系和劳动法问题。(2)冷学科,热问题。在我国法学界,劳动法学是一门弱小学科,所得到的研究资源远远少于其他学科,在现行的本科法学专业课程体系中未被列入主干或核心课程,在现行的研究生法学二级专业目

---

〔1〕 关怀主编:《劳动法》,中国人民大学出版社2001年版,第1页。

录中也未见其名。改革开放以来,法学虽然一直是热门学科,劳动法学却一直是冷门学科。尽管如此,现实社会对劳动法知识和理论具有强烈的需求,官方和民间都非常看重劳动法所涉及的问题。如劳动制度改革、就业、劳动安全卫生、社会保险、劳动争议、WTO 与社会条款、人权保障等,都是这些年来和今后相当长时期内的热点问题。这些问题在法学以外的学科,如经济学、社会学中,都受到特别重视。而在法学界,研究这些问题的学者和成果都不多。可见,法学界较之其他学界,面对现实问题显得反应迟钝。这两个特点表明,劳动法学是一门具有广阔的发展前景和深厚的发展后劲的学科。但愿本书能为我国劳动法制建设和劳动法专业人才培养作出微薄贡献。

值此本书修订本付梓之际,谨向司法部法学教材编辑部原总编沈忠俊先生、北京大学贾俊玲教授、中南财经政法大学吴超民教授、中国社会科学院法学所史探径研究员,以及法律出版社的丁小宣、谭柏平、王耀琪先生,致以最诚挚的谢意!

王全兴
2004 年 7 月

第三版前言

本书2004年第二版到今年第三版的五年,正处在我国社会主义事业发展的又一次重大转型期间。这是继1978年以阶级斗争为纲转向以经济建设为中心之后,在社会主义市场经济体制由建立走向完善、GDP以年均10%左右增长率持续增长的过程中发生的内容更为丰富的转型,其中,对劳动法和劳动法学有重要影响的,是以经济优先发展转向经济与社会协调发展,城乡二元经济转向城乡一体化经济,主要靠投资、出口拉动经济增长转向消费、投资、出口协调拉动经济增长,"一部分人先富起来"转向"共同富裕",劳动力无限供给转向劳动力供给短缺为内容的转型。这种转型意味着,在由政治、经济、社会政策目标所构成的国家政策目标体系中,继政治政策目标优先转向经济政策目标优先之后,社会政策目标的地位不断提升,即正趋向社会政策目标与经济政策目标并重。在此大背景下,伴随着国家提出构建和谐社会的目标和劳动关系和谐被确定为构建和谐社会的重点,我国劳动立法进入"黄金阶段",2007年以出台《就业促进法》、《劳动合同法》、《劳动争议调解仲裁法》为标志而被称为劳动立法年,引起全世界的关注。

正因为如此,劳动法学在这五年中由"冷"转"热"。本书第二版前言中,笔者曾将"冷学科,热问题"作为我国劳动法学的特征之一,即尽管劳动法学所研究的问题是为改革和发展所强烈需求且被法学以外的学科(如经济学、社会学)所特别重视的热门问题,但在我国法学界和法学教育界,劳动法学一直是一门弱小学科和冷门学科。令人欣喜的是,在这五年中,劳动法学发生了由"冷"转"热"的突变,有人预言,劳动法学和社会保障法学将会成为法学中的显学。但在欣喜之余又不得不令人担忧,即面对劳动法制建设的强烈需求,劳动法学资源却严重短缺,法律职业队伍中熟悉劳动法知识的专门人才并不多见,即使劳动执法队伍中也少有劳动法专业素质高的人才;对于劳动立法中亟须解决的许多理论问题和法律问题,在现有国内法学文献中,足以充分论证和提供制度设计方案的研究成果显得相对单薄。

在这五年中,还值得我国劳动法学界特别记忆的是,《劳动合同法》出台前后,由企业界、劳动者、法律界、学界、媒体参与的大讨论,真可谓"轰轰烈烈"。其中,劳动法学界有的现象的确令人深思。例如,曾几何时,劳动法学界被媒体炒作出所谓的"劳方派"和"资方派","擂台"几乎打遍全国,很是热闹。若就利益集团(如劳方利益集团、资方利益集团、不同劳动者群体、不同雇主群体)而言,对《劳动合同法》的解读有不同派别是理所当然的,但就劳动法学科而言,"劳方派"和"资方派"之区分却令人困惑。曾听一位日本劳动法学家说过,劳动法学科的基本立场和价值取向是非常明显的,若用"劳方"和"资方"的称谓来表述,只可能是所谓的"劳方派",而所谓的"资方派"只可能是民法学科,劳动法学科内则不应当有"劳方派"和"资方派"之区分。笔者很同意这种看法,其实这也是劳动法学与民法学区分的常识问题。又如,我国现阶段的劳动标准、《劳动合同法》的标准是高了还是低了的争论,也是激烈非凡。其实,这里的所谓“高了”或“低了”的问题，是很难找到可供比较和参照之样本的。不同的国家都有不同的国情，发展中国家与发达国家处在不同的发展阶段，同样名称的劳动标准在不同国家的构成要素不尽相同，同样的法律规定在不同国家可实施的程度会有所差异。所以，通过比较我国与外国的劳动标准来判断我国劳动标准的“高了”或“低了”，其科学性是值得怀疑的。但是，无论哪个国家，劳动标准都应当与本国的国情，即本国经济和社会发展的现状和目标相适应，这倒是值得且可以研究的，不过，不宜将此问题转换成劳动标准“高了”或“低了”的问题进行研究。再如，无固定期限劳动合同与“铁饭碗”本是风马牛不相及的问题，迄今为止还未见过哪个国家因实行无固定期限劳动合同制度而导致“铁饭碗”的先例，可在我国劳动法学界却不得不为此问题而大动笔墨干戈。这些现象都表明，劳动法基本理论的形成和普及，对劳动法学的发展是何等重要。

综上所述，对本书第二版作出修改而出第三版，的确有必要。尽管笔者在本书第三版中，力图全面吸收这五年劳动立法的新内容和劳动法学研究的新成果，但相对于我国经济、社会发展和劳动法制建设的需要而言，仍力不从心，更何况我国劳动法学还未进入成熟阶段，尤其是《劳动合同法》、《劳动调解仲裁法》等新近立法中有许多以往不曾有的制度设计还需要在今后的实践和研究中探讨。因此，本书第三版同初版和第二版一样，会有许多瑕疵，故敬请各位读者指正。

在本书第三版付梓之际，谨向北京大学贾俊玲教授、中南财经政法大学吴超民教授，以及法律出版社丁小宣、谭柏平、王耀琪先生，致以最诚挚的谢意！还特别向已故的司法部法学教材编辑部原总编沈忠俊先生、中国社会科学院法学所研究员史探径先生，表示深切的缅怀和崇高的敬意！

王全兴
2008 年 5 月

第四版前言

“子在川上曰：逝者如斯夫！不舍昼夜。”本书第三版瞬间已过八年，笔者当然有责任说点体会。

对于改革、发展中的中国及其劳动法制而言，这八年肯定是今后着重回顾的时间段。其背景因素中，有三点尤其值得提及：其一，以《中共中央关于全面深化改革若干重大问题的决定》(2013 年)为标志，改革进入新时期；其二，以《中共中央关于全面推进依法治国若干重大问题的决定》(2014 年)为标志，法治建设进入新时期；其三，以经济增速换挡为标志，经济发展进入新常态。基于这三大背景因素的需求和驱动，包括劳动法在内的社会法，在改革、法治、发展中的地位和作用更为彰显。例如，促进社会公平正义、增进人民福祉，被确立为全面深化改革的出发点和落脚点；加快保障和改善民生、推进社会治理体制创新法律制度建设，被列为全面推进法治建设的重点；2008 年国际金融危机冲击后的经济增速换挡，有形要素投入型增长转向无形要素贡献型增长，过度依赖自然资源型增长转向更多依赖人力资源型增长，人口红利型增长转向人力资本红利型增长，使民生保障和改善在经济发展新常态形成中显得更为关键、更为急迫。

在这八年中，劳动法领域值得历史记忆的亮点有：(1)以习近平同志 2011 年“全国构建和谐劳动关系先进表彰暨经验交流会”的讲话为基础所形成的《中共中央、国务院关于构建和谐劳动关系的意见》(2015 年)，是一部对和谐劳动关系的法治保障作出顶层设计和整体部署的纲领性文件，不仅规定了可作为劳动法制基本精神的“构建和谐劳动关系的指导思想、工作原则和目标任务”，而且还规定了可据以设计劳动法制基本框架的职工基本权益、劳动关系协调机制、劳动关系矛盾调处机制的结构和要素；不仅为劳动关系协调机制和劳动法制本身的发展描绘了蓝图，而且还对和谐劳动关系构建与其外部环境因素的良性互动以及党政力量、群团力量、企业力量、社会力量合力构建和谐劳动关系，作出统一安排。(2)《劳动合同法》自 2008 年施行尤其是国际金融危机爆发以来，一直广受关注且陷入于争论旋涡。其 2012 年修正案(草案)公开征求意见在一个月内收到意见 557243 件，继《劳动合同法(草案)》公开征求意见之后再创国家立法案征求意见数量的新最高纪录；关于其修改问题的争论，规模之大、时间之长、影响之广，亦为国家立法争论之最。(3)《职业病防治法》、《安全生产法》分别于 2011 年、2014 年全面修订而整体升级，加之《工伤保险条例》修订(2010 年)和最高人民法院就工伤认定作出专项司法解释(法释[2014]9 号)，显示国家对劳动者生命健康权益更加重视且保护力度持续加大。(4)《社会保险法》(2010 年)作为我国第一部社会保险基本法，是社会保险制度跨入新阶段的里程碑，不仅启动社会保险制度由劳动法体系组成部分向社会保障法体系组成部分转型，而且为重构劳动法与社会保障法的关系奠定法律基础。

在这八年中，劳动法学也得到长足发展，但仍留下一些待继续探讨的问题。例如，经济形势一旦有风吹草动，尤其是经济不景气或经济下行，劳动法就会背上阻碍经济发展的“黑锅”；劳动法中许多概念我国与国(境)外相同，而其法律内涵和制度设计却大异其趣；劳动法“工具箱”中有的“工具”在现实中派不上用场，而现实中有些问题在劳动法“工具箱”中却找不到对应的“工具”。我国正处在工业化和城镇化加速发展，且与市场化、信息化、全球化重叠这一重大历史阶段，创建中国特色的劳动关系协调机制和劳动法理论体系任重道远。本书尽管难以达成此目标，但决不会放弃或更改此努力方向。故在本次修订中，除了力图全面吸收近年劳动立法的新内容和劳动法学研究的新成果以外，更着力于劳动法基础理论的新探讨。当然，其中仍难免瑕疵，敬请同仁和读者批评和指正。

在本书第四版付梓之际，谨向指引我走上劳动法学研究之路的北京大学贾俊玲教授、中南财经政法大学吴超民教授，以及法律出版社为本书出版提供指导和帮助的丁小宣、王耀琪、谭柏平、张立明、谢清平、徐蕊先生，致以最诚挚的谢意！还特别向已故的司法部法学教材编辑部原总编沈忠俊先生、中国社会科学院法学所研究员史探径先生，表示深切的缅怀和崇高的敬意！

王全兴
2016年7月31日

目　　录

立法简史篇

基础理论篇

劳动关系协调篇

劳动基准篇

劳动保障篇

法律救济篇

立法简史篇

第一章　外国劳动立法的产生和发展

第一节　劳动法的产生

劳动法作为法律体系中的一个独立法律部门，产生于法律发展史的一定时期。资本主义劳动法的产生，与资本主义制度的发展和工人运动的兴起密切相关；社会主义劳动法的产生，则与社会主义国家的建立同步。

一、劳动法产生的前提

劳动法作为一个以劳动关系为主要调整对象的独立法律部门，理所当然要以劳动关系的存在作为其产生的前提。劳动关系作为劳动力与生产资料相结合以实现劳动过程的社会关系，只有在劳动力与生产资料需要通过一定社会关系进行结合的条件下，才会产生。如果劳动力和生产资料同属于一个主体，该主体为实现劳动过程而将劳动力与生产资料结合，无须也不会出现劳动关系。如果劳动力和生产资料分别归属于不同主体，即劳动力的所有者和生产资料的所有者或占有者不是同一主体，双方主体为实现劳动过程才会形成劳动关系。因此，劳动力和生产资料分别归属于不同主体，才会有劳动法赖以产生的前提。

在前资本主义社会，并不具备劳动法产生的前提。原始社会中实行生产资料氏族所有制，氏族成员既是劳动力所有者又是生产资料所有者。奴隶社会中，不仅生产资料为奴隶主所有，而且寓于奴隶身体的劳动力也归奴隶主所有，因为奴隶不是人而仅是会说话的工具。封建社会中，农奴与封建主有人身依附关系，在封建庄园为封建主劳动，被使用的劳动力归封建主所有；至于小农劳动，则是小农以自己的劳动力运用自己的少量生产资料所进行的。当然，在奴隶社会和封建社会，也有奴隶、农奴之外的少量自由人以自己的劳动力为他人劳动，但这种现象在社会中所占分量甚微。所以，在原始社会不可能产生劳动关系，在奴隶社会和封建社会不可能大量产生劳动关系。

在资本主义原始积累阶段，农民被驱出土地而成为除了载于自己人身的劳动力以外一无所有的自由人即无产者，生产资料被集中于少数人即资本家手中。这样，无产者为谋生存，只得把自己的劳动力出卖给资本家使用，以取得用于购买生活资料的工资；资本家为使资本增值，就必须以支付工资的方式购买无产者的劳动力，使之与其生产资料结合，以实现劳动过程。至此，才大量出现了劳动关系，从而具备了劳动法赖以产生的前提。

二、劳动法产生的过程

随着劳动关系大量出现，就产生了对劳动关系进行法律调整的需求，这种需求的内容在资本主义进入自由竞争阶段前后有所不同。与此相应,国家对劳动关系的法律调整,经历了“劳工法规”调整阶段和“工厂法”与民法调整阶段。

“劳工法规”

劳动关系同时由民法和工厂法调整,反映了资本主义商品经济对劳动力商品的双重需要,一方面,需要按照一般商品交换的规则进行劳动力商品买卖;另一方面,需要将劳动力作为一种特殊商品,由国家出面对劳动力商品买卖中的劳动者进行必要的保护。于是,民法中规定“劳动力租赁”的内容和工厂法的内容融合于一体,进一步形成一个兼有“当事人平等协商”和“国家干预”的特点,以保护劳动者为主旨的独立法律部门——劳动法。

三、劳动法产生的原因

劳动法的产生,是人类社会发展的必然现象。究其原因,主要在于:(1)是工人阶级长期斗争的结果。无产阶级为了保存自身生存权利,在18世纪中叶以后,就自发地组织起来同资产阶级进行斗争,劳资双方的斗争逐渐采取了集体斗争的形式并越来越激烈。许多劳动法规正是在无产阶级斗争的压力下被迫制定的。(2)是发展生产力的要求。劳动者是生产力系统中的决定性因素,劳动力再生产是生产力赖以发展的必要条件,因而,保护劳动者就是保护生产力,这符合全社会各阶级利益的要求。在资本主义原始积累阶段和自由竞争阶段初期,资本家对工人的无休止的剥削,尤其是对劳动力的掠夺性、破坏性使用,危及劳动力再生产的正常进行,劳动力资源面临枯竭的威胁,仅用以“契约自由”为原则的民法来调整劳动关系,已不足以阻止、更无法扭转这一危险趋势。于是,亟须从立法上限制资本家对工人的剥削,并对劳动者给予足以维持劳动力再生产的保护。当时的工厂法就是在这种情势下产生和发展的。(3)是维持自由竞争条件的需要。“自由竞争使资本主义生产内在规律作为外在强制规律对每个资本家起作用”。[1] 自由竞争必然要求平等的竞争条件,要求对资本家的剥削实行平等的限制。当资本主义刚进入自由竞争阶段,这种要求显得特别突出。当时的工厂法,就起着平等地限制资本家剥削或者说保障资本家平等地剥削的作用。

四、社会主义国家劳动法的产生

1917年十月革命胜利后,世界上出现了第一个社会主义国家,即前苏联。就在十月革命胜利后的第四天,苏维埃政权就颁布了由列宁签署的关于8小时工作日的法令,这是社会主义国家的第一个劳动法令。随后在1918年《苏俄宪法》中,为保障公民的劳动权,规定实行普遍义务劳动制,“承认劳动为共和国全体公民的义务”。这是历史上第一部规定有劳动问题的宪法,为后来的许多国家宪法所仿效。根据该宪法的原则,1918年列宁亲自参与和领导制定了《苏俄劳动法典》,这是第一部社会主义劳动法典。它从法律上巩固了工人阶级的权利,确立了劳动关系的一些具体原则,对集体合同、劳动合同、内部劳动规则、工资、工时、休息时间、女工和未成年工、工会、劳动保护、劳动保险以及劳动争议处理等各方面都作了详尽的规定。它作为历史上最早的劳动法典之一,长期以来,对资本主义国家的工人运动和争取劳动立法的斗争,起着鼓舞和导向作用。

---

〔1〕《马克思恩格斯全集》第23卷,人民出版社1972年版,第300页。

第二节　资本主义国家劳动立法的发展

一、自由竞争阶段(19世纪后半期)的劳动立法

自由竞争阶段,劳动法的发展主要表现在:(1)工厂法的发展。制定工厂法的国家不断增加,到19世纪后半期,欧美各资本主义国家差不多都制定了工厂法或类似法规,有些殖民地和附属国也开始制定了工厂法;工厂法的适用范围逐步扩大,在19世纪后半期,欧洲一些资本主义国家的工厂法已从只适用于纺织工业发展成为普遍适用于所有工矿业,但还未包括一切生产部门的一切工人;工厂法的内容逐渐充实,19世纪中叶以后,不仅缩短了工作日长度和提高了儿童受雇年龄,而且逐渐增加了一些过去没有的内容,如安全卫生、工人教育、工资支付等方面的规定。(2)工会法的演变。工会法经历了对工会绝对禁止、相对禁止、完全承认三个阶段,到19世纪后半期,欧洲各国多已承认工会为合法组织,对工会的行支动也给予一定自由,但在罢工问题上各国还不承认是工人的权利。(3)劳动争议法的出现。以前各国对劳动争议没有专门的审理办法,而是适用民事、刑事案件的有关审理办法。在19世纪后半期,英国、法国、新西兰、美国等国家,陆续设立了劳动争议调解、仲裁的专门机构,到19世纪末期,这些国家制定了这方面专门法规。(4)社会保险立法的开端。19世纪末期,德国率先实行社会保险制度,先后制定了疾病保险、伤害保险、老年和残废保险的专门法规;随后,英、法等国制定了工人伤亡事故赔偿的法规。

二、垄断阶段(20世纪前半期)的劳动立法

到19世纪末和20世纪初,主要资本主义国家都已进入垄断阶段。在此阶段,劳动法的发展有如下特点:(1)劳动法已遍及绝大多数国家。制定劳动法的国家越来越多,特别以前没有颁布过任何劳动法规的亚洲、非洲、拉丁美洲国家,都先后制定了自己的工厂法和其他劳动法规。(2)劳动法体系逐步趋向完整。劳动法的内容在一些国家继续充实和增多,劳动合同已由民法转入劳动立法的范围,疾病、老年、残废保险制度逐步在各国建立,还增加了失业保险制度;许多国家设立劳工部,作为劳动法执行及其监督的最高主管机关。劳动法的适用范围,在一些国家已扩大到工业、交通、商业等各个经济部门和文教部门的雇主和劳动者,劳动法的形式中已出现作为最高形式的劳动法典(如《法国劳动法典》)。(3)主要资本主义国家在工会和劳资关系方面的立法出现趋向民主和趋向反动两种趋势。前一趋势,如法国在人民战线执政期间于1936年颁布的法律中,承认工会有与雇主进行谈判和缔结集体合同的权利,承认工人代表有参加企业管理的权利;后一趋势,如德、意、日法西斯国家在战前和大战期间,都在立法上对工会和劳资争议进行了更严厉的控制。(4)在两次世界大战期间和前后,劳动立法发生了几次前进和后退的大波动。在前进时期,各国都制定过一些向工人阶级让步的法规;在倒退时期,各国都不同程度地制定过一些向工人阶级进攻的法规。

三、国家垄断阶段(20世纪后半期)的劳动立法

第二次世界大战结束以后,主要资本主义国家由私人垄断发展到国家垄断的新阶段。在

此阶段,劳动法又有了许多新进展。其特点主要是:(1)劳动法的体系进一步完整。在劳动法体系中,已包括有就业措施、劳动合同、学徒合同、工资、工时与休假、妇女和儿童劳动、安全与卫生、社会保障、工会、集体合同、劳动争议处理、劳动执法监督等主要组成部分,基本上包括了资本主义劳动关系的各个方面,构成了当代资本主义劳动法的完整体系。(2)劳动法的内容出现反动和进步两种趋势。反动的趋势表现在那些限制工会权利和镇压罢工运动的规范之中。以美国《塔夫脱—哈特莱法》为代表的各国反工人立法,其特点是加大对工会权利的限制,把工会变成一种受政府和法院监督并向其报告工作的组织,尤其是多方限制罢工权,剥夺工会内部的自治权。进步的趋势表现在那些改善劳动条件和扩大社会保障的规范之中。如各国实行40小时工作周和最低工资制的规定,扩大社会保险范围和提高社会保险待遇的规定,等等。

四、资本主义国家劳动立法的启示

资本主义劳动法是以私有制为基础、以市场经济为依托的劳动法;是在工业化和与此相应的法律社会化(特别是私法社会化)过程中由萌芽走向成熟的劳动法;是以保护劳动者为主旨,协调劳资双方利益,实现社会安全的劳动法;是通过保障劳动力再生产和合理配置劳动力资源,促进社会生产力发展的劳动法。我国正处在工业化与市场化并存的现代化发展时期,面临着资本主义劳动法演变过程中曾经遇到过的许多问题。我们研究资本主义劳动立法的历史,不能只满足于描述资本主义劳动法产生和发展的过程,而应当着重探求其中已显露出的有益于我国社会主义市场经济条件下劳动法制建设的启示。例如,劳动关系的法律调整模式如何适应市场经济的发展而转换;市场经济发展过程中,劳动法体系的逐步完善受哪些因素的制约;劳动法在发展过程中如何通过适时调整保护劳动者的度,以协调劳资双方利益冲突,等等。为此,在分历史阶段研究资本主义劳动立法史的同时,注重分国别研究资本主义劳动法的演变过程,尤其是对发达国家和发展中国家劳动法的演变过程作比较研究,探求其中可供我国借鉴的劳动立法经验和教训。

第三节　社会主义国家劳动立法的发展

一、苏联的劳动立法

1921年进入新经济政策时期后,于1922年颁布了更为完善的《苏俄劳动法典》,一直沿用到20世纪60年代。它进一步巩固和扩大了革命取得的成果,并及时取消了为适应战时需要而普遍实行的义务劳动制,改行劳动合同制。到20世纪50年代后期,苏联开展了大规模的立法活动,先后公布了15部联邦和各加盟共和国的劳动立法纲要,其中1970年最高苏维埃会议通过的《劳动立法纲要》以15章107条规定了劳动关系的各个方面,包括总则,集体合同、劳动合同、工作时间和休息时间、劳动报酬、劳动纪律、劳动安全与卫生、妇女和未成年人劳动、职业培训、工会和民主管理、社会保险、劳动争议、监督检查以及附则,内容系统而全面,将社会主义劳动立法大大向前推进了一步。其后,各加盟共和国根据《纲要》,结合自己的具体情况修订、通过新的劳动法典和制定相应的劳动法规。其中最先制定的是1971年的新苏俄劳动法典。该法典的体例和基本思想与《纲要》相同，但内容较为详尽。1980 年和 1990 年，该《纲要》又经过了两次修改，以不断适应经济发展的需要。除此之外，苏联还制定了一些新的单行劳动法规，如 1971 年的《工会基层委员会权力条例》、1972 年的《标准内部劳动规则》、1974 年的《劳动纠纷审理程序条例》、1983 年的《劳动集体法》、1989 年的《工会及其权利和活动保障法》等。

1977 年的苏联宪法，重新规定了公民在劳动方面的权利和义务，扩大了对劳动者的社会保障，同时也加强了劳动者完成工作任务方面的责任。

此外，在苏联 1980 ~ 1985 年、1985 ~ 1990 年的经济社会发展基本方针中提出了劳动立法的发展方向，主要包括：(1)合理使用劳动力资源，提高社会生产率和职工的劳动生产率以及完成工作的质量；(2)节约劳动时间，改善劳动保护和对劳动者的社会保障；(3)加强对劳动量和消费量的监督，改进工资制度，扩大运用集体形式的劳动组织和劳动报酬；(4)提高工会和劳动集体在组织社会主义竞赛中的作用，吸引劳动者参加管理，等等。

二、东欧社会主义各国的劳动立法

第二次世界大战结束后，东欧一些国家建立了工人阶级政权。新政权关于劳动立法，从 20 世纪 40 年代后期开始，经过较短的发展过程，很快趋向完备。

新政权建立的最初几年，在废除旧劳动立法的基础上，颁布了一系列新劳动法令，着重对改善劳动条件、减少失业、实行工人监督、开展工会运动方面作出规定。这一时期多数国家主要通过集体合同来调整劳动关系，而且工人和部分职员的劳动关系由民法调整，国家职员的劳动关系则由行政法调整。至 20 世纪 50 年代初，劳动法成为独立法律部门，专司劳动关系的调整。

进入 20 世纪 50 年代后，东欧原社会主义各国的劳动立法都有较快发展。在 20 世纪 50 年代至 70 年代期间，普遍重视劳动法典的制定，例如，原罗马尼亚、保加利亚、匈牙利、民主德国、南斯拉夫、捷克斯洛伐克、阿尔巴尼亚、波兰以及朝鲜等国家，根据本国宪法规定的基本原则，都先后制定了劳动法典。在此期间，各国还颁布了一批单行劳动法规，其中特别受到重视、发展比较充分的是劳动保险立法和职业技术培训立法。各国政权建立初期，都颁布和实施了社会保险法，至 20 世纪 70 年代，鉴于社会保险事业有了很大发展，各国又纷纷颁布新的社会保险法。进入 20 世纪 60 年代，许多国家相继颁布有关职业培训方面的法规，加强了对职业培训关系的法律调整。

三、苏联和东欧各社会主义国家劳动立法的历史地位

随着世界政治风云巨变，一批社会主义国家已经瓦解，但作为一种新型的劳动法律制度，应为史书所记载。这类立法具有如下鲜明特点：(1)在宪法中对劳动权都作了明确规定，并宣布劳动为公民的光荣义务。(2)劳动法典是社会主义劳动立法的基本形式。这在劳动立法史上具有划时代的意义，即意味着以法典的形式使劳动法彻底脱离民法的范畴。社会主义国家的劳动法典主要有两种形式：一是内容详尽具体，包括劳动关系的各方面的劳动法典。如 1951 年颁布并于 1968 年修改的《保加利亚劳动法典》、1951 年颁布并于 1967 年重新制定的《匈牙利劳动法典》、1974 年的《波兰劳动法典》等。二是内容较为概括和原则的劳动法典。如 1950 年颁布并于 1972 年重新颁布的《阿尔巴尼亚劳动法典》、1978 年的《朝鲜劳动法典》等。(3)各社

会主义国家在劳动立法的初期,大多借鉴苏联劳动法的原则和内容,以后才逐步修改制定了适合本国国情的劳动法。例如,东欧各国的劳动法典,开始时多半是参照1922年《苏俄劳动法典》的结构和内容而制定的,自20世纪60年代以来,各国根据本国经济和社会发展的需要,及时地进行了修订或重新制定。由于各国的基本政策和经济管理体制不同,反映在劳动法上也出现了明显的差别。例如,南斯拉夫由于在企业中实行工人自治制度,其劳动立法与其他各国有很大不同。

以苏联和东欧各社会主义国家劳动法为代表的社会主义劳动法,在历史上曾与资本主义劳动法并驾齐驱且相互影响。研究其发展史,不仅要研究不同社会主义国家劳动法在其发展历程中的关系,而且应当将研究视野扩及社会主义劳动法与资本主义劳动法在其发展历程中的关系,从而对苏联和东欧各社会主义国家劳动法在世界劳动法历史上作恰当的定位。研究的着重点应当在于:(1)通过比较苏联和东欧各社会主义国家劳动法(特别是苏联劳动法)与资本主义劳动法的发展历程的异同,研究两者在各自发展历程中的相互影响,特别是苏联劳动法在法律理念和制度设计上对世界劳动法发展的历史贡献。(2)通过比较苏联劳动法与东欧各社会主义国家劳动法的异同,研究东欧各社会主义国家在继受苏联劳动法(特别是1922年《苏俄劳动法典》)和保持本国劳动立法特色上的经验和教训。(3)对于苏联和东欧各社会主义国家在瓦解前经济体制转轨时期的劳动立法,既应当研究其适应经济和政治改革需要而发生的变化,还应当研究其对体制转型和国家解体后相应国家劳动立法的影响,尤其是苏联劳动立法对俄罗斯现行劳动立法的影响。(4)通过研究苏联和东欧各社会主义国家劳动法的实施状况,了解文本上的劳动法与实际起作用的劳动法之间的差别,分析形成差别的原因,进而如实评价苏联和东欧各社会主义国家劳动法制的实然状况和劳动基准的实际水平。从上述重点展开研究,对我国在经济体制改革进程中不断完善劳动立法更有借鉴的价值。

第二章　中国劳动立法的产生和发展

第一节　中华人民共和国成立前的劳动立法

一、中国工人阶级争取劳动立法的斗争

1840年鸦片战争以后，随着近代工业的出现，中国工人阶级宣告产生。在“五四”运动以前，中国工人阶级的斗争处于自发状态。1879年至1891年间，在上海、香港和福州等地都发生了罢工斗争或暴动。1895年至1913年期间，罢工斗争达70余次。罢工的规模和水平也在不断扩大和提高，由单个工厂范围扩大到整个行业范围，工会在斗争中的作用也不断增强。北洋军阀政府为了维护地主买办资产阶级的利益，进行了反劳工立法，用以镇压工人阶级的反抗。例如，1912年的《暂行新刑律》和1914年的《治安警察条例》，都把同盟罢工列为犯罪，对罢工的领导者处以严厉的刑罚。

“五四”运动以后，特别是1921年中国共产党成立以后，工人运动不仅提出了打倒帝国主义和军阀的口号，而且提出了争取劳动立法的口号。从此，罢工斗争风起云涌。据不完全统计，1918年至1926年间，罢工达1232次，参加人数为1613291人。党领导的工人运动推动了旧中国劳动立法的开始。1921年8月中国共产党成立了中国劳动组合书记部，作为领导中国工人运动的总机关。1922年5月，第一次全国劳动大会通过了《八小时工作制案》。1922年6月，中国共产党发表对时局的主张，提出了斗争目标11条，其中包括废止反劳工的立法和制定保护童工、女工及劳动安全健康的法律。

1922年8月，中国劳动组合书记部利用北洋军阀吴佩孚宣言恢复国会制定宪法的机会，举行了争取劳动立法的运动，拟定了《劳动立法原则》，制定了《劳动法大纲》，发出了《关于开展劳动立法运动的通告》。

劳动立法运动得到了全国各地工人的积极响应。唐山铁路、矿山、砂厂、洋灰厂的工会组织了“唐山劳动立法大同盟”，并通电全国工会和“国会”，要求通过中国劳动组合书记部提出的《劳动法大纲》。郑州铁路工会通电全国工会和“国会”，提出“《劳动法大纲》为我等工人最低限度的要求，务须完全写入宪法之中”。紧接着长沙工人举行了争取劳动法大会，并组织了劳动立法大同盟。1925年在广州召开的全国第三次劳动大会，成立了中华全国总工会，通过了全国工会章程和《经济斗争决议案》。1926年在广州召开的第三次全国劳动大会和1927年在汉口召开的第四次全国劳动大会，都通过了一些决议案，在劳动立法方面提出了新的具体要求。虽然这些要求未被北洋军阀和国民党政府所接受，但它们作为中国工人阶级斗争行动纲领的重要组成部分，对后来的劳动立法活动产生了积极的影响。

二、北洋政府和国民政府的劳动立法

(一)北洋政府的劳动立法

在强大工人运动和社会各界的压力下,北洋政府于1923年颁布了《暂行工厂规则》,这是中国政府颁布的第一部调整劳动关系的法律。它共有28条,规定了最低就业年龄、限制最高工时、保护女工和童工、义务教育和工厂检查等内容。同时,还颁布了《矿工待遇规则》、《煤矿爆发预防规则》、《矿工待遇条例》等法规。但实际上这些法规都未实施。

(二)广州、武汉国民政府的劳动立法

广州、武汉国民政府是1925年在广州成立并于1926年迁至武汉的以孙中山为首的有共产党人参加的革命政权,与北洋政府和蒋介石叛变后建立的南京国民政府有本质区别。

1924年1月在广州召开了有共产党人参加的国民党第一次全国代表大会,在《大会宣言》的政纲中提出了制定劳工法,保护劳动者、改善劳动者生活状况,保障劳工团体并扶助其发展等基本主张,从而为这一时期的劳动立法奠定了基本原则。1924年11月,孙中山以大元帅的名义颁布了《工会条例》,其中规定了承认工会与雇主团体处于对等地位,工会有言论、出版及办教育事业之自由,工会有签订团体契约权、罢工权等内容。1926年1月在广州召开的国民党第二次全国代表大会上,通过了《工人运动决议案》,其中提出实行8小时工作制,制定最低工资标准,保护女工、童工,改良工厂卫生,进行工人教育等要求。同年,国民政府还公布了《劳工仲裁条例》、《国民政府组织解决雇主雇工争执仲裁条例》等法规。这些法规对于工人运动的发展和工人权益的保护起着积极作用。不过,当时的国民政府也公布过《取缔工潮法》等违背"扶助工农"宗旨的法规。

(三)南京国民政府的劳动立法

南京国民政府是1927年成立于南京,由蒋介石、汪精卫控制的,封建主义与官僚资本主义相结合的法西斯专政政权。1927年7月9日成立劳动法起草委员会,着手编纂劳动法典。后来立法院决定不用法典形式,而采取单行法形式来颁布劳动法。抗战前,1927年至1929年间完成的《劳动法典草案》的各篇内容,到抗战爆发时止,已公布《工会法》、《工厂法》、《劳资争议处理法》、《团体协约法》、《劳动契约法》等13项法规。抗战中,国民政府内迁重庆后,颁布了《职工福利金条例》、《职工福利金条例施行细则》、《职工福利委员会组织规程》和《职工福利金条例设立办法》;另外,还颁布了《非常时期工会管制暂行办法》并修订公布《工会法》,加强了对工会的控制,取消了工人的罢工权利。抗战后,再次修正《工会法》,进一步加强对工会的控制。

南京国民政府的劳动立法,就其本质而言,是对中国工人阶级实行专政的工具,并通过形式上的一些合理因素,来掩盖雇佣劳动剥削关系。就其内容而言,主要特点是:(1)公开限制工会并剥夺工人的民主权利。1929年《工会法》及1941年《非常时期工会管制暂行办法》公然取消了工人的罢工权利。(2)基本上模仿欧洲国家的劳动立法,与实际社会关系的距离太大,绝大多数未真正付诸实施,尤其是《劳动契约法》和《最低工资法》根本没有施行。

三、革命根据地的劳动立法

新民主主义革命时期,中国共产党及其领导的革命政权历来重视劳动立法工作,制定了许

多劳动法规和劳动立法建议文件。这可以认为是中国社会主义劳动法的萌芽。

土地革命时期，中央苏区于1931年制定了《中华苏维埃共和国劳动法》。其主要规定有：(1)雇佣工人须经劳动介绍所进行，禁止私人设立工作介绍所或雇佣代理处；(2)实行集体合同、劳动合同制度；(3)日工作时间不超过8小时，16岁至18岁之青工不得超过6小时，14岁至16岁之童工不得超过4小时；(4)工人工作到6个月以上者至少须有两周有薪休假；(5)工资不得少于劳动部规定的最低额，各工业部门的最低工资额由劳动部至少每3个月审查一次；(6)对女工、青工、童工给予特殊保护；(7)社会保险对于一切劳动者均得施行；(8)劳动纠纷由人民法院的劳动法庭判决，或者由劳资双方代表组成的评判委员会及设在劳动部的仲裁委员会处理。该法规由于有些标准过高，与苏区情况不相适应，1933年作了部分修改。此外，各根据地也制定过劳动法规，如江西省行政委员会的《赤色工会法》，湖南工农兵政权的《暂行劳动法》。

抗日战争时期，根据《陕甘宁边区施政纲领》中确定的劳动立法原则，1942年制定了《陕甘宁边区劳动保护条例(草案)》，它规定了最高工时、最低工资、女工特殊保护、工会、企业内部管理规则、劳动争议调解和仲裁等方面的内容。

解放战争时期，先是沿用抗日战争时期的劳动法规，后来各地也相继发布过一些劳动法规。如东北行政委员会的《东北公营企业战时暂行劳动保险条例》，上海市军管会的《关于私营企业劳资争议调处程序暂行办法》。

全国解放前夕，1948年8月哈尔滨举行的第六次全国劳动大会通过了《关于中国职工运动当前任务的决议》，其中提出的劳动立法建议主要有：(1)工人一般实行8～10小时工作日，除战争紧急需要外，每日连加班在内不超过12小时，加班连续不得超过4天，每月不得超过48小时；(2)职工最低工资连本人在内须够维持两个人的生活；(3)男女同工同酬；(4)劳动须有契约并尽可能采用集体契约形式；(5)劳动争议处理程序为调解、仲裁和法院审理。这些建议不仅为各解放区调整劳动关系提供了指导，而且为新中国成立初期制定劳动政策和法规奠定了基础。

第二节　中华人民共和国的劳动立法

一、中华人民共和国成立后至党的十一届三中全会以前的劳动立法

第一阶段从1949年到1953年，是国民经济恢复时期。这一阶段劳动立法包括为保障工会法律地位颁布的1950年《工会法》；为解决旧中国遗留下来的失业问题颁布的《关于失业技术员工登记介绍办法》、《救济失业工人暂行办法》、《关于失业人员统一登记办法》；为处理劳资关系，先是施行中华全国总工会颁布的三个规范性文件，后由劳动部制定了《劳动争议解决程序的规定》和《市劳动争议仲裁委员会组织及工作规则》；为加强劳动保护工作，制定有《工业交通及建筑企业职工伤亡事故报告办法》、《工厂卫生暂行条例(草案)》、《关于防止沥青中毒办法》等；为建立劳动保险制度，政务院于1951年颁布了《中华人民共和国劳动保险条例》。

第二阶段从1953年到1958年，是"一五"计划期间。为加强企业劳动管理，政务院1954年公布了《国营企业内部劳动规则纲要》。为改革工资制度，国务院1956年公布了《关于工资改革的决定》和《关于工资改革中若干问题的规定》。在劳动保护方面，1956年5月颁布"三大规

程”,即《工厂安全卫生规程》、《建筑安装工程安全技术规程》、《工人职员伤亡事故报告规程》。

第三阶段从 1958 年到“文革”前,主要是“三五”计划期间,国务院制定了一些劳动法规。1958 年同时发布了《关于工人、职员退休处理的暂行规定》、《关于企业、事业单位和国家机关中普通工和勤杂工的工资待遇的暂行规定》等四个暂行规定。另外 1963 年又发布了《关于加强企业生产中安全工作的几项规定》、《防止矽尘危害工作管理办法》。

第四阶段从 1966 年到 1978 年,劳动立法基本上停止,已有的劳动法规不能贯彻实施。

二、党的十一届三中全会以来的劳动立法

第一阶段从 1978 年到 1985 年,为改革初期。一方面是恢复并适当改进“文革”前行之有效的劳动制度;另一方面是开展劳动制度改革的试点和探索。主要立法有:1982 年《宪法》就劳动者享有的劳动权、休息权、获得物质帮助权、接受教育权等作了全面规定,有关劳动方面的条文,达 20 多条;为健全职工养老制度,全国人大常委会 1978 年原则批准国务院《关于安置老弱病残干部的暂行办法》、《关于工人退休、退职的暂行办法》;为加强劳动保护,国务院 1982 年发布了《矿山安全条例》、《矿山安全监察条例》等;为整顿劳动纪律,恢复正常生产秩序,1982 年国务院发布了《企业职工奖惩条例》;为加强劳动力管理,劳动人事部 1982 年发布了《关于积极试行劳动合同制的通知》、《工人技术考核暂行条例》,1983 年发布了《关于招工考核、择优录用的暂行规定》。另外,1981 年全国人大常委会批准了国务院《关于职工探亲待遇的规定》。

第二阶段从 1985 年到 1994 年《劳动法》制定以前,是劳动制度全面改革时期,围绕着劳动制度改革进行劳动立法。1985 年,为了实现工资制度改革,国务院发布了《关于国营企业工资改革问题的通知》、《关于国家机关和事业单位工作人员工资制度改革问题的通知》。1986 年 7 月 12 日国务院同时出台四项改革劳动制度的暂行规定:《国营企业招用工人暂行规定》、《国营企业实行劳动合同制暂行规定》、《国营企业辞退违纪职工暂行规定》、《国营企业职工待业保险暂行规定》。1987 年,国务院颁布《国营企业劳动争议处理暂行规定》,正式恢复已中断 30 年的劳动争议处理制度。1988 年国务院发布了《女职工劳动保护规定》。1989 年国务院发布了《全民所有制企业临时工管理暂行规定》,劳动部发布了《私营企业劳动管理暂行规定》。

第三阶段是《劳动法》颁布以后,劳动立法进入成熟时期。1994 年 7 月 5 日,全国人大常委会八届八次会议通过《中华人民共和国劳动法》,这是我国劳动立法的一个重要里程碑。2001 年 10 月 27 日,全国人大常委会九届二十四次会议通过了《关于修改〈中华人民共和国工会法〉的决定》和《中华人民共和国职业病防治法》。2002 年 6 月 29 日,全国人大常委会九届二十八次会议通过了《中华人民共和国安全生产法》。以《劳动法》为基本法,国务院及其劳动行政部门制定了许多与其配套的行政法规和规章,其内容包括劳动合同、集体合同、工资、工时、劳动保护、就业促进、劳动力市场管理、职业培训、社会保险等多个方面。此外,全国总工会还制定了《工会参加平等协商和签订集体合同试行办法》、《工会参与劳动争议处理试行办法》、《工会劳动法律监督试行办法》等规章。

第四阶段是 2007 年以来,劳动立法进入黄金阶段。在构建和谐社会的背景下,2007 年先后制定了《中华人民共和国就业促进法》、《中华人民共和国劳动合同法》、《中华人民共和国劳动争议调解仲裁法》,《社会保险法(草案)》进入全国人大常委会审议阶段,故被称为劳动立法年。2010 年 10 月制定了《中华人民共和国社会保险法》,这是我国第一部关于社会保险的基本

法律。2012 年 12 月 28 日，全国人大常委会十一届三十次会议通过《关于修改〈中华人民共和国劳动合同法〉的决定》。在此阶段，围绕《劳动合同法》和《社会保险法》完善配套立法，成为劳动立法的重点。

三、市场化经济体制改革中劳动法的重要转变

在市场化经济体制改革中，社会主义计划经济的劳动法（劳动政策）转变为社会主义市场经济的劳动法。其中的重要转变有下述要点：

1. 政策治理转向法律治理

在计划经济时期，国家治理方式主要是政策治理，法律治理未受到重视。于是，劳动制度主要表现为劳动政策，极少由法律来规定。故与其说是劳动法，不如说是劳动政策更为确切。在市场化经济体制改革的同时，国家越来越重视法律治理。于是，劳动立法与市场化劳动制度改革同步展开，劳动制度改革的成果被劳动立法所固定，劳动关系领域的政策治理逐步为法律治理所替代。

2. 劳动力资源行政配置转向市场配置

在计划经济时期，劳动力资源由政府以行政手段配置，即城镇劳动者就业由国家统一包揽和统一分配，劳动者不能自由流动，劳动关系的缔结由劳动行政部门安排，劳动者和雇主不能相互选择，且实行劳动关系终身制。市场化经济体制改革启动后，国有企业逐步获得包括用工自主权在内的经营自主权，尤其是 1986 年在国有企业实行劳动合同制度以来，劳动关系由劳动合同缔结，劳动者可以自由流动，劳动力市场〔1〕逐步形成。国家不再包揽城镇劳动者就业，而是实行劳动者自主择业、市场调节就业、政府促进就业的方针，努力创造公平就业环境。

3. 不同所有制劳动关系分别立法转向统一运行规则

在计划经济时期，劳动关系几乎都是公有制劳动关系，雇主主要是国有单位和集体所有制企业，劳动法（政策）以国有制劳动关系运行规则为主，集体所有制劳动关系与国有制劳动关系在运行规则上存在差别。实行市场化经济体制改革后，在公有制以外出现了由私营企业、个体工商户和外商投资企业构成的非公有制经济。于是，对国有单位、集体所有制企业、外商投资企业、私营企业、个体工商户的劳动关系实行分别立法，即对不同所有制的劳动关系实行不同的运行规则。以 1994 年的《劳动法》为标志，对不同所有制的劳动关系实行统一立法。此后的立法中，劳动合同、集体合同、劳动条件基准、劳动争议处理和劳动监察等制度统一适用于各种

---

〔1〕 作为理论概念的劳动力市场，即配置劳动力资源的市场，是指由劳动力供求双方、劳动力自由交易和自由流动等要素构成的劳动力资源配置机制。我国政策、法律文献中的“劳务市场”、“劳动力市场”、“人才市场”、“人力资源市场”等概念，各产生于市场化劳动人事制度改革过程中的特定阶段，虽然都体现着劳动力资源（又称人力资源）由市场配置的资源配置机制，但各有其特定的制度内涵。“劳务市场”是在市场化劳动制度改革初期所使用的概念，基于当时在“有计划的商品经济”中“劳动力不是商品”的认识，将此概念用来描述当时新出现的部分劳动力资源由市场配置的现象。在明确将社会主义市场经济确立为经济体制改革的目标模式后，认识上已确认劳动力可作为商品由市场配置，但由于劳动行政部门与人事行政部门并立且各自分管一定范围的配置劳动力资源的市场，故由劳动行政部门管理的配置劳动力资源的市场称为“劳动力市场”；而将由人事行政部门管理的配置劳动力资源的市场称为“人才市场”。“人力资源市场”作为一个法律概念在《就业促进法》中首次使用，被作为配置劳动力资源的各种市场的统称，替代原来意义上的“劳动力市场”和“人才市场”的概念，体现了“劳动力市场”与“人才市场”走向统一。在本书中，多将劳动力市场作为一个理论概念使用。

所有制的劳动关系,国有制劳动关系的特殊运行规则被逐步废止。

4. 劳动力市场城乡分割转向城乡劳动力市场一体化

在计划经济时期,基于城乡二元经济结构,农村劳动者被固定在集体所有制土地上实现就业,城镇劳动者则由国家统一安置就业。在市场化经济体制改革初期和中期,城镇劳动力市场与农村劳动力市场仍然分割,农民进城就业受到许多限制。1992 年以后,经济体制市场化的进程和城乡二元经济走向城乡一体化经济的步伐加快,农民进城就业的限制逐步减少,城乡劳动力市场由分割逐步走向一体化。2007 年的《就业促进法》确立了城乡统一的劳动力市场格局,为农民在城乡之间自由流动就业开拓了更为广阔的空间。

5. 劳动者身份差别转向劳动者平等

在计划经济时期,劳动者被划分为权利、待遇不平等的多种身份,例如,国有制职工与集体所有制职工,国有制职工又分为"干部"与工人,其中的工人又分为正式工与临时工,劳动者不同身份之间有严格界限且一般不得转换。实行市场化经济体制改革以来,原有的劳动者不同身份界限虽然被逐步淡化,但进城就业的农民在就业权利和劳动待遇上仍然低于城镇户籍劳动者,故被称为农民工。随着工业化和城镇化的加速,消除农民工与城镇户籍劳动者的就业权利和劳动待遇差别,在劳动立法中已成为突出的政策取向。

6. 劳动关系管理行政化转向"三方"协调机制

在计划经济时期,国有单位的劳动关系由劳动行政部门管理,工会从属于政府,国有单位没有自主权,既没有劳动合同,也没有集体合同,工资分配由政府统一规定。在市场化经济体制改革中,劳动关系领域逐步实行劳动者、雇主、政府三方协调机制。劳动合同制度全面推行,集体合同制度的适用范围逐步扩宽。地方政府制定最低工资标准,工资由劳动合同约定,部分企业还实行工资集体谈判机制。全国各地建立的劳动争议仲裁委员会,都由劳动行政部门、工会和雇主组织三方组成。

7. 国家劳动保险转向社会保险

在计划经济时期,对国有单位职工的养老、工伤、医疗和生育实行国家劳动保险,保险待遇由职工所在国有单位给付,而保险费全部由国家承担。1986 年在国有企业实行劳动合同制以后,开始劳动保险社会化改革。其核心要点是,保险基金实行社会统筹,由企业、劳动者和政府三方分担;险待遇主要由社会保险经办机构支付;适用范围逐步扩展到各种所有制的劳动关系1994 年的《劳动法》规定,"国家发展社会保险事业,建立社会保险制度,设立社会保险基金,使劳动者在年老、患病、工伤、失业、生育等情况下获得帮助和补偿。"2010 年的《社会保险法》,确立了基本养老保险、基本医疗保险、工伤保险、失业保险和生育保险且覆盖城乡全体居民的社会保险制度基本框架。

第三节 我国香港特区、澳门特区和台湾地区的劳工立法

一、我国香港特区的劳工立法

1840 年以前,香港受中国法律的管辖。自英军占领香港以后,英国法律被引入香港,逐步

形成了香港法律。在香港的劳工法渊源中,主要有三种:(1)香港立法机构的劳工立法。(2)国际劳工公约。在香港全部付诸实施的30项,经修订后付诸实施的19项。(3)习惯法。例如,许多行业所形成的“行规”,可以作为约束雇主和雇员的规则。

在20世纪60年代以前,香港政府并不重视成文法的规定,强调不干预的劳动政策,对劳工标准持放任态度,由劳资双方自行确定;但是,也制定了一些劳工法例,不过,受英国法的影响较大。劳工法例中最早者,是1902年的《雇主与仆役条例》和1922年的《工业雇佣儿童条例》,其后40多年制定的法例主要是:《本地女性雇工条例》(1923年)、《非法罢工与闭厂条例》(1927年)、《工厂意外条例》(1929年)、《青年儿童海上工作雇佣条例》(1932年)、《工厂及工场条例》(1932年)、《最低工资条例》(1932年)、《职工会条例》(1948年)、《劳资纠纷条例》(1948年)、《工人赔偿条例》(1953年)、《工厂暨工业经营条例》(1955年)、《工业雇佣(给工资假日与疾病津贴)条例》(1961年)、《香港以外雇佣契约条例》(1965年)等。

自20世纪60年代中期开始,随着香港经济的调整发展,社会及劳动结构日趋复杂,特别是在1966年和1967年发生大规模工人对抗行动后,香港政府非常重视劳工立法,开始建立一套完备的劳工法体系。此阶段劳工立法的主要特点是:(1)重视实体法条例的制定。1968年制定《雇佣条例》以取代原《雇主与仆役条例》,1974年、1977年、1981年、1985年和1990年又陆续对该条例进行增补修正;1976年制定《学徒条例》,规定对学徒的专门保护;1982年对《工人赔偿条例》重新修订,并易名为《雇员赔偿条例》,扩大了保护范围,提高了赔偿标准,1980年还制定了《肺尘埃沉着病(赔偿)条例》;1985年制定《破产欠薪保障条例》,1987年对此条例又予以修订;1996年制定《职业安全及健康条例》,明确规定了政府、工人、雇主在事故预防作用和职责。(2)重视劳资关系协调体制的完善。1972年制定《劳资审裁处条例》;1975年对《劳资关系条例》进行修订。(3)重视劳工规例的配套。例如,截至2003年,同《工厂暨工业经营条例》配套的规例达30项,就工厂、建筑工程地盘、食肆、货物及货柜搬运经营以及其他工业工场各类危险工作的情况制定条文,并就各种工作情况、工业装置和机器,以及工序和物质,订明详细的安全健康标准。

《最低工资条例》是香港最新的一部劳工法例,由香港特区立法会2010年7月17日通过、2011年1月5日最终完成立法程序,于2011年5月1日施行,首次在香港施行最低工资制度。法定最低工资适用于所有雇员,不论是月薪、日薪、临时工或兼职,亦不论是否按《雇佣条例》下的连续性合约受雇,均受到保障。此举被称为“为香港雇佣体制带来根本性的改革”,标志着香港劳工政策的重大转变。[2]

《雇佣条例》

二、我国澳门特区的劳工立法

1849年以前,澳门受中国法律的管辖。自1849年葡萄牙在澳门的行政长官阿马留驱逐中国官吏、强行封闭中国海关、拒绝向中国政府缴纳赋税、单方宣布澳门为自由港以后,葡萄牙法律被强行实施于澳门。直到1976年,葡萄牙因开始实行非殖民化政策,才着手为澳门单独立法,于是逐步形成以葡萄牙法律为基础的澳门法律。

---

〔2〕 陈开和:《港〈最低工资条例〉首获实施 劳工政策结束马拉松式长跑》,载《法制日报》2011年5月10日第12版。

澳门劳工立法起步较晚,1984 年 8 月才颁布首部《劳工法》,此后以《劳工法》为基础制定了一系列法规,形成劳工法体系。其中包括:(1)《劳工法》,又称《澳门劳资关系法令》,1984 年制定后于 1989 年、2009 年修订,是调整劳动关系的基本法律。(2)就业方面的法令,主要是《保障男女劳工在就业上获得平等机会及待遇法令》(1995 年)、《就业政策及劳工权利纲要法令》(1998 年)。(3)卫生与安全方面有 20 多项法令、条例和训令,主要是《工业场所工作卫生与安全规章》(1982 年)、《商业场所、写字楼及服务场所的卫生与安全规章》(1989 年)、《建筑安全与卫生规章》(1991 年)和《适用于职业性噪音的法律制度》。(4)社会保险方面的法令,主要是《劳工保险法》(1985 年)、《核准工作意外及职业病之损害赔偿权》(1985 年)、《社会保险制度》(1993 年)及相应的细则。(5)雇佣劳工与输入外地劳工方面的法令,主要有《雇佣劳工制度》(1985 年)、《输入外地劳工条例》〈1988 年〉、《输入外地技术劳工条例》(1988 年)。(6)劳动争议处理方面的法令,主要是《社会协调常设委员会组织法令》(1997 年)、《劳动诉讼法典》(2003 年)。

我国澳门现行《劳工法》

在澳门,劳动力市场的容量很有限,为了既解决本地劳动力短缺问题,又防止外地劳动力冲击市场,就一直重视劳动力市场的管制。于是,关于雇佣劳工和输入外地劳工的立法,在劳工法体系中占有重要位置。1985 年的《雇佣劳工制度》规定,在澳门劳动力市场,允许向某雇主提供劳务或为其工作的劳工,只能是持有法定有效证件者。这里的法定有效证件包括:由葡萄牙行政当局身份证明机构发出的认别证;澳门居民身份证;凭护照申请由澳门治安警察厅发出的居留证;凭香港身份证及回港证申请而由澳门治安警察厅发出的居留证。以上证件不得超过其有效期限。在基于公共利益的特殊情况下,总督可以通过批示允许其他证件持有人在澳门受雇。关于输入外地劳工,1988 年先后制定了《输入外地劳工条例》和《引进外地技术劳工条例》。二者的宗旨在于:规范外地劳工输入,平衡雇主与工人间不同的利益需求。一方面,允许适当的劳工输入,以保证澳门本地必需的劳动力资源,尤其是澳门本地缺乏而又为经济发展所必需的劳动力资源;另一方面,为保护澳门本地劳工的利益,防止无限制地输入外地劳工而引起对劳动力市场的强烈冲击和引致本地劳工的不公平,要统筹和管理劳动力市场,对外地劳工的输入从法律上予以管制,确定输入外地劳工的条件、范围和程序,以避免影响本地劳工的就业机会和工资收入。

澳门社会保险的适用范围有一个逐步扩大的过程。1985 年的《劳工保险法》主要适用于与任何行业的雇主签订工作合同或学徒合同的工作者;1993 年 10 月以法令的形式将社会保险的对象扩大到为他人工作而未被列入年老、残废及失业状况下受强制保护范围的劳工;2001 年以行政长官批示的形式将社会保险扩展到自雇劳工。但由于澳门的社会保险制度仅限于雇主以合同雇佣劳工为其工作的情况,而实际上澳门的劳动关系多数是以口头形式确立的,这样,多数劳工就被排斥在社会保险制度之外。

三、我国台湾地区的劳工立法

自古以来,台湾受中国法律管辖;1895 年台湾被割让给日本以后,作为日本殖民统治的一种方式,基本上适用日本式法律;1945 年台湾回归中国后,适用中国国民党政府的法律;1949 年中华人民共和国成立后,国民党当局仍占据台湾,在此前国民党政府已有法律的基础上颁布了大量新法律,从而形成了一套有别于中国大陆的法律制度。

在1987年解除戒严以前长达近40年的时间内,台湾当局根据戒严统治下政治稳定、社会安宁和经济发展的需要,进行劳工立法。

从1947年至1983年,我国台湾地区制定和修改的劳工法规主要有:"动员戡乱期间劳资纠纷处理办法"(1947年)、"工厂法"(1975年修正)、"职工福利金条例"(1960年、1968年、1973年、1979年)、"劳工教育实施办法"(1958年、1971年、1982年)、"厂矿工人受雇办法"(1960年)、"动员戡乱时期人力管理办法"(1970年)、"劳动安全卫生法"(1974年)、"职工训练法"(1983年)等。这一时期劳动立法的主要特点是:(1)劳工立法以"非常法"为主,庞杂而无体系,过去仿照欧洲国家所制定的大量劳工法规基本上被弃之不用;(2)劳工立法对团体形态的劳资关系不予承认,禁止罢工,这体现了戒严统治的特色;(3)劳工立法不注重保护劳动者的权利,致使劳动条件的改善比较缓慢,这同当局所奉行的以廉价劳动力作为工业发展条件的策略是相联系的;(4)劳工立法中,有关劳动保护和职业教育的内容,以技术性规范为主,其他方面的内容则以行政命令为主。

进入20世纪80年代,我国台湾地区经济发展迅速,大企业兴起,贫富差距日益扩大,社会多元化趋势越来越明显,劳资纠纷增多甚至演变成暴力事件,于是,如何保护劳动者,便成为重要问题。经过相当长时间的辩论、抗争和不同利益的妥协,台湾当局在1984年8月1日颁布了"劳动基准法"。该法律就劳动契约、工资、工作时间、休息休假、童工、女工、退休、职业灾害补偿、工作规则、监督与检查等问题,作了详细的规定,是我国台湾地区劳工立法史上的一部重要法律。

1987年台湾当局宣布解除戒严后,以往不为法律所允许的以工会为主的劳工集体行动(罢工等)成为合法,组织工会也获得较多自由,于是,戒严时期的一些劳工立法已不适宜。为此,在1988年废止了"动员戡乱期间劳资纠纷处理办法",并对"职工福利金条例"、"劳工教育实施办法"等进行修正。20世纪90年代以后,台湾社会变动剧烈,集体抗衡局面逐步形成。尤其是步入21世纪后,经济全球化对台湾经济、社会的影响,劳动关系领域发生劳动保护去管制化、个别劳动关系弹性化、集体劳动关系去中心化和个人化等重大变化。[3] 于是,劳动基准法、工会法、劳动安全卫生法、就业服务法、劳动契约法、劳资争议处理法、团体协约法等法律的修正或重新制定,构成劳动立法的主要内容。其中特别值得关注的是:(1)"劳动基准法"经历了1996年、1998年、2000年6月和7月、2002年6月和12月、2008年、2009年、2011年共九次修订,其适用范围在颁布时不适用于商店、餐饮、旅馆等重要的第三产业,自1998年12月以后扩及原不适用的行业,2007年11月进一步扩大到公务机关临时人员。(2)经过十几年的立法与修法努力,完成了"工会法"、"团体协约法"、"劳资争议处理法"的大幅修正,并于2011年5月1日一同施行,标志着集体劳动关系法进入一个新阶段。[4]

四、我国香港特区、澳门特区、台湾地区劳工立法史的启示

中国由于特有的历史原因,在内地、香港、澳门和台湾地区形成了"一国四法域"的格局,除

〔3〕 黄程贯主编:《新学林分科——劳动法》(2012年),新学林出版股份有限公司2012年版,第25~26页。

〔4〕 黄程贯主编:《新学林分科——劳动法》(2012年),新学林出版股份有限公司2012年版,第31页。

了不同程度上受中华法系传统的影响外,内地有着社会主义法系的传统,我国台湾地区和我国澳门特区有着大陆法系的传统,我国香港特区有着英美法系的传统;并且我国台湾地区和香港特区与内地之间还具有经济发达与欠发达、市场经济成熟与欠成熟的差别。因而,对我国香港特区和澳门特区及台湾地区的劳工立法史,应当放在这种格局中展开研究。分别研究我国香港特区和澳门特区及台湾地区各自劳工立法发展的历程和规律固然重要,但更为重要的是对内地和我国香港特区和澳门特区及台湾地区的劳工立法史作比较研究。因为这种区际比较,既包括世界各大法系的比较,也包括发达经济与发展中经济、成熟市场经济与欠成熟市场经济在劳动立法上的比较,还包括了外国劳动法在中国不同区域本土化的比较。在这种研究中应当从中国劳动立法如何因应外国各大法系的影响,外国劳动法的理念和制度在中国如何本土化,劳动法与市场经济的关系等角度,探求其得失。

第三章　国际劳工立法的产生和发展

第一节　国际劳工组织

一、国际劳工组织的成立与发展

采用国际立法的办法来改善各国工人劳动状况的思想，早在 19 世纪初就已在欧洲出现。首倡国际劳动立法的思想家，主要有英国空想社会主义者欧文和法国社会活动家李格兰。到 19 世纪后半期，各国工人运动日益壮大并形成为一种重要的国际势力，各国工会在全国会议和国际会议上多次讨论国际劳动立法问题，从而使国际劳动立法的思想普遍传播，并使各国政府不得不考虑国际劳动立法问题。瑞士是最先同意国际劳动立法的国家。1890 年 3 月召开的由瑞士政府首倡、有 15 个国家参加的讨论国际劳动立法的柏林会议，是国际劳动立法的首次会议。该会议后，一些赞成国际劳动立法的社会活动家、经济学家和工会领袖决定组织一个国际劳动立法协会，于 1900 年在巴黎正式成立。1901 年，国际劳动立法协会在瑞士的巴塞尔召开第一次代表大会，会上通过了《关于禁止工厂女工做夜工的公约》和《关于使用白磷的公约》。这标志着国际劳动立法的开端。后来，由于第一次世界大战爆发，国际劳动立法活动被中止。

在第一次世界大战期间，交战双方各国以及中立国的工会组织都坚持要求大战结束制订和约时应把改善工人工作条件的内容列入。大战结束后，参战国于 1919 年年初在巴黎召开和平会议，各国工会组织的要求为和平会议所采纳。第一次预备会议通过决议，决定组织一个委员会，调查工人状况，负责起草一个宣言和国际劳工组织章程草案，并建议成立永久性国际机构。根据这一决议，成立了由来自比利时、古巴、捷克斯洛伐克、法国、意大利、日本、波兰、英国和美国等 9 国的 15 名委员组成的劳动委员会。该委员会拟定了《国际劳工组织章程草案》和一个包括 9 项原则的宣言，于 1919 年 4 月提交“巴黎和会”讨论通过，编入《凡尔赛和平条约》第 13 篇。这个章程和宣言被称为“国际劳动宪章”。1919 年 6 月，国际劳工组织正式宣告成立。1944 年 5 月在美国费城召开第 26 届国际劳工大会，通过了《费城宣言》，其中确立了 10 项活动原则。

国际劳工组织自 1919 年成立以来，经历了三个发展阶段：(1)1919～1939 年。它作为国际联盟的一个带有自治性附设机构而存在并工作。(2)1940～1945 年。因第二次世界大战爆发，国际联盟解体，它便作为独立的国际组织开展工作。(3)1946 年至今。第二次世界大战结束后，联合国成立，它又作为联合国的专门机构之一而继续进行活动，其总部设在瑞士的日内瓦，现有 162 个会员国。

二、国际劳工组织的机构

国际劳工组织主要有三个组成部分:(1)国际劳工大会。这是国际劳工组织的最高权力机构,由每个成员国委派的代表团组成。各代表团由4名代表组成,其中政府代表2名,工人代表和雇主代表各1名,各代表权利平等。每年召开一次,其任务之一是进行国际劳动立法,即讨论通过国际劳工公约和建议书。(2)理事会。这是国际劳工组织的执行机构,在大会闭会期间决定该组织的各项重要问题。每届任期3年,每年开会3次。(3)国际劳工局。它是国际劳工组织的常设工作机构,也是大会、理事会及其他会议的秘书处。它设局长总管其事,并派国际公务员和技术援助专家在世界各国工作。

除上述机构外,国际劳工组织还设立一些技术性委员会协助国际劳工局工作。其中最主要的有联合海事委员会、农村发展咨询委员会、公务人员联合委员会以及各种产业委员会。国际劳工组织还定期召开区域性会议,研究区域劳工问题,区域性会议所通过的决议仅供理事会参考。

三、国际劳工组织的宗旨和职能

关于国际劳工组织的宗旨,《国际劳工组织章程》(1972年修订)在序言中阐释为:"只有以社会正义为基础,才能建立世界持久和平。"为此,各缔约国应努力改善劳动条件,即调整工时,调节劳动力供应,防止失业,规定足够维持生活的工资,防护工伤和职业病,保护儿童、青年和妇女,规定养老金和残废抚恤金,保护工人在外国受雇时的利益,承认同工同酬原则,承认结社自由原则,组织职业教育和技术教育,等等。《费城宣言》对该宗旨作了补充:"全人类不分种族、信仰或性别都有权在自由和尊严、经济保障和机会均等的条件下谋求其物质福利和精神发展。"可见,国际劳工组织的基本宗旨是,通过促进全世界劳动条件的改善和生活水平的提高,最终在实现社会正义的基础上建立世界的持久和平。

国际劳工组织的主要职能是:(1)从事国际劳工立法,即制定国际劳工标准(国际劳工公约和建议书)。(2)监督国际劳工标准的实施。(3)在社会政策和管理、人员培训和使用方面提供技术援助。(4)进行劳工问题的研究和教育。

四、经济全球化对国际劳工组织的挑战

关于经济全球化给国际劳工组织带来的挑战,有学者认为,主要表现在:(1)国际劳工组织对成员国只有监督权而没有直接制裁权,这就使其制定的国际劳工标准呈现"软法"特征。国际贸易自由化加剧了发达国家大量工人失业和发展中国家"社会倾销"(依靠以低工资为条件的廉价优势对发达国家大量出口)的矛盾。由于国际劳工组织对此问题无力解决,就出现了将此问题交给WTO解决的主张,这就必然降低国际劳工组织在国际中的地位和权威。(2)经济全球化不仅加剧了劳资矛盾,而且加剧了发达国家劳动者与发展中国家劳动者之间的矛盾,也就加大了国际劳工标准执行的难度,而国际劳工组织在组织上的"三方机制"不利于国际劳工标准执行中劳资问题的及时解决。(3)经济全球化趋势下,各国(特别是西方发达国家)都奉行放松经济管制的政策,而国际劳工组织制定的国际劳工标准的推广,则是对经济管制的强化,不符合经济自由化的要求。[1]

---

〔1〕 周长征:《全球化与中国劳动法制问题研究》,北京大学2001年博士学位论文,第78~85页。

第二节 国际劳工立法

一、国际劳工立法的形式、内容和特点

国际劳工组织所进行的国际劳工立法,其具体形式是制定国际劳工公约和建议书,统称国际劳工标准。在每年举行的大会上,几乎都要制定几项公约和建议书。截至2014年年底,国际劳工组织已通过189项公约和203项建议书。[2]

这些公约和建议书都采取单行法形式,每个公约或建议书只包括某一项劳动问题或问题的某一方面的规定。它们所规定的事项涉及劳动者保护的诸多方面,大致可归类为:基本政策;结社自由、集体谈判和劳资关系;消除强迫劳动;废除童工;机会和待遇平等;三方协商;劳动行政管理和劳动监察;就业政策与就业促进;职业指导和培训;就业保障;工资;工作时间,夜间工作;职业安全与健康;社会保障;生育保护;社会政策;移民工人;HIV携带者和艾滋病人;海员;渔民;内河航运工人;土著人;特殊类型的工人如种植园工人、护理人员、家政工人等。

由国际劳工公约和建议书所构成的国际劳工法,亦即国际劳工标准,是国际法的组成部分,但与一般国际法有所不同。其主要特点是:(1)立法机构的组成具有"三方性"。这是其他国际机构所没有的独特原则。政府、劳工、雇主三方代表都参加各类会议(包括国际劳工大会)和机构,劳工和雇主代表可以自由讨论,独立表决。国际劳工立法的"三方性",充分体现了国际劳工组织成立的宗旨,即促进政府、劳工、雇主三方合作,共同改善劳动状况,维护社会正义。(2)立法所规范的范围,具有"国内性"。国际劳工公约和建议书所规定的条款,绝大部分是调整成员国的内部劳动关系的。只有极少数公约和建议书涉及其他国家的问题,如对外籍工人给予平等待遇以及对外国海员协助遣返本国等。从对成员国的适用范围上看,国际劳工法基本上限于本国的领土之内,并且有的适用于整个国民经济,有的仅适用于某一生产部门甚至某一种职业。(3)成员国接受立法的约束具有"自愿性"。国际劳工公约和建议书在通过后并不直接发生效力。公约经成员国批准才对该成员国有约束力,而成员国是否批准公约,则完全由成员国自行决定,国际劳工组织无法干涉。至于建议书,则不需要批准,成员国是否采纳建议书的内容,可完全根据自己的需要来决定,并且在采纳时可以任意取舍。

公约的批准机制为:各成员国政府应于某项公约通过后一年内(特殊情况下在18个月内)将其提交主管机关(在我国为全国人大常委会),主管机关可以选择立即批准或推迟批准,推迟批准的原因一般是需要出台相应的国内法来做准备,需要充分征求各方面意见,需要等待时机和条件的成熟等。若成员国批准该公约,则须在两年内在国内法中予以实施。若成员国未批准该公约,则须定期向国际劳工组织报告何种困难阻碍批准以及对此是否采取了有效措施。

---

〔2〕 参见国际劳工组织网站:http://www.ilo.org/dyn/normlex/en/f? p=1000:12010::NO:::,2016年1月20日访问。

二、国际劳工公约的类型

国际劳工公约可以分为基本国际劳工公约、优先国际劳工公约与一般国际劳工公约三大类。其中,最重要的是基本国际劳工公约。

基本国际劳工公约又称核心劳工标准,是指在《工作中的基本原则与权利宣言》(1998 年国际劳工大会通过)中加以明确的,建议所有成员国批准,且无论是否批准,为保护工作中的基本人权均要求遵守的八项国际劳工公约。它们所规定的权利是为了争取改善工作条件而采取的其他一切措施的前提条件。这八项国际劳工公约又可以分为四类:(1)关于自由结社与集体谈判权的公约,包括 1948 年《结社自由与保护组织权公约》(第 87 号)和 1949 年《组织权与集体谈判权公约》(第 98 号)。(2)关于废除强迫劳动的公约,包括 1930 年《强迫劳动公约》(第 29 号)和 1957 年《废除强迫劳动公约》(第 105 号)。(3)关于平等权方面的公约,包括 1958 年《就业与职业歧视公约》(第 111 号)和 1951 年《同工同酬公约》(第 100 号)。(4)关于禁止使用童工方面的公约,包括 1973 年《最低就业年龄公约》(第 138 号)和 1999 年《最恶劣形式的童工公约》(第 182 号)。

优先公约是指其内容对于各国劳动制度与政策的形成具有重要影响,成员国应当加以特别注意的公约。其地位仅次于基本公约,但比一般公约重要。1994 年国际劳工组织理事会决定,《三方协商促进贯彻国际劳工标准公约》(1976 年第 144 号)、《劳动监察公约》(1947 年第 81 号)、《劳动监察(农业)公约》(1969 年第 129 号)、《就业政策公约》(1964 年第 122 号)被列为优先公约。优先公约与一般公约最主要的区别体现在报告制度上。成员国对批准的一般公约,每 5 年向国际劳工局提交一份简要报告;对于批准的优先公约与基本公约,则应当每两年报告一次,并且要提交详细报告。

第三节　国际劳工标准与国际贸易

一、国际劳工标准与自由贸易挂钩问题争论的缘由

国际劳工标准与国际贸易紧密联系,是经济全球化背景下出现的一种新的国际现象。这在国际领域,是经济问题、社会问题、政治问题和法律问题的交集,在法律领域,是国际法与劳动法的交集。

经济全球化,在一定意义上具有不完整性,即只限于资本、商品自由流动的全球化,而劳动力自由流动一直未实现全球化。在这种不完整的经济全球化中,必然出现劳动力价格国别差异现象,即劳动力供小于求国家劳动力价格高与劳动力供大于求国家劳动力价格低并存的格局,如某些发展中国家相对于发达国家的廉价劳动力优势多由此形成。在此国际格局中,必然产生一种资本由劳动力价高国流向劳动力价低国的驱动力。资本的这种跨国流向就会分别对资本输出国、资本输入国产生不同的巨大且深刻的连锁影响,从而凸显发达国家与发展中国家的利益冲突。于是,在发达国家与发展中国家之间,就劳资关系和就业等社会问题,产生两种对立的逻辑和政策主张。

一种是发达国家反社会问题倾销的逻辑和国际劳工标准与自由贸易挂钩的政策主张。发

达国家认为:资本流向廉价劳动力国家与廉价劳动力结合而生产出有低价优势的产品,再出口到资本输出国,凭借其低价优势使资本输出国同类产业进一步萎缩,导致资本输出国失业问题更加严重。故资本输出国的失业等社会问题由有廉价劳动力优势的资本输入国倾销而来,由此形成以廉价劳动力为手段的“不公平”竞争优势。依此逻辑,发达国家主张,通过国际劳工标准与自由贸易挂钩,以抑制发展中国家的廉价劳动力优势和国际竞争力,保证“公平竞争”。

另一种是发展中国家反跨国资本剥削的逻辑和反国际劳工标准与自由贸易挂钩的政策主张。发展中国家认为:在国际供应链条中,跨国资本与其品牌商、发包商等优势地位结合,于谈判中控制价格,迫使资本输入国制造商、承包商等弱势地位企业(如代工企业)接受低价,以挤压其利润空间,进而使其用工成本空间狭小(即使集体谈判,其提高工资水平的能力也极为有限)。故资本输入国的劳动力低价现象实质上由跨国资本剥削所致,经济全球化并没有减少世界经济不平等,反而导致更为深刻的南北之间的社会不公和贫富差距扩大。在此情势下若国际劳工标准与自由贸易挂钩,只会对发达国家有利,而对发展中国家的经济社会发展造成危害。依此逻辑,发展中国家主张通过促使跨国资本让利的方式改善企业遵守国际劳工标准的条件,而反对国际劳工标准与自由贸易挂钩。

因此,经济全球化以来,发达国家与发展中国家关于国际劳工标准与自由贸易应否挂钩问题的分歧和争论持续不断。但在由发达国家主导的经济全球化进程中,发达国家的逻辑和政策主张一直具有强势话语权。于是,国际劳工标准不仅具有趋向于社会公平正义的人权属性,而且被赋予趋向于经济公平竞争的经济属性,从而可被用作自由贸易的一种非关税壁垒。

二、国际劳工标准与WTO

发达国家主张将劳工标准纳入多边贸易体制的最初构想,见于1948年联合国贸易与就业大会通过的关于缔结国际贸易组织的章程——《哈瓦那宪章》(Havana Charter)之第1条(实现生活水平提高、促进充分就业、改善经济条件、促进社会进步与发展的宗旨)、第7条(公平的劳工标准)、第45条第1款第7项(对监狱劳动产品采取的进口限制措施不受最惠国待遇和国民待遇义务的约束)、第94~95条(包括劳工标准争议在内的贸易争端的解决程序)。但由于美国国会拒绝批准《哈瓦那宪章》,作为临时多边贸易安排的《关税与贸易总协定》(GATT)仅采纳了其中的第1条和第45条第1款第7项。在1994年国际劳工大会上,国际劳工局前局长汉森提出与即将成立的WTO联合实行“社会条款”[3]的建议,即以核心国际劳工标准组成“社会条款”,纳入国际贸易规则,以调节国际竞争和全世界劳动者的基本权益。其依据是,既然全球化的社会问题主要涉及劳动者基本权益,而劳动者基本权益的损害主要是在贸易自由化过程中产生的,那么,就应当以维护劳动者基本权益的国际劳工标准为基础,形成国际贸易规则中的“社会条款”,并通过贸易制裁手段迫使各国执行。[4] 当1995年WTO取代GATT成为正式的国际组织时,在劳工标准问题上只是简单地继承了GATT的规定,仅在《缔结世界贸易组织

〔3〕 发达国家主张的写入WTO规则并与国际贸易挂钩的“社会条款”,包括保护劳工权利的条款(“蓝色条款”)和保护环境的条款(“绿色条款”)。“蓝色条款”,亦即“基本国际劳工公约”,又称“核心劳工标准”。

〔4〕 林燕玲:《国际劳工标准与经济全球化》,清华大学第二届公共政策与管理国际研讨会论文,2002年。

的协定》(又称《马拉喀什协定》)的序言以及《关税与贸易总协定》第20条第2项分别提及“促进充分就业和社会进步”以及“与监狱劳动产品有关的贸易措施免于承担非歧视义务”。面对“社会条款”问题,发达国家与发展中国家持截然相反的主张。GATT缔结之后的第7轮(东京回合)和第8轮(乌拉圭回合)多边贸易谈判中,虽然劳工问题再次被提起,但终因印度等发展中国家的强烈反对而未能实现进一步的挂钩。1996年,WTO在新加坡部长级会议上,明确认可国际劳工组织才是处理跨国劳工标准问题的合适机构。故在GATT/WTO长达数十年的争端解决实践中,并无案例直接涉及劳工标准争端。2001年6月的第89届国际劳工大会上,国际劳工局局长在题为《减少体面劳动方面的缺陷——全球性挑战》的报告中,对与国际贸易与国际劳工标准的辩论(即“社会条款”之争)作了回顾和总结,认为在过去10年中形成了四个重大方面的共识:(1)全球经济的最低社会要求,体现了劳动世界的基本人权。(2)国际劳工组织是核心国际劳工标准的主管机构,国际社会肯定会对国际劳工组织为促进核心国际劳工标准而做的工作给予支持。(3)核心国际劳工标准不应当被利用于贸易保护主义的目的,任何国家的比较优势都不应当受到质疑,某些国家所拥有的比较充足的低廉劳动力的比较优势被肯定为贸易中的一种正当优势。(4)核心国际劳工标准不仅对贸易有意义,而且对技术、金融、投资、企业开发及其他领域也同样有意义。[5]

三、国际劳工标准与自由贸易协定

在与WTO多边贸易体制挂钩未果后,美欧等主要经济体主导和推行各自的区域或双边自由贸易协定中的劳工标准。由于美欧谈判地位强势,在自由贸易协定谈判中与贸易伙伴之间往往形成不对称的谈判格局,迫使越来越多的国家接受其关于劳工标准的要求。据不完全统计,纳入劳工条款的自由贸易协定1995年仅有4个,2005年上升到21个,2011年猛增到47个。[6] 迄至2013年7月,在WTO登记的近280个自由贸易协定中,与劳动标准挂钩的达58个。[7] 劳工标准与自由贸易协定的挂钩不仅出现在发达国家与发展中国家之间,亦出现在发展中国家之间,甚至还出现在发达国家之间。我国对外签订的自由贸易协定中已有4个规定有劳工标准条款。[8] 2016年2月4日由美国主导、共计12个发达国家和发展中国家缔结的《跨太平洋伙伴关系协定》(TPP),其劳工标准条款最为严格。[9]

自由贸易协定所规定的劳工标准事项,主要来源于国际劳工标准的事项,但不同自由贸易协定中规定的劳工标准事项不尽相同。各自由贸易协定都重点强调国际劳工组织提出的“四个方面核心劳工标准”(即结社自由和集体谈判、消除强迫或强制劳动、禁止童工劳动、消除就业与职业歧视)和“体面工作计划”,以及“最低工资、工时、职业安全与卫生”和“非本国劳动者

---

〔5〕 林燕玲:《国际劳工标准与经济全球化》,清华大学第二届公共政策与管理国际研讨会论文,2002年。

〔6〕 JordiAgusti - Panareda, Franz Christian Ebert and Desir6e LeClercq, Labour Provisions in Free Trade Agreements: Fostering their Consistency with the ILO Standards System, ILO, Background Paper, Social Dimensions of Free Trade Agreements, March 2014, p. 7.

〔7〕 International Labour Organization; International Institute for Labour Studies, *Social Dimensions of Free Trade Agreements*, Geneva: ILO Publication, 2013, p. 5.

〔8〕 分别是《中国—智利自由贸易协定》第108条、《中国—新西兰自由贸易协定》第177条、《中国—秘鲁自由贸易协定》第161条、《中国—瑞士自由贸易协定》第13.5条。

〔9〕 郑丽珍:《TPP劳动标准规则的特点及对中国的谈判启示》,载《国际经贸探索》2016年第4期。

保护”等义务。同时,还强调缔约方实施国内既有劳动法律、法规和政策,即要求缔约方不得在立法和法律适用上以降低国内劳动法的保护水平来促进贸易或吸引投资;不得将劳工标准用于贸易保护主义。[10]

自由贸易协定在规定劳工标准事项的同时,大多还对劳工标准实施机制有所规定,亦即将劳工标准条款同其他义务条款一道纳入争端解决机制。主要有两种类型[11]:其一,条件性实施机制。美国对外签订的自由贸易协定一般作如此选择。对劳工标准条款遵守则给予贸易奖励,违反则会导致贸易制裁或资金处罚(但仅适用于违反保护童工、最低工资、职业安全健康标准,不涉及自由结社、集体谈判和强迫劳动等问题);对劳工标准争议确立协商、磋商基础上的强制争端解决机制,磋商未果时,可以按照 TPP 争端解决条款的要求成立专家组进行裁决。其二,促进性实施机制。欧盟对外签订的自由贸易协定大多如此。对劳工标准条款遵守会得到贸易奖励,违反则不会导致贸易制裁或资金处罚;劳工标准争议不适用强制性的争端解决机制,强调以对话、磋商为主,以磋商方式解决劳动标准争端。我国对外签订的自由贸易协定中,劳工标准条款实施机制也是促进性的。

第四节　国际劳工立法与中国

一、国际劳工立法与新中国的关系

新中国成立前曾批准 14 个公约,但由于未及时制定相应的法律,或者制定了法律未正式施行,这些公约对于改善当时工人的劳动状况和生活条件并未产生任何实际效果;新中国成立后,台湾当局盗用中国政府名义非法批准了 23 个公约。1983 年 6 月我国恢复了在国际劳工组织的活动以后,对前 14 个公约,于 1984 年 5 月决定予以承认,同时宣布后 23 个公约的批准为非法和无效。

我国予以承认的14个公约

以后,我国政府又批准了 11 个国际劳工公约。至此,我国已经承认和批准了 25 个国际劳工公约。其中,由于关于不同行业童工问题的第 7 号公约、第 15 号公约、第 59 号公约已经被 138 号公约《准予就业最低年龄公约》所取代,故目前在我国生效的国际劳工公约为 23 项,含 4 项核心公约和 2 项优先性公约。

我国后续批准的11个国际劳工公约

国际劳工立法与新中国劳动立法的关系还表现在,一些尚未批准的公约和无须批准的许多建议书都不同程度地为我国近年来的劳动立法所借鉴和参考。例如,在起草和制定《劳动法》的过程中,就适当借鉴了国外劳动立法的有益经验,特别是国际劳工公约和建议书的有关规定。在其内容中,有些是对已批准公约的实施,如实行每周两天休息制度、制定最低工资办法、禁止使用妇女从事矿山井下工作、限定最低就业年龄、实行男女工人同工同酬

〔10〕 参见郑丽珍:《劳动标准与贸易和投资协定挂钩的历史演进、当代特点与未来趋势》,载《中国社会法学研究会 2016 年年会论文集》,2016 年 7 月。

〔11〕 参见李西霞:《自由贸易协定中劳工标准的发展态势》,载《环球法律评论》2015 年第 1 期。

等;而更多的则是对尚未批准的公约和建议书的采用,如促进就业政策和措施、反对就业歧视、禁止强迫劳动、规定工作时间和休息休假制度、实行劳动安全卫生措施、改进社会保险制度、实行劳动监督检查制度等。

在全球化的背景下,国际劳工标准对我国劳动立法的影响会日益加深。作为一个发展中国家,一方面,我国要参照国际劳工标准,不断发展和完善中国劳动立法,从而使我国劳动者的合法权益得到进一步的保护;另一方面,也应当清醒地认识到,劳动者权益的保障和改善是一个发展过程,受到经济、社会、历史和文化等条件的制约,我国应当从国情出发,逐步实现与国际劳工标准的接轨。为此,应当着重研究:各项国际劳工标准(特别是核心劳工标准)的内容、水平和特点;我国劳动立法与国际劳工标准之间的差距,以及存在差距的原因;我国扩大批准国际劳工公约(特别是核心劳工公约)的范围有何必要性和可行性,以及如何安排批准的顺序;我国现行劳动立法还存在哪些与我国已批准的国际劳工公约不符合的规定,对此如何采取相应的立法措施;对于我国尚未批准的国际劳工公约,我国劳动立法应当如何实现作为这些公约主题的劳工基本权利。

二、国际劳工立法与我国香港、澳门特区劳工立法的关系

根据《香港特别行政区基本法》和《澳门特别行政区基本法》的规定,在回归祖国前适用于香港、澳门的国际劳工公约继续有效。截至 2003 年年底,经修改或无须修改而适用于香港的国际劳工公约有 41 项,其内容涉及就业失业、童工、工时、职业安全卫生、工资、劳工赔偿、海员、农业工人、移民工人、公务员、青年工人、三方协商、劳工行政、劳工统计等多方面。2001 年澳门劳工暨就业局出版的《澳门现行劳工法例》所列入的适用于澳门的国际劳工公约,由原来的 20 项上升为 29 项,其中,不再适用的 5 项,新增认可适用的 14 项。就内容而言,涉及基本人权、就业、劳工行政、劳动关系、工作条件、移民工人的占多数。

香港和澳门都可以中华人民共和国代表团成员身份参与国际劳工组织的活动,也可以中国香港和中国澳门名义自行参与不限于国家才可参与的国际劳工组织的活动。

基础理论篇

第四章　劳动法本体概述

第一节　劳动法的概念和调整对象

劳动法，又称劳工法，是一个有多种含义的概念。一是指法律体系中的劳动法律部门，即调整劳动关系以及与劳动关系密切联系的其他社会关系的法律规范的总和；二是指一个国家的劳动法典，如《苏俄劳动法典》、《土耳其劳工法》和《中华人民共和国劳动法》等；三是指劳动法学或劳动法课程，如有的法学著作以《劳动法》作为其书名。本书中所使用的“劳动法”概念，仅限于第一种含义。

关于劳动法概念的内涵，一般以其调整对象来说明。在法学界，劳动法的调整对象已被公认是劳动关系以及与劳动关系密切联系的其他社会关系。但是，关于什么是劳动关系以及与其密切联系的其他社会关系，它们的范围如何界定等问题，立法实践和法理认识都不尽一致。为此，就以下几个要点予以阐述：

一、劳动力和劳动的概念

劳动关系是一个以劳动力和劳动为内涵要素的概念，要认识劳动关系，先必须了解什么是劳动力和什么是劳动。

（一）劳动力的概念

马克思说：“我们把劳动力或劳动能力，理解为人的身体即活的人体中存在的、每当人们生产某种使用价值时就运用的体力和智力的总和。”〔1〕据此，劳动力可定义为人所具有的并在生产使用价值时运用的体力和脑力的总和。

理解劳动法中的劳动力，明确其下述特征尤为重要：(1)其存在具有人身性。劳动力天然地以劳动者人身为载体，无论以何种形态存在，也无论存在于何种时空，都与劳动者人身不可分离。(2)其形成具有长期性。劳动力需要很长时间才可形成，即经过人体生理发育过程才可形成一定体力，经过家庭教育、学校教育、职业教育、生产实践等阶段才可形成一定脑力。(3)其储存具有短期性。劳动力产生后以潜在的、无形的状态寓于人体内，如果在一定时间内不被使用，体力就会自然地消耗，脑力就会失去使用价值，而不能像物品一样长期储存待用。体力的储存时间更大大短于脑力的储存时间。(4)其再生产具有不可间断性。劳动力再生产与劳动力存续和劳动者生命是同一过程，不论劳动力是否被使用都必须持续进行。劳动力再生产一

---

〔1〕《马克思恩格斯全集》第23卷，人民出版社1972年版，第190页。

旦中断就难以为继,也就意味着致残或死亡。(5)其投入使用具有不可分割性。一个劳动者的劳动力就其内容而言往往是由多个部分构成的整体,但各个部分劳动力之间不能分开存在。各个劳动者在一定时空范围内尽管得以使用的一般只是部分劳动力,但仍然需要全身心投入,也就是说,只要有任何一部分劳动力被使用,其余未被使用的劳动力部分必然伴随被使用的劳动力投入同一时空。(6)其支出具有可重复性和不可回收性。劳动力在再生产有保障的前提下,可以持续地重复支出,而不像物品那样一次性支付即完毕;但劳动力一旦支出,就无法回收,而不像物品、货币那样支出后还可收回。

理解劳动法中的劳动力,还有必要明确劳动力形态的下述分类:(1)潜在形态和外在形态。潜在形态劳动力,即蕴含于人体内部,处于静态形式和无形状态的劳动力。未被使用的劳动力只以潜在形态存在。它创造使用价值的可能性尚未转化为现实性。外在形态劳动力,即表现于人体外部,处于动态形式和行为状态的劳动力。被使用的劳动力才以外在形态存在。它已具有创造使用价值的现实性。这两种形态的劳动力对劳动力的所有者和使用者都是必要的。潜在形态劳动力是外在形态劳动力的基础,外在形态劳动力是潜在形态劳动力的转化。提高潜在形态劳动力的水平,可以扩大外在形态劳动力创造社会财富的能量;而潜在形态劳动力对创造社会财富的实际贡献大小,则取决于外在形态劳动力对潜在形态劳动力转化的程度,即是否全部转化和转化多少;并且,潜在形态劳动力的素质,可以通过外在形态劳动力得到增强。(2)商品形态和非商品形态。商品形态劳动力,又称劳动力商品,即进入市场成为买卖客体的劳动力,它由其所有者有偿地让渡给他人使用。作为一种特殊商品,其使用价值在于,能够通过其使用而创造价值,并且创造出比其自身价值更大的价值;其价值表现为,形成和再生产劳动力所必要的生活资料的价值,即维持劳动力所有者生存所需生活资料的价值。非商品形态劳动力,即没有进入市场而未成为买卖客体的劳动力,它由其所有者自己使用或者无偿地让渡给他人使用。在简单商品经济中,劳动力商品仅个别地、分散地出现;在资本主义市场经济中,劳动力则普遍表现为商品形态。我国在计划经济时期,几乎不存在劳动力商品;在经济体制改革进程中,随着劳动力市场的培育和发展,劳动力商品的存在范围逐渐扩宽。不过,现阶段劳动力仍在很大范围内表现为非商品形态或者处于介乎非商品与商品之间的过渡形态。

(二)劳动的概念

劳动,是一个使用范围十分广泛的概念,其含义往往因使用范围不同而有所差异。马克思的《资本论》中,在分析劳动过程时,对劳动的一般含义作过精辟的揭示。即:劳动是劳动力的使用(消费),“是制造使用价值的有目的的活动”,“是人以自身的活动来引起、调整和控制人和自然之间的物质变换的过程”。[2] 据此可认为,一般意义的劳动,是指人们在物质生产和精神生产过程中,通过使用(消费)劳动力,运用劳动资料作用于劳动对象,创造使用价值以满足人们需要的有目的的活动。最简明的表述,即劳动力的使用。它是人类社会存在和发展的最基本条件。

在实践中,劳动的类型复杂多样。依劳动力使用方式不同,可分为自我使用劳动力的劳动和供他人使用劳动力的劳动。前者指劳动力所有者运用自己的劳动力生产使用价值,如劳动

---

〔2〕 参见马克思:《资本论》第1卷,人民出版社1975年版,第201~210页。

者自给自足生产、自我生活服务，以及向社会提供劳动成果而非劳动力的个体商品生产。后者指劳动力所有者将其劳动力提供给他人使用的劳动，亦即使用他人劳动力所进行的劳动，又可分为劳动力有偿供他人使用和无偿供他人使用两种情形。[3]

在劳动法中，劳动的概念，除了有其一般含义外，还有其特定内涵。其中主要包括：(1)合法劳动。劳动有合法与违法之分，劳动法上的劳动只限于合法劳动。例如，在走私组织或团伙的安排下从事走私、贩私的活动，不属于劳动法上的劳动。(2)职业劳动。劳动的目的有谋生与非谋生之分。作为谋生手段的劳动，也就是为获取作为其生活主要来源的劳动报酬而相对稳定在一定劳动(工作)岗位上所从事的劳动，即为职业劳动。而不以谋生为目的的劳动，如"义务劳动"，志愿者的劳动，现役军人的军工劳动，家庭成员的家务劳动，均非职业劳动。都不属于劳动法所指的劳动。(3)受雇劳动。劳动有受雇劳动与自营劳动之分，劳动法上的劳动一般只限于受雇劳动。受雇劳动又称他雇劳动，是在雇主的组织、安排、指示下，以雇主的名义从事的劳动。自营劳动又称自雇劳动，即以生产资料所有者或经营者的身份从事的劳动，独立自主性强。例如，个体工商户业主、合伙人、自由职业者、公司法定代表人的劳动，农民在其自己的承包地、责任田中从事的劳动，不属于劳动法上的劳动。[4] (4)从属性劳动。即劳动者在雇主所组织的劳动中处于从属地位，受雇主的内部劳动规则的约束，受雇主意志的支配。(5)自由劳动。即劳动者虽然受雇主约束，但具有人身自由。这区别于罪犯、劳教人员和战俘的劳役劳动。

此外，我国劳动法中的劳动，一般只限于非农业劳动，而未包括农业劳动。我国目前的农业劳动大多为自雇劳动，但有的地区，他雇农业劳动(如农民受雇去他人的承包地或农场从事农业生产劳动)在不断增多。对于他雇农业劳动，除以往国营农场的农工劳动外，还未纳入劳动法的调整范围。

二、劳动关系

(一)劳动关系的概念辨析

劳动关系的概念有广义和狭义之分，且有两种视角的理解。就法律调整范围的视角而言，狭义劳动关系，仅限于劳动法调整的劳动关系；广义劳动关系，除狭义劳动关系外，还包括民法、公务员法等调整的劳动关系。就劳动关系主体形态的视角而言，狭义劳动关系即学界所称"个别劳动关系"或"单个劳动关系"；广义劳动关系，除个别劳动关系外，还包括学界所称"集体劳动关系"或"团体劳动关系"。单个劳动关系的当事人双方仅限于单个劳动者与单个雇主，其合同为劳动合同。我国劳动立法中所称"劳动关系"，即单个劳动关系。与单个劳动关系相对应的是集体(团体)劳动关系，其当事人一方为劳动者团体(工会)及其代表的全体劳动者，另一方为雇主或雇主团体，其合同为集体合同。劳动法的调整对象被公认为劳动关系和与劳动关系密切联系的其他社会关系(或称"劳动关系之附随一切关系")，在这里，"劳动关系"即个

---

[3] 吴超民：《我国企业内部诸关系析辨》，载《劳动争议处理与研究》1996 年第 8 期。

[4] 值得注意的是，在有的国家，将工具化的自营劳动也在一定程度上纳入劳动法的保护范围，如德国劳动法中的"类似劳动者"、意大利劳动法中的"准从属性劳动"。参见粟瑜、王全兴：《我国灵活就业中自治性劳动的法律保护》，载《东南学术》2016 年第 3 期。

别劳动关系;集体劳动关系则归之于“与劳动关系密切联系的其他社会关系”。[5]

劳动关系、雇用关系和人事关系是三个常被混用的概念。其中,劳动关系和雇用关系在我国境内外都被使用,且都既是理论概念,也是法律概念;而人事关系仅在我国大陆被作为法律概念使用。

劳动关系和雇用关系这两个概念的使用有两种情形:(1)无差异使用。这两个概念都包括劳动者将其劳动力转让给雇主使用而雇主向劳动者支付劳动报酬的含义,在此意义上,劳动关系即雇用关系,或者说这两个概念可以互换。例如,在《法国劳动法典》中,对劳动关系使用“雇用”、“雇用合同”概念。(2)有差异使用。在这两个概念的关键词中,体现了一定的理念差异。对于劳动者与雇主而言,“劳动关系”的关键词“劳动”突出了劳动者的地位,“雇用关系”的关键词“雇用”则突出了雇用者的地位。在有的国家,如德国,尽管劳动关系都被劳动法和民法纳入其调整范围,但《德国民法典》中称“雇用合同”,而在非全日制、固定期限劳动合同、解雇保护等专项劳动法律中则称“劳动合同”;又如瑞士,1971 年对 1911 年《民法典》的债法作重大修改,设立“劳动合同”专章取代原《民法典》中关于“雇用合同”的规定。在我国大陆,这两个概念作为理论概念使用,不涉及法律调整的差异,但涉及所有制的差异。即在学术文献中,一般使用劳动关系概念,既包括公有制雇主的劳动关系,也包括非公有制雇主的劳动关系;而使用雇用关系概念,仅指非公有制雇主的劳动关系。当这两个概念作为法律概念使用,则涉及法律调整的差异。由劳动法调整的劳动关系才被称之为“劳动关系”;未纳入劳动法调整范围而由民法调整的劳动关系,被司法解释称之为“雇用关系”,我们认为,为避免理解上的混乱和误会,将其称之为“民事雇用关系”更为妥当和清晰。

在我国,人事关系概念的外延和归属在不同的历史阶段不尽相同。在计划经济体制下,劳动者有干部与工人之分,干部包括国家机关的工作人员(公务员)、事业单位和国营企业的管理和专业技术人员,其与所在用人单位的关系被称为人事关系,由人事行政部门管理;工人与其所在用人单位的关系被称为劳动关系,由劳动行政部门管理。实行市场化劳动、人事制度改革以来,人事关系的范围不断缩小。在现阶段,人事关系概念专指国家机关、事业单位和社会团体与其职员的劳动关系,亦即公共部门的劳动关系。

(二)劳动关系的定义和内涵要点

关于劳动关系,我国立法尚无明确定义,学界的定义也不尽一致。教科书中,有的定义为“在实现集体劳动过程中,劳动者与用人单位之间所发生的关系”;[6]有的定义为“在运用劳动能力、实现劳动过程中,劳动者与用人单位(劳动力使用者)之间的社会劳动关系”。[7] 这两种定义中,突出了劳动过程和主体(劳动者与用人单位)这两个要点。在《劳动合同法实施条例(草案)》(征求意见稿)第 3 条中,将劳动关系定义为“用人单位招用劳动者为其成员,劳动者在用人单位的管理下,提供由用人单位支付报酬的劳动而产生的权利义务关系。”[8]该定义所突出的要点,除了劳动过程和主体(劳动者与用人单位)外,还有劳动组织成员、从属性劳动和

---

〔5〕 关于这种归类方式,参见史尚宽:《劳动法原论》,正大印书馆 1977 年重印版,第 2 页;王全兴:《劳动法》(第二版),法律出版社 2004 年版,第 37 ~ 38 页。

〔6〕 关怀:《劳动法》,中国人民大学出版社 2001 年版,第 15 页。

〔7〕 贾俊玲:《劳动法学》,北京大学出版社 2003 年版,第 4 ~ 5 页。

〔8〕 《中华人民共和国劳动合同法实施条例》(2008 年)中,没有其草案征求意见稿的这一规定。

劳动报酬。

笔者认为,劳动关系的定义应当以劳动要素为基础。劳动以劳动力和生产资料为要素,劳动过程即劳动力与生产资料的动态结合过程。在劳动力和生产资料归属于同一主体的条件下,这两种要素的结合不可能形成社会关系;而在劳动力和生产资料分别归属于不同主体的社会条件下,只有这两种主体之间形成劳动力与生产资料相结合的社会关系,劳动过程才能够实现。在此意义上,劳动关系可定义为:劳动力所有者(劳动者)与劳动力使用者(雇主或用人单位)之间,为实现劳动过程而发生的一方有偿提供劳动力由另一方用于同其生产资料相结合的社会关系。其下述内涵要点尤其值得重视:

(1)劳动者与雇主(用人单位)的关系。即劳动关系当事人一方固定为劳动力所有者和支出者,称劳动者(或雇员、劳工),另一方固定为生产资料占有者和劳动力使用者,称雇主(或用人单位)。其中,劳动者在劳动过程中及其前后都是劳动力所有者,并且在劳动过程中还是劳动力支出者;雇主以占有生产资料即劳动力吸收器,作为其成为劳动力使用者的必要条件。

(2)劳动力与生产资料相结合的关系。劳动力和生产资料是劳动的两大要素,劳动过程的实现须以劳动力与生产资料相结合为前提。只有在劳动力和生产资料分别归属于不同主体的条件下,劳动过程中的社会关系,实质上是劳动力与生产资料相结合的关系。

(3)劳动力使用关系。在劳动力与生产资料的结合中,劳动力所有权与使用权发生分离,即劳动者将其劳动力使用权转让给雇主,由雇主将劳动力用于同其生产资料相结合。雇主享有劳动力使用权,具体决定和安排劳动力在劳动过程中的使用,劳动者的劳动应当服从雇主的安排、指挥和监督。

(4)劳动组织关系。雇主使用劳动力的过程,表现为雇主将劳动者的劳动力纳入其生产经营系统安排使用的过程。劳动者被雇主安排在生产经营系统中特定岗位(职位)从事劳动,成为雇主的劳动组织成员。因而,劳动者作为劳动组织成员,对雇主有忠实义务,应当遵守雇主的劳动规章制度。

(5)劳动力有偿转让(或称劳动力交易)关系。这里的"有偿",不限于劳动报酬,而是劳动力再生产的全部条件。即雇主使用劳动者的劳动力,应当以向劳动者提供劳动力再生产的条件为代价。这是因为,劳动者所转让的只是劳动力使用权,而仍然享有劳动力所有权。在劳动关系中,劳动力所有权以依法能够自由支配劳动力并且获得劳动力再生产的保障为基本标志;雇主在使用劳动力的过程中应当为劳动者提供保障劳动力再生产所需要的时间、物质、技术、学习等方面的条件,不得损害劳动力本身及其再生产机制,也不得侵犯劳动者转让劳动力使用权的自由和在劳动力被合法使用之外支配劳动力的自由。

(三)劳动关系的双重属性

1. 人身关系与财产关系

劳动关系兼有人身关系与财产关系的属性。其中,首要的是人身关系。这是因为,劳动力天然以劳动者人身为载体,无论以何种形态存在,也无论存在于何种时空,都与劳动者人身不可分离。劳动者向雇主提供劳动力,实际上就是劳动者将其人身在一定限度内交给雇主,成为其劳动组织成员,故劳动关系就其本来意义说是一种人身关系。与劳动者提供劳动力相对应,雇主应当向劳动者提供劳动力再生产的条件,其中包括工资、福利、社会保险等物质待遇,这表现为财产关系。在劳动关系的人身关系内容和财产关系内容中,财产关系内容取决和服务于人身关系内容。因此,在劳动法的制度设计中,着重体现劳动关系作为人身关系的特殊需要。例如,要求劳动者亲自参加劳动过程;追求劳动关系的稳定;保障劳动者的择业自由和安全健康。即使是对财产关系的法律调整,也要满足财产关系受制于人身关系因素的特殊需要。例如,工资支付的规则之所以不同于民法中的货币支付规则,就在于工资具有保障劳动力再生产的功能。

2. 平等关系与不平等关系

劳动者与用人单位之间通过相互选择和平等协商,以合同形式确立劳动关系,并可以通过协议来续延、变更、暂停、终止劳动关系。这表明劳动关系是一种平等关系,即平等主体间的合同关系。然而,劳动关系当事人双方在劳动力市场上处于实质不平等状态,即劳动者处于弱者地位,特别是在劳动力供过于求的市场环境中更为突出;并且,劳动关系一经缔结,劳动者就成为雇主的劳动组织成员,与雇主具有组织从属性(人格从属性)。劳动者对雇主有服从义务和忠实义务,雇主对于劳动者享有指挥权和惩戒权。劳动关系的这种不平等性,至少有以下特点:(1)劳动者的弱者地位取决于作为劳动关系客体的劳动力的特性。即劳动力的形成具有长期性,但其储存具有短期性,且其再生产具有不可间断性。劳动力产生后以潜在的、无形的状态寓于人体内,如果在一定时间内不被使用,体力就会自然地消耗,脑力就会失去使用价值,而不能像物品、货币一样长期储存待用。体力的储存时间更大大短于脑力的储存时间。一方面,劳动力闲置就意味着浪费;另一方面,为维持劳动力再生产,又不得不使劳动力及时被使用而获取生活资料。这就决定了劳动者在劳动力市场上处于劣势地位。(2)雇主与劳动者之间是权力与权利的关系。即雇主所享有的不仅是权利,而且是因其占有生产资料而对迫切需要出卖劳动力以换取生活资料的劳动者的一种权力,或者说"权力是雇用关系中必不可少的成分"[9],雇主在劳动关系中具有话语权和主动权。(3)雇主与劳动者的强弱地位不具有可互换性。即在劳动力市场上,劳动者的弱势地位与雇主的强势地位之间可互换的机会远远少于其他市场上的市场主体的强弱地位互换。正因为如此,在劳动法中,一方面,运用合同制度,力求实现劳动者与雇主之间自由选择和意思自治意义上的形式平等;另一方面,运用劳动基准、集体合同等限制雇主意思自治的手段,偏重保护劳动者,力求实现劳动者与雇主之间的实质平等。

3. 私法关系与公法关系

劳动关系的私法属性主要表现在,作为一种合同关系,其基础性利益结构是作为私益的当事人双方各自利益和共同利益,其运行过程应当体现意思自治、契约自由的精神。这是配置劳动力资源的市场机制的基本要求。因而,在市场经济中,劳动合同法具有一定的私法属性。但是,劳动关系具有较强的外部性,无论是从社会化大生产的要求还是从企业社会责任的要求考量,社会公共利益在劳动关系的利益结构中处于重要的地位;并且,在劳动关系的强、弱当事人之间,存在"权力"关系,私法规则不足以保障劳动者意思自治、契约自由的实现。这就需要公法基于向劳动者倾斜和保障社会公共利益的需要对劳动关系进行调整,即在允许雇主与劳动者以合同形式确立劳动关系和明确相互权利义务的同时,又对雇主的权力进行规制,作出保障劳动者利益底线(劳动基准)和限制雇主意思自治的规定,从而超越了"以规范平等主体间权利

〔9〕[英]菲利普·李维斯等:《雇员关系:解析雇用关系》,高嘉勇等译,东北财经大学出版社2005年版,第58页。

义务”为基础的私法的范畴,具有公法属性。雇主在劳动关系运行过程中遵守劳动基准,不仅是对劳动者的义务而且也是对国家的义务。于是,劳动关系不再只是私法关系,而是具有公法关系性质的私法关系。

4. 对抗性关系与非对抗性关系

劳动者与雇主在利益目标上存在冲突,前者追求工资福利最大化,后者追求利润最大化,这在一定意义上是成本与利润的矛盾。因而,双方之间的对抗性非常明显,这种对抗性在一定条件下还会酿成社会危机。但是,双方之间也是一种利益伙伴关系,彼此利益处于相互依存的共生状态,甚至有的利益目标,如劳动者的就业保障和职业发展目标与雇主的发展目标之间,具有相对一致性。因而,劳动关系当事人双方的矛盾具有非对抗性,是对立统一体。实践中,对抗性与非对抗性处于此消彼长的不断变动状态,对抗性表明协调劳动关系具有必要性,非对抗性表明协调劳动关系具有可行性。

综上所述,劳动关系呈现出双重属性相融合的现象,各种属性都具有各自不同的法律需求,而劳动法的制度设计则需要满足劳动关系的这种结构性法律需求。

(四)劳动关系的认定标志

劳动关系的认定标志,是基于劳动关系的内涵要点所引申出的可据以认定劳动关系或者辨别劳动关系与其他社会关系(如劳务关系)的标志。实践中可分为实质标志(或称核心标志)和形式标志。

1. 实质标志

实质(核心)标志,是反映劳动关系的实质或核心内涵的标志。劳动关系实质上是劳动者的劳动力与雇主的生产资料相结合的关系,亦即劳动者的劳动力由雇主使用的关系;而劳动力以劳动者的人身为载体,故劳动者的劳动力由雇主使用的关系,属于人身关系;雇主使用劳动者的劳动力,亦即将劳动者的劳动力纳入其生产系统进行使用,或者说将劳动者纳入其劳动组织进行使用,故劳动关系是劳动组织关系,或者说劳动者是雇主的劳动组织成员,因而具有组织从属性(或称人格从属性)。由此表明,认定劳动关系的实质(核心)标志是:劳动力由他人使用→人身关系→劳动组织关系→组织从属性。其中,劳动力由他人使用和从属性尤其值得讨论。

劳动力由他人使用,在我国劳动立法中,被称之为“用工”,并且,《劳动合同法》将开始用工作为建立劳动关系的标志。对于劳动关系中的用工,有“实际使用说”和“控制说”两种理解。“实际使用说”认为,用工即劳动者的劳动力被用人单位实际使用或者消耗。其注重的是劳动力被实际使用的事实。“控制说”认为,用工即劳动者已将其劳动力使用权转让给雇主,或者说,雇主对劳动者的劳动力已取得使用权。其注重的是劳动者的劳动力处于被雇主控制的状态,既包括劳动者的劳动力已被雇主实际使用,此即在用中的控制;也包括劳动者的劳动力虽然还未被雇主实际使用但雇主有权实际使用的状态,例如,劳动者虽然未上班却已被雇主作为其劳动组织的成员,准备随时应召上班,此即备用中的控制。就作为劳动关系内容的权利义务而言,劳动者的劳动力无论是处于在用还是备用的控制状态,都已成为劳动者与雇主相互权利义务的客体。因而,用工的含义应当采用“控制说”。根据《山西省劳动合同条例》(2009 年)第 8 条第 2 款的规定,作为劳动关系建立时间的“用工之日”,是指劳动者根据雇主的安排,到雇主报到之日。这里对“用工”的理解,采用的是“控制说”。

从属性,也可称之为控制性。从属性,即劳动者从属于雇主;控制性,即雇主控制劳动者。

对于劳动关系的从属性,有人格从属性、组织从属性、经济从属性三种理解。[10]

人格从属相对于人格独立或自主决定而言。其侧重点在于,劳动者受雇主控制程度较高而失去独立人格,即劳动者从事何种劳动、运用何种手段劳动、工作时间和地点等事项,受到雇主较高程度的控制。由于工作性质、职业技能、企业规模、企业文化等因素的影响,劳动者受雇主控制或自主决定的程度不尽相同。故受雇主控制程度较低而拥有相当自主权的劳动者,如高端专业人员、高级管理人员、企业内部承包者,若纳入人格从属性的范围,则有疑义。

组织从属性的侧重点在于,劳动者的劳动被纳入雇主的生产经营系统,而成为其中的一个组成部分或必要环节;劳动者因而就成为雇主的劳动组织成员,在劳动中承担作为劳动组织成员所应负的遵守雇主的规章制度、保守雇主的商业秘密等义务。按照组织从属性的理解,只要是组织成员,无论其拥有的自主程度如何,都处于从属性地位。可见,组织从属性可以弥补人格从属性的不足,而将由于工作自主性比较高而不宜纳入人格从属性范围的人员纳入组织从属性的范围。例如,律师对于律师事务所,会计师对于会计师事务所,企业内部承包者对于企业,轮船船长对于轮船公司,高校教师对于高校,就具有组织从属性。

经济从属性的侧重点在于,把经济实力强弱的差异作为具有从属性的原因。对其理解有两种:一种是组织体内部的经济从属性,即在同一个组织体内,劳动者的经济实力相对雇主处于弱势,依赖于雇主提供的生产资料和工作岗位,从事劳动、获得劳动报酬,借以谋生和增加财富;雇主基于其经营权,管理生产经营体系和劳动过程,决定劳动条件;经营利润和风险由雇主享有和承担,劳动者的劳动报酬虽然取决于经营盈亏状况,但不分享利润,也不负担亏损。[11]其所涵盖的范围与人格从属性、组织从属性基本相同。另一种是组织体外部的经济从属性,是两个有独立主体资格者之间的经济从属情形,即在同一生产经营链条的不同环节之间,弱势经营者的经营机会,经营中的价格和利润,都由强势经营者控制,甚至弱势经营者得到的利润极低或者几乎得不到利润。这种经济从属性劳动,又称工具化劳动。依这种经济从属性,可将两个有独立主体资格者之间的经济从属关系视为劳动关系。

在我国劳动立法中,人格从属性和组织从属性都被作为认定劳动关系的标志。例如,原国家劳动和社会保障部《关于确定劳动关系有关事项的通知》(2005 年)第 1 ~ 2 条规定的劳动关系认定标志中包括:"用人单位依法制定的各项劳动规章制度适用于劳动者,劳动者受用人单位的劳动管理,从事用人单位安排的有报酬的劳动";"劳动者提供的劳动是用人单位业务的组成部分"。

2. 形式标志

形式标志,是反映劳动关系的形式特征的标志。实践中据以认定劳动关系的形式标志有多种,如书面劳动合同、员工名册、工作证、工资支付凭证、劳动者资格、用人单位(雇主)资格等。原国家劳动和社会保障部《关于确定劳动关系有关事项的通知》(2005 年)第 1 ~ 2 条中规定的"用人单位和劳动者符合法律、法规规定的主体资格";"工资支付凭证或记录(职工工资发放花名册)、缴纳各项社会保险费的记录";"用人单位向劳动者发放的工作证、服务证等能够证

---

〔10〕 黄越钦:《劳动法新论》,中国政法大学出版社 2003 年版,第 94 ~ 96 页;台湾劳动法学会:《劳动基准法释义——施行 20 年之回顾与展望》,新学林出版股份有限公司 2005 年版,第 52 ~ 57 页。

〔11〕 参见黄越钦:《劳动法新论》,中国政法大学出版社 2003 年版,第 95 ~ 96 页;台湾劳动法学会:《劳动基准法释义——施行 20 年之回顾与展望》,新学林出版股份有限公司 2005 年版,第 55 ~ 56 页。

明身份的证件”;“劳动者填写的用人单位招工招聘登记表、报名表等招用记录”;“考勤记录”,就属于认定劳动关系的形式标志。

关于形式标志,至少需要注意以下几点:(1)确定何种现象或事物可作为认定劳动关系的形式标志,其依据来源于立法的规定和社会实践中的共识。例如,依据劳动法的规定,建立劳动关系应当订立书面劳动合同;用人单位必须书面记录支付劳动者工资的数额、时间、领取者的姓名以及签字并保存两年以上备查,在支付工资时应向劳动者提供一份其个人的工资清单;用人单位应当为劳动者办理社会保险手续和缴纳社会保险费。因而,凭书面劳动合同、工资支付凭证或记录、社会保险费缴纳记录等,就可以认定存在劳动关系。又如,在企业人力资源管理实践的惯例中,用人单位在招聘过程中会要求劳动者填写登记表、报名表等记录;在录用后会向劳动者发放工作证、服务证等证件。因而,类似的书面记录和证件就可以作为认定劳动关系的形式标志。(2)形式标志直接表现为证明劳动关系存在的证据,应当具有客观真实性和与劳动关系存在之事实的相关性,并且经过审查核实。(3)形式标志对于劳动关系的认定,不一定都具有绝对意义,或者说在一定条件下仅具有相对意义。例如,书面劳动合同在劳动者已提供劳动的情形下,足以证明劳动关系的存在;但在劳动者尚未提供劳动的情形下则不能证明劳动关系的存在。

3. 实质标志与形式标志的关系

在劳动关系认定的实质标志与形式标志之间,一方面,实质标志决定着形式标志,即劳动力被他人使用和从属性决定着何种现象或事物可以成为认定劳动关系的形式标志;另一方面,形式标志在一定条件下可以直接表明当事人双方之间存在从属性的劳动力使用关系。

而在劳动关系认定的实践中,由于形式标志较之实质标志更具有直观性和易于识别,故往往优先寻求形式标志,凡有形式标志的,一般依形式标志认定劳动关系。但形式标志有时难以获得,在企业人力资源管理不规范、灵活用工、个体工商户用工等情形下,更是如此;并且,形式标志在一定条件下对认定劳动关系只有相对意义。所以,对实质标志更值得重视。尤其应当重视的是,没有形式标志的,或者形式标志与实质标志不一致的,应当依实质标志认定劳动关系。

(五)劳动关系与劳务关系的区别

在民法中,劳务关系可作广义和狭义理解。广义劳务关系,即以劳务(或称服务)为客体的有偿合同关系,依合同约定一方向另一方提供劳务并获得劳务报酬;与其对应的是以非劳务给付(如动产、不动产和货币等给付)为客体的有偿合同关系。也就是说,在民事有偿合同中,除买卖合同、租赁合同、借贷合同外,都可归入劳务合同关系的范围。它可分为两类:一类是雇用性劳务关系,即民事雇用关系;另一类是非雇用性劳务关系,即狭义劳务关系,包括行纪、居间、保管、运输、承揽、出版、委托、仓储、技术服务、建筑工程承包等合同关系。这两类劳务关系的区别在于:(1)民事雇用关系以给付劳务为合同目的,即劳务给付方的义务仅限于实施劳务行为;而非雇用性劳务关系则以给付劳务为实现合同目的的手段,劳务给付方不仅有义务实施劳务行为,而且还有义务确保其劳务行为的成果符合约定要求。[12] (2)在民法中,调整民事雇用关系的法律规范因具有法律社会化的特征而属于特别法;而调整非雇用性劳务关系的法律规范则不具有这种属性。在这里与劳动关系作比较分析的,只是狭义劳务关系。

---

〔12〕 参见史尚宽:《债法各论》,中国政法大学出版社 2000 年版,第 291 ~293 页。

劳务关系中的劳务提供者既可以是自然人,也可以是法人或其他组织。实践中同劳动关系易于混淆的是以自然人为劳务提供者的劳务关系,故这里仅比较其与劳动关系的区别。劳动关系和劳务关系尽管都属于劳动与报酬的交换关系,但其根本区别在于:劳动关系中的劳动是从属性劳动,劳务关系中的劳务属于自治性(或称独立性)劳动。主要表现在:

(1)客体。劳动关系的客体是作为生产要素的劳动力;劳务关系的客体是作为产品的劳务,即运用劳动力等生产要素所生产的产品(劳务)。

(2)关系属性。劳动关系属于生产要素组织关系,即用人单位组织劳动力与生产资料相结合的关系,劳动者的劳动被用人单位纳入其生产(业务)系统;劳务关系属于产品(劳务)交换关系,劳务行为独立于劳务接受方生产(业务)系统之外。

(3)主体。在劳动关系中,劳动者作为用人单位的劳动组织成员而与用人单位有组织(人格)上的从属关系;在劳务关系中,劳务提供方相对于劳务接受方具有经营者身份,而不是其成员,与其无组织(人格)上的从属关系。

(4)义务。在劳动关系中,劳动者有义务转让劳动力使用权,一般表现为给付劳动行为,有权获得劳动力再生产条件(如劳动报酬、休息休假、劳动安全卫生等);在劳务关系中,劳务提供者有义务给付劳务行为的成果或使用价值,有权获得劳务费。

此外,劳动过程和劳务过程的风险承担主体、劳动报酬和劳务报酬的确定规则也有所不同。

(六)劳动关系的特殊形态

现代劳动关系因其形态模式的不同,可以分为一般形态劳动关系和特殊形态劳动关系。前者又称典型劳动关系、标准劳动关系,具备劳动关系常态特征,适用劳动关系一般运行规则。后者又称非典型劳动关系、非标准劳动关系,不具备或不完全具备劳动关系常态特征,导致其劳动关系的运行和内容不能完全适用劳动法的一般规定,或者需要劳动法作出特别规定。我国在体制转型中,就业形式的多样化致使劳动关系呈现出复杂化、多元化和分层化,出现不同于劳动关系一般形态的诸多特殊形态,由此引发许多新的法律问题。研究各种特殊形态劳动关系中不同于一般劳动关系的特殊问题,其意义在于:(1)可以深化劳动关系法律调整的研究。以劳动关系一般形态为研究对象的传统理论可以为常态下一般劳动法律制度的建构提供理论依据,但不足以解释特殊形态劳动关系的法律问题。因此,研究特殊形态劳动关系及其法律问题,既可以构建特殊劳动法律制度并使其与一般劳动法律制度相衔接,又可以丰富劳动关系理论。(2)可以细化劳动关系与非劳动关系的界限。劳动关系的特殊形态与一般形态存在某些差异,不完全符合劳动关系的一般要件,与非劳动关系易于混淆。研究特殊形态劳动关系,确认其劳动关系的基本属性,可以为区分劳动关系与非劳动关系提供理论依据和现实判断标准。

划分劳动关系的一般形态与特殊形态,首先应当确定劳动关系一般形态有哪些特点;而劳动关系一般形态之特点的确定,则取决于劳动法调整劳动关系的着力点,或者说劳动法的制度要素。基于法律调整劳动关系的多种需要,劳动关系一般形态的特点,亦即一般形态区别于特殊形态的标准,必然具有多元性。有学者对西方国家劳动关系一般形态的特点作过归纳,认为“如此之典型劳动关系,至少在西方国家的发展过程中,有着以下特点:男性的、全职的、每日上班8小时或以上的、每周上班5天以上的、领取月薪或周薪的、主要负担家庭生计的、享有最低劳动条件保护的、享有社会保险及其他社会安全保障的、雇主的雇佣原则上是不定期持续下去的、甚至是终身雇佣的、在企业的工作职场上与其他员工处于同一空间工作的、与雇主之间有清楚劳动关系的、有加入工会并受工会签约之团体协议保障的”。〔13〕 我国在工业化、城镇化还远未完成且正在加速的背景下，统一劳动力市场尚在形成中，劳动、人事制度改革还不同步，企业人力资源管理远未成熟，就业形势特别严峻，“互联网 + ”等新业态、新商业模式的影响日益加深，故劳动关系特殊形态及其划分标准较之西方发达国家更为复杂。我国实践中常见的划分标准主要有：

（1）就业（用工）形式。这是国际上最通用的标准。即正规就业（用工）通常有较稳定（期限较长）、全日制、单一雇主等特点，其劳动关系为一般形态。非正规就业（用工）又称灵活就业（用工），目前国内外学术界对其准确定义尚未达成一致看法。一般从三种视角界定：一是在劳动标准、组织和管理、就业稳定性方面达不到一般标准的就业（用工）形式，如季节工、临时工、劳动派遣、非全日制等；二是在非正规部门（即规模较小的从事商品生产、流通和服务的部门）的就业，如微型企业就业、个体经营和合伙经营、自由职业者、街头小贩和其他类型的打零工者；三是随着新兴产业发展而产生的现代非正规就业形式，如阶段性就业、远程就业、兼职等。非正规就业中，有的形成劳动关系，有的则不形成劳动关系（如自雇劳动、自由职业者）。

（2）劳动者特定身份。例如，高级职员、未成年工、学徒、实习生、商业推销员、保险代理人、计程车司机、外籍雇员、农民工等特定身份，需要劳动法针对各自特殊性分别作出特殊规定，在此意义上，其劳动关系可作为劳动关系特殊形态。

（3）雇主特定类型。例如，事业单位、国家机关、社会团体的劳动关系较之企业的劳动劳动关系，不完全资格用人单位的劳动关系较之完全资格用人单位的劳动关系，属于劳动关系特殊形态。

（4）劳动关系结构。在劳动法中，通行“一人一职”原则，即劳动者在同一期间只参与一个全日制劳动关系，但又有允许在一定条件下突破此原则的例外；劳动关系一般只有双方当事人，但实践中却有作为例外的“三角”劳动关系〔14〕；劳动关系内容与“外壳”一般处于合一状态，但在一定条件下处于分离状态，即虽然劳动关系存续但主要劳动权利义务暂停的虚化状态。因而，双重劳动关系（尤其是其中的兼职劳动关系）、“三角”劳动关系、虚化劳动关系，属于劳动关系特殊形态。

（5）劳动关系确立方式。在我国，依劳动关系确立方式不同，可划分为劳动合同关系与非合同劳动关系。后者指以行政方式确立的劳动关系，即固定工制劳动关系。《劳动法》施行以前，非合同劳动关系为一般形态，劳动合同关系为特殊形态。在 1986 年国有企业实行劳动合同制以前，仅临时工为劳动合同关系，此后，国有企业正式工中劳动合同关系和非合同劳动关

〔13〕 林佳和：《台湾劳动基准法二十年——关于现状、发展与未来走向的十项观察》，2006 年中国社会法学研究会年会论文集。

〔14〕 “三角”劳动关系（triangular employment relationship）是国际劳工组织所提出的一个概念。在 2003 年国际劳工大会第 91 届会议上《雇用关系的范围》报告第三章的题目就是“‘三角’雇用关系”，讨论了“三角”雇用关系的模式和相关问题。根据国际劳工组织的定义，“三角”劳动关系是指：某企业（“供给方”）的雇员为第三方（“使用方”企业）提供劳动或服务，因此该企业的雇员亦同时为此第三方的利益而工作时，“三角”雇用关系即因此产生。“三角”雇用关系可以以多种形式出现。最常见的是使用承包商和私营职业介绍所形成的外包劳动关系和劳务派遣关系、人事管理委托关系等。另一种非常流行的方式是特许经销。在这种情况下，一企业允许另一企业或个人原则上独立地使用其商标或产品。但是，被授权者对授权者负有经济义务，后者往往对前者实施控制，包括控制其员工。

系并存,各自所适用的劳动法律规范有许多不同。《劳动法》施行以后,劳动合同制度普遍实行,非合同劳动关系仅存在于国家机关、事业单位和社会团体,随着事业单位聘用制的推行,其存在范围进一步缩小。故劳动合同关系为一般形态,非合同劳动关系为特殊形态。

(6)从属性类别。依有独立主体资格者之间的经济从属性认定的劳动关系,较之组织(人格)从属性的劳动关系,属于劳动关系特殊形态。

(七)劳动法调整劳动关系的范围

在历史上劳动法调整劳动关系的范围有一个由小到大的发展过程。最初,劳动法仅调整纺织工厂中童工、女工的劳动关系,以后逐渐推广到工业、商业、海运、农业等各个行业中各种劳工的劳动关系。而具体到某个国家在某个发展阶段的劳动法来说,调整劳动关系的范围是有所限定的。

出于界定劳动法调整范围的需要,对我国劳动关系可作如图4-1所示分类:

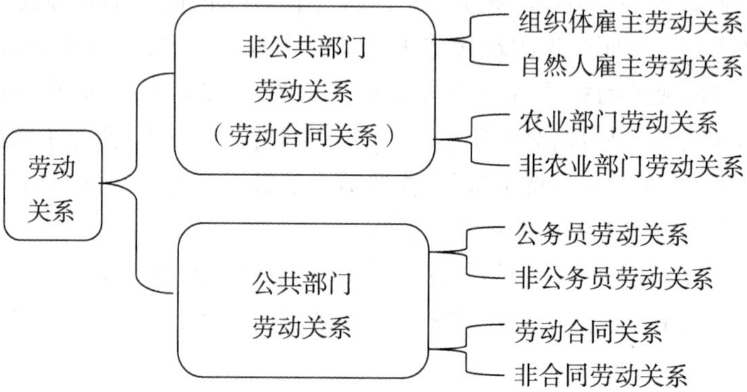

图4-1

上图所示劳动关系分类中,下述要点值得关注:(1)公共部门劳动关系,是指国家机关、事业组织、社会团体与其劳动者的劳动关系;非公共部门劳动关系,是指公共部门以外的组织体雇主、自然人雇主与其劳动者的劳动关系,在国有企业曾经劳动合同关系与非合同劳动关系并存,现阶段均为劳动合同关系。(2)农业部门劳动关系仅存在于农场经营模式中,即计划经济体制下的国营农场和市场化经济体制改革以后的农场主与其农工之间存在劳动关系。而在农业集体经济组织经营和农户经营中,则不存在劳动关系。(3)在公共部门劳动关系中,就现阶段而言,非合同劳动关系仅存在于国家机关与公务员[15]、事业单位和社会团体与准公务员[16]或其他固定制工作人员之间;国家机关、事业单位、社会团体中的工勤人员,以及事业单位中实行聘用制的工作人员(管理人员和专业人员),其劳动关系均为劳动合同关系。在公务员制度改革中,聘用制文职人员的劳动关系也属于劳动合同关系。

关于我国劳动法调整劳动关系的范围,现行立法有明确规定。《劳动法》第2条规定:"在中华人民共和国境内的企业、个体经济组织和与之形成劳动关系的劳动者,适用本法。""国家

〔15〕《公务员法》第2条规定,"本法所称公务员,是指依法履行公职、纳入国家行政编制、由国家财政负担工资福利的工作人员"。

〔16〕《公务员法》第106条规定,"法律、法规授权的具有公共事务管理职能的事业单位中除工勤人员以外的工作人员,经批准参照本法进行管理"。

机关、事业组织、社会团体和与之建立劳动合同关系的劳动者，依照本法执行。”《劳动合同法》对此作了修改，在第 2 条规定：“中华人民共和国境内的企业、个体经济组织、民办非企业单位等组织(以下简称用人单位)与劳动者建立劳动关系，订立、履行、变更、解除和终止劳动合同，适用本法。”“国家机关、事业单位、社会团体和与其建立劳动关系的劳动者，订立、履行、变更、解除和终止劳动合同，依照本法执行。”第 96 条规定：“事业单位与实行聘用制的工作人员订立、履行、变更、解除或者终止劳动合同，法律、行政法规或者国务院另有规定的，依照其规定；未作规定的，依照本法有关规定执行。”《劳动合同法实施条例》第 3 条规定：“依法成立的会计师事务所、律师事务所等合伙组织和基金会，属于劳动合同法规定的用人单位。”上述法律规定包括下述要点：

(1)非公共部门各种组织体雇主即用人单位的劳动关系都归劳动法调整。作为用人单位，《劳动法》第 2 条第 1 款仅限定为企业、个体经济组织(即个体工商户)，《劳动合同法》第 2 条第 1 款和《劳动合同法实施条例》第 3 条则扩大到企业、个体经济组织(即个体工商户)、民办非企业单位、合伙组织、基金会等组织体。这里的“等组织”，是指所列举用人单位和国家机关、事业单位、社会团体以外的，雇用劳动者的各种组织，如会计师事务所、律师事务所、基金会、外国法人驻华机构等，但不包括农业集体经济组织、农户和自然人雇主。

(2)公共部门的劳动合同关系也归劳动法调整。依《劳动合同法》的规定，只限于国家机关、事业单位、社会团体中的工勤人员，以及事业单位中实行聘用制的工作人员(管理人员和专业人员)。但公务员制度改革中的聘任制文职人员，尚未列入《劳动合同法》的适用范围。

(3)“适用本法”与“依照本法执行”的差异。《劳动法》和《劳动合同法》的第 2 条中，都对第 1 款的劳动关系规定“适用本法”，对第 2 款的劳动关系规定“依照本法执行”。“适用本法”与“依照本法执行”这两种表述，仅从文字含义看，几乎没有差异；但就法律意义而言，则存在适用程度上的差异，即第 1 款的劳动关系应当完全适用劳动法；第 2 款的劳动关系只是在一定程度上适用劳动法，其中，工勤人员与管理人员、专业人员在适用劳动法的程度上又有差异，一般说来，前者适用劳动法的程度应当高于后者。对于“适用本法”与“依照本法执行”的法律含义差异，《劳动法》未作明确规定，《劳动合同法》则在第 96 条作了明确规定，即“法律、行政法规或者国务院另有规定的，依照其规定；未作规定的，依照本法有关规定执行。”这表明，第 2 款规定的劳动关系，既受劳动法调整，也受人事管理特别法调整。立法之所以如此规定，这是因为：事业单位人事制度还处在转型期，一方面，事业单位聘用关系仍然具有人事关系的属性，其市场化程度较低，其工资、社会保险和福利制度仍有特殊性，人事行政管理与劳动行政管理在管理主体上虽然合一但在管理规则上还有差别；另一方面，以实行聘用制为主要内容的事业单位人事制度改革，为劳动者在企业和事业单位之间自由流动提供了可能，原有的“劳动力市场”与“人才市场”已被统一为“人力资源市场”[17]，聘用关系中传统人事关系的特征在逐步消失，为了给市场化劳动、人事制度改革开辟道路，实现人力资源市场一体化，需要统一企业和事业单位的劳动关系运行规则。概言之，聘用关系既有别于传统的人事关系，又具有不同于企业劳动关系的特殊性。

---

〔17〕 王全兴：《人力资源市场的统一与完善》，载郜风涛、张小建主编：《中国就业制度》，中国法制出版社 2009 年版，第 345 ~ 362 页。

(4)不归劳动法调整的劳动关系。公共部门的非合同劳动关系、自然人雇主的劳动关系以及农业部门的劳动关系,不归劳动合同法法调整,而分别归相应的公务员法、民法、农业法等调整。

(5)劳动法的空间效力范围。我国劳动法只适用于“中华人民共和国境内”的用人单位和劳动者。也就是说,用人单位和劳动者无论是否具有中国国籍,只要其劳动关系运行于中国境内,就应当适用中国劳动法。当然,对于有涉外因素的劳动关系,有必要制定相应的特别法。

三、与劳动关系密切联系的其他社会关系

劳动法在以劳动关系作为主要调整对象的同时,还调整与劳动关系密切联系的其他社会关系。

(一)劳动法所调整的其他社会关系的特征

劳动法所调整的其他社会关系,即在劳动关系运行过程中及其前后为实现劳动关系而发生的社会关系。在国外某些劳动法著作中被称之为“附属于劳动关系的各种关系”,台湾的劳动法著作则将其称为劳动关系的“附随关系”。这些社会关系与劳动关系的密切联系,主要表现在:(1)它的当事人一般有一方是劳动者或用人单位,而另一方是劳动关系相关人,或者双方均为劳动关系相关人或用人单位。所谓劳动关系相关人,即劳动关系当事人之外与劳动关系运行相关的主体,如劳动行政部门、工会、用人单位团体、职业培训机构、职业介绍机构、劳动争议处理机构、社会保险经办机构等。(2)它的目的是实现劳动关系,也就是说,它是为实现劳动关系而发生的社会关系。其中,有的是劳动关系赖以建立的必要前提,例如,劳动人事行政部门、用人单位主管部门与用人单位在职工招用和调配方面的社会关系,职业培训单位与劳动者、用人单位之间在就业前培训方面的社会关系,职业介绍机构与劳动者、用人单位之间在职业介绍方面的社会关系,等等;有的是为了使劳动关系正常运行而伴随劳动关系发生的,例如,工会与用人单位、职工之间在保护职工合法权益方面的社会关系,劳动争议调解、仲裁机构与用人单位、职工之间在处理劳动争议方面的社会关系,劳动监察机构与用人单位之间在劳动监察方面的社会关系,等等;有的是劳动关系的直接后果,例如,社会保险机构与失业人员、退(离)休人员、死亡职工遗属之间在社会保险方面的社会关系,等等。

(二)劳动法所调整的其他社会关系的内容和性质

劳动法所调整的其他社会关系,就其内容而言,包括下述几个主要方面:(1)劳动力资源开发和配置的社会关系;(2)工资总量宏观调控和实施工资保障的社会关系;(3)劳动安全卫生管理和服务的社会关系;(4)社会保险及其管理的社会关系;(5)集体谈判和协商的社会关系;(6)劳动争议调解和仲裁的社会关系;(7)监督用人单位遵守劳动法的社会关系。

劳动法所调整的其他社会关系,就其性质而言,包括下述几种主要类型:(1)劳动行政关系,即行政机关和经授权具有行政职能的有关机构与用人单位及其团体、劳动者及其团体和劳动服务主体之间,由于执行劳动行政职能而发生的社会关系;(2)劳动服务关系,即劳动服务主体与用人单位和劳动者之间由于为劳动关系运行提供社会服务而发生的社会关系;(3)劳动团体关系,即劳动者团体(工会)与用人单位团体之间,劳动者团体(工会)与其成员或用人单位之间,用人单位团体与其成员或劳动者之间,由于协调劳动关系和维护劳动关系当事人利益而发生的社会关系;(4)劳动争议处理关系,即劳动争议处理机构与劳动争议当事人(或其他人)之间因调解、仲裁劳动争议而发生的社会关系。

（三）劳动法调整劳动关系的“劳—劳”视角和“雇—雇”视角

劳动领域的各种社会关系中，劳动关系的运行往往同劳动者与劳动者的关系（简称“劳—劳关系”）和雇主与雇主的关系（简称“雇—雇关系”）交叉。因而，劳动法对劳动关系的调整，既伴随着对“劳—劳关系”和“雇—雇关系”的调整，又受到“劳—劳关系”和“雇—雇关系”运行状况的影响。

“劳—劳关系”作为不同劳动者之间因劳动力与生产资料相结合而发生的社会关系，包括不同劳动者个体之间、不同劳动者群体之间，在劳动力市场和劳动过程中竞争、合作、团结或其他利益关联的关系，如就业竞争、岗位分工协作、（地区、行业、职业间）工资比例、同工同酬、工会等关系。一方面，“劳—劳关系”与劳动关系相互制约。例如，不同劳动者之间岗位分工协作关系受劳动合同的制约；就业竞争状况、城乡劳动者地位差异、行业（职业、地区）间工资比例，是影响劳动合同签订或集体谈判的重要环境因素。另一方面，劳动法也在一定程度上调整“劳—劳关系”。例如，关于工资、工时、劳动安全卫生等劳动基准的规定，既是劳动关系中劳动者权益的保底线，也是衡量和制约不同劳动者之间利益差别的尺度；劳动派遣立法中，派遣工与正式工的关系是其重要的调整对象，派遣工与正式工的劳动平等是其主要的价值追求。值得注意的是：(1)劳动法对“劳—劳关系”的调整，往往被置于劳动关系的框架之中，例如，公平竞争就业关系，在许多场合是通过禁止雇主的歧视性录用行为来实现的。(2)调整“劳—劳关系”的法律规范，往往也是确定劳动关系中权利义务的依据，例如，劳动合同对女性劳动者工资的约定应当符合男女同工同酬的原则。

“雇—雇关系”作为不同雇主之间因劳动关系运行而发生的社会关系，包括不同雇主个体之间、不同雇主群体之间，在劳动力市场中竞争、合作或其他利益关联的关系。一方面，在不同劳动关系发生关联的场合，劳动法直接将一定的“雇—雇关系”纳入其调整范围，例如，在竞业限制、双重劳动关系、劳动者流动、劳动派遣、外包用工等情形中，“雇—雇关系”的调整是劳动立法的必备内容。另一方面，不同雇主群体之间的利益冲突和协调，对劳动立法有重要的影响，甚至可以说，劳动法已成为调节不同雇主群体利益的重要杠杆。选择何种企业群体的用工成本水平作为确定劳动条件基准水平的参照系，对于劳动立法至关重要。这在我国现阶段表现尤为强烈。例如，2007 年《劳动合同法》出台后，劳动密集型企业、中小型企业所受冲击明显大于其他企业，故不同企业群体对《劳动合同法》的态度、反响、应对有很大差别；近年来发生的民航飞行员“跳槽”事件中，飞行员与民航公司的利益冲突只是表层，而国有民航公司与民营航空公司的利益冲突则是其背后的深层原因。

第二节　劳动法的地位和基本特征

一、劳动法的地位

关于劳动法的地位，通常有两种理解：一是指劳动法在法律体系中的地位，即劳动法在法律体系中是否属于一个独立法律部门以及它与其他法律部门有何关系的问题；二是劳动法在经济社会发展中的地位，实际上是指劳动法的重要性而言。劳动法的这两种地位是相互联系的,劳动法在经济社会发展中的地位是决定劳动法在法律体系中所处地位的重要因素,而劳动法在法律体系中的地位则是劳动法在经济社会发展中所处地位的法律表现和法律保障。在这里,主要是阐明劳动法在法律体系中的地位。

(一)关于劳动法地位的争鸣

长期以来,法学界关于劳动法的地位并不存在争论。自经济法学在我国兴起以后,关于经济法的调整对象和地位的不同学说中,大多附带论及劳动法的地位,从而形成理论分歧。大致可分为下述观点:

(1)劳动法是宪法统率下与行政法、民法并列的一个独立法律部门。这是否定经济法是一个独立法律部门或者认为经济法即经济行政法的学者所持的一种观点。该观点认为,纵向经济关系(包括劳动行政关系)归行政法调整,横向经济关系归民法调整,企业内部经济关系归劳动法调整,因而,劳动法作为一个独立法律部门而与行政法和民法相并列。

这种观点至少有下述两点值得商榷:其一,把企业内部经济关系全部归结为劳动关系,从而否认了企业内部经济关系有资产关系、经营管理关系和劳动关系之区分。实际上,劳动法对企业内部经济关系的调整,只限于其中的劳动关系。其二,把劳动法的调整对象仅限于企业内部经济关系,从而割裂了劳动领域中劳动关系与为实现劳动关系而发生的其他社会关系所构成的统一体和否认了对这个统一体的统一法律调整。这不仅有悖于劳动领域的客观规律,而且也不符合中外劳动法的历史和现实状况。

(2)劳动法是经济法体系的一个组成部分。这是认为经济法是一个独立法律部门的部分学者所持的观点。其主要理由是:劳动法同经济法一样是国家干预的法律手段,都兼有公法和私法的性质;劳动法的调整对象包括在经济法的调整对象之内,其中,劳动关系属于企业内部经济关系,劳动行政关系是一种纵向经济关系,都应由经济法统一调整。所以,劳动法应作为经济法体系的一个组成部分。

这种观点在注重劳动法与经济法的共同或相似之处的同时,忽视了劳动法与经济法的诸多区别。部分经济法学者和劳动法学界都反对这种观点,其主要理由是:其一,劳动法所规范的国家干预,是以劳动关系为对象,以保护劳动者为主旨,以标准化和行政监督为主要手段的干预;而经济法所规范的国家干预,是以经济运行为对象,以协调宏观经济与微观经济的关系为主旨,以经济调节为主要手段的干预。其二,劳动力是一种以人身为载体的生产要素,以此为对象的宏观劳动管理除了遵循宏观经济管理一般规则以外,还应遵循由劳动力的特殊性所决定的特殊规则,因而劳动行政关系是一种特殊的纵向经济关系。其三,劳动关系是一种以劳动力的使用和再生产为核心内容的经济关系,而企业内部其他经济关系则以资产损益分配和生产经营管理为内容。所以,不应当将劳动法与经济法混为一谈。

(3)劳动法是宪法统率下与民法、经济法和行政法并列的一个独立法律部门。这是法学界大多数学者所持的观点。其主要理由是:其一,劳动法具有特定的调整对象。划分法律部门应以调整对象为主要标准,各个法律部门都应有其特定的调整对象。在这里,所谓特定的调整对象,不应理解为一个法律部门只调整单一的某种社会关系,也不应理解为一个法律部门所调整的社会关系只能是本法律部门所专有或特有的调整对象;而应理解为,各个法律部门的调整对象,都应在总体上具有不同于其他法律部门的特征。劳动法的调整对象,较之民法、经济法和行政法,其特殊性是很明显的。它只限于劳动领域的社会关系,且以劳动关系为主。虽然民法、经济法、行政法分别对其中部分社会关系会在一定程度上予以调整,但唯有劳动法是对劳动领域的主要社会关系进行统一调整的法律部门。其二,劳动法具有其他法律部门不可取代的功能和重要性。法律体系的发展史表明,任何一个法律部门得以从法律总体或既有法律部门中分离出来而形成一个独立体系,都是由于它在历史进程中具备了自己独有的功能和重要性,并且这种功能和重要性达到了其他法律部门不可取代的程度。劳动法最初之所以从民法体系中独立出来,正是因为民法已不足以有效调整劳动关系,唯有将劳动关系以及与其密切联系的其他社会关系由劳动法按照有别于民法原则的调整原则进行统一调整,才能适应社会经济发展的需要。较之其他法律部门,劳动法所独有的功能和重要性,主要表现在:劳动力是社会财富的源泉,劳动是人类生存和发展的最基本条件,劳动关系是其他经济关系赖以运行的基础,劳动法通过对劳动关系以及与其密切联系的其他社会关系的调整,直接为劳动者的各项合法权益提供法律保障,为劳动过程的实现确立组织规则和管理规则,为劳动力的再生产设定目标和措施,从而直接促进社会生产力的发展、社会财富的创造以及社会的稳定和进步。其三,劳动法具有作为独立法律部门的传统。一个法律部门在法律体系中处于何种位置,往往同一个国家的法律传统相关联。自 19 世纪以来,尤其是 20 世纪初期法国、苏联编纂劳动法典以来,劳动法陆续在世界各国的法律体系中取得了独立法律部门的地位。即使在经济法成为一个独立法律部门以后,无论大陆法系国家还是英美法系国家,均未动摇劳动法作为一个独立法律部门而存在的传统地位。我国虽然直到 1994 年才制定《劳动法》,但自中华人民共和国成立以来,在立法实践中一直把劳动法作为一个独立的法律部门。至于在法学界,劳动法是一个独立法律部门的观点,一直为众多学者所接受。

(二)劳动法在现行法律体系中的地位

截至 2010 年年底,中国特色社会主义法律体系已经形成。这是以宪法为统帅,以法律为主干,以行政法规、地方性法规为重要组成部分,由宪法相关法、民商法、行政法、经济法、社会法、刑法、诉讼与非诉讼程序法等多个法律部门组成的有机统一整体。[18] 劳动法在其中的地位,如图 4 -2 所示。

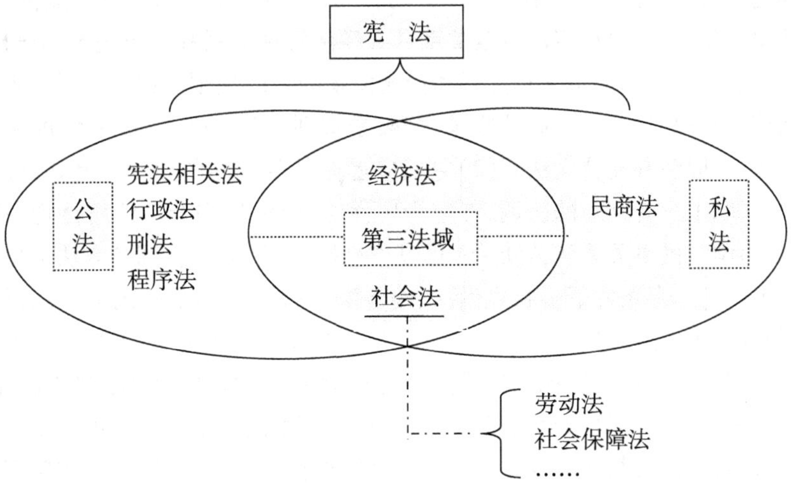

图 4 -2

〔18〕 中华人民共和国国务院新闻办公室 2011 年 10 月 27 日发表的《中国特色社会主义法律体系》白皮书。

按照公法、私法和第三法域(公法因素与私法因素融合)的划分,宪法相关法、行政法、刑法、程序法属于公法;民商法属于私法;经济法和社会法属于第三法域。其中,社会法是调整劳动关系、社会保障、社会福利和特殊群体权益保障等方面的法律规范,遵循公平和谐和国家适度干预原则,通过国家和社会积极履行责任,对劳动者、失业者、丧失劳动能力的人以及其他需要扶助的特殊人群的权益提供必要的保障,维护社会公平,促进社会和谐。包括劳动法、社会保障法、残疾人保障法、未成年人保护法、妇女权益保障法、老年人权益保障法等。

在西方国家,法律体系的变迁是一个由诸法合体到公法与私法分立,再到公法、私法和第三法域并存的历史过程。西方国家市场经济的发展经历了自由竞争和国家干预两个阶段,公法与私法分立以自由竞争的市场经济体制为基础,公法、私法和第三法域并存则以国家干预的市场经济体制为基础。

而我国法律体系的变迁,则是一个由公法直接到公法、私法和第三法域并存的历史过程。在计划经济时期,由于几乎不存在商品经济的因素,包括劳动法在内的各个法律部门都属于公法,国有单位的劳动关系不是劳动合同关系,而从属于行政关系,故劳动法归属于行政法。市场化经济体制改革所建立的市场经济体制,不是自由竞争的市场经济体制,而是国家干预的市场经济体制。在此背景下,公法域中分化出属于私法的民商法与属于第三法域的经济法和社会法,即私法和第三法域伴随着经济体制改革进程中市场化程度的不断提高而几乎在同一时期产生。因此,计划经济时期属于行政法的劳动法,由于劳动合同制度和集体合同制度的推行,转化为属于社会法的劳动法。

(三)劳动法与民商法、经济法、行政法的关系

劳动法作为宪法统率下的一个独立法律部门,同相邻的民商法、经济法和行政法既有联系也有区别。

其联系主要表现在:(1)它们在调整对象上有一定的交叉,即在劳动法所调整的社会关系中,有的还在一定程度上受到民商法、经济法或行政法的调整。例如,民商法中某些反映合同一般特征的规定,可在一定条件下用来规范劳动合同;劳动关系作为一种企业内部经济关系,也是企业法调整对象的一部分;劳动行政关系具有经济管理关系和行政关系的属性,当然要遵循经济法和行政法所规定的经济管理关系和行政关系的一般规则。在调整对象重叠的劳动法规范与民法规范、经济法规范和行政法规范之间,是特别法与一般法的关系,即法律适用上特别法优于一般法、一般法补充特别法。(2)它们应遵循某些共同的原则。例如,公平与效率的协调,国家、企业、职工三者利益的协调,都应为民商法、经济法和劳动法所体现;平等自愿,诚实信用,都应成为调整民事关系和劳动关系的基本准则。(3)它们在调整方法上可以有条件地通用。劳动法可以在一定条件下吸收民商法、经济法和行政法的某些调整方法,如赔偿损失、罚款、行政处分等可用作追究违反劳动法规、劳动合同、劳动纪律的法律责任的手段;又如,对劳动关系的调整同时兼用任意性规范和强行性规范,既允许意思自治又限制意思自治。

其区别主要表现在:(1)调整对象不同。民商法所调整的民事关系即平等主体之间的财产关系和人身关系中,财产关系与人身关系一般是分别存在的;经济法调整为实现国家对经济的干预而发生的经济关系,包括宏观调控关系、市场规制关系,以及竞争关系等微观经济关系;行政法调整行政关系;劳动法则调整劳动关系以及与其密切联系的其他社会关系,其中的劳动关系,因兼有财产性和人身性而区别于作为民事关系的财产关系和人身关系,因以劳动力的使用和再生产为核心内容而区别于企业法所调整的企业内部经济关系，至于同行政关系的区别更是一目了然。(2)基本原则不同。即各个法律部门都有各自特有的基本原则。例如，契约自由等民商法原则，宏观经济与微观经济协调、经济与社会协调、经济与自然协调等经济法原则，依法行政、行政统一等行政法原则，劳动既是公民权利又是公民义务等劳动法原则。

(四)劳动法与社会法的关系

我国法学界对社会法有多种理解，就其外延来说，可大致划分为四个层次[19]：(1)作为独立法律部门的社会法，有的限定为社会保障法，有的限定为劳动法与社会保障法。(2)作为法律群体的社会法，即包括第三法域中除经济法之外的其他法律部门，如劳动法、社会保障法、教育法、卫生法、环境保护法等若干法律部门。(3)作为法域的社会法，即介于公法与私法之间的第三法域，经济法、环境法等包括其中，又称广义社会法。(4)作为法律观念或法律现象的社会法，除第三法域外，还包括公法和私法中的法律社会化现象。概言之，社会法是一种法律社会化，亦即公法私法化和私法公法化，公法与私法相融合的法律现象和法律观念，它作为社会政策和公共政策的法律表现，强调对社会公益、社会公平、社会安全等社会发展目标的追求，对弱势群体和公共利益的保护。

在西方国家，社会法是伴随着国家力图通过干预私人经济以解决工业化、城市化和市场经济发展所带来的社会问题，应对经济、社会和生态可持续发展的需求，而在私法公法化和公法私法化的进程中逐渐产生和发展的；工业化、城市化和市场经济发展过程中，社会危机、经济危机、生态危机的相继凸显，是社会法产生和发展的诱因。与此对应，劳动法、社会保障法、经济法、环境和自然资源法是相继在一定历史阶段而产生的。其中，劳动法是最早的社会法成员。

在我国，法律体系由单一公法(或称公法性政策)结构直接向三元结构(公法、私法、社会法域)转换，由于在工业化、城市化与市场化并存的进程中，社会危机、经济危机、生态危机因素几乎在同一时空凸显，故社会法域中的经济法、劳动法、社会保障法、环境和自然资源法等法律部门几乎同时产生。

在社会法体系或社会法域中，劳动法与社会保障法的关系尤其值得重视。一般认为，我国现阶段的社会法主要由劳动法和社会保障法所构成。其中，劳动法与社会保障法的交叉部分主要是社会保险，即在现行劳动法体系中包括社会保险，而在官方和学界设计的由社会保险法、社会救助法、社会福利法、社会优抚法等构成的社会保障法体系中，社会保险是现阶段社会保障立法的重点。

以社会保险法为例，劳动法与社会保障法的关系主要表现在：(1)调整对象。社会保险作为劳动保险的社会化，是劳动关系的延伸，劳动者与雇主之间在社会保险上的部分权利义务由劳动法来规范；社会保险当事人中，被保险人不限于劳动者，投保人不限于雇主，故社会保险关系在主体和内容上都突破了劳动关系的界限。(2)法律属性。劳动法的公法属性弱于社会保险法的公法属性，社会保险法的私法属性则弱于劳动法的私法属性，因为契约法在劳动法中有重要地位，社会保险中的基本保险则是强制保险，不过，西方国家的社会保险法已出现加重私法属性的趋向。(3)法律救济。劳动争议和社会保险争议各有其处理途径，但在我国现阶段，

---

[19]　参见王全兴、管斌：《经济法与社会法关系初探》，载《现代法学》2003年第2期；王全兴：《社会法学研究应当吸取经济法学研究的教训》，载《浙江学刊》2004年第1期。

劳动者与雇主之间就未统筹的社会保险待遇发生的争议,被纳入劳动争议处理程序;至于劳动者与雇主之间的补充社会保险争议,也可考虑纳入劳动争议处理程序。劳动法和社会保险法中的基准法,在实施中都统一由同一机构实行监察。

(五)劳动法定位研究的不足

关于劳动法在法律体系中的地位的研究,应当将劳动法与相关法律部门的关系作为研究重点。关于劳动法与相关法律部门关系的研究,在研究方法上存在以下几点不足:(1)劳动法与宪法、民商法、行政法、经济法、社会法、程序法、刑法等法律部门都有密切的关系,而其中劳动法与宪法、行政法、程序法的关系为学界所冷落。(2)对于劳动法与相关法律部门的关系,应当从法理学、部门法总论、部门法分论三个层次展开研究,而现阶段的研究仅限于部门法总论层次。(3)劳动法与相关法律部门既有区别也有联系,但往往重视研究其区别,而忽视研究其联系,特别是在职能分工基础上的职能配合。(4)研究劳动法与相关法律部门的关系,仅限于法学领域,囿于"就法论法"的思维传统,而未将此问题置于经济、社会大系统中进行研究。

关于劳动法与民法之关系的研究在现阶段显得尤为急迫。其中有四点值得特别注意:(1)西方国家的劳动法作为私法公法化的产物是从民法中分离出来的,我国现行劳动法作为公法私法化的产物是从行政法中分离出来的,而关于市场经济条件下劳动法与民法关系的原理,是以西方国家劳动法与民法关系的实然状况为基础的,运用这种原理分析我国劳动法与民法关系时,就存在可否适应和可适应程度大小的问题,需要在研究中恰当地把握。(2)在劳资矛盾激烈的历史背景下,劳动法从民法中分离出来具有必然性,而在劳动资矛盾日趋缓和,特别是向劳资伙伴关系转化的现代,劳动法似乎具有了回归民法的条件,我国法学界也出现了这种主张。于是,应当在比较我国与西方发达国家劳动关系现状的基础上,研究劳动法与民法的关系。(3)以"传承—超越"的分析框架研究劳动法与传统民法的关系固然重要,而在民法社会化已成趋势的当代,以"分工—合作"的分析框架研究劳动法与现代民法的关系,则更为重要。(4)劳动法与民法之间是特别法与一般法的关系。法理学认为,在法律适用上,特别法优先于一般法,但一般法可以补充特别法。然而,我国法学界在讨论劳动法与民法的关系时,只注重特别法优先于一般法,却忽视了一般法补充特别法。因而,研究民法在不违反劳动法宗旨的前提下补充适用于劳动关系的问题,对完善我国劳动关系的法律调整机制具有重要意义。

劳动法是实体法与程序法相结合的法律部门,对于劳动法与程序法的关系,应当以两种视野展开研究:(1)劳动法体系内部实体法与程序法的关系,这里的程序法,是基于劳动实体法的特殊需求而形成的为劳动法所特有的程序制度(如劳动仲裁、劳动法院等),也可称之为劳动程序法。(2)劳动法与劳动法体系外部的一般程序法(如民事诉讼法、行政诉讼法等)的关系,其中包括劳动实体法与一般程序法的关系和劳动程序法与一般程序法的关系。

二、劳动法的基本特征

(一)公法与私法的兼容

公法与私法之划分,源于罗马法,其界限在法理上多有分歧。不过,各种见解中都含有一个基本共识,即公法涉及宏观利益(国家利益和社会公共利益),其调整原则是公法不得由当事人协议变更,即公法关系完全依法设定;私法涉及私人(公民个人和法人)利益,即微观利益,其调整原则是"协议就是法律",即私法关系允许协议设定。民法是私法的典型,行政法是公法的典型，劳动法、经济法则被视为兼有公法与私法性质（或曰私法公法化）的法律部门。

在西方国家，劳动关系最初由民法调整，作为雇用合同关系而存在的劳动关系只是纯粹的私法关系；当劳动关系从民法中独立出来由劳动法调整以后，虽然继续允许雇主与劳动者以合同形式确立劳动关系和明确相互权利义务，但同时又对劳动关系作出许多必须由雇主严格遵循而不容其自主选择或与劳动者协议变通的规定，如最低就业年龄、最高工时、最低工资、劳动安全卫生条件等劳动基准。雇主在劳动关系运行过程中遵守劳动基准，不仅是对劳动者的义务而且也是对国家的义务。雇主若不遵守劳动基准，就由有关行政机关强制执行。于是，劳动关系不再只是私法关系，而是一种具有公法关系性质的私法关系。因而，劳动法被称为私法公法化的法律部门。

在我国，劳动关系和劳动法的公私法性质变化情况，正好与西方国家相反。在计划经济体制中，实行的是统分统配的就业制度、统规统调的工资制度和统包统揽的劳动保险制度，劳动关系实际上是劳动行政关系的延伸和附属物，属于纯粹的公法关系，因而，这种条件下的劳动法实际上是劳动行政法，属于完全意义的公法。实行市场化经济体制改革以后，企业被赋予用工自主权，劳动者被赋予择业自主权；劳动合同的普遍推行，使劳动关系的运行和内容越来越取决于双方当事人的合意；劳动行政职能由对劳动关系的决定和支配，逐渐转变为对劳动关系的指导、监督和保障。这样，劳动关系不再是纯粹的公法关系，而兼有私法关系属性，原来只是公法的劳动法也随之兼有了私法因素。在此意义上可以说，我国劳动法是一个公法私法化的法律部门。

（二）劳动者保护法与劳动管理法的统一

就劳动法宗旨而论，一种观点认为，劳动法是劳动者保护法；[20] 另一种观点则认为，劳动法是劳动管理法。[21] 笔者认为，这两种观点都有失偏颇，而将两者统一起来才是全面的认识。

劳动法首先是劳动者保护法。毋庸置疑，劳动法要保护劳动关系双方当事人，但在总体上它向保护劳动者倾斜。这主要表现在：（1）劳动法关于劳动关系双方当事人间权利义务的规定中，偏重于规定劳动者的权利和用人单位的义务。可以说，它对劳动者是权利本位，对用人单位则是义务本位。（2）劳动法对劳动者利益，以强行性规范规定只准提高而不准降低的最低标准，使其得到最基本的保护；对用人单位利益，则无这种保护性规定。（3）劳动法对用人单位单方解除劳动关系实行严格限制，即不仅规定必备的许可性条件，而且规定具体的禁止性条件和限制性条件；对劳动者单方解除劳动关系，有的国家不规定条件，有的国家则只规定许可性条件而不规定禁止性条件和限制性条件。（4）在劳动监察制度中，监察对象一般只限于或者主要是用人单位遵守劳动法的行为；至于劳动者遵守劳动法的行为，许多国家并不规定为劳动监察的对象。

劳动法之所以向保护劳动者倾斜，这是因为：（1）在市场经济中劳动关系双方当事人之间，劳动者一般处于事实上的相对弱者地位。这是因为，劳动力虽然其形成具有长期性，但其储存具有短期性，闲置则意味着浪费，故劳动者为避免劳动力的浪费，都急于将其劳动力转让给用人单位使用。由此决定了劳动者在劳动力交易中相对用人单位处于劣势地位，这在劳动力供

---

〔20〕 史探径：《我国急需制定劳动法典》，载《法学研究》1989 年第 5 期。

〔21〕 赵林余等：《企业法律管理基础》，上海社会科学院出版社 1990 年版，第 231 ~ 252 页。

过于求的情况下更是如此。(2)在具有人身性和隶属性的劳动关系中,用人单位所支配和使用的劳动力,是劳动者生命力的主要内容,承载着劳动者的生存权,劳动力的消耗过程实质上就是劳动者生命的实现过程,在此过程中,对劳动力的任何损害,都直接危及劳动者生存。所以,在法律上,需特别强调对劳动者的保护。劳动法之所以从民法中分离出来,并称之为“受雇人法”、“劳工法”或“劳动者法”,就是由于向保护劳动者倾斜。当今各国的劳动法,都将保护劳动者奉为主旨。在劳动者是国家主人的我国,强调这一主旨,更具有重要意义。

劳动法同时也是劳动管理法。强调这一点意在表明,劳动法还负有将劳动管理纳入法制轨道,为提高劳动力资源配置效率提供法律保障的任务。在市场经济中,劳动力资源配置效率的提高尽管依赖于市场机制,但与劳动管理密切相关;至于劳动力资源配置效率与社会公平的关系,更离不开劳动管理的协调功能;另外,劳动关系的和谐稳定状态,也只有在劳动管理的作用下才有可能形成和保持。因而,在现代市场经济国家的劳动法中,劳动管理规范被作为必备的重要内容。例如,美国有专门的《美国劳动管理关系法》;《卢旺达劳工法》把“行政管理组织和执行方法”作为其第八篇。在计划经济中,劳动力资源全由计划配置,即由国家通过制定和执行计划来实现全体劳动者与生产资料的结合。因而,社会主义国家的劳动法中,劳动管理规范占有很大比重,以致许多人认为劳动法即劳动管理法。我国劳动制度实行市场化改革,但对于国家来说,这种改革只是要转变而不是要取消其劳动管理职能;特别是我国还属于发展中国家,面临着农村剩余劳动力大规模转移、劳动生产率不高等问题,充分发挥国家的劳动管理职能比在发达国家显得更为重要。所以,经济体制改革以来我国制定的劳动法规中,劳动管理规范仍占相当比重,这不仅在改革初期的《私营企业劳动管理暂行规定》、《外商投资企业劳动管理规定》等法规名称中可见端倪,而且在《劳动合同法》的某些条款中也有所体现。

综上所述,劳动法就其宗旨而言具有双重性,即既是劳动者保护法又是劳动管理法。其中,作为劳动者保护法,主要体现公平;作为劳动管理法,主要追求效率。因而,对劳动法宗旨的认识应明确以下两点:(1)在劳动法的双重宗旨中,保护劳动者较之劳动管理处于更重要的地位,可以说是劳动法的主旨。申言之,劳动法应兼顾公平与效率,但偏重于公平。(2)劳动法的双重宗旨具有统一性。劳动法对劳动者的保护,能调动劳动者的积极性并保证劳动力再生产和自由流动,而这正是劳动管理所追求的效率目标中应有的内容;劳动法对劳动管理的规范,有利于提高劳动力资源的配置效率和建立并保持劳动关系运行的良好秩序,而这正是劳动者利益得以实现的必要条件。

(三)劳动关系协调法和劳动标准法的结合

劳动法虽然向保护劳动者倾斜,但同时也兼顾对用人单位的保护。之所以能够如此,是因为劳动法以协调方法和标准化方法作为基本的调整方法。在此意义上可以认为,劳动法既是劳动关系协调法,又是劳动标准法。

劳动关系也是一种利益关系,劳动者与用人单位之间利益矛盾的存在具有客观必然性,为使这种矛盾限制在不影响劳动关系正常运行的程度内,劳动法的任务就是要对劳动关系进行协调。这种协调主要表现在:(1)劳动法把劳动关系规定为合同关系,要求劳动者和用人单位通过签订劳动合同和集体合同,使双方在平等、自愿和协商一致的基础上实现利益协调。(2)劳动法确立职工民主管理制度,赋予在劳动关系中处于从属地位的劳动者参与企业管理的权利,使劳动关系双方当事人之间彼此合作,建立企业内部的劳动关系双方利益协调机制。(3)劳动法确立劳动争议处理制度，并规定旨在保证劳动争议得到公正和及时处理的“三方原则”〔22〕和调解、仲裁程序。这是一种在劳动关系双方当事人之间发生利益矛盾后，能够防止矛盾激化和顺利解决矛盾的特殊协调方式。

劳动法对劳动关系的协调，是以劳动标准为基础的。即在劳动法中规定和确认一系列劳动标准，要求在劳动标准的基础上对劳动关系进行协调。劳动标准依其功能不同可分为劳动者保护标准和劳动管理标准。劳动者保护标准是关于劳动条件的最低标准，即劳动法保护劳动者的基本标准，通常称为“劳动基准”，如最低工资标准、工时标准、劳动安全卫生标准等。用人单位向劳动者提供的劳动条件只能等于或优于劳动基准，劳动合同和集体合同只能在不低于劳动基准的基础上就劳动条件作出约定。劳动管理标准，是作为一种劳动科学管理尺度的标准，如职业技能等级标准、残废等级标准、劳动岗位规范、职工伤亡事故等级标准等。其中，有的仅是一种示范性尺度，可以根据本行业、本单位的实际情况变通执行；有的则是一种严格性尺度，执行中既不能高于也不能低于标准的要求。

所以，在劳动法体系中，劳动标准法与劳动关系协调法处于同等重要的地位，并且相辅相成，共同构成劳动法的基本内容。

（四）实体法和程序法的配套

在法律体系中，实体法与程序法之间是一种相互依存的关系。一般表现为一定的实体法部门必须有一定的程序法部门与之相对应。劳动法则不然，它并非单纯的实体法或程序法部门。之所以如此，这是因为劳动法的调整对象是一个由劳动领域中多种社会关系所构成的、以劳动关系为主的系统，其中，为实现劳动关系而发生的各种社会关系中有许多属于程序性关系，它们分别与劳动关系的特定内容或运行环节相对应，是劳动关系正常运行在程序上的必要条件或保障。例如，劳动关系运行因发生争议而受阻，只有经过劳动争议调解或仲裁程序才能恢复运行或终止；劳动关系中以劳动基准为依据的内容，往往要通过劳动监察程序才可实现。所以，各国劳动法都由实体法和程序法所组成。在众多劳动法规中，除了少量为单纯的程序法规外，往往实体法规范和程序法规兼而有之，只不过二者在所在法规中各自所占比重有所不同而已。

第三节　劳动法的法益结构和基本原则

一、劳动法的法益结构

所谓法益，即为法律所肯定和保护的利益。任何法律部门、法律制度或法律文本，对其调整的社会关系所包含和涉及的各方正当利益都会予以肯定和保护，从而形成一定的法益体系，各方法益在法益体系中的地位和相互关系即为特定法律部门、法律制度或法律文本的法益结构。较之公平、效率、自由、秩序等法的价值范畴，法益结构最直观地体现特定法律部门、法律制度或法律文本的利益取向，更能实在和明确地展示其立法宗旨。

〔22〕即由政府、劳动者和用人单位三方代表参与协调劳动关系的原则。

劳动法的法益结构,如图4-3所示:

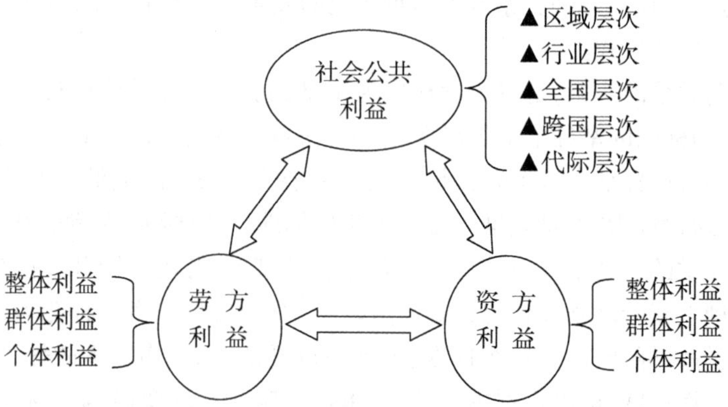

图4-3

可见,这是一个由多层次的劳方利益、资方利益和社会公共利益所构成的复杂利益结构,三方性和多层次性是其基本特点。

(一)法益结构的三方性

此即劳动法的法益结构由劳方利益、资方利益和社会公共利益所构成,不仅含有劳动关系双方利益的关系,此为私益间关系;而且含有劳动关系双方利益与社会公共利益的关系,此为公益与私益间关系。在这种三方法益结构中,其核心的利益取向是偏重保护劳方利益,即劳动法虽然对劳动关系双方利益都给予保护,但对劳方利益的保护力度大于对资方利益的保护力度,或者说,向保护劳方利益倾斜。故我国《劳动法》和《劳动合同法》都在立法目的条款中作出"单保护表述"[23],即将"保护劳动者的合法权益"列入立法目的。

在劳动关系双方利益的关系中,偏重保护劳方利益与保护资方利益是对立与统一的结合。其对立,主要表现为偏重保护劳方利益所导致的用工成本与利润的矛盾,即雇主对劳动者的支出属于用工成本,而用工成本的提高,意味着利润的减少。其统一,至少可作三种理解:其一,劳动者是劳动力资源的载体,而劳动力资源是最重要的利润源泉,尤其在现代科技条件下,其利润贡献率日趋提高,故保护劳动者即保护劳动力资源的载体,亦即保护资本的利润源泉;其二,依现代人力资本理论,雇主对劳动者的支出属于人力资本投资,而人力资本投资是高回报率的资本投资,故提高保护劳动者的水平,亦即增加人力资本投资及其利润回报;其三,劳动关系双方利益相互依存,雇主的可持续发展依赖于劳动力资源的可持续供给,故持续、稳定地保护劳动者是雇主可持续发展的必要条件。这表明,保护劳方利益与资方的利润最大化追求是一致的,或者说,保护劳方利益与保护资方利益是一个硬币的两个面。

与劳动关系双方利益对应的社会公共利益,包括经济、社会、生态、政治等多个方面的内容,既有劳动关系双方一致的根本利益,也有全体社会成员的共同利益。在劳动关系双方利益与社会公共利益的关系中,偏重保护劳方利益可以通过社会公共利益彰显其外部性和正当性。

---

〔23〕《劳动法》第1条和《劳动合同法》第1条都规定,"为了保护劳动者的合法权益,……制定本法",此为"单保护表述";而《合同法》第1条规定,"为了保护合同当事人的合法权益,……制定本法",此为"双保护表述"。值得注意的是,"单保护表述"并不等同于"单保护"(只保护劳动者利益)。

至少有以下两个要点:其一,之所以偏重保护劳方利益,不仅是因为劳动者相对于雇主处于弱势地位,而且是社会公共利益的必然要求。劳动关系具有很强的外部性,偏重保护劳方利益,有利于劳动关系和谐、社会安全、经济发展和政治稳定,而这些都是社会公共利益之所在。其二,偏重保护劳方利益应当适度,或者说既不得过度也不得不足,而判断偏重保护劳方利益适度与否的标准则在于社会公共利益的增进或减损。作为判断偏重保护适度与否的标准,较之劳动关系双方利益均衡,社会公共利益更具有根本性和客观性。因为劳动关系双方利益均衡与否的辨别,只限于劳动关系双方之间的利益对比,其统一标准不仅难以得出,而且难以得到社会认同;而辨别社会公共利益的增进或减损,其统一标准的设计和社会认同则难度相对较小。故在实践中,这两种判断标准应当结合运用。

(二)法益结构的多层次性

在劳动法的法益结构中,三方利益及其相互关系都呈现多层次性,从而要求劳动法对利益取向的选择趋向深化和复杂。

劳方利益和资方利益都有整体、群体、个体三个层次。整体层次的劳方或资方利益,即一定范围内全体劳动者或全体雇主的共同利益,其对各个劳动者或各个雇主而言,无差异性。群体层次的劳方或资方利益,是在劳动者或雇主类型化的基础上形成的。实践中值得重视的是,劳方有农村户籍(即农民工)与城镇户籍劳动者,高端、中端与低端劳动者,核心岗位与非核心岗位劳动者,男性与女性劳动者,成年与未成年劳动者,正规就业与灵活就业劳动者,传统业态与新兴业态劳动者等群体划分;资方有公共部门与非公共部门雇主,大中型与小微型企业,劳动密集型产业与资本/技术密集型产业雇主,传统产业与新兴产业雇主等群体划分。劳方或资方群体利益是劳方或资方不同群体各自的共同利益,对同一群体内各个劳动者或雇主而言无差异性,对不同群体的劳动者或雇主而言则有差异性。个体层次的劳方或资方利益,存在于单个劳动关系中,其狭义仅指整体层次和群体层次劳方或资方利益之外单个劳动者或雇主各自不尽相同的利益,其广义还包括整体和群体层次劳方或资方利益具体落实于单个劳动者或雇主的利益。

与劳动关系双方利益对应的社会公共利益,因受时空范围限制,依其受益面的不同,可分为区域、行业、全国、跨国、代际等多个层次。各个层次的社会公共利益在一定条件下都值得重视,例如,我国是一个发展中大国,基于区域平衡和产业结构优化的需要,劳动法的政策目标必须重视区域、行业层次社会公共利益的差异性及其与全国层次社会公共利益的关系。又如,在经济全球化背景下,劳动标准与国际投资贸易的关联性日益紧密,由此引起的发展中国家与发达国家的博弈更为激烈,这对于开放型市场经济体制而言更有意义。再如,伴随着可持续发展理念和政策的泛化和深化,职业安全健康问题远不只是当代人之间的劳动关系问题,而应当提升到代际关系的高度来认识和应对。

在劳动法领域之所以强调法益结构的多层次性,是由于三方利益都因存在利益分化而需要在政策目标及其实现机制的设计上,处理好既坚持利益统合又兼顾利益分化、既坚持统一规则又兼顾分类规制的关系。其中需要特别重视的要点有:(1)面对不同劳方、资方群体利益和不同区域或行业公共利益的不尽相同的要求,应当适当选择一定劳方、资方群体利益和一定区域或行业公共利益的要求,作为据以制定劳动基准的一般样本,并与整体层次劳方、资方利益和全国层次公共利益的要求结合,以确定劳动基准一般水平和制定一般法,有效和适度保护劳方整体利益。(2)由于一般法难以完全顾及劳动基准一般样本之外其他群体劳方或资方利益和其他区域或行业公共利益的特殊要求,就需要针对这些特殊要求分别制定特别法,以弥补一般法的不足。(3)基于经济社会发展的不平衡和不同区域公共利益的差异性,中央劳动立法应当给地方劳动立法和规范性有权解释留下必要的空间,允许后者在其立法、执法和司法权限内并在不违背中央立法基本原则的前提下作出符合地方特点的特殊规定。而对于这种地方性特殊规定所导致的利益冲突,尤其是农民工输出地与输入地的利益冲突,应当有常规的协调机制。

二、劳动法基本原则的概念

任何法律部门,都有其基本原则,只不过存在形式不尽相同。有的法律部门,基本原则的内容被集中规定在本法律部门的基本法中,如民法、婚姻法等;有的法律部门,基本原则的内容在法律中没有集中的规定,需要通过理论抽象过程,在众多法律规范所体现的基本精神中确定,因而往往作为理论形态而存在,如刑法、行政法、经济法等。我国劳动法的基本原则,目前尚无集中的立法规定,科学地确定其内容,是劳动法学研究的重要任务之一。

劳动法的基本原则,是指集中体现劳动法的本质和基本精神,主导整个劳动法体系,为劳动法调整劳动领域的社会关系所应遵循的基本准则。也可以说,是劳动法的核心和灵魂。它具有下述主要特征:(1)全面的涵盖性。关于劳动法基本原则的涵盖面,一般应从劳动法所调整的社会关系和劳动法的具体制度这两个方面理解。一方面,劳动法基本原则应当是能够涵盖劳动法所调整的各种劳动关系以及与其密切联系的其他各种社会关系的原则,只适用于某种劳动关系或其他社会关系的原则不应作为劳动法基本原则。另一方面,劳动法基本原则应当是能够涵盖各项劳动法律制度的原则,只为某项劳动法律制度所遵循的原则也不应作为劳动法基本原则。需要强调的是,这两个方面都必不可少。如果认为劳动法基本原则的涵盖面只限于各种劳动关系,把劳动法基本原则完全等同于调整各种劳动关系的通则,那就会混淆劳动法的基本原则与各项劳动法律制度的原则之间的界限,即不正确地将虽然适用于各种劳动关系但只涵盖某项劳动法律制度的原则列为劳动法基本原则的内容。〔24〕(2)高度的权威性。主要表现在:各项劳动法律制度和劳动法规的内容,都不得与劳动法基本原则抵触;劳动法与其他法律部门相区别,不同类型的劳动法相区别,均以劳动法基本原则为基本标志,劳动法的发展方向和基本任务,都为劳动法基本原则所左右;各种劳动法主体及其在劳动领域的行为,都要受劳动法基本原则的约束;各种劳动问题的处理,都应以劳动法基本原则为基本依据。(3)相当强的稳定性。劳动法基本原则的内容一经确定,一般不因劳动法具体内容的个别或局部变动而更改。即使改革时期,只要劳动关系未发生根本变化,劳动法基本原则也不会发生变化。按照法制的基本要求,劳动法规不应“朝令夕改”、变化不定,劳动法基本原则更应保持稳定,这样才能使不同时期的劳动法规之间具有连续性。因而,不应当把仅在某个时期适用的原则,列为劳动法基本原则。

三、确立劳动法基本原则的依据

1. 法律依据

宪法是国家的根本大法,确立劳动法基本原则当然要以它为最高法律依据。在我国宪法

---

〔24〕 参见关怀:《劳动法学》(修订本),群众出版社1992年版,第4章。

中，应作为确立劳动法基本原则之依据的，包括：(1)关于国家政治制度和经济制度的规定，如坚持四项基本原则，实行社会主义市场经济，等等；(2)关于劳动方面的规定，如公民有劳动的权利和义务，实行男女同工同酬，等等。

需指出的是，劳动法基本原则应当以宪法为依据，并不意味着宪法中有关劳动方面的各个条文都可直接移作劳动法基本原则。因为在宪法内容中，虽然蕴含着劳动法的基本原则，甚至有的条文可直接作为劳动法的一项基本原则，但是，有些条文仅含有劳动法的某项基本原则的部分精神，或者只体现某项劳动法律制度的原则，或者只规定劳动者的一项权利或义务。如果将宪法中有关劳动方面的各个条文都抄录为劳动法的基本原则，当然不科学。所以，劳动法基本原则应当依据宪法有关条文所体现的基本精神，通过理论概括而确立。

2. 政策依据

劳动政策有基本政策和具体政策之分。基本劳动政策往往是关于劳动方面的根本性或总体性问题的规定，属于在长时期内具有指导意义的方针和纲领，但较之宪法又具有相对的灵活性可能及时反映一定时期内现实情况和国家宏观意图的变化。因此，确立劳动法基本原则，在以宪法为依据的同时，还应以基本劳动政策作为补充性依据。

3. 现实依据

劳动法基本原则的现实依据，即从基本国情中引申出来的对劳动法的基本要求。由于劳动法基本原则指导劳动法律调整的目的，在于正确和有效地作用于现实的劳动领域，因而，劳动法基本原则必须来源和根植于现实，正确反映劳动领域的基本现状和发展要求。为此，应当对我国社会主义初级阶段的劳动关系的性质、特征和发展趋向，现存的劳动问题和与此密切联系的经济、政治、社会问题，劳动制度改革的现状、目标模式和步骤等，有正确的认识和分析，并在此基础上经过抽象和概括，形成我国社会主义初级阶段劳动领域的指导思想，从而赋予劳动法基本原则以时代特色。

四、劳动法基本原则的功能

劳动法基本原则的功能，概言之，就是对劳动法如何调整劳动关系以及与其密切联系的其他社会关系进行规范，即，劳动法基本原则→劳动法律规范→劳动关系以及与其密切联系的其他社会关系。这具体表现在三个方面：

1. 在劳动法体系中的凝聚和统帅功能

劳动法体系由若干项劳动法律制度和众多劳动法规所组成，其中各项劳动法律制度和劳动法规在内容和调整范围上都不尽相同。它们只有在各自的具体内容中贯彻和体现劳动法基本原则的精神，才能形成有统一的核心和灵魂并互相协调的有机整体；也只有在劳动法基本原则的统率下，才能在各自调整范围内按共同规则相互配合，既充分发挥各自特定的调整作用，又有效地形成劳动法体系的总体调整功能。

2. 在劳动立法中的依据和准则功能

劳动法基本原则在劳动法律规范中的具体落实和体现，是通过劳动立法过程实现的。制定各项新的劳动法规，都应当以劳动法基本原则作为确定其具体内容的依据和准则，从而保证各项劳动法律规范都符合劳动法基本原则的要求；对劳动法规的修改和补充，不得违背劳动法基本原则，并且必须保证修改和补充后的内容能更好地体现劳动法基本原则的精神。

3. 在劳动执法中的指导和弥补功能

劳动法基本原则的法律调整作用,是通过劳动执法过程最终实现的。在劳动执法中,对被适用的具体法条的解释,需要以劳动法基本原则为指导;尤其是有权解释和据此作出的处理决定,更不得同劳动法基本原则相悖。当劳动执法中遇到法律漏洞或法律矛盾时,由于劳动法基本原则内涵容量大、适应性强,执法者就可以运用劳动法基本原则,即依据劳动法基本原则的有关精神,补充法律漏洞、解决法律冲突,这实际上对劳动立法的不足起到一定的弥补作用。

五、劳动法基本原则的内容

关于我国劳动法基本原则的内容,学界有不同观点。有学者列为:公民有劳动的权利和义务的原则;劳动者享有职业培训的权利和义务的原则;劳动者享有按劳分配和社会保险的权利的原则;劳动者享有休息和劳动安全卫生保护的权利原则;在劳动力方面男女平等、民族平等的原则;提起处理劳动争议的权利的原则。[25] 有学者列为:劳动权利义务相统一原则;保护劳动者合法权益原则;劳动法主体利益平衡原则。[26] 有学者列为:劳动者劳动权利和劳动义务相一致原则;三方协调原则;劳动力资源合理配置原则。[27] 有学者列为:劳动自由原则;劳动协调原则;劳动保障原则。[28] 有学者列为:劳动关系协调的合同化原则;劳动条件的基准化原则;劳动者保障的社会化原则;劳动执法的规范化原则。[29] 存在上述理论分歧的主要原因,在于判断部门法基本原则的标准和归纳部门法基本原则的角度或思路不尽相同。例如,劳动法基本原则的涵盖面是整个劳动法体系还是其中某项或几项制度;劳动法基本原则与劳动权利义务是何种关系,可否将劳动者某项重要权利或义务提升为劳动法基本原则;劳动法基本原则与劳动法调整方法是何种关系,可否将劳动法的调整方法确立为劳动法基本原则;劳动法基本原则与劳动法宗旨是何种关系,可否将劳动法的宗旨列为劳动法基本原则;确立劳动法基本原则,应否考虑中国的国情,即有无中国特有的劳动法基本原则。因而,只有就上述问题达成共识,才可能减少。

上述所列各项"基本原则"中,有的原则仅是劳动者的某项权利或义务,这属于法律关系内容的范畴,而不属于基本原则的范畴,即使可视为原则也只宜用作某项劳动法律制度的原则;有些原则在内容上互相包含,都作为同一层次并列独立的原则,就会形成重复;有些原则的表述,只是对宪法条文的简单复述或摘引,理论概括性不强,文字也不够精练。基于这些问题,笔者认为,法理上所表述的劳动法的各项基本原则,应当是劳动法所独有的原则,既有法律、政策和现实依据又有理论概括性,既有各自特定的内涵又有较大的容量和较广的涵盖面。因此,劳动法基本原则的内容,可表述为以下几项:

---

〔25〕 李景森:《劳动法学》,北京大学出版社 2000 年版,第 17 ~ 22 页。
〔26〕 贾俊玲:《劳动法学》,北京大学出版社 2003 年版,第 38 ~ 39 页。
〔27〕 贾俊玲:《关于劳动法基础理论研究的几个问题》(摘要),劳动法学和社会保障法学 2002 年学术研讨会议论文。
〔28〕 冯彦君:《劳动法学》,吉林大学出版社 1999 年版,第 43 页。
〔29〕 董保华:《劳动法》,上海大学出版社 1997 年版,第 45 ~ 47 页。

1. 劳动既是公民权利又是公民义务原则

我国《宪法》第42条第1款规定,公民有劳动的权利和义务。[30] 这准确表述了劳动的法律性质和国家对劳动的基本态度,为劳动法调整劳动关系以及与其密切联系的其他社会关系,确立了出发点。它表明,有劳动能力的公民从事劳动,既是行使国家赋予的权利,又是履行其对国家和社会所承担的义务。

劳动是公民的权利,即我国每个有劳动能力的公民都有从事劳动的平等权利。这对公民、用人单位和国家都有特定的法律意义。对公民来说,意味着享有包括就业权和择业权在内的劳动权。即公民不论性别、民族和财产状况等因素的不同,都有权实现就业,通过劳动获取生活主要来源;有权依法选择适合自己特点的职业和用人单位,参与这种选择过程中的竞争;有权利用国家和社会所提供的各种就业服务和保障条件,以提高就业能力和增加就业机会。对用人单位来说,意味着必须尽可能提供更多的就业岗位,平等地录用符合录用条件的职工,履行提供失业保险、就业服务、职业培训等方面的应尽职责;并且不得以歧视和其他任何方式阻碍公民劳动权的实现。对国家来说,意味着应当为公民实现劳动权提供保障。但是,这并不能同"统包统配"、"铁饭碗"画等号,而只是说,应当从宏观上确保全体公民有均等的就业机会,通过促进经济社会发展来创造就业条件,并保护公民劳动权不受侵犯。

劳动是公民的义务,这是从劳动尚未普遍成为人们生活第一需要的现实和"劳动是财富之父"[31]的本质所引申出的要求。对公民来说,意味着一方面作为国家和公有生产资料的主人,应当具有参加劳动的高度自觉性和光荣感;另一方面必须以劳动作为谋生手段,在积极争取国家和社会提供的就业机会的同时,努力通过自谋职业、自愿组织就业等方式为自己创造就业机会,并在劳动岗位上踏实履行各项义务。对用人单位来说,意味着有权组织和安排职工参加劳动,并要求职工遵守劳动纪律和完成劳动任务。对国家来说,意味着应当以激励和约束等方式提高公民的劳动积极性和创造性;促使公民以劳动作为其获取生活主要来源的基本手段;禁止或制裁非法的不劳而获行为。

2. 保护劳动者合法权益原则

保护劳动者,历来是各国劳动法所奉行的主旨。在我国宪法中,对公民作为劳动者所应享有的基本权利作了许多原则性规定,内容相当广泛,包括劳动权、劳动报酬权、劳动保护权、休息权、职业培训权、物质帮助权、企业民主管理权等。劳动法应当具体落实宪法的这些规定,使劳动者的合法权益受到全面、平等、优先和最基本的保护。

所谓全面保护,即劳动者的合法权益,无论财产权益或人身权益,无论法定权益或约定权益,无论其内容涉及经济、政治、文化等哪个方面,无论它存在于劳动关系缔结前后或终止以后,都要置于劳动法的保护范围之内。

所谓平等保护,即全体劳动者的合法权益都平等地受到劳动法的保护。其含义和要求包括两个层次:(1)各种劳动者平等保护。对于民族、种族、性别、职业、职务、劳动关系的所有制性质或用工形式等不同的各种劳动者来说,在劳动法上的法律地位一律平等,劳动法所直接规定或要求达到的劳动基准都一律适用,禁止对任何劳动者在劳动方面的歧视。(2)对特殊劳动

---

〔30〕 外国宪法也有如此规定的立法例,如《日本国宪法》(1946年)第27条中规定,"全体国民都有劳动的权利与义务"。

〔31〕 [英]威廉·配第:《赋税论 献给英明人士 货币略论》,陈冬野等译,商务印书馆1963年版,第71页。

者群体的特殊保护。在劳动者中,还存在某些由于特定原因而具有某种特殊利益的群体,例如,妇女劳动者、未成年劳动者、残疾劳动者、少数民族劳动者、军队退役劳动者等。特殊劳动者群体除了受到劳动法给予的一般保护外,其特殊利益还受到劳动法的特殊保护。这种特殊保护是对一般保护的必要补充,旨在使特殊劳动者群体的特殊利益与一般劳动者的共有利益一样受到平等保护,因而并不违背平等保护的精神。应当明确的是,关于特殊劳动者群体及其特殊利益的界定,关于特殊保护的措施和限度的确定,都必须直接以法律为依据。

所谓优先保护,即在特定条件下,当对劳动者利益的保护与对用人单位利益的保护发生冲突时,劳动法应优先保护劳动者利益。例如,在劳动过程中,当安全与生产发生冲突时,应当坚持安全重于生产的原则,即使生产受影响,也必须采取措施以确保安全。又如,在企业出现冗员或经济不景气的情况下,为保障充分就业,控制失业率,就应当对企业裁员行为实行严格限制,甚至在某一特定时期有必要要求企业对冗员以内部消化为主。

所谓基本保护,即对劳动者基本利益的保护。在劳动者利益结构中,维持劳动力再生产所必要的人身安全健康、基本生活需要等属于基本利益,是劳动者的切身利益,因此,保护劳动者首先就是要保护劳动者的基本利益。为此,在劳动立法中,国家对劳动者的基本利益规定最低标准,要求用人单位向劳动者支付的利益不得低于这种标准,从而使劳动者的基本利益获得绝对性保护。

3. 劳动力资源合理配置原则

劳动关系作为劳动力与生产资料相结合的社会关系,亦即劳动力资源配置的社会形式。就此意义而言,劳动法也是劳动力资源配置法,当然要以实现劳动力资源配置合理化为己任。在社会主义市场经济中,判断劳动力资源配置是否合理以及合理化程度如何,应当奉行兼顾效率和公平双重价值取向。也就是说,社会主义市场经济在本质上需要同时追求劳动力资源的高效率配置和公平配置。于是,宪法所规定的劳动者各尽所能,即各个劳动者的劳动能力都得到充分的使用和发挥,理应成为劳动力资源配置的总目标。这是因为,劳动者各尽所能,既直接表现劳动力资源被高效率使用,又意味着劳动平等的实现。所以,劳动法应当以此为目标,对劳动力资源的宏观配置和微观配置进行规范。

劳动力资源的宏观配置,即社会劳动力在全社会范围内各个用人单位之间的配置。在计划经济条件下,国家以行政分配的方式对劳动力资源进行宏观配置,实践表明,这未能实现劳动力资源宏观配置的合理化。在社会主义市场经济条件下,为了使劳动者各尽所能在宏观上成为现实,必须通过劳动力市场对劳动力资源进行宏观配置。劳动法对此所负的任务,就是要促成和发展劳动力市场,确立和完善以市场配置机制为主,以行政配置机制为辅的劳动力资源配置体制,维护劳动力市场的运行秩序。其中尤为重要的是:赋予和保护劳动力供求双方确立劳动关系的自主权,双方都成为市场主体;强化并安排国家促进和保障就业、调控劳动力流动的职责,构造以劳动行政部门为主、政府各部门协调配合的劳动力市场管理体制;形成一套具有劳动力自由流动、劳动者竞争就业、劳动力供求双方相互选择、用合同确立劳动关系等为特征的劳动力市场运行规则;建立一套具有开发劳动力资源、开拓就业途径、引导和调节劳动力流向、职业介绍、失业保障等功能的就业服务体系。从而,为实现劳动力的供求平衡、有序流动和高效使用创造宏观条件。

劳动力资源的微观配置,即在用人单位内部对劳动者的劳动岗位、劳动时间和劳动任务的安排,也就是用人单位组织其劳动者在劳动过程中的分工和协作,使各个劳动者的劳动在时间和空间上组合成一个有机整体。为了确保在微观上实现劳动者各尽所能,在劳动法中,应当摆正劳动者利益和劳动效率的位置,并使二者形成相互依存、彼此促进的关系。也就是说,一方面,劳动法通过保护劳动者利益,来调动劳动者的积极性,增强劳动者的素质,改善劳动者的劳动条件,从而提高劳动效率;另一方面,劳动法通过提高劳动效率,并使劳动效率与劳动者利益挂钩,从而为增进劳动者利益创造有利条件。为此,劳动法应当引导和强制劳动力资源微观配置符合下述要求:(1)保证各个劳动者在劳动关系存续期间实现参加劳动的权利,科学地组织劳动过程,按照专业对口、人尽其才的准则安排劳动者的劳动岗位,避免劳动力闲置和浪费;(2)在休息时间、劳动安全卫生、工资、福利、职业培训等方面,保证劳动力再生产顺利进行,不断改善劳动力供给结构和提高劳动力供给水平;(3)充分调动劳动者的积极性、主动性和创造性,强化劳动者完成劳动任务、遵守劳动纪律、提高劳动力素质的义务和责任。

第四节　劳动法的形式

劳动法形式,又称劳动法渊源,是指劳动法律规范的具体表现形式。它表明劳动法律规范以什么形式存在于法律体系中,告诉人们从何处找到劳动法律规范。在不承认不成文法的国家,劳动法形式仅限于各种成文法;在承认不成文法的国家和地区,劳动法形式除成文法外,还有判例法和习惯法。在我国,除香港、澳门和台湾地区外,劳动法只以成文法作为其形式。

从许多国家现有劳动法的成文法形式来看,包括规范性文件和准规范性文件两大类。规范性文件通常称为“法规”或“法律法规”,其要件一般包括:(1)制定主体是依法有权制定规范性文件的国家机关;(2)制定过程符合法定立法程序;(3)内容构成具有规范化结构形式,即具备法律规范的各项构成要素并表现为条文形式;(4)空间效力表现为在一定范围内具有普遍适用性;(5)时间效力表现为在一定期间内具有反复适用性。准规范性文件的特征在于:不完全具备规范性文件的要件,也就是说,缺少规范性文件的某项或某几项要件;在实践中具有相当于规范性文件的效力,亦即被当作规范性文件在社会生活中具体适用。

一、规范性文件

现代各国规范性文件的种类一般是由宪法和其他宪法性法律确认的。作为劳动法形式的规范性文件,主要有下述几种:

1. 宪法

在宪法史上,率先规定劳动问题的宪法是苏联 1918 年制定的第一部宪法;资本主义国家最早在宪法中规定劳动问题的是德国 1919 年制定的《魏玛宪法》。现在不论社会主义国家还是资本主义国家,几乎都在宪法中就调整劳动关系问题作了重要规定。从中华人民共和国成立初期起临时宪法作用的《中国人民政治协商会议共同纲领》,到 1954 年、1975 年、1978 年、1982 年的宪法,都包括有关于劳动问题的规定。其中,1982 年宪法的规定尤为详尽,在关于国家经济制度和政治制度,特别是关于公民基本权利和义务的规定中,与劳动法有直接联系的条文达26条之多。2004年宪法修正案增加了“国家建立健全同经济发展水平相适应的社会保障制度”,“国家尊重和保障人权”的规定。这些规定,既是劳动立法的最高法律依据,又是劳动法律规范的一种表现形式。

2. 法律

在我国,法律是指全国人大及其常委会制定的规范性文件;另外,我国香港和澳门特别行政区立法机关制定的规范性文件,在本行政区也属于法律。作为劳动法形式的法律,一般有三种:(1)劳动基本法。它综合规定劳动法的基本问题,是统率整个劳动法体系的基本法。已有70多个国家制定了劳动基本法。大致有两种模式:一种是法典式,即劳动法典,其内容详尽。包括劳动关系各个方面的具体法律规范,有的长达一二十万余字,法国、保加利亚、捷克斯洛伐克、波兰、匈牙利、伊拉克、卢旺达、巴林、菲律宾等国即如此;另一种是纲要式(或称通则式),其内容较为概括和原则,只就劳动关系各个方面的基本原则作纲要式规定,有的还在名称上称为“原则”(如苏联的《劳动法原则》),我国和朝鲜、蒙古等国都如此。(2)单项劳动法律。它是就劳动法的某部分内容或某项制度作出规定的法律。在有的国家,如美国、日本、加拿大等,并未制定一部统率整个劳动法体系的劳动法典,而是制定劳动标准法、劳动关系法、劳动安全卫生法、劳工管理关系法等法律作为劳动法体系的骨干。在已有劳动法典的国家,大多也制定此种法律,如匈牙利社会保险法、印度劳动合同法等。我国目前,已有《工会法》、《促进就业法》、《劳动合同法》、《安全生产法》、《职业病防治法》、《矿山安全法》、《劳动争议调解仲裁法》。(3)相关法律。即其他法律中的劳动法律规范。如我国《全民所有制工业企业法》、《公司法》、《乡镇企业法》、《妇女权益保障法》、《残疾人保障法》、《未成年人保护法》、《职业教育法》等法律中,都有关于劳动问题的规定。

3. 行政法规

在我国,行政法规是指国务院制定的规范性文件;另外,我国香港和澳门特别行政区行政长官制定的规范性文件,在本行政区也属于行政法规。作为劳动法形式的行政法规,一般有两种:(1)劳动行政法规。它是专门就劳动法的某部分内容作出规定的行政法规。如《劳动合同法实施条例》、《女职工劳动保护规定》、《工伤保险条例》等。(2)相关行政法规。即其他行政法规中的劳动法律规范。如《标准化法实施条例》中有关于劳动安全卫生标准属于强制性标准的规定。

4. 地方性法规和经济特区法规

在我国,地方性法规是省、自治区、直辖市人大及其常委会制定的规范性文件;经济特区法规是经全国人大常委会特别授予立法权的经济特区人大及其常委会在授权范围内制定的规范性文件。其中,有许多是关于劳动方面的专项文件或者含有劳动法律规范。

5. 部门规章

在我国,部门规章是指国务院所属部门制定的规范性文件。其中,由劳动行政部门单独制定或会同有关部门制定的专项劳动规章,是劳动法的各种形式中为数最多的一种。此外,其他部门规章中也有一些关于劳动方面的规定。

6. 地方规章

在我国,地方规章是指省、自治区、直辖市人民政府,省会、自治区首府所在地的市和经国务院批准的较大的市的人民政府制定的规范性文件。其中，有许多是关于劳动方面的专项文件，或者含有劳动方面的规定。

7. 国际法律文件

这是由国际组织统一制定或由两个以上国家协议制定的规范性文件，经成员国或缔约国批准或签署后即具有法律约束力。作为劳动法形式的国际法律文件包括：(1)国际劳工公约。它是由国际劳工组织制定的为劳动立法规定国际标准的公约。凡经我国政府批准的国际劳工公约，除其中被我国声明保留的条款外，其内容我国有义务实施。截至目前，我国已批准19个国际劳工公约。(2)其他国际公约或条约。例如，联合国通过的某些公约和宣言中也有涉及劳动问题的条款；欧洲共同体等国家集团也有包括劳动问题在内的协议；有些国家之间还就社会保障、外籍工人等问题签订了双边或多边协议。

二、准规范性文件

作为劳动法形式的准规范性文件，在不同国家不尽一致，通常有下述几种：

1. 劳动政策

劳动政策同劳动法规的联系十分密切，劳动法规的内容往往来源于劳动政策，劳动政策在一定意义上是对劳动法规内容的一种重要补充，尤其在劳动立法不完备的阶段，劳动政策对劳动关系的调整显得更重要。因而，劳动政策也被视为劳动法的一种形式。我国实践中，通常将劳动政策和法规一同汇编成册，例如，原劳动部政策法规司和吉林省劳动厅1990年合编的《劳动政策法规全书》。

2. 劳动领域技术标准

这里仅指标准制定机关依据劳动法规和标准化法规制定的劳动领域的技术标准，劳动法规中直接规定的标准未包括在内。它将劳动法规的要求定型化、具体化、数量化，具有同法律规范一样的普遍适用性和反复适用性，因而被视为劳动法的一种形式。如《工业企业设计卫生标准》(2002年)、《职工工伤与职业病致残程度鉴定标准》(1992年)、《工人技术等级标准》(1993年)等。

劳动标准按其法律效力不同可分为强制性标准和推荐性标准。前者是必须执行的标准，后者是供选择执行的标准。劳动基准属于强制性标准；劳动管理标准则有的属于强制性标准，有的属于推荐性标准。

3. 抽象劳动行政行为

这里仅指行政机关为实施劳动法规而制定的具有普遍约束力的决定、命令，而不包括行政机关制定的劳动法规在内。它作为劳动法规的延伸而起规范作用，因而在我国有的劳动法著作中也将其列为劳动法的一种形式。其中，有的是一次性适用的抽象劳动行政行为，如《人事部、国家计委、财政部1989年调整国家机关、事业单位工作人员工资的实施方案》；有的是可反复适用的抽象劳动行政行为，如北京市劳动和社会保障局2003年发布的《北京市工伤职工停工留薪期管理办法》。

4. 工会规章

工会组织虽不是国家机关，但它作为一种社会政治团体，在法定范围内制定的各项规章，不仅对工会组织内部的活动，而且对于工会组织与国家机关、用人单位等交往中的活动，都起到规范作用,有的法规还明确要求国家机关和用人单位遵循其中的有关规定。因而,在我国劳动法学界,一般都认为,中华全国总工会制定的规章,如《工会参与劳动争议处理试行办法》(1995 年)、《中国工会章程》(1993 年)等,也是劳动法的一种形式。

5. 规范性劳动法规解释

它是法定对劳动法规有解释权的国家机关就劳动法规在执行中的问题所作出的具有普遍约束力的解释。实践中较多见的是最高人民法院的司法解释和国务院劳动行政部门的行政解释,前者如《最高人民法院关于审理劳动争议案件适用法律若干问题的解释》(2001 年),后者如《劳动部关于〈中华人民共和国劳动法〉若干条文的说明》(1994 年)。

6. 集体合同

在许多国家,工会的全国性、地方性、行业性和职业性组织可以分别同相对应的用人单位团体通过谈判依法签订集体合同,这种集体合同对全国、地方、行业或职业范围内的劳动关系具有法律效力,因而被视为是劳动法的一种形式。在我国,目前尚不存在这种全国性、地方性、行业性和职业性集体合同,而只有企业工会与企业行政签订的集体合同。实践中尽管已有签订区域性、行业性集体合同的少量实例,但其覆盖面多限于未建立工会组织的中小微型企业,实际上相当于企业层次的集体合同。由于企业集体合同只在本企业内有效,故不被视为劳动法的形式。

劳动法形式的进一步研究

第五节　劳动法的体系和相关问题

一、劳动法体系的结构

劳动法体系,是指一国的全部劳动法律规范按照一定标准分类组合所形成的,具有一定纵向结构和横向结构的有机整体。其纵向结构由效力等级不同的含有劳动法律规范的各种法律形式(又称法律渊源)所构成;其横向结构由全部劳动法律规范按照一定标准所划分的若干项劳动法律制度所构成。通常所称劳动法体系,即指其横向结构。

劳动法体系中的各项劳动法律制度,都由同一类劳动法律规范所组成。研究劳动法体系,旨在构建完备的劳动法体系,亦即提高劳动法体系的完备性程度。关于法律规范意义上的劳动法体系,其完备性可以从两个层次来理解:一是制度结构层次的完备,即劳动法的各项制度的组合结构不仅完整而且合理,能确保劳动法领域的各种主体、行为、关系都有法可依,亦即各有特定的制度与之对应;二是规范内容层次的完备,即劳动法规范的内容与市场经济条件下劳动关系的正常运行相适应,并且不同劳动法规范之间相互协调。从制度结构层次展开研究,应当对学界已有的关于劳动法体系的所有制结构、劳动法职能结构、劳动法调整机制结构、劳动过程结构等模式,[32] 以及各国劳动法典等基本法所呈现的制度结构,作比较分析,并在此基础上对我国劳动法体系的制度结构作出设计。从规范内容层次展开研究,应当从现行立法中揭示出与劳动关系运行和劳动制度改革的实践和趋势不相适应的规定,以及不同法律规范之间,

---

〔32〕　王全兴:《劳动法》,法律出版社 1997 年版,第 77 ~ 80 页。

亦即不同制度、不同法规、不同法条之间存在的冲突，并在分析其原因的基础上，研究实现劳动立法与实践同步适应、劳动法体系内部和谐一致的对策。

由于据以对劳动法律规范进行分类的标准不同，就形成了劳动法体系结构的不同模式。

(一)职能结构模式

劳动法调整劳动关系的任务，由职能不尽相同的各种劳动法律规范承担。换言之，各种劳动法律规范都分别以其特定职能，共同实现劳动法调整劳动关系的任务。因而，有必要以劳动法律规范的职能为分类标准，建立能够表明劳动法职能分工的劳动法体系。基于上述认识，可将我国劳动法体系的结构，设计为表4－1所示总体框架。

表4－1

<table>
<tr><th></th><th colspan="3">实体法</th><th>程序法</th></tr>
<tr><td rowspan="17">劳动法总则</td><td rowspan="4">劳动关系法</td><td>单个
劳动关系法</td><td>劳动合同</td><td rowspan="4">▲劳动争议处理
(调解—仲裁—诉讼)
▲劳动监察</td></tr>
<tr><td rowspan="3">集体
劳动关系法</td><td>集体合同</td></tr>
<tr><td>职工民主管理</td></tr>
<tr><td>劳动规章制度</td></tr>
<tr><td rowspan="4">劳动条件法</td><td colspan="2">工时基准</td><td rowspan="4">▲劳动监察
▲劳动争议处理
(调解—仲裁—诉讼)</td></tr>
<tr><td colspan="2">工资基准</td></tr>
<tr><td colspan="2">劳动安全卫生基准</td></tr>
<tr><td colspan="2">其他基准(如劳动福利)</td></tr>
<tr><td rowspan="9">劳动保障法</td><td rowspan="4">就业法</td><td>对就业的政策支持</td><td rowspan="4">▲劳动监察
▲就业争议处理</td></tr>
<tr><td>反就业歧视</td></tr>
<tr><td>就业服务</td></tr>
<tr><td>职业培训</td></tr>
<tr><td rowspan="5">社会保险法</td><td>养老保险</td><td rowspan="5">▲社会保险监察
▲社会保险争议处理</td></tr>
<tr><td>医疗保险</td></tr>
<tr><td>工伤保险</td></tr>
<tr><td>失业保险</td></tr>
<tr><td>生育保险</td></tr>
</table>

在上述框架中，劳动关系法，主要由以实现劳动关系运行契约化为基本职能的各项劳动法律制度所构成；劳动条件法，又称劳动条件基准法，主要由以实现劳动关系中劳动者权益(或称劳动条件)基准化(即制定和实施劳动基准)为基本职能的各项劳动法律制度所构成；劳动保障法，主要由以保障劳动者实现劳动权和劳动关系正常运行的社会条件，或者说实现劳动保障社会化为基本职能的各项劳动法律制度所构成。所以，这种框架可称为劳动法体系的职能结构模式。

需要指出的是，将各项劳动法律制度划分为上述三大类，只是一种相对意义上的分类。其中有的劳动法律制度,除了具有据以划归某一类的基本职能外,还兼有可据以划归其他类的职能。也就是说,某项劳动法律制度虽然依其基本职能被划归某一类,但并不排斥其中含有体现其他职能的部分内容。所以,不同类的劳动法律制度之间,在内容和职能上有一定的交叉。

在上述劳动法体系的结构中,社会保险法的地位正处变迁过程中,即由作为劳动法体系的组成部分转向作为社会保障法体系的组成部分。

在我国1994年的《劳动法》中,社会保险制度被规定为劳动法体系的组成部分。这是因为,在市场化经济体制改革进程中,社会保险是劳动保险社会化改革的产物,且社会保险的适用范围仅以劳动关系为界限,即社会保险仅覆盖正在受雇或曾经受雇的劳动者。

而按照我国社会保障制度改革的目标模式,社会保障体系由社会保险、社会救助、社会福利、社会优抚等所组成。故社会保险制度应当成为社会保障法体系的一个组成部分。社会保险制度作为社会保障法体系的组成部分较之作为劳动法体系的组成部分,其一个显著区别在于,社会保险的适用范围不再以劳动关系为界限,中国境内的居民,无论有无劳动关系,都可以成为社会保险的对象。2012年的《社会保险法》正处在这种转型的过程中,是我国第一部明确规定社会保险的适用范围突破劳动关系界限的法律。其中规定:(1)职工基本养老保险和职工基本医疗保险不仅覆盖职工,而且覆盖无雇工的个体工商户和非全日制从业人员等灵活就业人员。(2)实行以城镇未就业居民为保险对象的城镇居民社会养老保险和城镇居民基本医疗保险。(3)实行以农村居民为保险对象的新型农村社会养老保险和新型农村合作医疗。

(二)其他模式

1. 所有制结构模式

在我国,生产资料的多种所有制形式并存,劳动者对劳动力的所有权却一直未被国家所明确承认,[33]于是,劳动关系按所有制不同进行分类成了劳动关系的基本分类,劳动立法也长期按所有制不同分别立法,从而形成劳动法体系的所有制结构模式。即以劳动法律规范所调整的劳动关系的所有制性质为标准对劳动法律规范进行分类而形成的劳动法体系结构。迄今我国劳动立法实践仍受这种模式影响。按此模式,我国劳动法体系由下述几个部分构成:(1)全民所有制劳动法律制度;(2)集体所有制劳动法律制度;(3)股份制企业劳动法律制度;(4)私营企业和个体经营单位劳动法律制度;(5)外商投资企业劳动法律制度。经济体制改革以前,我国劳动法体系实际上只由上述前两个部分所构成。随着计划经济转向市场经济,这种模式的缺陷日益显露。它不利于形成和发展统一的劳动力市场,不利于平等保护劳动者合法权益,不利于劳动法制的统一。

在社会主义市场经济条件下,尽管劳动关系仍然存在按所有制分类的问题,但劳动法体系结构不宜采用所有制结构模式。这是因为:(1)劳动者无论参与何种所有制的劳动关系,作为劳动力所有者的地位都是平等的;(2)企业无论其所有制或其法律形态如何,作为市场主体,其用工权应当是平等的,否则就与市场经济的平等竞争原则相悖;(3)劳动关系无论属于哪种所有制性质,都在劳动力市场中缔结,就必须遵循共同的市场规则。可见,对不同所有制的劳动关系实行统一的劳动法律制度,是市场经济的一般要求。因此,应当建立一套统一调整各种所

---

〔33〕 1993年10月中共十四届三中全会通过的《中共中央关于实行社会主义市场经济体制若干问题的决定》,第一次作为党中央正式文件正式确认了"劳动力市场"的概念,从而间接确认了劳动者对劳动力的所有权。

有制性质劳动关系的劳动法体系。

2. 调整机制结构模式

劳动法的调整机制在一定意义上由宏观、中观、微观三个层次的调整方式所构成，即劳动基准调整全部劳动关系，集体合同调整集体劳动关系的调整劳动关系，劳动合同调整单个劳动关系调整劳动关系，与此对应，劳动法体系由单个劳动关系法、集体劳动关系法、劳动基准法所构成。[34] 这种模式的突出特点，是将集体劳动关系法置于同单个劳动关系法并列甚至比集体劳动关系法更重要的地位。在市场经济发达国家和地区，由于工会组织的独立性和实力较强，集体劳动关系的运行机制相当发达，集体劳动关系立法相当完备，这种模式是适应的。因而，有的教科书，除了劳动法学总论外，以劳动基准法、集体劳动关系法为主，甚至未把单个劳动关系法纳入劳动法学教学体系[35]；有的则在劳动法学教学体系中将集体劳动关系法与单个劳动关系法置于并重地位[36]。而在我国大陆，集体劳动关系的运行机制还处于发育不成熟阶段，而单个劳动关系的运行机制则发育相对成熟；集体劳动关系立法是劳动立法中的薄弱点，而单个劳动关系立法和劳动基准立法则相对较多。因而，在劳动法体系中，不宜将集体劳动关系法置于同单个劳动关系法并重的地位。

3. 劳动过程结构模式[37]

劳动法对劳动关系的调整，亦即对劳动过程的规范，及于劳动者进入劳动过程、经历劳动过程（亦即用人单位组织劳动过程）和退出劳动过程的各个环节，各种劳动法律规范都分别以其中的特定环节作为规范的对象。因而，有必要按照劳动过程的实现顺序，也就是从劳动者进入劳动过程到退出劳动过程的自然顺序，来建立能够表明不同劳动法律制度对劳动过程进行规范的阶段性分工和逻辑性关联的劳动法体系。所以，在劳动法体系中，各项劳动法体系的排列次序应当与劳动过程的实现顺序大体一致。基于这种认识，劳动法体系的结构可设计为：（1）劳动就业法；（2）劳动合同法；（3）集体合同法；（4）用人单位内部劳动规则法；（5）工时法；（6）劳动保护法；（7）工资法；（8）职工民主管理法；（9）职业培训法；（10）社会保险和福利法；（11）劳动争议处理法；（12）劳动监督法。

二、劳动基准的界定和体系

（一）劳动基准的广义和狭义理解

劳动基准，即法定最低劳动标准。广义的劳动基准，是指劳动法中关于劳动权利的强行性规范。如国际劳工公约和《日本劳动基准法》、我国台湾地区“劳动基准法”的内容，既涵盖作为实体利益（如劳动报酬、劳动安全卫生等）的劳动权利，又涵盖作为获取实体利益之工具（如集体合同、职工民主管理、法律救济等）的劳动权利；既涵盖劳动关系中的劳动权利，又涵盖劳动关系成立前（如择业自由）和消灭后（如社会保险）的劳动权利。一般可分为两类，即劳动关系运行基准和劳动条件基准。前者即强行性劳动关系运行规则，与劳动关系的运行过程相对应，

---

〔34〕 董保华：《劳动法原理》，上海社会科学出版社 1998 年版，第七章。

〔35〕 参见[美]罗伯特·A. 高尔曼：《劳动法基本教程——劳工联合与集体谈判》，马静等译，中国政法大学出版社 2003 年版。

〔36〕 参见黄越钦：《劳动法新论》，翰芦图书出版有限公司 2000 年版。

〔37〕 吴超民在其《劳动法通论》（华中师范大学出版社 1987 年版）中最先提出这种设计思路。

包括单个劳动关系运行基准和集体劳动关系运行基准,主要指劳动合同、集体合同、劳动规章制度和职工民主管理的运行基准;后者即强行性最低劳动条件,与劳动关系的内容相对应,如工时、工资、劳动安全卫生等基准。狭义的劳动基准,仅指劳动条件基准。

劳动基准的广义和狭义还可以从另一视角理解。即劳动基准作为劳动权利的最低标准,其内容与劳动权利的内容对应。广义上包括就业权、劳动条件权、团结权、职工民主管理权、法律救济权的基准。狭义上仅包括劳动条件权的基准。

劳动基准具有以下主要特征:(1)法定性,即劳动基准只能由国家以规范性文件规定,而不能由集体合同、劳动规章制度和劳动合同规定。(2)强行性,即法律等规范性文件关于劳动基准的规定,属于强行性规范,而不属于任意性规范。(3)单方权利性,即劳动基准是关于劳动者权利的基准,对劳动者是权利本位,而对用人单位则是义务本位。(4)保底性,即劳动基准是最低劳动基准,或者说是劳动者利益的保底线,用人单位实际给予劳动者的利益不得低于但可以高于或等于劳动基准,较低效力等级规范性文件规定的劳动者利益也不得低于但可以高于或等于较高效力等级规范性文件规定的劳动基准。(5)监察保障性,即劳动基准主要由劳动监察保障其实施。

在理解劳动基准与集体合同、劳动规章制度、劳动合同的关系,或者比较劳动基准水平的场合,通常对劳动基准作狭义理解;而依据《劳动保障监察条例》的规定,对与劳动监察对应的劳动基准则作广义理解。

(二)劳动基准的形式

劳动基准的形式,表现为法律、行政法规等各种规范性文件,又可分为国家标准、行业标准、地方标准,此外,还有国际标准。需要明确的是,作为劳动基准的国家标准、行业标准、地方标准和国际标准,与标准化管理中的含义有所不同。主要表现在:(1)标准化管理中的国家标准、行业标准、地方标准在内容上互不重叠。根据《标准化法》(1988 年)第 6 条的规定,对需要在全国范围内统一的技术要求,应当制定国家标准;对没有国家标准而又需要在全国某个行业范围内统一的技术要求,可以制定行业标准,在公布国家标准之后该项行业标准即行废止;对没有国家标准和行业标准而又需要在省、自治区、直辖市范围内统一的工业产品的安全、卫生要求,可以制定地方标准,在公布国家标准或者行业标准之后该项地方标准即行废止。而劳动基准中的国家标准、行业标准、地方标准,在内容上可以重叠,即就同一项目,已有国家标准的,也可有行业标准和地方标准。(2)标准化管理中有强制性标准与推荐性标准之区分,而劳动基准都属于强制性标准。根据《标准化法》(1988 年)第 7 条和《标准化法实施细则》(1990 年)第 15 条的规定,国家标准和行业标准中,保障人体健康和人身、财产安全的标准以及法律、行政法规规定强制执行的标准是强制性标准,其他标准是推荐性标准;而地方标准因只限于工业产品的安全、卫生要求,在本行政区域内都是强制性标准。(3)标准化管理中的国际标准,其水平高于国家标准、行业标准和地方标准,由国家鼓励企业选择适用;而国际劳工标准(主要表现为国际劳工公约)的水平则不一定高于国内劳动基准,凡经全国人大及其常委会批准参加的国际劳工标准,我国有义务在立法和政策中将其内容转化为国内劳动基准而予以实施。

(三)劳动基准的效力

劳动基准作为劳动法中的强行性法律规范,具有必须执行和遵守的效力,遵守劳动标准是劳动关系当事人的法定义务而无论劳动合同、集体合同和劳动规章制度规定与否,并且劳动合同、集体合同和劳动规章制度都不得作出与劳动基准抵触的约定。

不仅如此,劳动基准作为劳动者应得利益的法定保底线,其效力还是一种保底性约束力。只有当劳动合同、集体合同和劳动规章制度所规定的劳动者利益低于劳动基准时,才可认为与劳动基准抵触。劳动基准的保底性拘束力还体现在不同效力等级的规范性文件之间,效力等级较低的规范性文件所规定的劳动基准的水平,可以等于或高于但不得低于效力等级较高的规范性文件所规定的劳动基准。例如,我国《劳动法》规定周最高工时为44小时,后来《国务院关于职工工作时间的规定》规定周最高工时为40小时,这并不与《劳动法》抵触。

劳动基准的保底性约束力,对于用人单位提供劳动条件等于劳动基准的要求具有刚性,但对于用人单位提供劳动条件高于劳动基准的要求则具有弹性,尽管立法者希望用人单位提供高于劳动基准的劳动条件,但这种希望仅凭劳动基准法和劳动合同难以实现,只有借助于集体合同才能实现。也就是说,劳动基准的保底性约束力的缺陷,唯有集体合同才可弥补,即集体合同可以划定一条高于劳动基准的保底线。

(四)劳动条件基准的内容和体系

劳动条件基准的内容在历史上有一个逐渐扩展的过程,现代已扩展到用人单位应当向劳动者提供的各种劳动条件。

劳动条件作为劳动法上的概念,其在法理和立法上的含义不尽一致。在法理上,劳动条件是指用人单位在劳动关系中向劳动者提供的保障劳动力使用和劳动力再生产的条件。一方面,保障劳动力使用与保障劳动力再生产,在意义上各有侧重,即保障劳动力使用的条件强调的是提供生产资料和劳动岗位,以保障劳动者能处于“出满勤”的状态,避免隐性失业;保障劳动力再生产的条件强调的是提供劳动报酬、休息休假、劳动安全卫生、职业培训、社会保险、劳动福利等待遇,以保障劳动力再生产的持续进行。另一方面,保障劳动力使用与保障劳动力再生产在一定意义上不可分割,即只有保障劳动力使用,劳动力再生产才有条件持续进行;而只有保障劳动力持续再生产,劳动者才可能向用人单位持续提供劳动力。就此意义而言,保障劳动力再生产,亦即保障劳动力使用。

在立法上,处在不同法律条款中的劳动条件概念,其内容不尽相同。例如,《劳动法》第19条和《劳动合同法》第17条所规定的劳动合同必备条款中,将“劳动条件”与劳动保护并列且单列于劳动报酬、工作时间和休息休假、社会保险条款之外,就表明这里的“劳动条件”仅指保障劳动力使用的条件。又如,《劳动合同法》第32条第2款规定,“劳动者对危害生命安全和身体健康的劳动条件,有权对用人单位提出批评、检举和控告。”这里的“劳动条件”仅指劳动安全卫生条件。再如,《劳动合同法》第18条、第55条中有“劳动条件和劳动报酬等标准”这一术语,其中的“劳动条件”不包括劳动报酬,而包括且不限于劳动安全卫生。

劳动条件基准的体系可大致概括为图4-4所示结构:

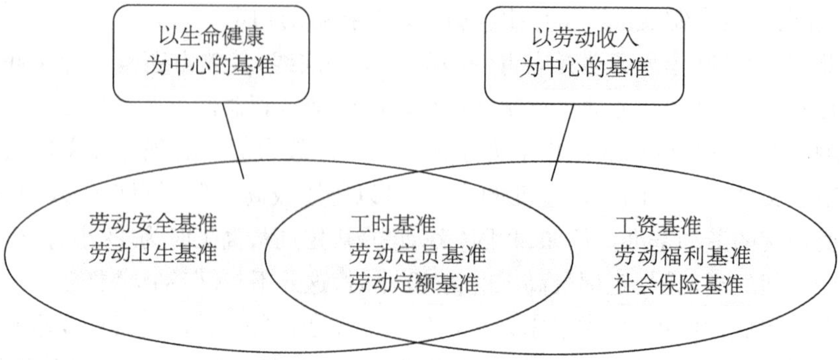

图4-4

图4-4表明:劳动条件基准内容的体系,由以生命健康为中心的基准和以劳动收入为中心的基准所构成。其中,以生命健康为中心的基准,主要指劳动安全基准和劳动卫生基准;以劳动收入为中心的基准,主要指工资基准、劳动福利基准和社会保险基准;而工时基准、劳动定员基准和劳动定额基准,兼有保护劳动者生命健康和保障劳动者劳动收入的功能,既可归属于以生命健康为中心的基准,也可归属于以劳动收入为中心的基准。这里还需要辨析的是:(1)劳动福利基准仅限于应当由用人单位直接向劳动者支付的福利项目,而不包括已社会化的公共福利项目;并且,国家为防范国有企业向其体制内职工滥发福利现象而作出的限制福利最高限的规定,不属于劳动福利基准。(2)社会保险基准仅限于用人单位缴纳社会保险费和直接向劳动者支付社会保险待遇的标准,而劳动者缴纳社会保险费和社会保险机构支付社会保险待遇的标准,则不属于劳动条件基准。(3)劳动定员定额基准不同于企业管理标准中旨在提高劳动效率,引导企业通过技术改进和创新,减少劳动定员、增加劳动定额的劳动定员定额标准;而仅限于旨在保护劳动者在工作负荷和劳动报酬上的底线利益,限制企业减少劳动定员、增加劳动定额,即规定劳动定员最低限和劳动定额最高限的标准。

三、劳动关系协调机制的基本框架

在市场经济国家,基于现代企业是投资者与多元相关利益者之企业的本质和劳动关系的极强外部性,劳动关系协调机制由多种维度的主体和协调手段所构成,可概括为图4-5所示基本框架。

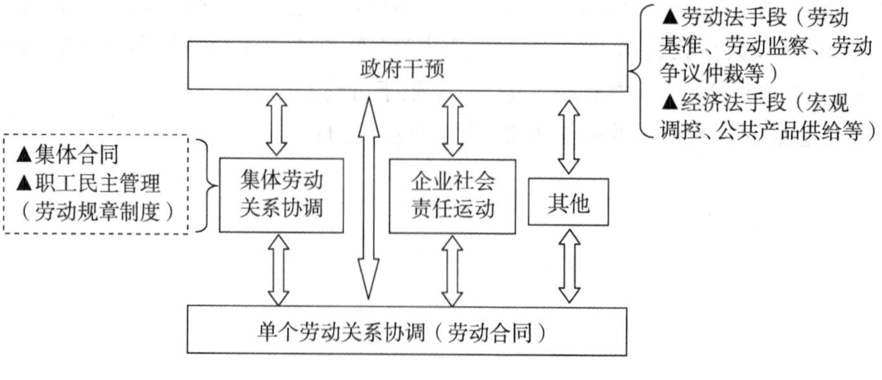

图4-5

劳动关系协调机制的基本框架中包括有多种机制，其中主要有：(1)单个劳动关系协调，即单个劳动者与雇主之间以劳动合同为主要手段的协调机制，实质上是一种市场调节机制。(2)政府干预，即政府以劳动基准、劳动监察、劳动争议仲裁等劳动法手段和宏观调控、公共产品(服务)供给等经济法手段对劳动关系运行的干预。(3)集体劳动关系协调，即以工会和雇主或其团体为主体，以集体谈判[38]与集体合同、职工民主管理为主要方式协调劳动关系的机制。(4)企业社会责任运动，即企业、非政府组织和社会公众等主体通过企业之间、企业与非政府组织和社会公众等主体之间的连带控制关系，制定和实施企业社会责任标准，推动企业履行遵守劳动基准等社会责任的机制。对上述基本框架，下述要点尤其值得解读：

1. 政府干预与单个劳动关系协调的关系

在单个劳动关系运行中，单个劳动者不足以与雇主抗衡，其在劳动合同运行中难以实现意思自治和获得公平保障。于是，政府一方面运用劳动法手段，即通过制定和执行劳动基准等手段干预劳动合同的运行，限制雇主的契约自由，以保障劳动者获得劳动基准所规定的底线利益；另一方面运用经济法手段，即通过宏观调控、公共产品供给等手段，为保障劳动者就业和劳动关系正常运行创造宏观和微观经济条件。其中，劳动基准所能保障的只是劳动者的底线利益，而不能为劳动者获得底线以上的利益提供保障。值得注意的是，政府干预劳动关系的后果同政府干预其他领域一样，也有其缺陷。

2. 政府干预、集体劳动关系协调与单个劳动关系协调的关系

正由于政府干预和单个劳动关系协调都存在“失灵”现象，就需要在二者之间嵌入集体劳动关系协调。这三者之间的关系，就劳动法领域而言，在劳动基准、集体合同、劳动规章制度、劳动合同之间的效力关系上得到集中体现。它们作为劳动关系中劳动权利义务的多层次依据而构成劳动法的实体法工具体系，其中，效力等级由高到低的序位是：劳动基准(法律→行政法规→……)→集体合同→劳动规章制度→劳动合同。不同效力等级文件之间效力关系的内容有两个方面：一方面为补充效力，即较高等级文件的内容在一定条件下可补充较低等级文件。也就是说，就同一事项若较低等级文件没有规定，或规定无效，或规定不明确、不具体，而较高等级文件有规定且有效，或规定明确、具体，那么，较高等级文件的相应规定可以作为对较低等级文件内容的补充。换言之，较低等级文件对较高等级文件已作有效规定的不必重复规定。另一方面为不抵触效力，亦称“不低于”效力，即较低等级文件不得与较高等级文件抵触。而抵触仅指较低等级文件所规定的劳动者利益低于较高等级文件所规定的标准。换言之，在就同一事项作出相异规定的不同等级文件之间，只认定对劳动者更有利那个等级文件有效，故称为“更有利原则”。

上述可见，对于保护劳动者而言，其重要程度依次为劳动基准、集体合同、劳动规章制度、劳动合同，并且，劳动基准的作用主要依赖于政府，集体合同和劳动规章制度的作用主要依赖于工会组织。这里的关键是介于劳动基准与单个劳动关系协调之间的集体劳动关系协调，其中劳方主体不再是单个劳动者而是作为劳动者团结体的工会，既可以弥补单个劳动关系运行中当事人双方力量失衡的不足，又可以弥补劳动基准仅可保障劳动者底线利益的局限，而可以保障劳动者获得底线以上的利益。但集体谈判中可能出现罢工或闭厂，而对经济发展和社会

---

[38] “集体谈判”，是国际上的通常称谓，在我国官方文件中多被称之为“集体协商”。

稳定会有负面影响。集体劳动关系协调尽管有其优势,但其优势的发挥依赖于政府宏观调控所形成的经济环境。

3. 政府干预、企业社会责任运动与单个劳动关系协调的关系

劳动基准除了由劳动监察实施外,劳动基准通过企业社会责任运动而规制单个劳动关系的运行,亦即劳动基准转化为企业社会责任标准,通过企业社会责任标准的制定和实施,将劳动基准实施于单个劳动关系的运行。其要点有:(1)在生产经营链条中处于控制地位的企业与处于被控制地位的企业在企业社会责任运动中也处于控制与被控制的地位,如品牌商与制造商、采购商与供应商、发包商与承包商、总承包商与分承包商之间,前者可称为主控企业,后者可称为被控企业。(2)主控企业出于承担社会责任以扩大商机和均衡不同企业用工成本等考虑,向社会承诺监督和保障被控企业对其所雇劳动者履行劳动法义务。即主控企业不仅自身履行社会责任,而且还监督和保障被控企业履行社会责任。(3)由主控企业或其成立的非政府组织,以国际劳工标准和被控企业所在国家劳动法为依据制定企业社会责任标准,要求被控企业遵守。(4)主控企业一方面通过选择贸易伙伴、委托非政府组织查厂、订单约束等方式,监督被控企业遵守企业社会责任标准;另一方面,为被控企业遵守企业社会责任标准提供保障,即为被控企业履行劳动法义务提供必要的条件,如因监督不力或未提供必要条件而导致被控企业违反劳动法的,则与其共同承担责任,并且,对违反劳动法的被控企业,在减少或停止订单前给予一定的整改期。(5)非政府组织一方面通过制定企业社会责任标准、受托查厂等方式,促使企业履行劳动法义务;另一方面通过发动社会公众、组织社会行动、利用社会媒体等方式,形成社会压力,促使企业遵守企业社会责任标准。(6)无论是主控企业对被控企业的控制,还是非政府组织和社会公众对企业的控制,都要受政府及其有关部门的监督。可见,在政府干预与单个劳动关系协调之间,企业社会责任运动是一种以主控企业为主导、多种社会力量共同参与、社会连带控制与经济控制相结合、以企业社会责任标准落实劳动基准的社会协调机制。

4. 集体劳动关系协调与企业社会责任运动的关系

集体劳动关系协调和企业社会责任运动都是介于政府干预与单个劳动关系协调之间的社会中间层协调机制,其存在的价值都在于弥补政府干预和单个劳动关系协调的不足,兼顾实现劳动基准保护劳动者利益的保底功能和超低功能。二者的不同点在于:(1)前者由工会主导;后者则由主控企业主导。(2)前者以团结劳动者、集体谈判和集体合同为主要方式;后者则以主控企业与被控企业之间、非政府组织与企业之间的社会连带控制以及企业社会责任标准为主要方式。(3)前者着力于实现劳动基准的超低功能,集体合同和企业劳动规章制度所规定的劳动标准通常高于劳动基准的水平;企业社会责任标准的水平则通常与劳动基准一致。二者正因为在社会力量来源和作用方式上存在差异,故在劳动关系协调机制中相互补充而不可或缺,并且在实践中,二者之间还存在相互竞争的关系。

劳动关系协调机制的上述构成表明,其所依托的法律部门,是一种涉及公法、私法、第三法域和跨越多个法律部门的法律结构,即以劳动法为核心、以宪法为统帅、由多个法律部门的调整功能所组成的综合法律调整结构。其中,公民劳动权的定位和保障、政府干预及其与社会中间层协调的边界,应当上升到宪治层面,作为人权保障、法治政府、公民社会构建的问题进行制度设计;劳动合同运行和劳动争议处理不仅适用劳动法,还在一定条件下需要补充适用相关民

法规范；[39]劳动关系领域政府干预的手段，在内容上是劳动法手段与经济法手段的组合运用，在形式上则为行政法所规制；集体劳动关系协调不仅在劳动法体系中居于关键性地位，而且对公司治理结构的影响越来越强烈；企业社会责任运动在一定意义上是一种实现法律控制的运动，企业社会责任标准是落实国际劳工标准和国内法定劳动基准的社会规范形式，企业履行社会责任是现代公司法赋予企业的义务，社会连带控制中的各种控制渠道和控制手段是对民商法、行政法、经济法、国际贸易法中相应法律手段的综合运用。

强调劳动关系协调机制的跨部门法属性，其意义在于将劳动关系协调机制置于整个法律体系的框架内进行综合考虑，即以劳动关系协调为中心，整合法律体系中各个法律部门尤其是劳动法和经济法的法律资源和法理资源，对劳动关系协调机制进行跨部门法的综合设计和构建。

第六节　劳动法的作用

劳动法作为以劳动关系为主要调整对象，以保护劳动者为主要宗旨的法律部门，自产生以来，对社会、经济的发展，一直起着巨大作用，从而为世界各国所重视。在不同国家和不同时期，劳动法的具体作用可能不尽相同；理论上，对劳动法的作用也可以从不同的视角进行概括。笔者认为，从生产力、市场经济、人权、社会安定和可持续发展这几个方面来认识劳动法的作用，在我国现阶段意义尤为重要。

一、劳动法与生产力

在既取决于生产力又反作用于生产力的法律体系中，劳动法对生产力的反作用具有两个特点：(1)作用方式具有直接性。劳动法所调整的劳动关系是作为生产力要素的劳动力与劳动资料、劳动对象的结合关系，劳动法所规定的劳动规则是生产力运行规则的重要组成部分。因而，劳动法直接对生产力发生作用。(2)作用对象具有首要性。劳动法直接以劳动者为作用对象，而劳动者在生产力系统中，是最活跃并且处于主导地位的因素，生产力诸要素的有机结合和协调运行要由劳动者来支配和操纵，劳动资料和劳动对象只有通过劳动者的支配和操纵才能由潜在生产力因素变成现实生产力因素。因而，劳动法通过作用于劳动者而对整个生产力系统发生作用。

劳动法对生产力发展具有促进作用，这主要表现在：(1)劳动法保障劳动力市场配置机制，使劳动力在社会范围内的配置趋向高效率，从而提高全社会的生产力水平。(2)劳动法保护劳动力扩大再生产持续进行，促进劳动力资源开发，从而为生产力系统的运行和发展提供劳动力资源条件。(3)劳动法保护劳动者的物质利益和政治权利，调动劳动者的积极性，从而发挥劳动者在生产力系统中的能动作用。(4)劳动法保护劳动者的安全和健康，要求不断改善劳动条件，从而使劳动者在生产力系统的运行中能正常地发挥作用。(5)劳动法要求合理组织劳动过程，巩固劳动纪律，从而为提高生产力系统的运行效率创造组织条件。

---

〔39〕　王全兴、黄昆：《劳动合同法律适用的若干规则》，载《法学论坛》2009年第3期。

我国是一个发展中国家,发展生产力是根本任务。因而,必须特别重视劳动法对生产力发展的促进作用,并把发展生产力作为劳动法的一种立法目的。

二、劳动法与市场经济

市场经济,在一定意义上是指各种经济资源都由市场配置的经济体制。其中,劳动力资源由市场配置,对市场经济至为关键。这是因为,劳动力资源作为商品由市场配置,才可能实现高效率配置;而只有劳动力资源得到高效率配置,其他经济资源才可能实现高效率配置,亦即只有人尽其才,方可能物尽其用。而只有在市场对劳动力资源起决定性调节作用的条件下,劳动力资源才可能得到高效率配置。

商品经济和市场经济的形成和发展表现为一个商品化范围不断扩张的过程,即生活资料商品化→生产资料商品化→劳动力商品化→产权商品化→信息等商品化,其中,劳动力商品化使商品经济和市场经济发生质的飞跃。资本主义市场经济的形成过程已经昭示,只有在劳动力成为商品、劳动者作为劳动力所有者进入市场的条件下,商品经济和市场经济才会步入发达阶段。我国经济体制改革的实践也表明,要建成社会主义市场经济体制,就必须通过市场配置机制来实现劳动力与生产资料的结合,尤其是要使市场机制成为劳动力资源配置的基础性或决定性调节机制。

然而,在市场经济中,劳动力是一种不同于一般商品的特殊商品,劳动力市场也是一种不同于一般商品市场的特殊市场。因而,在运用民法、经济法来规范劳动力市场,以保持劳动力市场与整个市场体系相统一的同时,还必须针对劳动力商品的特殊性,在劳动立法中规定劳动力市场的特殊规则,以保护劳动者在劳动力市场上的合法权益,并维护劳动力市场的运行秩序。

劳动法对劳动力市场的作用,主要表现在:(1)确认劳动者为劳动力所有者,使劳动者在劳动力市场上处于劳动力供方主体的法律地位。(2)要求劳动关系必须以合同作为其法律形式,为劳动力供求双方通过市场相互选择和劳动力作为生产要素在市场上自由流动提供法律条件。(3)实行统一的劳动标准并确立全面的社会保险制度,使劳动力在使用和流动过程中得到基本保障,并且使劳动力再生产不论劳动力供求状况如何变化、也不论劳动力使用是否中断,都能正常进行,从而保障劳动力市场上的劳动力资源供给。(4)建立职工参与、集体谈判、调解、仲裁等劳动关系协调制度,为保障劳动力市场顺利运行提供一套预防和化解劳动关系当事人双方矛盾的有效机制。

由此可见,我国要发展社会主义市场经济,必须充分发挥劳动法的作用,规范和保障劳动力资源的市场配置机制,进而完善市场体系,推动市场走向成熟。

三、劳动法与人权

人权是一个内涵十分丰富的政治概念,同自由、平等、人道等原则相联系而存在,包括人身权利、经济权利、政治权利、社会权利、文化权利等多方面和生存权、发展权等多层次的内容。在现代,人权保障问题,一直为国际社会和各国政府所普遍关注。劳动法在其产生和发展过程中,与人权保障有着密切联系。

在历史上,人权理论和人权保障运动是影响劳动立法的一种重要力量。例如,西方国家的人权理论中,早就提出了职业自由、反对强迫劳动、国家保护弱者、男女劳动平等、禁止雇佣童工、保护女工、缩短工作日、实行社会保险、按工作分配报酬等主张,不仅为人权保障运动提供了理论武器和斗争目标,而且为劳动立法提供了理论依据和素材。所以说,人权理论和人权保障运动的冲击,是劳动立法得以兴起和发展的重要原因之一;劳动立法在一定意义上是对人权理论的落实。

劳动法作为劳动者保护法,是人权保障立法的重要组成部分。在劳动法中,确认劳动力为劳动者所有,赋予劳动者在劳动关系中的法律主体地位,规定劳动者有就业、获得劳动报酬、休息、安全健康、取得社会保险、接受职业培训、组织工会、参与企业管理等项权利,从而使人权(尤其是其中的生存权)具有了实在的内容和具体的法律保障。不仅如此,国际劳工立法把劳动者权利的保护作为人权保障的重要内容规定在许多国际条约中,为各国认识劳动者权利保障的某些问题提供了相同、相近或相互可以理解的国际标准,从而使人权的部分内容在世界范围内获得普遍性保障。

因此,我们应当从人权保障的高度,评价劳动法的作用,认识劳动法的价值。

四、劳动法与社会安定

历史和现实都表明,无论哪一个国家,社会安定都是其政治稳定、经济繁荣和社会进步的一个重要前提。社会安定的实现,取决于多种因素。其中,劳动关系的稳定和谐,对社会安定有着特别重要的意义。劳动法正是由于它以独有的协调劳动关系的功能来保障社会安定,而被纳入社会法范畴的。

劳动法在资本主义国家得以产生和发展的重要原因之一,就是劳资矛盾的长期存在和不断加深,以及工人运动的兴起和发展。为了实现有利于资产阶级统治的社会安定局面,各资本主义国家都把劳动法作为干预劳资关系、缓和阶级矛盾、削弱工人运动力量、防止社会革命的重要手段。实践中,劳动法的这种作用由于受到高度重视和充分发挥,效果非常显著。

在我国,社会主义制度决定了在劳动者与用人单位之间,具有根本利益上的一致性,一般只存在非对抗性矛盾,这使我国的劳动关系为实现社会安定局面奠定了良好基础。但是,影响社会安定的许多因素仍来自劳动领域,有时,劳动领域的某些问题甚至会成为影响社会安定的主要因素。为此,我国也应当高度重视和充分发挥劳动法对社会安定的保障作用。这就要求通过加强劳动立法和劳动执法,促进就业,保护职工合法权益,实行职工民主管理,维护生产工作秩序,及时解决劳动争议,制裁违反劳动法的行为,从而为改革开放和现代化建设创造社会安定局面。

五、劳动法与可持续发展

可持续发展的最著名定义是,1987 年联合国世界环境与发展委员会在《我们共同的未来》报告中表述的,“既满足当代人的需求,又不对后代人满足其自身需求的能力构成危害的发展”。可持续发展,作为一种政策目标,已由最初的环境与自然资源保护领域亦即生态领域,扩展到经济、社会、等多个领域;作为一种发展模式,具有跨时代发展、整体发展、综合发展、协调发展等特征〔40〕。

---

〔40〕 王全兴、樊启荣:《可持续发展立法初探》,载《法商研究》1998 年第 3 期。

实现可持续发展的诸多方面条件中,资源可持续供给最为关键。可以说,可持续发展是由资源可持续供给所支撑的发展,只有当资源持续供给在总量、结构、时间和空间上能够满足可持续发展需求的条件下,才能实现可持续发展。这里的资源供给,包括人造资源、自然资源和人力资源的供给,不仅要求三大资源各自都能持续供给,而且要求三大资源供给(尤其是自然资源和人力资源供给)之间能相互配合、补充和促进。其中,在作为人类生存和发展载体的地球上,自然资源的稀缺和递减是可持续发展的永恒性“瓶颈”,故以技能和知识为内容的人力资源在可持续发展中的地位越来越重要。因为人力资源存量不具有像自然资源存量那样的递减性,而具有可递增性;人力资源对经济增长的贡献率已超过其他资源,并且一直在提高。不仅如此,人力资源使用得当,还能够节约自然资源,甚至还可以成为增强自然资源再生能力、开发新自然资源的条件。我国作为一个人均自然资源量低水平、而人力资源数量多(即人口多)但质量低(即劳动力素质低)的发展中大国,增加和优化人力资源供给,是实现赶超型发展和可持续发展的一条根本性途径。所以,劳动法作为以人力资源配置、开发和保护为主题的法律部门,其提高人力资源素质和配置效率的作用,为支撑可持续发展所不可或缺。

此外,可持续发展还需要有一个安定、和平的社会环境。劳动法缓解劳资矛盾和冲突、保障社会和谐和稳定的作用,对可持续发展亦有重要意义。

第五章　法　律　关　系

劳动关系以及与其密切联系的其他社会关系经劳动法的调整，就形成为法律上的权利义务关系。此即劳动法学中的法律关系。它包括两大类：一是劳动法调整劳动关系所形成的法律关系，一般称之为劳动法律关系。二是劳动法调整与劳动关系密切联系的其他社会关系所形成的法律关系，可称之为附随法律关系，其中主要是劳动行政法律关系和劳动服务法律关系。

第一节　劳动法律关系

一、劳动法律关系的界定

（一）劳动法律关系的含义

劳动法律关系，是劳动者与用人单位之间，依据劳动法律规范所形成的实现劳动过程的权利和义务关系。或者说，是劳动法调整劳动关系所形成的权利和义务关系。同其他法律关系一样，它属于意志关系的范畴。一方面，它是按照劳动法的具体要求形成的，体现着蕴含于劳动法中的国家意志；另一方面，它是双方当事人意志协调的产物，其运行过程由双方当事人的行为构成，体现着双方当事人的共同意志。在这里，国家意志处于首位，当事人意志不得违反国家意志，并且只能在符合国家意志或国家意志允许的范围内发挥作用。

劳动关系是劳动法律关系的现实基础，劳动法律关系是劳动关系的法律形式，但并非所有的劳动关系都表现为劳动法律关系。劳动法对劳动关系的调整，在一定意义上就是给劳动关系预设特定的法律模式，即以法律规范对客观存在的劳动关系作出抽象的典型的规定，亦即将其构成要素和运行规则固定下来，作为一定范围内劳动关系的法定模式；并且，以国家强制力并要求和保障现实生活中的劳动关系按照法定模式运行。所以，只有已纳入劳动法调整范围，并且符合法定模式的劳动关系，才得以表现为劳动法律关系。它既具有劳动关系的一般属性，也具有法律关系的属性。至于不在劳动法调整范围内的劳动关系，只可能成为其他法律部门的法律关系，或者不具有法律关系性质；而虽然在劳动法调整范围内但不符合法定模式的劳动关系，则只能作为事实劳动关系而存在。可见，劳动法律规范是劳动关系成为劳动法律关系的依据，按照劳动法律规范缔结劳动关系则是劳动关系成为劳动法律关系的前提。

（二）劳动法律关系与事实劳动关系的辨析

事实劳动关系，在我国是实行劳动合同制以后产生于劳动争议处理实践且与劳动法律关系相对应的一个法律概念。在劳动法调整范围内的劳动关系，符合法定模式亦即完全具备法定要件的,称为劳动法律关系;不符合法定模式亦即缺少法定要件的,称为事实劳动关系。劳动法中之所以要确立事实劳动关系的概念,是为了强调,在事实劳动关系存续期间劳动者合法权益仍然受到劳动法的保护。这是因为,在事实劳动关系中,劳动力支出后已不可返还,且因劳动力支出所产生的使用价值已构成用人单位既得利益的组成部分而与用人单位其他利益不可分割,用人单位就当然负有与此相应的向劳动者提供劳动力再生产条件的义务。值得注意的是,在《劳动合同法》实施前后,事实劳动关系的法律含义有所变化。

《劳动合同法》实施前,根据当时的法律依据[1],事实劳动关系仅限于劳动法调整范围内的没有书面劳动合同作依据的劳动关系。其中包括下述要点:(1)事实劳动关系是没有书面劳动合同作依据而事实上存在的劳动关系;(2)由于书面形式是劳动合同的有效要件之一,事实劳动关系是无效劳动合同所引起的劳动关系;(3)事实劳动关系可以通过补办劳动合同签订或续订手续而转化为劳动法律关系,未补办劳动合同签订或续订手续的应予终止;(4)用人单位故意拖延不订立劳动合同而形成事实劳动关系的,应当承担法律责任;(5)事实劳动关系中,劳动者的合法权益受劳动法保护,劳动仲裁机构和法院对事实劳动关系的争议应当受理。

由于《劳动合同法》对劳动合同书面形式作出了不同于《劳动法》的规定,即虽然要求劳动合同应当采用书面形式,但不再把书面形式作为劳动合同的有效要件。依此规定,原有法律含义的事实劳动关系就不复存在。但是,事实劳动关系作为与劳动法律关系相对应的一个法律概念,仍有保留的必要,并且应当回归到其法理含义,即劳动法调整范围内缺少法定要件的劳动关系。这是因为,虽然书面形式不再被作为劳动合同的有效要件,但因缺少有效要件而无效的劳动合同仍然存在。而劳动关系一旦缔结,即使劳动合同被确认无效而不能作为劳动关系的依据,在劳动关系终止前劳动力给付和使用的事实已经存在。所以,在无效劳动合同所引起的劳动关系中,劳动者的利益仍然要受劳动法的保护。对于这种不具有法律关系属性的劳动关系,仍然应当以"事实劳动关系"这一概念来表示。

可见,事实劳动关系与劳动法律关系的共性在于,都在劳动法调整范围之内,劳动者利益都受到劳动法的保护。二者的区别主要在于:(1)劳动法律关系是符合法定模式的劳动关系;事实劳动关系则不符合法定模式,尤其是缺少劳动法律关系赖以确立的法律行为(主要是劳动合同)的有效要件。(2)劳动法律关系的内容即劳动权利义务,是双方当事人所预期和设定的;事实劳动关系的双方当事人之间虽然存在一定的劳动权利义务,但这一般不是双方当事人所预期的,更不是由双方当事人所设定的。(3)劳动法律关系由法律保障其存续;事实劳动关系如果不能依法转化为劳动法律关系,就应当强制其终止。[2]

值得注意的是,《劳动合同法》实施后的事实劳动关系定义较之原定义已发生变化。原定义基于将书面形式作为劳动合同有效要件的法律规定,将事实劳动关系限定为没有书面劳动

---

〔1〕《劳动合同法》实施前,认定和处理事实劳动关系的法律依据主要有《关于全民合同制工人合同期满后形成事实劳动关系问题的复函》(劳办力字[1992]19号)、《关于劳动争议受理问题的复函》(劳办发[1994]96号)、《关于逾期终止劳动合同等问题的复函》(劳部发[1994]65号)、《违反〈中华人民共和国劳动法〉行政处罚办法》(劳部发[1994]532号)、《关于贯彻执行〈中华人民共和国劳动法〉若干问题的意见》(劳部发[1995]309号)、《关于实行劳动合同制度若干问题的意见》(劳部发[1996]354号)、《关于审理劳动争议案件适用法律若干问题的解释》(法释[2001]14号)、《关于对事实劳动关系解除是否应该支经济补偿金问题的复函》(劳社厅函[2001]249号)等规范性文件。

〔2〕王全兴:《劳动法》,法律出版社1997年版,第86页。

合同作依据的劳动关系。现定义基于书面形式不作为劳动合同有效要件的制度设计，将事实劳动关系界定为不符合法定模式的劳动关系，其中包括缺少劳动合同有效要件的劳动关系，即主体不合格、内容违法、意思表示不真实或程序违法的劳动合同所引起的劳动关系，但不包括没有书面劳动合同作依据的劳动关系。

二、劳动法律关系的构成要素

（一）劳动法律关系的主体

劳动法律关系的主体，即依照劳动法律规范参与劳动法律关系，并享有权利和承担义务的当事人，一方是劳动者，另一方是用人单位。劳动法律关系中，一般只有一个用人单位，但在特殊情况下，如劳动派遣，则存在两个层次的用人单位。[3] 劳动法律关系缔结之前，双方在劳动力市场上是平等型主体。即劳动力供求双方，一方因是劳动力所有者而成为劳动力供给方，另一方因是生产资料占有者而成为劳动力需求方，彼此间处于平等的法律地位，对于是否缔结劳动法律关系以及缔结什么样的劳动法律关系的问题，经双方自愿协商一致方能确定。劳动法律关系一旦缔结，劳动者就成为劳动力提供者，用人单位就成为劳动力使用者，劳动力同生产资料如何具体结合，则由用人单位在劳动法规、集体合同和劳动合同所允许的限度内单方自主决定。于是，在双方当事人之间，劳动者成为用人单位所属的职工，用人单位成为劳动者的管理者。这样，就由平等型主体转化为隶属型主体。

（二）劳动法律关系的内容

劳动法律关系的内容，即劳动者与用人单位之间的相互权利和义务，由劳动法律规范、集体合同和劳动合同围绕着劳动力的所有权与使用权的分离，即劳动力的使用和再生产而具体规定。一方面，劳动者负有将其劳动力交付给用人单位使用的义务，其主要表现是，参加用人单位组织的劳动过程，遵守用人单位制定的劳动纪律，完成用人单位安排的劳动任务。另一方面，劳动者在让渡劳动力使用权的同时仍保留劳动力所有权，这就要求用人单位对劳动者承担保障劳动力再生产和履行劳动义务以外人身自由的义务，其主要表现是，向劳动者支付劳动报酬和其他物质待遇，保护劳动者在劳动过程中的安全和健康，不强迫劳动者劳动。

在劳动法律关系中，双方当事人都享有权利和负有义务，双方的权利和义务相互对应、彼此依存，即各方的权利都以对方义务为保证，各方的义务都是对方权利的体现。这不仅反映了双方当事人之间的相互制约，而且表现了双方当事人对客体的共同支配。因而，劳动法律关系的内容，是劳动法律关系构成中主体之间、主体与客体之间的纽带。

劳动法律关系的内容，有下述主要特征：(1)各项权利和义务都与劳动力的使用和再生产紧密联系，或者说，都是实现劳动力的使用和再生产所必要的权利和义务。(2)各项权利和义务所实际体现的劳动者利益，可以高于法定标准但不得低于法定标准。(3)劳动者的权利和义务必须由本人亲自实现，而不得由他人代理。这是由劳动力与劳动者人身的不可分性以及用人单位与劳动者的组织隶属性所决定的。(4)劳动者的权利和义务的实现，受用人单位的劳动管理行为支配。这是同劳动者在劳动过程中所处的被管理者地位相联系的。(5)劳动权利义务在一定条件下可与劳动法律关系的“外壳”相对分离。例如，在停薪留职、职工下岗等主要劳

---

〔3〕 王全兴、侯玲玲：《劳动关系双层运行的法律思考》，载《中国劳动》2004 年第 4 期。

动权利义务暂停的场合,劳动法律关系仍然存在;某些劳动权利和义务还可存续于劳动法律关系终止之后,并且,有的权利还扩及劳动者供养的亲属。

(三)劳动法律关系的客体

劳动法律关系的客体,即劳动者和用人单位的权利和义务所共同指向的对象。在劳动法律关系中,客体作为权利和义务的承载体,实际体现双方当事人的利益;同时,客体作为双方当事人所支配的共同对象,是双方当事人相互利益关系的连接点。所以,它是劳动法律关系赖以存续的客观基础。

关于劳动法律关系的客体,劳动法学界有不同见解。一种观点认为,劳动法律关系的客体只是劳动行为;[4]另一种观点认为,劳动法律关系客体只是劳动力[5];还一种观点认为,劳动法律关系客体不只是劳动行为或劳动力[6]。本书持后一种观点。

在实践中,劳动法律关系的客体有复杂多样的具体表现形态,视其在劳动法律关系中的地位和作用不同,可分为基本客体(或称主客体)和辅助客体(或称从客体)两大类。

劳动法律关系的基本客体是劳动行为,即劳动者为完成用人单位安排的任务而支出劳动力的活动。它在劳动法律关系存续期间连续存在于劳动过程之中,在劳动者和用人单位之间的利益关系中主要承载或体现用人单位的利益。

之所以将劳动行为而不将劳动力称为劳动法律关系客体,这是因为:劳动力有潜在形态和外在形态之分,潜在形态劳动力不像外在形态劳动力那样便于为法律所规范,并且,能够被用人单位用来同其生产资料相结合的,只能是外在形态劳动力。因之,劳动法律关系客体与其说是劳动力,倒不如说是外在形态劳动力更准确,而外在形态劳动力亦即劳动行为。从劳动法律关系的构成要素之间的关系来看,劳动行为的形式、质量和数量都具有重要的法律意义。就劳动行为的形式来说,在劳动法中,赋予用人单位为劳动者提供劳动条件的具体义务,往往要同劳动行为的具体表现形式相适应;要求劳动者遵循的劳动规则,也往往要符合劳动行为的具体表现形式的特点。就劳动行为的质量来说,在劳动法中,对劳动者职业技能、劳动规则严密程度、劳动报酬分配标准等方面所提出的要求,都往往因劳动行为的质量等级不同而有所差别。就劳动行为的数量来说,在劳动法中,它不仅是确定劳动报酬数额的一个主要的法定依据,而且是表明劳动任务完成情况的一项重要的法定指标。

劳动法律关系的辅助客体主要是劳动条件。即劳动者因支出劳动力而有权获得、用人单位因使用劳动力而有义务提供的为劳动力的使用和再生产所必需的各种条件。其中,既包括为劳动力使用所必需的生产资料条件,以及为在劳动力使用过程中不损害劳动力再生产所必需的劳动安全卫生条件;又包括为劳动力再生产所必需的工资、福利、保险等劳动力消耗补偿条件,以及休息条件和培训条件等。但立法和实践中,"劳动条件"在有的场合被作为生产资料条件和劳动安全卫生条件的统称,在有的场合则仅指其中之一。作为劳动法律关系客体的劳动条件中,有的表现为行为,有的表现为物,有的表现为技术,有的表现为行为、物、技术的结合,有的表现为一定状态。这类客体的主要特征是:(1)从属和受制于劳动行为。即这类客体

---

[4] 李景森:《劳动法学》,北京大学出版社 2001 年版,第 64 页。
[5] 董保华:《劳动法》,上海人民出版社 1997 年版,第 73 页。
[6] 王全兴:《劳动法》,法律出版社 1997 年版,第 88~89 页。

或者是实施劳动行为的必要条件,或者是实施劳动行为的必然结果,无一不从属于劳动行为而存在,并在种类、数量等方面受劳动行为的制约。(2)主要承载或体现劳动者的利益。这类客体一般由用人单位提供而归劳动者获取或支配,是劳动力再生产赖以正常进行的基础和条件。离开这类客体,劳动者的合法权益就无从落实。

三、劳动法律关系的运行

劳动法律关系的运行,是指劳动法律关系形成和存续的动态过程,表现为劳动法律关系的发生、变更、续延、暂停、承继、终止等环节和在这些环节之间劳动者与用人单位相互权利和义务的实现。劳动法律关系运行的各个环节分别由一定的法律事实引起,并分别对劳动者和用人单位实现相互权利和义务起决定或制约作用。

(一)劳动法律关系运行环节

在劳动法律关系运行过程中,主要环节包括劳动法律关系的发生、变更、暂停、续延、承继和终止。

劳动法律关系的发生,是指劳动者与用人单位依法确立劳动法律关系,从而产生相互权利和义务。亦即劳动者依法为用人单位所录用(雇用)而成为用人单位的职工。它是劳动法律关系运行的起点,为双方当事人在劳动过程中开始行使权利和履行义务的前提。劳动法律关系发生的方式有:(1)合同方式。即劳动者与用人单位通过订立劳动合同以确立劳动法律关系。按照这种方式,劳动者或用人单位对是否与对方确立劳动法律关系都有权自主选择,劳动法律关系是否建立和具体的权利义务,都必须由双方协商一致而定。在市场经济国家,劳动法律关系普遍按这种方式发生。在我国,计划经济时期仅有临时工劳动法律关系按这种方式发生;实行经济体制改革以来,这种方式的适用范围逐步扩大,已成为劳动法律关系发生的基本方式。(2)行政方式。即劳动者与用人单位按照有关行政机关的指令性具体行政行为的要求确立劳动法律关系。申言之,劳动者凭有关行政机关的指令性文件到指定的用人单位报到而成为其职工,用人单位亦凭此接受指定的劳动者为职工。双方都有义务服从有关行政机关的分配和安排,无正当理由都不得拒绝确立劳动法律关系。我国在实行计划经济体制的时期,劳动法律关系普遍按这种方式发生;随着经济体制改革的进展,这种方式的适用范围受到限制,并且逐步缩小。

劳动法律关系的变更,即劳动法律关系的既定内容和客体依法变更。也就是双方当事人已有的相互权利义务及其指向的对象,在劳动法律关系存续过程中发生一定变化,一般是劳动者在本单位的岗位、职务、工种、工资等级的变动。应当明确的是,当事人任何一方的变更,一般不属于劳动法律关系的变更,而是原当事人劳动法律关系的消灭和新当事人劳动法律关系的发生。实践中,劳动法律关系变更的情形,既可能是当事人双方协议或单方决定变更,也可能是由行政决定、仲裁裁决或法院判决变更。

劳动法律关系的暂停,即劳动法律关系在存续的过程中,双方当事人之间的主要权利义务依法在一定期限内暂停行使和履行,待暂停期限届满后恢复以前的正常状态。实践中,主要在停薪留职、借调职工、停产息工、职工放长假、厂内待岗、职工涉嫌违法犯罪被暂时羁押等情况下发生这种现象。它同劳动法律关系变更的区别在于,不是权利义务的部分变动,而是主要权利义务处于有期限的停止状态。它同劳动法律关系终止的区别在于,劳动法律关系并未消灭,其主要权利义务在暂停期限届满后可以恢复,并且在暂停期间一般还保持一定的权利义务。

劳动法律关系的续延,是指劳动法律关系的有效期依法延长。即既存的劳动法律关系在原有效期限届满后仍然依法存续一定期限,在该期限内,双方当事人继续享有和承担与原有效期限届满前完全或基本相同的权利和义务。它不同于劳动法律关系再次发生,后者是原劳动法律关系终止后原双方当事人重新确立劳动法律关系。它也不同于劳动法律关系变更,后者出现在劳动法律关系的有效期限届满前。例如,依据《劳动合同法》第45条的规定,劳动合同期满,有下列定情形之一的,劳动合同应当续延至相应的情形消失时终止:(1)从事接触职业病危害作业的劳动者未进行离岗前职业健康检查,或者疑似职业病病人在诊断或者医学观察期间的;(2)在本单位患职业病或者因工负伤并被确认丧失或者部分丧失劳动能力,且依工伤保险法规定需保留劳动关系的;(3)患病或者非因工负伤,在规定的医疗期内的;(4)女职工在孕期、产期、哺乳期的;(5)在本单位连续工作满15年,且距法定退休年龄不足5年的;(6)法律、行政法规规定的其他情形。

劳动法律关系的承继,是指同一劳动者与某一用人单位的劳动法律关系依法由其与另一用人单位承继,亦即由新用人单位承继原用人单位对同一劳动者的权利义务。例如,《劳动合同法》第34条规定,用人单位发生合并或者分立等情况,原劳动合同继续有效,劳动合同由承继其权利和义务的用人单位继续履行。劳动法律关系变更,仅限于权利义务和客体的变更,而劳动法律关系承继则只限于用人单位变更,劳动者、权利义务和客体均未变更。劳动法律关系承继也不同于同一劳动者在与某一用人单位终止劳动法律关系的同时或以后与另一用人单位建立劳动法律关系的情形。在劳动法律关系承继中,原用人单位与新用人单位之间存在一定的生产资料转移关系,且权利义务、客体和期限未发生变化;而在后一情形中,同一劳动者与新用人单位的劳动法律关系不同于与原用人单位的劳动关系,且两个用人单位之间不必有生产资料转移关系。

劳动法律关系的终止,是指既存的劳动法律关系依法不复存在,即双方当事人之间权利义务依法消灭。它是劳动法律关系运行的终点。双方当事人之间权利义务消灭是劳动法律关系终止的必然法律后果,但并不意味着双方当事人之间权利义务在劳动法律关系终止时必须立即全部消灭。出于保护劳动者及其供养亲属或用人单位合法权益的需要,劳动法律关系中特定的某项权利义务在劳动法律关系终止后仍存续一定期间才消灭。实践中,劳动法律关系终止的情形有:因有效期限届满或目的实现而终止;因主体消灭或丧失一定资格而终止;因辞职、辞退或协议而终止;因行政决定、仲裁裁决或法院判决而终止。值得注意的是,《劳动合同法》所规定的劳动合同解除和终止都属于劳动法律关系终止;《劳动争议调解仲裁法》第27条第3款关于劳动报酬争议仲裁时效规定中的"劳动关系终止",不仅包括劳动合同解除和终止,还包括劳动关系的其他终止情形。

(二)劳动法律事实

在各个法律部门中,法律事实都是一个同法律关系相对应的概念。劳动法律事实,是指劳动法所确认的能够引起劳动法律关系发生、变更、续延、暂停、承继或终止的客观情况。其要点有:(1)劳动法律事实与劳动法律关系之间是一种因果关系。即劳动法律事实是劳动法律关系得以发生、变更、续延、暂停、承继、终止的原因,而后者则是前者的劳动法律后果。凡是不能引起劳动法律后果的客观情况,都不是劳动法律事实。(2)劳动法律事实与劳动法律关系之间的因果关系须以劳动法为根据。劳动法不仅就各种劳动法律事实能引起何种劳动法律后果作出规定,而且就各种劳动法律后果能由何种劳动法律事实所引起作出规定。于是,任何一种客观情况能否引起劳动法律后果而成为劳动法律事实,以及能引起何种劳动法律后果,都应当以劳动法律规范为根据。因而,一种客观情况只有相对于一定劳动法律后果而言才是劳动法律事实,根据劳动法的规定,有的客观情况因不能引起劳动法律后果而不能成为劳动法律事实,有的客观情况只能是引起某种劳动法律后果的劳动法律事实,有的客观情况则可以是引起几种劳动法律后果的劳动法律事实。

劳动法律事实包括行为和事件两大类。行为是受人的意志支配的法律事实,可分为合法行为和违法行为,还可分为合同行为、行政行为、调解行为、仲裁行为和司法行为等。事件是不以人的意志为转移的法律事实,包括自然灾害之类的自然现象,疾病、伤残、死亡之类的人身现象,以及战争、动乱之类的社会现象。

劳动法律事实的主要特征有:(1)劳动法律事实的构成具有复合性。即劳动法律事实一般由两种以上的客观情况所构成,或者是两种以上行为相结合,或者是某种事件与特定行为相结合。也就是说,仅某种行为或事件,一般不足以导致劳动法律关系的发生、变更、续延、暂停、承继或终止。(2)劳动法律事实中含有特定程序。即劳动法律事实中的某种或某几种行为,一般要按照特定程序实施,只有在履行特定程序之后,才能导致劳动法律关系发生、变更、续延、暂停、承继或终止。(3)劳动法律关系运行的各个环节对劳动法律事实的要求不尽相同。引起劳动法律关系发生的,必须是合法行为,并且其中必须有劳动者与用人单位的合意行为。在劳动法律关系按行政方式发生的情形下,这种合意行为表现为按照有关行政机关的分配和安排,劳动者到用人单位报到和用人单位接受劳动者;在劳动法律关系按合同方式发生的情况下,这种合意行为表现为劳动合同的订立。引起劳动法律关系续延和暂停的,既可以是行为也可以是事件和行为的结合,既可以是单方行为也可以是合意行为,但这里的行为一般都必须是合法行为。引起劳动法律关系承继的,一般只限于因企业合并、分立等发生产资料转移的情形下。引起劳动法律关系变更和终止的,既可以是行为也可以是行为和事件的结合,并且,单方行为和双方行为,合法行为和违法行为均可。(4)在劳动法律事实中,其对应的劳动法律后果涉及职业安定的,一般要求法定而不允许约定。例如,辞退、劳动合同终止的事由,均为法定事由。

第二节　劳动行政法律关系

一、劳动行政法律关系的概念

劳动行政法律关系,是劳动行政主体与劳动行政相对人之间,为实现劳动关系而依据劳动法律规范和有关行政法律规范所形成的权力(权利)和义务关系。或者说,它是劳动法和行政法调整劳动行政关系所形成的权利和义务关系。为了准确理解劳动行政法律关系的概念,有必要明确劳动行政法律关系与劳动行政关系、一般行政法律关系的关系。

(一)劳动行政法律关系与劳动行政关系

劳动行政法律关系是劳动行政关系的法律表现形式,但是,并非所有的劳动行政关系都能够表现为劳动行政法律关系。一般说来,劳动行政关系表现为劳动行政法律关系需要两个条件:(1)劳动行政关系具有表现为权力义务关系的必要。在现代社会中,行政职能的实现方式出现多样化,与此相应,劳动领域存在互有差别的多种劳动行政关系。在有的劳动行政关系中,劳动行政主体实施一定行政行为的同时或以后,要求劳动行政相对人必须作出相应的行为,即要求对方承担一定义务;而在有的劳动行政关系中则无此要求,如行政指导、行政建议、行政咨询等,并不要求对方承担必须接受和服从劳动行政主体意志的义务。可见,那些没有必要表现为权力义务关系的劳动行政关系,就无须转化为劳动行政法律关系。(2)劳动行政关系受到法律规范的调整。当某种劳动行政关系被纳入相应法律的调整对象后,才能转化为劳动行政法律关系。在法律体系中,劳动行政关系的法律调整是由劳动法和行政法共同进行的,既由行政法的基本原则和基本制度调整,又由劳动法的基本原则和具体法律规范调整。在一定时期的劳动法和行政法中,通常只有一定范围的劳动行政关系在其共同的调整范围内。因而,那些尚未被劳动法和行政法纳入其调整范围内的劳动行政关系,就不属于劳动行政法律关系。

(二)劳动行政法律关系与一般行政法律关系

劳动行政法律关系是一种行政法律关系,具有行政法律关系的一般属性。同时,它还具有为一般行政法律关系所不具有的特征。主要表现在:(1)它以实现劳动关系为目的。各种劳动行政法律关系尽管其具体目的不完全一样,但都有一个共同目的,即促使和保障劳动者与用人单位缔结劳动关系并实现相互间权利和义务。(2)它以保障公平兼顾效率为价值取向。在劳动力市场中,市场机制自发地倾向于效率而难于顾及公平,劳动行政法律关系正是要弥补市场机制这一缺陷,保障公平并不断协调公平与效率的关系。(3)它以劳动法律规范为依据。劳动行政法律关系虽然适用行政法的基本原则和基本制度,但其构成和运行规则主要是由劳动法所规定的。(4)它以宏观劳动管理为基本内容。可以说,劳动行政法律关系是表现为行政法律关系形式的宏观劳动管理关系,在其内容中,劳动管理的专业性和技术性较强。

二、劳动行政法律关系的构成要素

(一)劳动行政法律关系的主体

劳动行政法律关系的主体,包括劳动行政主体和劳动行政相对人双方。劳动行政主体是劳动行政法律关系中处于管理者地位的一方当事人,它包括专司劳动行政职能的劳动行政机关和兼有劳动行政职能的其他行政机关(如人事行政机关、卫生行政机关、行业主管行政机关等)。此外,经授权具有一定劳动行政职能的机构(如职业介绍机构、社会保险经办机构、劳动安全卫生检测机构等),在代理实现一定劳动行政职能的范围内,也属于劳动行政主体。劳动行政相对人是劳动行政法律关系中处于被管理者地位的一方当事人,即劳动行政行为所指向的对方当事人,其中主要是劳动者和用人单位,此外,还包括工会和用人单位团体、劳动服务主体等。上述双方主体尽管在法律上不属于平等主体,但都同时是权利主体和义务主体。

(二)劳动行政法律关系的内容

劳动行政法律关系的内容,即劳动行政主体与劳动行政相对人之间关于宏观劳动管理的权利和义务。它主要包括劳动力管理、劳动报酬管理、劳动安全卫生管理、社会保险管理等方面的内容。在这里,劳动行政主体具有代表国家依法进行宏观劳动管理的职权和职责,它依法实施的劳动管理行为对劳动行政相对人具有法律约束力;劳动行政相对人负有服从国家的宏观劳动管理的义务,必须按照劳动行政主体的要求进行活动,其中,劳动关系的内容和运行必须符合劳动行政主体依法制定的劳动标准和其他规范,必须接受劳动行政主体的监督。应明确,劳动行政法律关系的内容是同经济体制相适应的。随着计划经济向市场经济转型,劳动关系当事人双方的自主性不断增强,劳动行政法律关系的内容中,行政指令性的内容会越来越少,对劳动关系进行行政干预的力度和范围将仅以保障劳动标准实施为限。

(三)劳动行政法律关系的客体

劳动行政法律关系的客体,即劳动行政主体和劳动行政相对人的权力(权利)和义务所共同指向的时象。主要是劳动行政相对人按照劳动行政主体的管理要求实施的行为及其所支配的物和无形财产。其中较重要的有:(1)劳动者与用人单位确立劳动关系的行为,即劳动合同行为,通常表现为订立、续订、变更、解除劳动合同的行为;(2)用人单位使用劳动力的行为,即用人行为;(3)用人单位或其团体与工会组织之间协商(谈判)达成集体协议的行为,即集体合同行为;(4)劳动者支出劳动力的行为,即劳动行为;(5)劳动服务主体为劳动者和用人单位实现劳动关系提供服务的行为,即劳动服务行为;(6)用人单位提供的与劳动力相结合的物和无形财产以及为劳动力再生产所必要的物。

三、劳动法律关系与劳动行政法律关系

(一)劳动法律关系与劳动行政法律关系的联系

二者都是经劳动法调整而形成的法律关系,存在密切的联系。主要表现在:(1)劳动者和用人单位既分别是劳动法律关系的一方当事人,又都是劳动行政法律关系的劳动行政相对人,因而同时享有和承担这两种法律关系中的权利(权力)和义务。(2)劳动法律关系与劳动行政法律关系应当在内容上保持协调。其中,以国家意志为主导的劳动行政法律关系的内容,应当注意反映体现劳动法律关系主体的自主意志;而着重体现劳动者和用人单位自主意志的劳动法律关系的内容,则应当不违反寓于劳动行政法律关系中的国家意志。只有这样,劳动者和用人单位在实现其中一种法律关系的权利和义务时,才不致影响另一种法律关系的权利和义务的实现。(3)劳动行政法律关系附随劳动法律关系而存在,它的运行应当符合劳动法律关系的本质要求,对劳动法律关系的正常运行和发展起保护、协调和促进的作用。

(二)劳动法律关系与劳动行政法律关系的区别

二者在劳动法中被赋予不同的法律属性,一为合同法律关系,一为行政法律关系。其区别主要表现在:(1)劳动法律关系是微观领域的法律关系;劳动行政法律关系则是宏观领域的法律关系。(2)劳动法律关系的双方当事人之间,存在劳动者是用人单位职工的身份从属关系;劳动行政法律关系的双方当事人之间,劳动行政相对人则不属于劳动行政主体的成员,而是独立于劳动行政主体之外的主体。(3)劳动法律关系兼有平等和隶属特征;劳动行政法律关系则是纯粹的隶属型关系。(4)劳动法律关系的主体、内容和客体的确定,在一定程度上是双方当事人双向选择和协商一致的结果,劳动行政法律关系的主体、内容和客体则都是由劳动法规预先确定的,当事人一般无自由选择和协商的余地。

第三节 劳动服务法律关系

一、劳动服务法律关系的概念和分类

劳动服务法律关系,是劳动服务主体与劳动者和用人单位之间,在劳动服务过程中依据劳动法律规范和有关民事法律规范所形成的劳务法律关系。在民法中,劳务法律关系,即当事人之间以劳务为标的的法律关系,亦即当事人一方向另一方提供劳务的权利和义务关系。劳动服务法律关系具有民事劳务法律关系的一般属性,但较之一般民事劳务法律关系又有其特征。主要表现在:(1)它的双方当事人分别固定为特定的主体,其中,劳务提供方固定为依法取得特定劳动服务资格的社会组织,劳务接受方固定为劳动者和用人单位;(2)它以实现劳动关系为目的,也就是说,它的存续是为了在劳动力市场上和劳动过程中给劳动关系正常运行创造条件;(3)它的标的限定为劳动服务行为,这是一种特殊劳务,其服务对象、服务项目和服务规则为劳动法规政策和劳动行政部门所规定;(4)它的内容一般具有非营利性和公益性,其中有的是无偿提供服务;(5)它的运行大多由政府有关部门或机构所组织,并且受到国家较强力度的宏观控制。

劳动服务法律关系依其服务项目不同,可划分为就业服务法律关系、职业培训服务法律关系、劳动保护服务法律关系、社会保险服务法律关系、社会福利服务法律关系等。此外,还可分别按不同标准对劳动服务法律关系作多种分类,例如,有偿性劳动服务法律关系与无偿性劳动服务法律关系;管理性劳动服务法律关系与经营性劳动服务法律关系;技术(知识)性劳动服务法律关系与财产性劳动服务法律关系;等等。

二、劳动服务法律关系的构成要素

(一)劳动服务法律关系的主体

在劳动服务法律关系中,劳动服务主体是为劳动者和用人单位提供劳动服务的一方当事人。其主体资格的取得,既要符合民法所规定的法人等民事主体的必备条件,又要具备劳动法所规定的与特定劳动服务项目相对应的专职人员、设施设备、规章制度、信息、技术等方面的特殊条件,并且还必须履行劳动法所规定的特殊程序,例如,报政府或其有关部门审批,经劳动和社会保障部门许可、确认或备案。就其创设而言,有的由地方劳动行政部门直接设立,有的由有关主管部门开办,有的由民间(企业、事业单位、社会团体、个人)投资建立。它在国家计划的指导下和劳动行政部门的管理下,从事特定项目的劳动服务。

在劳动服务法律关系中,劳动者和用人单位都是与劳动服务主体相对的劳动服务接受方当事人,只不过劳动者和用人单位所接受的服务有所不同而已。各个劳动者和用人单位作为劳动服务接受方当事人而存在的范围,主要取决其与劳动服务主体的服务对象范围和业务范围的关系。对某个劳动者或用人单位来说,只有当其依法处于某个劳动服务主体的服务对象范围之内,并且其需求的劳动服务项目也在该劳动服务主体的业务范围之内,才能成为该劳动服务主体的劳动服务接受方。劳动者和用人单位与劳动服务主体在劳动服务法律关系中处于

平等的法律地位，一般都既享有一定权利又承担相应义务。

（二）劳动服务法律关系的内容

劳动服务法律关系的内容，即劳动服务主体与劳动者和用人单位之间关于提供和接受劳动服务的权利和义务。它大多由劳动法律规范或劳动行政部门直接规定，劳动服务主体依法设立就负有提供特定劳动服务的义务，劳动者或用人单位无须约定就享有要求劳动服务主体提供劳动服务的权利。有些场合，劳动者或用人单位与劳动服务主体之间需要通过签订合同才能确立相互权利义务，但其中有许多权利义务的确定要受到国家干预，而不能由双方任意约定。在劳动服务主体与劳动者之间，相互权利义务大多具有无偿性，劳动者接受劳动服务免于支付服务费用或者由用人单位支付服务费用；而在劳动服务主体与用人单位之间，相互权利义务大多是有偿的，用人单位负有支付服务费用的义务。由于劳动服务主体提供劳动服务的义务具有公益性，国家要求以实际履行为原则，并对其履行实行监督。

（三）劳动服务法律关系的客体

劳动服务法律关系的基本客体是劳动服务，大多表现为提供一定劳务或完成一定工作。劳动法规和劳动行政部门针对不同劳动服务项目的特殊性，分别就其标准和规则作出了具体规定，劳动服务主体所提供的劳动服务必须与之相符。各个劳动服务主体所能提供的劳动服务项目，都受其既定业务范围的限制。因而，如果劳动服务主体的业务不同，能作为劳动服务法律关系客体的劳动服务项目就不尽相同。有的劳动服务项目被国家规定为特定劳动服务主体的专有业务项目，它就只能成为该种劳动服务主体所参与的劳动服务法律关系的客体。

与劳动服务相对应的服务费，是劳动服务法律关系的重要客体。其项目和标准，一般由劳动行政部门和物价行政部门依法规定或核定。在允许当事人双方协议收费的场合，所商定的收费项目和标准，不得违反价格法规。由于劳动服务事业具有公益性并且受到国家和社会的扶持，国家对允许收费的劳动服务项目，要求一般按保本或微利的原则收取服务费，还规定在一定条件下应当减免收费。

三、劳动服务法律关系与劳动行政法律关系

这是两种都以实现劳动关系为目的而有不同属性的法律关系，在我国现阶段，它们有一定程度的交叉或混合。主要表现在，有的行政机构兼有劳动服务职能，有的劳动服务主体兼有劳动行政职能，以致有的劳动行政法律关系中含有劳动服务因素、有的劳动服务法律关系中含有劳动行政因素。究其原因，在于改革尚未到位。按照市场经济的要求，应当实行政事分开的原则，即行政职能与事业职能分开。据此，在劳动制度改革中，应当将劳动行政职能与劳动服务职能分开，使二者分别归属于劳动行政部门和劳动服务主体。具体言之，劳动行政部门中的劳动服务管理机构不应再有劳动服务业务，劳动服务主体不应再兼有劳动服务管理业务，在此基础上，理顺劳动行政部门（劳动服务管理机构）—劳动服务主体—劳动者和用人单位的关系。只有这样，在立法和实践中才可以明确劳动服务法律关系与劳动行政法律关系的区别，优化劳动法律服务关系与劳动行政法律关系的联系，使劳动服务法律关系和劳动行政法律关系按照市场经济的要求正常运行。

第六章　劳动法主体

第一节　概　　述

一、劳动法主体的概念

劳动法主体，是指劳动法中法律关系的参与者，即享有和承担劳动法所规定的权利（职权）和义务（职责）的公民、组织和机关。

在世界各国，哪些公民、组织和机关能成为劳动法主体以及能成为什么样的劳动法主体，都由劳动法律规范所具体确定，并且必须同劳动法的调整对象及其范围相符。在现代，劳动法的调整对象及其范围已经表明，劳动法主体具有下述特征：(1) 主体范围的广泛性。随着劳动法调整范围不断扩大，几乎已将各行各业的劳动关系以及与其密切联系的其他社会关系列为劳动法的调整对象。因而，劳动法主体的存在范围遍及经济和社会的各个领域。(2) 主体资格的双重性或多重性。经劳动法调整而形成的法律关系有多种类型，同一个公民、组织或机关往往同时参与其中两种或更多的法律关系，而在不同的法律关系中则有不同的主体资格。例如，一个公民可以同时具有劳动者和劳动行政相对人双重资格；一个学校可以同时具有用人单位、职业培训机构和劳动行政相对人三重资格。

二、劳动法主体的种类

劳动法主体一般可分为下述几种类型：(1) 劳动主体，即劳动者，是劳动力的所有者和支出者。(2) 用人主体，即用人单位，是劳动力的使用者。(3) 劳动行政主体，亦称劳动管理主体，是实现劳动行政职能的国家机关，包括劳动行政机关和其他有关行政机关，如人事、卫生、金融等职能管理机关和用人单位主管机关。(4) 劳动团体，又称职业团体，是分别由劳动者或用人单位依法组成的，旨在维护和增进本团体成员在劳动关系中的共同利益的社会团体。劳动者团体，一般指工会；用人单位团体，在国外一般指雇主协会。(5) 劳动服务主体，是为劳动关系的运行和发展提供社会服务的组织，如职业介绍机构、职业培训机构、社会保险经办机构、劳动安全卫生检测检验机构等。

三、劳动法主体的体系

劳动法主体制度的任务是给劳动法域中各种主体定位。只有将各种劳动法主体置于劳动法主体体系之中，才可能给各种劳动法主体作全方位的定位。在现代市场经济条件下，劳动法主体体系的框架可作如图 6－1、图 6－2 所示两种设计：

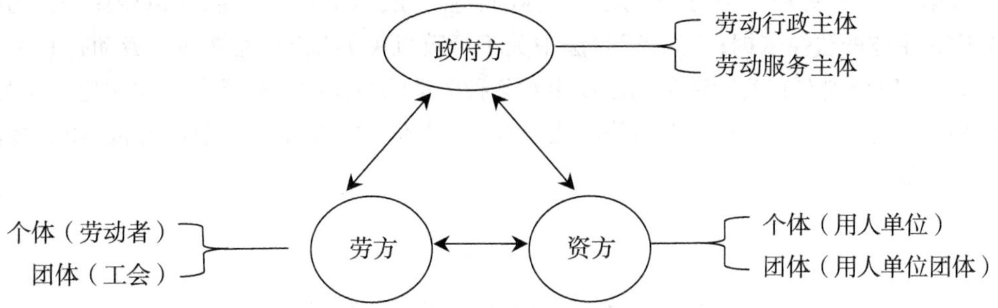

图6－1　“三角”框架

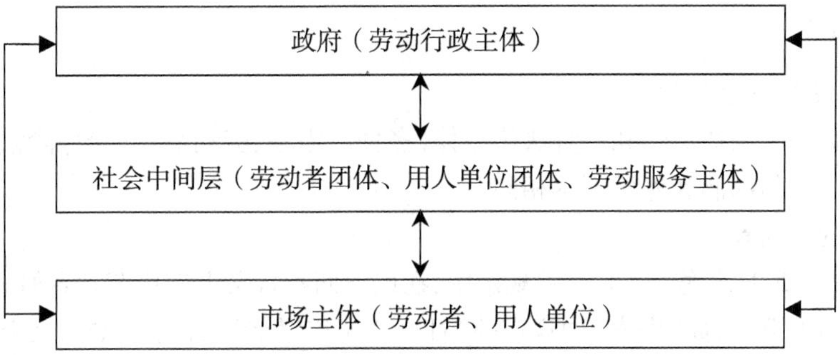

图6－2　“三层”框架[1]

“三角”框架强调的是，政府方相对于劳方与资方是居中协调者而不是居高临下者，由劳、资、政三方共同参与劳、资双方利益的协调，以确保社会稳定，故称为社会稳定“三角”框架。“三层”框架强调的是，政府与市场不仅直接互动，而且通过社会中间层间接互动，使市场机制与政府干预在劳动法领域有机结合，以实现劳动法的政策目标。其中，“三角”框架体现劳动法主体体系在现代市场经济体制下的特殊性，“三层”框架体现现代市场经济体制对劳动法主体体系的一般性要求，“三角”框架的状态和运行效果受“三层”框架尤其是其中社会中间层主体的地位的制约，影响着劳动法的选择。因而，应当对各种劳动法主体在这两种框架中的地位作比较研究和关联性研究，并结合这两种框架给各种劳动法主体作全方位的定位。

四、劳动法主体的立法安排

如何确立各种劳动法主体的法律地位，是劳动法的一个基本问题。各国立法对此都高度重视。综言之，关于劳动法主体的立法，除了整个劳动法体系都以劳动者的法律地位为中心从而可称为劳动者法（劳工法）以外，对其他劳动法主体所采用的立法模式，主要有以下几种：(1)就某种劳动法主体制定专项劳动法规。例如，许多国家和地区有专项的职业组合法、工会法、职业学校法等。(2)在劳动法典中就某种或某几种劳动法主体设置专门部分。例如。《卢旺达劳工法》中设有职业组织篇和行政管理组织及执行方法篇；《菲律宾劳工法》对全国劳资关系委员会、劳资关系管理局、劳工组织都分别列专章规定。(3)以相关立法作为确立某种劳动法主体

[1] 参见王全兴：《经济法基础理论专题研究》，中国检察出版社2002年版，第51～53页。

的法律依据。例如,劳动法中对作为用人主体的企业一般不作专门规定,而以企业法作为确立企业为用人主体的法律依据;又如,行政法中关于行政机关的规定,也是确立劳动行政主体的法律依据。(4)分别在有关专项劳动法规中对某种劳动法主体的法律地位作出规定。例如,劳动争议仲裁机构、职业技能鉴定机构等的法律地位,分别被规定在劳动争议仲裁、职业技能鉴定等专项法规中。

第二节 劳动者及其团体

一、劳动者

(一)劳动者的概念辨析

劳动者作为一个法律概念和一种法律主体,多见诸宪法、劳动法、社会保险法等法律部门,在不同法律部门中的内涵和外延不尽相同。

1. 宪法上的劳动者

我国《宪法》(2004 年修正)的有关规定中,在以下四种含义上使用劳动者概念:(1)劳动者是与剥削者相对的群体,如"序言"中规定的"社会主义劳动者",此即政治意义上的劳动者,范围极广,只要不是剥削者,都属于劳动者。(2)劳动者是集体所有制经济的主体,如第 8 条中作为农村和城镇"社会主义劳动群众集体所有制经济"之主体的"劳动群众",其中包括有不具有劳动能力的农村和城镇居民。(3)劳动者是具有劳动能力的公民,如第 42 条中对国家"有劳动的权利和义务"的公民,包括农村劳动者和城镇劳动者、就业前劳动者和就业中劳动者。(4)劳动者仅限于劳动关系中的劳动者,如第 43 条关于"劳动者有休息的权利"的规定;第 44 条关于对"企业事业组织的职工和国家机关工作人员"实行退休制度的规定。

2. 劳动法上的劳动者

在劳动法体系内的不同制度中,劳动者的内涵和外延不尽相同。一般在两种意义上使用:(1)劳动力市场上的劳动者。包括就业劳动者和未就业劳动者,正规就业劳动者和灵活就业劳动者,城镇劳动者和农村劳动者。如就业促进、职业培训、人力资源市场管理制度中的劳动者。(2)劳动关系中的劳动者。通常称为职工、雇员或劳工,如劳动合同、集体合同、劳动争议处理制度中的劳动者。还值得说明的是,劳动安全卫生制度中的劳动者,其外延还超出劳动法的调整范围。

3. 社会保险法上的劳动者

我国《社会保险法》正处在社会保险制度作为劳动法体系组成部分转向作为社会保障法组成部分的过渡阶段,依据其规定,作为职工基本养老保险、职工基本医疗保险之被保险人的"职工"不仅包括正规就业者,还包括个体工商户、非全日制从业人员以及其他灵活就业人员,这里的"职工"突破了劳动关系的界限,包括自营劳动者和自由职业者;而失业保险、工伤保险、生育保险中,作为被保险人的"职工",则以劳动关系为界限。就基本社会保险待遇受领而言,这里的"职工"不仅包括正处在劳动关系中的劳动者,而且包括劳动关系终止后的劳动者。

综上可见,劳动者作为一个法律概念,有广、狭义之分,其广义指具有劳动权利能力和劳动行为能力，但并不一定已参与劳动关系的公民；其狭义仅指职工，即具有劳动权利能力和劳动行为能力并且已依法参与劳动关系的公民，既包括劳动法意义上的职工，也包括公务员法、事业单位人事管理法意义上的职工。但对社会保险法中的“职工”，应当注意其内涵和外延的特殊性。

劳动法意义上的职工，在外国还有雇工、劳工、受雇人、雇员、员工等称谓。从许多国家的劳动法所规定的职工定义和范围来看，职工的概念一般包括四层含义：(1)职工是被录用(雇佣)的人员；(2)职工是在用人单位(雇主)管理下从事劳动的人员；(3)职工是以工资为劳动收入的人员；(4)法定某种或某几种人员不属于职工，例如，国家公务人员、军事人员、农业工人、家庭佣人、企业经理等，分别在有的国家被劳动法列于职工范围外。因此，职工可定义为，由用人单位所录用(雇佣)并在用人单位管理下从事劳动以获取工资收入的法定范围内的劳动者。

(二)劳动者的资格

公民成为劳动者必须具备法定的前提条件，这在法学上统称为劳动者资格(或称主体资格)。它所包括的劳动权利能力和劳动行为能力共同决定着公民参与劳动法律关系的范围和享有并行使劳动权利、承担并履行劳动义务的范围。

1. 劳动权利能力

劳动权利能力，是指公民依法能够享有劳动权利和承担劳动义务的资格。它表明公民依法可以成为哪些劳动权利的享有者和哪些劳动义务的承担者。

劳动权利能力和劳动权是两个不同的概念。劳动权是宪法赋予公民的获得有酬职业劳动的基本权利。它与劳动权利能力的区别主要在于：(1)根据不同。劳动权直接以宪法为根据；劳动权利能力则直接以有关劳动法规为根据。(2)内容不同。劳动权即劳动机会保障权，其内容包括就业权和择业权；劳动权利能力的内容则与公民在劳动力市场上和劳动过程中的各项权利和义务相一致。(3)意义不同。劳动权只是意味着公民有以劳动谋生、并要求国家和社会为其提供劳动机会的权利；劳动权利能力则是公民具体实现劳动权的必备法律资格的一个方面。

劳动权利能力与劳动权利也有区别。(1)根据不同。劳动权利能力只直接以有关劳动法规为根据；劳动权利的直接根据除了有关劳动法规外，还有劳动合同、集体合同和用人单位内部劳动规则。(2)属性不同。劳动权利能力是劳动者法律资格的一个方面；劳动权利则是劳动法律关系内容的一部分。(3)意义不同。劳动权利能力只是界定公民能够参与哪些劳动法律关系和享有哪些权利、承担哪些义务的范围；劳动权利则主要是公民参与劳动法律关系之后实际享有的各项具体权利。

公民的劳动权利能力应当具有平等性。这既是现代市场经济的必然要求，也是现代国际社会通行的惯例。国际劳工组织 1958 年通过的第 111 号公约《就业和职业歧视公约》中规定，会员国应制定一项促进就业、职业机会均等和待遇均等的国家政策，以消除这方面的性别、种族等任何歧视，还应采取措施保证这一政策实施。1964 年通过的第 122 号公约《就业政策公约》中又规定，会员国应实行积极政策，保证有工作供给寻找工作并有能力工作的人，使每个工人有资格享受最能发挥其技能与才能的机会，获得最适合的工作，不分其种族、肤色、性别、宗教、政见、民族血统或社会出身。因而，现代各国的劳动法都体现了劳动权利能力平等的精神，只不过在不同国家实现平等的程度不尽相同而已。在我国，公民的劳动权利能力在总体上具有平等性。这表现在,凡有劳动能力的公民,其劳动权利能力就不因种族、民族、信仰、性别、财产状况等因素的不同而受限制或剥夺。但是,在现阶段,我国还是一个发展中国家,经济体制改革尚未完成,存在社会生产力水平不高、城乡之间和地区之间经济不平衡、劳动力市场不完善、人口数量多而素质低等问题,使得公民的劳动权利能力还处在相对平等阶段,即公民的劳动权利能力由于某种因素不同而有一定差别。

根据我国现行立法和政策的规定,公民的劳动权利能力要受一定因素的制约。其中主要有:(1)户籍。它对劳动权利能力的制约表现在两个方面:其一,户籍性质的限制。按户籍性质不同,一般分为农业户籍(又称农村户籍)和非农业户籍(又称城镇户籍)。在市场化和城镇化过程中,农业户籍劳动者就业的限制虽然逐步减少,但仍然多于非农业户籍劳动者就业的限制。其二,户籍区域的限制。在某些地区,对外来劳动力就业和外地调入职工,还有限制性规定。(2)职数。即允许各个公民同时从事职业的数目。按照"一人一职"原则,一个公民在同一期间只能成为一个用人单位的职工,亦即只允许参与一个劳动关系。在实行市场化经济体制改革以后,对在职人员从事第二职业的现象逐步放开。根据《劳动合同法》的规定,允许劳动者从事第二职业,但要求不得损害第一职业用人单位的合法权益。(3)制裁。因违法或违纪而受到的制裁中,有的含有限制劳动权利能力的内容或后果。例如,严重违反会计法规和财经纪律的会计人员,被撤职后不得再担任会计工作;《刑法修正案(九)》(2015 年)首次将"禁止从事特定职业"纳入刑罚体系。(4)竞业限制。根据《劳动合同法》的规定,对负有保密义务的劳动者,用人单位可以在劳动合同或者保密协议中与劳动者依法约定在解除或者终止劳动合同后竞业限制的范围、地域、期限,在竞业限制期限内应当按月给予劳动者经济补偿。(5)特殊身份。如《公务员法》规定,公务员辞去公职或者退休的,原系领导成员的公务员在离职三年内,其他公务员在离职两年内,不得到与原工作业务直接相关的企业或者其他营利性组织任职,不得从事与原工作业务直接相关的营利性活动。(6)工龄。在工资制度中,达到一定工龄是享有工龄工资待遇的必要条件。在社会保险制度中,工龄也是制约劳动者享有社会保险待遇的因素之一。

2. 劳动行为能力

劳动行为能力,是指公民依法能够以自己的行为行使劳动权利和履行劳动义务的资格。它表明公民依法可以成为哪些劳动权利的行使者和哪些劳动义务的履行者。

劳动行为能力和劳动能力并非同一个概念。主要区别在于:(1)根据不同。劳动能力的有无和大小,直接以人体生理和心理因素为根据;劳动行为能力则直接以有关劳动法规为依据。(2)属性不同。劳动能力作为人的生存能力的一部分,只具有自然属性;劳动行为能力作为劳动者法律资格的一个方面,则具有法律属性。(3)意义不同。劳动能力只是表明公民身体中所存在的体力和脑力的实然状态;劳动行为能力则是国家对公民一定劳动能力的法律认可,它表明法律对公民在体力和脑力上所要求的应然状态。

劳动法对劳动行为能力作出规定的客观依据,是公民的劳动能力水平,以及国家利益和社会利益的要求。公民只有在其劳动能力达到符合国家利益和社会利益要求的水平,并且能由自己自由支配的条件下,才会被劳动法确认为有劳动行为能力。因此,劳动行为能力主要取决或受制于下述因素:

(1)年龄。在世界各国,都把年龄作为推定劳动行为能力有无和大小的一种法定依据。按年龄对劳动行为能力的法律意义不同,可分为三种:①劳动行为能力起始年龄,亦即最低就业年龄，未满此年龄的公民，被规定为无劳动行为能力人。国际劳工组织1973年通过的第138号公约《准予就业最低年龄公约》规定，应逐步把准许就业的最低年龄提高到与幼年人体力智力充分发展相适应的水平，不应低于完成国家义务教育的年龄，并在任何情况下不应低于15周岁，发展中国家可初步定为14周岁；同时，准许特定的例外情况不受此限。目前，有的国家规定为16周岁，如俄罗斯、土耳其、罗马尼亚、保加利亚等；有的国家规定为15周岁，如日本、波兰、利比亚、伊拉克等；有的国家规定为14周岁，如菲律宾、尼日利亚、卢旺达、巴林、匈牙利等。在我国，最低就业年龄规定为16周岁，除文艺、体育和特种工艺单位经县级以上劳动行政部门批准可招用未满16周岁的公民为文艺工作者、运动员和艺徒以外，任何单位都不得与未满16周岁的公民发生劳动关系。②完全劳动行为能力起始年龄，即成年人起始年龄，已满此年龄的公民即成年人才可成为完全劳动行为能力人，未满此年龄而已满最低就业年龄的公民即未成年人则只能成为限制劳动行为能力人。《准予就业最低年龄公约》规定，对有可能危害未成年人健康、安全或道德的职业或工作，最低就业年龄不应低于18周岁。这实际上是把18周岁确定为完全劳动行为能力的起始年龄。现代大多数国家的规定都与此一致，只有少数几个国家（如匈牙利、巴林等）规定为16周岁。在我国，劳动法规中明确规定，不得招用已满16周岁未满18周岁的公民从事过重、有毒、有害的劳动或者危险作业。③退休年龄。在各国劳动法中，对劳动行为能力的终止年龄一般未作明确规定，而只是规定退休年龄。但退休年龄不能认为是推定劳动行为能力完全丧失的年龄。国际劳工组织1980年通过的第162号《老年工人建议书》中，建议各国政府采取行动使他们能继续在令人满意的条件下工作；还规定如有可能应采取措施保证退休自愿，对领取退休金年龄的规定应有灵活性。这表明，劳动行为能力不应推定为终止于退休年龄。按我国现行劳动法规的规定，达到退休年龄的公民，只应推定为限制劳动行为能力人，仍允许其从事不妨碍老年人身体健康的劳动。

（2）健康。在劳动法中，要求劳动者必须具备自己所从事的职业所必需的健康条件。这主要包括三个方面的限制：①疾病的限制。各种岗位的职工，都不得患有本岗位所禁忌〔2〕或不宜的特定疾病。②残疾的限制。完全丧失劳动能力的残疾人为无劳动行为能力；部分丧失劳动能力的残疾人只能从事为其残疾状况所允许的职业。③妇女生理条件的限制。国家禁止招用女职工从事危害妇女生理健康的某些特定职业；女职工在经期、孕期、哺乳期时，不得安排其从事某些特定的作业。

应明确的是，法律上把健康规定为劳动行为能力的一种限制性因素，主要是基于对劳动行为能力被限制者的保护；并且，这种限制是同对被限制者的特殊保障措施并存的。在国际劳工公约和各国劳动立法中，都有对残疾人和妇女劳动行为能力的实现给予特殊保障的专门规定。

（3）智力。在劳动行为能力的构成中，智力的意义并不亚于体力，并且随人类劳动的复杂化程度不断提高而越来越重要。在劳动法中，要求劳动者必备的智力因素包括：①精神健全。这是对劳动行为能力的起码要求，因而，精神病患者被规定为无劳动行为能力人。②文化水平。许多国家要求，就业者必须完成国家义务教育。我国规定，禁止任何组织或个人招用应当

---

〔2〕《职业病防治法》（2001年）第77条第2款规定：职业禁忌，是指劳动者从事特定职业或者接触特定职业病危害因素时，比一般职业人群更易于遭受职业病危害和罹患职业病或者可能导致原有自身疾病病情加重，或者在从事做作业过程中诱发可能导致对他人生命健康构成危险的疾病的个人特殊生理或者病理状态。

接受义务教育的适龄儿童、少年就业;招工必须以具有初中以上文化程度的公民为对象。③技术水平。对于一些技术性职业,具有一定技术水平是劳动者从事该职业的必备条件。在有关法规中,对某些特定岗位的劳动者应具有的技术水平,还作了严格规定。例如,驾驶员、电工、司炉工、电焊工、起重工等特种作业人员,必须经技术考核合格并取得驾驶执照、操作证等证件,方可从事该项工作。

(4)行为自由。有劳动能力的公民,只有具备支配自己劳动能力所必要的行为自由,才能以自己的行为去实现劳动权利和劳动义务。如果公民的行为自由被依法剥夺或受到特定限制,其劳动行为能力就会受到相应的影响。例如,因触犯刑法而被处以自由刑的公民,在服刑期间由于无行为自由而无权自由支配自己的劳动能力,就丧失成为劳动法律关系主体的资格;在校学生也由于这种行为自由受到限制,一般不得成为招工对象,仅在暑假、寒假期间可被招为临时工;在职职工能否参与第二职业劳动法律关系,也应以在保证全面履行本职劳动义务的同时是否还具备履行第二职业劳动义务所必需的行为自由为限。

3. 劳动者资格的特征

公民的劳动者资格与民事主体资格相比较,主要有下述不同:(1)产生的时间和根据不同。劳动权利能力和劳动行为能力同时开始于达到法定最低就业年龄,以具有一定劳动能力为根据。民事权利能力则开始于公民出生,以其生命之存在为根据;民事行为能力起始年龄小于法定最低就业年龄,仅以具有辨认自己行为的能力为根据。(2)终止的时间和原因不同。劳动权利能力和劳动行为能力均由于公民完全丧失劳动能力而同时终止,认定公民劳动能力是否完全丧失应以国家规定的标准为依据。民事权利能力因公民死亡而终止;民事行为能力因公民丧失辨认自己行为的能力而终止,但公民完全丧失劳动能力时其民事行为能力则不一定终止。(3)权利能力与行为能力的相互关系不同。劳动权利能力与劳动行为能力统一而不可分割,一般都只能由本人实现,不允许他人代理。民事权利能力与民事行为能力在一定条件下可分别存在,也就是说,有民事权利能力的公民可以不具有或不完全具有民事行为能力,而由他人代理实现其民事行为能力。(4)权利能力和行为能力的制约因素不同。劳动权利能力和劳动行为能力所受到的许多限制,对于民事权利能力和民事行为能力来说,并不存在。例如,公民参与民事法律关系的范围,并不因性别、文化或技术水平的不同而相异;一个公民可以同时参与多个民事法律关系;公民的行为自由被依法剥夺后,仍具有民事主体资格;自然人若为外国人、无国籍人、台港澳居民,依法取得就业证件,才在我国境内取得劳动者资格;等等。

(三)劳动者资格的特殊情形

1. 达到退休年龄的劳动者

在我国,退休人员既可理解为达到退休年龄的劳动者,也可理解为享受基本养老保险待遇的劳动者。关于退休人员重新受聘的劳动关系如何适用法律的问题,劳动部《关于实行劳动合同制度若干问题的通知》(1996年)第13条规定,“已享受养老保险待遇的离退休人员被再次聘用时,用人单位应与其签订书面协议,明确聘用期内的工作内容、报酬、医疗、劳动待遇等权利和义务。”此规定中,退休人员重新受聘的劳动关系是否适用劳动法的问题,亦即其中的“书面协议”是否属于劳动合同的问题,并未明确。故在《劳动合同法》制定过程中,对此存在争论:[3]

---

〔3〕 王全兴:《劳动合同法条文精解》,中国法制出版社2007年版,第21~21页。

一种观点认为,我国现阶段还不存在将退休人员重新就业的劳动关系纳入劳动法适用范围的需求。其主要理由是:劳动力远远供大于求,法定劳动年龄内劳动者,尤其是中青年劳动者的就业压力巨大,将重新就业的退休人员纳入《劳动合同法》的适用范围,是对退休人员重新就业的鼓励,会挤占中青年劳动者的就业岗位;并且,还会产生双重社会保险的问题,在实践中不好处理。因而,将退休人员重新就业的劳动关系作为民事雇用关系由民法调整即可。

另一种观点认为,上述理由不足以将重新就业的退休人员排除在劳动法适用范围之外。这是因为:(1)大量退休人员重新就业有其客观的经济原因(如退休待遇水平低)和劳动力需求原因(如退休人员有中青年劳动者不可替代的劳动力资源),不可能由于纳入民法适用范围而减少。相反,纳入民法适用范围相对于纳入劳动法适用范围,会降低用工成本,这会刺激用人单位优先使用退休人员。此外,中青年劳动者就业压力巨大的主要原因也不一定在于退休人员重新就业。(2)劳动者资格并未因达到退休年龄而丧失,退休人员仍然享有就业权,而将退休人员重新就业的劳动关系适用民法而不适用劳动法,是对退休人员的歧视,违反了《老年人权益保障法》的规定。(3)关于劳动者达到退休年龄应当退休的规定,在现阶段虽然属于强行性规范,但享有基本养老保险待遇对劳动者而言并非义务而是权利,可由劳动者选择。(4)劳动关系与社会保险关系在一定条件下可以分离,退休人员重新就业的双重社会保险问题可以由社会保险立法作出特别规定来解决。

正因为如此,在《劳动合同法》中只将"劳动者开始依法享受基本养老保险待遇"规定为劳动合同终止的条件(第 44 条第 2 项),而未明确将退休人员重新受聘的劳动关系排斥于其适用范围之外。于是,达到退休年龄的劳动者若不享受基本养老保险待遇,就不构成劳动合同终止的法定条件,故更不排除其订立劳动合同。

但是,《劳动合同法实施条例》第 21 条对此作出不同的规定,即"劳动者达到法定退休年龄的,劳动合同终止"。这就表明,劳动者只要达到法定退休年龄,无论是否享有基本养老保险待遇,劳动合同都得终止。由此可以推论,达到法定退休年龄的劳动者无论是否享有基本养老保险待遇,都不得订立劳动合同,或者说,其重新受聘的劳动关系只可作为民事雇用关系对待。之所以如此规定,可能基于以下考虑:(1)伴随着养老保险覆盖面的不断扩大,劳动者达到退休年龄而没有享有基本养老保险待遇的现象将会消失。(2)抑制达到退休年龄者重新就业,有利于劳动年龄内劳动者(尤其是中青年劳动者)就业。然而,其效果如何,还有待实践检验。

值得注意的是,《最高人民法院关于审理劳动争议案件适用法律若干问题的解释(三)》(法释[2010]12 号)第 7 条规定,"用人单位与其招用的已经依法享受养老保险待遇或领取退休金的人员发生用工争议,向人民法院提起诉讼的,人民法院应当按劳务关系〔4〕处理。"这与《劳动合同法实施条例》第 21 条的不同在于,只将已经依法享受养老保险待遇或领取退休金的劳动者,排除在劳动关系当事人范围之外,而表明虽达到法定退休年龄但未依法享受养老保险待遇或领取退休金的劳动者可称为劳动关系当事人。这与《劳动合同法》第 44 条第 2 项的规定是一致的。

2. 学生劳动者

学生劳动者,即有学生身份的劳动者。狭义学生仅指在校生;广义学生还包括毕业生。学

〔4〕 这里的"劳务关系"宜改为"民事雇用关系",因为劳务关系与民事雇用关系是两个不同的概念。

生劳动与劳动关系相关联的,仅限于高等学校、中等专科或职业学校学生的实习、勤工助学、自发受雇劳动和见习,其中都涉及劳动关系认定和劳动法适用的问题。

学生实习,是指学校按照专业培养目标要求和教学计划的安排,组织在校学生到企业等用人单位进行教学实习和顶岗实习,是学校专业教学的重要内容。学生到实习单位顶岗实习前,学校、实习单位和学生本人或家长应当签订书面协议,明确各方的责任、权利和义务。实践中有真、假实习之分。常见的假实习,是培训机构与企业合谋,将"实习生"派往企业较长期间作为其员工使用,但不享受员工待遇。对培训机构而言,是以安排实习之名,行职业介绍之实;对企业而言,是以接受实习之名,行用工之实。对于假实习,应当认定其已形成劳动关系。真正的学生实习,其教学关系和劳动力使用关系并存。一方面,实习作为学生毕业前的一个必经阶段和教学环节,实习单位接受学校委托,安排其员工在工作岗位上指导学生从事专业实践活动,这就形成学校、实习单位与学生之间的教学关系。另一方面,在实习期间,学生一般由实习单位安排顶岗劳动,接受实习单位的管理,有的实习单位还发给学生一定的实习报酬,这就在实习生与实习单位之间形成一种劳动力使用关系。对于这种劳动力使用关系是属于劳动关系还是属于民事雇用关系,尽管还存在分歧,但在法律适用上应当明确的是,部分劳动条件基准(如劳动安全卫生基准、工时基准、最低工资标准等)有必要适用于实习生,有的地方立法例对此已有明确规定[5];而劳动合同法、集体合同法和工伤保险法则可不适用于实习生。

勤工助学,又称勤工俭学,其狭义仅指学生由学校组织的,利用课余时间在校内外参加劳动取得合法报酬,用于改善学习和生活条件的社会实践活动;其广义还包括自发勤工助学,即学生未经学校组织而私自在校外从事有报酬的劳动。教育部、财政部《高等学校勤工助学管理办法》(2007年)所规定的仅限于狭义勤工助学。如第6条规定:"勤工助学活动由学校统一组织和管理。任何单位或个人未经学校学生资助管理机构同意,不得聘用在校学生打工。学生私自在校外打工的行为,不在本办法规定之列。"可见,勤工助学中存在劳动力使用关系,而无教学关系。对于这里的劳动力使用关系是否纳入劳动法调整范围的问题,由于立法没有明确规定,只有两种选择,或者作为民事雇用关系看待,或者作为劳动关系的一种特殊形态看待。而根据现行规范性文件的规定,具有劳动关系的属性。例如:(1)学生在学校或校外用人单位设置的岗位中从事劳动,属于从属性劳动;(2)校内勤工助学报酬原则上不低于当地政府或有关部门制定的最低工资标准或居民最低生活保障标准,校外勤工助学酬金标准不应低于学校当地政府或有关部门规定的最低工资标准;(3)学生勤工助学依法享受劳动保护,任何用人单位或个人要为学生的人身安全提供保障,不得损害或变相损害学生在劳动保护方面的合法权益。[6]

学生自发受雇劳动区别于学生实习的界限主要在于,未经学校组织,不在教学计划内,不属于教学环节,且整个在校期间均可发生,而不限于毕业前一段期间;区别于勤工助学的界限,主要在于未经学校组织。其中的劳动力使用关系,只要具备劳动关系的要件,就应当作为劳动关系看待,适用劳动法的规定。例如,有的学生虽然还未毕业,但学校对其教学计划若已完成,

---

〔5〕《江苏省劳动合同条例》(2013年修订)第42、57条。

〔6〕其中,"(1)"、"(2)"分别参见教育部、财政部《高等学校勤工助学管理办法》(2007年)第五章和第24、25、26条;"(3)"参见《广东省普通高等学校学生勤工助学管理暂行办法》(2007年)第11条。

只是毕业手续还未办理或未办理完毕，该学生自发应聘在某单位从事有酬劳动，就不属于实习，也不属于勤工助学。

关于大学毕业生见习，有两种情形：一种是常态见习期内的见习，即对毕业生初次正规就业所实行的功能类似于试用期的见习期，包括在劳动合同期限内，属于正规就业劳动关系，毕业生见习期满且考核合格的转为正式职工。另一种是近年来才出现的见习基地的见习，这是毕业生正规就业前的过渡性就业形式，属于非正规就业劳动关系，或者说是一种非典型（或特殊形态）劳动关系。

3. 不合格劳动者

不合格劳动者，是指不具备劳动者资格的受雇人。达到法定最低就业年龄是劳动法所要求的具备劳动者资格的必备条件。在此意义上，不合格劳动者通常指未达到法定最低就业年龄的受雇人，即童工。外国人、无国籍人在我国就业须依法取得《外国人就业许可证书》，台港澳居民在我国境内就业须依法取得《台港澳人员就业证》，故未取得《外国人就业许可证书》的外国人和未取得《台港澳人员就业证》的台港澳人员若被雇用，也属于不合格劳动者。

劳动者不合格的劳动关系，除外国人、无国籍人、台港澳居民外，属于事实劳动关系。不合格劳动者在事实劳动关系中的权益，受劳动法保护。例如，《禁止使用童工规定》（2002 年）第 10 条规定，童工患病或者受伤的，用人单位应当负责送到医疗机构治疗，并负担治疗期间的全部医疗和生活费用；童工伤残或者死亡的，用人单位还应当一次性地对伤残的童工、死亡童工的直系亲属给予赔偿，赔偿金额按照国家工伤保险的有关规定计算。又如，《工伤保险条例》（2003 年）第 63 条规定，“用人单位使用童工造成童工伤残、死亡的，由该单位向童工或者童工的直系亲属给予一次性赔偿，赔偿标准不得低于本条例规定的工伤保险待遇。”

不合格劳动者若为外国人、无国籍人、台港澳居民，其劳动关系不属于事实劳动关系，而属于民事雇佣关系。例如，《最高人民法院关于审理劳动争议案件适用法律若干问题的解释（四）》（2013 年）第 14 条规定，外国人、无国籍人未依法取得就业证件即与中国境内的用人单位签订劳动合同，以及香港特别行政区、澳门特别行政区和台湾地区居民未依法取得就业证件即与内地用人单位签订劳动合同，当事人请求确认与用人单位存在劳动关系的，人民法院不予支持。

（四）劳动者的劳动权利和劳动义务

我国《劳动法》第 3 条规定：“劳动者享有平等就业和选择职业的权利、取得劳动报酬的权利、休息休假的权利、获得劳动安全卫生保护的权利、接受职业培训的权利、享受社会保险和福利的权利、提请劳动争议处理的权利以及法律规定的其他劳动权利。”“劳动者应当完成劳动任务，提高职业技能，执行劳动安全卫生规程，遵守劳动纪律和职业道德。”

1. 劳动力市场上的权利和劳动关系中的权利

劳动者在劳动关系中和劳动力市场上，都享有一定的劳动权利并负有一定的劳动义务。劳动力市场，是劳动力供需双方通过相互选择和协商一致而使劳动力和生产资料走向结合的市场。劳动者作为劳动力供方主体，在劳动力市场上的权利主要集中于就业的实现，劳动关系是劳动者与用人单位通过劳动力市场，以劳动合同缔结的劳动力与生产资料相结合的关系。在劳动关系中，劳动者作为用人单位相对人而享有的权利，主要集中于劳动条件的获取。前一种权利的实现是获得后一种权利的前提，后一种权利的实现是行使前一种权利的目的。这两种权利的区别在于:(1)前一种权利的主体是有资格进入劳动力市场的各种劳动者,主要是尚未就业的劳动者,同时还包括已就业的劳动者;后一种权利的主体则只限于作为劳动关系当事人的劳动者,即通常所说的职工,而不包括尚未就业的劳动者和非雇佣就业的劳动者。(2)前一种权利是相对于国家(政府)、就业服务主体和劳动力需求方的权利;后一种权利主要是相对于用人单位的权利。(3)前一种权利主要表现为法定权利;后一种权利兼有法定权利和约定权利双重属性。(4)前一种权利多不具有可诉性;后一种权利则具有可诉性。

劳动者同用人单位缔结劳动关系后,作为用人单位的职工,依据劳动法律规范、集体合同和劳动合同的规定,享有劳动权利和承担劳动义务。

职工的劳动权利一般包括:(1)参加劳动权。主要指有权参加用人单位所组织的劳动;有权请求用人单位按照法定或约定要求为其安排劳动岗位(工种),并提供必要的生产资料;有权拒绝各种形式的强迫劳动。(2)劳动报酬权。主要指有权按自己提供劳动的数量和质量取得劳动报酬,女职工还有权要求实行男女同工同酬;有权获得最低工资保障、工资支付保障和实际工资保障。(3)休息权。主要指有权在法定工作时间之外免于履行劳动义务;有权在休假和休养期间享有规定的各项待遇;有权要求用人单位安排劳动任务不得超过法定最高工时和不得违法组织加班加点。(4)劳动安全卫生权。主要指有权获得符合劳动安全卫生标准的劳动条件和接受劳动安全卫生知识的教育;有权拒绝用人单位提出的违章作业要求,并在劳动过程中遇有严重危及生命安全的危险时采取紧急避险行为;有权要求进行定期健康检查;职业禁忌症患者有权要求不从事所禁忌的工作,职业病患者有权要求及时治疗并调离原岗位;此外,女工和未成年工在健康方面的特殊利益,还有权获得特殊保护。(5)社会保险权。主要指有权要求用人单位为其办理失业、养老、工伤等项目的社会保险,并按规定缴纳保险费;有权在劳动能力丧失或使用中断期间要求社会保险经办机构和用人单位支付社会保险待遇。(6)劳动福利权。主要指有权享用社会公共福利设施和本单位集体福利设施,有权要求用人单位支付法定和约定的福利性津贴(补贴)。(7)职业培训权。主要指有权利用用人单位提供的职业培训条件和参加用人单位组织的职业培训;经职业培训而提高劳动能力的,有权要求用人单位按照其劳动能力进行使用和给予待遇。(8)团结权和职工民主管理权。主要指有权组织和加入工会,参加工会所组织的各项活动;有权通过职代会等形式参与本单位的民主管理;有权对本单位管理人员的违法违纪行为提出批评和控告。(9)劳动关系存续决定权。主要指有权就劳动法律关系的续延、变更、暂停和解除依法进行意思表示,即单方决定或者与用人单位协议。(10)请求保护权,或称法律救济权。主要指有权在发生劳动争议时申请调解、仲裁和提起诉讼;有权在合法权益受到侵犯时请求有关国家机关、工会组织依法给予保护。

职工的劳动义务,一般包括:(1)劳动给付义务。即必须按照劳动法规、集体合同、劳动合同和用人单位所要求的项目、时间、地点、方式、定额和质量,亲自完成劳动任务。(2)忠实义务。即作为用人单位的劳动组织成员而必须在劳动过程中忠实于用人单位,维护和增进而不损害用人单位利益。这是基于劳动关系的人身性、隶属性和诚实信用原则而产生的义务。主要表现为,服从用人单位的指挥和监督;遵守用人单位的劳动纪律和其他规章制度;保守在劳动中所了解的用人单位的商业秘密;向用人单位报告、上交在劳动中所获的应归用人单位所得的一切财产;学习和掌握胜任本岗位所必备的知识和技术;等等。(3)法律责任。劳动者违反上述劳动给付义务或忠实义务,应当承担相应的法定和约定责任,如因违反劳动纪律而承受纪律处分并赔偿违纪行为对用人单位所致财产损失；因违反劳动合同而承担违约责任；等等。

劳动者在劳动力市场上的劳动权利，按照我国有关劳动法规的规定，主要是：有权接受职业介绍机构介绍就业、自愿组织就业和自谋职业，属于国家安置对象的，还有权要求国家安置就业；有权选择职业和用人单位，并与用人单位签订劳动合同以确立劳动关系；有权参加各种形式的就业前培训和转业培训；有权参加由政府或劳动就业服务机构组织的生产自救、以工代赈和其他有津贴的劳动；有权在失业期间获得保险和福利方面的物质帮助；等等。

劳动者在劳动力市场上的劳动义务，按照我国有关劳动法规的规定，主要是：接受国家机关和社会组织对劳动力市场的管理和监督；遵守劳动力流动的秩序；不违法缔约劳动关系；等等。

劳动者在劳动力市场上的劳动权利和劳动义务中，还涉及劳动者能否从事第二职业的问题。第二职业，又称附劳动、兼职或兼差，其狭义仅指在职职工又与其他用人单位缔结的第二个劳动关系，其广义还包括不缔结劳动关系的业余劳动等在内。一些国家和地区的劳动立法表明：(1)劳动者有从事第二职业的权利，法律上对第二职业不应禁止；(2)劳动者从事第二职业不得妨碍其对第一职业劳动给付义务和忠实义务的履行，法律上应优先强制劳动者履行第一职业的义务；(3)凡是与劳动者第一职业义务有冲突的第二职业，劳动者未经第一职业用人单位同意不得从事；(4)特定职业(岗位)的劳动者若从事第二职业会危害国家利益或社会公共利益的，法律上应禁止其从事第二职业。根据我国《劳动合同法》的规定〔7〕，劳动者有权从事第二职业，但须得到用人单位同意，且不得影响第一职业工作任务的完成。

2. 作为实体利益的劳动权利与作为获取实体利益之工具的劳动权利

如就业权、劳动报酬权、休息权、劳动安全卫生权、社会保障权等属于作为实体利益的权利，如政策制定参与权、团结权、集体谈判权、民主管理权、劳动争议权等属于作为获取实体利益之工具的权利。在市场经济国家的劳动法制中，后一种权利受到更大程度的重视，如团结权、集体谈判权和劳动争议权在劳动权利体系中被赋予劳动基本权的地位〔8〕；国际劳工组织所确认的八项核心劳动标准中，团结权和集体谈判权分别被列为第一和第二项〔9〕。在我国的现行立法中，重点在于前一种权利，后一种权利没有放在应有的位置。如果没有后一种权利，或者后一种权利没有真正落实，前一种权利就不可能充分实现。劳动法所规定的劳动基准只是最低水平的劳动者利益，如果不借助于工会、集体合同、职工民主管理等工具，单个劳动者就难以争取到高于劳动基准的劳动条件，劳动法对劳动者的保护只可能处于低水平状态。有鉴于此，我国应当在完善关于第一种权利的立法的同时，加快关于后一种权利的立法的步伐，改变以往重实体利益而轻实现实体利益之工具、机制的状态。

二、工会

(一)劳动者的团结权

团结权，又称劳动者结社权或劳动者组织权，一般是指劳动者为实现维持和改善劳动条件

---

〔7〕《劳动合同法》第17条第2款规定，劳动合同除前款规定的必备条款外，用人单位与劳动者可以约定试用期、培训、保守秘密、补充保险和福利待遇等其他事项；第39条第4项规定，劳动者同时与其他用人单位建立劳动关系，对完成本单位的工作任务造成严重影响，或者经用人单位提出，拒不改正的，用人单位可以解除劳动合同。

〔8〕黄越钦：《劳动法新论》，中国政法大学出版社2003年版，第3章。

〔9〕周长征：《全球化与中国劳动法制问题研究》，南京大学出版社2003年版，第107～108页。

之基本目的，而结成暂时或永久的团体并使其运作的权利，具体则指劳动者组织工会并参加工会活动的权利。[10] 其广义指劳动者成立工会并通过工会进行集体谈判和劳动争议等手段来维护自己利益的权利，一般包括组织工会权、集体谈判权和集体行动权；其狭义仅指组织工会权。[11]

团结权虽然源于结社权，但又不等同于结社权。结社权作为自由基本权产生于18～19世纪，而团结权作为社会基本权产生于20世纪，二者有根本差异。[12] 正因为如此，《世界人权宣言》（1948年）在第20条规定结社权的同时又在第23条规定劳动者的团结权。有的国家宪法也如此。例如，《日本国宪法》（1946年）在第21条规定结社权，同时又在第28条规定保障劳动者的团结权、集体交涉权和其他集体行动的权利；《德意志联邦共和国基本法》（1949年）第9条在第1项规定所有德国人均有结社和组织社团的权利，同时在第3项又规定保障每个人和任何行业享有为维持和改善劳动条件和经济条件而结社的权利。这表明团结权是一种特定的结社权，即劳动关系中的劳动者为维护和扩张其在劳动关系中的利益而组织团体的社会法上的权利。[13] 其特定性表现在：

（1）主体特定，即只能是劳动关系中的劳动者。宪法上的结社权为公民权利，而非某个社会阶层所专有。而团结权提出之初，其主体既包括劳动者也包括雇主。如1948年6月通过的国际劳工组织第87号公约即《结社自由和保护组织权利公约》（以下简称第87号文件）第2条规定，工人和雇主应毫无区别地不经事先批准建立和参加他们自己选择的组织。但在1948年12月通过的《世界人权宣言》中则规定为组织和参加工会的权利。在这里，按照当时最权威的解释，“工会者，乃工人一种继续存在之团体，为维持或改善其劳动生活状况而设者。”[14] 这表明团结权的主体是劳动者。1949年6月通过的国际劳动组织第98号公约即《组织权利和集体谈判权利的原则的实施公约》（以下简称第98号公约）中，尽管还有“工人组织和雇主组织均应享有充分的保护的规定”，但其重心已转向对劳动者团结权的保护，把禁止干涉工人组织工会和保护工人团结权作为公约的基本精神和主要内容。自此以后，所谓团结权主要指劳动者的团结权。[15]

（2）目的特定，即只能是为了维持和改善劳动者的劳动条件。结社权的目的具有多样性，一般有营利与非营利之分，营利目的之结社如公司，非营利目的之结社可分为政治结社（如政党）与非政治结社（如公益组织）。但无论如何，结社权行使的终极目的为对抗公权之权威，避免干预和管制。而劳动者行使团结权，并不是追求政治、经济、文化上的远大目标，而是维持和改善劳动条件，即通过团结权弥补单个劳动者因势单力薄不足以与雇主抗衡的缺陷，从而取得

---

〔10〕［日］竹内昭夫等：《新法律学辞典》，有斐阁平成元年日文版，第950页。转引自常凯：《论团结权》，载《劳动法》改革学术研讨会论文集，2003年。

〔11〕［日］沼田稻次郎等：《劳动法事典》，劳动旬报社1979年日文版，第219页。转引自常凯：《论团结权》，载《劳动法》改革学术研讨会论文集，2003年。

〔12〕黄越钦：《劳动法新论》，中国政法大学出版社2003年版，第60页。

〔13〕史尚宽：《劳动法原论》，台湾正大印书馆1978年版，第153页。

〔14〕［英］韦伯夫妇：《英国工会运动史》，商务印书馆1959年中译版，第1页。转引自常凯：《论团结权》，载《劳动法》改革学术研讨会论文集，2003年。

〔15〕常凯：《论团结权》，载《劳动法》改革学术研讨会论文集，2003年。

足以与雇主抗衡的平等地位。[16]

(3)性质特定,即团结权虽然也是自由权,但更重要的是生存权。团结权旨在保障劳动者的生存权。生存权表现为劳动者个体的权利,这种权利是在劳动关系中具体实现的,团结权所直接追求的是保障劳动者的劳动权的实现,以最终实现劳动者的生存权,即通过劳动条件的维持和改善以确保劳动者的生存。

《世界人权宣言》第23条规定:“人人有为维护其利益而组织和参加工会的权利。”《经济、社会及文化权利国际公约》(1966年制定,1976年生效)规定:“人人有权组织工会和参加他所选择的工会,以促进和保护他的经济和社会利益;这个权利只受有关工会的规章的限制。对这一权利的行使,不得加以除法律所规定及在民主社会中为了国家安全或公共秩序的利益或为保护他人的权利和自由所需要的限制以外的任何限制。”第87号公约第2条规定:“工人和雇主应毫无区别地有权不经事先批准建立和参加他们自己选择的组织,其唯一条件是遵守有关组织的规章。”第98号公约第1条规定:“工人应享有充分的保护以防止在就业方面发生任何排斥工会的歧视行为。这种保护应特别应用于针对有以下目的的行为:(a)将不得加入工会或必须放弃工会会籍作为雇用工人的条件;(b)由于工人加入了工会或者在业余时间或经雇主许可在工作时间参加了工会活动而将其解雇,或以其他手段予以打击。”上述规定表明,组织和参加工会权包括下述内容:(1)组织工会和不组织工会的自由;(2)参加工会和不参加工会的自由;(3)选择参加此工会或他工会的自由;(4)不因加入工会与否或参加工会活动与否而受到歧视。

在我国现行立法中,较之上述规定有两点差异:(1)我国工会组织是一元体制而不是多元体制,即中华全国总工会是唯一的工会组织,劳动者不得在此工会组织系统之外组织和参加工会。(2)中国工会已形成一套比较完整、覆盖各个地方和产业(农业除外)的既定的组织体系,绝大多数地方和企业已建立工会组织。对于已有工会组织的企业而言,劳动者实际上只有参加和不参加工会的权利;而对于尚未建立工会组织的企业而言,劳动者才有组织和参加工会的权利。然而,对于被派遣劳动者而言,根据《劳动合同法》第64条的规定,有权选择是在派遣单位还是在用工单位依法参加或者组织工会。

在各国工会运动的实践中,工会体制由于国情和历史,特别是政治体制和政治理念的不同而有所不同,尽管多数国家是多元化体制,也有些国家仍然是一元化。这两种体制各有其优劣,选择何种体制关键要适合本国国情,而这种选择应由本国的劳动者和工会在本国的政治和法律框架下自己决定。对此,第87号公约也规定:“工人、雇主及其各自的组织在行使本公约的各项权利时,应与其他个人和团体一样遵守本国的法律。”正因为我国法律规定了工会组织一元化体制,1997年10月我国在批准《经济、社会及文化权利国际公约》的同时发表声明:我国对《经济、社会及文化权利国际公约》第8条第1款(甲)项,将依据我国的《宪法》、《工会法》和《劳动法》等法律的有关规定办理。[17] 对于这项声明,九届全国人大四次会议的新闻发言人表示:“第八条第一款(甲)项是关于劳动者组织和参加工会的权利。中国的《宪法》、《工会法》、《劳动法》等法律有效地保障了中国工人全面参与政治、经济、社会和文化生活的权利,包括组

〔16〕 黄越钦:《劳动法新论》,中国政法大学出版社2003年版,第60~61页。

〔17〕 《全国人大常委会批准〈经济、社会及文化权利国际公约〉的决定》,载《人民日报》2001年3月1日。

织和参加工会的权利。从中华人民共和国成立以来,中国的劳动者就依据这些法律组织和参加工会。全国人大常委会批准公约时做出的声明表明,中国政府将继续依据中国的《宪法》、《工会法》、《劳动法》等法律的有关规定,保障劳动者组织和参加工会的权利。”[18]这表明我国根据既有的法律规定仍坚持工会组织一元化体制。

(二)西方国家的工会

在西方国家,工会是以维护和改善雇工的劳动条件、提高雇工的经济地位为主要目的,由雇工自愿组织起来的团体或联合团体。历史上,国家立法对工会的规定大致经过了绝对禁止、相对禁止和完全承认三个阶段。到第二次世界大战以后,工会在西方各国都获得了合法地位。

在现代,许多国家的宪法都明确肯定了工会的合法地位。例如,意大利宪法规定“职工工会组织自由”;日本宪法规定“劳动者团结的权利受保障”;菲律宾宪法规定“国家将保证工人得有组织工会的权利”。同时,许多国家依据宪法制定了工会法或者在劳动法典中对工会作了专门规定。

工会的合法地位不仅为各国国内法所确立,而且还为国际法所保障。1948 年联合国《世界人权宣言》中规定,“人人有维护其利益而组织和参加工会的权利”。1949 年国际劳工组织在第 98 号公约《组织与集体谈判权的原则的实施公约》中规定,“工人应享有充分保护,以抵制在雇佣方面的反工会的歧视行为”,例如“对雇佣工人以其不得加入工会或放弃工会会员资格为录用条件”,“因工人为工会会员或因其在工作时间外,或经雇主同意在工作时间内参加工会活动,而将其开除,或用其他方法使其蒙受损害”。1966 年联合国的《经济、社会及文化权利国际公约》中,要求缔约各国承担下述保证:(1)人人有权组织工会和参加其所选择的工会,以促进和保护其经济和社会利益;这种权利只受工会有关规章的限制。对这一权利的行使,除法律所规定的及在民主社会中为了国家安全或公共秩序的利益或为保护他人权利和自由所必需的限制以外,不得加以任何限制。(2)工会有权建立全国性的协会或联合会,有权组织或参加国际工会组织。(3)工会有权自由地进行工作,除法律所规定的及在民主社会为了国家安全或者公共秩序的利益或者为保护他人的权利和自由所必需的限制外,不受任何限制。(4)有权罢工,但应按照各个国家的法律行使此项权利。

各国工会组织形式一般有以下几种类型:(1)雇佣单位工会,即以被雇于同一雇用人的雇工所组成的工会。(2)职业工会,即从事同一种职业或相类似职业的雇工所组成的工会。(3)产业工会,即同一类或类似产业内之上下一切雇工组成的工会。(4)材料工会,即不论职业区别如何,以其职业所使用材料之种别而组成的工会。如木材工会、金属工会。(5)联合工会,即由各个单独工会联合组成的工会组织。

就一国范围内的工会组织体系而言,在西方国家有两种模式:(1)一元化工会组织体系。即全国只有一个统一的工会组织体系,各种形式的工会组织者是同一个全国性工会联合组织的成员,在各个雇用单位一般只有一个工会组织。德国、奥地利、斯堪的纳维亚等少数国家的工会组织体系属于这种模式。(2)多元化工会组织体系。即在全国并存着几个不同的组织体系,没有一个统括全国各种工会组织的全国性工会联合组织,在各雇用单位通常不只存在一个工会组织。例如,在法国和意大利,工厂一级就同时存在几个不同政治派别的工会;在比利时,

---

〔18〕 沈路涛:《我国将依法保障劳动者的工会权利》,载《人民日报》2001 年 3 月 5 日。

政府承认基督教联盟、倾向社会党的比利时总劳联和自由工会同盟是“最有代表性的工会组织”，并授予这些组织以代表工人的合法垄断权；在荷兰，工会组织以信仰和政治主张来区分。

按照西方国家关于工会的立法，对工会法律地位有以下基本规定：(1)工会只能是雇工的团体，并且必须是一定人数以上的雇工的集合。立法上大多对工会会员资格作了限制，一般不允许雇主及其代理人加入工会。许多国家还把拥有一定最小限度人数会员作为成立工会的法定要件。例如，意大利规定，产业工会必须是被雇于特定产业的劳动者的10%以上的集合。法国规定，成立工会至少须有20名会员。(2)工会不得有政治、经济目的，即工会属于社会团体而不属于政治性组织和经济性组织。有的国家(如美国)明文禁止工会追求政治目的；有的国家(如法国)只允许工会具有为法律所列举的目的，而在这种列举式规定中，政治目的未包括在内。至于经济目的，在多数国家被禁止。有的国家(如法国)在法律上明文禁止工会为经济营业；有的国家(如瑞典)在法律上则把工会列为非营利目的的结社。但是，对于工会以增进会员利益为目的所办理的合作社等事业则不为法律所禁止。(3)工会具有公法人性质。即工会作为社团，具有法人资格，并且这是公法上的法人。有的国家(如法国)，工会当然具有法人资格；有的国家(如德国)，工会需经有关部门登记才可取得法人资格。(4)工会有组织罢工、同雇主或其团体谈判和签订集体合同，监督雇主遵守劳动法等项权利。(5)工会在与雇主的关系中受到法律的特别保护。例如，法律不允许雇主因雇工加入工会或参加工会活动而将其解雇或取消、中止或修改其劳动条件；有的国家还规定，不经有关国家机关(如劳动法院法官)批准，工会理事不应被解雇。又如，工会依法组织罢工致使雇主利益受损时，法律规定工会及其理事个人均不负损害赔偿责任。

在经济全球化过程中，无论发达国家还是发展中国家，工会都遇到了新的挑战：(1)工会生存的基础遭到严重威胁。工会力量和工会运动的传统基础是第二产业的蓝领工人，而在经济全球化过程中，伴随着当代科技革命的影响，第二产业的缩小造成产业工人数量减少，第三产业的扩大导致劳动者队伍分化，这就大大削弱了劳动者形成大规模组织的可能性，致使工会组织率大幅度下降。(2)工会运动不适应跨国公司的加速发展。劳动关系由于跨国公司的发展超越了国家疆界，工会活动却仍在本国范围之内，只与本国的子公司交涉，这就对工会原有的组织形式、活动机制、斗争方式带来了一系列问题。特别是跨国公司可以利用其转移投资和多国生产直接影响就业的机制，作为压低工资水平和打击工会运动、抵制工人斗争的有效手段，这就大大限制了工会集体谈判和组织罢工的权利。(3)发达国家工会与发展国家工会矛盾加剧。在经济全球化的背景下，全球范围内的资本联合和生产联合更为密切，而劳动联合却增加了障碍。发达国家工会从维护本国工人就业出发，要求禁止从发展中国家进口某些产品，对本国跨国公司到国外办厂和外来劳动力进入本国劳动力市场持反对态度。“社会条款”问题提出后，发达国家工会与发展中国家工会的立场截然相反。以美国工会和国际自由工联为代表的发达国家工会，极力主张“社会条款”与国际贸易挂钩；而发展中国家，特别是亚洲发展中国家工会则反对利用“社会条款”与国际贸易挂钩来推行贸易保护主义。面对上述各种挑战，需要重新思考工会的地位、职能、组织形式和斗争方式，以及不同国家工会之间的关系，更要重视研究发展中国家工会在经济全球化过程中如何保护本国劳动者权益、与本国政府和企业保持协调的对策。

(三)我国工会的性质和职能

《中华人民共和国工会法》(1992年制定,2001年修改,以下简称《工会法》)规定,工会是职工自愿结合的工人阶级的群众组织。《中国工会章程》规定,中国工会是中国共产党领导的职工自愿结合的工人阶级群众组织,是重要的社会政治团体。这揭示了我国工会的下述性质:(1)阶级性。我国工会只能由工人阶级的成员所组成,即有资格成为工会会员的只限于企业、事业组织、国家机关、社会团体中的以工资收入为主要生活来源的体力劳动者和脑力劳动者。农民和个体工商户都不能参加工会,外商投资企业中的外商代理人和私营企业中的业主也不能参加工会。(2)群众性。工会是最大限度地、广泛地团结、联合广大工人阶级群众的组织。凡属职工,不分民族、性别、宗教信仰、教育程度,都有依法参加和组织工会的权利。(3)自愿性。工会坚持入会自愿、退会自由的原则。职工加入工会或退出工会完全是根据本人自愿申请,而不受任何限制或强制。(4)政治性。这除了在工会的阶级性中已有体现外,还表现在它是中国共产党领导下的重要社会政治团体。工会参与国家的政治事务,负有维护国家政权的任务。

按《工会法》的规定,维护职工合法权益的职能(简称维权职能)是工会的首要和基本的职能,工会的其他职能都以维权职能为核心,作为维权职能的展开和延伸。《工会法》在第2条和第6条中规定,中华全国总工会及其各工会组织代表职工的利益,依法维护职工的合法权益;维护职工合法权益是工会的基本职责;工会在维护全国人民总体利益的同时,代表和维护职工的合法权益。《工会法》还规定了工会实现其维权职能的主要手段,如干预劳动合同;集体合同;组织职工民主管理;参与经营管理;参与国家(政府)事务;劳动法律监督。

此外,工会还具有组织职能和教育职能。前者即工会组织职工依照宪法和法律的规定行使民主权利,参加本单位的民主管理和民主监督,发动和组织职工努力完成生产任务和工作任务;组织职工开展劳动竞赛,开展群众性的合理化建议、技术革新和技术协作活动,提高劳动生产率和经济效益,发展社会生产力。后者即工会动员和教育职工以主人翁态度对待劳动,爱护国家和企业财产,遵守劳动纪律。工会对职工进行爱国主义、集体主义、社会主义教育,民主、法制、纪律教育,以及科学、文化、技术教育,提高职工的思想、道德、科学、文化、技术、业务素质,使职工成为有理想、有道德、有文化、有纪律的劳动者。

工会在一定意义上是一国经济体制和政治体制的重要组成部分,其法律地位必然受到经济体制和政治体制的制约。我国工会与西方国家工会的法律地位差异,也多源于经济体制和政治体制的不同。我国经过30多年的改革,经济体制已发生根本性转变,即由计划经济转向市场经济,而政治体制的民主化改革虽然已经启动,但改革的方向则不可能与西方国家政治体制接轨。因而,我国工会的法律地位,一方面应当顺应经济体制市场化的需要,发生重大变迁;另一方面则应当与政治体制相适应,保留其作为社会政治团体的特殊性。为此,应当将工会置于经济体制和政治体制的框架中,研究其性质、职能、组织等问题。其研究重点在于:(1)工会与经济体制的关系,即在市场经济体制下工会的应然地位,以及我国工会的实然地位如何适应市场化的需要而变迁的对策。(2)工会与政治体制的关系,即依据我国政治体制改革的目标模式,研究工会在政治体制下的应然地位,以及其在政治体制改革进程中法律地位变迁的对策。(3)政治体制与经济体制对工会地位的综合影响,即基于我国经济体制与政治体制的关系,研究经济体制与政治体制对工会地位的要求之间的矛盾,以及协调这种矛盾的对策。

（四）我国工会的组织体系

我国工会的组织体系，由中华全国总工会、地方总工会、产业工会和基层工会所构成。中华全国总工会是工会的最高领导机关；按行政区划建立的省级、市（县）级地方总工会是工会的地方领导机关；同一国民经济部门或性质相近的几个国民经济部门，根据需要建立全国和地方的产业工会，作为本部门的工会领导机关；基层工会是建立在企业、事业单位、机关、团体中的工会基层组织。在上述各级工会组织之间，中华全国总工会领导各地方总工会和各产业工会全国组织；地方总工会领导当地的下级地方总工会和产业工会地方组织；铁路、民航两个产业工会全国组织对所属地方产业工会实行系统领导，但须尊重地方总工会的意见；其他产业工会全国组织与地方总工会对所属地方产业工会实行产业和地方双重领导；直辖市和大中城市的地方总工会主要通过同级产业工会对基层工会实行领导；小城市和县总工会，除建立市、县产业工会外，则直接领导基层工会。

在上述工会组织体系中，工会基层组织的建立及其保障尤为重要。对此，《工会法》规定，企业、事业单位、机关有会员25人以上的，应当建立基层工会委员会；不足25人的，可以单独建立基层工会委员会，也可以由两个以上单位的会员联合建立基层工会委员会，也可以选举组织员一人，组织会员开展活动；上级工会可以派员帮助和指导企业职工组建工会，任何单位和个人不得阻挠；任何组织和个人不得随意撤销、合并工会组织，基层工会因其所在的企业终止或者所在的事业单位、机关被撤销而撤销的，须并报告上一级工会。

我国工会的组织原则是实行民主集中制。其主要表现有：（1）各级工会委员会都由会员大会或会员代表大会民主选举产生；（2）各级工会委员会向同级会员大会或会员代表大会负责并报告工作，接受其监督；（3）工会会员大会或会员代表大会有权撤换或罢免其选举的代表和委员会组成人员；（4）下级工会组织受上级工会组织领导；（5）工会主席、副主席任期未满时，不得随意调动其工作，因工作需要调动应当征得本级工会委员会或上级工会的同意。

（五）我国工会的法律地位

1. 工会具有唯一性和独立性

工会的唯一性，是指工会在我国是唯一合法的、联合广大职工和代表广大职工利益的工人阶级群众组织，在全国范围内具有统一的组织体系。任何单位和个人都不得在职工群众中另行建立独立于工会组织体系之外的同一类型组织，也不得从事任何分裂工会组织的活动。

工会的独立性，是指工会是一个独立的工人阶级群众组织，有一套独立的组织体系，在宪法和法律的范围内依据《中国工会章程》独立自主地开展工作。工会服从共产党的政治领导和遵守国家的法律，但不是党和政府的一个部门或附属机构，基层工会和单位行政在法律上处于平等地位。

2. 工会具有法人资格

《工会法》规定，中华全国总工会、地方总工会、产业工会具有社团法人资格；基层工会具备民法规定的法人条件的，依法取得社团法人资格。按民法关于法人成立的规定，各级工会组织从成立之日起，不需进行法人登记就具有法人资格。

工会作为法人，依法能够享有包括财产所有权、债权、知识产权、名誉权、名称权等民事权利，并承担相应的民事义务。因而，工会可以签订集体合同，可以依法进行民事活动，可以在诉讼中成为独立的诉讼主体。

(六)我国工会会员和基层工会委员会成员的资格

1. 工会会员资格

《工会法》第3条"以工资收入为主要生活来源"作为界定工会会员资格的唯一标志。值得注意的是,工会就其法律属性而言,是劳动关系领域中的劳动者团体,而能够体现劳动者在劳动关系中的法律地位的,不应当限于"以工资收入为主要生活来源"这一特征,更为关键的应当是另一特征,即雇主相对人,其中不包括雇主及其代表人或代理人。雇主相对人必然是"以工资收入为主要生活来源"者,但"以工资收入为主要生活来源"者不一定就是雇主相对人。所以,工会实质上是雇主相对人的团体,雇主相对人才是工会会员的实质性资格要件,不属于雇主相对人的雇主及其代表人或代理人就不应当具有工会会员资格。企业管理层分为不同的等级,不同等级的管理人员的决策权限及决策范围是不同的,高级管理人员决策的是组织的政策和更广泛的战略,而这些政策与战略则由企业的权力等级中较低级别的管理人员来执行。[19]那么代表企业的所有者行使管理企业、制定政策、部署战略权力的处于企业管理高层的"白领",不同于一般的低层管理人员和普通雇员,尽管从表面上看也"以工资收入为主要生活来源",但这个群体的切身利益基于其特殊的职务身份而与雇主密切相联,是雇主的代表或代理人。当雇主与雇员之间发生冲突时,他们不可能真正站在雇员的立场上为维护雇员的利益而与雇主抗争。马克思曾经论述过,这些人的劳动具有两重性,既是管理也是劳动,但这种劳动体现了资本对于剩余价值的追求,是资本的人格化代表。这种身份,也是与工会的性质不相容的。因而,在一些国家的工会和劳动立法中一般都对这部分人的工会会员资格予以严格限制。[20] 例如,依日本《工会法》(1978年修订版)第2条的规定,负责人员;有录用、解雇、提升和调动的直接权限而居于监督地位的人员;由于接触雇主的劳动计划、方针等机密事项,因而职务上的义务和责任同工会会员的忠诚和责任直接相抵触而居于监督地位的人员;代表雇主利益的其他人员,不得加入工会。我国的工会立法,对公有制企业高层管理人员、私营企业主和外商投资企业的中方代表是否可加入工会,都未作明确规定。而在实践中,公有制企业的高层管理人员和外商投资企业的中方代表加入工会都未引起争议,但对私营企业主能否加入工会的问题却有不同看法。

笔者认为,企业高层管理人员、私营企业主、投资者是否应当具备工会会员资格的问题,在根本上取决于对工会性质的理解。《工会法》和《中国工会章程》都规定,工会是"工人阶级的群众组织"。如果由此推论:工会应当由工人阶级的成员所组成,而共产党是工人阶级的先锋队,知识分子也是工人阶级的一部分,于是就可以认为,无论是私营企业主、投资者还是企业高层管理人员,只要具有共产党员或知识分子的身份,就是工人阶级的成员,当然可以成为工会会员。并且,私营经济被确认为社会主义市场经济的重要组成部分,私营企业主是社会主义建设者,在此意义上,私营企业主也是以自己的体力劳动和脑力劳动获得收入的劳动者,有的私营企业主还成为劳动模范,甚至加入中国共产党。所以,作为劳动者的私营企业主成为工会会员是理所当然。上述对工会性质的理解,实际上混淆了政治意义上的"劳动者"和"工人阶级"

---

〔19〕 参见杨林仁、李丽林:《市场经济国家劳动关系——理论·制度·政策》,中国劳动社会保障出版社2000年版,第196~198页。

〔20〕 常凯、吴亚平:《关于私企建会的若干法律问题》,载《工人日报》2000年12月.5日。

概念与劳动法意义上的“劳动者”概念。在政治意义上,作为国家主人的劳动者是相对剥削者为而言的,除剥削者外都是劳动者;工人阶级作为领导阶级,表明的是一种政治体制而不是劳动关系。政治上的“劳动者”和“工人阶级成员”身份与劳动法和劳动关系中的“劳动者”身份是不能等同的。任何人是否具备工会会员资格都不会影响其既有的政治身份,而不应当以其政治身份来充当和取代工会会员资格。作为雇主相对人的劳动者是弱者,需要组成团体即工会来依法保护其合法权益。故工会会员资格只能限定于作为雇主相对人的劳动者。作为领导阶级的成员,在与被领导阶级相对的关系中不是弱者,也就不需要有工会这种组织来保护其合法权益。在劳动关系中,劳动者是作为雇主相对人而不是作为领导阶级成员而存在的,所以,不应当以政治上的“劳动者”和“工人阶级成员”作为工会会员的资格标志,更不能认为不属于雇主相对人的雇主及其代表人或代理人具有工会会员资格。

实际上,在我国的立法实践中已经考虑到了这一点。例如,外商投资企业中的外商及其代表人、代理人,在有的地方立法中明确规定其不能加入工会。如《辽宁省外商投资企业工会条例修正案》(1997年)第5条规定:外籍投资者及其代理人不能成为工会会员。但是对于外商投资企业中的中方代表人、代理人能否成为工会会员却无明确规定,而现实生活中,确有中方代表人、代理人是工会会员。这种现象既构成对外商的歧视,也不利于企业的健康发展,有碍于工会基本职能的实现。

因此,笔者建议,在《工会法》中明确规定,只有雇主相对人才可以加入工会,而私营企业主、外商投资企业的中外方投资者及其代表人、公司的董事和经理等高层管理人员,则不得加入工会。

2. 基层工会委员会成员资格

关于基层工会委员会成员的资格,《工会法》第9条第2款规定,“企业主要负责人的近亲属不得作为本企业基层工会委员会成员的人选”。这有一个明显漏洞:企业主要负责人的近亲属不具备基层工会委员会成员资格,那么企业主要负责人本人是否具备这样的资格呢?我国国有企业中普遍存在工会主席由企业副职负责人兼任的现象。从维护劳动者利益的角度来看,允许企业主要负责人成为基层工会委员会成员,利弊兼有。有利的一面是,便于将工会和职工的意见或建议及时反馈至企业管理层,利于劳资双方的沟通,从而有可能更好地维护劳动者合法权益。从某种意义上说,这样还可避免工会干部因依法维护劳动者合法权益而遭受打击报复的情形发生。但是,产生这样的积极后果,需要一个前提,即该负责人能够切实代表劳动者的利益。而这个前提在现实中并不多见。其有弊的一面,则在于有可能使工会失去独立性,便于企业行政控制工会。工会官化现象不仅为市场经济国家所不容,而且极容易导致工会的信任危机。既然企业主要负责人不应当具有工会会员资格,那么就更不应当允许企业主要负责人作为基层工会委员会成员的人选。即使企业主要负责人能否加入工会的问题还存在争议,立法中也应当明确禁止企业主要负责人担任基层工会委员会成员。

(七)我国工会的权利和义务

1. 工会对用人单位的权利和义务

工会对用人单位的权利主要有下述三个方面的内容:(1)代表职工利益和反映职工要求的权利。工会可以代表职工方与用人单位就签订集体合同进行谈判。单位行政讨论涉及职工切身利益的问题,工会代表应当参加,或由单位行政听取工会的意见;工会也可以就有关职工切身利益的事项提出建议,同单位行政协商处理。用人单位的特定机构,如企业管理委员会、公司监事会等,应当有工会代表参加。(2)监督用人单位遵守劳动法的权利。用人单位违反职代会制度和其他民主管理制度,工会有权提出意见,以保障职工依法行使民主管理权利。用人单位违反劳动法,侵犯职工合法权益,工会有权要求及时纠正,或要求有关部门进行处理,或相互协商解决。用人单位辞退、处分职工,工会认为不适当的,有权提出意见;用人单位在作出开除、除名职工的决定时,应事先将理由通知工会,若处分决定违反劳动法规定和劳动合同的,工会有权要求重新研究处理。工会对基本建设和技术改造工程中的劳动条件和安全卫生设施有权提出意见,企业或主管部门应当认真处理。工会发现企业行政方面违章指挥、强令工人冒险作业,或者生产过程中发现有明显重大事故隐患和职业危害的,有权提出解决的建议;当发现危及职工生命安全的情况时,有权向企业行政建议组织撤离危险现场,企业行政必须及时作出处理决定。工会可以派出代表对下属工会组织所在用人单位就侵犯职工合法权益的问题进行调查,有关单位应予协助。(3)要求提供保障的权利。工会有权要求用人单位为工会办公和开展活动提供经费和必要的物质条件;按规定为工会工作人员支付工资等各项物质待遇;支持工会依法开展工作。

工会对用人单位的义务,主要有:(1)帮助、指导职工与单位行政签订劳动合同。(2)参加企业的劳动争议调解工作。(3)在企业发生停工、怠工事件时,会同企业行政或有关方面,协商解决职工提出的合理要求,尽快恢复正常生产秩序。(4)协助单位行政办好集体福利事业,做好工资、劳动保护和劳动保险工作。(5)会同单位行政组织开展业余文化、技术学习和职工培训,提高职工的文化、业务素质;组织职工开展文娱、体育活动。(6)国有企业工会还应支持厂长(经理)依法行使职权。

2. 工会对政府的权利和义务

工会对政府的权利主要有下述内容:(1)县级以上各级政府制定国民经济的社会发展计划,省会、自治区首府所在市和国务院批准的较大的市以上的政府研究起草法律或法规、规章,对涉及职工利益的重大问题,应当听取同级工会的意见。(2)县级以上各级政府及其有关部门在研究制定工资、物价以及劳动保护、劳动保险等重大政策、措施时,应当有同级工会参加研究,听取工会意见。(3)地方劳动争议仲裁组织应当有同级工会代表参加。(4)工会有权参加职工伤亡事故和其他严重危害职工健康问题的调查,并向有关部门提出处理意见,有权要求追究有关行政领导人和有关责任人员的责任。(5)各级政府应当为工会办公和开展活动,提供必要的物质条件。(6)各级政府应当保护工会的合法权益不受侵犯。

工会对政府的义务,主要是协助政府开展工作,动员、教育、组织职工贯彻执行政府的政策、规章,实现政府提出的各项任务。

(八)工会干部权益、经费和财产的保护

1. 工会干部权益的保护

工会在协调劳动关系和维护职工合法权益时,难免与企业发生矛盾,致使工会干部自身权益受侵犯的现象日益增多。有鉴于此,《工会法》规定了许多保护基层工会干部合法权益的规定,其要点包括:(1)罢免的程序限制。第15条第2款规定,“罢免工会主席、副主席必须召开会员大会或者会员代表大会讨论,非经会员大会全体会员或者会员代表大会全体代表过半数通过,不得罢免。”(2)劳动合同期限自动延长。第18条规定,“基层工会专职主席、副主席或者委员自任职之日起,其劳动合同期限自动延长,延长期限相当于其任职期间;非专职主席、副主席或者委员自任职之日起,其尚未履行的劳动合同期限短于任期的,劳动合同期限自动延长至任期期满。但是,任职期间个人严重过失或者达到法定退休年龄的除外。"(3)从事工会工作的待遇保障。第40条第2款规定,"基层工会的非专职委员占用生产或者工作时间参加会议或者从事工会工作,每月不超过三个工作日,其工资照发,其他待遇不受影响。"(4)法律救济。第51条规定,"违反本法规定,对依法履行职责的工会工作人员无正当理由调动工作岗位,进行打击报复的,由劳动行政部门责令改正、恢复原工作;造成损失的,给予赔偿。对依法履行职责的工会工作人员进行侮辱、诽谤或者进行人身伤害,构成犯罪的,依法追究刑事责任;尚未构成犯罪的,由公安机关依照治安管理处罚条例的规定处罚。"第52条中规定,工会工作人员因履行本法规定的职责而被解除劳动合同的,由劳动行政部门责令恢复其工作,并补发被解除劳动合同期间应得的报酬,或者责令给予本人年收入二倍的赔偿。

2. 工会经费和财产的保护

《工会法》不仅设专章规定"工会的经费和财产",而且还规定了相应的法律责任条款。其要点包括:(1)工会经费的来源。根据第42条的规定,工会经费来源包括工会会员缴纳的会费;用人单位向工会拨缴的经费;工会所属企业、事业单位上缴的收入;政府的补助;其他收入。(2)用人单位拨缴经费的义务。第42条中规定,"建立工会组织的企业、事业单位、机关按每月全部职工工资总额的2%向工会拨缴的经费","企业、事业单位拨缴的经费在税前列支"。第43条规定,"企业、事业单位无正当理由拖延或者拒不拨缴工会经费,基层工会或者上级工会可以向当地人民法院申请支付令;拒不执行支付令的,工会可以依法申请人民法院强制执行。"(3)工会经费使用的监督。根据第44条的规定,工会应当根据经费独立原则,建立预算、决算和经费审查监督制度;各级工会经费收支情况应当由同级工会经费审查委员会审查,并且定期向会员大会或者会员代表大会报告,接受监督;工会会员大会或者会员代表大会有权对经费使用情况提出意见;工会经费的使用应当依法接受国家的监督。(4)工会活动的物质条件。第45条规定,"各级人民政府和企业、事业单位、机关应当为工会办公和开展活动,提供必要的设施和活动场所等物质条件。"(5)工会的财产和经费不得侵犯。第46条规定,"工会的财产、经费和国家拨给工会使用的不动产,任何组织和个人不得侵占、挪用和任意调拨";第47条规定,"工会所属的为职工服务的企业、事业单位,其隶属关系不得随意改变";第54条规定,"违反本法第46条规定,侵占工会经费和财产拒不返还的,工会可以向人民法院提起诉讼,要求返还,并赔偿损失"。

第三节　用人单位及其团体

一、用人单位

(一)用人单位的概念辨析和范围

"用人单位"是我国劳动法特有的一个概念,相当于境外劳动法中的"雇主"概念,为1994年《劳动法》第一次在立法中使用。当初的内涵和意义:其一,以"用人单位"概念统一涵盖作为劳动力使用主体的不同所有制经济组织,确立了不同所有制经济组织在劳动力市场上的平等地位,体现了对不同所有制劳动关系统一运行规则的要求。其二,用"单位"作为劳动力使用主体的称谓,表明我国劳动法中的劳动力使用主体只限于组织体,而不包括作为劳动力使用主体的自然人,亦即只包括组织体雇主而不包括自然人雇主(或称个人雇主)。其三,“用人单位”和“雇主”作为两个概念在我国官方文件中的同时使用,还隐含有一定的政治意义。“雇主”与“雇用劳动”、“雇工”等概念匹配,在传统理论中包括有剥削关系的含义,而与社会主义最终要消灭剥削的目的不吻合。故官方文件多在表述私营企业、外商投资企业劳动关系的场合,使用“雇主”、“雇用”、“雇员”之类的概念。

在《劳动法》使用“用人单位”概念之前,我国多使用“用工单位”的概念,在《劳动法》颁布之后,也曾一度将这两个概念混用。但随着有关官方文件中出现“非法用工”、“非法用工主体(或单位)”之类的概念,“用工单位”概念中便具有了不属于劳动关系而属于民事雇用关系的含义,因为当时在实践将非法用工作为民事雇用处理。更值得注意的是,《劳动合同法》将劳务派遣中的要派单位称之为“用工单位”,并规定“劳务派遣单位是本法所称用人单位,应当履行用人单位对劳动者的义务”。这是第一次赋予“用工单位”以不属于用人单位的劳动力使用主体(组织体)的法律含义。因此,宜对“用人单位”和“用工单位”作为两个不同的法律概念使用。

劳动法上的用人单位,包括劳动力市场上的用人单位和劳动关系中的用人单位。前者指劳动力市场上的劳动力需求主体,只须具备用人权利能力和用人行为能力即可;后者指在劳动关系中与劳动者相对的当事人,不仅具有用人权利能力和用人行为能力,而且还须使用一名以上劳动者。在劳动法中,用人单位不仅是劳动法律关系的一方主体,而且是劳动行政法律关系的劳动行政相对人和劳动服务法律关系的劳动服务接受方当事人。

劳动立法对雇主范围的界定,主要有以下几种情形:(1)有的国家在不同法规中所界定的雇主范围不尽相同。例如,《美国国家劳资关系法》规定,“雇主”包括直接或间接代表雇主利益的任何人,但是不包括美国或任何全部属政府所有的公司、或任何联邦储备银行及其各州或州以下的分支机构,不包括受历次修改的铁路劳工法管辖的任何人,不包括任何劳工组织(作为雇主身份时除外)和以劳工组织负责人或代理人名义出现的任何人;而《美国公平劳动标准法》的规定则有所不同,即“雇主”包括与雇员有关的直接或间接地代表雇主利益的人并包括公共机构,但不包括任何劳工组织(它作为雇主身份时除外)或该劳工组织中的职员或代理人。(2)有的国家把雇主范围仅限于私营部门。例如,《伊拉克共和国劳工法》规定,“雇主”只包括私营部门中雇佣工人并酬以工资的任何自然人和法人。(3)有的国家将雇主范围规定得很广泛。例如,《卢旺达劳工法》规定,无论是自然人或法人,公共或私人,一旦雇用一名或几名劳动者(即使是不连续地雇用),即为雇主。

在我国,根据《劳动法》和《劳动合同法》第2条的规定,狭义的用人单位仅包括企业、个体经济组织(仅限于个体工商户)和民办非企业单位等组织;广义的用人单位还包括国家机关、事业组织和社会团体。

(二)用人单位的资格

1. 用人单位资格的内容和制约因素

用人单位资格(或称用人主体资格),是指成为用人单位所必须具备的法定的前提条件。它决定着一定主体能否参与劳动法律关系、能参与哪些劳动法律关系,以及在劳动法律关系中能享有并行使哪些用人权利、承担并履行哪些用人义务;其内容包括用人权利能力和用人行为能力两个方面,通常表现为国家允许用人单位使用劳动力的限度和要求用人单位为劳动者提供劳动条件的限度，由劳动法和相关法律部门所规定。用人权利能力，是指用人单位依法能够享有用人权利和承担用人义务的资格，表明用人单位依法可以成为哪些用人权利的享有者和哪些用人义务的承担者。用人行为能力，是指用人单位依法能够以自己的行为行使用人权利和履行用人义务的资格，表明用人单位依法可以成为哪些用人权利的行使者和哪些用人义务的履行者。任一主体只有在其所具备的物质、技术和组织等条件，足以按法定要求为职工提供一定的劳动条件，从而能够容纳一定职工并保障职工合法权益时，才会被认为具有一定的用人行为能力。

依我国现行立法规定，制约用人单位资格的一般因素有：(1)职工录用基本条件。这是从使用什么职工的角度限制用人单位资格的主要因素。各种用人单位都无权录用未达到法定的职工录用基本条件的自然人为职工。(2)劳动条件基准。如最低工资标准、法定工作时间和劳动安全卫生标准等。这是从如何使用劳动力和保障劳动力再生产的角度限制用人单位资格的主要因素。(3)社会责任。这是从实现社会目标的角度限制用人权利能力的主要因素。在现代社会，各种用人单位都分别在不同程度上对实现社会目标负有责任，即使企业，也既是“经济人”又是“社会人”。社会责任的制约，一方面是限制用人权利，另一方面是加重用人义务。所负社会责任不同的用人单位，其用人权利能力就必然有所差别。(4)职工编制和招工指标。这是从使用多少职工的角度限制用人权利能力的主要因素。国家机关、事业组织和社会团体使用职工的数量，须经有关国家机关批准的职工编制为准，满编和超编单位一般不得调入职工或新招职工；并且，招用新职工的数量，不得突破有关国家机关下达给本单位的招工指标。国有企业曾受此限制，而在国家把市场经济明确规定为经济体制改革的目标模式以后，不再受此限制。

2. 用人单位资格与民事主体资格的关系

在现实生活中，用人单位资格和民事主体资格为同一主体所兼有，是一种普遍现象。因而，明确这两种资格的联系和区别，有助于进一步认识用人单位资格。

用人单位资格与民事主体资格的联系，主要表现在：(1)用人单位资格与民事主体资格在内容上有一定交叉。例如，用人单位资格和法人资格以及非法人组织民事主体资格，都以一定的财产条件作为其必要内容；在法人资格和非法人组织民事主体资格的内容中，都含有一定的用人单位资格。(2)用人单位资格一般依存于一定民事主体资格。例如，用人单位资格的取得，往往以取得一定民事主体资格为前提；用人单位资格的存续，通常为实现一定民事主体资格所必需；企业、个体经济组织、民办非企业单位和事业组织的民事主体资格变更，可能导致其用人单位资格相应变更；随着民事主体资格的消灭，相应的用人单位资格也必然消灭。

用人单位资格与民事主体资格的区别，主要表现在：(1)法律设定用人单位资格的主要目的，在于确保用人单位有可靠的能力实现劳动者合法权益；法律设定民事主体资格的主要目的，在于维护市场准入的秩序，保障市场交易的平等、自由和安全。(2)用人单位资格主要是对用人单位使用劳动力和保障劳动力再生产的必备条件提出基本要求；民事主体资格主要是对民事主体实现商品交换（或者说债权债务）的必备条件提出基本要求。因而，用人单位资格对其中的财产条件着重从生产资料使用价值（种类、性能、质量等）的角度提出要求，民事主体资格对其中的财产条件着重从资金数额的角度提出要求。就民事主体资格中的财产条件与用人单位资格中的财产条件相比较，一般说来，前者数额相对较大，后者内涵相对较复杂。(3)用人单位资格受国家控制的程度相对较大；民事主体资格受国家控制的程度相对较小。这是由劳动力市场的特殊性和用人行为的社会性所决定的。就劳动力市场与其他市场比较,国家干预对劳动力市场更为必要和重要;就用人行为和民事行为比较,在用人行为中社会性强于经济性,在民事行为中经济性强于社会性。(4)法人资格和非法人组织民事主体资格在本组织依法成立时开始存在;用人单位资格则必须经有关国家机关专门确认才开始存在。也就是说,任何一个组织都并不因为取得民事主体资格而当然取得用人单位资格。

3. 用人单位资格的确认

对用人单位资格应当建立专门的确认制度。这是因为:(1)法律对用人单位资格和民事主体资格的要求不尽相同。一方面,具有民事主体资格者并非都能取得用人单位资格,例如,农业集体经济组织、农村承包经营户、公民在我国都不是用人单位;另一方面,具有用人单位资格者不一定能取得民事主体资格,例如,企业分支机构虽然一般不能取得民事主体资格,但有的却具有用人单位资格。(2)劳动力市场不同于一般市场,应当有特殊的市场准入规则。只允许符合特定条件并履行特定程序者进入劳动力市场招聘劳动者,有利于维护人力资源市场秩序和保护劳动力供求双方利益,尤其是保护劳动力供给方利益。于是,有必要在民事主体资格确认制度之外,建立一套专门确认用人单位资格的制度。

我国的用人单位资格确认制度中,应当包括下述要点:(1)由劳动行政部门统一行使用人单位资格确认权;(2)以强制招聘登记作为用人单位资格确认的基本方式,即只有经劳动行政部门核准符合用人单位法定必备条件而予以登记者,才取得招聘劳动者的资格;(3)职工编制受国家控制的用人单位经职工编制主管部门批准,用人单位分支机构经总机构授权,才可办理用人单位资格登记。

(三)单位行政(雇主代表)的界定和主体归属

用人单位作为一种组织体,它对劳动者行使用人权利和履行用人义务的行为只能由一定的管理机构和管理人员代表其实施。这种机构和人员在境外劳动法中称为雇主代表,在我国劳动法中多称为单位行政或企业行政。在用人单位内部,凡是其职权职责中含有对劳动者行使用人权利或履行用人义务之内容的高、中、低层管理机构和管理人员,如上至董事长,下至班组长,都属于单位行政;但个体工商户和个体民办非企业单位由于结构简单,其单位行政一般只限于经营者(雇主)本人。单位行政的范围内不包括用人单位中的党、团、工会、妇联等组织,因为它们各自具有同用人单位彼此独立的法律地位和与用人单位不同的性质。在单位行政的系统内,各管理机构和管理人员实现用人行为能力的代表权限不尽相同,即各自所能行使的用人权利、所能履行的用人义务,或者行使权利、履行义务所能指向的职工范围有所不同。实践中,各管理机构和管理人员实现用人行为能力的代表权限的界定,除了以有关法律规范为根据外,还要以用人单位有关规章为根据。

作为单位行政的管理人员在对劳动者行使用人权利、履行用人义务的过程中,涉及用人单位、单位行政和职工三者之间关系。基于单位行政的多层次性,对于劳动者与用人单位分界而言,雇主代表是归属于劳动者还是归属于用人单位,就成为一个特殊问题。据此,雇主代表可分成两类:一类兼有雇主代表和劳动者双重身份,即相对其被管理者属于单位行政,其实现用人行为能力的行为所引起的法律后果应当由用人单位承受;相对其上级则是劳动者,其实现用人行为能力的行为同时也是向用人单位履行劳动义务的行为。管理人员作为单位行政身份实现用人行为能力,不应当影响其作为职工而依法享有的权利和承担的义务。另一类只具有单位行政身份,而不属于用人单位相对人。这一般是最高层的管理者,如公司董事(包括董事长)。

正因为如此,境外立法例对雇主的界定中,包含有对雇主代表归属的界定。日本《劳动标准法》第10条规定:“本法所称雇主,系指企业主、企业经理人或代表企业主处理企业中有关工人事宜的人。”韩国《劳动标准法》第15条规定:“雇主一词在本法中系指企业主或掌管企业管理部门的人或其他在有关职工事务上代理或代表企业主的人。”我国台湾地区“劳动基准法”第2条第2款规定:“称雇主者谓雇用劳工之事业主、事业经营之负责人或代表事业主处理有关劳工事务之人。”《联邦德国解雇保护法》第17条第5款规定以下企业成员不在职工之内:法人所属企业中被指定为该法人法定代表的机构的成员;人合公司中由法律、章程或公司合同确定为该人合公司代表的人员;业务执行人、企业领导人或类似的有权独立雇用或解雇职工的领导人员。[21] 美国1935年《瓦格纳法》第2(3)条为“雇员”下的定义中,包括“任何雇员”,没有包含对监督管理雇员的排除,而国会于1947年加入了一个明确的排除,将“任何被雇为监管人员的个人”从“雇员”的定义中排除出去;国家劳资关系委员会也将与监督人员相类似的“管理人员”持续地排除出“雇员”的范围。[22]

有学者依据日本和我国台湾地区立法的规定,认为雇主包括三类:[23] (1)事业主(企业主),指事业经营的主体,在个人企业,指企业主或经营者个人;在股份有限公司或其他法人团体,公司和法人本身就是事业主(企业主)。(2)事业经营的负责人,指法人的代表人、股份有限公司的董事等对企业经营握有一般性、整体性的权限和责任者。(3)代表事业主处理有关劳工事务的人,劳工事务泛指有关人事、薪资、劳务管理、福利厚生、安全卫生等业务,即凡是受雇主授权而有上述劳工事务处理者都可能是雇主责任担当者。

然而,在雇主代表是作为雇主还是作为劳动者的归属中,对于高层管理者是全部归属于雇主,还是全部归属于劳动者,或者一部分归属于劳动者而另一部分归属于雇主,是一个疑难问题。例如,在《联邦德国企业组织法》第5条[24]界定雇员的规定中,对领导层职员,在明确规定

---

〔21〕 劳动人事部劳动科学研究所编:《外国劳动法选》(第三辑),劳动人事出版社1987年版,第17页。

〔22〕 罗伯特·A. 高尔曼:《劳动法基本教程——劳工联合与集体谈判》,中国政法大学出版社2003年版,第25~35页。

〔23〕 刘志鹏:《雇主之概念》,载台湾劳动法学会编:《劳动基准法释义——施行二十年之回顾与展望》,新学林出版股份有限公司2005年版,第27页。

〔24〕 《联邦德国企业组织法》第5条:雇员。第1款规定:本法令意义上的雇员为包括正在进行职业教育的工人和职员。第2款规定:按照本法令的精神,以下人员不作为雇员对待:1. 在法人的企业中,法人的法律代表机构的成员;2. 公开的商业机构的股东或根据法律、规章或社会协定为代表全体人员或业务领导的利益而组织的另一个人群的企业中的成员;3. 工作的动机最主要的目的不是为职业发展,而是出于慈善或宗教的原因;4. 工作最主要的目的不是为了职业发展,而主要是为了康复,重新适应道德的改善或教育的人员;5. 与雇主一同居住的配偶、亲戚或姻亲。第3款规定:如果法令中不特别标明,那么这项法令不适用于领导层的职员。领导层的职员为那些按照劳动合同和在企业中的地位:1. 有权独立决定停业或解雇在企业或某一部门中工作的雇员;2. 有全权或代理权,并且在同雇主的关系中不是无足轻重的人物;3. 定期执行对企业或工厂的存在和发展有一定意义的任务,而这些任务的完成是以特别的经验和知识作为前提的,他在执行这些任务时基本上可以不受某些指示的约束而自由作出决定或他的影响力可以起决定作用,这一点也可以在根据法律规定、计划或方针以及在与其他领导层的职员合作中作出的让步中体现出来。第4款规定:根据第3款第3项确定的领导层的职员,在以下情况下会难以确定,当他:1. 因上次企业委员会的选举、发言人委员会的选举,或由于作为雇员成为监事会成员,或根据有法律效力的法院的判决而归属为领导层职员的;2. 在一个绝大多数成员都属于领导层职员的企业中属于领导层;3. 获得的定期年薪与企业中的领导层职员普遍得到的年薪相同;4. 如果在执行第3项时还有疑问,那么规定,获得的定期年薪,超过社会福利法第4册第18条规定的参考值3倍。参见劳动和社会保障部劳动科学研究所编:《外国劳动和社会保障法选》,中国劳动出版社1999年版,第665~666页。

了排除在雇员之外的若干情形的同时,还规定了难以判明是否属于雇员的若干情形。

在我国《公司法》(2005 年修订)中,尽管对董事、监事的职位作了规定,但第 217 条关于"高级管理人员"的界定只限于公司的经理、副经理、财务负责人、上市公司董事会秘书和公司章程规定的其他人员,未包括董事、监事。可见,我国公司的高层管理者有董事、监事和高级管理人员之区分。而我国《劳动法》、《劳动合同法》中,对于董事、监事和高级管理人员是否属于劳动者或用人单位,则无明文规定。实践中对董事、监事、高级管理人员是否属于劳动法中的劳动者存有疑义。

笔者认为,对董事、监事和高级管理人员在归属于劳动者或用人单位的身份界定中,应当作如下考虑:(1)除职工董事和职工监事具有劳动者身份外,其他董事和监事因由投资者委派或股东会/股东大会选举产生,是投资者在公司中的代表,不属于劳动者。至于职工董事和职工监事,由于被选举为职工董事、职工监事须以本人是职工为前提,因而,其作为董事、监事的权利义务与作为职工的权利义务具有不同的属性,只有后者才是劳动关系的内容。(2)高级管理人员的用人单位或劳动者身份界定,有两种可能的方案:一是根据高级管理人员所处地位、岗位等因素所决定的其与资方利益、劳方利益的联系程度,确定其作为雇主代表的同时是否还具劳动者身份,有的只宜作为雇主代表(如经理、财务负责人),有的则可兼有劳动者身份。二是由于高级管理人员与资方利益、劳方利益的联系程度的差异在实践中很难判明,除兼有董事、监事职务的高级管理人员外,都给予劳动者身份。无论哪种方案,对兼有劳动者身份的高级管理人员,都应当作为特殊劳动者群体看待,制定有别于一般劳动者的特别法。

关于法定代表人,我国立法有明确规定,并且实行单一法定代表人制。[25] 法定代表人与公司的关系含有三个层次:(1)投资关系。除国有独资公司和国有控股公司外,法定代表人本身可能就是投资人中的一员,并通常是有控制地位的股东。(2)代表关系。作为法定代表人的董事长、执行董事或经理,对外代表公司从事经营活动,对内代表全体股东和公司来管理公司经营事务。(3)控制关系。法定代表人作为公司经营管理系统中的最高管理者,对公司的其他经营管理机构具有单向度的控制关系,而不存在被控制关系。因此,法定代表人是单位行政中地位最高的一种,只是单位行政,而不能归属于劳动者,当归属于劳动者。

(四)公共部门与非公共部门用人单位(雇主)的划分及其法律意义

对用人单位(雇主)作出公共部门与非公共部门(私人部门)的划分,是各国劳动法的通例。这种划分主要以用人单位(雇主)是否具有公共职能为界限,在境外劳动立法中,非公共部门通常称私人部门或私营部门;在我国,非公共部门中包括国有企业,故不宜称为私营部门。其区分的法律意义主要在于,公共部门的劳动关系与非公共部门的劳动关系,在法律调整上存在差异。有的国家把雇主范围仅限于私营部门,有的国家在不同法律中对是否包括公共部门雇主作出不同规定。

关于公共部门与私营部门的划分,有两种依据可供选择:一种是以雇主整体的职能是否属于公共服务作为划分依据;另一种是雇员的具体职位是否履行公共服务作为划分依据。在欧

〔25〕 单一法定代表人制,是指公司的法定代表人具有唯一性。根据我国《公司法》(2005 年修订)的规定,法定代表人在设董事会的公司仅限于董事长,不设董事会的有限公司仅限于执行董事,或者公司章程也可规定由经理担任。但在境外立法例中,有些实行多元法定代表人制,各个董事和经理均可成为法定代表人。

盟,德国、比利时、法国等国内法选择的是前一种划分方法,欧盟法院对“公共部门”认定,不同于成员国关于公共雇用和私人雇用的划分方法。例如,欧盟法院在具有里程碑意义的欧共体委员会诉比利时王国(the European Communities v. Kingdom of Belgium)的判决中明确指出:《自由流动指令》所不适用的是那些“涉及直接或间接参与行使公法上的权力或负有维护国家或其他公共权力机构利益之责任的”职位。[26] 这表明,欧盟法院不是以雇主整体的职能为依据来界定公共部门,而是依据发生争议的具体职位的内在职责本质来判断是否属于公共部门,即看发生争议的职位是否履行公共服务的典型行为。[27]

在现代,公共服务和私人服务的分界越来越模糊。为了提高公共服务的效率,引入竞争机制,很多国家将其所承担的公共服务职能以外包形式发包给私人部门承担。对于承包公共服务项目的私人部门而言,其雇用关系就不可能被界定为公法上的雇用关系。并且,由于现代国家的职能已经远远超越了公务员制度最初建立时所谓“君主个人仆人”的范围,公共部门雇用关系出现契约化趋势[28],故将雇用关系简单地因为雇主的不同而作出公法与私法的划分,是一种时代的错误,完全未能体现 20 世纪后半期以来公共部门和私人部门发展的复杂性。因此,与其简单地依据雇主的法律地位对劳动法作出公法与私法的划分,不如从行业或服务的本质、其在市场中的地位以及雇员在行业或服务中履行的职责等因素的考量来作出具体分析。[29] 并且,国家作为雇主的确有其特殊性,而需要特别规制,这主要体现在对公共部门雇员的录用资格、结社与言论自由以及采取产业行动等问题的限制上,但是,这不足以证明需要将整个公共部门的雇用关系作为劳动公法问题来处理。[30]

在我国,改革开放之前,几乎只有公有制用人单位,无所谓公共部门与私人部门的划分,劳动关系的身份差别主要体现为干部与工人的划分。伴随着国有企业的改革、非公有经济的发展和先于市场化人事制度改革的市场化劳动制度改革,对用人单位的公共部门与非公共部门划分才有了必要。随后的以事业单位聘用制度和国家机关公务员制度为内容的人事制度改革,体现的是市场化取向和竞争机制引入。因此,人事关系和劳动关系已经呈现出越来越多的趋同性。但是,公务员制度和事业单位聘用制度仍具有不同于企业劳动制度的特殊性,并且公务员制度的特殊性更甚于事业单位聘用制度的特殊性。于是,在法律上对用人单位确立了公共部门与非公共部门的划分,并且,将公务员制度独立于劳动法体系之外。因此,在《劳动法》和《劳动合同法》的第 2 条中,都设置了两款规定:第 1 款所规定的各种组织,属于非公共部门用人单位,此即狭义用人单位;第 2 款所规定的国家机关、事业组织和社会团体,属于公共部门用人单位,为广义用人单位所包括。之所以作出这种划分,其法律意义主要在于:(1)用人单位支出的工资、福利、社会保险等费用,在公共部门,来源于财政支出,故其总额和具体标准由国家控制;而在非公共部门,则不属于财政支出,故除遵守法定基准外,不受其他限制。(2)用人

---

〔26〕 Case 149/79, Commission v. Belgium, 1980 E. C. R. 3881, 3900, 31 C. M. L. R. 413 (1980).

〔27〕 参见 Commission v. Belgium, 1980 E. C. R. 3901。

〔28〕 Sandra Fredman, Gillian S. Morris: *The State as Employer: Labour Law in the Public Services*, pp. 12, 20 – 21, London: Mansel Publishing Ltd., 1989.

〔29〕 Gillian S. Morris, Sandra Fredman: *Is There A Public/Private Labour Law Divide*, Comparative Labor Law Journal, Winter, 1993, pp. 115 – 137.

〔30〕 Gillian S. Morris, Sandra Fredman: *Is There A Public/Private Labour Law Divide*, Comparative Labor Law Journal, Winter, 1993, pp. 115 – 137.

单位使用劳动者的数量,在公共部门受到职工编制和招工指标的限制,即须以经有关国家机关批准的职工编制为准,满编和超编单位一般不得调入职工或新招职工,并且,招用新职工的数量,不得突破有关国家机关下达给本单位的招工指标;而在非公共部门,则不受此限制。

(五)非公共部门的用人单位类型

1. 企业

企业,是指依法设立的以营利为目的,实行自主经营、独立核算的经济组织。包括各种所有制形式的企业法人(公司、非公司制国有企业)和非法人企业(个人独资企业、合伙企业)。其中的国家出资企业,是指国家出资的国有独资企业、国有独资公司,以及国有资本控股公司、国有资本参股公司。在民商法和经济法中,国家出资企业较之其他企业,具有特殊的法律地位;但在劳动法中,国家出资企业较之其他企业,作为用人单位的特殊性已经淡化。也就是说,尽管在特定条件下国家出资企业比其他企业负有更重的社会责任,但一般情形下,国家出资企业作为用人单位,与其他企业处于同等的法律地位,故未归入公共部门。

2. 个体经济组织

依据《关于贯彻执行〈中华人民共和国劳动法〉若干问题的意见》第 1 条的规定,个体经济组织是指一般雇工在 7 人以下的个体工商户。个体工商户,即生产资料私人所有,以个人或家庭劳动为主、雇用劳动为辅,以营利为目的的经济组织;个人经营的以个人全部财产承担民事责任,家庭经营的以家庭全部财产承担民事责任。其从业人员中,包括个体劳动者(业主个人及其家庭成员)和聘请的帮手或学徒。个体工商户仅在其与帮手或学徒的劳动关系中,才属于用人单位。

作为用人单位,个体工商户与企业在劳动关系中的法律地位不存在差别,但劳动法对个体工商户的劳动关系的调整,应当有与个体工商户用工的特殊性相对应的特别规定。例如,关于制定劳动规章制度是用人单位法定义务的规定,就不宜适用于个体工商户。

3. 民办非企业单位

“民办非企业单位”一词最早出现在中共中央办公厅《关于加强社会团体和民办非企业单位管理工作的通知》(1996 年)中。以往曾被称为“民办事业单位”或“非国有事业单位”。根据《民办非企业单位登记管理暂行条例》(1998 年)的规定,民办非企业单位是指企业事业单位、社会团体和其他社会力量以及公民个人利用非国有资产举办的,从事非营利性社会服务活动的社会组织。如民办学校、医院、文艺团体、科研院所、体育场馆、职业培训中心、福利院、人才交流中心等。按照其依法承担民事责任的不同方式分为民办非企业单位(法人)、民办非企业单位(合伙)和民办非企业单位(个体)三种。

民办非企业单位是介于企业与事业单位之间的一种主体,其利润的一部分可以由投资者分享。所以,《劳动合同法》没有将民办非企业单位归类于公共部门的用人单位,而归于企业一类的用人单位。

4. 会计师事务所、律师事务所等合伙组织和基金会

“会计师事务所、律师事务所等合伙组织”,是指合伙企业以外,从事社会中介服务的合伙组织。

根据《注册会计师法》(1993 年)等法律、法规的规定,会计师事务所是注册会计师的执业机构,其组织形式两种,即合伙会计师事务所和有限责任会计师事务所。根据《律师法》(2007

年修订）的规定，律师事务所是律师的执业机构，其组织形式有三种，即合伙律师事务所、个人律师事务所和法人律师事务所（仅限于国家出资设立的律师事务所）。在作为合伙组织的会计师事务所/律师事务所中，注册会计师/律师因有无合伙人身份而在劳动关系中处于不同的地位。具有合伙人身份的注册会计师/律师，对会计师事务所/律师事务所的债务，以出资人地位按照出资比例或者协议的约定承担财产责任，并且承担连带责任；而不具有合伙人身份的注册会计师/律师，则不是出资人，不对会计师事务所/律师事务所的债务承担财产责任，而只是受雇人。也就是说，只是相对于不具有合伙人身份的注册会计师/律师，会计师事务所/律师事务所才是用人单位。

根据《基金会管理条例》（2004 年）的规定，基金会是指利用自然人、法人或者其他组织捐赠的财产，以从事公益事业为目的，依法成立的非营利性法人。它可分为面向公众募捐的基金会（简称公募基金会）和不得面向公众募捐的基金会（简称非公募基金会）。在《民法通则》规定的四类法人（即机关法人、事业法人、企业法人和社会团体法人）中，基金会被归类于社会团体法人；在社团法人与财团法人的分类中，基金会并非人合组织，而是资合组织，应当归类于财团法人。基金会作为用人单位，仅存在于基金会机关与其所聘雇员之间的劳动关系中。

5. 其他组织体

《劳动合同法》第 2 条第 1 款突破《劳动法》第 2 条第 1 款封闭式列举用人单位的规定，对用人单位作开放式列举规定，即“……等组织”。其中须明确的要点有：（1）用人单位只限于组织体，而不包括自然人。（2）用人单位的外延中，不包括集体所有制农业生产经营组织和农户。值得注意的是，改革中出现的农场不同于传统的集体所有制农业生产经营组织，相对其招用的农工，具有雇主的地位，但现行立法中对此无明确规定。

（六）公共部门的用人单位类型

1. 国家机关

作为用人单位的国家机关，已突破宪法上国家机关的外延，与《公务员法》中“机关”的外延一致，宜作扩大解释。即既包括国家的权力机关、行政机关、审判机关和检察机关，也包括国家的执政党机关、政治协商机关、参政党机关和参政团体机关。国家机关在与公务员以外工作人员和工勤人员的劳动关系中，属于劳动法上的用人单位；在与公务员的劳动关系中，则属于公务员法上的用人单位。

2. 事业单位

根据《事业单位登记管理暂行条例》（1998 年）及其《实施细则》（2005 年）的规定，事业单位，是指国家为了社会公益目的，由国家机关举办或者其他组织利用国有资产举办的，从事教育、科研、文化、卫生、体育、新闻出版、广播电视、社会福利、救助减灾、统计调查、技术推广与实验、公用设施管理、物资仓储、监测、勘探与勘察、测绘、检验检测与鉴定、法律服务、资源管理事务、质量技术监督事务、经济监督事务、知识产权事务、公证与认证、信息与咨询、人才交流、就业服务、机关后勤服务等活动的社会服务组织。

3. 社会团体

根据《社会团体登记管理条例》（1998 年）的规定，社会团体是指中国公民自愿组成，为实现会员共同意愿，按照其章程开展活动的非营利性社会组织。其会员包括个人会员和单位会员，国家机关以外的组织可以作为单位会员加入社会团体。社会团体作为用人单位，仅适用于团体机关(或机构)与其所聘用劳动者之间的劳动关系;而在团体与其团体成员之间的团体内部关系中,则不属于用人单位。

除国家机关、事业单位和社会团体外,村民委员会、居民委员会等自治组织也应当属于公共部门,但现行立法并未明确将其列入用人单位范围。因而,这类自治组织在公益性岗位上其直接聘用劳动者所形成的劳动关系,尚未纳入劳动法的调整范围,只宜作为民事雇用关系对待。但是,这类自治组织举办的企业和其他组织,可归类于非公共部门。

(七)用人单位的特殊形态

1. 不完全资格用人单位

在一般情形下,用人单位具有完全的用人资格,即依法可以独立地行使全部用人权利和履行全部用人义务。而在法定的特殊情形下,有的用人主体只具有部分用人资格。例如,在劳务派遣中,派遣单位和用工单位都是不完全资格用人单位,一个完整的用人资格被分为两个不完整的部分。又如,《劳动合同法实施条例》第 4 条规定,用人单位设立的分支机构,依法取得营业执照或者登记证书的,可以作为用人单位与劳动者订立劳动合同;未依法取得营业执照或者登记证书的,受用人单位委托可以与劳动者订立劳动合同。在这里,依法取得营业执照或者登记证书的分支机构,就属于不完全资格用人单位;未依法取得营业执照或者登记证书的分支机构,就不属于不完全资格用人单位,而是用人单位的单位行政。

企业分支机构可否取得用人单位资格的问题,应当与其取得民事主体资格区别对待。在我国,除外国企业分支机构可依法取得民事主体资格外,企业分支机构一般不具有民事主体资格。既然用人单位资格与民事主体资格在目的和内容上都有区别,就不应当以企业分支机构不具有民事主体资格为由一律否定其可取得用人单位资格;既然用人单位资格与民事主体资格有一定的内容交叉和依存联系,就应当对企业分支机构取得用人单位资格作出一定限制。为此,对企业分支机构取得用人单位资格,应当明确下述几点:(1)可取得用人单位资格的企业分支机构必须具有使用劳动力和保障劳动力再生产的法定基本条件;(2)企业分支机构只能成为不完全资格用人单位;(3)企业分支机构取得用人单位资格必须由企业总机构批准。

为保障劳动者合法权益不因用人单位资格不完全而受损,应当建立相应的连带责任。例如,派遣单位与用工单位应当向被派遣劳动者负连带赔偿责任;用人单位总机构应当对其分支机构所雇用的劳动者,就其违法和违约行为负连带赔偿责任。

2. 不合格用人单位

不合格用人单位,以往曾被称为“非法用工单位”或“非法用工主体”,并一度将其置于劳动法适用范围之外,而将其劳动关系作为民事雇用关系由民法调整;在《劳动合同法》中则被称为“不具备合法经营资格的用人单位”[31],并将其纳入劳动法的适用范围,但未将用人单位不具备合法经营资格作为劳动合同无效的法定事由[32]。因而,有必要将用人单位划分为合格用人

[31] 《劳动合同法》第 93 条规定,对不具备合法经营资格的用人单位的违法犯罪行为,依法追究法律责任;劳动者已经付出劳动的,该单位或者其出资人应当依照本法有关规定向劳动者支付劳动报酬、经济补偿、赔偿金;给劳动者造成损害的,应当承担赔偿责任。

[32] 《劳动合同法》第 26 条第 1 款规定,下列劳动合同无效或者部分无效:(一)以欺诈、胁迫的手段或者乘人之危,使对方在违背真实意思的情况下订立或者变更劳动合同的;(二)用人单位免除自己的法定责任、排除劳动者权利的;(三)违反法律、行政法规强制性规定的。

单位与不合格用人单位。

合格用人单位，是指依法取得用人单位资格的用人主体。不合格用人单位，是指未依法取得用人单位资格而在生产经营活动中实际使用他人劳动力的单位。由于用人单位资格应当以经营资格（即民事主体资格）为基础，不具备合法经营资格是用人单位资格的严重瑕疵，故具备合法经营资格与否是判断用人单位合格与否的重要标志。不合格用人单位的特征有：(1)已构成经济实体，符合“企业、个体工商户或民办非企业单位”的外在特征，不包括个体工商户和个体民办非企业单位以外的个人。(2)不具备合法经营资格，即无营业执照（或民办非企业单位证书），或者未经依法登记、备案，或者不具备承包人资格，或者被依法吊销营业执照（民办非企业单位证书），或者被依法撤销登记、备案。(3)在生产经营活动中雇用他人劳动。

由于国家对企业和民办非企业单位分别实行有所不同的经营资格管理制度，并分别由工商行政管理部门和民政部门实施经营资格管理。因而，界定不合格用人单位，应当以这两种经营资格管理制度为依据。

（八）用人单位的用人权利和用人义务

不同类型的用人单位，其具体的用人权利不尽相同。用人权利的内容一般包括下述几个方面：(1)录用职工方面的权利。主要是有权按国家规定和本单位需要择优录用职工，企业还可自主决定招工的时间、条件、方式、数量、用工形式。(2)劳动组织方面的权利。主要是有权按国家规定和实际需要确定机构、编制和任职（上岗）资格条件；有权任免、聘用管理人员和技术人员，对职工进行内部调配和劳动组合，给职工下达生产或工作任务；并对职工的劳动实施指挥和监督。(3)劳动报酬分配方面的权利。主要是有权按国家规定确定工资分配办法；有权通过考核或考试确定职工的工资级别，企业还有权制定职工晋级增薪、降级减薪的办法，自主决定晋级增薪、降级减薪的条件和时间。(4)劳动纪律方面的权利。主要是有权制定和实施劳动纪律；有权决定对职工的奖惩。(5)决定劳动法律关系存续方面的权利。主要是有权与职工通过协议方式，续订、变更、暂停或解除劳动合同；有权在具备法定或约定条件时单方解除劳动合同。

用人单位对职工的义务主要包括：(1)付酬义务，即按法定和约定要求向职工支付劳动报酬；(2)安全卫生义务，即向职工提供符合劳动安全卫生基准的劳动条件；(3)帮助义务，即以保险、福利等方式为职工及其亲属提供物质帮助；(4)使用义务，一方面必须适当安排职工的劳动岗位并提供必要的劳动条件，而不使劳动力在劳动关系存续期间处于非自愿闲置状态，另一方面不得使用暴力、威胁等手段强迫职工劳动以及不得滥用加班加点劳动；(5)培训义务，即建立职业培训制度，为职工培养和提高职业技能提供条件；(6)制度保障义务，即应当建立和完善规章制度，保障劳动者享有劳动权利和履行劳动义务。

用人单位对国家的义务主要是：必须遵守劳动法规、劳动政策和劳动标准，服从劳动行政部门和其他有关国家机关的管理和监督。

用人单位对工会的义务主要是：必须支持工会依法开展各项活动，与工会签订集体合同并履行集体合同所规定的义务，接受工会的监督。

二、用人单位团体

用人单位团体，在国外通常称雇主协会或雇主组织，是指由用人单位（雇主）依法组成的，旨在代表、维护和增进各用人单位(雇主)在劳动关系中的共同利益而与工会抗衡和交涉的团体。在劳动法中它被作为与劳动者团体(即工会)相对应的一种劳动法主体;在现代的劳动关系协调机制中,它是一个必要的组成部分,对实现劳动关系协调的社会化和组织化具有不可替代的作用。

(一)国际雇主组织

国际雇主组织(International Organization of Employers,IOE),是国际社会公认为代表劳动和社会政策领域企业利益的唯一国际机构,由来自世界132个国家的136个国家级雇主组织所组成。其主要机构是秘书处、总理事会和执行委员会。在国际劳工大会、国际劳工理事会和所有其他与国际劳工组织有关的会议中,国际雇主组织担任雇主方秘书处,国际劳工组织中的雇主组织活动皆由国际雇主组织所控制。

国际雇主组织成立于1920年,其建立的动机和目的主要有:(1)在国际上协调各国雇主组织的立场,共同维护各国雇主的共同利益;(2)参与国际劳工组织活动,作为三方机制的一方,代表雇主组织及雇主,参与有关活动;(3)与国际工会组织协调、合作,就共同关心的劳工等方面问题,开展协商和合作,维护各自的利益主体;(4)加强各国雇主组织的交流与合作,特别是在有关的立法、政策和信息上加强交流与合作;(5)与各国政府建立积极的良好关系,为各国雇主组织的建立和开展活动创造良好的条件;(6)指导各国雇主组织开展维护雇主利益活动,使雇主组织成为雇主利益的代言人。

国际雇主组织的主要任务有:(1)在国际上维护雇主利益。包括在国际劳工组织内部维护雇主利益,确保国际社会政策不损害企业的生存和发展条件,而且在制定国际社会政策过程中,尽可能地提出有利于雇主的方案,以维护各国雇主和雇主组织的整体利益。(2)促进企业自主发展。通过影响国际劳工组织的政策和制定技术合作项目,使国际法律法规不会限制企业的建立和经营,并通过制定积极的政策和措施促进企业提高竞争力,包括提高劳动力的素质和能力,促进企业管理水平的提升,等等。(3)帮助建立和加强国家级雇主组织。积极参与成员国建立和发展雇主组织的工作,尤其是帮助发展中国家和经济体制转型国家建立和加强国家级雇主组织的工作。(4)促进雇主组织之间的信息交流和雇主之间的经贸合作。国际雇主组织是国际上雇主之间相互交流信息、观点和经验的永久性联络机构,是公认的在联合国各办事机构和其他国际组织间交流和推广雇主观点的舞台。国际雇主组织通过各国雇主及雇主组织之间的交流,还可以促进各国企业之间的友好往来和经贸合作,推动企业的优势互补,提高企业的经营效益。

2003年6月2日,中国企业联合会被国际雇主组织接纳为正式会员,代表中国雇主参与国际雇主组织的所有活动。2003年6月2日,国际雇主组织总理事会一致通过决议,接受中国企业联合会为国际雇主组织正式会员,并确认中国企业联合会作为国际雇主组织的中国唯一代表。从此,中国企业联合会与国务院劳动行政部门、中华全国总工会一道,组成中国“三方代表团”出席国际劳工大会,参与有关国际劳工标准、国际劳工公约的制订及修订工作。

(二)外国的雇主协会

雇主协会最初是随着工会的产生,为对抗工会而形成的。美国早在18世纪后期就形成了若干雇主协会。早期的雇主协会,就其职能而言属于斗争型协会,反工会活动是其首要职能,它常常采用雇用罢工破坏者、列出黑名单、实施暴力等手段对抗和破坏劳工运动,因而具有反动性。随着工人运动的发展和劳资关系的法制化，雇主协会的大多数反工会手段已为法律所禁止，这就促使雇主协会改变职能，逐步转向交涉型协会，即以同工会进行集体交涉（谈判）为主要职能的雇主协会。到第一次世界大战时，许多西方国家都建立了稳定的全国性和行业性雇主协会。在现代，雇主协会同工会之间通过集体谈判协调劳资关系，是许多西方国家的一种重要的协调机制，尤其在西欧，这已成为雇主协会的一个主要特征，大部分劳资谈判都是由雇主协会而不是由单个企业与工会进行的。在现代市场经济国家，雇主协会已形成多种组织形式，其中包括：行业雇主协会、职业或技艺雇主协会和雇主协会联合会，地方性雇主协会和全国性雇主协会。

在国际劳工组织的组织制度和法律文件中，雇主协会被置于同工会平等的地位。国际劳工组织的组织制度一直实行三方性原则，即各成员国代表团需由政府代表两人，劳工、雇主代表各一人组成；政府、劳工、雇主三方都参加各类会议和机构，劳工代表和雇主代表可以自由讨论、各自独立行使表决权。在这里，劳工代表和雇主代表都分别由工会、雇主协会的全国性联合组织或有代表性的组织选派。国际劳工组织还就劳工和雇主双方的结社自由和组织权利制定了有关公约。

《结社自由与组织权利的保障公约》

在许多国家，把工会和雇主协会统称为职业团体或劳动团体，还制定专项的职业团体法规（如英国、法国、西班牙等）或者在劳动法典中设置关于职业团体的专篇或专章（如卢旺达等），规定共同适用于工会和雇主协会的通则，有的国家在立法上对雇主协会作了特别规定（如英国等）。综观各国关于雇主协会法律地位的规定，其内容要点一般包括：(1)雇主协会必须由一定数量的雇主所组成。例如，意大利规定，雇主协会至少须由雇用同一地方特定产业1/10以上劳动者之雇主组成；智利规定，雇主协会至少由10人组成。(2)雇主协会由雇主自愿加入，有的国家还确认雇主有退出雇主协会的自由。(3)雇主协会具有公法人资格，是独立于雇主之外的劳动法主体。(4)雇主协会的机关主要为会员大会和理事会，前者决定重大事项，后者处理日常事务。(5)雇主协会仅以维护和扩张所代表之各雇主在劳资关系中的利益为宗旨，而不得有政治目的。因而，它不属于政党，也不同于企业集团等经济联合体和旨在维护产业利益的产业组织。(6)雇主协会不得从事反工会活动。许多国家在立法上把制造困难，阻止雇员加入工会或参加工会活动、参与或干涉工会事务、破坏工会组织的罢工、拒绝按规定程序与工会进行集体谈判或阻碍集体谈判正常进行等，列为非法行为而予以禁止。(7)雇主协会负有协调劳资关系的法定职责。例如，《英国劳资关系法实施规则》明确规定，雇主协会应该同工会一起共同维护产业一级或其他级别上的有效安排，以解决争端和商谈雇用条款以及雇用条件；鼓励协会成员有效地解决企业内机构或企业一级的投诉和争端；采取一切合理步骤鼓励协会成员遵守协议，并采用协商一致的程序；分析劳资关系的发展趋势，帮助协会成员走在变化之前，跟上变化步伐；搜集和分析劳资关系方面的信息，并将其提供给协会成员；就劳资关系各个方面向协会成员提供咨询服务。(8)雇主协会的会员有缴纳会费的义务，有的要求各会员按平等的数额缴纳，有的则要求按各自雇工数量或年工资总支出额的一定比例缴纳。(9)雇主协会对其会员中破坏雇主协会协同一致行动者，有权给予处罚，如罚款、强制取消会员资格等。(10)雇主协会会员不论何种原因，脱离雇主协会，须提前一定期限发出通告。

(三)我国的用人单位团体

在我国现阶段,用人单位团体的角色由企业联合会/企业家协会及其团体成员和工商联合会及其团体成员充当。2001 年 8 月,国家协调劳动关系三方会议第一次会议通过的《国家协调劳动关系三方会议制度》规定,三方会议由劳动和社会保障部、中华全国总工会、中国企业联合会/中国企业家协会三方组成。2011 年 7 月,国家协调劳动关系三方会议第十六次会议决定,吸收中华全国工商联为国家三方会议成员单位,与中国企业联合会/中国企业家协会共同作为企业方代表。

1. 企业联合会/企业家协会

企业联合会/企业家协会是以企业法人、企业家和企业团体为会员的联合组织。从《中国企业联合会章程》(2013 年修订)关于会员的规定看,会员范围不受所有制的限制;而从企业联合会/企业家协会的发展历程和现状看,其会员以国有企业及其企业家为主。正因为如此,其业务主管单位一直是国有资产监督管理部门。

根据《中国企业联合会章程》的规定,中国企业联合会/中国企业家协会是由企业、企业家和企业团体自愿结成的联合组织,是国际雇主组织的中国唯一代表;以为企业、企业家服务为宗旨,遵守宪法、法律、法规和国家政策,遵守社会道德风尚,维护企业、企业家的合法权益,促进企业、企业家守法、自律,发挥企业与政府之间的桥梁纽带作用,协调企业与企业、企业与社会、经营者与劳动者的关系。其业务范围中包括:代表企业、企业家协调劳动关系;推动各地区、各行业企业联合会(协会)、企业家协会建立健全"三方机制"和参加劳动关系协调工作;根据授权,代表企业、企业家参加国家协调劳动关系三方会议;积极参加国际劳工组织和国际雇主组织有关活动,发展与其他国家雇主组织及国际机构的交流与合作;引导企业、企业家积极承担社会责任,自觉维护企业员工的合法权益。

中国企业联合会/中国企业家协会的单位会员包括地方性企业团体(各省、自治区、直辖市和中心城市的企业团体);全国性和行业性企业团体。企业联合会/企业家协会的内设机构中,设有雇主工作部,专门实施用人单位团体职能。

2. 工商联合会

《中国工商业联合会章程》(2012 年修订)在"总则"中规定:"中国工商业联合会(简称工商联)是中国共产党领导的面向工商界、以非公有制企业和非公有制经济人士为主体的人民团体和商会组织,是党和政府联系非公有制经济人士的桥梁纽带,是政府管理和服务非公有制经济的助手。""工商联具有统战性、经济性、民间性有机统一的基本特征,以非公有制经济健康发展和非公有制经济人士健康成长为工作主题。""充分发挥……在构建和谐劳动关系、加强和创新社会管理中的协同作用,是工商联的主要职能。"

关于工商联"参与协调劳动关系,协同社会管理,促进社会和谐稳定"的职能和任务,《中国工商业联合会章程》第 5 条规定为:"(一)参与协调劳动关系三方会议,同政府部门、工会组织和其他有关企业方代表一道,共同推动劳动关系立法、健全劳动标准体系和劳动关系协调机制,共同研究解决劳动关系中的重大问题,参与劳动争议调解、仲裁。(二)引导非公有制企业依法与工会就职工工资、生活福利、社会保险等涉及职工切身利益问题进行平等协商,签订集体合同。(三)协调处理投资者利益和劳动者权益的关系,引导非公有制企业构建和谐劳动关系,积极创造就业岗位,严格遵守国家相关法律法规和政策措施,尊重和维护员工合法权益,协助指导非公有制企业党建工作,推动其建立工会等群团组织,积极开展活动。”

根据《中国工商业联合会章程》的规定,工商联的会员有三种:(1)企业会员。非公有制企业,主要包括私营企业、非公有制经济成分控股的有限责任公司和股份有限公司、港澳投资企业等,入会申请经批准后为企业会员。(2)团体会员。具有法人资格的行业协会、行业商会、异地商会、私营企业协会、个体劳动者协会等工商社团和其他有关社会组织,申请经批准后,为企业会员。工商联所属商会也为团体会员。(3)个人会员。非公有制企业主要出资人和经营者、个体工商户等,入会申请经批准后,为个人会员;与工商联工作有联系的有关人士、在内地投资的港澳工商界人士,可以申请成为个人会员;与工商联建立工作联系的单位代表,经协商,可被邀请作为个人会员入会。

根据《中国工商业联合会章程》的规定,工商联的组织体系由全国组织、地方组织和基层组织所构成,上级工商联对下级工商联具有指导关系。其中包括:(1)全国工商联为全国组织;(2)省、自治区、直辖市工商联和新疆生产建设兵团工商联,市(地区、自治州、盟、直辖市的区)工商联为地方组织;(3)县(市、旗、省辖市的区)工商联既为地方组织又为基层组织;(4)工商联所属商会为基层组织。工商联可设立行业商会(同业公会)、乡镇商会、街道商会、园区商会、异地商会等商会组织,并作为其业务主管单位。

3. 用人单位团体建设和立法的重点

与工会组织相比较,现阶段的用人单位团体有其特点或不足。其一,工会是专门的劳动者团体,在劳动法和劳动关系领域代表和维护劳动者合法权益是其核心的基本职能;而企业联合会和工商联均为工商业者团体,在劳动法和劳动关系领域代表和维护用人单位合法权益,只是其兼有的一个方面的职能。亦即赋予工商业者团体以用人单位团体职能。其二,工会体系为一元模式;而用人单位团体体系则为二元模式,企业联合会和工商联分别为国有用人单位和非公有用人单位的团体。其三,工会会员具有普遍性,大部分职工已加入工会组织;而工商联的会员尚不普遍,非公有制企业和个体工商户加入工商联的比例还不高,其章程所列举的会员中未包括外商投资企业。其四,工会作为劳动法主体,已有充分的法律依据,不仅有《工会法》,而且在《劳动法》等法律中有明确规定;而现行劳动立法中尚无关于用人单位团体的明确规定,企业联合会和工商联兼有用人单位团体职能,仅有政策和团体章程作依据。鉴于上述,应当加强用人单位团体建设和立法。现阶段的重点在于:

(1)完善用人单位团体体系。基于国有企业与非公有制用人单位的差别,用人单位团体体系二元模式虽然有其现实基础,但不可忽视国有企业和非公有制用人单位在劳动关系中的共性,更不可忽视用人单位团体体系二元模式的弊端。例如,用人单位团体体系二元模式与不同所有制劳动关系统一运行规则的要求不适应;在宏观和中观层面的集体劳动关系协调中与工会体系一元模式不对应;中国企业联合会作为国际雇主组织的中国唯一代表而难以具有全面的代表性。为此,用人单位体系应当由二元模式转向一元模式。即使建立一元模式的条件尚不成熟,在现阶段,一方面,应当着力构建二元用人单位团体之间的沟通和协同机制;另一方面,在国有经济与非公有经济平等竞争的行业,应当打破二元团体的格局,建立涵盖不同所有制经济组织的商会,并由其行使用人单位团体职能。这样才可以为建立一元用人单位团体体系准备条件。

(2)提高工商联的代表性和公信力。基于非公有制用人单位数量庞大、布局分散、利益多元等特点,工商联及其商会应当积极发展会员,提高工商业者的入会率。由于非公有制用人单位的规模大、中、小、微并存,小微企业和个体工商户所占比例高,商会应当构建体现民主原则的治理结构,以全面体现和协调会员的利益,增强对会员的凝聚力,广泛取得会员的信任。

(3)完善用人单位团体协调劳动关系的手段体系。其中包括:在宏观层次,主要是通过参政议政等方式参与劳动立法和劳动政策制定;通过参加国家协调劳动关系三方会议,围绕全国劳动关系方面的重要事项和突出问题,提出政策意见和建议。在中观层次,主要是参加行业性、区域性集体协商,订立和履行集体合同;参加地方劳动关系三方会议和地方劳动争议仲裁委员会,向劳动争议仲裁机构选派仲裁员;参与集体(群体)劳动争议的协调处理;加强对用人单位遵守劳动法规政策、构建和谐劳动关系的行业自律。在微观层次,主要是指导和帮助用人单位完善劳动关系协调的基础性机制(如劳动合同管理、集体协商、职工民主管理、劳动规章制度等),建立和健全劳动争议预防体系;为用人单位提供劳动法规政策和劳动争议预防调解的咨询、培训等服务。

第四节　劳动行政部门和劳动服务主体

一、劳动行政部门

(一)我国劳动行政、劳动行政部门的界定和法律地位

劳动行政,是指政府及其所属部门依法拥有的协调劳动关系,管理劳动力市场,制定和实施劳动法规政策的职能。在政府职能体系中,它既是社会职能,又是经济职能。劳动行政部门,又称劳动部门,国外称劳工行政部门或劳工部门,即国家各级劳动行政机关的统称,是指政府体系中相对集中行使劳动行政职能的部门。它作为劳动行政法律关系中的劳动行政主体,其法律地位由劳动法和行政法共同确立。

在我国,劳动行政职能实施体系由政府及其所属劳动行政部门和相关行政部门所构成。劳动行政部门是政府中专门对劳动工作实行统一管理和综合管理的一个部门,在劳动行政职能实施体系中,它是一种最重要的劳动行政主体,较之其他有一定劳动行政职能的劳动行政主体,如计划行政部门、安全生产监管部门、卫生行政部门、教育行政部门、各行业主管部门等,有着特殊的法律地位。其特征主要表现在:(1)它是本级政府领导下的专门以劳动管理为其职能的行政机关。而其他劳动行政主体只是兼有同其基本职能相关的一定劳动管理职能。(2)它是本级政府统一管理劳动工作的行政机关。由它统一管理所辖行政区域内各个行业的劳动工作,本级政府中其他各部门的劳动管理工作都要接受它的指导、协调、监督。而各行业主管部门对劳动的管理,只限于本行业范围。(3)它是综合管理劳动工作的行政机关。也就是说,它所进行的劳动管理,综合包括劳动力管理、工资管理、劳动保护管理、职业培训管理、社会保险管理等各个方面的内容。而其他职能管理部门(如计划、人事、卫生、教育、财政等部门)所从事的劳动管理,都只限于与其基本职能相关的部分内容;即使各行业主管部门对本行业的劳动管理,其内容也不及劳动行政部门全面。

在我国政府职能及其实施体系中,劳动行政(部门)、人事行政(部门)、社会保险行政(部

门)的关系尤其值得关注。这三种政府职能(部门)的关系,在国务院机构改革过程中,先后经历了"劳动部+人事部"(1954~1970年)→劳动人事部(1970~1988年)→"劳动部+人事部"(1988~1998年)→"劳动和社会保障部+人事部"(1998~2008年)→人力资源和社会保障部(2008年以来)等阶段。现阶段的人力资源和社会保障部是劳动行政部门、人事行政部门、社会保险行政部门的结合体,其中,劳动行政职能与人事行政职能的对人范围和对事范围都部分交叉;社会保险行政职能在对事范围上与劳动行政职能、人事行政职能部分交叉,在对人范围上则超出劳动行政职能和人事行政职能,而包括灵活就业者和城乡居民。

(二)我国劳动行政部门的组织体系

我国劳动行政部门的组织体系是按统一领导、分级管理的原则构建的。县级以上各级政府,都设有劳动行政部门。国务院人力资源和社会保障部,是统一主管全国劳动工作的机关,它在国务院领导下,指导地方劳动行政部门的工作,监督和指导国务院所属其他有关部门的劳动工作,并且通过地方劳动行政部门监督和指导各用人单位的劳动工作。县级以上各级地方政府劳动行政部门,是主管本行政区域内劳动工作的机关,在本级政府领导和上级劳动行政部门指导下,指导下级劳动行政部门的工作,监督和指导本级政府所属其他有关部门的劳动工作,通过下级劳动行政部门或直接指导和监督本行政区域内各用人单位的劳动工作。

(三)我国劳动行政部门的职责

人力资源和社会保障部作为国务院劳动行政部门,其职责是主管全国劳动工作。内容主要包括:(1)制定和实施劳动政策、法规。主要是根据宪法、法律和行政法规中关于劳动方面的规定,以及党和国家关于劳动方面的方针和政策,制定有关就业、工资、劳动保护、职业培训、社会保险和福利、劳动争议处理等的具体政策和规章,并在全国范围内组织实施;对劳动法规和政策的执行情况进行协调和监督。(2)编制和实施劳动规划和计划。主要是根据国家的统一部署以及国民经济和社会发展的规划、计划,编制劳动、工资方面的全国性规划、计划,并组织实施。(3)制定和实施劳动标准。主要是拟订或制定劳动安全卫生、劳动定员定额、职业技能、工资、社会保险等标准;协调、指导或监督各行业主管部门制定本行业的劳动标准;组织实施劳动标准,并对劳动标准执行情况进行检查监督。(4)组织劳动制度改革。主要是拟定和组织实施全国性的劳动制度改革方案,指导和协调各部门、各地方的劳动制度改革。(5)进行具体劳动管理。主要包括审核各地方、各部门企业工资总额同经济效益挂钩的方案和指标;组织对行业劳动安全卫生技术措施的评价;主持或参与重大生产安全事故的调查;审查矿山设计和参与矿山投产验收组织鉴定重大安全技术;指导、检查、监督各地劳动争议案件处理工作;等等。(6)组织劳动科学研究。主要是组织和推动有关就业、劳动定员定额、工资、保险福利、职业培训、劳动保护等方面的科学研究,领导并管理劳动科学研究机构的工作。(7)组织国际劳动工作合作与交流。主要是按劳动管理的不同内容组织参加国际劳工组织的有关活动和工作,以开展与各国劳动(劳工)行政部门的友好合作关系,管理有关劳动方面的对外技术合作和业务交流。

地方劳动行政部门的职责是主管本地方劳动工作,其内容与国务院劳动和社会保障部有所不同,偏重于依据劳动法规和政策进行具体劳动管理。主要包括:(1)管理人力资源市场。主要是组织和建设人力资源市场,指导和监督人力资源市场运行,组织和支持人力资源开发,管理失业人员,维护人力资源市场秩序。(2)协调劳动关系。主要是指导和监督劳动合同和集体合同的签订和履行以及用人单位内部劳动规则的制定和实施,帮助建立和完善职工民主管理制度,处理集体合同争议,并管理劳动争议仲裁工作。(3)管理工资。主要是编制地方工资计划,调控企业工资总额,实行工资基金管理,制定和保障实施最低工资。(4)管理劳动保护工作。主要是贯彻并监督执行劳动保护法规、政策和标准,检查监督用人单位的劳动安全卫生状况,参加职工伤亡事故的调查和处理。(5)实施劳动监察。主要是对用人单位和劳动服务主体遵守劳动法的情况进行监督检查,依法纠正和查处违反劳动法的行为。

(四)劳动行政职能的转换

劳动行政部门在我国市场经济中的定位,主要取决和体现于经济体制改革中劳动行政职能的转换。在计划经济转向市场经济的过程中,劳动行政职能已基本实现两个方面的转换:一方面,劳动行政部门与人事行政部门并立的二元结构,已转变为劳动行政与人事行政合一的一元结构;另一方面,与计划经济体制对应的以计划配置劳动力资源为主的劳动行政职能结构转化为以市场配置劳动力资源为基础的劳动行政职能结构。今后,在完善市场经济体制,深化行政体制改革,创新社会管理背景下,劳动行政职能转换的任务,主要在于:(1)劳动行政部门与相关行政部门之间劳动行政职能的调整。例如,劳动安全卫生职能在劳动行政部门与安全生产监管部门、卫生行政部门之间的调整,就业促进职能在劳动行政部门与产业政策、财政税收、金融、教育等行政部门之间的调整。(2)劳动行政部门内部的职能调整。主要是劳动行政职能与人事行政职能、社会保险行政职能的组合结构,应当按照深化劳动人事制度改革和社会保险制度改革的需要进行调整。(3)中央—地方劳动行政部门之间劳动行政职能的调整。即中央与地方各级地方劳动行政部门之间,应当在中央与地方事权、财权再配置的大框架下,适应工业化、城镇化加速的需要调整劳动行政职能。(4)劳动行政职能的非行政化(社会化),即劳动行政职能的部分内容逐步向非政府公共机构和社会组织转移,重构劳动行政部门与公共劳动服务主体和社会组织之间的关系,进一步发挥社会力量在劳动关系协调机制中的作用。

二、劳动服务主体

劳动服务主体,是为劳动者和用人单位实现劳动力与生产资料的结合以及各自的合法权益提供服务的主体。它作为一种劳动法主体,与劳动者和用人单位之间是劳动服务关系;与劳动管理主体之间是劳动行政关系。其主要特征在于:(1)它的基本职能是为劳动者和用人单位提供社会服务,不以营利为目的或者不以营利为主要目的,大多为事业单位。(2)它的主体资格一般必须经劳动行政部门确认,其业务范围只限于劳动行政部门所许可或批准的服务项目,有的经劳动行政部门授权还可代行一定的行政职能。

我国的劳动服务主体,其职能多来自劳动行政职能的剥离和转化,尚处在不成熟、不定型的阶段。劳动服务主体制度的改革与创新,重点在于下述问题:(1)改制中的劳动服务主体多具有半官方性与半民间性,其官方性对劳动力市场的发展弊大于利,需要向民间性转换。(2)劳动服务主体可大致分为公益性主体和营利性主体两大类,但公益性主体可从事营利性活动,营利性主体负有公益性责任。公益性与营利性的关系,尤其是公益性与营利性的冲突,需要用法律和政策手段进行协调。(3)劳动服务市场是一种特殊的中介服务市场,应当有特殊的规制对策,尤其是市场准入和市场竞争规。(4)劳动服务主体有多种类型,应当针对各种劳动服务主体的特定经营项目,分别确立各自的组织形式、经营规则和管理制度。

我国现有的劳动服务主体,按其职能不同,可分为下述五大类:

1. 就业服务机构

就业服务机构,是指为帮助劳动者实现就业而提供服务的机构。它在劳动行政部门及其就业服务管理机构的统一管理下,从事就业登记、就业指导、职业介绍、信息咨询、组织失业人员生产自救、就业援助、为失业人员提供失业救济等各项就业服务活动。在原有"劳动力市场"和"人才市场"转向统一的"人力资源市场"的现阶段,就业服务机构可作广义、狭义之区分,狭义仅指"劳动力市场"上劳动就业服务主体;广义则包括"劳动力市场"和"人才市场"上的就业服务主体,而"人才市场"上的就业服务主体又被称为人才服务机构。

就业服务机构依其服务是否具有营利性,可划分为公共就业服务机构和经营型就业服务机构。前者是指县级以上劳动行政部门和相关行政部门或公共机构举办的为劳动者提供公益性就业服务的工作机构和服务实体,包括(设立在街道、乡、镇、企业的就业服务站)基层服务站,其经费由公共财政保障。后者是指由法人、其他组织和公民个人出资举办,为劳动者就业和用人单位招用人员提供中介服务以及其他相关服务的经营性组织,其设立须经劳动行政部门许可,并经工商行政管理登记。政府部门不得举办或者与他人联合举办经营性就业服务。

劳务派遣单位,是立法在经营性就业服务机构之外作特别规定的一种特殊就业服务主体。它是指依法专营或兼营劳务派遣业务的公司,兼有就业服务主体和雇主双重身份,既为劳动者和用工单位提供派遣就业和派遣用工服务,又承担部分雇主职能。其设立除了遵守《公司法》和其他公司法律法规所规定的设立条件和程序外,还必须遵守特别法律规定,例如,注册资本不得少于人民币 200 万元;须经劳动行政部门许可。

境外就业服务机构,经营性就业服务机构的有一种特殊类型,专指经国家劳动行政部门批准的从事境外就业服务工作的职业介绍机构,其主要业务是为中国公民出境就业以及为境外雇主在境内招聘中国公民提供服务。它的设立,须由其主管的劳动行政部门在征得同级公安机关同意后报国家劳动行政部门,由国家劳动行政部门审批并颁发境外就业服务许可证。其分支机构的设立,须经省级劳动行政部门同意后,报国家劳动行政部门审批。省级劳动行政部门经国家劳动行政部门授权,也可行使本区域境外就业服务机构的审批职权。

2. 职业培训服务机构

境外就业服务机构。专指经国家劳动行政部门批准的从事境外就业服务工作的职业介绍机构。它的设立,须由其主管的劳动行政部门在征得同级公安机关同意后报经劳动和社会保障部,由国家劳动行政部门审批并颁发境外就业服务许可证。它设立分支机构时,须经省级劳动行政部门同意后,报国家劳动行政部门审批。省级劳动行政部门经国家劳动行政部门授权,也可行使本区域境外就业服务机构的审批职权。境外就业服务机构的主要业务是,为中国公民出境就业以及为境外雇主在境内招聘中国公民提供服务。

职业培训服务机构,是提供职业培训方面的服务,以满足劳动力供求双方的职业技能开发和使用需要的机构。主要包括职业培训机构和职业技能鉴定机构。

职业培训机构,其广义泛指具有职业培训职能的各种主体,包括专门职业培训机构以及兼有职业培训职能的普通学校和承担学徒培训、在岗培训任务的企事业单位;其狭义仅指专门职业培训机构(职业培训实体)。按规定,专门职业培训机构应具备的基本条件有:稳定的经费来源;与办学规模相适应的办学场所,与专业(工种)设置相适应的培训设备和实习、实验场所;与办学任务相适应的师资和管理人员;必要的教学文件、教材、教具、教学仪器、图书资料和管理制度。我国现存的专门职业培训机构主要有:(1)就业训练中心。它是劳动行政部门举办的对需要就业的人员进行初级职业培训的事业单位。其任务是,在国家的就业方针和教学方针的指导下,根据经济建设和社会发展的需要,为用人单位培训具有初级技术水平和业务能力、良好职业道德的劳动者;根据需要,还可以承担劳动行政部门委托的有关就业训练的师资培训和教学研究,组织编写教学计划、大纲、教材、教学参考资料,以及对人才需求提供咨询等任务。它归当地劳动行政部门管理。(2)技工学校(简称技校)。它是培养中等技术工人的职业技术学校,但在完成既定任务的前提下,也可根据经济和社会发展需要有计划地培养初级技术工人,并承担失业青年、学徒工、在职工人、企业富余人员、乡镇企业工人、军地两用人才等的培训任务。有条件的技校,还可举办高级技术培训班或实习指导教师培训班。技校分别由各级产业主管部门、各级劳动行政部门、企业事业单位举办或有关部门与企事业单位合办,国家还鼓励集体所有制单位举办。技校分别由中央和地方各业务部门管理;同时,在中央由国家劳动行政部门在国家教育行政部门指导下进行综合管理,在地方则由劳动行政部门进行综合管理,同级教育行政部门负责统筹协调。(3)职业中学。它是专门培养初、中级技术劳动后备人员的学校。主要以提高劳动后备人员的文化、技术、业务理论知识和实际操作技能为目的,为其创造就业条件。招生对象一般为初中毕业生,入学实行考试,择优录取。其管理体制是教育行政部门综合管理,劳动行政部门配合。(4)职业(技术)学校。它具有职业技术教育和普通教育双重职能,采用半工半读、全日制等多种办学形式的学校。有的由教育行政部门与业务部门联办,有的由业务部门举办,有的由集体所有制单位或个人举办。在管理体制上,凡是培养技术人员和管理人员的学校,以教育行政部门为主综合管理,劳动行政部门配合。(5)职工学校。它是企业事业单位或社会力量为提高职工的科学文化和技术业务水平或更新知识而建立的职工培训学校。一般承担在职学历教育和业余文化、技术、业务、政治思想教育(培训)等方面的任务,有的仅承担其中某项任务。其工作重点是开展岗位职业培训,提高职工胜任本职工作的能力。职工学校,按培训目标分,有高等、中等、初等三类;按办学方式分,有脱产、半脱产、业余三种。其在职学历教育,全部纳入国家人才培养规划,经上级有关部门(包括教育行政部门)审批后进行。

职业技能鉴定机构,是负责指导和实施对劳动者技术等级进行考核和认定的专门机构。它经劳动行政部门审批方可建立,并在劳动行政部门的管理和监督下进行职业技能鉴定工作。它包括职业技能鉴定指导中心和职业技能鉴定站(所),前者负责组织、协调、指导职能鉴定工作,后者负责具体实施职业技能鉴定工作,即具体承担对失业人员、从业人员、军地两用人才、各级各类职业培训机构的毕(结)业生的技术等级考核和发证工作。劳动者职业技能经鉴定合格,即取得为国家所承认的一定技术等级的资格。

3. 劳动保护服务机构

劳动保护服务机构,是指在劳动行政部门授权或委托的范围内为实现劳动安全卫生提供服务的专门机构。它由劳动行政部门或有关部门设立,其资格须由劳动行政部门和有关部门确认,其业务范围由有关法规直接规定,其业务活动由劳动行政部门和有关部门管理和监督。除劳动保护设备用品经营机构、劳动保护工程施工机构外,均属非营利性单位。

劳动保护服务机构主要有:(1)劳动保护检验检测机构,即依法对劳动安全卫生条件实施检验检测的机构。包括锅炉压力容器检验机构、劳动安全卫生检测机构、劳动防护用品质量检验机构等。它们是劳动保护监察系统中的一个辅助性组成部分，其检测检验行为，既具有服务性，又具有监督性，不仅对被检测检验单位具有法律约束力，而且其检测检验结论也是劳动保护监察机构作出处理和处罚决定的法定依据。(2)劳动保护教育机构，即对劳动者和劳动保护管理人员进行劳动安全卫生知识和技术教育的机构，包括劳动保护教育专门机构和兼有劳动保护教育职能的学校等机构。(3)劳动保护设备用品经营机构，即生产或供应劳动安全卫生设备或用品的企业，一般具有特定劳动安全卫生设备或用品的专营权。(4)劳动保护工程施工机构，即从事劳动安全卫生设施、设备的建筑、安装施工企业。它必须符合法定的必备资质条件，并取得特定的施工许可证。(5)劳动保护技术设计机构，即从事劳动安全卫生设施、设备和用品等项目的技术设计的机构，它在技术人员和技术手段方面必须具备法定条件，并取得特定的设计资格。(6)职业病防治机构，即从事职业病预防和治疗的医疗机构。(7)劳动保护研究机构，即从事劳动安全卫生技术和管理研究的机构。

4. 社会保险服务机构

社会保险服务机构，是办理社会保险业务和为给付社会保险待遇提供服务的机构。主要有社会保险经办机构、社会保险费征收机构、劳动鉴定机构、社会养老机构和医疗机构等。

社会保险经办机构，是社会保险行政部门所属的经办社会保险业务的事业单位。它负责办理社会保险登记，核定社会保险费，支付社会保险待遇，办理社会保险转移接续手续，建立和管理社会保险档案等事务。其人员经费、运行费用和管理费用，由同级财政按照国家规定予以保障。

社会保险费征收机构，是负责征收社会保险费的单位，由省、自治区、直辖市人民政府根据本地的实际情况确定，可以由税务机关征收，也可以由社会保险经办机构征收。社会保险费征收机构应当依法按时足额征收社会保险费，并将缴费情况定期告知用人单位和个人。

劳动鉴定机构，是依法对患一般病或职业病、因工或非因工伤致残，以及长期病休后复工的职工的劳动能力状况，进行检查、鉴别和评定，并根据鉴定结果决定其应享何种保险待遇、是否可以重新工作的专门机构。其设置、组成和职责范围均由有关劳动法规所规定。

作为社会保险服务机构的社会养老、医疗等服务机构，是指社会保险经办机构委托为养老保险、医疗保险、工伤保险、生育保险的被保险人和受益人提供社会养老、医疗、康复等服务的机构。它给付的作为社会保险待遇的服务，由社会保险经办机构支付费用，并受社会保险经办机构监督。

5. 其他劳动服务机构

例如，为提供工资支付保障服务的工资基金开户银行，提供劳动福利服务的公共福利机构，等等。

劳动关系协调篇

第七章　劳 动 合 同

第一节　概　　述

一、劳动合同的概念辨析、定义和特征

(一)劳动合同的概念辨析

劳动合同亦称劳动契约或劳动协议,此概念既可以在法律行为(法律事实)意义上使用,即指劳动合同行为(亦即劳动合同的运行);也可以在法律关系(社会关系)意义上使用,即指劳动合同关系。劳动合同形式有书面与口头、推定之分,故劳动合同概念,既可以指书面劳动合同,也可以指口头或推定劳动合同,而《劳动合同法》中的劳动合同概念,多指书面劳动合同。

强调劳动合同是指劳动合同行为,其法律意义主要在于,法律将劳动合同作为一种法律事实而予以规范,以劳动合同运行过程中的行为(即订立、履行、中止、变更、违反、解除和终止)作为法律调整的主要着力点。劳动合同立法例中,多侧重从劳动合同行为的角度表述其法律规范和法律条文。例如,我国《劳动法》第16条所规定的劳动合同定义,即"劳动合同是劳动者与用人单位确立劳动关系、明确双方权利和义务的协议",就属于劳动合同行为的定义;在劳动合同订立制度中,主要是规定劳动合同成立和生效的要件;在劳动合同解除制度中,主要是规定解除的方式和条件。

强调劳动合同是指劳动合同关系,其法律意义主要在于:(1)劳动合同关系和非劳动合同关系的划分在我国还不乏法律意义。即这两类劳动关系在国家机关、事业单位和社会团体中至今仍然并存,在法律适用上也还有一定差异。《劳动法》中的"劳动关系",包括有劳动合同关系和非劳动合同关系;而《劳动合同法》中的"劳动关系",仅指是劳动合同关系。[1] 即使在西方市场经济国家,劳动关系全部为劳动合同关系的命题也只是就其一般形态而言,并不否认劳动关系的确立还有特殊形式,如德国劳动法中就有在国防紧急情况下,通过行政行为也可确立劳动关系的规定[2]。(2)劳动合同关系具有区别于劳动合同行为的法律意义。劳动合同行为属于法律事实,劳动合同关系的运行状态(如发生、变更、消灭)则是与法律事实对应的法律后果。在有的场合,虽然有劳动合同行为,但没有劳动合同关系。例如,根据《劳动合同法》的规定,订立(书面)劳动合同但未开始用工的,劳动关系则未建立。在有的场合,劳动合同仅指劳

---

〔1〕 在《劳动法》实施的初期,国有企业职工和国家机关、社会团体、事业单位工勤人员中,还有部分未订立劳动合同者;并且,促进就业、工资、工时、劳动安全卫生等规定,一直都适用于劳动合同关系和非合同劳动关系。而《劳动合同法》只适用于劳动合同关系。

〔2〕 [德]W.杜茨著:《劳动法》(第5版),张国文译,法律出版社2005年版,第46页。

动合同关系。例如,对于尚未订立(书面)劳动合同的劳动关系而言,其所谓“劳动合同解除或终止”实际上是指劳动合同关系解除或终止,虽然可在一定条件下适用《劳动合同法》第四章“劳动合同的解除和终止”,但还需要作出特别的立法安排(如《劳动合同法实施条例》第5~6条中的规定)。

强调劳动合同既可以指书面劳动合同,也可以指口头或推定劳动合同,其法律意义主要在于:《劳动合同法》虽然要求劳动合同应当以书面形式订立,但仍然确认口头或推定劳动合同的效力;虽然法律条文中的“劳动合同”一般指或者仅指书面劳动合同,但在有的法律条文中,也可指口头或推定劳动合同。例如,关于劳动合同解除和终止的规定,对于未订立书面劳动合同的劳动关系而言,则是指口头或推定劳动合同。

上述辨析表明,对于劳动合同概念,应当置于其所在法律条文中作具体理解,不同法律条文中的劳动合同概念,其含义不尽相同。

(二)劳动合同的定义

关于劳动合同的定义,既有不作规定的立法例(如1976年《日本劳动标准法》),也有作出规定的立法例(如1994年《越南劳动律》〔3〕)。在我国民国时期的立法中,分别对雇用契约、劳动契约规定了定义,“民法”(民国政府1929年制定,仍在台湾地区施行)第482条将雇用契约定义为“当事人约定,一方于一定或不定之期限内为他方服劳务他方给付报酬之契约”;“劳动契约法”(国民政府1936年制定,但一直未施行)第1条将劳动契约定义为“当事人之一方,对于他方在从属关系提供其职业上之劳动力,而他方给付报酬之契约”。在我国现行立法中,《合同法》(1999年)第2条将(民事)合同定义为“平等主体的自然人、法人、其他组织之间设立、变更、终止民事权利义务关系的协议”;《劳动法》第16条将劳动合同定义为“劳动者与用人单位确立劳动关系、明确双方权利和义务的协议”。

比较上述定义可以发现,《劳动法》的劳动合同定义中,有下述要点值得重视:(1)劳动合同的合意分为两个层次,即确立劳动关系的合意和明确双方权利义务的合意。而在民事合同的定义中,没有突出这两个层次的划分。这意味着确立劳动关系的合意与明确劳动关系内容的合意,在一定条件下可以分离。(2)劳动关系中雇主的义务不只限于给付报酬,故将劳动合同内容表述为“明确权利义务”,比将雇主义务仅表述为“给付报酬”显得全面。(3)在劳动合同定义中仅强调其确立劳动关系的功能,但不凸显劳动关系的特殊性,在对劳动关系无法律定义的条件下,不利于对劳动合同与其他合同的界定。而《劳动契约法》的劳动契约定义中,明确劳动者“在从属关系提供其职业上之劳动力”这一要点,对于界定劳动合同与其他合同具有重要意义。

基于上述,可将劳动合同定义为劳动者与用人单位确立从属劳动的关系、明确双方权利和义务的协议。

(三)劳动合同在一般合同意义上的特征

劳动合同具有一般合同的属性,就一般合同的分类而言,需要强调下述特征:

(1)诺成合同。《劳动法》第17条规定,劳动合同依法订立即具有法律约束力,当事人必须

---

〔3〕《越南劳动律》(1994年)第26条规定:劳动合同是于劳动者及使用劳动间有所之协议关于有付工资之工作,劳动之条件,每方于劳动关系内之权利及义务。

履行劳动合同规定的义务。这表明,劳动合同只需双方当事人意思表示一致即可成立,法律不要求以劳动者提供劳动或用人单位支付劳动报酬作为成立的前提。根据《劳动合同法》第10条的规定,劳动合同订立在先、开始用工在后的,劳动关系自开始用工之日建立。在这里,劳动合同在建立劳动关系之前就已成立生效,即在双方当事人之间已就劳动关系的建立产生权利义务,这也是劳动合同生效的一种法律后果,故不能认为劳动合同是实践性合同。

(2)双务合同。依劳动法的规定,劳动者和用人单位都负有义务,并且,各方所负义务既是与各自所享有权利对应的代价,又是实现对方相应权利的保证。

(3)有偿合同。依劳动法的规定,劳动者一方面向雇主提供劳动,另一方面向雇主取得劳动报酬等劳动力再生产条件,这是一种等量劳动相交换的关系。

(四)劳动合同区别于民事合同的特征

基于劳动关系的特殊性和劳动法的社会法属性,劳动合同区别于民事合同,需要重视下述特征:

(1)从属性合同。劳动关系是一种从属性关系,当事人双方在劳动合同订立前后都不具有民事合同意义上的平等主体地位。劳动者虽然有选择雇主和缔约与否的自由,但劳动合同的内容和履行必然体现劳动者在人格上、组织上或经济上相对于雇主的从属性地位。

(2)继续性合同。相对于一次性或一时性合同,劳动合同是典型的继续性合同。即劳动合同所约定的权利和义务在劳动关系存续期间持续性存在,合同目的不能通过当事人之间的一次性履行来实现,而必须随着时间的推移,通过双方当事人特别是劳动者持续不断即日复一日、周复一周、月复一月地提供劳动才能达到。并且,在劳动合同运行的全过程中,劳动者提供劳动力和用人单位提供劳动力再生产条件的义务,相互交织地持续履行,几乎不可能有时段上的分开。也正因为是继续性合同,劳动合同已经履行的部分(例如劳动者已经付出的劳动)不具有可返还性,无法恢复原状,因此在处理劳动合同因无效、解除等引起的溯及力和责任承担问题时,便不能对劳动者已经付出的劳动适用返还财产的处理方式,而只能采用赔偿损失等其他的处理方式。

(3)不完全合同。合同内容能否完全,取决于缔约时当事人双方对合同未来运行期间可能发生的与合同运行有关的各种情况能否完全预期。不完全合同可分为两类:一类是有可能完全预期但内容约定不完全的合同。其内容约定不完全的原因,一是当事人的疏忽;二是当事人认为订立完全合同的成本太高;三是双方当事人信息不对称,占有信息优势的一方,通常也是合同的起草者,为获得合同利益而故意保留某些信息,使合同内容不完备。这三种原因,在劳动合同订立中都存在。[4] 另一类是不可能完全预期而使内容约定不完全的合同。即由于合同所涉及的未来状态本身的复杂性和合同履行过程中主客观条件的多变性,在缔约时当事人根本不可能完全预见到未来所有可能的状态,故使合同不可能完全约定对应的当事人所应采取的行为和应承担的责任。劳动合同作为继续性合同,特别是期限较长的继续性合同,更多情形下属于这类不完全合同。

(4)关系性合同。在劳动合同的两个层次的功能中,确立劳动关系的功能较之明确双方权

---

[4] Ian Ayres, Robert Gertner: Filling Gaps in Incomplete Contracts: an Economic Theory of Default rules, 注29, Yale Law Journal, October, 1989。

利义务的功能,一般处于优先地位。这是因为:作为继续性合同,劳动合同运行是一个动态的过程,合同内容相对于未来合同运行全过程的劳动关系内容而言不可能具有完全性,故当事人双方在缔约时合意的重点,一般只会放在是否与对方建立劳动关系、确定劳动关系的期限和形式等劳动关系运行规则上,而不会放在劳动关系具体内容上。并且,劳动关系内容的确定,有多层次依据,如劳动基准、集体合同、劳动规章制度等,这也给劳动合同把合意的重点放在劳动关系的确立上,提供了可能。正因为劳动合同是关系性合同,国外某些立法例中,一般只要求确立临时性劳动关系的合同采用书面形式,而对确立非临时性劳动关系的合同允许采用口头形式。我国劳动法虽然要求建立劳动关系应当订立书面劳动合同,但也确认口头(推定)劳动合同对建立劳动关系的效力。

(5)附合合同。劳动合同就其合意形式和过程而言,属于附合合同。一般认为,附合合同是一种以一般条款为基础而订立的附从合同,由当事人一方作出完整的规格化、定型化的条款,其内容包括事实上和法律上的重要情形、适用于有相同合同关系的各个相对人;相对人就既定内容,仅可表示完全同意或不同意,加入或不加入。〔5〕 劳动合同的附合性,通常表现为:缔约附合性,即劳动者对用人单位提出的劳动合同条款多只可表示接受或不接受,而不可反要约;劳动条件附合性,即劳动者在缔约时只能接受用人单位现有的劳动条件,几乎没有讨价还价的机会;劳动规章制度附合性,即对于用人单位已制定的劳动规章制度,在劳动合同订立后就当然成为劳动合同的附件,劳动者在缔约时无权提出修改。劳动合同之所以有很强的附合性,既是基于劳动者的弱势地位,也是基于用人单位节约缔约成本的需要。尽管劳动合同的附合性限制了劳动者的选择自由,但只要用人单位提出的合同条款不违法,这种附合性合意行为就为法律所允许。由于劳动者是被动接受合同条款的附合方,在双方当事人就附合条款的解释有分歧时,应当采用有利于劳动者的解释。

(6)外部性合同。就合同对当事人利益和相关人利益的影响而言,劳动合同具有较强的外部性,即不仅影响当事人双方的利益,而且还影响当事人以外第三方,尤其是劳动者群体和社会的利益。这是对合同相对性原则〔6〕的突破。其负外部性主要表现在,无论是单个用人单位压低劳动力价格,还是单个劳动者接受低劳动力价格,在劳动力供过于求的条件下,都有可能引发降低整个劳动力市场的劳动力价格水平,甚至形成"探底竞争"。这种"探底竞争"会带来贫穷、疾病等社会问题。〔7〕 其正外部性主要表现在,劳动合同的良性运行可以增进社会公共利益。例如,劳动合同的运行,是劳动者实现就业的重要途径;而就业是劳动者生存和发展的基本手段,是社会稳定和经济发展的基本条件。正因为如此,抑制劳动合同的负外部性,发挥劳动合同的正外部性,是劳动法的一项重要任务。

(7)有限自由合同。契约自由是通行于各种合同的原则,但就劳动合同而言,契约自由则受到限制。一方面,基于劳动合同的附合性,劳动者在缔约中的真实意思必然受到限制。另一方面,基于双方当事人的强弱差异和劳动关系的外部效应,需要由政府和社会对劳动合同的契

---

〔5〕 参见史尚宽:《债法总论》,中国政法大学出版社 2000 年版,第 14 页;黄越钦:《论附合契约》,载郑玉波主编:《民法债编论文选》(上),台湾三民书局 1984 年版,第 291 页。

〔6〕 在合同法理论中,合同相对性原则的含义为,除合同当事人外,任何其他人不得请求享有合同上的权利,也不必承担合同上的责任。

〔7〕 参见方晓波:《论 SA8000 标准对企业人力资源管理变革的影响》,载《湖北省社会主义学院学报》2005 年第 6 期。

约自由作出干预,尤其是限制用人单位的意思自治。政府干预契约自由的主要手段是劳动基准,社会干预契约自由的主要手段是集体合同。值得注意的是,限制用人单位的意思自治,是为了保障劳动者享有充分的意思自治。

(8)最大诚信合同。劳动合同关系的建立依赖于合同双方当事人的高度信任。劳动合同必须亲自履行,劳动义务不得代理和继承,正是这种最大诚信特点的体现。而双方一旦失去这种信任,合同关系便难以维系。例如,劳动者解除劳动合同,即便是违法解除,用人单位通常亦不能请求劳动者继续履行劳动合同,而只能请求违约赔偿。因为一个"身在曹营心在汉"的劳动者对用人单位来说,已无继续留用的实质意义。由此可见,劳动合同的道义、伦理色彩很浓厚。

二、劳动合同法的立法概况和功能转变

(一)劳动合同法的立法概况

西方工业化国家的劳动合同历经了一个由民法到劳动法的过程。20 世纪以前,劳动合同被载入民法,完全适用契约自由原则。例如,法国 1804 年制定的《拿破仑法典》中有关于劳动合同的专门条款,将其称为"劳动力租赁契约"。在该法典的影响下,意大利、丹麦、西班牙等欧洲国家,加拿大、智利、阿根廷等美洲国家,日本等亚洲国家,都把劳动合同列为其民法典的内容。

到 20 世纪初,出于国家干预劳动合同和协调劳动关系的需要,劳动合同才由民法范围转入劳动法范围。比利时于 1900 年 3 月制定《劳动契约法》,开了从劳动法的角度进行劳动合同立法的先河。法国于 1910 年颁布的《劳动法典》第一卷,把雇佣合同列为第二篇。其后,许多国家相继把劳动合同置于劳动立法的范围。

在现代,关于劳动合同的立法有三种模式:(1)在劳动法典等劳动基本法中将劳动合同单列为一章或一篇,如德国、日本、加拿大等;(2)制定关于劳动合同的专项法规,如意大利、丹麦、印度等;(3)少数国家仍然沿用民法的合同法或者按普通法由判例对劳动合同进行规范,如英国、美国等。

我国的劳动合同立法,已有较长的发展过程。早在土地革命时期,中央苏区的《中华苏维埃共和国劳动法》中,就设有劳动合同专章;抗日战争时期,陕甘宁边区的许多法规中也有关于劳动合同的法律规范。中华人民共和国成立以来,劳动合同立法一直是劳动立法的一个重要组成部分。新中国成立初期,在劳动部制定的《失业技术员工登记介绍办法》(1950 年)、《关于各地招聘职工的暂行规定》(1951 年)、《关于建筑工程单位往外地招用建筑工人订立劳动合同的办法》(1954 年)等法规中,都要求通过订立劳动合同来确立劳动关系。社会主义改造完成以后,随着固定工制度的普遍实行,正式工的劳动合同消失,有关法规中仅要求临时工与用人单位订立劳动合同。

在始于 1978 年的市场化经济体制改革中,劳动合同制度和立法揭开了新的篇章。市场化经济体制改革中的劳动制度改革,其实质是劳动力资源配置机制的转型,即劳动力资源由行政配置转向市场配置。劳动合同制度作为劳动力资源市场配置机制的法律形式,从试点到推广,从实践探索到制度化、法律化,一直是劳动制度改革的主线。其大致可分为四个阶段:

1. 启动阶段(1978 ~ 1986 年)

1978 年年底开始市场化经济体制改革后,固定工制度虽然是劳动制度的主流,但劳动合同

制度已经启动,即不仅从1980年开始在外商投资企业实行劳动合同制度,而且从1982年开始也在国有企业改革中进行劳动合同制度试点,劳动合同制度由临时工扩展到正式工。

2. 双轨制阶段(1986~1994年)

1986年,国务院发布《国营企业实行劳动合同制暂行规定》、《国营企业招用工人暂行规定》、《国营企业辞退违纪职工暂行规定》和《国营企业职工待业保险暂行规定》。不仅将劳动合同制度的探索引向规范化和制度化,而且将劳动合同制度与原有职工固定工制度并存,即仅对原有职工保留固定工制,而对新招职工普遍实行劳动合同制。此后,在继续完善劳动合同制的同时,对原有职工固定工制进行改革,使之在用工机制上向劳动合同制接近。

3. 全面推行阶段(1995~2007年)

1994年制定、1995年实施的《劳动法》,结束了国有企业的用工双轨制,劳动合同制度全面推行,不同所有制用人单位的劳动合同运行规则归于统一。从此,劳动合同立法进入了一个新的发展阶段,原劳动部制定了若干项与《劳动法》配套的有关劳动合同的规章;先后有北京、上海、广东等21个省、自治区、直辖市制定了劳动合同法规、规章。

4. 向公共部门扩展阶段(2008年以来)

2008年实施的《劳动合同法》,使劳动合同制度的适用范围进一步扩大,尤其是将事业单位聘用合同和劳务派遣、非全日制用工等灵活用工形式纳入其中。近年来事业单位以全面推行聘用制为主要内容的人事制度改革,更为劳动合同制度跨入公共部门开拓了空间。

(二)劳动合同法的功能演变

保障劳动力自由流动和保障劳动关系稳定,是劳动合同法的两大功能。在西方国家,劳动合同法来自于私法社会化,保障劳动力自由流动是其基于私法本性所固有的功能,故劳动合同法作为民事特别法所凸显的功能是保障劳动关系稳定。而我国的劳动合同法来自于市场化经济体制改革中的公法私法化,劳动合同制度的启动和发展过程是劳动力资源配置市场化不断扩展和深化的过程,故劳动合同法的功能结构发生了由以保障劳动力自由流动为主到以保障劳动关系稳定为主的转变。

在我国劳动合同制度的上述启动、双轨制和全面推行阶段,保障劳动力自由流动一直是劳动合同法的主要功能。这是因为,劳动力自由流动是市场配置劳动力资源的基本要求和主要表现,不仅劳动力资源的高效率配置,而且其他经济资源的高效率配置,都依赖于劳动力自由流动。市场化经济体制改革以来,以"珠三角"和"长三角"为代表的发达地区的经济成就之所以大于其他地区,在很大程度上得益于市场化劳动制度改革所形成的劳动力自由流动的机制和环境,即利用这种机制和环境引入大量的包括高级人才在内的劳动力资源。正因为如此,劳动力自由流动一直为市场化经济体制改革,尤其是劳动制度改革所追求。为此,劳动合同制度作为市场化劳动制度改革的一种主要手段,着力于打破计划经济体制下的劳动关系超稳定状态,转变劳动力资源配置机制,推进和保障劳动者自由流动。例如,《劳动法》在其设计的劳动合同解除制度中充分体现了保障劳动者辞职自由的精神,这突出体现在第31条的规定。按照该条规定,劳动者只需要提前30日向用人单位书面预告,就可以无条件地解除劳动合同,合同期限条款对劳动者几乎没有约束力。尽管《劳动法》实施以来,尤其是《劳动合同法》(草案)起草期间，对该条规定有许多质疑和争论，仍然为《劳动合同法》第37条所肯定。[8] 然而，保障稳定劳动关系的功能，在劳动合同制全面推行之前则居次要地位，例如，一直以固定期限劳动合同为一般、无固定期限劳动合同为例外，且固定期限劳动合同多为中长期劳动合同。尽管《劳动法》中的劳动合同制度已具有稳定劳动关系的功能，但未受到重视，其背景是，此阶段还未出现大规模的离土又离乡的农民工群体。

而在劳动合同制度全面推行之后，保障劳动关系稳定上升为劳动合同法的主要功能。这是因为，随着劳动合同制度全面推行，尤其是出现了大规模的流动性强的农民工群体，还有更大规模的待转移的农村剩余劳动力，且国有企业原职工的大部分被推向劳动力市场，劳动关系短期化、劳动合同"一年一签"现象普遍化、劳务派遣等灵活就业形式主流化等问题凸显。故在《劳动合同法》出台前后，劳动关系稳定问题受到前所未有的重视。于是，在劳动合同制度的功能体系中，保障劳动关系稳定的功能一跃成为主要功能，这在《劳动合同法》的制度设计中多有体现，例如，加重了用人单位订立无固定期限劳动合同的义务；解雇保护措施更为得力；劳动合同约定终止被取消而只可法定终止；对劳务派遣试图从严规制；等等。而其保障劳动力自由流动的功能，则因劳动力资源市场配置机制的基本形成而趋向淡化。

劳动关系稳定既是社会稳定的重要内容，又是劳动力市场有序运行的主要表现；既可以增强劳动者的就业保障，又可以增强企业对劳动者的凝聚力。市场经济条件下的劳动关系稳定与计划经济条件下的固定工制度和"铁饭碗"不可同日而语，它是在劳动力供求双方自主选择、劳动力自由流动的基础上，用长期合同、不定期合同、合同续订和中止、解雇保护等手段，力求实现劳动合同长期化。

三、劳动合同法的基本原则

《劳动合同法》第3条第1款规定，"订立劳动合同，应当遵循合法、公平、平等自愿、协商一致、诚实信用的原则。"对此规定有必要说明的是：(1)该款规定的虽然是"订立劳动合同"应当遵循的原则，但其涵盖面应当超出劳动合同订立，而及于劳动合同运行的全过程，因而可称为劳动合同法的基本原则。(2)该款规定的基本原则在文字表述上与民法、合同法基本原则有高度的重合性，但对其内涵和要求的理解应当有所差异。即基于用人单位与劳动者的强弱地位，解释劳动合同法的基本原则，应当立足于平衡用人单位与劳动者之间的失衡态势，着重给依赖于劳动合同但由于经济实力或信息等弱势而难以维护自身利益的劳动者提供法律保护。

(一)合法原则

合法原则对合同当事人的要求，既包括必须遵守法律，也包括必须遵守社会公德，不得违背社会公共利益，违背公序良俗。当然，由于劳动合同主要体现的仍是当事人意思，所以"合法"主要是指合乎法律中的强行性规范，对于任意性规范，当事人则可以选择适用。

合法原则具体表现为：(1)劳动合同订立合法，包括主体、意思表示、内容合法以及订立程序合法等。《劳动合同法》第26条规定，违反法律、行政法规强制性规定的劳动合同无效或者

---

[8] 《劳动法》第31条规定：劳动者解除劳动合同，应当提前三十日以书面形式通知用人单位。《劳动合同法》第37条规定：劳动者提前三十日以书面形式通知用人单位，可以解除劳动合同。劳动者在试用期内提前三日通知用人单位，可以解除劳动合同。

部分无效。(2)劳动合同履行合法,即在劳动合同履行过程中,法律对履行时间、质量、数量等要素有规定的,当事人的履约行为必须符合规定。例如,《劳动合同法》第 31 条规定,用人单位应当严格执行劳动定额标准,不得强迫或者变相强迫劳动者加班;安排加班的,应当按照国家有关规定向劳动者支付加班费。(3)劳动合同变更、解除合法,即法律对于劳动合同变更、解除有要求的,无论是实体上的,还是程序上的,当事人都应当遵守。例如,《劳动合同法》第 33 条规定,用人单位变更名称、法定代表人、主要负责人或者投资人等事项,不影响劳动合同的履行;第 37 条规定,劳动者提前 30 日以书面形式通知用人单位,可以解除劳动合同。(4)劳动合同终止合法,即劳动合同终止必须具备法定终止条件,履行法定后合同义务。例如,《劳动合同法》第 50 条规定,用人单位应当在终止劳动合同时出具终止劳动合同的证明,并在 30 日内为劳动者办理档案和社会保险关系转移手续;劳动者应当按照双方约定,遵循诚实信用的原则办理工作交接;用人单位须支付经济补偿的,应当在办结工作交接手续时向劳动者支付;用人单位对已经解除或者终止的劳动合同文本,应当保存 2 年以上备查。

(二)平等原则

平等原则是指合同当事人在劳动合同关系中的法律地位平等,用人单位不得将自己的意志强加给劳动者。与民法、合同法相比,劳动合同法上的平等是一种实质意义上的平等,而非形式意义上的平等。所谓形式意义上平等,表现在民法、合同法的具体制度设计中,就是给予合同双方当事人一视同仁的保护,力图使二者的均衡态势不被人为的制度设计而打破。而劳动合同法则是基于现实中劳动者与用人单位之间的失衡态势,在制度设计中往往体现出对劳动者的偏重保护,尽量从制度上避免用人单位将其意志强加给劳动者。其基本要求主要体现在:(1)在订立合同时双方当事人平等地享有权利与承担义务。如《劳动合同法》第 9 条规定,用人单位招用劳动者,不得要求劳动者提供担保或者以其他名义向劳动者收取财物,不得扣押劳动者的居民身份证或者其他证件。(2)在履行合同时,任何一方当事人不得擅自变更或解除劳动合同,特别是对用人单位变更或解除劳动合同,法律要求更加严格。如《劳动合同法》对用人单位解除劳动合同既规定了许可性条件,还规定了禁止性条件。(3)任何一方不履行劳动合同规定的义务,都应承担法律责任。特别是对用人单位的劳动合同法责任,既规定有行政责任,也规定有民事责任。而劳动者一般只有民事责任,且存在很多保护性的责任限制。例如,《劳动合同法》第 25 条规定,除服务期违约金和竞业限制违约金外,用人单位不得与劳动者约定由劳动者承担的违约金。

(三)自愿原则

自愿原则强调劳动合同和劳动关系的运行,尤其是劳动合同的订立和劳动关系的建立,取决于双方当事人的合意。这是市场配置劳动力资源和劳动者自由流动的必然要求和必要保障。自愿原则主要体现在:(1)双方当事人有权依照自己的意志自主地决定订立或不订立劳动合同;(2)双方当事人有权自由决定同谁订立劳动合同,用人单位可以根据本单位的需要自主选择劳动者,劳动者也可以按照自己的意愿选择用人单位;(3)劳动合同的内容由协商一致确定;(4)劳动者履行劳动合同约定的劳动给付义务以自愿为前提,用人单位不得强制劳动者提供劳动,而对不履行劳动给付义务的劳动者可现实辞退权;(5)在法定条件下内当事人有变更和解除劳动合同的自由,并且,只要双方当事人协商一致,可以无条件地变更和解除劳动合同。

值得注意的是,自愿原则所保障的自愿,关键是劳动者的自愿。至于用人单位的意思自治一般情况下在民法、合同法的制度环境中就能得到满足，而劳动者的意思自治则难以得到保障。如果没有特殊的制度补给，即使法律赋予劳动者通过劳动合同建立劳动关系的自由，其也很难实现自我的权益。为此，《劳动合同法》对劳动者的自愿给予更大力度的保障，例如，第32条规定，劳动者拒绝用人单位管理人员违章、强令冒险作业的，不视为违反劳动合同。

（四）诚实信用原则

诚实信用原则，是指当事人以诚实、善意态度行使权利、履行义务，法官根据公平正义进行创造性的司法活动以实现当事人利益、社会利益平衡要求，其目的在于保持社会稳定与和谐的发展。[9] 我国《民法通则》第4条将诚实信用确立为民法的一项基本原则。随着社会的发展，诚实信用原则不断适应社会的需要而扩大到其他领域。基于劳动合同的人身性、继续性和关系性特征，当事人之间的诚实信用格外重要。日本《劳动契约法》（2007年）第3条第4款规定，"劳动者与雇主应当遵守劳动契约，诚信行使权利和履行义务。"在我国劳动立法中，《劳动合同法》首次明确将诚实信用规定为一项基本原则。

诚实信用原则贯穿于劳动合同运行的全过程，《劳动合同法》赋予当事人双方的诚信义务，主要体现在以下三个阶段：(1)缔约诚信。根据第8条和第86条的规定，当事人双方在缔约中应当履行法定告知义务，劳动合同因欺诈被确认无效而给对方造成损害的，有过错的一方应当承担赔偿责任。(2)履约诚信。第29条规定，用人单位与劳动者应当按照劳动合同的约定，全面履行各自的义务。对用人单位而言，应当诚信地尽到保护、照顾劳动者的义务；对劳动者而言，应当诚信地履行劳动义务，对用人单位尽忠实义务。(3)后合同诚信。根据第50条的规定，劳动合同解除或终止后，当事人双方应当诚信地履行后合同义务，协助对方处理合同终了的善后事务。

四、《劳动合同法》与《劳动法》和《合同法》的关系

《劳动法》确立的劳动合同制度，对于建立与社会主义市场经济体制相适应的劳动制度，实现劳动力资源的市场配置，促进劳动关系和谐稳定，发挥了十分重要的作用。但是，面对劳动力市场发展和劳动关系运行的新情况，《劳动法》显得有些不足。其主要表现在：(1)基于改革背景的不足。直到1992年，国家才将社会主义市场经济明确规定为经济体制改革的目标模式，制定于1994年的《劳动法》，在当时因赖以为基础的是尚未完整展示和还不定型的经济体制和劳动制度，不可能对社会主义市场经济的劳动法律制度作出完备的规定，更不可能完全解决后来经济体制和劳动制度改革中不断出现的新问题。(2)基于纲要式立法局限的不足。《劳动法》属于纲要式立法，而不属于法典，多为原则性规定，即使是具体规定也只是择要规定，操作性不强且不完整。(3)基于制度惯性的不足。《劳动法》某些规定来源于劳动制度改革进程中的探索性或过渡性的政策法规，难免保留有旧体制和过渡性的痕迹。正是由于这些不足，需要在《劳动法》的基础上制定一系列配套法律法规。《劳动合同法》就是其中之一，目的在于完善《劳动法》所确立的劳动合同制度。

《劳动法》与《劳动合同法》在效力上的关系，可以从两个方面理解。一方面，在劳动法体系中，《劳动法》作为基本法律，其位阶高于作为单项劳动法律的《劳动合同法》，故本应当以《劳

---

〔9〕 徐国栋：《民法基本原则解释——成文法局限性之克服》，中国政法大学出版社1992年版，第79页。

动法》为根据,只可细化和补充《劳动法》,而不可突破《劳动法》的规定。另一方面,《劳动法》和《劳动合同法》都是全国人大常委会制定的法律,处于同一位阶,依据新法优于旧法的原理,《劳动合同法》可以对《劳动法》作出突破性规定。鉴于《劳动法》的确存在不足,需要细化、补充和突破,故《劳动合同法》对《劳动法》有必要在突破与不突破之间作出适当选择。由此,尽管《劳动合同法》没有明确规定以《劳动法》为制定《劳动合同法》的根据,但在立法目的和基本精神上仍然以《劳动法》为根据,《劳动法》的立法目的和基本精神,如保护劳动者的合法权益和保障劳动力的自由流动,在《劳动合同法》的制度设计中得到坚持和发扬;只是就一部分体制性和技术性规则对《劳动法》作出了选择性的突破规定,但这种突破是坚持和发扬《劳动法》的立法目的和基本精神的需要,与《劳动法》的立法目的和基本精神不构成冲突。因此,在劳动合同的法律适用上,应当优先适用《劳动合同法》的规定,而此前的《劳动法》及其配套法规中不与《劳动合同法》抵触的规定,继续适用。

一方面,《劳动合同法》与《合同法》之间因各自所属法律部门不同,在立法原则和立法目的上存在差异;另一方面,基于劳动合同法为私法公法化(或称社会化)的原理,应当属于特别法与一般法的关系,即《劳动合同法》是特别法,《合同法》是一般法。因此,在法律适用上,劳动合同原则上适用特别法的规定而不适用一般法的规定;特别法未规定而一般法有规定的,在不违背特别法的立法目的和基本精神的前提下可适用一般法的规定。例如,关于违反竞业限制的违约金与赔偿金的关系,《劳动合同法》未作规定,则可适用《合同法》的规定[10],将该违约金作为补偿性违约金。

五、《劳动合同法》的溯及力

法律的溯及力,又称法律溯及既往的效力,是指新法生效后对其生效前的事件和行为是否生效的问题,如果生效则具有溯及力,如果不生效则不具有溯及力。一般情况下,我国法律坚持"法律不溯及既往"的原则,这也是各国法律通行的原则;依此原则,溯及既往只能是例外,并且必须以法律的明确规定为依据。

《劳动合同法》及其配套法规(如《劳动合同法实施条例》)较之《劳动法》及其配套法规(即旧法),属于新法。由于《劳动合同法》对《劳动法》不仅有补充性规定,而且还有突破性规定,对于跨越新法生效前后的劳动合同,即订立于《劳动合同法》生效前、解除或终止于《劳动合同法》生效后的劳动合同,就存在适用新法与适用旧法的衔接和交叉的问题。《劳动合同法》及其《实施条例》在坚持"法律不溯及既往"原则的同时,对跨越《劳动合同法》施行前后的劳动合同(劳动关系)的法律适用问题作出了下述特别规定:

(一)自《劳动合同法》施行之日起继续履行

根据《劳动合同法》第97条第1款的规定,《劳动合同法》施行前已依法订立且在《劳动合同法》施行之日存续的劳动合同,自《劳动合同法》施行之日起继续履行。其中的"继续履行",包含两个层次,即劳动合同期限的继续履行和劳动权利义务的继续履行。关于前一层次的继续履行,不存在疑义,即在新法生效后,劳动合同期限仍然以旧法规定和劳动合同约定为依据。

---

[10] 《合同法》第114条第2款规定:约定的违约金低于造成的损失的,当事人可以请求人民法院或者仲裁机构予以增加;约定的违约金过分高于造成的损失的,当事人可以请求人民法院或者仲裁机构予以适当减少。

关于后一层次的继续履行，即在新法生效后的劳动合同存续期间，新法生效前依据旧法约定的劳动权利义务是否仍受旧法约束的问题，立法尚不明确，且有歧义。对此，有三种方案可供选择：(1)依更有利原则确定。即新法和旧法关于劳动权利义务的规定有差异的，依对劳动者更有利的新法或旧法规定履行。(2)依平等原则确定。即新法生效前订立劳动合同的劳动者与新法生效后订立劳动合同的劳动者之间应当平等，若前者依据旧法所约定的劳动权利义务劣于后者，就应当依据新法重新约定其劳动权利义务，否则就对前者构成歧视。(3)依“老人老办法、新人新办法”原则确定。这次我国劳动人事制度改革中常用的原则。新法生效前订立劳动合同的劳动者与新法生效后订立劳动合同的劳动者分别对待，仍履行依旧法约定的劳动权利义务，而不论其较之新法对劳动者是否更有利。我们认为，《劳动合同法》较之《劳动法》作出新的规定，并不构成劳动制度改革，故不宜适用“老人老办法、新人新办法”的原则。

(二)新法一般不溯及既往但有法定例外

关于新法的溯及力问题，《劳动合同法》遵循了立法通例，即以法不溯及既往为原则，溯及既往只是法定例外。并且，就实践中易于模糊的问题，《劳动合同法》第 97 条作出了法不溯及既往的专门规定。其一，根据第 97 条第 1 款的规定，作为应当订立无固定期限劳动合同之条件的“连续订立二次固定期限劳动合同”，其次数自新法生效后开始计算。亦即《劳动合同法》生效前订立定期劳动合同的次数不计算在内。其二，根据第 97 条第 2 款的规定，“自用工之日起一个月内”应当订立书面劳动合同的规定，对于跨越《劳动合同法》施行前后而未订立书面劳动合同的劳动关系，仅适用于其在《劳动合同法》生效后的存续阶段，不适用于《劳动合同法》生效前所存续的阶段，即其应当订立书面劳动合同的一个月宽限期自《劳动合同法》生效之日起算。其三，根据第 97 条第 3 款的规定，《劳动合同法》关于劳动合同解除或终止的经济补偿的规定，不适用于《劳动合同法》生效前的劳动合同存续期间，而只适用于《劳动合同法》生效后的劳动合同存续期间。即《劳动合同法》生效后前后的两个阶段，劳动合同解除或终止的经济补偿分别依旧法、新法确定。

对于法不溯及既往原则的例外，《劳动合同法实施条例》有溯及既往的特别规定，即第 9 条所规定的，作为应当订立无固定期限劳动合同之条件的“连续工作满十年”，“应当自用人单位用工之日起计算，包括《劳动合同法》施行前的工作年限”。但是，对于“《劳动合同法》施行前的工作年限”的计算，是否适用第 10 条所规定的规则，即“劳动者非因本人原因从原用人单位被安排到新用人单位工作的，劳动者在原用人单位的工作年限合并计算为新用人单位的工作年限”，则不明确。因为该规则所在的第 10 条，规定的是劳动合同解除、终止经济补偿年限的计算规则〔11〕，而作为经济补偿年限的连续工作年限和作为应当订立无固定期限劳动合同之条件的连续工作年限具有不同的法律属性。但是，在新法生效前若发生“劳动者非因本人原因从原用人单位被安排到新用人单位工作”的情形，其连续工作年限的计算，也应当适用“劳动者在原用人单位的工作年限合并计算为新用人单位的工作年限”的规则。因此，在今后的立法中应当明确规定：劳动者非因本人原因从原用人单位被安排到新用人单位工作的，作为订立无固定

〔11〕《劳动合同法实施条例》第 10 条规定：劳动者非因本人原因从原用人单位被安排到新用人单位工作的，劳动者在原用人单位的工作年限合并计算为新用人单位的工作年限。原用人单位已经向劳动者支付经济补偿的，新用人单位在依法解除、终止劳动合同计算支付经济补偿的工作年限时，不再计算劳动者在原用人单位的工作年限。

期限劳动合同之条件的“连续工作满十年”,应当包括劳动者在原用人单位的工作年限,而不论原用人单位是否已经向劳动者支付经济补偿。

第二节 劳动合同的期限、形式和内容

一、劳动合同的期限

(一)劳动合同期限的形式和选择

劳动合同期限,即劳动合同的存续期间,亦即当事人双方约定的劳动关系存续期间。在劳动合同内容中,劳动合同期限是法定必备条款。在劳动法中,劳动合同期限具有特别重要的地位。它既是劳动合同的时间效力范围,也是显示用人机制灵活度、劳动关系稳定度和劳动者流动度的重要标志,还是制约劳动合同订立和解除制度设计的重要因素。

1. 劳动合同期限的三种形式

劳动合同期限的形式及其分类,在各国劳动合同立法例中多有规定。我国《劳动法》第 20 条第 1 款和《劳动合同法》第 12 条规定,劳动合同分为固定期限劳动合同、无固定期限劳动合同和以完成一定工作任务为期限的劳动合同。

固定期限劳动合同,又称定期劳动合同,是指用人单位与劳动者明确约定合同终止时间的劳动合同。在我国,除特别情形〔12〕外,对定期劳动合同无最长期限规定。定期劳动合同期限届满则终止,但可依法延续和续订。

无固定期限劳动合同,又称不定期劳动合同,是指用人单位与劳动者约定无确定终止时间,或者没有明确约定终止时间的劳动合同。除非劳动合同被依法解除,劳动关系可以持续到劳动者依法退休或用人单位终止。

以完成一定工作任务为期限的劳动合同,是指用人单位与劳动者约定以某项工作的完成为合同期限的劳动合同,即一定工作任务的完成被约定为劳动合同终止的条件和时间。其中只约定据以确定合同终止时间的标志,而未约定具体而确定的合同终止时间;由于合同终止的标志具有动态性,因而不存在合同延期的问题。所以,这种劳动合同也可以说是定期劳动合同的一种特殊形式。

比较而言,不定期劳动合同的优势在于其就业保障和稳定劳动关系的功能强于定期劳动合同,尤其是就防止用人单位在使用完劳动者“黄金年龄段”后不再使用劳动者而言,更为有效;定期劳动合同的优势在于其灵活性,尤其是满足用人单位灵活用工的需要。

2. 劳动合同期限形式的约定选择和法定选择

劳动合同期限作为劳动合同的必备条款,由当事人双方约定。究竟选择何种形式的期限,主要取决于用人单位与劳动者协商一致。故《劳动合同法》第 13、14、15 条都在其第 2 款分别规定,用人单位与劳动者协商一致,可以订立定期劳动合同、不定期劳动合同或以完成一定工

---

〔12〕 如《外国人在中国就业管理规定》(1996 年)第 18 条规定,外国人在我国境内就业的劳动合同,其期限最长不得超过 5 年。

作任务为期限的劳动合同。即无论是哪种期限形式的劳动合同，只要双方当事人协商一致都可以无条件地选择。

就劳动关系稳定和就业保障而言，不定期劳动合同优于定期劳动合同。故劳动立法还对不定期劳动合同作出法定选择的规定，即规定在一定条件下，劳动者有选择订立不定期劳动合同的权利，用人单位则有应劳动者的要求而订立不定期限劳动合同的义务。境外立法例中，法定选择方式有两种：一是规定在一定条件下，如定期劳动合同期满后当事人继续履行合同，定期劳动合同自动转化为不定期劳动合同。二是规定在一定条件下应当订立不定期劳动合同，例如，德国规定，定期劳动合同如第二次续订，就应订立不定期劳动合同。我国《劳动合同法》中的法定选择方式，一是在一定条件下劳动者有权要求订立不定期劳动合同（第 14 条第 2 款）；二是在特定的情形下视为已订立不定期劳动合同（第 14 条第 3 款）。

（二）劳动合同期限制度两种模式的比较

劳动合同期限制度，在本质上属于就业保护和用工机制的范畴。在现代劳动合同法中，劳动合同期限制度经与解雇保护制度结合，以保护劳动者就业稳定和限制雇主自主用工为目的，一方面引导多使用不定期劳动合同，另一方面对定期劳动合同和劳务派遣的使用给予约束。这一趋势并没有因出现开放定期劳动合同的迹象而改变。依劳动合同期限制度与解雇保护制度的结合方式不同，可将劳动合同期限制度划分为两种模式：一种是不定期劳动合同为常态、解雇保护制度仅适用于不定期劳动合同的模式，几乎通行于除中国大陆以外的市场经济国家和地区；另一种是定期劳动合同为常态、解雇保护制度统一适用于不定期劳动合同和定期劳动合同的模式，仅实行于中国大陆。在此意义上，前者可称为通例模式，后者可称为中国大陆模式。

劳动合同期限制度的两种模式，既有深层的理念和性质差别，也各有表层的制度设计特点。就劳动合同期限制度的要素进行比较，两种模式在制度设计上的各自特点，可概括为表 7－1所示。

表 7－1

	不定期劳动合同						定期劳动合同							
	地位	订立条件	预告辞职	解雇保护			地位	实然长度	法定限制			向不定期转化	预告辞职	解雇保护
				条件	程序	解雇费			适用范围	签订次数	最长期限			
通例模式	常态	无	可	有	有	有	例外	临时或短期（多数国家）	多数有	多数有	多数有	有条件地自动转化	不可	无
中国大陆模式	例外	有	可	有	有	有	常态	临时或短期、中期、长期	无	有	无	劳动者有条件地请求订立	可	与不定期合同基本相同

由表 7－1 可见，两种模式的区别主要在于：

1. 两种合同的组合结构不同

在通例模式中，不定期劳动合同为常态，而定期劳动合同在多数国家仅为临时或短期劳动合同，故被作为法定例外，即立法限制其适用范围，排他地限定在特定项目、季节工作或临时缺员岗位。在中国大陆模式中,定期劳动合同既有短期(临时)劳动合同,也有中期、长期劳动合同,故被作为常态,法律不限定其适用范围;而不定期劳动合同为例外,且在特定条件下用人单位才有订立的义务,如《劳动法》第20条第2款和《劳动合同法》第14条第2款的规定。

2. 两种合同的关系不同

在通例模式中,只有少数国家(如加拿大和美国)对定期劳动合同没有任何立法限制,绝大多数国家定期劳动合同或者在适用范围,或者在连续订立次数、或者在期限长度等方面进行了法定限制,超越法定限制或者合同期满后仍继续履行即自动转化为不定期劳动合同。在中国大陆模式中,定期劳动合同没有适用范围的限制,对其最长期限和订立次数也未作直接限制,只是把"连续工作满十年"或"连续订立二次"规定为劳动者有权提出订立不定期劳动合同的条件,而不存在超越法定限制或者合同期满后仍继续履行即自动转化为不定期劳动合同的机制。

3. 解除制度的安排不同

在通例模式中,解雇保护制度仅对不定期劳动合同适用;对定期劳动合同,除非法定事由,任何一方均不得在劳动合同到期前单方解除,否则要承担违约责任。中国大陆模式中,对不定期劳动合同和定期劳动合同实行相同的解除制度,双方当事人都有预告解除权,尤其是劳动者一方享有除30天预告期外的无条件解除权(如《劳动法》第31条、《劳动合同法》第37条)。

上述两种模式的形成,就其成因而言,源于各自的体制背景和制度变迁的不同。国际通例模式形成于西方国家劳动合同期限制度的变迁过程,依托于西方国家劳动关系法律调整的私法公法化变迁背景。在劳动关系只由民法调整的阶段,依"法律行为原则上皆得附期限"[13]的原理,雇用契约一般都有期限;在劳动关系转为劳动法调整以后,脱离于民事合同制度的劳动合同期限制度转向不定期劳动合同为原则、定期劳动合同受限制;在20世纪二三十年代经济危机的冲击下,保障就业的政策目标更受重视,进而对不定期劳动合同实行解雇保护制度;随着经济全球化进程的加快,20世纪80年代以降,出于提高劳动力市场灵活性的需要,对定期劳动合同的法定限制有所减弱(即开放定期劳动合同),但仍然以不定期劳动合同为主流。而我国的劳动合同期限制度是对固定工制度的突破,促进劳动者自由流动是其主要的政策取向;并且在巨大规模的农民工群体出现之前,稳定劳动关系的社会需求并不强烈。在此背景下形成的劳动合同期限制度,就不可能出现不定期劳动合同为常态、定期劳动合同为例外的结构。

(三)我国劳动合同期限结构的选择

我国劳动合同期限的总体结构,就现行立法而言,为二元结构,即"定期劳动合同+不定期劳动合同",且以定期劳动合同为主、不定期劳动合同为辅;就现实状态而言,为准三元结构,即"[短期(临时)劳动合同+中长期劳动合同]+不定期劳动合同",其中,短期(临时)劳动合同与中长期劳动合同的地位相当,甚至有短期(临时)劳动合同主流化趋势。由于短期(临时)劳动合同与中长期劳动合同在制度上几乎没有差异,故称"准三元"。

劳动合同期限的总体结构,实质上是在劳动力市场的稳定性与灵活性的组合结构。就我国现阶段的劳动力市场而言,灵活性高于稳定性,显然不利于劳动关系的和谐稳定。为此,需要改善现行的劳动合同期限结构,以提高劳动力市场的稳定性。就政策目标而言,劳动合同期限的二元结构或准三元结构,应当转向三元结构,即"短期(临时)劳动合同+中长期劳动合同+

---

〔13〕 王泽鉴:《民法总则》,中国政法大学出版社2001年版,第437页。

不定期劳动合同”，其中，既不宜以短期（临时）劳动合同为主，也不宜以不定期劳动合同为主，而应当以中长期劳动合同为主，[14]并且，三种劳动合同在制度设计上应当有所差异。在这里，不超过2年的为短期劳动合同，其中不超过1年的为临时劳动合同；2年以上、不超过5年的为中期劳动合同；超过5年的为长期劳动合同。

之所以要作出这种选择，是因为：(1)劳动合同短期化在实践中已显示出诸多弊端。例如，导致劳动关系不稳定，这既不利于劳动者的就业稳定，也不利于企业通过劳资合作来提高企业的长期竞争力；临时劳动合同和劳动派遣的泛化，给用人单位歧视劳动者提供了便利的手段，这既扭曲了配置劳动力资源的市场机制，又致使低端劳动者工资收入水平停滞的局面难以扭转。(2)劳动力市场还不具备以不定期劳动合同为主的现实条件。例如，严峻的就业形势是当前和今后相当长时期内必须面对的问题，失业率（计入农村剩余劳动力）高达20%的劳动力供求状况[15]，使就业竞争越来越激烈；劳动力素质普遍偏低，中低技术产业在产业结构占较大比例，增加了劳动者的可替代性程度；民营企业大多寿命偏短（平均寿命只有2.9年）[16]，其长期用工的需求不强烈；就业困难群体的就业环境和就业条件，难以根本好转。(3)中长期劳动合同为主是实行劳动合同制以来曾一度存在并被实践证明可行的模式，恢复这种模式，既可以扭转劳动合同短期化的倾向，又不至于超越劳动力市场的现实条件，避免对已经形成的利益格局造成太大的冲击。

为了确保中长期劳动合同为主、短期（临时）劳动合同和不定期劳动合同为辅的结构得以实现，需要完善短期（临时）劳动合同和不定期劳动合同的订立制度。完善短期（临时）劳动合同订立制度的重点在于，将临时劳动合同的适用范围仅限制在临时性、季节性岗位，将短期劳动合同的适用范围限制于特殊情形（如初次就业、开业初期、经营不景气、经济危机等），以制止以往劳动合同短期化现象的重演。完善不定期劳动合同订立制度的重点在于，增强不定期劳动合同订立条件的规制力度，以便在以中长期劳动合同为主的同时，渐进地扩大不定期劳动合同的比例。

为了使现实中的准三元结构转化为制度上的三元结构，还应当改变劳动合同解除制度统一适用于定期劳动合同和不定期劳动合同的安排，对短期（临时）劳动合同、中长期劳动合同、不定期劳动合同分别实行有所不同的劳动合同解除制度。其思路为：(1)短期（临时）劳动合同，除用人单位有过错外，劳动者不得擅自辞职；除劳动者有过错外，用人单位不得擅自解雇；并且，不适用解雇保护制度。(2)中长期劳动合同和不定期劳动合同分别实行不尽相同的解除制度。

二、劳动合同的形式

（一）劳动合同形式的种类和法律选择

劳动合同形式，是劳动合同内容赖以确定和显示的方式，亦即劳动合同当事人双方意思表

---

〔14〕 王全兴：《〈劳动合同法〉实施后的劳动关系走向》，载《深圳大学学报》（社会科学版）2008年第3期。

〔15〕 张俊才、田阔川：《第3次就业高峰来临　算上农村我国失业率高达20%》，载《中国经济周刊》2006年6月19日。

〔16〕 中华全国工商联合会：《2005年中国民营企业发展报告》（蓝皮书），载 http://news.sina.com.cn/o/2005-07-01/06556317427s.shtml，2008年11月17日访问。

示一致的外部表现。一般有书面形式与口头形式之分。我国《合同法》第 11 条规定,“书面形式是指合同书、信件和数据电文(包括电报、电传、传真、电子数据交换和电子邮件)等可以有形地表现所载内容的形式。”

劳动合同形式还有主件和附件之分。主件一般是指在确立劳动关系时所订立的书面劳动合同。附件一般是指法定或约定作为劳动合同主件之补充而明确当事人双方相互权利义务的书面文件。在我国,法定的劳动合同附件,主要有:(1)劳动规章制度。《劳动法》和《劳动合同法》均规定,用人单位应当建立和完善劳动规章制度。(2)专项劳动协议,即已确立劳动关系的劳动者与其用人单位就某种事项所签订的专项协议。《劳动合同法》第 22 条第 1 款规定,“用人单位为劳动者提供专项培训费用,对其进行专业技术培训的,可以与该劳动者订立协议,约定服务期。”

在境外立法例中,一般允许劳动合同采用口头形式,即当事人可以就劳动合同的书面或口头形式作出选择,而只要求特定劳动合同采用书面形式。在我国,根据《劳动法》的规定,所有劳动合同都应当采用书面形式;[17] 而根据《劳动合同法》的规定,劳动合同一般应当采用书面形式(第 10 条第 1 款),但在特殊情形下允许采用口头形式,即“非全日制用工双方当事人可以订立口头协议”(第 69 条第 1 款)。不仅如此,外商投资企业与其职工(包括中方职工,外方及港、澳、台员工)签订的劳动合同必须用中文书写,亦可同时用外文书写,但中外文本劳动合同的内容必须一致,中外文本劳动合同内容发生矛盾时则以经过鉴证的中文本劳动合同为准。[18]

我国立法一直要求劳动合同应当采用书面形式,这是由我国不同于西方国家的现阶段的国情所决定的。其主要表现在:(1)市场信用度低,即使书面合同,其履行率也不高,那么口头劳动合同就更难保障其履行。(2)劳动条件基准不完备,集体合同和劳动规章制度都不普遍且其内容多不完整和具体,劳动权利义务的大部分内容需要由劳动合同约定,不采用书面形式,就不足以明确劳动权利义务的内容。

(二)劳动合同书面形式的法律意义

在法理上,若法律把某种形式(如书面形式)明定为合同法定的必备形式,则可以赋予其四种效力:(1)证据效力,即法定形式仅作为合同关系存在的证据。(2)成立效力,即只有采用法定形式才能使合同成立。(3)生效效力,即欲使合同生效,必须采用法定形式。(4)对抗第三人效力,即只有采用法定形式才能对抗第三人对合同提出的请求或主张。在我国,强调劳动合同书面形式的证据效力,理所当然,但对于其成立或生效效力,则需要慎重。立法实践中,尽管一直要求劳动合同应当采用书面形式,但对于书面形式是否作为作为劳动合同的有效要件,先后作出不同的选择。

《劳动法》及其配套法规将书面形式作为劳动合同的有效要件,把没有书面劳动合同作依据的劳动关系规定为事实劳动关系,并对未与劳动者订立书面劳动合同的用人单位规定责令

---

〔17〕 在《劳动法》中,第 19 条要求“劳动合同应当以书面形式订立”,而无允许采用口头形式的例外规定。

〔18〕 劳动部综合计划与工资司《对大连市劳动局〈关于同时用中外文书写的两种劳动合同文本法律效力问题的请示〉的复函》(劳计司函字[1994]3 号)第 1 条、第 3 条。

改正、赔偿损失、罚款等制裁手段[19]，但这在实践中未能扭转书面劳动合同签订率低的局面，并且，认定口头劳动合同无效和用人单位因未签订书面劳动合同而受处罚的实例则不多见。究其原因，主要在于：(1)口头劳动合同一旦被确认为无效，其后果对劳动者不一定有利(即可能导致失业)。故劳动者对用人单位不签订书面劳动合同，缺乏向劳动监察机构举报的积极性。(2)确认大量口头劳动合同无效的成本过高。面对大量的口头劳动合同，仅凭劳动监察机构主动监察，必然力不从心而导致"法不责众"。

于是，《劳动合同法》没有赋予书面劳动合同以建立劳动关系的效力，即劳动合同的书面形式不作为建立劳动关系的要件。这主要表现在，《劳动合同法》第7条规定，"劳动关系自用工之日起建立"，而不将书面劳动合同的订立作为劳动关系建立的标志；第26条第1款未明确将没有书面形式列为劳动合同无效的事由，故没有书面劳动合同作依据的劳动关系不再是事实劳动关系。可见，书面形式的有无并不影响劳动合同对建立劳动关系的效力。

《劳动合同法》之所以不将劳动合同书面形式作为建立劳动关系意义上的有效要件，这是因为：(1)劳动关系具有持续性和变动性，而劳动合同即使采用书面形式也是一种不完全契约，即作为建立劳动关系的最初合意不可能包含未来劳动关系全程的全部内容，劳动关系的完整合意需要由多元的合意形式来完成。(2)在劳动合同书面形式不作为建立劳动关系的有效要件的情况下，通过给不与劳动者订立书面劳动合同的用人单位附加相应的义务和不利后果，也可以促使用人单位与劳动者订立书面劳动合同，而不必将没有书面形式作为劳动合同无效的事由。

未将订立书面劳动合同而将开始用工作为建立劳动关系的标志，还表明劳动合同的口头(推定)形式具有建立劳动关系的合法性。因为，用工是劳动者与用人单位的双方行为，隐含有口头(推定)的劳动合同，且意味着口头(推定)的劳动合同已开始履行。

(三)用人单位订立书面劳动合同的义务

尽管以书面形式订立劳动合同应当是当事人双方的义务，但鉴于实践中书面劳动合同签订率低的主要原因在于用人单位，而书面劳动合同较之口头劳动合同对劳动者权益保护更为有利，故立法将订立书面劳动合同之义务的约束力主要指向用人单位。

根据《劳动合同法》第7条、第10条第2款、第82条和《劳动合同法实施条例》第5~7条的规定，用人单位订立书面劳动合同的义务以及不履行此义务的法律后果，可作表7-2所示分解。

---

[19] 关于责令改正、赔偿损失的规定参见《劳动法》第98条、《关于贯彻执行〈中华人民共和国劳动法〉若干问题的意见》(劳部发[1995]309号)第17条、《违反〈劳动法〉有关劳动合同规定的赔偿办法》(劳部发[1995]223号)第2条和第3条；关于罚款的规定参见《广西壮族自治区劳动行政处罚规定》(1997年)第10条、《劳动保障监察条例》(2003年)第35条、《上海市劳动合同条例》(2002年)第56条等。

表 7－2

<table>
<tr><td>义务起点</td><td>第 1 阶段：自用工之日起一个月内</td><td>第 2 阶段：自用工之日起超过一个月不满一年</td><td>第 3 阶段：自用工之日起满一年后</td></tr>
<tr><td rowspan="3">用人单位自用工之日起即与劳动者建立劳动关系</td><td colspan="3">用人单位未与劳动者订立书面劳动合同</td></tr>
<tr><td colspan="2">用人单位诚信协商的义务</td><td>用人单位诚信成立合同的义务</td></tr>
<tr><td>▲用人单位应书面通知劳动者订立书面劳动合同；
▲劳动者不与用人单位订立书面劳动合同的，用人单位应书面通知劳动者终止劳动关系，无须支付经济补偿；
▲用人单位应依法向劳动者支付劳动报酬。</td><td>▲用人单位应与劳动者补订书面劳动合同；
▲劳动者不与用人单位订立书面劳动合同的，用人单位应书面通知劳动者终止劳动关系，并依法支付经济补偿；
▲用人单位未履行此义务应依照第 82 条第 1 款的规定向劳动者每月支付两倍的工资。</td><td>▲视为已与劳动者订立不定期劳动合同；
▲用人单位应立即与劳动者补订书面不定期劳动合同；
▲用人单位未履行此义务应依照第 82 条第 2 款的规定向劳动者每月支付二倍的工资。</td></tr>
</table>

(1)义务开始的两种起点。“用人单位自用工之日起即与劳动者建立劳动关系”，因未与劳动者订立书面劳动合同，而负有订立书面劳动合同的义务。作为起点的“用工之日”，不仅包括首次开始用工即建立劳动关系的情形，还包括前一个劳动合同期满后未续订书面劳动合同而劳动者仍继续向用人单位提供劳动的情形。在后一种情形中，尽管是原劳动关系的延续，但由于原劳动合同已期满终止，故不能认为原劳动合同期限随之延长，而应当视作是再次开始用工和建立劳动关系，并要求用人单位承担续订书面劳动合同的义务。否则，如果将其视作是原劳动合同期限随之延长，就会给用人单位规避因连续订立二次定期限劳动合同而应当订立不定期劳动合同的义务提供方便。

(2)义务存续的三个阶段。用人单位所承担的订立书面劳动合同的义务，自开始用工之日起到订立书面劳动合同之日的前一日止，一直存续而不中断。其中可能包括三个阶段，即开始用工之日起一个月内；开始用工之日起满一个月的次日至开始用工之日起满一年的前一日；开始用工之日起满一年的当日至订立书面劳动合同的前一日。在这三个阶段，用人单位所承担义务的内容及其相应责任不尽相同，即除订立书面劳动合同的义务一直存续外，附加的义务和责任递进加重。

(3)义务内容的两种理解。由于订立书面劳动合同是双方行为，书面劳动合同的成立需要双方当事人协商一致，故对作为用人单位义务的书面劳动合同订立行为，可以有两种理解：一是诚信协商的义务，即用人单位有义务诚信地就订立书面劳动合同作出与劳动者协商的意思表示，并对未能成立书面劳动合同无过错；二是诚信成立合同的义务，即用人单位不仅有义务诚信地就订立书面劳动合同作出与劳动者协商的意思表示，而且有义务诚信地使书面劳动合同成立。在上述三个阶段中，对订立书面劳动合同之义务有不同的要求：在第一阶段和第二阶段中，如果用人单位已尽到诚信协商的义务，但劳动者不与用人单位订立书面劳动合同的，用人单位“应当书面通知劳动者终止劳动关系”。在这里，虽然作出终止劳动关系的书面通知是其义务，但单方终止劳动关系是其权利。所以，这两个阶段的义务可以理解为诚信协商的义务，并且第一阶段为义务履行的宽限阶段，对该义务未设置责任。而在第三阶段中，由于在开始用工之日起满一年的当日已经视为与劳动者订立不定期劳动合同，故用人单位已无单方终止劳动关系的权利。所以,此阶段的义务应理解为诚信地成立书面劳动合同的义务。

(四)用人单位未订立书面劳动合同的法律后果

由于立法规定要式劳动合同的目的在于更有效地保护劳动者合法权益,故许多国家从有利劳动者的角度,规定劳动合同不符合要式合同要求的法律后果。

其他国家常见规定

我国《劳动合同法》对用人单位未订立书面劳动合同的法律后果,作出了独特的设计,即第82条规定的“二倍工资”责任。[20]《劳动合同法》实施后书面劳动合同签订率显著提高的事实表明,“二倍工资”责任更能调动和激发劳动者维权的主动性和积极性,其作为促使用人单位订立书面劳动合同的倒逼机制,具有更强的力度。“二倍工资”责任中,至少有如下法律问题需要明确:

1.“二倍工资”的法律属性

作为劳动者履行劳动义务之法律后果的“工资”,是具有原义务属性的劳动报酬;作为不履行法定义务(即未订立书面劳动合同或不定期限劳动合同)之法律后果的“工资”,则属于法律责任。在《劳动合同法》第82条所规定的“二倍工资”中,一倍(或称“第一倍”)属于劳动报酬,实践中一般已在劳动者履行劳动义务的当月支付;另一倍(或称“第二倍”)则属于法律责任,实践中在劳动者履行劳动义务的当月一般都未支付。因而,由于《劳动合同法》将规定“二倍工资”的第82条列入第七章“法律责任”,故可以将“二倍工资”作为一个整体理解为法律责任;但由于其中“第一倍工资”是劳动者履行劳动义务的对价,“第二倍工资”才具有惩罚性,故也可以将“二倍工资”分解,仅将“第二倍工资”理解为法律责任。

对作为法律责任的“二倍工资”或“第二倍工资”,还可以作进一步的法律属性界定。《劳动法》第97条中规定,用人单位故意拖延不订立劳动合同,对劳动者造成损害的,应当承担赔偿责任。根据原劳动部《违反〈劳动法〉有关劳动合同规定的赔偿办法》(1995年)第2条和第3条的规定,用人单位故意拖延不订立劳动合同造成劳动者工资收入损失的,其赔偿由劳动者本人应得工资收入和应得工资收入25%的赔偿费用所构成,故属于惩罚性赔偿。《劳动合同法》第82条所规定的“二倍工资”责任,是对《劳动法》第97条及其配套规定中的赔偿责任的修改,且加重了惩罚程度,故在此意义上或许也可定性为惩罚性赔偿。但是,《劳动合同法》第82条与《劳动法》第97条及其配套规定的根本区别在于,后者所规定的赔偿责任须以“对劳动者造成损害”或“造成劳动者工资收入损失”为前提,而前者所规定的“二倍工资”责任,并未明确要求有此前提,即只须未订立书面劳动合同即可。可见,《劳动合同法》第82条虽然未明确将“对劳动者造成损害”规定为支付“二倍工资”的要件,但其中隐含有对未订立书面劳动合同已给劳动者造成损害的推定。在此意义上,“二倍工资”中的“第二倍工资”可理解为是基于推定损害的法定赔偿标准,只不过赔偿是否具有惩罚性则不确定。

2.“二倍工资”责任的时间界限

在订立书面劳动合同之义务存续的三个阶段中,对第二阶段承担“二倍工资”责任已无疑

[20] 《劳动合同法》第82条规定:用人单位自用工之日起超过一个月不满一年未与劳动者订立书面劳动合同的,应当向劳动者每月支付二倍的工资。用人单位违反本法规定不与劳动者订立无固定期限劳动合同的,自应当订立无固定期限劳动合同之日起向劳动者每月支付二倍的工资。

义,但对第三阶段是否还承担“二倍工资”责任,则有不同的主张。在有的地方性内部司法政策文件中规定〔21〕,自开始用工之日起满一年的当日起,由于已经视为与劳动者订立无固定期限劳动合同,故无须继续承担“二倍工资”责任。笔者认为,在此阶段用人单位仍然应当承担“二倍工资”责任。这是因为:(1)《劳动合同法》第14条第3款所规定的法律后果,即“视为用人单位与劳动者已订立无固定期限劳动合同”,只是表明劳动关系存续的期限类型的改变,即定期(不超过1年)劳动关系转化为不定期劳动关系,而不属于法律责任。如果不再支付“二倍工资”,就意味着已无法律责任,也意味着“不订立书面劳动合同”已不再违法。这显然与法律本意不符。(2)《劳动合同法实施条例》第7条在规定“视为自用工之日起满一年的当日已经与劳动者订立无固定期限劳动合同”的同时,还要求“应当立即与劳动者补订书面劳动合同”。这既表明,视为已经与劳动者订立不定期劳动合同,只是意味着已建立不定期劳动关系,并不等同于已在事实上订立无固定期限劳动合同;又表明,从此日起,应当订立书面劳动合同的义务,已转化为应当订立书面不定期劳动合同的义务。(3)自用工之日起满一年的当日起,用人单位不与劳动者订立书面不定期劳动合同,就属于《劳动合同法》第82条第2款所规定的“用人单位违反本法规定不与劳动者订立无固定期限劳动合同的”情形,故其后果是“自应当订立无固定期限劳动合同之日起向劳动者每月支付二倍的工资”。(4)在此阶段如果只视为已建立不定期劳动关系而不继续承担“二倍工资”责任,就不足以促使用人单位与劳动者订立书面劳动合同。因为尽管现实中还存在对不定期劳动合同的“恐惧症”,但就中小企业而言,由于其平均寿命低,不定期劳动合同对其无实际压力,在中小企业就业的劳动者对不定期劳动合同也不会有较高的预期;就大企业而言,不定期劳动合同与其对劳动关系稳定的需求比较吻合。所以,仅仅视为已经与劳动者订立不定期劳动合同,不会成为促使用人单位订立书面劳动合同的得力手段,对中小企业更是如此;较之前一阶段的“二倍工资”责任,对用人单位的负担不是递进加重而是递进减小。

3.“二倍工资”责任的基数界定

《劳动合同法》对“二倍工资”责任仅规定“每月支付二倍的工资”,而对“二倍工资”的计算基数如何确定则未作规定,以致实践中产生不同的理解〔22〕。在实践中,“第一倍工资”一般在

---

〔21〕《浙江省劳动争议仲裁委员会关于劳动争议案件处理若干问题的指导意见(试行)》(浙仲[2009]2号)第34条规定:“依据《劳动合同法》第14条第3款规定,视为双方已订立无固定期限劳动合同而未签书面劳动合同的,劳动者要求依据《劳动合同法》第82条支付二倍工资的,仲裁委员会不予支持。”《徐州市中级人民法院劳动争议案件指导意见》(2010年4月)第27条、《广州市中级人民法院关于审理劳动争议案件的参考意见》(2009年10月)第19条和《武汉市中级人民法院关于审理劳动争议案件若干问题纪要》(武中法[2008]第87号)第18条也作出类似规定。

〔22〕《广州中级人民法院关于审理劳动争议案件的参考意见》(2009年10月)第18条规定,“用人单位未按法规规定签订书面劳动合同而每月支付双倍工资的,以标准工资作为计算基数。”《北京市劳动局、北京市高级人民法院关于劳动争议案件法律适用问题研讨会会议纪要》(2009年8月)第28条规定,依照《劳动合同法》第82条的规定应当向劳动者支付的双倍工资,“计算基数应以相对应的月份的应得工资为准”。《深圳市劳动争议仲裁、诉讼实务座谈会纪要》(2010年3月)第6条规定,“《劳动合同法》第82条规定的‘二倍工资’中加付的一倍工资是指包括加班工资在内的所有应发工资。”《上海市高级人民法院关于劳动争议若干问题的解答》(2010年12月)第3条规定,关于双倍工资的计算基数的确定,“劳动关系双方对月工资有约定的,双倍工资的计算基数应按照双方约定的正常工作时间月工资来确定。双方对月工资没有约定或约定不明的,应按《劳动合同法》第18条规定来确定正常工作时间的月工资,并以确定的工资数额作为双倍工资的计算基数。如按《劳动合同法》第18条规定仍无法确定正常工作时间工资数额的,可按劳动者实际获得的月收入扣除加班工资、非常规性奖金、福利性、风险性等项目后的正常工作时间月工资确定。如月工资未明确各构成项目的,由用人单位对工资构成项目进行举证,用人单位不能举证或证据不足的,双倍工资的计算基数按照劳动者实际获得的月收入确定。按上述原则确定的双倍工资基数均不得低于本市月最低工资标准。”

劳动者履行劳动义务的当月已经支付,因而"第二倍工资"的确定应当以"第一倍工资"为依据,故"二倍工资"的基数取决于"第一倍工资"的确定。而"第一倍工资"的确定则需要明确以下问题:(1)是应得工资而不是实得工资。应得工资,是指劳动者已提供劳动而依据约定和法定标准所应得的工资;实得工资,是指劳动者已经领取的工资,可能等于也可能少于应得工资。故作为"二倍工资"基数的工资以应得工资为宜,而实得工资对确定应得工资具有一定的证据意义。由于"第一倍工资"的支付须以劳动者提供劳动为前提,故作为"二倍工资"基数的应得工资只限于已提供劳动和依法视为提供正常劳动的工作时间的应得工资,劳动关系存续期间内劳动者未提供劳动的时间(如请事假)不能纳入计算应得工资的工作时间。至于据以计算应得工资的月工资标准,当事人双方口头明确约定的,依其约定;约定不明确的,依据《劳动合同法》第 11 条规定的规则确定,即按照集体合同规定的标准执行,没有集体合同或者集体合同未规定的实行同工同酬;原劳动合同期满终止而未续订劳动合同的,原劳动合同关于工资标准的约定,除当事人双方另有口头约定外,可继续作为确定工资的依据。(2)应当限于每月提供劳动而在当月所应得的各种形式的劳动报酬,而不包括支付周期超过一个月的劳动报酬(如季度奖、半年奖、年终奖、年底双薪等)。因为"二倍工资"责任被法定为"每月支付二倍的工资"的责任。

三、关于劳动合同内容的一般规定

劳动合同内容,就书面劳动合同而言,即劳动合同条款。它作为劳动者与用人单位合意的结果,将劳动关系当事人双方的权利和义务固定并具体化。因而,完备、明确和合法,是对劳动合同条款的基本要求。

(一)劳动合同内容的一般构成

劳动合同条款可分为法定必备条款和约定必备条款。前者即依据法律规定劳动合同必须具备的条款,又可分为一般法定必备条款和特殊必备条款;后者即依据当事人一方或双方的要求而必须具备的条款。《劳动合同法》第 17 条提供了一个较完备的劳动合同条款体系。

1. 法定必备条款

在关于一般法定必备条款的立法例中,多列举规定其目录,即仅规定应包括哪些方面的事项,而对各个条款的具体事项则不作详尽规定。例如,我国台湾地区 1985 年公布施行的"劳动基准法施行细则"第 7 条劳动契约的一般必备条款规定为:(1)工作场所及应从事之工作有关事项;(2)工作开始及终止之时间、休息时间、休假、例假、请假及轮班制之换班有关事项;(3)工资之议定、调整、计算及给付之日期与方法有关事项;(4)有关劳动契约之订立、终止及退休有关事项;(5)资遣费、退休金及其他津贴、奖金有关事项;(6)劳工应负担之膳宿费、工作用具费有关事项;(7)安全卫生有关事项;(8)劳工教育、训练有关事项;(9)福利有关事项;(10)灾害补偿及一般伤病补助有关事项;(11)应遵守之纪律有关事项;(12)奖惩有关事项;(13)其他劳动权利义务有关事项。

在我国,《劳动合同法》第 17 条第 1 款将一般必备条款规定为九项:(1)用人单位的名称、住所和法定代表人或者主要负责人;(2)劳动者的姓名、住址和居民身份证号码或者其他有效身份证件号码;(3)劳动合同期限;(4)工作内容和工作地点;(5)工作时间和休息休假;(6)劳动报酬;(7)社会保险;(8)劳动保护、劳动条件和职业危害防护;(9)法律、行政法规规定应当纳入劳动合同的其他事项。其中,前三项是确立劳动关系的事项,后六项是明双方权利义务的事项。

与《劳动法》第19条第1款规定的一般必备条款比较,“劳动纪律”、“劳动合同终止的条件”和“违反劳动合同的责任”未被列为法定必备条款。由于《劳动合同法》第17条第1款是对《劳动法》第19条第1款的替代,故《劳动合同法》第17条第1款中“法律、法规规定应当纳入劳动合同的其他事项”,不应当包括《劳动法》第19条第1款所规定而《劳动合同法》第17条第1款未列入的事项。这三种事项之所以不再作为法定必备条款,各有其特殊理由。其一,“劳动纪律”属于劳动规章制度的内容,《劳动合同法》第4条已就其制定程序作出专门规定,由劳动合同约定“劳动纪律”,则不符合该法定程序。虽然劳动合同还可以就“劳动纪律”的遵守作出对劳动者更有利的约定,如特别约定特定劳动者在一定条件下可不受某项劳动纪律约束,但这不可能成为普遍现象,故只能成为约定必备条款。其二,“劳动合同终止的条件”被《劳动法》列为一般法定必备条款,与《劳动法》第23条允许约定终止是一致的;而《劳动合同法》第44条和《劳动合同法实施条例》第13条表明已不允许约定终止,故“劳动合同终止的条件”不再作为法定必备条款。其三,“违反劳动合同的责任”被《劳动法》列为一般法定必备条款,与《劳动法》未对违约金作出明确规定是一致的;而《劳动合同法》第25条规定,除违反服务期和竞业限制约定的情形外,用人单位不得与劳动者约定由劳动者承担违约金,故“违反劳动合同的责任”不宜再被列为法定必备条款。

特殊法定必备条款,是法律要求某种或某几种劳动合同必须具备的条款。有的劳动合同由于自身的特殊性,立法特别要求其除一般法定必备条款外,还必须规定一定的特有条款。例如,《比利时雇佣合同法》规定,商业推销员雇佣合同中应制订计算佣金的条款;学生雇佣合同中应包括履行合同地点、日工时和周工时,学生食宿地点等条款。我国立法也有此类规定,例如,《劳动合同法》对劳务派遣的劳动合同条款规定的特别要求,即第58条规定,“……劳务派遣单位与被派遣劳动者订立的劳动合同,除应当载明本法第十七条规定的事项外,还应当载明被派遣劳动者的用工单位以及派遣期限、工作岗位等情况……”

2. 约定必备条款

约定必备条款是在法定必备条款以外应当事人双方或一方的要求所必备的,往往是劳动合同个性的体现,并非所有劳动合同都具有。至于可有哪些内容的约定必备条款,法律不作限制。它是法定必备条款的必要补充,其具备与否,对劳动合同可否依法成立,在一定程度上有决定性意义。按照作出约定的主体不同,它可分为集体合同约定必备条款和劳动合同当事人约定必备条款。前者即集体合同要求在劳动合同中必须载明的条款,既包括集体合同已规定标准而应由劳动合同将其具体化的条款,也包括集体合同仅列出项目而应由劳动合同明确其内容的条款。在有的国家(如日本等)对劳动合同必备条款,法规中少作或不作规定,而主要由集体合同约定。后者即签订劳动合同时当事人一方或双方特别约定劳动合同中必须有的条款。

在约定必备条款中,有的属于法定可备条款,即法律规定劳动合同可以具备的条款。劳动合同的某些内容由于非常重要而不应被忽视,但又不宜作为法定必备条款,于是,在立法中予以特别提示,指明在劳动合同中可以作出专项约定。例如,《劳动合同法》第17条第2款规定,“劳动合同除前款规定的必备条款外,用人单位与劳动者可以约定试用期、培训、保守秘密、补充保险和福利待遇等其他事项”，这种规定只具有示范性或提示性。

(二)劳动合同法定必备条款欠缺的法律后果

1. 法定必备条款欠缺对劳动合同成立的影响

就劳动合同的效力而言，欠缺法定必备条款，其后果不是劳动合同无效或部分无效，而是劳动合同未成立或内容不完整而未完全成立。其理由在于：(1)劳动合同成立即当事人双方就确立劳动关系和明确权利义务达成合意，所表明的是未就劳动合同的主要内容达成合意，只是涉及劳动合同成立与否的问题，而未涉及劳动合同的效力评价问题。(2)劳动合同欠缺法定必备条款在实践中导致劳动合同完全不成立的现象不会多见。因为劳动合同欠缺的一般是明确双方当事人权利义务的条款，只导致劳动合同不完全成立；如果欠缺的是确立劳动关系的条款，才有可能导致劳动合同不成立，不过鲜见这种极端现象(即使如此，因用工而建立的劳动关系还存在)。(3)《劳动合同法》第 81 条规定，用人单位提供的劳动合同文本未载明《劳动合同法》规定的劳动合同必备条款的，由劳动行政部门责令改正。这表明，欠缺法定必备条款的劳动合同属于应当改正的劳动合同，其效力并未因欠缺法定必备条款而被否定。(4)《劳动合同法》第 26 条所列举的内容违法的无效劳动合同仅限于“用人单位免除自己的法定责任、排除劳动者权利的”劳动合同，而未将欠缺法定必备条款的劳动合同列入其中。

2. 法定必备条款欠缺的赔偿责任

劳动合同欠缺法定必备条款将导致劳动合同不成立或难以履行，这会给劳动者造成损害。依据《劳动合同法》第 81 条的规定，用人单位提供的劳动合同文本未载明法定必备条款而给劳动者造成损害的，应当承担赔偿责任。这属于缔约过失责任。

(三)劳动合同约定劳动标准不明确的处理

明确当事人双方的权利义务，是劳动合同的法定功能。然而，劳动合同作为“不完全契约”，其条款难免具有弹性和不确定性。基于劳动合同的这种局限性，《劳动合同法》第 18 条依据合同以意思自治为原则的原理和劳动条件基准、集体合同、劳动合同之间效力关系的原理，对在劳动合同约定劳动报酬和劳动条件等标准不明确而引发争议的情况下，如何明确当事人双方的权利义务以保障劳动合同的完备性与合法性的问题，规定了若干处理措施并作如下排序：(1)用人单位与劳动者可以就不明确的条款重新协商；(2)协商不成，若集体合同有相应规定的，适用集体合同的规定；(3)没有集体合同或者集体合同未规定劳动报酬的，实行同工同酬；(4)没有集体合同或者集体合同未规定劳动条件等标准的，适用国家有关规定(即劳动条件基准)。

四、若干劳动合同条款的基准性规则

基于当事人双方在缔约时的强弱地位差异和某些合同条款所涉事项的复杂性，为确保双方尤其是劳动者在就特定事项商定合同条款过程中的意思自治，并确保合同条款能公平分配权利义务，除运用劳动条件基准外，还需要立法对某些特定事项分别规定相应的基准性规则。无论是法定必备条款还是约定必备条款，若立法就其事项已规定基准性规则，当事人对该合同条款的商定就应当遵循这种基准性规则。

(一)试用期条款

1. 试用期的界定和立法目的

试用期，是指当事人双方约定的，包括在劳动合同期限内而劳动关系还处于非正式状态，用人单位考核劳动者是否合格,劳动者了解用人单位是否适合自己要求,以便确定劳动关系是否进入正式状态的短暂性、实验性期限。较之劳动关系的一般期限,其主要特点在于:以当事人双方相互考察和熟悉为主要目的;劳动关系不稳定,劳动合同相对易于解除;劳动者的工资和福利待遇,一般低于正式劳动关系存续期间;作为劳动关系进入正式状态的前置阶段而存在,期限短暂。在《劳动法》和《劳动合同法》中,试用期条款都只是约定必备条款,而非法定必备条款。

试用期尽管对当事人双方都有利,即有助于用人单位防范用工风险和劳动者防范劳动风险,但对用人单位更为有利,因为试用的主要目的不是提供劳动,而是判断劳动者的适格性和能力,所以,立法应当基于实现试用期的目的和防范试用期被滥用的需要,对试用期进行规制。

2. 试用期的成立要件

依《劳动合同法》第19条的规定,完全具备下述要件试用期才得以成立:(1)试用期与劳动合同期限并存,不得仅约定试用期。劳动合同仅约定试用期的,试用期不成立,该期限为劳动合同期限。(2)试用期包含在劳动合同期限内,且与劳动合同期限同时开始。换言之,劳动合同期限与试用期起点相同,但长于试用期。若劳动合同约定的试用期长度与劳动合同期限相同,该期限应当仅为劳动合同期限。(3)试用期未超出法定的适用范围。(4)试用期未超过法定的最长期限。

3. 试用期的适用范围

试用期的适用范围取决于试用的目的。我国台湾地区"劳动契约法"(1935年)第6条规定,"劳动契约以永续性之劳动关系为目的者,得约定一个月为试验期间"。这表明,可约定试用期的只限于不定期劳动契约。之所以主张定期劳动契约(临时性、短期性、季节性、特定性工作之劳动契约)不得约定试用期,是因为其存续期间非常短暂,契约之目的,是劳工提供的劳动,是弥补企业暂时性劳力供应不足。[23]

基于设置试用期的目的,并为了防止用人单位滥用试用期,《劳动合同法》第19条和第70条对试用期的适用范围作出下述限制性规定:(1)同一用人单位与同一劳动者只能约定一次试用期。即同一劳动者在同一用人单位已实行过试用期后,再次订立劳动合同的,无论岗位变化与否,也无论与前一次已实行过试用期的就业有无时间间隔或间隔时间多长,都不适用试用期。(2)以完成一定工作任务为期限的劳动合同,不足3个月的定期劳动合同,或者非全日制用工,都不得约定试用期。

我国实践中,作为劳动关系非正式状态的期限,还有学徒期、见习期和实习期,其与试用期的适用问题存在交叉。对于学徒,依现行学徒制度,劳动关系和培训关系并存,故试用期和学徒期可以同时约定,都包含在劳动合同期限内,但试用期不得超过半年。[24] 对适用见习期的大中专毕业生,鉴于见习期是一种来自计划经济体制的与固定工制度和大中专毕业生计划分配就业相配套的一种制度,且其功能与试用期相似,故在非公共部门,对大中专应届毕业生宜以

---

〔23〕 台湾劳动法学会编:《劳动基准法释义——施行20年之回顾与展望》,新学林出版股份有限公司2009年版,第88页。

〔24〕 《劳动部办公厅对〈关于劳动用工管理有关问题的请示〉的复函》(劳办发[1996]5号)规定,在实行劳动合同制度后,学徒期应继续采用,并按照技术等级标准规定的期限执行;试用期和学徒期包含在劳动合同期限内,试用期和学徒期可以同时约定,但试用期不得超过半年。

试用期取代见习期；在公共部门，对实行聘用制的大中专应届毕业生，也宜以试用期替代见习期，但人事管理特别法对其试用期有特别规定的[25]，从其规定。对于实习期，应当区分毕业前实习期和毕业后实习期，毕业前实习者还是在校学生，与实习单位不存在劳动关系，故在毕业后被原实习单位录用的，是否适用试用期的问题由双方约定；毕业后实习期，实质上是试用期，应当适用《劳动合同法》关于试用期的规定。

关于对被派遣劳动者是否适用试用期的问题，现行立法没有明确规定。笔者认为，试用期不宜适用于派遣单位与被派遣劳动者的劳动合同。这是因为，派遣单位并不用工，故不存在对被派遣劳动者试用的前提；而用工单位是变动的，被派遣劳动者与用工单位的劳动关系一般具有临时性，故没有试用的必要。

4. 试用期的最长期限

基于试用期所具有的防范用工风险和劳动风险的功能和用工（劳动）风险程度受劳动合同期限长度制约的事实，《劳动合同法》第 19 条将试用期的最长期限与劳动合同期限对应，分别对不同期限的劳动合同规定了不同的试用期最长期限。即劳动合同期限 3 个月以上不满一年的，试用期不得超过 1 个月；劳动合同期限 1 年以上不满 3 年的，试用期不得超过 2 个月；3 年以上固定期限和无固定期限的劳动合同，试用期不得超过 6 个月。

因试用须以用工为前提，故试用期的起点应当是开始用工之日，而不是劳动合同订立之日起；并且可实行中止制度，如《江苏省劳动合同条例》（2013 年修订）第 15 条第 2 款规定，劳动者在试用期内患病或者非因工负伤须停工治疗的，在规定的医疗期内，试用期中止。

《劳动合同法》规定的试用期最长期限是一种不得延长的期限，从试用期满的次日起，劳动者就成为正式职工，而不论是否办理考核和转正手续。

5. 试用期的工资待遇

试用期内劳动者的工资待遇在一定程度上低于试用期满后的劳动者，应当属于正常现象，但如果过度则属于滥用试用期来侵犯劳动者合法权益。为此，《劳动合同法》第 20 条对试用期内劳动者的工资待遇规定了特别基准。即劳动者在试用期的工资不得低于本单位相同岗位最低档工资或者劳动合同约定工资的 80%，并不得低于用人单位所在地的最低工资标准。其中，“本单位相同岗位最低档工资”，是指在同一用人单位内部与试用期内劳动者所在岗位相同的岗位上，试用期满劳动者的最低档工资标准；“劳动合同约定工资”，是指劳动合同约定的劳动者在试用期满后的月工资标准；用人单位所在地的最低工资标准是试用期内劳动者所得工资的底线，本单位相同岗位最低档工资或者劳动合同约定工资的 80%，可以高于但不得低于用人单位所在地的最低工资标准。

6. 违法约定试用期的责任

违法约定的试用期，包括不得有的试用期（如在同一用人单位再次订立劳动合同而约定的试用期）、不成立的试用期（如约定的试用期长度与劳动合同期限相同）和超过法定最长期限的试用期。对于不得有的试用期和不成立的试用期，该约定全部无效，而认定为正式劳动关系存续期间；对于超过法定最长期限的试用期，该约定应当部分无效，而只将其超过部

---

[25] 《人事部关于在事业单位试行人员聘用制度的意见》（2002 年）规定，被聘人员为大中专应届毕业生的，试用期可以延长至 12 个月。

分认定为正式劳动关系存续期间。无论何种违法约定的试用期,根据《劳动合同法》第 83 条的规定,都由劳动行政部门责令改正;并且,违法的试用期已经履行的,应当由用人单位以劳动者试用期满月工资为标准,按已经履行的违法约定试用期的期间[26]向劳动者支付赔偿金。

(二)服务期条款

1. 服务期的界定

劳动关系中的服务期,又称最低服务年限,根据《劳动合同法》的规定,是指当事人双方约定的,对劳动者有特殊约束力的,劳动者因获得特殊的劳动条件而应当与用人单位持续劳动关系的期限。它属于劳动合同中的约定必备条款。实践中的服务期较之劳动合同期限有以下特点:(1)服务期是劳动者因享受用人单位给予的特殊待遇而作出的承诺;而劳动合同期限不以劳动者享受用人单位的特殊待遇为条件。(2)服务期由于同劳动者享受特殊待遇相对应,对劳动者有约束力,即劳动者在服务期内负有与用人单位持续劳动关系的义务,违反此义务须支付违约金;而劳动合同期限依《劳动法》第 31 条和《劳动合同法》第 37 条的规定对劳动者几乎没有约束力。但是,当劳动合同期限被服务期所覆盖时,对劳动者也就具有了约束力,这可称之为劳动合同特殊期限。(3)服务期对劳动者而言是义务期限,对用人单位而言是权利期限;而劳动合同期限,在就业保障意义上,对劳动者而言是权利期限,对用人单位而言是义务期限。上述特点表明,约定服务期的主旨是维护用人单位的利益,正因为如此,防范用人单位滥用服务期,应当成为规制服务期的目的之一。

在我国台湾地区,约定服务年限一般指不定期劳动契约的伴随"违约金约定条款"或"费用偿还约定条款"的最低服务年限;定期劳动契约因在契约期限内不得提前终止,故其期限被视为广义约定服务年限。而在我国大陆,定期劳动合同与不定期劳动合同一样,劳动者都可经提前 30 日预告而无条件辞职。

2. 服务期的类型及其法律选择

依设定服务期所依据的前提条件即用人单位给予劳动者的特殊待遇不同,我国实践中的服务期,可分为与出资培训对应的服务期(简称出资培训服务期)和与特殊物质待遇对应的服务期(简称特殊物质待遇服务期)。例如,《上海市劳动合同条例》(2001 年)第 14 条和《江苏省劳动合同条例》(2003 年)第 15 条都规定,用人单位与其出资招用、培训或者提供其他特殊待遇的劳动者可以约定服务期。

在《劳动合同法》中,仅规定出资培训服务期,而未规定特殊物质待遇服务期。这是否意味着不得再约定特殊物质待遇服务期呢?依据《劳动合同法》的规定,服务期的约束力主要表现在违约金上,而除服务期违约金和竞业限制违约金外,"用人单位不得与劳动者约定由劳动者承担违约金"(第 25 条)。这表明,特殊物质待遇服务期的约定对劳动者已不具有由违约金作保障的约束力,在此意义上,《劳动合同法》所允许的服务期只限于出资培训服务期。

《劳动合同法》之所以如此,是因为出资培训和特殊物质待遇属于用人单位之间两种不同

---

〔26〕《劳动合同法》第 83 条规定:"……违法约定的试用期已经履行的,由用人单位以劳动者试用期满月工资为标准,按已经履行的超过法定试用期的期间向劳动者支付赔偿金。"这里只包括超过法定最长期限的试用期,而未包括不得有的试用期和不成立的试用期,故表述不准确而需要修改。

类型的人才竞争方式。出资培训是开发型人才竞争，即人才增量竞争，其直接开发人力资源，可直接从数量和质量上增加人力资源的供给，且对人力资源市场秩序几乎无负面影响。而特殊物质待遇，则是争夺型人才竞争，即人才存量竞争，其争夺既有人力资源，虽然可激励劳动者提高自身素质，但对增加人力资源供给的积极作用小于开发型人才竞争，并且，还会加剧人力资源供求矛盾，对劳动力市场秩序有负面影响。发达国家在争夺型人才竞争非常激烈的同时，开发型人才竞争非常发达；而在我国争夺型人才竞争日益激烈，开发型人才竞争却发育不足。如果对争夺型人才竞争规制不当或不力，将会进一步抑制开发型人才竞争的发育。所以，我国现阶段的政策选择应当是，鼓励开发型人才竞争，限制争夺型人才竞争；基于建设创新型国家的人才需要，更应当如此。

出资培训是一种正外部性很强的人力资本投资行为。一方面，对于人力资本投资行为，应当确认用人单位作为人力资本投资者享有投资收益权，亦即赋予用人单位对其出资培训所形成的劳动者的劳动技能享有一定期限的使用权。此即产权手段，亦即出资培训服务期制度的实质。但出资培训服务期具有限制劳动者自由流动的缺陷，与劳动者的自由择业权冲突。另一方面，对于出资培训的正外部性，应当运用公共政策手段，即对用人单位出资培训给予财政、税收、金融等政策优惠。因此，对出资培训应当产权手段与公共政策手段并用，即为了弥补产权手段的缺陷，应当对出资培训服务期作适度限制，并运用公共政策手段予以配合。

《劳动合同法》实施后的实践中，有种主张认为："用人单位给予劳动者价值较高的财物，如汽车、房屋或住房补贴等特殊待遇的，属于预付性质劳动报酬。劳动者未按照约定期限付出劳动的，属于不完全履行合同。根据合同履行的对等原则，对劳动者未履行的部分，用人单位可以拒绝给付；已经给付的，也可以要求相应返还。因此，用人单位以劳动者未完全履行劳动合同为由，要求劳动者按照相应比例返还的，可以支持。"[27]这种主张在实质上是对特殊物质待遇服务期之约束力的确认。从法律技术层面分析，这种主张的问题在于：(1)与服务期对应的特殊物质待遇在劳动法意义上不属于劳动报酬，而属于特殊劳动福利；其对应的不是劳动者的劳动，而是对劳动者的预期劳动力使用权，或者说是对劳动者择业自由的限制。所以，将特殊物质待遇定性为劳动报酬，不符合劳动法的法理。(2)特殊物质待遇按比例返还的约定在实质上属于违约金，而这违反了《劳动合同法》第25条关于不得在法定范围之外约定由劳动者承担违约金的规定。从政策目标层面分析，这种主张与我国建设创新型国家的人才开发和人才竞争的政策目标相悖。因为特殊物质待遇服务期激励用人单位挖人才"墙角"，会抵消出资培训服务期激励人才开发的作用，尤其是抑制欠发达地区用人单位开发人才的积极性，不利于欠发达地区的人才稳定和人才开发。

3. 约定服务期的前提条件

根据《劳动合同法》第22条第1款的规定，约定出资培训服务期的前提条件应当是用人单位为劳动者提供专项培训费用，对其进行专业技术培训。可见，专项培训费用是指用人单位提供的专门用于劳动者专业技术培训的费用。对其界定，有下述要点：(1)培训内容限于专业技术培训，即基于特定专业对劳动者的特殊技能要求所进行的专门培训，而不包括面向一般劳动者的入门性或通用性知识和技能的培训，如岗位适应性培训、上岗和转岗培训、劳动安全卫生

---

〔27〕 上海市高级人民法院：《关于适用〈劳动合同法〉若干问题的意见》（沪高法[2009]73号）。

培训等。(2)培训费用项目应当包括有支付凭证的培训费用、培训期间的差旅费以及因培训产生的用于该劳动者的其他直接费用。(3)培训费用来源应当为用人单位全部或部分提供的专项培训费用。其中,由用人单位部分提供的,其在全部培训费用中应当占有足以影响培训正常进行的比重。至于"专项培训费用"的理解,立法尚不明确。依《劳动法》第 68 条和财政部、全国总工会、国家发展改革委等 11 个部委联合颁布的《关于企业职工教育经费提取与使用管理的意见》(2006 年)的规定,按照工资总额的一定比例提取职业培训经费,是各个企业的普遍性义务,而需要用服务期制度来激励的应当是在此种培训经费之外投入更多的培训经费。所以,有必要将这里的"专项培训费用"理解为国家规定提取的职工培训费用以外的专项培训费用。(4)培训费用应当达到一定的数量。至于数量界限,则需要探讨。曾有一种立法主张是,用人单位一次性或者 12 个月内累计为 1 名劳动者支出超过本单位上年度平均工资 30% 的费用进行培训的,视为提供了专项培训费用。[28]

4. 服务期的长度

《劳动合同法》对服务期的长度未作限定而由当事人双方自由约定,但基于服务期在本质上是人力资本投资收益权的原理和约定服务期以出资培训为前提的法律规定,服务期长度应当与人力资本投资量相对称;为了协调人力资本投资受益权与劳动力所有权、服务期约束与择业自由之间的冲突,防范用人单位滥用服务期来限制劳动力自由流动,对服务期的长度应当有合理的界限。正是基于此种考虑,在未规定服务期最长期限的情况下,《劳动合同法》规定,"约定服务期的,不影响按照正常的工资调整机制提高劳动者在服务期期间的劳动报酬。"其意图在于建立服务期长度与提高劳动者劳动报酬的关联机制,引导用人单位适当控制服务期长度。

在境外的司法实践中,服务期长度被作为判断最低服务年限约定是否有效的一个重要因素,即把服务期间长短的合理性作为最低服务年限约定具有合理性和适法性的一个要件。其中,训练期间与服务期长度的比例关系,尤其受到重视。例如,我国台湾地区有司法判例表明,如劳工受训练之期间甚短,就不宜约定过长的最低服务年限;必须是为期一定时间以上的职业训练,雇主才有约定一定服务期间的合理事由。依德国联邦劳工法院的判决,没有劳动给付义务的进修期间与约定服务期间的合法比例关系为:2 个月内进修期间的至多约定 1 年以内服务期间;3 ~ 5 个月进修期间的可以约定 2 年以内服务期间;6 个月以上、1 年以下进修期间的可以约定 2 年以内服务期间;长于 2 年以进修期间的可以约定 5 年服务期间。[29]

5. 服务期超过劳动合同期限的法律后果

在订立定期劳动合同后当事人双方约定服务期的,就可能发生服务期超过原约定劳动合同期限或劳动合同尚未履行期限的情形。而对于服务期超过劳动合同期限的法律后果,亦即劳动者在原劳动合同期限届满后剩余服务期持续劳动关系的义务,地方立法例曾有两种选择:一是续订劳动合同,即劳动者有义务在剩余服务期内与用人单位续订劳动合同,而新劳动合同所约定的权利义务与原劳动合同的约定可以一致,也可以不一致。例如,《上海市劳动和社会保障局关于实施〈上海市劳动合同条例〉若干问题的通知》(2002 年)第 6 条规定:约定的服务

---

〔28〕《劳动合同法实施条例(草案)》(征求意见稿)第 19 条,该条文未被写入《劳动合同法实施条例》。

〔29〕参见台湾劳动法学会编:《劳动基准法释义——施行 20 年之回顾与展望》,新学林出版股份有限公司 2009 年版,第 249 ~ 251 页。

期限长于劳动合同期限,“劳动合同期满用人单位要求劳动者继续履行服务期的,双方当事人应当续订劳动合同,对服务期的履行方式双方有约定的,从其约定。”二是延长劳动合同期限,即服务期超过原劳动合同期限的,视为原劳动合同期限的延长,在延长期间对原劳动合同义务双方可继续履行,也可以协议变更。例如,《江苏省劳动合同条例》(2003 年)第 15 条第 2 款规定:“约定的服务期长于劳动合同期限或者超过劳动合同尚未履行期限的,当事人可以相应变更劳动合同期限等相关内容……劳动合同期满用人单位要求劳动者继续履行服务期的,劳动者应当履行”。就这两种法律后果对劳动关系继续运行的保障程度和对劳动者的约束程度而言,延长劳动合同期限大于续订劳动合同。[30] 正因为如此,《劳动合同法实施条例》第 17 条规定,劳动合同期满,但是用人单位与劳动者依法规定约定的服务期尚未到期的,劳动合同应当续延至服务期满;双方另有约定的,从其约定。在这里,将服务期超过劳动合同期限的法律后果,原则上确定为劳动合同期限的延长和劳动合同所约定权利义务的存续,但同时允许当事人双方对是否和如何履行剩余服务期以及剩余服务期的权利义务另行约定。

6. 违反服务期约定的违约金

劳动者违反服务期约定的,应当按照约定向用人单位支付违约金。《劳动合同法》第 22 条第 2 款和《劳动合同法实施条例》第 26 条对支付此违约金的条件和标准已作规定。

违约金的支付条件,即劳动者违反服务期约定,是指劳动者违反应当与用人单位持续劳动关系直至服务期届满的义务。这就将劳动合同解除和终止与劳动关系持续的冲突凸显为认定劳动者是否违反服务期约定的关键。劳动关系的持续需要以当事人双方的合意为条件,劳动合同的解除和终止有多种方式和事由,故对劳动合同解除或终止是否构成劳动者违反服务期约定的问题,需要分别类型作具体分析。服务期未满,劳动者预告辞职的;因劳动者有过错而被辞退的;劳动者违法辞职的,都应当认定为违反服务期约定,劳动者应当支付违约金。服务期未满,劳动者无过错而被辞退的;劳动者因用人单位过错而辞职的;用人单位违法辞退的;劳动合同期满,用人单位终止劳动合同的;劳动合同因期满之外法定终止事由而终止的,则不属于违反服务期约定,用人单位不得要求劳动者支付违约金。服务期未满,而双方协议解除劳动合同的,是否应当支付违约金的问题由,应当由双方协商确定并作为合同解除之协议的内容;而由用人单位定向劳动者提出解除劳动合同并与劳动者协商一致解除劳动合同的,则意味着用人单位对尚未履行之服务期的放弃,而不应当认定为劳动者违反服务期约定。

关于违约金的标准,由于服务期是人力资本投资收益权的体现,并且服务期及其长度是以人力资本投资为依据的,故《劳动合同法》规定,约定违反服务期违约金的数额不得超过用人单位提供的培训费用,并且,劳动者所支付的违约金不得超过服务期尚未履行部分所应分摊的培训费用。可见,至为关键的是对违约金与之挂钩的培训费用作出界定。专业技术培训有脱产培训和在岗培训之区分,培训费用的界定各有其需要明确的特殊问题。对于脱产培训,需要明确培训费用中是否包括劳动者在培训期间所得劳动报酬的问题。由于劳动者按照用人单位的安排参加脱产培训应当视为履行劳动义务,就有权获得劳动报酬,故其所得劳动报酬不应当列入培训费用。即使要将劳动者所得劳动报酬列入培训费用,也应当具备两种依据:(1)受培训者所得劳动报酬已列为用人单位专项培训费用的预算项目,否则就不应当将其所得劳动报酬

---

〔30〕 成曼丽、王全兴:《服务期的法律定性和法律后果》,载《中国劳动》2006 年第 2 期。

列入培训费用;(2)将受培训者所得劳动报酬列为用人单位专项培训费用的预算项目,符合国家规定的财务制度,否则也不应当将其所得劳动报酬列入培训费用。对于在岗培训,应当明确培训费用与受培训者所在岗位常规生产管理费用的界限。即培训费用应当是该岗位常规生产管理费用之外,为培训劳动者所专门投入的费用。

(三)保密条款

劳动者承担保密义务,既基于劳动关系中劳动者的忠实义务,也基于对商业秘密和知识产权的保护,还基于对公平竞争秩序的维护。劳动者的保密义务应当由劳动合同约定,或者由劳动者与用人单位另行约定,此即约定劳动者对用人单位的商业秘密和与知识产权相关的保密事项承担保密义务的合同条款或专项协议。其中,将竞业限制作为一种保密措施予以约定的,是保密条款或协议的一种特殊类型。保密条款和竞业限制条款在我国都属于法定可备条款。

1. 保密义务主体和客体

承担保密义务的主体,只限于由于职务或工作原因而可能知悉用人单位商业秘密和与知识产权相关的保密事项的劳动者,一般情况下,用人单位只可要求涉密岗位的劳动者承担保密义务,而与其约定保密条款或订立保密协议。

根据《劳动合同法》第23条第1款的规定,可以约定劳动者对用人单位承担保密义务的,仅限于商业秘密和与知识产权相关的保密事项。商业秘密是指不为公众所知悉,能为权利人带来经济利益,具有实用性并经权利人采取保密措施的技术信息和经营信息。我国《反不正当竞争法》、国家工商行政管理局《关于禁止侵犯商业秘密行为的若干规定》以及我国《刑法》第219条均采用这一定义。商业秘密具有经济性、秘密性、措施性和合法性的特征。所谓“与知识产权相关的保密事项”,是指那些尚未纳入知识产权法保护范围,又不构成商业秘密,但因与知识产权相关而对用人单位仍具有一定保密价值的事项(或信息)。在知识产权法理论中,有人将这类事项称为“准商业秘密”,与“商业秘密”相并列,二者共同构成了WTO制定的《与贸易有关的知识产权协议》(Trips)所规定的“未公开信息”。[31]

2. 劳动合同可以约定的保密事项

《劳动合同法》第23条规定,用人单位与劳动者可以在劳动合同中约定保守用人单位商业秘密和与知识产权相关的保密事项。保密条款属于劳动合同的约定必备条款,是否设立保密条款往往是用人单位根据本单位的具体情况以及劳动者所在岗位的特点决定的。保密事项既可以在劳动合同中约定,也可以由用人单位与劳动者在劳动合同之外另行签订保密协议,还可以在劳动规章制度中作出规定。保密条款或者保密协议中可以约定如下主要事项:

(1)保密的内容和范围。在立法中,对商业秘密和与知识产权相关的保密事项的内容和范围缺少明确规定,故在实践中只能由当事人约定。保密内容,是指劳动者在特定岗位上可能知悉的秘密信息,应当明确列举其种类和目录,但不可任意夸大其外延。保密范围,是指应当对谁保密的范围,这需要明确限定可以合法获知秘密信息的主体范围,超过此范围的主体,都应当对其保密。

(2)保密的期限。不同的秘密信息,其保密期限不尽相同。根据不同秘密信息的保密需

〔31〕 张成立:《对“商业秘密”的再认识》,载《兰州学刊》2004年第2期。

要，既可以约定在劳动关系存续期间的保密期限，也可以约定保密期限超过劳动关系解除或终止后一定期间。

（3）保密的权利和义务。用人单位享有确定秘密信息的内容和密级；限定秘密信息的知悉范围；对涉密信息、载体标明保密标志或采取防范措施；对涉密场所使用者、来访者提出保密要求等项保密权利。劳动者的保密义务主要是，防止泄露秘密信息；不得刺探与本职工作无关的秘密信息；不得向他人泄露秘密信息；未经用人单位同意，不得使用其该技秘密信息进行生产与经营活动。

（4）保密措施。实践中的保密措施，多表现为对劳动权利的限制，而对劳动权利的约定限制，应当有法律依据。在劳动关系存续期间，现行法规允许可约定限制劳动权利的保密措施主要有：①脱密期。依据《劳动部关于企业职工流动若干问题的通知》（劳部发［1996］355号）规定，在劳动合同中可以约定用人单位有权单方决定对负有保密义务的劳动者，在劳动合同终止前或该劳动者提出解除劳动合同后一定期间内（不超过6个月），调整其工作岗位，变更劳动合同的相关内容。在《北京市劳动合同规定》和《上海市劳动合同条例》中还规定，脱密期内劳动者仍与用人单位有劳动关系，享有相关待遇；不得让其回家待岗，并以此为借口不发工资或者克扣工资。这表明，出于脱密的需要，在劳动合同终止或劳动者预告辞职前一定期限内，用人单位有权单方变更劳动者工作岗位，但不得因变更工作岗位而降低劳动者的工资待遇。②兼职限制。其主要有两种：一是不得在兼职中使用本职用人单位的秘密信息。如国家科委《关于科技人员业余兼职若干问题的意见》（1981年）规定，科技人员不得在业余兼职活动中将本职单位的技术秘密擅自提供给兼职单位，而不得利用兼职关系从兼职单位套取技术秘密。二是竞业限制。即在劳动者和用人单位关于兼职的协议中，可以约定负有保密义务的劳动者在兼职中应当受到竞业限制。在劳动关系解除和终止后，保密措施主要是约定竞业限制。③限制调离和辞职。国家科委《关于加强科技人员流动中技术秘密管理的若干意见》（1997年）规定，对列入国家重大科技计划项目计划任务书或者有关合同课题组成员名单的科技人员，在科研任务尚未结束前要求调离、辞职，并可能泄漏国家重大科技计划项目或者科研任务所涉及的技术秘密，危及国家安全和利益的，原则上不予批准。

（5）保密待遇。对于承担保密义务的劳动者，用人单位应当给予相应的补偿。如在职期间的保密津贴，劳动关系解除或终止后的竞业限制补偿金。国家科委《关于加强科技人员流动中技术秘密管理的若干意见》（1997年）规定，承担保密义务的科技人员享有因从事技术开发活动而获取相应报酬和奖励的权利；单位无正当理由，拒不支付奖励和报酬的，科技人员或者有关人员有权要求变更或者终止技术保密协议。《深圳经济特区企业技术秘密保护条例》（2009年修订）第16条规定，企业采取发放保密费的方式保护技术秘密的，保密费应当在劳动合同或者工资单中明示。

（6）违反保密义务的责任。根据《劳动合同法》第90条的规定，劳动者违反劳动合同中约定的保密义务，给用人单位造成损失的，应当承担赔偿责任。值得注意的是，仅承担保密义务而未承担竞业限制义务的，不得约定违约金。

（四）竞业限制条款

1. 竞业限制的界定和法律依据

竞业限制，又称竞业禁止，一般是指依据法律规定或合同约定，与特定营业主体有特定法律关系的主体,在一定的时空范围内不得在与该特定营业主体有竞争关系的用人单位就业,也不得从事与该特定营业主体有竞争关系的业务活动。就其所属法律部门而言,可分为民商法上竞业限制[32]和劳动法上竞业限制。劳动法上竞业限制较之民商法上竞业限制,其主要特点在于:(1)竞业限制仅以劳动关系为前提,而不以委任、代理等民事关系为前提;(2)竞业限制旨在保护雇主的秘密信息,其义务人仅限于对雇主负有保密义务的人员;(3)竞业限制以劳动合同或专项协议为依据,虽然立法对竞业限制规定了强行性规则,但竞业限制只能因当事人双方的书面约定而启动,故属于约定竞业限制,而不是法定竞业限制。

劳动法上竞业限制,可分为在职竞业限制和离职竞业限制。前者即约定劳动者在劳动关系存续期间承担竞业限制义务;后者即约定劳动者在劳动合同解除或终止后一定期限内承担竞业限制义务,这在劳动合同中为延迟生效条款,即该条款在劳动合同的其他条款法律约束力终结后才开始生效。《劳动合同法》第 23 条第 2 款规定,“对负有保密义务的劳动者,用人单位可以在劳动合同或者保密协议中与劳动者约定竞业限制条款,并约定在解除或者终止劳动合同后,在竞业限制期限内按月给予劳动者经济补偿。”这表明,对负有保密义务的劳动者可以约定竞业限制,但只对离职竞业限制才要求约定经济补偿。也就是说,这并不表明我国只允许约定离职竞业限制而不允许在职竞业限制。就对劳动者就业权的消极作用而言,离职竞业限制甚于在职竞业限制。因而,劳动立法着重于规制离职竞业限制。这或许是我国《劳动合同法》第 23 条第 2 款和第 24 条只对离职竞业限制规定强行性规则的原因。这里论及的竞业限制,主要指离职竞业限制。

我国关于竞业限制的立法,有一般法与特别法之区分。前者如《劳动合同法》第 23、24、90 条和《最高人民法院关于审理劳动争议案件适用法律若干问题的解释(四)》第 6 ~ 10 条的规定;后者如国家科委《关于加强科技人员流动中技术秘密管理的若干意见》(1997 年)中关于竞业限制的规定,仅适用于企事业单位拥有的依据《科学技术保密规定》[33]确定为国家科学技术秘密的技术秘密。

2. 竞业限制的义务人

竞业限制作为一种保密措施,只能以负有保密义务的劳动者为对象;而劳动者负有保密义务应当以知悉用人单位的秘密信息即商业秘密和与知识产权相关的保密事项并且与用人单位有合同约定为前提。故作为竞业限制义务人须具备三项条件:一是劳动者基于劳动关系而知悉用人单位秘密信息;二是知悉用人单位秘密信息的劳动者基于与用人单位的约定而负有保密义务,即如果没有用人单位与劳动者的约定,劳动者即使知悉用人单位秘密信息,也不负有保密义务;三是用人单位与负有保密义务的劳动者约定竞业限制。其中,前一项条件是作为竞业限制义务人的实质要件,后两项条件是作为竞业限制义务人的形式要件。这在立法中有明确体现,如《劳动合同法》第 23 条第 2 款规定,“对负有保密义务的劳动者,用人单位可以在劳动合同或者保密协议中与劳动者约定竞业限制条款”;第 24 条第 1 款规定,“竞业限制的人员

---

〔32〕 例如,根据我国《公司法》(2005 年修订)第 149 条、《合伙企业法》第 30 条、《个人独资企业法》第 20 条、《专利代理条例》第 20 条的规定,公司董事、高级管理人员,合伙企业合伙人和个人独资企业受投资人委托或者聘用的管理人,专利代理人,都负有竞业限制义务。

〔33〕 《科学技术保密规定》1995 年 1 月 6 日由国家科学技术委员会、国家保密局发布,其第二章为“国家科学技术秘密的范围和密级”。

限于用人单位的高级管理人员、高级技术人员和其他负有保密义务的人员”。

值得注意的是,《劳动合同法》第 24 条第 1 款的规定,只表明竞业限制义务人必须是保密义务人,但不能认为凡是保密义务人都可以与其约定竞业限制协议而成为竞业限制义务人。尤其是考虑到离职后的竞业限制义务对劳动者施加的负担重于在职期间的保密义务,更应当重视作为竞业限制义务人与作为保密义务人在条件上的差别。在国家科委《关于加强科技人员流动中技术秘密管理的若干意见》(1997 年)中,对企事业单位可与之订立保密协议的人员和与之约定竞业限制条款的人员分别作出了不尽相同的规定:前者即“科技人员、行政管理人员,以及因业务上可能知悉技术秘密的人员或业务相关人员”;后者即“对本单位技术权益和经济利益有重要影响的有关行政管理人员、科技人员和其他相关人员”。可见,竞业限制义务人虽然以是保密义务人为前提,但其范围应当小于保密义务人的范围。就《劳动合同法》第 24 条第 1 款所规定人员范围而言,将“高级管理人员、高级技术人员”既作为竞业限制义务人又作为保密义务人,无可非议;而对于“其他负有保密义务的人员”是否可作为竞业限制义务人,则应当进一步界定。我们认为,关键在于“其他负有保密义务的人员”的职务或岗位与用人单位秘密信息的相关性,应当与高级管理人员和高级技术人员相同或相近,即其职务或岗位与用人单位秘密信息直接相关,也就是说,知悉用人单位秘密信息是其职务或岗位工作内容的一部分,并会成为其去另一用人单位求职的有利条件,只有这样,用人单位与其约定竞业限制才有必要。否则,劳动者即使在其岗位上会接触到用人单位秘密信息,但这种秘密信息与其职务或岗位工作内容只有间接相关性,即只是基于工作上的便利对用人单位秘密信息才会有所接触,如用人单位的司机由于其工作便利而接触到用人单位秘密信息,就只需与其约定保密义务即可,而不应当成为竞业限制义务人。

还值得注意的是,已承担离职前脱密期义务的劳动者还是否承担离职后竞业限制义务的问题。我们认为,既然劳动者在离职前已履行脱密期义务,就表明其以前知悉的用人单位秘密信息在脱密期后以被脱密而失去保密意义,故劳动者离职后不应当再承担保密义务,故更不应当承担竞业限制义务。所以,对同一劳动者,已约定离职竞业限制义务的,就不必约定脱密期义务;而脱密期义务人在离职后,就不得成为竞业限制义务人。

在德国,还有不得将未成年劳动者作为竞业限制义务人的规定,即员工于其与雇主达成离职竞业禁止约定时,如系未成年,则该约定无效。

3. 竞业限制的对象和期限

根据《劳动合同法》第 24 条第 1 款的规定,竞业限制的范围、地域、期限由用人单位与劳动者约定,但约定不得违反法律、法规的规定。

竞业限制即对有竞争关系之营业(即“竞业”)的限制,亦即要求劳动者在解除或者终止劳动合同后受雇就业和自营就业不得与原用人单位有同业竞争关系,劳动者既不得到与原用人单位生产或者经营同类产品、业务的有竞争关系的其他用人单位就业,也不得自营与原用人单位有竞争关系的同类产品、业务。可见,作为竞业限制之对象的“竞业”,其要件有:(1)营业范围相同,即劳动者再就业用人单位或劳动者本人生产、经营的产品、业务与原用人单位的产品、业务同类;(2)有竞争关系,即劳动者再就业用人单位或劳动者本人与原用人单位有竞争关系。在这里,同类产品、业务是形式要件,有竞争关系是实质要件。其中,所谓竞争关系,是指劳动者再就业用人单位或劳动者本人与原用人单位之间在相关市场上相互争夺交易机会和交易对象的关系。判断有无竞争关系,除了产品、业务是否同类外,还要考虑其他因素,尤其是地域因素。而对于产品、业务是否同类和是否有竞争关系的界定,需要以竞争法等其他相关立法为依据,还应当考虑到劳动法中竞业限制的特殊性。

判断产品、业务是否同类,除了以产品、业务的使用价值因素是否同类为标准外,还应当考虑到要竞业限制的目的在于保护用人单位的秘密信息。这就要求劳动者再就业用人单位或劳动者本人的产品、业务应当同时具有三个"一致性":一是与原用人单位的产品、业务在使用价值上具有一致性;二是与劳动者在原用人单位所从事的具体工作具有一致性,即正是劳动者在原用人单位所从事的生产或经营该类产品、业务的工作;三是与劳动者在原用人单位的工作岗位上所涉秘密信息的范围具有一致性,即能够使用劳动者在原用人单位的工作岗位上所能接触的秘密信息。

判断上述同类产品、业务是否处在有竞争关系的同一地域范围内,既要考虑到同类产品、业务可能形成相关市场的地域范围,还要考虑到原用人单位秘密信息的有效地域范围。对前一种地域范围来说,是指同类产品、业务可能相互争夺共同交易对象和交易机会的地域范围,即在该地域范围内,如果同类产品、业务的不同交易对象有大致相同的交易条件,或者同类产品、业务的不同竞争者有大致相同的竞争机会,就表明处在有竞争关系的同一地域范围。对后一种地域范围来说,任何一个用人单位对其拥有的秘密信息,都无法禁止他人以合法方式同时拥有和使用,故能使其秘密信息处于保密状态的地域范围都是有限的。例如,某种技术信息,在一个区域内属于技术秘密,而在另外的区域内可能已是公知技术。所以,上述同类产品、业务只有同时处在这两种地域范围内,才可认定为是有竞争关系的同一地域范围。

竞业限制条款或协议中应当约定竞业限制期限。这种约定,除了不得超出法定限制外,还应当考虑受保护的秘密信息在市场中具有竞争优势的持续时间、劳动者掌握秘密信息的程度、秘密信息可利用的难易程度等因素。在竞业限制立法例中,对竞业限制期限的限制,主要是规定最长期限。

国外通行的竞业限制最长期限是离职后 3 ~ 5 年。例如,《瑞士劳动合同法》规定为 3 年;《德国商法》规定为 2 年;《意大利民法典》规定高级职员为 5 年,一般职员为 3 年。我国在《劳动合同法》颁布以前,有关法规曾就竞业限制最长期限作出明确规定。我国在就业形势严峻的现阶段,基于保障劳动者就业的考虑,竞业限制期限不宜过长。《劳动合同法》将竞业限制最长期限规定为 2 年,是比较合理的。

约定的竞业限制期限长于法定最长期限的,不应当认定该约定全部无效,而只可认定其超过法定最长期限的部分期限无效。因为在法定最长期限内的竞业限制义务,只要用人单位已支付竞业限制补偿,就具有法律和事实依据。所以,《深圳经济特区企业技术秘密保护条例》(2009 年修订)第 23 条第 1 款规定,"竞业限制的期限超过解除或者终止劳动合同后 2 年的,超过部分无效。"

4. 竞业限制补偿的标准和支付方式

竞业限制补偿,是指用人单位对劳动者因竞业限制而受到的利益损失所支付的经济补偿。作为与劳动者竞业限制义务相对应的用人单位义务,竞业限制补偿应当为竞业限制条款或协议所的约定,并且,其标准和支付方式应当符合法定要求。

我国《劳动合同法》仅规定可以在劳动合同或者保密协议中约定支付竞业限制补偿,但对竞业限制补偿标准未作规定，而《劳动合同法》实施前后的地方立法和司法、仲裁指导文件中关于竞业限制补偿标准的规定都不尽相同。首次对竞业限制补偿规定全国性标准的是《最高人民法院关于审理劳动争议案件适用法律若干问题的解释（四）》（2013 年），依其第 6 条的规定，当事人未约定竞业限制补偿的，按月支付的竞业限制补偿为劳动者在劳动合同解除或者终止前 12 个月平均工资的 30%，月平均工资的 30% 低于劳动合同履行地最低工资标准的，按照劳动合同履行地最低工资标准支付。

国外立法关于竞业限制补偿标准的规定

关于竞业限制补偿的支付方式，《劳动合同法》在第 23 条第 2 款中规定，“在竞业限制期限内按月给予劳动者经济补偿”。这表明，竞业限制补偿只能在劳动合同解除或终止后支付，而不能在劳动合同解除或终止以前或当时支付；并且，应当在竞业限制期内按月支付，而不能按季度或年度支付。这样才足以保障劳动者不因竞业限制而影响其常态的生存条件。立法之所以如此规定，是因为竞业限制对劳动者的不利影响是因就业机会受限制而减少常规劳动或经营收入和降低常规生活质量，竞业限制补偿只有像工资支付一样进行常规支付，才可以发挥其应有的补偿功能。

5. 竞业限制条款或协议的生效条件

竞业限制条款或协议生效，即劳动者开始承担竞业限制义务和用人单位开始支付竞业限制补偿。作为一种延迟生效条款或协议，竞业限制条款或协议在订立当时并不立即生效，而是直到一定条件成立才生效。关于其生效条件，需要明确的要点有：

（1）劳动合同解除或终止且不存在阻止竞业限制条款生效的劳动合同解除或终止事由是竞业限制条款或协议生效的必备条件。劳动者承担竞业限制义务，必须以劳动合同解除或终止为前提，但并非任何情形下的劳动合同解除或终止都可启动竞业限制义务。例如，可归责于用人单位的劳动合同解除，即劳动者因用人单位违法或违约而辞职，或者用人单位违法或违约解雇，都不应当要求劳动者承担竞业限制义务。〔34〕 又如，在经济性裁员的情形下，也不应当要求被裁减劳动者承担竞业限制义务，因为用人单位在此情形下对负有保密义务的劳动者有选择裁员或留用的余地，若仍然将其裁员，就意味着放弃对劳动者的保密要求；并且，在此情形下要求被裁员劳动者承担竞业限制义务，则不符合促进被裁员劳动者再就业的政策目标。再如，劳动合同因用人单位消灭而终止的，劳动者承担竞业限制义务已无必要。此类阻止生效的事由，应当为立法所规定。

（2）未约定竞业限制补偿或其标准的竞业限制条款或协议是否有效。基于公平原则，用人单位对劳动者因竞业限制所受到的利益损失应当给予合理的经济补偿，故竞业限制条款或协议中应当有关于竞业限制补偿的约定。但《劳动合同法》第 23 条第 2 款中规定的是“可以”约定竞业限制补偿，故竞业限制补偿并非竞业限制条款或协议的法定必备条款。〔35〕 尽管只约定竞业限制义务而未约定竞业限制补偿的现象显失公平，但能否被认定为属于《劳动合同法》第 26 条第 1 款所规定的作为劳动合同无效事由的“用人单位免除自己的法定责任、排除劳动者权

---

〔34〕 《劳动合同法实施条例》（2008 年）第 26 条第 2 款。

〔35〕 对于拥有国家科学技术秘密的企事业单位而言，有特别法规定，即国家科委《关于加强科技人员流动中技术秘密管理的若干意见》（1997 年）第 7 条中规定，竞业限制条款一般应当包括竞业限制的具体范围、竞业限制的期限、补偿费的数额及支付方法、违约责任等内容。

利”的情形,取决于对竞业限制补偿是否为“用人单位法定责任”、“劳动者权利”的理解,尤其是将支付竞业限制补偿认定为“用人单位法定责任”,需要有明确的法律依据〔36〕。于是,地方司法、仲裁实践中对此问题存在分歧:一种主张认为,只约定竞业限制义务而未约定竞业限制补偿的条款或协议对劳动者不具有效力。〔37〕另一种主张认为,约定竞业限制义务而未约定竞业限制补偿或者虽约定补偿但未明确约定补偿标准的,基于当事人对竞业限制有一致的意思表示,可以认定为竞业限制条款对双方仍有约束力。〔38〕还有一种主张认为,约定竞业限制义务而未约定竞业限制补偿或虽约定补偿但未明确约定补偿标准的,双方可以通过协商予以补救,用人单位明确表示不支付补偿的,竞业限制条款对劳动者不具有约束力。〔39〕面对这些分歧,《最高人民法院关于审理劳动争议案件适用法律若干问题的解释(四)》(2013年)第6条第1款规定,“当事人在劳动合同或者保密协议中约定了竞业限制,但未约定解除或者终止劳动合同后给予劳动者经济补偿,劳动者履行了竞业限制义务,要求用人单位……按月支付经济补偿的,人民法院应予支持。”

基于上述内容,我们认为需要明确下述要点:其一,基于公平原则,立法应当将支付竞业限制补偿作为劳动者竞业限制义务的对价,确立为用人单位的法定义务和竞业限制条款或协议的法定必备条款。即尽管竞业限制为约定义务,但一旦竞业限制义务被约定,竞业限制补偿就应当被赋予法定强行性。其二,应当区分未约定竞业限制补偿和虽约定竞业限制补偿但未约定其标准这两种情形,并分别处理。其三,只约定竞业限制义务而未约定竞业限制补偿的,属于“用人单位免除自己的法定责任、排除劳动者权利”的情形,应当被依法确认为无效条款。按照劳动合同无效之法律后果的原理和规则,对于这种竞业限制条款或协议,允许当事人双方协商一致补救;若劳动者已履行竞业限制义务的,用人单位应当依法支付竞业限制补偿。其四,在约定竞业限制义务的同时,虽约定竞业限制补偿但未明确约定补偿标准的,可以认定竞业限制条款或协议有效。当事人双方未能就竞业限制补偿标准协商一致的,用人单位应当依法定标准支付竞业限制补偿。

(3)竞业限制条款或协议是否以用人单位支付竞业限制补偿为生效条件。作为一种延迟生效条款或协议,竞业限制条款或协议以劳动合同解除或终止作为生效条件已成定论,但实践中对于除劳动合同解除或终止之外还是否以用人单位支付竞业限制补偿作为生效条件,则有疑义。笔者认为,竞业限制条款或协议属于劳动合同的组成部分,而劳动合同为诺成合同,故

---

〔36〕 例如,国家科委《关于加强科技人员流动中技术秘密管理的若干意见》(1997年)第7条中规定,凡劳动(聘用)合同、知识产权权利归属协议或者技术保密协议中有竞业限制约定的,单位应向有关人员支付一定数额的补偿费。

〔37〕 例如,《江苏省高级人民法院、江苏省劳动争议仲裁委员会关于审理劳动争议案件的指导意见》(2009年)第13条第1款规定,用人单位与劳动者约定了竞业限制条款但未约定经济补偿,或者约定了经济补偿但未按约定支付的,该竞业限制条款对劳动者不具有法律约束力。

〔38〕 例如,《上海市高级人民法院、上海市人力资源和社会保障局关于适用〈劳动合同法〉若干问题的意见》(2009年)第13条规定,“劳动合同当事人仅约定劳动者应当履行竞业限制义务,但未约定是否向劳动者支付补偿金,或者虽约定向劳动者支付补偿金但未明确约定具体支付标准的,基于当事人就竞业限制有一致的意思表示,可以认为竞业限制条款对双方仍有约束力。”

〔39〕 例如,《北京市劳动局、北京市高级人民法院关于劳动争议案件法律适用问题研讨会会议纪要》(2009年)第39条第1款规定,“在劳动合同或保密协议中约定了竞业限制条款,但未就补偿费的给付或具体给付标准进行约定,不应据此认定竞业限制条款无效,双方可以通过协商予以补救,……用人单位明确表示不支付补偿费的,竞业限制条款对劳动者不具有约束力。”

具有诺成合同属性的竞业限制条款或协议，只须以劳动合同解除或终止作为生效条件，而不应当以属于合同履行行为的支付竞业限制补偿作为生效条件。至于劳动者承担竞业限制义务是否以用人单位支付竞业限制补偿为前提的问题，属于合同履行问题，而不属于合同是否生效问题。因而，《最高人民法院关于审理劳动争议案件适用法律若干问题的解释（四）》（2013 年）第 7 条规定，当事人在劳动合同或者保密协议中约定了竞业限制和经济补偿，当事人解除劳动合同时，除另有约定外，用人单位要求劳动者履行竞业限制义务，或者劳动者履行了竞业限制义务后要求用人单位支付经济补偿的，人民法院应予支持。这表明，竞业限制条款或协议仅以劳动合同解除或终止为生效条件，在竞业限制条款或协议生效时，除另有约定外，劳动者履行竞业限制义务应当先于用人单位支付竞业限制补偿。

6. 竞业限制条款或协议的失效事由

竞业限制条款或协议因解除或终止而失效。除了因竞业限制期限届满而终止外，根据我国现行法规和地方司法、仲裁指导性文件的规定，可导致竞业限制条款或协议解除或终止的事由有：（1）与竞业限制对象相关的秘密信息已为公众所知悉，或者已不能为本单位带来经济利益或竞争优势，不具有实用性；（2）竞业限制义务人死亡或者被宣告死亡；（3）用人单位终止；（4）用人单位在竞业限制期限届满前已通知劳动者解除竞业限制条款或协议；（5）当事人双方协商一致提前终止竞业限制协议；（6）用人单位违反竞业限制约定，不支付或者无正当理由拖欠竞业限制补偿；（7）劳动者因用人单位未遵守国家有关科技人员的政策，受到显失公平待遇；（8）用人单位违法解除劳动合同；（9）劳动者因用人单位违法或违约而即时辞职。[40]

《最高人民法院关于审理劳动争议案件适用法律若干问题的解释（四）》（2013 年）在第 7 条和第 8 条中分别规定了竞业限制条款或协议解除的两种情形：其一，竞业限制条款或协议生效后，因用人单位的原因导致 3 个月未支付竞业限制补偿的，劳动者有权请求解除竞业限制条款或协议。其二，在竞业限制期限内，用人单位有权请求解除竞业限制条款或协议，但在解除时，有义务额外支付劳动者 3 个月的竞业限制经济补偿。

之所以如此规定，其依据在于：在竞业限制条款或协议生效后，竞业限制义务的履行应当先于竞业限制补偿的支付，而竞业限制补偿应当按月支付。所以，一方面，劳动者以用人单位不支付或拖欠竞业限制补偿为由请求支付竞业限制补偿的，应当在用人单位不支付竞业限制补偿达到一定月数之后；另一方面，用人单位作为竞业限制的权利人可随时请求解除竞业限制条款或协议，但在用人单位请求解除前，正在竞业限制义务履行中的劳动者已有继续按月获得竞业限制补偿的预期，故用人单位在行使解除权时额外支付劳动者一定月数的竞业限制补偿，才足以保障其为变更就业作准备。正因为如此，基于公平考虑，作为劳动者行使解除权之事由的未支付竞业限制补偿的月数和作为用人单位行使解除权之条件的额外支付竞业限制补偿的月数，都规定为 3 个月。

还值得关注的是，竞业限制条款或协议并不因企业合并、分立而当然终止。如《珠海市企

---

〔40〕 第（1）、（6）、（7）种事由，参见国家科委《关于加强科技人员流动中技术秘密管理的若干意见》（1997 年）等；第（2）、（5）种事由，参见《珠海市企业技术秘密保护条例》（1997 年）等；第（3）种事由，参见《浙江省高级人民法院关于审理劳动争议案件若干问题的意见（试行）》（2009 年）；第（4）种事由，参见《江苏省高级人民法院、江苏省劳动争议仲裁委员会关于审理劳动争议案件的指导意见》（2009 年）；第（8）、（9）种事由，参见《江苏省劳动合同条例》（2003 年）等。

业技术秘密保护条例》(1997 年)第 24 条规定,企业依法合并、分立时,除另有约定外,变更后的当事人应当继续履行技术秘密保密协议、竞业限制协议规定的义务并享受相应的权利。

7. 竞业限制的违约责任

根据《劳动合同法》第 23 条和第 90 条的规定,劳动者违反竞业限制约定的,应当按照约定向用人单位支付违约金;给用人单位造成损失的,应当承担赔偿责任。其中需要明确的要点有:

(1)违约金的约定。关于竞业限制违约金的约定应当如何选择参照对象的问题,在地方司法、仲裁指导性文件中有两种指向:一是以实际损失为参照对象约定违约金。即约定的违约金过分高于劳动者违约所造成损失的,法院、仲裁机构可以根据劳动者的请求对违约金数额予以适当调整。[41] 二是以竞业限制补偿为参照对象约定违约金。即约定的竞业限制补偿与约定的违约金相比显失公正的,仲裁委员会可以根据竞业限制补偿标准,按照公平合理的原则对违约金予以适当变更。[42] 笔者认为,就公平性和可行性而言,在约定违约金的当时,以竞业限制补偿为参照对象较为妥当。这是因为:①约定违约金与约定补偿金具有共同的目的,即促使或诱使劳动者履行竞业限制义务,故二者对劳动者利益得失而言具有现实的对应性。②在违约金与赔偿金并存的竞业限制违约责任中,赔偿用人单位损失是赔偿金的主要功能,而不是违约金的主要功能。③违反竞业限制义务所造成的实际损失,在约定违约金的当时还难以估计,而补偿金则与违约金同时约定,故违约金以补偿金为参照更具有现实的可操作性。④当参照补偿金约定的违约金低于实际损失时,有赔偿责任兜底,也足以保障用人单位利益。⑤当违反竞业限制义务而未造成用人单位实际损失时,违约金虽然具有惩罚性,但由于以补偿金为参照而不失其公平性。

(2)实际损失的确定。根据原劳动部《违反〈劳动法〉有关劳动合同规定的赔偿办法》(1995 年)第 5 条的规定,劳动者违反保密义务和竞业限制义务给用人单位造成损失的,应当按《反不正当竞争法》(1993 年)第 20 条的规定给予赔偿,即"被侵害的经营者的损失难以计算的,赔偿额为侵权人在侵权期间因侵权所获得的利润;并应当承担被侵害的经营者因调查该经营者侵害其合法权益的不正当竞争行为所支付的合理费用。"

(3)违约金与赔偿损失的关系。在劳动者违反竞业限制义务的给用人单位造成损失的情形下,违约金与赔偿损失的关系在《劳动合同法》中未作规定。我们认为,一方面,依据《劳动合同法》与《合同法》(1999 年)之间特别法与一般法之关系的法理,应当适用《合同法》第 114 条第 2 款的规定,即"约定的违约金低于造成的损失的,当事人可以请求人民法院或者仲裁机构予以增加;约定的违约金过分高于造成的损失的,当事人可以请求人民法院或者仲裁机构予以适当减少。"另一方面,基于竞业限制违约金与竞业限制补偿金之间的对应关系,约定的违约金过分高于实际损失的,劳动者可以请求适当降低,但不宜低于已支付的竞业限制补偿。

(4)违反竞业限制义务的连带赔偿责任。劳动者违反竞业限制义务,通常与再就业用人单

---

〔41〕 如《广东省高级人民法院、广东省劳动争议仲裁委员会关于适用〈劳动争议调解仲裁法〉、〈劳动合同法〉若干问题的指导意见》(2008 年)第 26 条第 2 款;《山东省高级人民法院、山东省劳动争议仲裁委员会、山东省人事争议仲裁委员会关于适用〈劳动争议调解仲裁法〉和〈劳动合同法〉若干问题的意见》(2010 年)第 31 条第 2 款;《深圳市中级人民法院关于审理劳动争议案件若干问题的指导性意见(试行)》(2009 年)第 108 条第 2 款。

〔42〕 如《浙江省劳动争议仲裁委员会关于劳动争议案件处理若干问题的指导意见(试行)》(2009 年)第 31 条第 2 款。

位有关,并且再就业用人单位基于同原用人单位的竞争关系,会由于该劳动者违反竞业限制义务而得益。所以,再就业用人单位在一定条件下应当对违反竞业限制义务造成的原用人单位损失,承担连带赔偿责任。正因为如此,《深圳经济特区企业技术秘密保护条例》(2009 年修订)第 35 条第 3 款规定,"具有业务竞争关系的相关企业知道或者应当知道该员工负有竞业限制义务,仍然招用该员工的,应承担连带责任。"

值得注意的是,再就业用人单位承担这种连带赔偿责任的法律和法理基础,除了再就业用人单位与原用人单位有竞争关系外,还有再就业用人单位与劳动者之间的缔约告知义务,例如,《山东省劳动合同条例》(2013 年)第 10 条第 2 款规定,劳动者与原用人单位有竞业限制约定的,应当向用人单位如实说明。

(五)劳动合同不得约定的条款

1. 保证金条款

在劳动关系领域,保证金是劳动关系担保的一种形式,即约定劳动者向用人单位交纳一定数额货币或其他财物而在有特定违约或解约行为时不予退还,并以此作为缔结劳动关系的前提。关于保证金条款的立法,有两种情形:(1)禁止约定劳动者交纳保证金。例如,我国《劳动合同法》第 9 条明确规定用人单位招用劳动者,不得扣押劳动者的居民身份证和其他证件,不得要求劳动者提供担保或者以其他名义向劳动者收取财物。(2)允许约定劳动者交纳保证金,并对保证金的储存和保护作特别规定。例如,根据《法国劳动法典》的规定,允许雇主向劳动者收取现金、股票或股份形式的保证金;要求雇主将保证金存入法定金融机构的专门账户;禁止雇主将股票和股份形式的保证金移作企业股本,或者作为扩充资本的手段或债券来发行;无论何种形式的保证金都不能作为扣押的客体,凡是对保证金申请扣押的都将无效。

劳动立法中之所以禁止约定保证金条款,这是因为:基于保障人身自由的宗旨,对人身关系都不得设定担保,故即使是民法中的担保,也只适用于财产关系而不适用于人身关系。而劳动关系是劳动者处于弱势地位的人身关系,禁止强迫劳动而保障劳动自愿是其基本原则,故更不得出于订立和维持劳动关系的目的设定担保。在劳动力严重供过于求、强资本与弱劳动问题突出的现阶段,若允许约定保证金条款,将对劳动者更为不利,如增加求职成本、侵害经济权益、限制择业自由等。

还需要说明的是,劳动法禁止约定包括保证金在内的担保,只限于劳动关系中的人身关系内容,而对劳动关系中财产关系内容则未禁止设立担保,甚至强制设立担保,如工资保证金、欠薪保障基金等制度。值得注意的是,实践中存在对在管理人员控制之下企业巨额或重要财产约定担保的情形,这属于企业经营管理责任制的一种形式,而不属于劳动法意义的担保。对这种担保形式必须严格限定其适用范围,而不得适用于普通劳动者和由劳动者经管的一般生产资料。

2. 违约金和赔偿金条款

违约金"谓债务人约定于债务不履行时,对于债务人应为之给付。"[43]《合同法》第 114 条第 1 款规定:"当事人可以约定一方违约时应当根据违约的情况向对方支付一定数额的违约金,也可以约定因违约产生的损害赔偿的计算方法。"在国外劳动立法中,不乏劳动合同不得约

---

〔43〕 史尚宽:《债法总论》,法律出版社 2000 年版,第 517 页。

定违约金的立法例。例如,《日本劳动基准法》第16条规定,“禁止雇主签订预先约定不履行劳动合同时的违约金或损坏赔偿金额的合同。”

在我国,《劳动法》第19条规定的劳动合同必备条款中有“违反劳动合同的责任”,但未明确其中是否包括违约金和赔偿金条款;原劳动部《违反〈劳动法〉有关劳动合同规定的赔偿办法》(1995年)第3条、第4条中规定,劳动合同可以在法定赔偿之外约定“其他赔偿费用”;《关于企业职工流动若干问题的通知》(1996年)第3条中规定,“用人单位与职工可以在劳动合同中约定违约金。”而《劳动合同法》第25条中规定,除服务期违约金和竞业限制违约金外,劳动合同不得约定由劳动者承担违约金。

民事合同可约定违约金和赔偿金,而劳动合同一般不得约定违约金和赔偿金。其理由主要在于:(1)赔偿金和具有赔偿功能之违约金的约定,应当以在约定的当时对未来违约行为可能造成的损失能够估计为前提。而实践中,由于劳动合同是继续性合同,在签订劳动合同的当时对未来劳动者违反劳动合同可能造成的损失难以作出全面和准确的估计,故约定劳动者的违约金和赔偿金缺乏必要的信息基础。(2)用人单位与劳动者强弱不对等,在劳动合同订立中具有附合性,即劳动者多被动接受用人单位提出的条款,尤其在信息不充分的条件下,若允许约定劳动者的违约金和赔偿金数额,则难以有公平合理的约定。(3)劳动者承担赔偿责任的能力极为有限,对其违约行为所造成的损失只宜适用合理赔偿原则,所以,应当实行法定赔偿标准,而不宜由劳动合同约定违约金和赔偿金数额。(4)违约金具有担保的性质,而担保只能适用于财产关系,而不宜适用于劳动关系中的人身关系内容。

《劳动合同法》之所以将服务期违约金和竞业限制违约金作为例外而允许由当事人双方约定,是因为服务期和竞业限制有其特殊性,故在违约责任上作出特殊安排。其主要理由在于:(1)这两种违约金据以约定的参照对象不是违反服务期和竞业限制所造成的实际损失,而分别是专项培训费用和竞业限制补偿,这两种参照对象在约定服务期和竞业限制的当时是可以预估的。(2)这两种违约金所担保的标的分别是以专项培训费用为条件的服务期义务和以经济补偿为对价的竞业限制义务,其中含有财产内容即专项培训费用和竞业限制补偿。(3)这两种违约金由于不与实际损失而分别于与专项培训费用和竞业限制补偿对应,故一般不存在因实际损失额巨大而超出劳动者赔偿能力的问题。

3. 限制工资权条款

此即约定允许用人单位扣除工资、强制工资储蓄等限制劳动者工资支配自由的合同条款。由于这种条款与工资支付保障的精神不符,有的国家在立法中禁止在劳动合同中约定这种条款。例如,《日本劳动基准法》第18条规定,雇主不得在劳动合同之后附订要求劳动者将其工资储蓄的合同或者关于劳动者委托雇主管理其工资储蓄的合同。

4. 歧视条款

此即约定给予劳动者以歧视待遇的合同条款。这种条款违背了劳动者权益平等精神,因而为各国立法所明令禁止。例如,《巴林劳工法》规定,任何合同不得订有劣于该企业现有合同中的条件或者劣于公认的其职业本身性质所要求的条件,而且在雇佣的环境、工人的资历和能力都是相同的条件下,工人任何公开表示或暗示可放弃同一企业或同一职业工人所享有的特权均属无效。有的国家还专门对与工会有关的歧视条款作了禁止性规定。例如,《尼日利亚联邦共和国劳工法》规定,劳动合同不应当规定以下事项:(1)以工人是否参加工会或是否放弃工会会员资格作为雇佣条件;(2)因工人是工会会员,于工作时间之外或经雇主同意于工作时间之内从事工会活动,失去或被剥夺工会会员资格,拒绝成为工会会员,或者由于其他原因尚不是工会会员,而给予开除处分或使其蒙受其他损失。

5. 免除法定责任条款

《劳动合同法》第 26 条第 1 款将“用人单位免除自己的法定责任、排除劳动者权利的”劳动合同规定为劳动合同无效的事由,这表明,劳动合同不得约定免除用人单位法定责任、排除劳动者权利的条款。我国《安全生产法》(2002 年)第 44 条规定,“生产经营单位不得以任何形式与从业人员订立协议,免除或者减轻其对从业人员因生产安全事故伤亡依法应承担的责任。”这种约定用人单位对劳动者在劳动过程中发生的伤亡事故免负或减轻责任的条款,俗称“生死条款”。

第三节　劳动合同订立的程序

一、劳动合同订立的两个阶段

劳动合同的订立,是指劳动者和用人单位经过相互选择和平等协商,就劳动合同条款达成协议,从而确立劳动关系和明确相互权利义务的法律行为。在理论上,包括订立书面劳动合同和订立口头劳动合同;而在我国《劳动法》和《劳动合同法》中,“订立劳动合同”一般指订立书面劳动合同。劳动合同的订立过程一般包括确定合同当事人和确定合同内容两个阶段。在立法中,有的国家(如某些东欧国家在计划经济时期)只着重规定如何确定合同当事人;有的国家(如不少西方国家)只着重规定如何确定合同内容;有的国家(如日本、苏联等)则对如何确定合同当事人和合同内容都同样重视,我国现阶段立法亦如此。

(一)确定劳动合同当事人的阶段

在此阶段,由用人单位与劳动者通过一定方式相互选择,以确定劳动合同的双方当事人。它一般由用人单位的招工(招聘)行为和劳动者的应招(应聘)行为相结合而构成。根据我国有关法律的规定,此阶段的程序包括下述主要环节:(1)公布招工(招聘)简章。用人单位依法获准招工(招聘)以后,就应当以法定方式或有关国家机关指定方式,向不特定劳动者公布招工(招聘)简章。在简章中应载明法定必要内容,其中包括职工录用(聘用)条件、录用(聘用)后职工权利义务、应招(应聘)人员报名办法、录用(聘用)考核方式等事项。(2)自愿报名。劳动者按照招工(招聘)简章的要求,自愿进行应招(应聘)报名,并提交表明本人身份、职业技术、非在职等基本情况的证明文件。(3)全面考核。用人单位或其代理人依法对应招(应聘)人员的德智体状况进行考核,并公布考核结果。(4)择优录用(聘用)。用人单位对于经考核合格的应招(应聘)者,择优确定被录用(聘用)人员,并向其本人发出书面签约通知;为便于监督,还应公布被录用(聘用)者名单。

在此阶段,用人单位与劳动者的相互选择,对所确定的劳动合同双方当事人具有一定的法律约束力。即在招工(招聘)简章和录用(聘用)通知书所规定的期限内,劳动者有义务按期向用人单位报到,不按期报到就丧失要求与用人单位签订劳动合同的权利;用人单位对按期报到的劳动者,则负有依法签订劳动合同的义务。

为了实现劳动力资源合理配置和保障劳动者就业,我国对用人单位如何选择劳动者,作了许多限制性规定。其要点有:(1)用人单位必须以符合国家规定的职工录用基本条件的劳动者,作为招工对象。(2)用人单位招用从事涉及公共安全、人身健康、生命财产安全等特殊工种的劳动者,必须从取得相应资格证书的人员中录用。(3)用人单位应当以国家规定的特定人员作为招工的重点对象。例如,专业对口的职业技术学校毕业生,招工时应优先录用;向农村招工时,应优先录用退伍义务兵,对其中的立功者、超期服役者和女性应予适当照顾;企业裁员后6个月内招工的,应当优先录用被裁减人员;外商投资企业招工时,除外商代理人外,凡中方能够提供并胜任工作的,应招用中方人员;用人单位应当按一定比例安排残疾人就业,并为其选择适当的工种和岗位,其中的社会福利企业应以招用残疾人为主,等等。(4)除文艺、体育和特种工艺单位经批准可招用未满16周岁的文艺工作者、运动员和艺徒外,禁止招用童工。(5)除国家规定的不适合妇女的工种或者岗位外,不得以性别为由拒绝录用妇女或者提高对妇女的录用标准。(6)不得以劳动者是传染病病原携带者为由拒绝录用。但是,经医学鉴定传染病病原携带者在治愈前或者排除传染嫌疑前,不得从事法律、行政法规和国务院卫生行政部门规定禁止从事的易使传染病扩散的工作。(7)民族自治地方的企事业单位在招收人员时,要优先招收少数民族人员。(8)被聘用的外国劳动者必须是依法取得《外国人就业许可证书》的外国人,且聘用外国人从事的岗位应是有特殊需要,国内暂缺适当人选,且不违反国家有关规定的岗位。(9)被聘用的台、港、澳劳动者必须是依法取得《台港澳人员就业证》台、港、澳人员,且聘用台、港、澳人员从事的岗位是用人单位有特殊需要,且内地暂缺适当人选的岗位。

(二)确定劳动合同内容的阶段

在此阶段,用人单位与劳动者就劳动合同的具体内容,通过平等协商,实现意思表示一致,以确立劳动关系和明确相互权利义务。其程序一般包括下述主要环节:(1)提出劳动合同草案。用人单位向劳动者提出拟订的劳动合同草案,并说明各条款的具体内容和依据。(2)介绍劳动规章制度。在提出合同草案的同时,用人单位还必须向劳动者详细介绍本单位劳动规章制度。(3)商定劳动合同内容。用人单位与劳动者在劳动合同草案和劳动规章制度的基础上,对合同条款逐条协商一致后以书面形式确定其具体内容。对劳动合同草案,劳动者可提出修改和补充意见,并就此与用人单位协商确定。对劳动规章制度,劳动者一般只需表示接受与否即可,而不能与用人单位协商修改或补充其内容;不过,双方可以在劳动合同中作出不同于劳动规章制度某项内容或者指明不受劳动规章制度某项内容约束而对劳动者更有利的约定。(4)签名盖章。劳动者和用人单位应当在经协商一致所形成的劳动合同文本中签名盖章,以此标志双方意思表示一致的完成和劳动合同的生效。劳动合同文本由用人单位和劳动者各执一份。

此外,根据《劳动合同法》的规定,用人单位雇用劳动者有义务建立员工名册。这是用人单位制作的用于记录本单位员工基本情况的管理文件,其内容一般包括员工姓名、性别、身份证号码、户籍地址及现住址、就业方式、劳动合同期限、进入单位时间、所属部门、业务类别、职务等。员工名册的法律意义有:(1)备查。《劳动合同法》第75条规定,县级以上地方劳动行政部门实施监督检查时,有权查阅与劳动合同、集体合同有关的材料,有权对劳动场所进行实地检查,用人单位和劳动者都应当如实提供有关情况和材料,其中应当包括员工名册。(2)证据。

例如,用人单位未与劳动者签订劳动合同,认定双方存在劳动关系时可参照有关凭证,而由用人单位负举证责任的有关凭证中,包括有员工名册。[44]

二、就业协议

在我国劳动合同订立制度中,就业协议制度是适用于普通高等学校国家计划内毕业生(以下简称毕业生)初次就业的,由毕业生与用人单位双向选择以协议确定劳动合同当事人的一种特殊制度。其依据主要有《普通高等学校毕业生就业工作暂行规定》(1997年)等规范性文件。

(一)就业协议与雇用内定的比较

就业协议,即《全国普通高等学校毕业生就业协议书》的简称,是指毕业生、用人单位和学校经供需见面和双向选择后签订的预约用人单位接受毕业生就业的书面协议,既是学校上报就业计划和办理毕业生派遣手续、公共部门用人单位申报进人指标、毕业生办理落户手续的依据,也是订立劳动合同的依据,在毕业生到单位报到、用人单位正式接收后自行终止。

在境外实践中,与就业协议制度类似的有雇用内定(又称采用内定)制度。例如,日本在经济高速增长时期,受毕业生等新生劳动力供给不足的影响,企业为争取优秀人才成为其正式受雇员工,面向在校应届毕业生开展招聘和选考,向被录取的应聘者发送《雇用内定通知》,预订应聘者在毕业后进入本企业工作。我国台湾地区近年来也有雇用内定的实践。

就业协议与雇用内定比较,其区别主要表现在:(1)体制依托。就业协议所依托的,是在对毕业生计划分配就业体制进行市场化改革的背景下形成的市场导向的毕业生分配就业体制,换言之,就业协议是毕业生分配就业体制的一个组成部分。雇用内定所依托的,不是毕业生分配就业体制,而是毕业生市场就业体制。(2)当事人结构。就业协议是毕业生、用人单位和学校三方之间的协议,而雇用内定仅是毕业生与企业之间的协议。学校作为毕业生分配就业的职能主体之一,在就业协议中具有双重身份,一重身份是就业协议当事人一方,未经学校同意,毕业生与用人单位擅自签订的协议无效;另一重身份是政府授权的专以毕业生为对象的公共就业服务主体,对就业协议进行鉴证登记,并将就业协议列入就业计划。在雇用内定中,学校不是一方当事人,毕业生与企业达成的雇用内定协议无需学校同意。(3)政府干预。就业协议是毕业生与用人单位在一定范围内双向选择以落实国家毕业生分配计划的行为,虽然属于市场导向就业的一种方式,但仍然是实现国家毕业生分配计划的一种手段。毕业生与用人单位应当在国家就业政策指导下、在一定范围内进行双向选择,就业协议被作为制定毕业生就业计划的依据。而雇用内定是毕业生与企业完全自主的双向选择行为,政府不仅不干预雇用内定协议的订立,而且一般也不干预雇用内定协议的履行。

日本政府干预雇用内定协议履行

(二)就业协议与劳动合同的关系

关于就业协议与劳动合同的关系,因对就业协议的不同定性而有不同的理解。从境外法学界关于雇用内定的法律性质和我国法学界关于就业协议的法律性质的不同观点看,对就业协议(雇用内定)之法律性质的不同理解,实际上是对就业协议(雇用内定)与劳动合同之关系的不同理解。

[44] 劳动和社会保障部《关于确立劳动关系有关事项的通知》(2005年)第2条。

境外法学界的观点大致有三种:(1)劳动合同订立过程说。即雇用内定是劳动合同订立过程中的环节之一,故雇用内定不会约束内定企业和内定劳动者。依此见解,在劳动合同订立过程中,雇主若有正当事由可终止雇用内定,法律不能强制雇主须与劳动者订立劳动合同;劳动者若因终止内定而受到损害,可依其举证向雇主求偿。可见,这将导致劳动者处于不安定状态。(2)劳动合同订立预约说。即雇用内定是订立劳动合同的预约,因而,若雇主取消雇用内定不具有正当理由,须对劳动者负担不履行预约的损害赔偿。此说的缺点与订立过程说相同,即授予雇主单方取消雇用内定的权利。(3)劳动合同成立说。即在雇用内定阶段劳资双方已经成立劳动合同,企业取消雇用内定属于解除已成立的劳动合同(解雇),因而,如有不合理的情形,应属于违法解雇。20 世纪 70 年代以后,日本法院多采取劳动合同成立说,目前学界也以劳动合同成立说为通说。其理由为:从应募到雇用内定阶段,须经历选考测验、健康检查及面试等,在此过程中雇主已经进行严格审查考核,而且在雇用惯例上,求职者接到雇用内定通知后,几乎都会依照企业要求提出誓约书、保证书,故可认为在此阶段企业与内定劳动者已经成立雇用合意,劳动合同已经成立。〔45〕

从上述三种学说中,可明确下述要点:(1)劳动合同订立过程说与劳动合同订立预约说具有一致性,其与劳动合同成立说的根本分歧在于雇用内定的后果是否成立劳动合同,亦即内定劳动者在毕业后与雇主建立劳动关系还是否要订立劳动合同,以及对雇主取消雇用内定的约束力度有所不同。换言之,劳动合同订立过程说与劳动合同订立预约说表明,雇用内定是对订立劳动合同的预约,即雇用内定成立时既未订立劳动合同,也未建立劳动关系;劳动合同成立说则表明,雇用内定是对建立劳动关系的预约,即雇用内定成立时虽已成立劳动合同,但未建立劳动关系。(2)雇用内定是否导致劳动合同成立,取决于双方约定的内容。如果已约定毕业后建立劳动关系还需订立劳动合同,即使雇用内定协议中已含有部分劳动合同条款,而不可将此部分内容与劳动合同等同对待,即不可认为已成立劳动合同。如果已约定毕业后建立劳动关系无需订立劳动合同,则可认为已成立劳动合同,即可直接将雇用内定的内容作为确定劳动关系中权利义务的依据。如果虽然未约定毕业后建立劳动关系是否还需订立劳动合同,而在毕业后建立劳动关系时约定依据雇用内定确定劳动关系的中权利义务,该雇用内定则转化为劳动合同。(3)雇用内定无论是否导致劳动合同成立,都应当强化其约束力,尤其是强化其违约责任。对雇用内定的后果无论作何理解,如果对其约束力和违约责任作出相同的制度设计,那么上述三种学说的分歧,亦即雇用内定是否导致成立劳动合同的分歧,其法律意义都将大为削弱。因此,着重点应当放在对雇用内定的约束力和违约责任的制度设计上。其实,对雇用内定后果的两种理解(预约劳动合同订立、成立劳动合同)都有相同的内涵,即都是对毕业后建立劳动关系的预约,法律所应当保障的就是这种预约的履行。这表明,对雇用内定后果无论作何种理解,在其约束力和违约责任上作出相同规定,本来就有其法理基础。还值得说明的是,即使将雇用内定理解为成立劳动合同,但这种尚不存在劳动关系的劳动合同不同于已存在劳动关系的劳动合同,故对二者的解除和违约责任的制度设计应当有区别。(4)对雇用内定的理解,还应当考虑到包括毕业生在内的新生劳动力供求状况的影响。例如,在日本,当初雇用内定制度的产生以毕业生供不应求为背景,企业以雇用内定作为争取优秀人才成为正式受雇员

〔45〕 台湾劳动法学会编:《劳动基准法释义——施行 20 年之回顾与展望》,新学林出版股份有限公司 2009 年版,第 75 ~ 76 页。

工的手段,故对雇用内定多持劳动合同订立过程说劳动合同订立预约说;而在20世纪70年代以后,劳动合同成立说的盛行,则以失业问题的产生和企业取消雇用内定事件的增多为背景。由劳动合同订立过程说和劳动合同订立预约说盛行转向劳动合同成立说为通说,意味着对雇用内定的约束力的加强,尤其是加大雇用内定对企业的约束力度。

在我国,现行立法对就业协议是否属于劳动合同没有明确规定,但有关立法并未把就业协议作为劳动合同对待。例如,根据《劳动合同法》的规定,毕业生仍然应当与用人单位订立书面劳动合同;根据《劳动争议调解仲裁法》的规定,因履行就业协议发生的争议,还未列入劳动争议仲裁的受案范围。可见,就业协议还只是对订立劳动合同的预约。按照合同理论,就业协议是预约合同,劳动合同是本约合同,就业协议成立时劳动合同尚未订立,毕业生和用人单位因就业协议的成立只负有将来订立劳动合同的义务。

(三)就业协议的制度要素

1. 就业协议的内容

关于就业协议的内容,在地方制作的就业协议书示范文本中都明确列出具体条款,在有的地方法规中也明确列出其目录[46]。包括有如实提供有关信息的义务;双方达成协议的意愿;订立劳动合同的时间;违反就业协议的责任;服务期;试用期;工作条件和劳动保护;工资待遇和保险等内容。需要指出的是,根据《劳动合同法》的规定,服务期条款和违约金条款不应当再继续作为就业协议的内容。

国家教育部《高等学校毕业生分配制度改革方案》(1989年)第14条规定,高等学校毕业生实行定期服务制度,服务期一般为五年,具体服务年限和办法也可以由用人单位与学生根据实际情况商定。这是在计划经济体制下针对由国家出资培养的大学生,在其按国家计划被分配到国家机关、事业单位和企业工作后提出的最低工作年限要求。而在实行大学收费教育后,除了用人单位委托定向培养外,用人单位并未对大学生教育出资,就不应当对毕业生提出服务期要求。否则,就违反了《劳动合同法》只允许出资培训服务期的规定。

实践中,许多就业协议规定有毕业生违约金条款。即毕业生不与用人单位订立劳动合同或者履行劳动合同没有达到就业协议规定期限的,应当支付一定数额的违约金。就毕业生不与用人单位订立劳动合同的违约金而言,违背了劳动自愿的原则和订立劳动合同不得担保的法律规定;就毕业生履行劳动合同没有达到约定期限的违约金而言,由于就业协议不得约定服务期,也就失去合法的依据。所以,这两种违约金都不符合《劳动合同法》的规定。

2. 就业协议的签订程序

根据有的地方法规[47]的规定,签订就业协议的程序一般包括:(1)毕业生向学校毕业生就业工作部门领取就业协议书;(2)毕业生和用人单位达成协议,在就业协议书上签名盖章;(3)用人单位在与毕业生签订就业协议书之日起的15天内,将就业协议书送至学校毕业生就业工作部门进行鉴证登记;(4)学校对就业协议书鉴证登记,盖章,并在15天内反馈双方当事

---

〔46〕 如《上海普通高等学校学生就业工作管理办法》(1998年)第28条规定:就业协议书一般应包括以下条款:(一)服务期;(二)工作岗位和工作内容;(三)劳动保护和工作条件;(四)工资报酬和福利待遇;(五)就业协议终止的条件;(六)违反就业协议的责任。学生和用人单位可在就业协议书上附加双方认为需要增加的条款。

〔47〕 如《上海普通高等学校学生就业工作管理办法》(1998年)第五章。

人,并将就业协议列入毕业生就业计划。

3. 就业协议的解除

就业协议的解除,既可分为单方解除与协议解除,又可分为合法解除和违法解除。合法解除即有法律或协议依据的解除,例如,毕业生、用人单位、学校三方经协商一致,解除就业协议;毕业生被录取为研究生的,可单方解除就业协议;学生未取得毕业资格或者毕业生未通过用人单位所在地组织的公务员考试的,用人单位有权解除就业协议。违法解除即没有有法律或协议依据的解除,属于违约行为,如单方擅自解除就业协议。

无论是合法解除还是违法解除就业协议,都应当办理解除手续。毕业生在解除后重新签订就业协议的,须凭解除原就业协议的文件和新用人单位的接收函,重新按程序签订就业协议。

4. 违反就业协议的责任

无论是毕业生还是用人单位违反就业协议给对方造成经济损失的,只要有证据证实,都应当承担赔偿责任。考虑到追究赔偿责任的可行性,所赔偿的损失应当限于直接损失。由毕业生赔偿的用人单位损失,应当限于用人单位因与该毕业生签订就业协议而直接支付的费用。由用人单位赔偿的毕业生损失,应当限于毕业生因与用人单位签订就业协议而直接支付的费用,而就业机会的损失是难以举证证实和计量的。正因为这种赔偿责任不足以对用人单位履行就业协议形成倒逼机制,还需要采用其他制裁措施,例如,公布违约用人单位名单、降低违约用人单位信用等级等。

追究违反就业协议的违约责任,除了有违约行为外,还应当以未订立劳动合同并对未订立劳动合同有过错为要件。

5. 就业协议履行争议的处理

就业协议订立后,毕业生与用人单位因其中一方不履行就业协议所约定的订立劳动合同的义务所发生的争议,虽然属于订立劳动合同的争议,但不一定是劳动争议。订立劳动合同的争议可分为两种:一种是尚未建立劳动关系的劳动者与用人单位因订立劳动合同发生的争议;另一种是已建立劳动关系(即开始用工)的劳动者与用人单位因订立劳动合同发生的争议。而劳动争议仅限于劳动关系当事人双方之间的争议,《劳动争议调解仲裁法》第 2 条列入适用范围的"因订立……劳动合同发生的争议",通常被理解为上述后一种争议。所以,就业协议履行争议如果是在先开始用工后订立劳动合同的情形下发生的,就属于劳动争议,可按照劳动争议处理程序处理;如果是在尚未建立劳动关系的情形下发生的,则不属于劳动争议。

对于尚未建立劳动关系的就业协议履行争议的处理程序,有两种途径可选择:一种是将其纳入《劳动争议调解仲裁法》第 2 条所规定的"因订立……劳动合同发生的争议",适用劳动争议协商、调解、仲裁、诉讼程序。另一种是建立特殊的处理程序。例如,《上海普通高等学校学生就业工作管理办法》第 33 规定:"就业协议签订后,学生和用人单位在就业过程中的争议,由市高校毕业生就业办公室协调。当事人也可以向人民法院起诉。"

三、缔约告知义务

(一)缔约告知义务的意义和性质

缔约告知义务,是指劳动合同订立过程中,尤其是招工录用阶段(或称确定合同当事人阶段），用人单位和劳动者依法承担的相互如实告知必要信息以满足对方信息需求的义务。法律规定缔约告知义务的意义，主要在于：（1）相互选择和平等协商的基础。以双方获得充分信息为基础，相互选择才可能是理性的选择，协商才可能是平等的协商。故双方互负缔约告知义务，可以为相互选择对方和协商确定劳动合同内容准备信息条件。（2）诚实信用的要求。缔约双方互负如实告知义务以实现对方的知情权，既是诚实信用的表现，也是诚实信用的要求。（3）劳动者更需要实现知情权。由于用人单位与劳动者的强弱地位差异，在缔约时双方的信息不对称是先天的，劳动者作为弱者实现其知情权更为重要。

缔约中的告知义务属于劳动合同的先合同义务，是因用人单位与劳动者为订立劳动合同而相互接触、磋商所逐渐产生的义务，而非劳动合同有效成立而产生的给付义务，亦即不属于合同义务。

（二）缔约告知义务的内容

告知义务与知情权的设计是为了保证缔约时双方的信息条件对称，为弥补用人单位与劳动者在缔约时的信息不对称，立法对告知义务与知情权的分配应当在保障双方当事人知情权的基础上适当向劳动者倾斜，即对劳动者应当赋予更多的知情权，并且，在赋予其告知义务的同时注重其个人隐私权的保护。《劳动合同法》第8条规定："用人单位招用劳动者时，应当如实告知劳动者工作内容、工作条件、工作地点、职业危害、安全生产状况、劳动报酬，以及劳动者要求了解的其他情况；用人单位有权了解劳动者与劳动合同直接相关的基本情况，劳动者应当如实说明。"可见，其对缔约双方各自告知义务内容的规定有较大差异。

1. 用人单位的告知义务

用人单位告知义务的内容分为两部分：一是主动告知义务的内容，即用人单位无需劳动者要求而应当主动让劳动者知悉的内容，包括工作内容、工作条件、工作地点、职业危害、安全生产状况、劳动报酬，有的地方立法〔48〕规定还包括"直接涉及劳动者切身利益的其他事项"；二是被动告知义务的内容，即用人单位应劳动者要求了解而应当告知的内容。可见，用人单位的告知义务内容具有广泛性，不仅法定主动告知事项基本涉及劳动合同的全部内容，而且劳动者还有权要求告知劳动合同内容以外的其他情况。也就是说，用人单位告知义务内容的实质界限是劳动者是否要求了解，凡是劳动者要求了解的，都应当告知。当然，如果劳动者要求了解的情况涉及用人单位的商业秘密和与知识产权相关的保密事项，用人单位的告知应当以劳动者承担相应的保密义务为条件。

在用人单位告知义务的内容中，除直接涉及劳动合同条款的信息外，与劳动者就业稳定度相关的企业经营状况信息对劳动者至为重要。根据德国法律的规定，雇主原则上不必告诉求职者本企业的经营状况，但如果企业内部组织正在重组或安排重组，可能造成企业雇员过剩而裁员，就应当告知求职者。在我国，立法也有必要将企业面临破产或已进入重整期的信息，规定为主动告知义务的内容。

2. 劳动者的告知义务

《劳动合同法》关于劳动者告知义务的规定，较之用人单位告知义务有下述特点：（1）劳动者只负有被动告知义务，而无主动告知义务。即只有在用人单位向劳动者了解有关情况时，劳

---

〔48〕 如《山东省劳动合同条例》（2013年）第8条。

动者才应当如实说明。(2)用人单位有权了解、劳动者有义务告知的信息只限于“与劳动合同直接相关的基本情况”。如健康状况、文化水平和职业技能状况、是否在职、是否在竞业限制期限内等。如果与劳动合同不直接相关的,或者与劳动合同直接相关但不属于劳动者基本情况的,劳动者可以拒绝告知。其实质界限是该信息为劳动者履行劳动义务所必要。特别是涉及个人隐私的内容,除非为劳动者履行劳动义务所必要,否则用人单位不得强制劳动者告知。对于因履行劳动义务所必要而又涉及劳动者个人隐私的内容,用人单位应当负保密义务。之所以如此设计,主要是考虑用人单位和劳动者在缔约阶段的实力差距和在未得到对方相关信息的情况下各自的抗风险能力等因素。

与劳动者告知义务对应的用人单位知情权,亦即了解劳动者信息的权利,应当受到限制。其中主要有:(1)只能以合法手段而不得以非法手段了解劳动者信息。例如,用人单位可以通过询问、考试、体检、查验证件等方式,了解劳动者的职业技能、健康状况等。实践中,有的企业对劳动者进行背景调查,甚至采用侦查手段。对此需要明确的是,虽然劳动者背景调查不为法律所禁止,但调查手段必须具有合法性,不得采用只有特定国家机关在特定条件下才可采用的调查手段,不得侵犯劳动者的人身权利。(2)只能了解法律允许了解的信息。用人单位了解信息的范围,只限于“与劳动合同直接相关的基本情况”,不得包括可能导致劳动歧视等违法后果的内容,例如,健康检查不得包括艾滋病项目,女性劳动者对可预期未来是否结婚问题的询问可拒绝作答。(3)对获取的劳动者信息只能用于订立劳动合同时参考,而不得用于订立劳动合同之外的目的,对其中的个人隐私更要负保密义务。(4)对劳动者提交的记载个人信息的书面材料应当谨慎处理,个人身份证件应当及时返还给劳动者而不得扣押和超期留置。

(三)违反告知义务的后果

违反告知义务,即应当告知而不告知,或者告知信息不真实。应当告知而不告知的,往往导致劳动合同不能订立。违反告知义务,还可能构成欺诈,即一方当事人故意告知对方虚假情况,或者故意隐瞒真实情况,诱使对方当事人作出错误意思表示的行为。依据《劳动合同法》第26条第1款第1项的规定,用人单位或劳动者以欺诈的手段使对方在违背真实意思的情况下订立或者变更劳动合同的,劳动合同可被确认为无效,给对方当事人造成损害的还要承担赔偿责任。

四、订立不定期劳动合同的特殊规则

(一)法定应当订立不定期劳动合同的适用范围

一般情形下,是否订立不定期劳动合同,由当事人双方合意选择。在特定条件下,法律要求用人单位应当订立不定期劳动合同,此即法定应当订立不定期劳动合同,或称不定期劳动合同的法定订立。在此情形下,不定期劳动合同的订立,对用人单位而言是法定义务;对劳动者而言是法定权利。法定应当订立不定期劳动合同的其条件和适用范围均由法律规定。

依现行立法规定,用人单位负有订立不定期劳动合同的义务,限于两种情形:(1)具备《劳动合同法》第14条第2款所规定的实体性条件和程序性条件。(2)《劳动合同法》第14条第3款规定的情形,即用人单位自用工之日起满一年不与劳动者订立书面劳动合同的,视为用人单位与劳动者已订立不定期劳动合同。在此情形下,依《劳动合同法实施条例》第7条的规定,用人单“应当立即与劳动者补订书面劳动合同”,此即应当补订不定期劳动合同。

《劳动合同法》关于用人单位应当订立不定期劳动合同的规定,旨在稳定劳动关系,故不宜

适用于不追求劳动关系稳定的情形。因此，有必要对其适用范围作排除式的特别限定。其中包括：(1)外籍劳动者和台港澳劳动者。立法对外籍劳动者和台港澳劳动者的劳动合同不得超过法定最长期限，故不适用不定期劳动合同。(2)公益性岗位。《劳动合同法实施条例》第12条规定，地方各级政府及县级以上地方政府有关部门为安置就业困难人员提供的给予岗位补贴和社会保险补贴的公益性岗位，其劳动合同不适用《劳动合同法》有关不定期劳动合同的规定。(3)非全日制劳动合同。非全日制劳动具有临时性，并且具有双重或多重劳动关系，劳动关系稳定不是其追求的目标，故不宜适用不定期劳动合同的法定订立。(4)劳务派遣。实践中，对劳务派遣是否适用《劳动合同法》关于应当订立不定期劳动合同的规定存有争论。笔者认为，劳务派遣属于过渡性就业，且现阶段多为低质量就业，若对劳务派遣适用不定期劳动合同，就与劳务派遣制度的宗旨不符；并且，派遣单位无用工能力，用工单位追求用工灵活性，都不适合于不定期劳动合同。

(二)用人单位应当订立不定期劳动合同的实体性条件

《劳动合同法》第14条第2款将用人单位应当订立不定期劳动合同的实体性条件规定为下述三种，具备其中之一种即可："(一)劳动者在该用人单位连续工作满十年的；(二)用人单位初次实行劳动合同制度或者国有企业改制重新订立劳动合同时，劳动者在该用人单位连续工作满十年且距法定退休年龄不足十年的；(三)连续订立二次固定期限劳动合同，且劳动者没有本法第三十九条和第四十条第一项、第二项规定的情形，续订劳动合同的。"理解上述规定，需明确下述要点：

1. 两种用人单位的界定及其意义

第14条第2款第1项中的"该用人单位"为非改制用人单位，第2项中的"用人单位"为改制用人单位。二者的区别在于，在订立劳动合同的当时是否正处在改制中，或者说，订立劳动合同是否缘于改制。这里的改制，一种是劳动人事制度改革，即初次实行劳动合同制度，在国有企业全面实行劳动合同制度以后，主要指事业单位由固定工制度转向聘用合同制度，原固定工需要订立劳动合同；另一种是国有企业产权制度改革，如公司化改革、主业与辅业分离等，刚从改革中转换而来的新用人单位，需要重新与劳动者订立劳动合同。非改制用人单位，可能曾经是改制用人单位，但在这次订立劳动合同的当时既不是初次实行劳动合同制度的用人单位，也不是国有企业产权改革中需要重新订立劳动合同的用人单位。用人单位应当订立不定期劳动合同的实体性条件，对非改制用人单位而言，只需劳动者"连续工作满十年"即可；对于改制用人单位而言，劳动者不仅需要"连续工作满十年"，而且需要"距法定退休年龄不足十年"。

2. "连续工作满十年"的若干界限

(1)"连续工作满十年"的起始时间。即"连续工作满十年"是劳动关系存续之十年，而不是劳动合同存续之十年，故应当自开始用工之日而不是指劳动合同订立之日起计算。

(2)"连续工作满十年"包括《劳动合同法》施行前的工作年限。根据《劳动合同法实施条例》第9条的规定，劳动者在《劳动合同法》施行前的工作年限应当包括在"连续工作满十年"

中,即使该段工作年限在所谓"工龄归零"[49]行为中企业已向劳动者支付经济补偿,也应当计入"连续工作满十年"。

(3)"连续工作满十年"包括用人单位改制前工作年限。即"连续工作满十年",对于初次实行劳动合同制度的用人单位而言,是指改制前在该用人单位的固定工工作年限;对于国有企业产权制度改革中重新订立劳动合同的劳动者而言,是指改制前在国有企业的工作年限,既包括劳动合同关系工作年限,也包括实行劳动合同制度以前固定工工作年限。

(4)"连续工作满十年"是否包括劳动合同法定延续期间。根据《劳动合同法》第 45 条的规定,劳动合同期满,因劳动者具有某种法定可阻却合同终止的事由,如孕期、产期、哺乳期、规定医疗期、疑似职业病诊断或医学观察期未满;离岗前应当进行职业健康检查而未进行;患职业病或因工负伤并被确认丧失或者部分丧失劳动能力,劳动合同应当续延至相应事由消失时终止。在劳动合同期满时未达到"连续工作满十年"而在依法延期终止时达到"连续工作满十年"的情形下,对于用人单位应否订立不定期劳动合同的问题,亦即"连续工作满十年"是否包括劳动合同法定延续期间的问题,仲裁和司法实践中有两种截然不同的主张。一种主张认为,在此情形下,劳动者提出订立不定期劳动合同的,用人单位应当订立不定期劳动合同。[50] 另一种主张认为,劳动合同期满则自然终止,而劳动合同即将期满前因发生法定顺延事由而续延,只是为了照顾劳动者的特殊情况而对合同终止时间相应推迟,并非不得终止。在法律没有对终止的情况做出特别规定的情况下,不能违反法律关于合同终止的有关规定随意扩大解释,将订立不定期劳动合同的后果纳入其中。[51]

对此,笔者认为:这里的"连续工作满十年",是指劳动关系的实际存续时间满十年,而不是指劳动关系的约定存续时间满十年,劳动关系的实际存续时间当然包括劳动合同法定延续期间。只要在劳动合同实际终止时达到"连续工作满十年",就成立了应当订立不定期劳动合同的条件。这是《劳动合同法》第 14 条第 2 款规定的法律后果,而不是《劳动合同法》第 44 条和第 45 条规定的法律后果;而第 44 条(期满终止等)和第 45 条(延期终止)都只是关于劳动合同终止的条款,当然不会就是否订立不定期劳动合同的问题作出规定,因为此问题在第 14 条第 2 款已有特别规定。所以,以第 45 条只规定延期终止而没有规定订立不定期劳动合同问题为理由,认为劳动合同延期终止时劳动者不可要求订立不定期劳动合同,则是没有道理的;或者说,劳动合同延期终止时因达到"连续工作满十年"而订立不定期劳动合同,并不存在违反第 45 条之规定的问题。

3."连续订立二次"定期劳动合同的若干界限

(1)连续二次订立定期劳动合同的次数起算。根据《劳动合同法》第 97 条第 1 款的规定,

---

[49] 所谓"工龄归零"或"工龄清零",即试图使作为应当订立不定期劳动合同之条件的连续工作年限归于零,是指在《劳动合同法》施行之前,由于《劳动合同法》对作为应当订立不定期劳动合同之条件的"连续工作满十年"是否包括《劳动合同法》施行前的工作年限未作规定,有些企业通过迫使劳动者辞职并支付经济补偿,而后重新与其签订劳动合同,试图将已支付经济补偿工作年限排除在作为应当订立不定期劳动合同之条件的连续工作年限之外。其实,立法并无此意图。

[50] 例如,《江苏省高级人民法院、江苏省劳动争议仲裁委员会关于审理劳动争议案件的指导意见》(2009 年)第 9 条;《山东省高级人民法院、山东省劳动争议仲裁委员会、山东省劳动人事争议仲裁委员会关于适用〈中华人民共和国劳动争议调解仲裁法〉和〈中华人民共和国劳动合同法〉若干问题的意见》(2010 年)第 25 条。

[51] 《上海市高级人民法院关于适用〈劳动合同法〉若干问题的意见》(2009 年)第 4 条第 3 项。

连续订立固定期限劳动合同的次数,自《劳动合同法》法施行后续订定期限劳动合同时开始计算,即《劳动合同法》法施行前订立定期劳动合同的次数,不包括在"连续订立二次"定期劳动合同之中。

(2)两次订立定期劳动合同之间的"连续"一般指无间隔连续。即后一次订立定期劳动合同与前一次定期劳动合同解除或终止之间在时间上不存在间隔。为了防止用人单位以延长劳动合同期限的方式规避劳动合同续订次数,有必要规定,劳动合同期满(包括法定延续期满)后,因劳动者被继续留用而自动延续的,视为续订定期劳动合同;用人单位与劳动者协商延长劳动合同期限超过一定期限的,也视为续订劳动合同。[52]

(3)两次订立定期劳动合同之间的"连续"还应当包括一定的有间隔连续。为了防范用人单位滥用先后两次劳动合同之间的所谓"间断"来规避"连续两次订立"定期劳动合同的构成,有必要将有一定间隔的先后两次劳动合同认定为"连续两次订立"定期劳动合同。区别"连续"与"间断"的难点在于如何确定间隔不超过多长期间为"连续"、超过多长期间为"间断"。很显然,对于以"月"为劳动报酬结算支付周期的劳动关系而言,如果间隔期间未超过作为劳动报酬结算支付周期的1个月,肯定不能认定为间断。但是,从防范用人单位规避法律考虑,将间隔1个月作为界限,又似乎过短。从企业正常生产经营的连续性考虑,当作为"间断"标志的间隔时间长度足以影响正常生产经营的连续性时,才会为企业所顾忌,而不轻易滥用"间断"。所以,一般以间隔3个月作为"连续"与"间断"的界限,即前一次定期劳动合同解除或终止与后一次对其劳动合同之间的间隔未超过3个月的为"连续",超过3个月的为间断,较为妥当。[53]

(4)连续订立的二次定期劳动合同不得包括基于劳动者原因而被解除的劳动合同。《劳动合同法》第14条第2款第3项规定,"连续订立二次"定期劳动合同且劳动者没有本法第39条和第40条第1、2项规定的情形,才构成应当订立不定期劳动合同的实体性条件。这表明,在"连续订立二次"定期劳动合同的构成中,各次劳动合同都不得是基于劳动者原因而被解除的劳动合同,换言之,基于劳动者原因而被解除的劳动合同,不包括在"连续订立二次"的构成中。即是说,无论是第一次还是第二次定期劳动合同的解除,都不是由于劳动者有过错、由于健康原因不能从事特定工作或者由于能力原因不能胜任特定工作而被辞退,且第一次定期劳动合同不是因劳动者在试用期间被证明不符合录用条件而被辞退。法律之所以如此规定,是为了防范劳动者滥用"连续订立二次"定期劳动合同来谋取不正当地订立不定期劳动合同。

4."连续工作满十年"或"连续订立二次"定期劳动合同是否在同一用人单位

对"连续工作满十年"和"连续订立二次"定期劳动合同的认定,都必须以"在同一用人单位"为前提。如果同一劳动者的两段工作年限或两次定期劳动合同虽然在时间上相邻,但前后分别属于不同用人单位,则不构成"连续工作满十年"或"连续订立二次"定期劳动合同。这里,对是否"在同一用人单位"的认定,应当注重的是用人单位的实质而不是用人单位的形式。也就是说,用人单位在实质上是从劳动力使用中获得实际利益的主体,如果前后两个用人单位只是在形式上有变动,而从劳动力使用中获得实际利益的主体没有变化,就应当作为"在同一用

[52] 《江苏省劳动合同条例》(2013年)第17条规定:按照用人单位与劳动者的约定,劳动合同期满后自动续延的,视为双方连续订立劳动合同。用人单位与劳动者协商延长劳动合同期限,累计超过六个月的,视为双方连续订立劳动合同。

[53] 《山东省劳动合同条例》(2013年)第15条规定,用人单位与劳动者在解除或者终止固定期限劳动合同之日起3个月内,再次与劳动者订立固定期限劳动合同的,视为连续订立二次固定期限劳动合同。

人单位”看待,而连续计算劳动者工作年限,或者认定是“连续订立二次”定期劳动合同。例如,用人单位变更名称、法定代表人、主要负责人或者投资人,不影响劳动合同的履行,劳动者的工作年限应连续计算。[54] 又如,劳动者非因本人原因从原用人单位被安排到新用人单位工作的,劳动者在原用人单位的工作年限合并计算为新用人单位的工作年限;[55]若与新用人单位重新订立定期劳动合同的,也可视为“连续订立二次”定期劳动合同。

鉴于《劳动合同法》施行前后某些地方花样百出的通过在形式上变动用人单位以规避构成“连续工作满十年”或“连续订立二次”定期劳动合同的现象,在有的地方司法、仲裁指导性文件[56]中将这类规避行为规定为无效。其中有:(1)通过设立关联企业,在与劳动者签订合同时交替变换用人单位名称;(2)采取注销原单位、设立新单位的方式,将劳动者重新招用到新单位,且工作地点、工作内容没有实质性变化;(3)通过非法劳务派遣;(4)其他明显违反诚信和公平原则的规避行为。凡有这类规避行为的,都作为“在同一用人单位”处理。

(三)用人单位应当订立不定期劳动合同的程序性条件

具备上述三种实体性条件之一,还须具备法定的程序性条件,用人单位才有义务与劳动者订立不定期劳动合同。《劳动法》第20条对程序性条件的规定是,当已具备实体性条件即连续工作满十年以上时,还必须具备两个程序性条件:(1)当事人双方同意延续劳动合同;(2)劳动者提出订立不定期劳动合同。其缺陷在于,只有在当事人双方同意延续劳动合同的前提下,劳动者才有权提出订立不定期劳动合同。这实际上是把用人单位同意延续劳动合同作为劳动者提出订立不定期劳动合同的前提,亦即把是否订立不定期劳动合同的主动权和决定权赋予了用人单位。正因为如此,《劳动法》实施以来,极少见到订立不定期劳动合同的情形。

《劳动合同法》第14条第2款所规定的程序性条件是:(1)劳动者没有提出订立定期劳动合同;(2)劳动者主动提出续订、订立劳动合同,或者用人单位提出续订、订立劳动合同的动议而劳动者表示同意。这与《劳动法》第20条所规定程序性条件的根本区别在于,劳动者提出订立不定期劳动合同不以“当事人双方同意延续劳动合同”(实质为用人单位同意延续劳动合同)为前提,亦即劳动者对是否订立不定期劳动合同有主动选择权。

对于用人单位订立不定期劳动合同的程序义务,有的地方立法还作出更为强化和细化的规定。例如,《江苏省劳动合同条例》(2013年)第18、19条规定,具备应当订立不定期劳动合同之实体性条件的,用人单位应当在实体性条件成立之日30日前(即最后一次或第二次定期劳动合同期满30前)书面告知劳动者可以订立不定期劳动合同;劳动合同期满前,符合订立不定期劳动合同之实体性条件的劳动者未书面提出订立定期劳动合同,也未书面提出终止劳动合同,劳动合同期满后继续在用人单位工作的,视为劳动者同意与用人单位订立不定期劳动合同。

---

〔54〕《广东省高级人民法院、广东省劳动争议仲裁委员会关于适用〈劳动争议调解仲裁法〉、〈劳动合同法〉若干问题的指导意见》(2008年)第23条。

〔55〕《劳动合同法实施条例》第10条。

〔56〕《广东省高级人民法院、广东省劳动争议仲裁委员会关于适用〈劳动争议调解仲裁法〉、〈劳动合同法〉若干问题的指导意见》(2008年)第22条;《深圳市中级人民法院关于审理劳动争议案件若干问题的指导性意见(试行)》(2009年)第107条;《浙江省高级人民法院关于审理劳动争议案件若干问题的意见(试行)》(2009年)第35条;《山东省高级人民法院、山东省劳动争议仲裁委员会、山东省人事争议仲裁委员会关于适用〈中华人民共和国劳动争议调解仲裁法〉和〈中华人民共和国劳动合同法〉若干问题的意见》(2010年)第27条。

值得关注的是，在有的地方司法、仲裁指导性文件中，对用人单位应当订立不定期劳动合同的程序性条件作出了违背《劳动合同法》第 14 条第 2 款而回复到《劳动法》第 20 条的规定。例如，“《劳动合同法》第 14 条第 2 款第 3 项的规定，应当是指劳动者已经与用人单位连续订立二次固定期限劳动合同后，与劳动者第三次续订合同时，劳动者提出签订无固定期限劳动合同的情形。”[57] 在这里，把用人单位“与劳动者第三次续订合同”规定为“劳动者提出签订无固定期限劳动合同”的条件，与《劳动法》第 20 条把“当事人双方同意延续劳动合同”规定为“劳动者提出订立无固定期限的劳动合同”的条件，是一致的。

（四）不定期劳动合同内容的确定

在不定期劳动合同的订立中，劳动合同内容的确定，对劳动者也至关重要。即使劳动者有权提出订立不定期劳动合同，但如果约定的劳动报酬等劳动条件低于以往劳动关系存续期间，实质是以降低劳动待遇为条件来换得不定期劳动合同的订立，将降低甚至抵消订立不定期劳动合同对劳动者的意义，与立法追求劳动关系稳定的目的不符。为此，有必要对不定期劳动合同内容的确定作出特别规定。

在现行立法和地方司法、仲裁指导性文件中，有下述要点：（1）订立不定期劳动合同时，对劳动合同的内容，双方应当按照合法、公平、平等自愿、协商一致、诚实信用的原则协商确定。[58]（2）当事人双方对不定期劳动合同内容协商不一致时有两种选择：一种是直接依照《劳动合同法》第 18 条规定的规则确定，即“重新协商→适用集体合同规定→实行同工同酬或者适用国家有关规定”。[59] 另一种是按原劳动合同的约定或实际履行的内容确定，原劳动合同对劳动报酬、劳动条件等约定不明确的才依照《劳动合同法》第 18 条规定的规则确定。[60] 笔者认为，不定期劳动合同内容的确定应当以不低于原劳动合同约定的劳动待遇为原则，故后一种选择更为妥当。

（五）违法不订立不定期劳动合同的法律责任

用人单位依据《劳动合同法》第 14 条和《劳动合同法实施条例》第 7 条的规定应当订立不定期劳动合同而不订立不定期劳动合同的，故其违法形态和法律责任分别为：（1）仅订立定期劳动合同的，应当适用《劳动合同法》第 82 条第 2 款的规定，用人单位自应当订立不定期劳动合同之日起向劳动者每月支付二倍的工资。（2）不订立劳动合同而致使原劳动合同期满终止的，属于劳动合同违法终止，应当适用《劳动合同法》第 87 条的规定，用人单位应当依照《劳动合同法》第 47 条规定的经济补偿标准的二倍向劳动者支付赔偿金。因为在这种违法形态中，劳动者未能继续提供劳动，而不能适用第 82 条第 2 款规定的二倍工资责任。

五、劳动合同的续订

（一）劳动合同续订的界定

劳动合同续订，是指合同当事人双方以原劳动合同为基础再次订立劳动合同，自原劳动合

---

〔57〕《上海市高级人民法院院、上海市人力资源和社会保障局关于适用〈劳动合同法〉若干问题的意见》（2009 年）第 4 条第 4 项。

〔58〕《劳动合同法实施条例》第 11 条。

〔59〕《劳动合同法实施条例》第 11 条。

〔60〕《江苏省高级人民法院、江苏省劳动争议仲裁委员会关于审理劳动争议案件的指导意见》（2009 年）第 11 条第 2 款。

同期满时起延续劳动关系。它作为劳动合同订立的一种特殊形态,较之一般意义的劳动合同订立,其特点主要在于:(1)续订劳动合同的当事人是原劳动合同的当事人,故不需要再经过确定当事人阶段;(2)劳动合同续订的后果是在原劳动合同期满时延续原劳动合同所确立的劳动关系,而不是在原劳动关系终止后再次确立劳动关系;(3)续订的劳动合同虽然以原劳动合同为基础,由于是再次合意,其内容可以与原劳动合同有差异。

劳动合同续订与劳动合同法定延期的区别在于,法定延期是只须具备法定续延事由即可延期终止,无需当事人双方协商一致;而续订则须当事人双方协商一致。至于劳动合同期满前经当事人双方协商一致而延长期限,是认定为续订还是认定为约定延期,则涉及防范规避订立不定期劳动合同与尊重当事人合意的关系。若延长的期限达到一定长度(如6个月),就应当认定为续订劳动合同,否则就不足以防范用人单位利用约定延期来规避订立不定期劳动合同。若延长的期限短(如不到6个月),就应当认定为劳动合同约定延期,否则就会过度加重用人单位因"连续订立二次"定期劳动合同而订立不定期劳动合同的压力。

(二)劳动合同续订的条件

劳动合同的续订,应当具有法定的必备条件。在劳动立法中,被列为劳动合同续订条件的主要有下述各项:(1)可以续订的只限于一定范围内的定期劳动合同。例如,以完成一定工作(工程)为期限的劳动合同,不存在续订的必要;根据我国《外国人在中国就业管理规定》(2010年修正)第18、19条的规定,已满5年的外国人劳动合同未经审批不得续订。(2)劳动合同续订不能超过一定的次数或期限。有的国家由于对定期合同的最长期限作了规定,因而立法中对其续订的次数和期限也予以限制。例如,法国规定,定期劳动合同只能延期一次,并且不得超过原合同约定的延长期限;如果合同中有允许延期两次的条款,其前提条件是该合同总的延续时间不得超过1年。又如,德国规定,定期劳动合同的期限最长不得超过5年,且只能延长一次。(3)劳动合同续订须由当事人双方同意。有的国家要求当事人双方同意续订合同的意思表示载于原合同中,例如,法国规定,有约定允许延期之条款的劳动合同,才可以续订;有的国家仅要求在合同续订前当事人双方同意续订即可,我国就是如此。(4)在特定条件下劳动合同当然续订。例如,我国原劳动部规定〔61〕,劳动合同期满后,因用人单位方面原因未办理终止或续订手续而形成事实劳动关系的,视为双方同意续订劳动合同,用人单位应及时办理续订手续。有一种立法主张是,"劳动合同解除或者期满,用人单位未依法支付经济补偿,或者未办理解除、终止劳动合同的手续并办理工作交接手续,仍继续留用该劳动者的,视为续订定期劳动合同。〔62〕 符合劳动合同法第14条关于订立不定期劳动合同情形的,应当订立不定期劳动合同。"(5)在特定条件下劳动合同应当续订。例如,《北京市劳动合同规定》(2001年)第43条规定,劳动者患职业病或者因工负伤并被确认达到规定的伤残等级,要求续订劳动合同的,用人单位应当续订劳动合同。(6)在特定条件下应续订为不定期劳动合同。例如,德国规定,劳动合同如第二次续订,则要订立不定期劳动合同;我国《劳动合同法》在第14条第2、3款已有规定。

---

〔61〕 参见《劳动部关于实行劳动合同制度若干问题的通知》(1996年10月31日,劳部发[1996]354号)。

〔62〕 2008年5月《劳动合同法实施条例(草案)》(征求意见稿)第13条。该条内容在2008年9月颁布的《劳动合同法实施条例》中没有规定。

（三）劳动合同续订的程序

劳动合同续订除了不存在确定当事人阶段外，适用劳动合同订立的程序。在有的立法中规定有劳动合同续订程序的特别规则，例如，根据《北京市劳动合同规定》（2001 年）的规定，劳动合同期限届满前，用人单位应当提前 30 日将续订劳动合同意向以书面形式通知劳动者，经协商办理续订劳动合同手续。

第四节 劳动合同的效力

劳动合同续订除了不存在确定当事人阶段外，适用劳动合同订立的程序。在有立法中规定有劳动合同续订程序的特别规则，例如，根据《北京市劳动合同规定》（2001 年）的规定，劳动合同期限届满前，用人单位应当提前 30 日将续订劳动合同意向以书面形式通知劳动者，经协商办理续订劳动合同手续。

一、劳动合同的成立和生效

（一）合同成立与生效的含义区别

合同成立即双方当事人完成合意，亦即双方当事人就合同内容协商一致，表明合同已开始存在。合同生效即合同发生当事人所预期的法律效果，表明合同对当事人具有约束力，双方当事人应当履行合同约定的义务。这是两个不同的概念。其区别主要在于：（1）判断不同。合同成立与否属于事实判断问题，其着眼点在于判断合同是否存在；而合同有效与否则是法律价值判断问题，其着眼点在于判断合同是否符合法律的精神和规定，能否发生法律上的效力。（2）原则不同。合同的成立适用意思自治原则，只要具备意思表示一致的事实，合同即告成立。合同的生效，则意味着法律采取一定标准对当事人的缔约行为进行全面的评价或者干预，只有合法的合同才能生效。（3）要件不同。合同成立仅以当事人和意思表示一致为核心要件。合同生效的要件则一般包括主体适格、意思表示真实和不违反法律及社会公共利益。（4）消极后果不同。合同如果缺少成立要件而不成立，当事人可以通过补正或者实际履行而使合同成立；如果当事人没有采取补正措施，有过失的一方当事人则应根据缔约过失责任制度，赔偿另一方当事人所遭受的信赖利益的损失。对于已成立但无效的合同，有过失方不仅应承担民事责任（如缔约过失责任、返还不当得利责任），而且还可能承担行政责任或刑事责任。

（二）劳动合同成立与生效的关系

依合同原理，一般情况下，依法成立且符合法定生效要件的合同，成立即生效，合同成立与生效之间的时间差可以忽略不计；而在特殊情况下，合同生效要件多于合同成立要件，合同成立后须在合同生效要件完全具备时才生效。例如，附条件或者附期限的合同，依法成立后须在所附条件成就或所附期限届至时才生效；须经审批的合同，依法成立后履行审批手续才生效。

《劳动合同法》第 16 条第 1 款所规定的“劳动合同由用人单位与劳动者协商一致，并经用人单位与劳动者在劳动合同文本上签字或者盖章生效”，仅指一般情况，即劳动合同“成立即生效”的情况。但在特殊情况下，双方当事人“在劳动合同文本上签字或者盖章”，只是书面劳动合同订立中双方当事人达成合意的法定标志,如果是附条件或附期限、或者须经审批的劳动合同,还不能随同"在劳动合同文本上签字或者盖章"而发生"用人单位与劳动者应当履行劳动合同约定义务"(《劳动合同法》第3条第2款)的效力;如果劳动合同当事人不合格或者被确认无效,也不能随同"在劳动合同文本上签字或者盖章"而生效。

(三)劳动合同生效与劳动关系建立的关系

1. 劳动关系建立的标志——开始用工

《劳动合同法》第7条和第10条第2、3款规定:"用人单位自用工之日起即与劳动者建立劳动关系";"已建立劳动关系,未同时订立书面劳动合同的,应当自用工之日起一个月内订立书面劳动合同";"用人单位与劳动者在用工前订立劳动合同的,劳动关系自用工之日起建立"。据此可见,劳动关系的建立,不以订立书面劳动合同而以开始用工为标志。

劳动关系就其实质内容而言,是劳动力使用关系,即劳动者的劳动力由用人单位使用的关系,或者说劳动者将其劳动力使用权转让给用人单位的关系。因而,对劳动关系中的用工,有"使用说"和"控制说"两种理解。"使用说"认为,用工即劳动者的劳动力被用人单位实际使用或者消耗。其注重的是劳动力被实际使用的事实。"控制说"认为,用工即劳动者已将其劳动力使用权转让给用人单位,或者说,用人单位对劳动者的劳动力已取得使用权。其注重的是劳动者的劳动力处于被用人单位控制的状态,既包括劳动者的劳动力已被用人单位实际使用,此即在用中的控制;也包括劳动者的劳动力虽然还未被用人单位实际使用但用人单位有权实际使用的状态,例如,劳动者虽然未上班却已被用人单位作为其劳动组织的成员,准备随时应召上班,此即备用中的控制。就作为劳动关系内容的权利义务而言,劳动者的劳动力无论是处于在用还是备用的控制状态,都已成为劳动者与用人单位相互权利义务的客体。因而,用工的含义应当采用"控制说"。地方立法中已有采用"控制说"的立法例。[63]

用工是劳动者与用人单位的双方法律行为,对于其法律属性,值得重视下述几点:(1)用工行为中已包含口头或推定形式的劳动合同。即使未订立书面劳动合同,用工也足以表明,劳动者与用人单位已就建立劳动关系达成口头或推定形式的合意。(2)用工行为中已发生"劳动给付请求权"和"就劳请求权"。由于劳动力使用权的转让,用人单位已享有"劳动给付请求权",即请求劳动者给付劳动的权利;同时劳动者已享有"就劳请求权",即请求安排其劳动的权利。如果劳动者拒绝给付劳动,用人单位拒绝安排劳动,都应当承担违约责任。而不是劳动者为用人单位劳动的事实之发生。一旦用人单位享有了劳动给付请求权,即意味着如果劳动者拒绝给付劳动,则需要承担违约责任。至于"劳动给付请求权"和"就劳请求权"的发生时间,在未订立书面劳动合同的情况下,以发生或约定应当[64]发生劳动力使用权开始转让(如首次上班)的

---

〔63〕《陕西省劳动合同条例》(2009年)第8条规定:"用人单位自用工之日起即与劳动者建立劳动关系……前款所称用工之日,是指劳动者根据用人单位的安排,到用人单位报到之日。"

〔64〕所谓"约定应当发生",是指双方口头约定劳动者应当将其劳动力使用权让渡给用人单位的时间。这一概念的提出在于从"约定应当发生"初次使用事实的时间起,用人单位就已经对劳动者负有相应义务,除非劳动者未按照约定,履行让渡劳动力使用权的义务。例如:如果劳动者和用人单位口头约定,劳动者第二天开始到用人单位工作。而劳动者在第二天去上班的途中发生交通事故,则应认定为工伤,原因在于劳动者是在已约定履行已经成立的劳动合同的过程中发生过的交通事故,此时双方的劳动合同关系已经成立,并且已经于劳动者走出家门赴用人单位上班的那一刻,与用人单位建立了事实上的劳动关系,与此同时,用人单位就应当承担作为劳动关系用人单位一方的相应义务。

时间为标志;在已订立书面劳动合同的情况下,以书面劳动合同约定的劳动力使用权开始转让的时间为标志。(3)用工行为标志着劳动合同已在履行。无论是书面还是口头(推定)形式的劳动合同,都是关于劳动力使用权转让的约定,故用工行为既是订立口头(推定)劳动合同的行为,同时也是履行书面或口头(推定)劳动合同的行为。

既然以转让劳动力使用权为内涵的用工,不仅是劳动关系的实质性内容,而且是订立口头(推定)劳动合同和履行书面或口头(推定)劳动合同的标志,就应当成为建立劳动关系的标志。

2. 劳动合同生效的两种形式及其后果

《劳动合同法》第3条第2款规定,"依法订立的劳动合同具有约束力,用人单位与劳动者应当履行劳动合同约定的义务。"据此可见,劳动合同生效,是指依法订立的劳动合同对劳动者与用人单位产生应当履行劳动合同约定义务的约束力。值得注意的是,《劳动合同法》尽管要求建立劳动关系应当订立书面劳动合同,但同时确认,存在于开始用工中的口头(推定)劳动合同所建立的劳动关系,即使未补订书面劳动合同,仍然是合法有效的劳动关系。于是,书面劳动合同生效与口头(推定)劳动合同生效有可能并存,这就引出这两种生效后果之关系的问题。

根据《劳动合同法》的规定,除了书面劳动合同订立与开始用工同时的情形外,书面劳动合同生效后果与口头(推定)劳动合同生效后果存在差异。存在于开始用工中的口头(推定)劳动合同的生效,其法律后果是与生效同步建立劳动关系。而书面劳动合同生效的法律后果则不然,在先订立书面劳动合同后用工的情形下,书面劳动合同生效只是对劳动关系的建立形成有约束力的预设;在先用工后订立书面劳动合同的情形下,书面劳动合同生效只是对已建立的劳动关系明确双方权利义务和存续期限(定期或不定期)。

对于先订立书面劳动合同后用工的情形,需明确下述问题:(1)尽管劳动关系在开始用工之日才建立,但不能据此认为劳动合同是实践性合同。这是因为,书面劳动合同在开始用工以前就已生效,其建立劳动关系的预设对当事人双方已具有约束力,即当事人双方有义务按照书面劳动合同的约定建立劳动关系。故书面劳动合同仍然是诺承性合同。于是,《劳动合同法》第16条第1款规定,"劳动合同由用人单位与劳动者协商一致,并经用人单位与劳动者在劳动合同文本上签字或者盖章生效。"(2)正因为书面劳动合同已在依法成立之日生效,故无论在开始用工之前后,其履行、变更和解除或终止都应当符合《劳动合同法》的有关规定。即使在开始用工之前未按照法定或约定要求履行、变更和解除或终止书面劳动合同,都属于违约行为,而并非前合同行为。值得注意的是,在用工之前由于劳动关系尚未建立,故有必要就其变更和解除或终止作出特别法规定。曾有一种立法主张是,自劳动合同订立之日至开始用工之日期间,由于尚未建立劳动关系,双方可以依法解除劳动合同并承担双方约定的违约责任,用人单位无需承担劳动者的医疗费用等责任,也无须向劳动者支付经济补偿。[65] (3)如果用工与书面劳动合同的约定有所差异,那么,开始用工可视为是对书面劳动合同的变更。(4)如果不具备法定的劳动合同解除条件,用人单位不按照书面劳动合同的约定给劳动者安排工作,或者劳动者拒绝接受用人单位按照书面劳动合同的约定所安排的工作,都应当作为违法解除劳动合同来处理,应当要求继续履行合同(即安排劳动者上班或接受工作安排),拒绝继续履行合同的,即

---

〔65〕 2008年5月《劳动合同法实施条例(草案)》(征求意见稿)第5条。该条内容在2008年9月颁布的《劳动合同法实施条例》中没有规定。

拒绝建立劳动关系,应当赔偿由此给对方造成的损失。

对于先用工后订立书面劳动合同的情形,需明确下述问题:(1)书面合同内容与口头(推定)合同内容的关系。寓于开始用工的口头(推定)劳动合同由于对当事人双方权利义务的约定不尽明确或合理,故书面劳动合同对口头(推定)劳动合同的内容不仅构成确认,而且构成补充和变更。(2)书面劳动合同内容的溯及力。由于劳动力支出后不可回收,故劳动给付条款不应当具有溯及力。至于劳动报酬等物质待遇条款是否有溯及力的问题,应当取决于当事人双方的约定。若具有溯及力,就构成对口头(推定)劳动合同相应内容的替代;若不具有溯及力,在书面劳动合同订立之前,约定的劳动报酬不明确的,按照《劳动合同法》第 11 条的规定处理,即"按照集体合同规定的标准执行;没有集体合同或者集体合同未规定的,实行同工同酬"。(3)劳动关系的解除和终止。《劳动合同法》第四章规定的劳动合同解除和终止规则,是以定期劳动合同和不定期劳动合同为对象的。未订立书面劳动合同的劳动关系,在开始用工之日起满一年之前属于期限形式(定期或不定期)不确定的劳动关系,故不宜适用《劳动合同法》第四章的规定,只可适用《劳动合同法实施条例》第 5、6 条关于劳动关系终止的规定;而自开始用工之日起满一年的当日起则转化为不定期劳动关系,故其解除和终止可适用《劳动合同法》第四章的规定。

二、劳动合同的有效要件

劳动合同具有法律效力,必须以完全具备法定有效要件为前提。在各国立法中,劳动合同有效要件通常散见于具体的劳动合同法规范,而无集中性规定。从理论上归纳,立法所表明的劳动合同有效要件,一般包括:

1. 合同主体适格

即双方当事人都必须具备法定的主体资格。劳动者资格和用人单位资格是民事主体资格基础上的以劳动法为依据的特殊资格,作为劳动合同当事人,还应当是在劳动合同法适用范围内的劳动者和用人单位。

2. 意思表示真实

指缔约人的表示行为应真实地反映其内在的真实意思,其具体要求,一是意思与外部表示一致;二是出于行为人的自愿。这是意思自治原则的当然要求。只有行为人意思表示真实,才能保证其所实施的缔约行为产生的法律后果符合行为人预期的目的。值得注意的是:(1)《劳动合同法》所追求的意思表示真实,其重点在于劳动者的意思表示真实。因为劳动关系当事人之间实力悬殊,用人单位极易凭借其优势地位使处于弱势地位的劳动者作出不真实的意思表示,损害劳动者的合法权益。《劳动合同法》正是要通过偏重保护劳动者的制度设计,使其能摆脱相对弱势的地位,实现真正的意思自治。(2)对劳动合同在认定意思表示真实的实际操作上与一般民事合同有所不同。因为民事法律行为意思表示真实的前提在劳动合同实践中一般不存在,即劳动合同当事人之间存在实质上的不平等,很多情况下,劳动者作为弱势一方很难说是出于真实意愿而订立劳动合同。因此在判断劳动合同是否是意思表示真实的问题上,即使劳动合同也许并非完全真实意思表示的结果,如劳动者希望企业能给更高的工资,而企业未同意,劳动者出于生存压力还是选择签订合同,但只要是劳动者在相对自由情况下自我判断选择的结果,依然可认为劳动合同是真实合意。麦克尼尔认为,契约的概念并不要求是真实的,只要人们像是在选择一样行为就行了。[66]

3. 合同内容合法

一般言之，是指合同内容符合法律、行政法规的要求，并且不违反社会公共利益、社会公德；就劳动合同而言，还应当强调其内容符合劳动条件基准、集体合同和劳动规章制度的规定。

4. 合同形式合法

即合同应当采用立法所要求的特定形式。《劳动法》和《劳动合同法》都规定劳动合同应当采用书面形式；《劳动合同法》还规定，劳动合同由用人单位与劳动者协商一致，并经用人单位与劳动者在劳动合同文本上签字或者盖章生效。这表明，由双方当事人签字或盖章的劳动合同文本是劳动合同得以生效的条件。

5. 订立程序合法

即合同的订立必须完成各项法定必要程序。基于劳动力资源由市场配置的需要，劳动法一般不把劳动合同订立程序规定为有效要件。而在需要加强监管的场合，劳动法则有特别规定，例如，为控制外国人就业，对其劳动合同的订立，则规定了审批程序。

三、劳动合同无效的含义和事由

劳动合同无效，是指劳动合同由于缺少有效要件而全部或部分不具有法律效力。其中，全部无效，可导致劳动关系消灭；部分无效，劳动关系可依法存续，只是部分合同条款无效，如果不影响其余部分的效力，其余部分仍然有效。无效劳动合同不具有法律效力，是指不能发生当事人所预期的法律后果，或者说，无效劳动合同所引起的法律后果并不是当事人订立劳动合同时所预期的。合同无效一般有绝对无效（即狭义无效）与相对无效（即可撤销）之分，但《劳动法》未规定劳动合同相对无效的问题，而是采用授予特殊情况下对劳动合同无效无过错者以解除权的方式来替代可撤销制度。[67]

根据《劳动合同法》第 26 条第 1 款的规定，劳动合同无效的事由有：

1. 因欺诈、胁迫或者乘人之危而意思表示不真实

意思表示不真实，即行为人外在的意思表示与其内心真实意思不一致。主要包括三类情形：(1) 意思表示不自由，即由于外在原因使行为人处于意志不自由的状态，导致其表示的意思非其真意，如欺诈、胁迫、乘人之危等。(2) 表示故意与意思不一致，即表意人单独故意作出虚伪表示而其内在真意为相对人所明知，或者表意人与相对人通谋而做虚伪意思表示，如真意保留、通谋等。(3) 意思表示错误，即行为人因误解而意思表示不真实，如重大误解。

《劳动合同法》仅将以欺诈、胁迫的手段或者乘人之危，使对方在违背其真实意思的情况下订立或者变更劳动合同，规定为劳动合同无效事由。对此需明确下述要点：

(1) 欺诈、胁迫或乘人之危的主体。既可以是用人单位也可以是劳动者，但在实践中，劳动者一般只可能以欺诈手段使用人单位意思表示不真实，用人单位则可能以欺诈、胁迫的手段或

---

〔66〕［美］Lan R. 麦克尼尔：《新社会契约论》，中国政法大学出版社 2004 年版，第 3 页。

〔67〕《劳动合同法》第 38、39 条中关于可解除无效劳动合同的规定，与相对无效合同可撤销的制度设计有所不同，并且，突破了有效合同才可解除而无效合同不适用解除的原理。即试图以因用人单位过错或者因劳动者欺诈、胁迫或乘人之危导致无效的劳动合同可即时解除的方式，替代相对无效合同可撤销制度。但这种设计与传统的合同解除原理相悖。

者乘人之危,使劳动者意思表示不真实。

(2)欺诈的构成要件。所谓欺诈,是指一方当事人故意告知对方虚假情况,或者故意隐瞒真实情况诱使对方当事人作出错误意思表示而订立或变更合同的行为。其构成要件有:①欺诈者有告知义务,或者说,欺诈即是违背其告知义务。依《劳动合同法》第8条的规定,用人单位和劳动者的告知义务在条件、内容和范围上都不同,故对用人单位欺诈和劳动者欺诈的认定标准应当有差别。②须有欺诈行为。表现为虚构与事实或隐瞒真实情况,且虚构或隐瞒的情况与所订立或变更的劳动合同相关,是本当事人告知义务和对方当事人知情权所指向的情况。③须有欺诈的故意。即告知虚假情况虚构和隐瞒真实情况都是故意为之。④须使对方陷入错误并订立或变更劳动合同。即对方陷入错误主要是对劳动合同内容及其重要情况发生认识上的错误。⑤已订立或变更的劳动合同对受欺诈人有重大不利。如果合同的订立或变更,但并未造成对受欺诈者的重大不利,也不构成欺诈。这里有一个不利程度对合同是否构成实质性影响的判断问题。[68]

(3)胁迫的构成要件。所谓胁迫,是指一方当事人以给对方自然人及其亲友的生命健康、荣誉、名誉、财产等造成损害,或者以给对方单位的荣誉、名誉、财产等造成损害为要挟,使对方发生恐惧而接受提出的条件而订立或变更劳动合同的行为。其构成的要件有:①须有胁迫的故意。②须有胁迫的行为。③须受胁迫人发生恐惧而接受胁迫人提出的条件。④劳动合同须造成对受胁迫人的不利影响。

(4)乘人之危的构成要件。所谓乘人之危,是指行为人利用对方的窘迫或为难之处境,迫使其违背真实意思而订立或变更劳动合同的行为。其构成要件有:①对方处于窘迫或危难的境地。②行为人利用此情形向对方提出苛刻的条件。③相对人被迫接受该条件,作出不真实的意思表示。④已订立或变更的劳动合同使对方遭受不利。

2. 用人单位免除自己法定责任、排除劳动者权利

劳动合同当事人双方的权利义务,包括法定权利义务和约定权利义务。法定权利义务,即双方当事人在劳动合同运行过程中直接依据法律规定所享有的权利和承担的义务,不仅包括合同存续期间权利义务,而且包括先合同权利义务和后合同权利义务;约定权利义务,即双方当事人依据劳动合同和集体合同的约定所享有的权利和承担的义务,其中主要是合同存续期间权利义务;法定权利义务的明确和实现是约定权利义务赖以明确和实现的保障。所谓用人单位的"法定责任",是指用人单位直接依据法律规定对劳动者承担的义务,即劳动基准所规定的用人单位义务。若是免除集体合同和劳动规章制度所规定的用人单位义务,则不作为劳动合同无效处理,而作为用人单位违约处理。而"劳动者权利",是指劳动者依据劳动条件基准、集体合同和劳动规章制度劳动者所享有的权利。

实践中,用人单位很有可能凭借其优势地位要求劳动者接受其提出的免除自己法定责任、排除劳动者权利的合同条款这是劳动合同显失公平的表现。劳动合同具有附和性,一般由用人单位单方提供合同文本,劳动者只能作出附和性意思表示。故用人单位易于利用劳动者的弱势地位以及谈判能力和技术的匮乏,拟定免除自己责任、排除劳动者权利的条款。这种合同明显对劳动者不公平,与合同本质相悖,因而无效。

---

〔68〕 陈小君主编:《合同法学》(第2版),中国政法大学出版社2002年版,第51页。

3. 违反法律、行政法规强制性规定

强制性规定,又称强制性规范或强行性规范,是指当事人不得通过约定排除其适用的法律规范。根据《劳动合同法》的规定,违反强制性规定作为确认劳动合同无效的事由,较之上述两种劳动合同无效事由,其特点:一是具有概括性,即仅表明所违反的法律规范是强行性规范而不是任意性规范,却没有表明该法律规范的具体内容;二是具有本质性,即违反强行性规范是无效劳动合同的本质属性;三是具有补充性,即该事由是指上述两种无效事由以外违反强行性规范的其他情形,是对上述两种无效事由的补充。正因为违反强制性规定作为劳动合同无效的一种事由具有概括性和本质性,对其准据法需要明确以下要点:

(1)强行性规范的类型。据以认定劳动合同无效的强行性规范仅限于效力性规范,而不包括取缔性规范。强行性规范,依其被违反而发生的法律后果不同可分为取缔性规范和效力性规范〔69〕。作为取缔性规范,其被违反所发生的法律后果,只是取缔违反此规范的行为,对行为人给予制裁,而不影响违反此规范之行为在私法上的效力,亦即该行为并不因违反此规范而无效。效力性规范,其被违反所发生的法律后果中,不仅取缔违反此规范的行为,对行为人给予制裁,而且否认违反此规范之行为在私法上的效力,亦即该行为因违反此规范而无效。

(2)强行性规范的渊源。据以认定劳动合同无效的强行性规范,其渊源仅限于法律和行政法规,而不包括地方性法规和行政规章。只有违反了法律、行政法规的强行性规范,才有可能导致劳动合同无效。至于地方性法规和行政规章能否作为判断劳动合同无效的依据的问题,需要根据具体情况进行分析。一般言之,这些规范性文件可以作为判断劳动合同是否无效的参考,而不得直接援引这些规范性文件为依据判断劳动合同无效。实践中,需要考虑如下几点:①如果地方性法规和行政规章是根据上位法制定的并且是上位法规定的具体化,就可以依据上位法确认劳动合同的效力,而地方性法规和行政规章可以作为确认劳动合同效力的参考。〔70〕②如果地方性法规和行政规章是根据上位法的授权对上位法作出的解释,就依据上位法确认劳动合同的效力,而以地方性法规和行政规章作为确认劳动合同效力的参考。〔71〕③如果地方性法规和行政规章的规定,是基于劳动法的立法目的和基本精神对上位法尚未具体规定的问题所作的补充,而违反地方性法规和行政规章将违背劳动法的立法目的和基本精神,就可以依据劳动法的立法目的和基本精神,将地方性法规和行政规章的规定作为确认劳动合同效力的参考。

(3)强行性规范的部门法归属。劳动合同合法,主要是符合劳动法,但不只限于符合劳动法。故据以认定劳动合同无效的强行性规范,应当泛指对劳动合同有规范效力的劳动法、社会保障法、民法、经济法等实体法部门的强行性规范。劳动合同法与民法尤其是其中的民事合同

---

〔69〕“取缔性规范”和“效力性规范”的含义借用了王利明教授的论文《关于无效合同确认的若干问题》中“取缔规定”和“效力规定”的含义,但略有差异。“取缔规定”和“效力规定”仅是对强行性规范中“禁止规定”的分类,而未包括“强制规定”(即“命令当事人应为一定行为之法律规定”,或许与“禁止性规定”对应称之为“必为或应为性规定”更为可取)。本书中的“取缔性规范”和“效力性规范”则是对强行性规范的分类,其中包括对“必为或应为性规定”的分类。参见王利明:《关于无效合同确认的若干问题》,载《法制与社会发展》2002 年第 5 期。

〔70〕王利明:《关于无效合同确认的若干问题》,载《法制与社会发展》2002 年第 5 期。

〔71〕王利明:《关于无效合同确认的若干问题》,载《法制与社会发展》2002 年第 5 期。

法,是特别法与一般法的关系。依法理,在劳动法无规定而民法有规定的场合,只要不违背劳动法的立法目的和基本精神,民法的相应规定可补充适用于劳动合同。因此,应当特别注重运用民法中的强行性规范来评价劳动合同的效力。例如,《民法通则》第58条和《合同法》第52条将"以合法形式掩盖非法目的"的情形规定为民事合同无效的事由,而《劳动合同法》中无此规定。出于保护劳动者权益的需要,应当将民法中禁止"以合法形式掩盖非法目的"规范,补充适用于对劳动合同效力的评价。[72]

四、劳动合同无效的确认及其后果

在民事合同法理论和《合同法》中,合同无效有绝对无效与相对无效即可撤销之分,绝对无效的合同为当然无效而无须当事人主张,且应当终止;可撤销的合同则由当事人选择撤销或变更;合同无论是绝对无效还是撤销,都自始没有法律约束力,已经履行的应当恢复原状。《劳动法》对劳动合同无效未作绝对无效与相对无效之区分,且规定自始没有法律约束力。《劳动合同法》的突破在于,未规定无效劳动合同自始没有法律约束力,而对劳动合同无效的后果以无效劳动合同的确认为界限分阶段做出不同规定,并赋予无过错当事人对无效劳动合同以解除权。对此,需要作出与民事合同法理论有所不同的解释。

(一)劳动合同无效的确认

《劳动合同法》第26条第2款规定,"对劳动合同的无效或者部分无效有争议的,由劳动争议仲裁机构或者人民法院确认。"这表明,无效劳动合同的确认方式可作如下分类:

(1)当事人确认。即当事人一方主张劳动合同无效而另一方无异议。

(2)劳动监察机构确认。即劳动监察机构在劳动监察过程中对劳动合同无效的确认。现行立法对劳动监察机构是否有权确认劳动合同无效的问题虽然没有明确规定,但《劳动合同法》第74条明确将用人单位与劳动者订立劳动合同的情况列为劳动监察的客体之一,由此可以推论确认劳动合同无效是劳动监察机构职权中应含内容。

(3)仲裁或审判确认。在当事人一方主张劳动合同无效而另一方有异议,或者劳动监察机构确认劳动合同无效而当事人有异议的情形下,则发生关于劳动合同无效的劳动争议或劳动行政争议。在此情形下,当事人双方发生争议的无效劳动合同,依照劳动争议处理程序由劳动争议仲裁机构或法院确认;而因劳动监察机构确认劳动合同无效而发生的争议,则属于劳动行政争议,应当依照行政复议和行政诉讼程序处理。

(二)劳动合同的全部或部分无效

《劳动合同法》第27条对劳动合同无效的形态作出与《合同法》第56条同样的规定,劳动合同部分无效,不影响其他部分效力的,其他部分仍然有效。部分无效是指在具备特定条件时,合同中某些具有相对独立性的条款无效,或者合同在量上而非质上的违法并不必然引起整个合同无效。

---

〔72〕《合同法》第52条第3项规定,以合法形式掩盖非法目的的合同无效。《广东省高级人民法院关于适用〈劳动争议调解仲裁法〉、〈劳动合同法〉若干问题的指导意见》(2008年7月)第22条第1款规定:用人单位恶意规避《劳动合同法》第14条、明显违反诚信和公平原则的规避行为应认定为无效行为,劳动者的工作年限和订立固定期限劳动合同的次数仍应连续计算。其中包括:为使劳动者"工龄归零",迫使劳动者辞职后重新与其签订劳动合同的行为;通过设立关联企业,在与劳动者签订合同时交替变换用人单位名称的行为以及通过非法劳务派遣的行为等。

关于民事合同全部无效与部分无效的判断标准,有学者认为应当考虑两个要点:(1)合同无效部分与其他部分在客观上是可以分离的,而且当事人明示或者可推定的意思也是可分开的。(2)无效部分不是合同当事人主要意思表示和主要缔约目的。如果无效部分是合同当事人的主要缔约目的或者主要意思表示,就不能主张其余部分有效。[73] 这种判断标准对劳动合同部分无效的判断有一定的参考意义。

同时,对劳动合同全部无效与部分无效的判断,还应当有一定的政策考量。即从保障劳动者就业考虑,对劳动合同全部无效应当从严把握和谨慎确认。[74] 部分无效劳动合同仅是部分合同条款无效,劳动关系依然存续,可以通过对无效条款的补正予以"救治",而转化为完全有效的劳动合同,这有利于保障劳动者就业。全部无效劳动合同则可能导致劳动关系终止,故应当是绝对无法通过补正予以"救治"的合同。

对部分无效劳动合同的补正方式有两种:(1)追认。对于表意不真实而导致无效的部分劳动合同条款,如欺诈、胁迫等原因订立的劳动合同,可以通过被欺诈方、被胁迫方等一方当事人对合同条款的追认,而使该条款生效。(2)订立新的合同条款。对于违反国家强制性法律、法规的劳动合同条款,可以通过当事人重新协商确定新的符合合同一般生效要件的条款,而使其替代部分无效合同条款,在协商不成的情况下,可由劳动法规、劳动政策、集体合同和劳动规章制度中的有关规定取代无效合同条款。

(三)劳动合同被确认无效之前的法律后果

在劳动关系建立和劳动合同订立与劳动合同被确认无效之阶段,劳动者一般已给付劳动并取得劳动报酬。由于劳动力的支出具有不可回收性,故无效劳动合同已经履行的部分不能像无效民事合同那样采用恢复原状的处理方式。但是,劳动合同已被确认无效,就不能作为确定此阶段劳动权利义务的依据。于是,此阶段的劳动权利义务需要重新确定。

重新确定此阶段的劳动权利义务,应当遵循有利于劳动者的原则。这是因为,无论劳动者对于劳动合同无效是否有过错,用人单位都已经从劳动者付出的劳动中获得利益,尤其是获得剩余价值。所以,法律一方面应当确保劳动者不因劳动合同被确认无效而受到损害,尤其是确保劳动者因已付出劳动而应得到的利益;另一方面不得让用人单位因劳动合同被确认无效而获得不当利益。为满足此要求,有两种处理方式可选择:(1)不当得利。即由于无效劳动合同自始无效而不能作为此阶段劳动权利义务的依据,用人单位从劳动者的劳动给付中所得利益为不当得利,应当返还给劳动者。故可按照不当得利的确定规则来确定此阶段的劳动权利义务。(2)假定有效。即尽管无效劳动合同自始无效,但可假定劳动合同有效,并依此劳动合同确定此阶段的劳动权利义务。

在国外,已有采用假定有效的方式确定此阶段劳动权利义务的立法例。例如,在德国法中,事实劳动关系(Faktisches Arbeitsverhältnis,De Facto Employment Relationship),是指劳动合同无效或被撤销,而劳动者已经给付劳动的情况下,所形成的劳动关系。德国法院为避免在此情形下由于劳动合同的自始无效而致使劳动者的劳动给付亦被宣布无效的后果,将无效或被撤销的劳动合同视为对过去有效的劳动合同,也就是说,在劳动合同被撤销或宣告无效前的期

---

[73] 李永军:《合同法》(第2版),法律出版社2005年版,第452页。

[74] 王全兴:《劳动法》(第2版),法律出版社2004年版,第136页。

间内,劳动者享有假设劳动合同有效的情形下依法应当享有的所有权利,包括加班费、病假工资等,除非存在犯罪行为或违犯公共政策的情形。[75] 又如,《瑞士债法典》第320条中规定:"依据事后认定无效的劳务合同,雇员为雇主善意地实施工作的,双方当事人应当依有效劳务合同履行劳务关系所产生的义务,直至因一方当事人主张无效而取消时止。"[76]

比较上述两种方式,就可发现:按照不当得利方式,由于完全抛开无效劳动合同,劳动权利义务的确定就只能以法定规则为依据;而面临劳动关系运行的复杂性,法定规则只可能是弹性的,这相对于假定有效方式,就增加了具体确定劳动权利义务的难度。按照假定有效方式,依据无效劳动合同确定劳动权利义务,相对于不当得利方式,虽然趋向简单化和具体化,但是,无效劳动合同约定的劳动条件如果不明确或低于法定要求,也就难以具体确定劳动权利义务。所以,应当将这两种方式结合,既允许参考假定劳动合同有效时劳动者的可得利益,又制定尽可能有可操作性的规则。

基于上述分析,对《劳动合同法》第28条的规定[77],需要作出下述理解:(1)该条虽然只就劳动报酬支付问题做出规定,但并不是指用人单位仅负有劳动报酬给付义务。也就是说,劳动报酬之外劳动权利义务应当以其他的法律规定为依据。(2)确定劳动报酬的参照标准,首先应当是该劳动者所在岗位其他劳动者(其劳动合同须有效)的劳动报酬;该劳动者所在岗位无其他劳动者或者其他劳动者的劳动合同均无效的,应当是本单位中与该劳动者所在岗位相同的其他岗位的劳动者的劳动报酬;本单位无相同岗位的,应当是本单位中与该劳动者所在岗位相近的岗位的劳动者的劳动报酬。这是同工同酬原则的体现。(3)重新确定的劳动报酬数额若高于已支付的劳动报酬数额,用人单位应当向劳动者补足其差额部分。(4)如果已支付的劳动报酬数额高于参照本单位相同或者相近岗位劳动者的劳动报酬确定的数额,劳动者无须返还差额部分。

(四)劳动合同被确认无效之后的法律后果

1. 劳动合同的命运

关于劳动合同被确认无效后是否存续的问题,在《劳动法》中未作规定,其所建立的事实劳动关系通常被终止。这对劳动者的不利在于,劳动合同被确认无效对劳动者就意味着失业,在就业竞争激烈的劳动力市场环境中,劳动者则会顾虑失业后果而不愿提出劳动合同无效的主张。这对用人单位也有不利,因为在由于劳动者的过错而导致劳动合同无效的情形下,劳动合同因被确认无效而终止,会使用人单位利益受到损害。因此,有必要保障对劳动合同无效无过错的一方在双方当事人合格的条件下,对劳动关系是否存续享有选择权。《劳动合同法》对劳动合同被确认无效后是否存续的问题作出规定的意图就在于此,这与《合同法》设立可撤销合同制度的意图相似。

但是,《劳动合同法》未采用《合同法》的可撤销合同制度,而是代之以允许无过错的劳动者

---

[75] Manfred Weiss: European Employment and Industrial Relations Glossary: Germany, Brussels: Sweet and Maxwell, 1992, p. 144.

[76] 瑞士债法中关于劳务合同的规定,亦适用于作为特殊雇佣合同的劳动合同。

[77] 《劳动合同法》第28条规定:劳动合同被确认无效,劳动者已付出劳动的,用人单位应当向劳动者支付劳动报酬。劳动报酬的数额,参照本单位相同或者相近岗位劳动者的劳动报酬确定。

或用人单位选择劳动合同解除或存续的制度,即:(1)解除。[78] 根据第38条第1款第5项和第46条的规定,因用人单位过错导致劳动合同无效的,劳动者可以即时辞职,并获得经济补偿;根据第39条第5项的规定,因劳动者过错导致用人单位意思表示不真实而使劳动合同无效的,用人单位可即时辞退。(2)存续。因用人单位过错导致劳动合同无效,劳动者如果不辞职的;因劳动者过错导致用人单位意思表示不真实而使劳动合同无效,用人单位如果不辞退的,事实劳动关系将可存续。

《劳动合同法》规定的可解除制度较之《合同法》规定的可撤销制度,其优越性在于:《合同法》第55条规定,具有撤销权的当事人自知道或者应当知道撤销事由之日起1年内没有行使撤销权,或者知道撤销事由后明确表示或者以自己的行为放弃撤销权的,撤销权消灭。而根据《劳动合同法》的规定,无过错当事人行使无效劳动合同解除权不受此种限制,这对劳动者更为有利,因为可行使无效劳动合同解除权的情形多于用人单位。另外,解除无效劳动合同的后果是向后发生效力,故可避免劳动合同作为继续性合同而不适应被撤销合同自始无效的问题。

较之《合同法》的规定,《劳动合同法》有其不足。根据《合同法》第54条的规定,可撤销与可变更并存,由无过错当事人选择,且可变更优先于可撤销。这就使因无过错当事人未行使撤销权而存续的合同经变更而转化为合法。而《劳动合同法》仅作可解除的规定而对无效劳动合同如何存续未作规定,这就给已不是确定劳动权利义务之依据的无效劳动合同如何生效的问题,留下疑问。为此,对于因内容违法而无效的劳动合同,应当通过依法变更劳动合同,以纠正原劳动合同中的无效条款;或重新依法订立劳动合同,以替代原劳动合同;或者用劳动基准、集体合同、劳动规章制度中的相应规定替代原劳动合同中的无效条款。如果是因意思表示不真实而导致劳动合同无效的,无过错一方继续履行劳动合同,并未行使解除权的,可视为是对该劳动合同之效力的追认,至此该劳动合同依法生效。

2. 有过错当事人的赔偿责任

《劳动合同法》第86条规定,劳动合同依法被确认无效,给对方造成损害的,有过错的一方应当承担赔偿责任。其中,赔偿责任的界定,应当以赔偿实际损害为原则。难点在于,无效劳动合同被解除致使劳动者就业机会的损失,在实践中难以确定。这就需要按照赔偿实际损害的原则,对如何确定就业机会损失的问题作出专门规定。

五、瑕疵劳动合同的效力问题

《劳动合同法》所规定的劳动合同无效事由与有效要件不完全对应,即有效要件的涵盖范围超出无效事由的涵盖范围。于是,存在一种虽然缺少有效要件但不一定是无效劳动合同的特殊劳动合同形态,对此可称为瑕疵劳动合同,其效力问题需要做出专门解释。无效劳动合同和瑕疵劳动合同都属于违反强行性规范的劳动合同,但无效劳动合同是违反效力性规范的合同,瑕疵劳动合同是违反取缔性规范的合同。而判断劳动合同所应遵循的强行性规范是取缔性规范还是效力性规范,应当以劳动法对劳动合同违反强行性规范的法律后果为依据。有的

---

〔78〕《劳动合同法》第38、39条中关于可解除无效劳动合同的规定,突破了有效合同才可解除而无效合同不适用解除的民事合同法原理。这或许表明,立法者遵循的是将无效合同假定有效的思路,既然无效劳动合同是假定有效劳动合同,当然就可以适用劳动合同解除制度。

强行性规范,如要求意思表示真实的规定,其被违反的后果,即欺诈、威胁或乘人之危的后果,《劳动合同法》规定为劳动合同无效,此即效力性规范。有的强行性规范,如要求劳动合同采用书面形式的规范,《劳动合同法》对其被违反的后果,并未规定劳动合同无效,而是要求用人单位限期补正;又如,禁止用人单位扣押劳动者身份证件、设定担保或变相担保的规范,《劳动合同法》对其被违反的后果在劳动合同无效的后果之外另行规定,这就属于取缔性规范。立法对劳动合同违反强行性规范之所以因不同情形规定不同的后果,主要是出于保障就业的考虑,对劳动合同无效尽可能从严控制。根据《劳动合同法》的规定,瑕疵劳动合同主要有下述几种:

(一)主体不合格劳动合同的效力

主体合格虽然是劳动合同的有效要件之一,但《劳动合同法》第26条第1款未将主体不合格明确列为劳动合同无效的事由。那么,可否将主体不合格作为第26条第1款中“违反法律、行政法规强制性规定的”情形,从而认定其为劳动合同无效呢?在《劳动合同法》中,对用人单位不合格的劳动合同的法律后果,在劳动合同无效后果之外作出了专门规定[79],而对劳动者不合格的劳动合同的法律后果未作专门规定。这表明,在主体不合格的劳动合同是否为无效劳动合同的问题上,因主体不同而有差异。对此问题,需明确下述要点:

1. 主体不合格的劳动关系的法律适用

关于主体不合格的劳动关系,特别是非法用工主体的劳动关系的法律适用,一种观点认为,在现阶段受劳动执法能力的限制,劳动法宜只调整合格主体的劳动关系,故非法用工主体的劳动关系应当作为民事雇佣关系由民法调整。[80]

笔者认为,不合格主体的劳动关系一般应当由劳动法调整。其理由主要在于:(1)依据法理和立法例,作为各个法律部门调整对象的社会关系,既包括合格主体的社会关系,也包括不合格主体的社会关系。(2)就不合格主体的劳动关系适用民法与适用劳动法比较,适用劳动法更有利于保护劳动者利益,而适用民法一般会使用工成本较之适用劳动法有所降低,这将刺激不合格主体的劳动关系更多发生。(3)在不合格主体的劳动关系中,劳动者的地位一般低于其他劳动者,故其对劳动法保护的需求更为强烈。所以,将不合格主体的劳动关系排斥在劳动法适用范围之外,与劳动法的主旨相悖。

在《工伤保险条例》、《劳动保障监察条例》、劳动和社会保障部《关于非法用工单位伤亡人员一次性赔偿办法》中,已有将不合格主体的劳动关系纳入其调整范围的规定。[81]《劳动合同法》第93条更是表明,不合格用人单位的劳动关系应当适用劳动法。

---

〔79〕《劳动合同法》第93条规定:对不具备合法经营资格的用人单位的违法犯罪行为,依法追究法律责任;劳动者已经付出劳动的,该单位或者其出资人应当依照本法有关规定向劳动者支付劳动报酬、经济补偿、赔偿金;给劳动者造成损害的,应当承担赔偿责任。

〔80〕最高人民法院《关于审理劳动争议案件适用法律若干问题的解释(续一)》(2004年9月征求意见稿)第3条规定,劳动者与不具备合法用工主体资格的单位之间产生的纠纷不属于劳动争议纠纷。

〔81〕《工伤保险条例》(2003年)第63条规定:“无营业执照或者未经依法登记、备案的单位以及被依法吊销营业执照或者撤销登记、备案的单位的职工受到事故伤害或者患职业病的,由该单位向伤残职工或者死亡职工的直系亲属给予一次性赔偿,赔偿标准不得低于本条例规定的工伤保险待遇。具体办法由国务院劳动保障行政部门规定。双方就赔偿数额发生争议的,按照处理劳动争议的有关规定处理。”《劳动保障监察条例》(2005年)第33条规定,对无营业执照或者已被依法吊销营业执照,有劳动用工行为的,由劳动保障行政部门依照本条例实施劳动保障监察,并及时通报工商行政管理部门予以查处取缔。劳动和社会保障部《关于非法用工单位伤亡人员一次性赔偿办法》(2003年)第2条规定的“非法用工单位伤亡人员”中,包括“用人单位使用童工造成的伤残、死亡童工”。

2. 用人单位不合格的劳动合同的效力

《劳动合同法》未将用人单位不合格列为劳动合同无效的事由，并且，第93条在劳动合同无效的后果之外，另行规定因用人单位不合格的后果。比较可见，虽然无效劳动合同所引起的劳动关系和用人单位不合格的劳动关系都属于事实劳动关系，但劳动合同无效和用人单位不合格的法律后果有所不同：(1)劳动合同无效须经确认（包括发生争议时劳动仲裁机构或法院的确认），否则不发生劳动合同无效的法律后果；而用人单位不合格无须经过确认就可发生相应的法律后果，劳动者可直接依法主张权利，有关行政机关可直接依法查处。(2)劳动合同被确认无效后，其是否存续，由无过错的当事人选择；用人单位不合格的劳动合同，则应当强制终止，除非用人单位由不合格依法转化为合格。(3)就责任主体而言，劳动合同无效的责任由有过错的当事人直接承担；而用人单位不合格的劳动合同，其责任的承担者不仅有用人单位，而且还有用人单位的出资人。(4)就责任内容而言，无效劳动合同订立至被确认期间，劳动者已付出劳动的，用人单位应当参照本单位相同或者相近岗位劳动者的劳动报酬水平向劳动者支付劳动报酬；而在用人单位不合格的劳动合同的存续期间，劳动者已付出劳动的，其责任除依法支付劳动报酬外，还包括依法支付经济补偿和赔偿金。可见，用人单位不合格不适用于劳动合同无效制度，更有利于劳动者合法权益的保护。

3. 劳动者不合格的劳动合同的效力

关于劳动者不合格的劳动合同是否为无效劳动合同的问题，在《劳动合同法》中尚未确定。一方面，劳动者不合格未被明确列为劳动合同无效的事由，并且，无效劳动合同被确认后还可存续的规定不应当适用于劳动者不合格的劳动合同。这表明，劳动者不合格的劳动合同可不作为无效劳动合同。另一方面，对劳动者不合格的劳动合同，未在劳动合同无效的后果之外另行规定其后果。这与用人单位不合格的劳动合同比较，似乎表明劳动者不合格的劳动合同可作为无效劳动合同。

对此，有两种选择：(1)将劳动者不合格的劳动合同作为无效劳动合同，但对其后果应当做特别规定，即其被确认无效后应当终止，而不得适用可存续的规定。(2)将劳动者不合格的劳动合同不作为无效劳动合同，而对其后果在劳动合同无效的后果之外另行规定。

无论作何种选择，必须肯定的是：劳动者不合格的劳动关系，除未依法取得就业证件的外国人、无国籍人、台港澳居民外，属于事实劳动关系，应当被强制终止，而其存续期间的劳动者权益应当受劳动法保护；而未依法取得就业证件的外国人、无国籍人、台港澳居民，其劳动关系则属于民事雇用关系，[82]应当被强制终止，但其权益受民法保护。

（二）形式瑕疵劳动合同的效力

《劳动合同法》虽然将书面形式规定为劳动合同的有效要件，但未将无书面形式列为劳动合同无效的事由，并且还确认寓于开始用工的口头（推定）劳动合同的有效性。故这里的形式瑕疵仅指劳动合同未采用书面形式。

形式瑕疵是否作为劳动合同无效的事由，应当以是否更有利于保护劳动者利益为原则。书面形式比口头（推定）形式具有更强的证据效力，要求劳动合同采用书面形式，可以降低由于未采用书面形式而使某些权利义务不明确，导致劳动者利益受损害的风险；还有助于对劳动关

---

〔82〕 参见《最高人民法院关于审理劳动争议案件适用法律若干问题的解释（四）》(2013)第14条的规定。

系运行和社会保险的规范化管理。但是,基于劳动关系的持续性、动态性和劳动合同内容的不完全性,以及口头(推定)形式在某些场合对建立劳动关系的意义,《劳动合同法》未将形式瑕疵作为劳动合同无效的事由,而只将形式瑕疵作为一种可以补正的合同瑕疵,赋予用人单位补订书面劳动合同的义务并规定不履行此义务的"二倍工资"责任。如此制度安排较之将形式瑕疵作为劳动合同无效的事由,更有利于保护劳动者利益。

(三)内容瑕疵劳动合同的效力

内容合法作为劳动合同的有效要件,根据劳动法理论和《劳动法》、《劳动合同法》的规定,其要求包括:(1)具备法定必备条款;(2)权利义务明确;(3)约定劳动条件不低于劳动基准和集体合同规定标准。然而,《劳动合同法》仅将"用人单位免除自己的法定责任、排除劳动者权利的"内容明确列为劳动合同无效的事由。可见,内容违法的劳动合同未必无效。也就是说,除了免除用人单位法定责任、排除劳动者权利的劳动合同或其条款为无效外,欠缺法定必备条款、劳动标准不明确属于意思表示不完全的情形,不宜导致劳动合同无效。这是因为,劳动合同是不完全合同,意思表示不完全只要不影响劳动合同的成立,就不应当对已成立的劳动合同的效力有影响。在国外的实践中,意思表示不完全对于劳动合同效力的影响甚微。"只要雇员开始工作就表示接受工作要约,双方的劳动合同即告订立,即形成劳动关系。这中间不仅可以没有协商的过程,而且除了工资和一般性工作描述之外,甚至可以没有其他明示的劳动合同约定条款"。[83]

1. 欠缺法定必备条款的劳动合同的效力

劳动合同欠缺法定必备条款,其后果不是劳动合同无效或部分无效,而是劳动合同未成立或未完全成立。其理由在于:(1)劳动合同成立即当事人双方就建立劳动关系和明确权利义务达成合意,欠缺法定必备条款所表明的是未就劳动合同主要内容达成合意,故对劳动合同只涉及成立与否的问题,而未涉及效力评价问题。(2)劳动合同欠缺法定必备条款在实践中导致劳动合同不成立的现象不会多见。因为欠缺的一般是明确当事人双方权利义务的条款,而不是建立劳动关系的条款(如当事人条款)。只有欠缺建立劳动关系的条款,才有可能导致劳动合同不成立,不过鲜见这种极端现象。即使书面劳动合同中缺漏当事人条款,只要有用工的事实,就已建立劳动关系,当事人也是可确定的。(3)《劳动合同法》在劳动合同无效后果之外对欠缺法定必备条款已做出应当补正的规定,即在第 81 条规定,用人单位提供的劳动合同文本未载明《劳动合同法》规定的劳动合同必备条款的,由劳动行政部门责令改正。

欠缺法定必备条款虽然不致劳动合同无效,但有可能给劳动者造成损失。《劳动合同法》第 81 条规定,用人单位提供的劳动合同文本未载明《劳动合同法》规定的劳动合同必备条款而给劳动者造成损害的,应当承担赔偿责任。其中值得注意的是:(1)这种赔偿责任须以用人单位对欠缺法定必备条款有过错为要件,如欠缺法定必备条款是由于用人单位提供的劳动合同文本有缺漏所造成的。(2)这种赔偿责任属于缔约过失赔偿责任,而非违约赔偿责任。因为用人单位提供有缺漏的劳动合同文本,属于违法缔约行为。

2. 约定劳动标准不明确的劳动合同的效力

基于订立劳动合同当时的信息条件限制,内容的不完全性是劳动合同的固有缺陷。为弥

---

〔83〕 Donald W. Brodie: Individual Contracts of Employment (Part Ⅰ), Labor Law Journal, September 1988, pp. 585 - 604.

补此缺陷,需要依据合同以意思自治为原则的原理和劳动条件基准、集体合同、劳动合同之间效力关系的原理,在立法中规定相应的补正措施,以保障劳动合同明确当事人双方权利义务的完备性与合法性。于是,《劳动合同法》第18条对约定劳动标准不明确的劳动合同规定了若干补正措施,即"当事人双方就不明确的条款重新协商→适用集体合同的规定→实行同工同酬或适用国家有关规定"。

(四)重大误解劳动合同的效力

有重大误解的民事合同依《合同法》的规定属于可撤销合同,而《劳动合同法》对有重大误解的劳动合同未作此规定,并未将有重大误解列为劳动合同无效事由。故应当允许当事人双方就有重大误解的劳动合同条款重新协商。

第五节 劳动合同的履行、中止、变更和承继

一、劳动合同的履行

(一)劳动合同履行的含义和意义

劳动合同履行,是指劳动合同双方当事人完成劳动合同所约定的义务,实现劳动过程和各自合法权益的行为。值得注意的是,基于劳动合同内容的不完全性和劳动条件基准、集体合同和劳动规章制度对劳动合同内容的补充效力,履行劳动合同所约定的义务,包括履行作为劳动合同内容之补充的劳动条件基准、集体合同和劳动规章制度所规定的义务。

从合同效力的角度观察,合同履行是依法成立并生效的合同所必然发生的法律效果,并且构成合同效力的主要内容。因此,许多立法例把合同的履行规定在合同的效力标题下。《劳动法》第17条第2款的规定(劳动合同依法订立即具有法律约束力,当事人必须履行劳动合同规定的义务)和《劳动合同法》第3条第2款的规定(依法订立的劳动合同具有约束力,用人单位与劳动者应当履行劳动合同约定的义务),都是从合同效力的意义上原则性规定应当(必须)履行劳动合同约定的义务。但从合同关系消灭的角度观察,合同履行又是合同关系正常消灭的原因。有些立法例把合同履行规定在合同的消灭原因标题下,以"清偿"的称谓详加规定。[84]而《劳动合同法》则将劳动合同的履行和变更独立成章,专门规定了规范劳动合同履行的若干规则,这不仅填补了《劳动法》的空白,而且相对提高了劳动合同履行在劳动合同法体系中的地位,目的在于凸显劳动合同的履行规则在劳动合同法体系中的重要地位。如果从劳动合同目的之实现的角度评价,劳动合同履行是实现劳动合同目的的首选和常态方式,劳动合同的中止和承继是劳动合同履行的特殊形态,劳动合同变更和解除是劳动合同履行的例外和补充。在此意义上可以说劳动合同履行在劳动合同法体系中处于核心地位。

(二)劳动合同履行的原则

合同履行的原则,是合同当事人在履行合同时所应遵循的基本准则。《劳动合同法》第29条规定:"用人单位与劳动者应当按照劳动合同的约定,全面履行各自的义务。"从而确立了劳

---

[84] 崔建远主编:《合同法》(第三版),法律出版社2003年版,第90页。

动合同的全面履行原则。所谓全面履行原则,又称为正确履行原则或适当履行原则。劳动合同的内容是一个整体,合同条款之间的内在联系不能割裂。全面履行原则要求合同当事人必须适当地履行合同的全部条款和各自承担的全部义务,既要按照合同约定的标的及其种类、数量和质量履行,又要按照合同约定的时间、地点和方式履行,借用《美国法律重述·合同法》第235条的评论,即履行无任何瑕疵[85]。

劳动合同的全面履行与实际履行既有区别又有联系。实际履行原则强调当事人按照劳动合同的约定(尤其是合同标的)履行各自义务,其真谛在于要求当事人应当实际地履行合同债务而不得任意地以赔偿损失来替代履行合同债务[86];并且还体现在当劳动合同约定的劳动条件与客观实际不一致时,用人单位应当按照实际状况提供劳动条件,如在消费品价格上涨的情形下及时调整劳动报酬[87]。但是,实际履行原则对劳动合同履行是否适当、全面,则无力顾及。而全面履行原则既要求实际履行,也要求所为的履行行为完全符合法律和合同的规定。可见,全面履行必然是实际履行,而实际履行未必是适当、全面履行。全面履行不会存在违约责任,实际履行不适当、全面时则仍有可能产生违约责任。

《劳动合同法》第29条规定的"全面履行原则"应当是一个广义概念,它涵盖了劳动合同法原理中的实际履行原则、亲自履行原则以及协作履行原则。实际履行原则是全面履行原则的应有之义,而亲自履行原则可视为全面(适当)履行原则在履行主体方面的体现,协作履行原则则反映了全面(适当)履行原则在合同履行方式上的要求。亲自履行原则要求,当事人双方都必须以自己的行为履行各自依据劳动合同所承担的义务,而不得由他人代理。其中,劳动者的义务只能由本人履行,用人单位的义务只能由单位行政中的管理机构和管理人员在其职责范围内履行。协作履行原则,是因为劳动关系需要劳动者与用人单位互助合作才能在既定期限内存续和顺利实现,而要求当事人双方在劳动合同履行过程中始终坚持协作,相互关心,为对方履行义务提供条件。尤其是,用人单位劳动管理和劳动者民主参与应当协调一致,以便相互督促和协商;任何一方遇到困难,对方都应当在法律允许的范围内尽力给予帮助;劳动者违纪,用人单位应当以思想教育为主,并帮助其改正;用人单位违约,劳动者应当及时反映问题,尽快协助纠正,并设法防止和减少损失;因履行合同发生争议,应当及时协商解决。

(三)劳动合同履行的特殊规则

1. 履行不明确条款的规则

对于劳动合同中内容不明确的条款,应当先依法确定其具体内容,然后予以履行。依据劳动条件基准、集体合同、劳动规章制度和劳动合同之关系的原理,当事人双方可以就内容不明确的条款重新协商;协商不成而劳动规章制度有明确规定的,就按照该规定履行;劳动规章制度未作明确规定的,就按照集体合同的规定履行;集体合同未作明确规定的就按照有关劳动法规和政策的规定履行,其中,劳动报酬按照同工同酬原则确定和支付;劳动法规和政策未作明

---

〔85〕 崔建远:《合同法》(第三版),法律出版社2003年版,第90页。

〔86〕 姜颖:《劳动合同法论》,法律出版社2006年版,第195页。

〔87〕 喻术红:《劳动合同法专论》,武汉大学出版社2009年版,第86页。

确规定的,可考虑按照通行的习惯履行。《劳动合同法》第 18 条的规定〔88〕,在一定程度上体现了这一原理。

鉴于实践中存在尽管合同条款内容不明确,而劳动报酬和其他劳动条件已实际提供,劳动者对此却有争议的情形,有的地方立法规定,"实际劳动报酬和劳动条件高于用人单位规章制度及集体合同规定标准的,按照实际履行的内容确定;实际履行的内容低于用人单位规章制度或者集体合同规定标准的,按照其中有利于劳动者的最高标准确定"。〔89〕

2. 地方劳动条件基准选择的规则

劳动合同履行地与用人单位注册地不一致,且两地关于劳动者的最低工资标准、劳动安全卫生、本地区上年度职工月平均工资标准等劳动条件事项的规定有差异的,根据《劳动合同法实施条例》第 14 条的规定,按照劳动合同履行地的有关规定执行;但用人单位注册地的有关标准高于劳动合同履行地的标准的,且当事人双方约定按照用人单位注册地有关标准执行的,从其约定。

3. 向第三人履行的规则

劳动合同的任何一方当事人,一般都只向对方当事人履行义务,并且,要求对方当事人履行义务的请求权一般不得转让给第三人。换言之,只有法律允许的特殊情况下,劳动者或用人单位才应当向第三人履行义务。

劳动者向第三人履行劳动给付义务,可分为两种类型:一种是临时性向第三人履行,即在用人单位未发生更替的情形下,劳动者按照用人单位的指示向特定第三人给付劳动,以履行用人单位对该第三人所承担的债务,此即狭义。另一种是非临时性向特定第三人履行,即因用人单位发生更替,劳动者向更替后的新用人单位履行原劳动合同约定的劳动给付义务,此即劳动合同承继。由于劳动合同承继被作为一种相对独立的履行方式和制度,故"劳动者向第三人履行"应当取其狭义。劳动者向第三人给付劳动,应当以劳动合同的约定为依据;若用人单位即时指示劳动者向第三人给付劳动,除法律另有规定外,应当征得劳动者同意。劳动者因向第三人履行劳动给付义务而增加费用或其他成本的,用人单位应当增加相应的报酬或福利。

关于用人单位向第三人履行劳动待遇给付义务的条件,各国都严格实行法定原则,即只有在法律特别规定的场合,用人单位才可以将工资等劳动待遇向法定第三人按法定标准支付一定数额,而不允许合同当事人就此作出约定。

4. 履行约定之外劳动给付的规则

劳动者履行劳动给付义务原则上以劳动合同约定范围为限,在劳动合同未变更时,用人单位一般不得指示劳动者从事劳动合同约定之外的劳动。但有些国家和地区的立法中特别规定了例外,即遇有紧急情况时,为了避免发生危险事故或者进行事故后抢救和善后工作,用人单位可指示劳动者临时从事劳动合同约定之外的劳动,劳动者应当服从这种指示。例如,我国台湾的"劳动契约法"规定,劳动者于其约定之劳动给付外,无给付其他附带劳动义务,但有紧急情形或其职业上有特别习惯时,不得拒绝其所能给付之劳动。

---

〔88〕《劳动合同法》第 18 条规定,劳动合同对劳动报酬和劳动条件等标准约定不明确,引发争议的,用人单位与劳动者可以重新协商;协商不成的,适用集体合同规定;没有集体合同或者集体合同未规定劳动报酬的,实行同工同酬;没有集体合同或者集体合同未规定劳动条件等标准的,适用国家有关规定。

〔89〕《江苏省劳动合同条例》(2013 年)第 22 条第 1 款第 1、2 项。

二、劳动合同的中止

(一)劳动合同中止的界定和立法

劳动合同中止,即劳动合同履行的暂停,是指在劳动合同履行过程中,因出现法定或约定事由,而暂停履行劳动合同约定的主要义务,待该事由消除后恢复履行。其主要意义在于避免劳动合同因出现暂时不能履行的情形而被解除,以保障劳动关系的稳定。

劳动合同中止不同于劳动合同不得解除。虽然二者的法定事由可能部分重叠,但劳动合同不得解除只是要求用人单位在具备法定事由时不得辞退劳动者,并未涉及劳动合同如何履行的问题;而劳动合同中止是对劳动合同履行作出时间安排,属于劳动合同履行的一种特殊形式。所以,二者尽管都旨在稳定劳动关系,但在功能上不可相互替代。故我国《劳动合同法》虽然在第 42 条已对用人单位不得解除劳动合同作出规定,仍然有必要建立劳动合同中止制度。

劳动合同中止还可作广义、狭义之区分。当事人双方的主要义务履行即劳动给付和劳动报酬都暂停的,为狭义劳动合同中止;仅暂停劳动给付义务履行的,如孕期、产期、哺乳期、探亲假、年休假、医疗期、工伤停工留薪期等劳动者免于劳动给付义务期间,若也包括在劳动合同中止制度中,则是广义劳动合同中止。狭义劳动合同中止期间,因当事人双方的主要义务都暂停履行,故不计入劳动合同期间。而仅免于劳动给付义务期间,用人单位支付劳动报酬的义务并未暂停,在此意义上劳动合同仍在履行,故应计入劳动合同期间。例如,秘鲁《就业促进法》、比利时《雇佣合同法》规定的是广义劳动合同中止,《伊朗伊斯兰共和国劳工法》规定的是狭义劳动合同中止。

在国(境)外劳动合同立法中,一般都规定有劳动合同中止制度。在我国,《劳动法》出台后的有关部门规章和许多地方劳动合同立法,已有关于狭义劳动合同中止的规定,[90] 但《劳动法》和《劳动合同法》对劳动合同中止都未作规定。

(二)劳动合同中止的方式、事由和最长期限

劳动合同中止的方式分为法定中止和协议中止。法定中止须具备劳动合同中止的法定事由,且为单方中止;协议中止则只须当事人双方就劳动合同中止协商一致即可,既可约定中止事由,也可像劳动合同协议解除一样无需既定事由。鉴于劳动合同中止较之劳动合同解除和终止,更有利于劳动关系稳定,故劳动合同中止的事由既需要法定,也应当允许当事人双方在法定事由之外约定其他事由;而解雇事由和劳动合同终止事由则只宜法定。尽管如此,由于劳动者选择劳动合同中止的积极性一般高于用人单位,为保障劳动者的职业安定,对劳动合同中止的事由,应当以法定为主。

基于劳动合同中止制度的目的,作为劳动合同中止的事由,尤其是法定事由,应当具有客观阻碍性、暂时性和正当性。客观阻碍性,即该事由是足以阻碍劳动合同履行的客观情形,亦即致使劳动者无法作出约定的劳动给付,或者致使用人单位无法提供约定的劳动条件,如劳动

---

〔90〕 我国官方最早关于劳动合同中止的成文规定,是原劳动部《关于贯彻执行〈劳动法〉若干问题的意见》(劳部发[1995]309 号)第 28 条,即劳动者涉嫌违法犯罪被有关机关收容审查、拘留或逮捕的,用人单位在劳动者被限制人身自由期间,可与其暂时停止劳动合同的履行。暂时停止履行劳动合同期间,用人单位不承担劳动合同约定的相应义务。劳动者经证明被错误限制人身自由的,对暂停履行劳动合同期间劳动者的损失,可由其依据《国家赔偿法》要求有关部门赔偿。

者应征入伍或企业停产；暂时性，即该客观情形的客观阻碍性可能只存在于较短期间，而不会长期或永久存在，如失踪但尚未被法院宣告失踪、宣告死亡，涉嫌违法犯罪而被限制人身自由；正当性，即该客观情形作为劳动合同中止事由较之作为劳动合同解除事由，更有利于劳动关系稳定，更能为当事人双方和社会所认可。例如，劳动者暂时无法履行劳动合同作为中止事由的，应当限于劳动者对此无过错的情形。

在我国，根据有关部门规章和地方立法的规定，劳动合同中止的事由包括：(1)用人单位与劳动者以书面形式协商一致的；(2)劳动者涉嫌违法犯罪被有关国家机关限制人身自由的；(3)劳动者应征入伍或者履行国家规定的其他法定义务的；(4)因不可抗力致使劳动合同暂时不能履行的；(5)劳动者因客观原因暂时无法履行劳动合同的义务但仍有继续履行条件和可能的；(6)法律、法规规定的其他中止情形。[91] 上述规定中的第(1)项和第(6)项表明，我国的劳动合同中止有协议中止和法定中止这两种方式，且约定中止事由应当在法定中止事由之外。

国外立法对劳动合同中止事由的规定

劳动合同中止具有暂时性，若中止期间过长不符合中止的本意，故对中止期限应当作出限制。有一种立法主张是，最长中止期限为5年[92]。

(三)劳动合同中止的法律后果

1. 劳动合同中止期间的劳动关系状况

劳动合同中止的法律后果，可分两个阶段即中止期间和中止结束时来考察。在中止期间，尽管主要义务暂停，但劳动关系仍然保留，这是劳动关系内容与外壳分离和劳动合同属于关系性契约的典型表现。中止期间所保留的劳动关系不同于常态劳动关系，即仅保留劳动关系的外壳和被暂停义务以外的内容。对此，有的地方立法规定，中止期间用人单位可以不支付劳动报酬并停止缴纳社会保险费，且不计算为劳动者在用人单位的工作年限。[93] 值得注意的是，中止期间是否给予生活帮助和社会保险费是否由劳动者负担而由用人单位继续缴纳等问题，应当允许当事人双方约定；[94] 并且，对于中止期间是否计算为劳动者在用人单位工作年限的问题，有必要作例外规定，例如，劳动者应征入伍的中止期间应当计入在用人单位工作年限。

2. 劳动合同中止结束的法律后果

劳动合同中止因引起中止的法定或约定情形消失而结束。中止事由的消失有两种表现：一种是对劳动合同履行的客观阻碍性消失，劳动合同履行的条件再次具备，就应当恢复履行。根据原劳动部《关于贯彻执行〈中华人民共和国劳动法〉若干问题的意见》(1995年)第28条的规定，劳动合同因劳动者涉嫌违法犯罪被限制人身自由而中止后，劳动者经证明被错误限制人身自由的，对中止期间劳动者的损失，可依据《国家赔偿法》要求有关部门赔偿。另一种是对劳动合同履行的客观阻碍已由可能性转化为确定性，或者说暂时阻碍已转化为长期或永久阻碍，

---

[91] 第(1)、(2)、(3)、(4)、(6)项参见《江苏省劳动合同条例》(2013年)第30条、《山东省劳动合同条例》(2013年)第26条、《上海市劳动合同条例》(2001年)第26条等，其中第(2)项最早为原劳动部《关于贯彻执行〈劳动法〉若干问题的意见》(劳部发[1995]309号)第28条所规定；第(5)项参见《上海市劳动合同条例》(2001年)第26条、《〈上海市劳动合同条例〉实施细则》(2002年)第13条。

[92] 《劳动合同法实施条例(草案)》(2008年)第24条。《劳动合同法实施条例》(2008年)未规定此条文。

[93] 《江苏省劳动合同条例》(2013年)第30条、《山东省劳动合同条例》(2013年)第26条。

[94] 《〈上海市劳动合同条例〉实施细则》(2002年)第12条。

如失踪者已被法院宣告失踪、宣告死亡,涉嫌违法犯罪者已被认定违法犯罪,劳动合同已不能恢复履行,就应当依法解除或终止。

三、劳动合同的变更

(一)劳动合同变更的界定和分类

劳动合同变更,是指当事人双方或单方依法修改或补充劳动合同内容的法律行为。它发生于劳动合同生效或成立后尚未履行或尚未完全履行期间;效力及于劳动合同尚未履行的剩余期间,故非临时性变更;是对劳动合同所约定的权利和义务的完善和发展,是确保劳动合同全面履行和劳动过程顺利实现的重要手段。

劳动合同变更的对象,只限于劳动合同中的部分条款。它应当符合下述要求:(1)是尚未履行或者尚未完全履行的条款。(2)是依法可以变更的条款。换言之,依法不应作为变更对象的条款(如合同当事人条款、合同期限条款等),不适用劳动合同变更制度。例如,若用人单位更替,则可能是劳动合同转让或者原劳动合同解除而与另一用人单位订立劳动合同;若合同期限变更,则可能是劳动合同解除、延期或续订。(3)是引起合同变更的原因所指向的条款。劳动合同变更由于法定或者约定的原因不同,所应变更的条款也就有所差异。凡是与合同变更的原因无关的条款,就不必予以变更。也就是说,只有在订立劳动合同所依据的主客观条件发生变化,致使劳动合同中一定条款的履行成为不可能或不必要的情况下,劳动合同才可变更。

劳动合同变更的一般类型,即有效劳动合同的协议变更。只要当事人双方协商一致,一般无需实体性条件。但也有规定实体性条件的特殊情形,例如,《集体合同规定》(2004 年)规定,集体谈判的职工方代表履行代表职责期间,用人单位无正当理由不得调整其工作岗位。又如,依据《劳动合同法》第 40 条第 1 款第 3 项的规定,劳动合同订立时所依据的客观情况发生重大变化,致使劳动合同无法履行的,应当优先选择协商变更劳动合同,未能就变更劳动合同内容达成协议的才可预告辞退。

与此对应,劳动合同变更的特殊类型,是指在一定条件下劳动合同的单方变更,或者无效劳动合同的变更。前者例如,用人单位与掌握商业秘密的职工在劳动合同中约定保守商业秘密有关事项时,可以约定在劳动合同终止前或该职工提出解除劳动合同后的一定时间内(不超过 6 个月),调整其工作岗位,变更劳动合同中相关内容;因劳动者违纪违章,用人单位可采用撤职、降级、降薪等纪律处分形式;依据《劳动合同法》第 40 条第 1、2 项的规定,患病或者非因工负伤劳动者在规定的医疗期满后不能从事原工作,或者劳动者不能胜任工作的,用人单位可另行安排其工作或调整其工作岗位;依据《女职工劳动保护特别规定》(2012 年)、《女职工禁忌劳动范围的规定》(1990 年)、《工伤保险条例》(2013 年)等的规定,有女职工在禁忌劳动岗位工作、工伤劳动者因五至六级伤残而保留劳动关系等情形的,用人单位必须调整其工作岗位。后者例如,依据《劳动合同法》第 38、39 条的规定,对导致劳动合同无效无过错的一方当事人可选择劳动合同解除或存续,如果不行使解除权的,事实劳动关系将可存续,在此情况下就可变更无效劳动合同。

劳动合同变更还可划分为对劳动者有利变更和对劳动者不利变更,甚至还有中性变更(既无有利也无不利)。对有利变更和不利变更,可分别设计特别规则。例如,有的地方立法规定,变更劳动合同应当采用书面形式，注明变更日期，但提高劳动报酬等有利于劳动者的情形除外。[95]

（二）劳动合同变更的形式、程序和法律后果

由于劳动合同的订立应当采用书面形式，故劳动合同的变更也应当采用书面形式，且变更后的劳动合同文本由用人单位和劳动者各执一份。但其书面形式应当同订立劳动合同的书面形式一样不作为有效要件。例如，《最高人民法院关于审理劳动争议案件适用法律若干问题的解释（四）》（2013 年）第 11 条规定，变更劳动合同未采用书面形式，但已经实际履行了口头变更的劳动合同超过一个月，且变更后的劳动合同内容不违反法律、行政法规、国家政策以及公序良俗，当事人以未采用书面形式为由主张劳动合同变更无效的，人民法院不予支持。值得注意的是，以"口头变更 + 实际履行 + 变更后合同内容合法"作为书面变更原则的例外，虽然有其必要，但应当谨慎把握口头变更合法的界限，尤其是对于减损劳动者利益的口头变更，认定其合法，应当综合考虑多种因素，如双方当事人合意是否完成、是否违背诚信原则、是否出于用人单位经营管理需要、是否对劳动者产生实质性不利影响以及影响程度等。[96]

劳动合同协议变更的程序包括下述主要环节：(1)预告变更要求。需要变更合同的一方当事人，应当按照规定时间提前向对方当事人送交要求变更合同的书面通知，说明变更合同的理由、条款、条件，以及请求对方当事人答复的期限。(2)按期作出答复。收到对方当事人要求变更合同的书面通知后，通常应当在对方当事人要求的期限内作出书面答复，可以表示同意，也可以提出不同意见而要求另行协商，如果不属于法定应当变更合同的情形，还可以表示不同意。有的地方立法规定，收到对方当事人要求变更劳动合同的书面通知，在收到之日起 15 日内未作出书面答复的，视为不同意变更劳动合同。[97] (3)签订书面协议。当事人双方均同意变更合同的，应当就合同变更达成书面协议，并签名盖章。(4)分执劳动合同文本。变更后的劳动合同文本由用人单位和劳动者各执一份。(5)鉴证或备案。凡在订立时经过鉴证或备案的合同，变更合同的协议签订后也要办理鉴证或备案手续。

劳动合同依法变更的法律后果，即合同当事人双方的权利和义务，从变更合同的协议所约定之日起发生变更。如果约定的权利和义务变更日期在合同变更手续完毕日期之前，那么，在前一日期至后一日期之间劳动者因合同变更而应增加的利益，则应当追补，如补发工资等。

（三）调职的有关问题

1. 调职的界定和法律适用

调职，又称人事调动或人事异动，即劳动者工作内容和工作地点的非临时性变更。工作内容变更，包括岗位（职务）、工种、工作（生产）任务的变更。工作地点变更，又称工作场所变更，可分为工作场所在本地（同城）变更和在异地变更、用人单位迁址和非因用人单位迁址而变更；用人单位迁址又可分为政策性迁址和经营性迁址、同城迁址和异地迁址[98]。

---

〔95〕《江苏省劳动合同条例》（2013 年）第 29 条第 1 款。

〔96〕参见周国良：《劳动合同变更的法理和实践探讨》，载《中国劳动》2013 年第 11 期。

〔97〕如《江苏省劳动合同条例》（2013 年）第 29 条第 2 款。

〔98〕郑尚元等：《劳动和社会保障法学》，中国政法大学出版社 2008 年版，第 130～131 页。

调职可分为内部调职和外部调职,前者即同一用人单位非临时性地变更工作内容和工作地点;后者即劳动者非本人原因从原用人单位被安排到新用人单位工作,工作内容或工作地点也可能随之发生变更。实践中,内部调职和外部调职都是人力资源管理的重要手段,而属于劳动合同变更的调职限于内部调职。

在我国,调职因在公共部门或非公共部门之不同而在制度上有重要差别。在公共部门,除公务员外,内部调职既要适用劳动合同变更制度,还要适用人事管理特别法。至于公共部门内的外部调职,属于国家人事制度中的职工调动,适用公务员法和有关人事管理法;在程序上除了调出单位、调入单位和劳动者三者相互协商一致外,还须经人事行政部门批准。非公共部门的内部调职和外部调职都只适用劳动法,内部调职适用劳动合同变更制度,外部调职适用劳动合同承继等制度。

在我国现行劳动立法中,尽管内部调职是实践中多见和重要的劳动合同变更形式,但缺少专门规定;而外部调职,仅有劳动合同承继制度〔99〕和关于外部调职者工作年限计算的规定〔100〕。

2. 法律属性的争论及其启示

关于调职的法律属性,日本和我国台湾地区的法学界有如下几种观点:(1)概括合意说。一般而言,劳工在缔结劳动契约时未就各个工作场所和工作内容直接作具体约定,而仅是将劳动力使用权概括地委付给雇主,故除非劳资双方已就各个工作场所和工作内容作出具体约定,个别决定权由雇主单方行使。即雇主作出调职命令,无须劳工同意即可生效,但雇主行使调职命令权不得构成权利滥用。(2)劳动契约说。调职若是在劳动契约预订范围内,则调职只是契约履行过程,调职命令仅是行使劳动指挥权的一种事实行为,劳工当然须服从。但是,调职命令若有权利滥用情形,劳工无服从义务。反之,调职若超出劳动契约预定范围,则调职为劳动契约变更,应征得劳工同意。(3)调职命令权否认说。雇主并无单方命令调职的权利,其调职命令属于变更劳动契约内容之要约,须得到劳工个别的明示或默示合意时,才具有法律效力。至于劳动契约缔结时,虽就工作场所和工作内容无特别约定,也不能据此认定劳资双方对调职有明示或默示合意存在,而须至工作场所和工作内容决定之阶段,该劳动给付之债务始特定。(4)特定合意说。工作场所和工作内容作为劳动契约之要素,须由劳资双方合意特定,不得由雇主单方变更。故雇主发调职命令为劳动契约要素变更,须每次取得劳工同意;或者在劳动契约中已明确约定劳工将工作场所和工作内容之变更或决定权委托雇主行使,雇主才有调职命令权。当然就实际而言,也不能否认劳资双方对调职有默示合意之可能性,故若该默示合意存在的事实得到证实时,雇主于合理范围内仍有行使调职命令权之余地。〔101〕在日本学界,劳动契约说为通说。〔102〕

综观上述各学说,其共识点在于,调职为劳动契约要素之变更,须以劳资双方合意为基础;

---

〔99〕《劳动合同法》第34条。

〔100〕如《江苏省劳动合同条例》(2013年)第25条;《最高人民法院关于审理劳动争议案件适用法律若干问题的解释(四)》(2013年)第5条。

〔101〕台湾劳动法学会编:《劳动基准法释义——施行20年之回顾与展望》,新学林出版股份有限公司2009年版,第142~145页;喻术红:《劳动合同法专论》,武汉大学出版社2009年版,第100~101页。

〔102〕刘志鹏:《劳动法理论与判决研究》,元照出版有限公司2000年版,第165页。

调职命令不得有权利滥用情形，亦即须具有合法性和合理性。故无论采用何种学说，立法对调职进行规范的重点应当在于：(1)规定劳资双方就调职达成合意的规则，对劳动契约中的预约合意和劳动合同履行中的即时合意给予同等重视，且这两种合意应当相互补充。(2)规定判断调职命令是否构成权利滥用的标准，以及权利滥用的法律后果。

3. 内部调职的规制

内部调职对用人单位而言，既可被用来满足其顺应营业变化、培养劳动者技能、使劳动者各尽所能的需要，也可能被其用来达到不正当的目的；对劳动者而言，既可能通过调职获得提高职业素质、丰富职业经历的机会，也可能因调职而使其劳动条件和生活质量受到不利影响。故内部调职的规制应当聚焦于对劳动关系当事人双方利益的兼顾和协调。

鉴于内部调职已在实践中盛行的事实和内部调职属于企业用工自主的本质，应当赋予用人单位以适度的调职权利，并以当事人双方合意和权利不得滥用原则对调职权利给以适度控制。值得注意的是，对当事人双方合意的规范只宜是任意性规范，并且这种合意对于背负就业压力和力图避免劳动合同解除的劳动者而言少有实际意义，故应当在强调当事人双方合意的同时，更应当重视权利不得滥用原则的适用。而这关键在于判断调职是否属于权利滥用的标准。对此问题，我国台湾地区的行政解释和学界观点值得借鉴。

我国台湾地区的一项“行政解释”提出“调职五原则”：“劳动法基准法实行细则”第 7 条第 1 款规定，工作场所及应从事工作有关事项应于劳动契约中由劳资双方自行约定，故其变更亦应由双方自行商议决定。如雇主确有调动劳工工作必要，应依下列原则办理：(1)基于企业经营上所必须；(2)不得违反劳动契约；(3)对劳工薪资及其他劳动条件，未有不利之变更；(4)调动后工作与原有工作性质为其体能及技术所可胜任；(5)调动工作地点过远，雇主应予必要之协助。[103]

我国台湾地区有学者对“调职五原则”作出修正，提出“调职四原则”：“雇主若确有调动劳工之必要时，应依下列四项原则办理：(1)调职命令权限是否有得到劳工之同意（或基于劳动契约之合意）；(2)调职是否具有业务上之必要性；(3)调职有无其他不当之动机或目的；(4)劳动所受之不利益是否超出社会一般通念之程度。”以上第(1)项是判断雇主否拥有调职命令之权限，其他各项皆为判断调职命令是否为权利滥用之要件。[104]

我国立法在借鉴境外经验完善调职合意和调职不得权利滥用之规则的同时，还应当规定调职构成权利滥用的法律后果，即对有权利滥用情形的调职，劳动者不仅无服从义务，而且有权即时辞职并请求经济补偿。

四、劳动合同的承继

(一)劳动合同承继的界定

劳动合同承继，是指因用人单位发生更替，劳动者与原用人单位的劳动合同由与原用人单

---

〔103〕 我国台湾“内政部”1985 年“(74)台内劳字第 328433 号”函释。参见刘志鹏：《劳动法理论与判决研究》，元照出版有限公司 2000 年版，第 157～158 页。

〔104〕 台湾劳动法学会编：《劳动基准法释义——施行 20 年之回顾与展望》，新学林出版股份有限公司 2009 年版，第 159 页。

位有承继关系的新用人单位继续履行。它是劳动合同履行的一种特殊形式,也是外部调职即“劳动者非因本人原因从原用人单位被安排到新用人单位工作”的一种形式。

根据我国现行立法的规定,“劳动者非因本人原因从原用人单位被安排到新用人单位工作”包括:(1)劳动者仍在原工作场所、工作岗位工作,劳动合同主体由原用人单位变更为新用人单位;(2)用人单位以组织委派或任命形式对劳动者进行工作调动;(3)因用人单位合并、分立等原因导致劳动者工作调动;(4)用人单位安排劳动者在其下属分支机构或者关联企业间流动;(5)用人单位及其关联企业与劳动者轮流订立劳动合同;(6)“法律、法规规定的其他情形”或“其他合理情形”。[105] 上述各种情形中,仅在第(1)、(3)种情形中,新用人单位与原用人单位存在更替和承继关系,新用人单位才应当继续履行原用人单位的劳动合同;而在其他外部调职情形中,新用人单位需要与劳动者另行订立劳动合同。

(二)劳动合同承继的事由

1. 用人单位变动与劳动合同履行的关系

劳动合同承继是由用人单位变动引起的一种法律后果,但并非所有的用人单位变动都可以引起劳动合同承继。在经济社会体制改革中,用人单位变动尤为频繁,其对劳动合同运行的影响,已成为一个突出问题。出于稳定劳动关系的目的,有必要在用人单位变动时有条件地要求劳动合同继续履行。

基于劳动关系是当事人双方劳动力与生产资料相结合之关系的原理,用人单位变动对劳动合同运行有无影响和有何影响,主要取决于用人单位变动中生产资料组合情况的变动及其对劳动力与生产资料相结合的影响。用人单位变动时劳动合同得以继续履行,关键在于可行性。其中的核心问题是,与劳动者的劳动力相结合的生产资料在用人单位变动后是否还有其归属主体,亦即是否有承继原用人单位全部或部分生产资料的新用人单位,唯有这种新用人单位才可能具备继续履行原用人单位劳动合同的条件。基于这种考虑,对用人单位变动需要划分为不影响劳动合同履行的用人单位变动(即非组织实体变动)和影响劳动合同履行的用人单位变动(组织实体变动);对后者又可进一步划分为劳动合同可能由新用人单位承继的用人单位变动和劳动合同不可能由新用人单位承继的用人单位变动。这里的用人单位组织实体,即劳动者、生产资料和特定营业的结合体,劳动者与生产资料结合以开展特定营业,生产资料与特定营业结合构成劳动者的工作岗位。其中,营业随着生产资料的变动而变动,也带来工作岗位的变动。

2. 用人单位非组织实体变动及其影响

此即用人单位的非组织实体因素发生变更。用人单位的非组织实体因素,即组织实体以外的因素,它虽然附着于组织实体,但并非组织实体自身的构成因素,其变动并不必然引起组织实体的实质性改变。例如,与组织实体变更无关的用人单位名称、法定代表人、主要负责人

---

[105] 这六项内容来自对以下两个法条的综合:《江苏省劳动合同条例》(2013 年)第 25 条;《最高人民法院关于审理劳动争议案件适用法律若干问题的解释(四)》(2013 年)第 5 条第 2 款。其中:第(1)项仅为后一法条所规定,第(4)项仅为前一法条所规定,第(2)、(3)、(5)项均为这两个法条所规定。第(6)项中,“法律、法规规定的其他情形”为前一法条所规定,表明“劳动者非因本人原因从原用人单位被安排到新用人单位工作”的情形限于法定情形;“其他合理情形”为后一法条所规定,表明“劳动者非因本人原因从原用人单位被安排到新用人单位工作”的情形不限于法定情形。

或者投资人、经营方式、法律形态因素的变更。

此种情形下，用人单位组织实体仍然存续，与劳动者的劳动力相结合的生产资料仍然归属于原组织实体，故其履行劳动合同的能力仍然存续。因此，《劳动合同法》第 33 条规定，用人单位变更名称、法定代表人、主要负责人或者投资人等事项，不影响劳动合同的履行。但是，如果涉及劳动合同中用人单位相关信息（如用人单位变更名称、法定代表人）的修改，用人单位在进行相关变更登记后，应当主动、及时修改劳动合同当事人条款中用人单位相关信息。这属于劳动合同的附随义务。

3. 用人单位组织实体变动及其影响

此种变动又可分为用人单位组织实体消灭和组织实体变更。前者是指原用人单位消灭而无新用人单位产生，如破产、解散、关闭、被撤销、拍卖等。故劳动合同应当依据《劳动合同法》第 44 条的规定，予以终止。后者是指原用人单位被变动后的新用人单位即承继原用人单位生产资料及其所承载营业的用人单位所更替，其中包括：原用人单位消灭而新用人单位产生，或者原用人单位存续且新用人单位产生，或者营业转让双方用人单位都存续。在用人单位组织实体变动后，存续或新设的用人单位由于承继原用人单位的生产资料和营业，故才有可能继续履行原用人单位的劳动合同。

实践中的用人单位组织实体变更，主要有：(1)用人单位合并，即两个或两个以上的用人单位依法合并为一个用人单位。主要有两种形式：一是吸收合并，即一个或一个以上的用人单位并入另一个用人单位，并入方消灭，接纳方存续；二是新设合并，也称创设合并，即两个或两个以上的用人单位合并为一个新用人单位。(2)用人单位分立，一个用人单位依法分解为两个或两个以上的用人单位。也有两种形式：一是存续分立，即原用人单位将其一部分财产依协议分离出去，成立一个或一个以上新用人单位，原用人单位仍然存在；二是解散分立，即原用人单位将其全部资产依约分割后分别成立两个或两个以上新用人单位。(3)营业转让，即两个既有用人单位之间发生资产转让后都仍然存续，既无用人单位消灭，也无用人单位新设。

在上述用人单位组织实体变更中，由于发生生产资料及其所承载之营业的流转，其劳动力与生产资料相结合的劳动者就必然随之发生是否留用的问题，亦即劳动合同变更、承继、解除（终止）、重新订立的选择问题。对此问题，我国立法规定先后有所不同。《劳动部关于贯彻执行〈中华人民共和国劳动法〉若干问题的意见》（1995 年）第 37 条规定：根据《民法通则》第 44 条第 2 款"企业法人分立、合并，它的权利和义务由变更后的法人享有和承担"的规定，用人单位发生分立或合并后，分立或合并后的用人单位可依据其实际情况与原用人单位的劳动者遵循平等自愿、协商一致的原则变更、解除或重新签订劳动合同。在此种情况下的重新签订劳动合同视为原劳动合同的变更，劳动者不能依据《劳动法》第 28 条要求经济补偿。《劳动合同法》第 34 条规定，用人单位发生合并或者分立等情况，原劳动合同继续有效，劳动合同由承继其权利和义务的用人单位继续履行。比较这两个法条可知，前一法条允许新用人单位与劳动者协议选择劳动合同变更或解除，属于任意性规范；后一法条仅要求劳动合同承继，似乎为强行性规范〔106〕。为此，需要明确下述要点：(1)是否留用和是否承继。若留用，则选择劳动合同变更

〔106〕　该法条中对劳动合同承继既未规定"可以"也未规定"应当"、"必须"，故相对于"可以……"的表述而言，可理解为强行性规范。

或承继;若不留用,原用人单位消灭的就终止劳动合同,原用人单位存续的就解除劳动合同。鉴于劳动合同承继被《劳动合同法》规定为强行性选择,而实践中又不宜作为唯一选择,故应当将劳动合同承继作为优先选择,劳动合同变更作为优先于解除或终止的选择,且劳动者的选择权应当优于用人单位。(2)必要程序。其一是职工民主管理。用人单位合并、分立、营业转让等涉及劳动者安置和补偿等问题,其劳动者安置和补偿等方案应当纳入《劳动合同法》第4条规定的职工民主管理的范围。其二是三方协商。用人单位组织实体变更时劳动者是否留用和是否承继的问题,应当由原用人单位、新用人单位和劳动者三方协商确定,工会应当代表劳动者参与协商。

(三)与用人单位组织实体变更关联的其他问题

1. 社会保险责任的转移

《工伤保险条例》(2013年)第43条第1款规定,用人单位分立、合并、转让的,承继单位应当承担原用人单位的工伤保险责任;原用人单位已经参加工伤保险的,承继单位应当到当地经办机构办理工伤保险变更登记。

2. 职业健康监护的责任

卫生部《职业健康监护管理办法》(2002年)第9条规定,用人单位发生分立、合并、解散、破产等情形的,应当对从事接触职业病危害作业的劳动者进行健康检查,并按照国家有关规定妥善安置职业病病人。

3. 劳动争议当事人的确定

《最高人民法院关于审理劳动争议案件适用法律若干问题的解释》(2001年)第10条规定:用人单位与其他单位合并的,合并前发生的劳动争议,由合并后的单位为当事人;用人单位分立为若干单位的,其分立前发生的劳动争议,由分立后的实际用人单位为当事人。用人单位分立为若干单位后,对承受劳动权利义务的单位不明确的,分立后的单位均为当事人。

第六节　劳动合同的解除和终止

一、概念辨析

1. 劳动合同解除和终止与劳动关系解除和终止的概念辨析

若将《劳动合同法》中的劳动合同仅限定为书面劳动合同,根据《劳动合同法》规定的劳动合同订立与劳动关系建立的关系,在一般情况下,劳动合同解除和终止即劳动关系解除和终止;在已建立劳动关系而未订立劳动合同或已订立劳动合同而未建立劳动关系的情况下,劳动合同解除和终止并非劳动关系解除和终止。对于未订立劳动合同的劳动关系而言,根据《劳动合同法》第14条第3款和《劳动合同法实施条例》第5、6、7条的规定,在开始用工之日起满一年之前,属于期限形式不确定且终止或存续不确定的劳动关系,除因主体资格消灭而终止外,不适用《劳动合同法》第四章关于劳动合同解除和终止的规定,在一定条件下用人单位应当终止劳动关系;而从开始用工之日起满一年当日起,则转化为不定期劳动关系,其解除和终止适用《劳动合同法》第四章的规定。对于尚未建立劳动关系的劳动合同而言,其解除和终止也不宜适用《劳动合同法》第四章的规定，而应当由特别法规定。

2. 劳动合同解除与终止的概念辨析

劳动合同解除和终止，是劳动合同效力和劳动合同关系消灭的两种形式。我国《劳动法》和《劳动合同法》规定的劳动合同解除和终止与我国《合同法》规定的合同解除和终止在含义上存在差异。(1)解除与终止的关系。根据《合同法》第91、93、94条的规定，合同解除是提前终止合同，属于合同终止的一种情形，且包括协议解除和单方解除。而根据《劳动法》和《劳动合同法》的规定，劳动合同解除虽然包括协议解除和单方解除，但与终止并列，且各有特定的法定事由。(2)效力的内容。根据《合同法》第97条的规定，合同解除不仅具有终止合同履行的效力，而且对于非继续性合同而言还具有溯及力。即"合同解除后，尚未履行的，终止履行；已经履行的，根据履行情况和合同性质，当事人可以要求恢复原状、采取其他补救措施，并有权要求赔偿损失。"但合同终止不具有溯及力。而根据《劳动法》和《劳动合同法》的规定，劳动合同解除和终止都不具有溯及力。

值得注意的是，劳动报酬争议仲裁时效制度中的"劳动关系终止"[107]，不仅包括劳动合同解除和终止，还包括其他的劳动关系终止情形。

根据我国台湾地区"劳动基准法"和"劳动契约法"的规定，劳动合同效力和劳动合同关系的消灭，被统称为"劳动合同终了"，其中，劳动合同终止（或称解约）相当于我国《劳动法》和《劳动合同法》所规定的劳动合同单方解除；劳动合同终了的其他情形，包括因契约期满、预告期满、劳动目的完成、劳动者死亡、当事人之同意而终了。

可见，在我国《劳动法》和《劳动合同法》中，对劳动合同解除和终止的含义，应当作有别于民法和其他立法例的特有理解。

劳动合同解除，是指劳动合同当事人提前消灭劳动合同关系的法律行为，换言之，是劳动合同当事人阻却劳动合同存续，亦即使劳动合同向后失去效力的意志行为。通过解除行为，使已生效或成立[108]的劳动合同在劳动合同期限届满之前或当事人丧失主体资格之前消灭，从而实现当事人特定的目的。劳动合同终止，是指劳动合同所确立的劳动关系因劳动合同解除以外的法律事实而消灭。二者的区别主要在于：(1)解除是劳动合同的提前消灭（或称提前终止）。对于定期劳动合同而言，是在合同目的完全实现之前，并且合同当事人双方仍具备法律资格时消灭。终止则是劳动合同因期满、目的实现或当事人资格丧失而消灭。(2)解除须当事人依法作出提前消灭劳动合同关系的意思表示，即须经当事人双方协商一致或一方当事人依法行使解除权。即使具备劳动合同解除的条件而无合同当事人解除劳动合同的意思表示的，劳动合同仍未解除。终止则一般是在一定法律事实出现后无需当事人双方合意和任何一方专门作出终止劳动合同的意思表示，只需当事人在具备终止的法定事由时无延续劳动关系的意思表示即可。

二、劳动合同解除的分类和制度概要

劳动合同的解除，可分别依不同标准进行分类。其中，有法律意义的分类主要包括下述

---

〔107〕《劳动争议调解仲裁法》第27条第2款。

〔108〕可解除的劳动合同，依传统法理只能是已生效的劳动合同；而《劳动合同法》第38、39条中规定，无效劳动合同也可解除。故这里"已成立"的劳动合同仅指《劳动合同法》第38、39条中所规定的可解除的无效劳动合同。

几种:

1. 以解除方式为标准的分类

按照合同解除的方式不同,可分为:(1)协议解除。即劳动合同经当事人双方协商一致而解除。立法对这种解除方式一般不规定条件,只要求解除合同的合意在内容、形式、程序上合法即可。它还有必要进一步划分为劳动者提议的协议解除和用人单位提议的协议解除,因为二者有是否给予经济补偿的差异。(2)单方解除。即享有单方解除权的当事人以单方意思表示解除劳动合同。所谓单方解除权,是指当事人依法享有的,无需对方当事人同意而单方决定解除合同的权利。立法要求,当事人应当以要式行为行使其单方解除权。

单方解除按照行使单方解除权是否需要预告,可分为单方预告解除和单方即时解除,前者即经预先通知对方当事人后才可单方解除合同;后者又称无须预告解除,即在通知对方当事人的当时就可单方解除合同。按照行使单方解除权的主体不同,可分为劳动者单方解除(通常称辞职)和用人单位解除(通常称辞退或解雇)。对于不同形式的单方解除,法定要求有所不同。就辞职而言,一般只对即时辞职规定条件,而对预告辞职则不规定条件。申言之,劳动者可以无条件地预告辞职,但即时辞职则要受一定条件限制。就辞退而言,则严格限制辞退,即要求用人单位在符合法定或约定条件的情况下方可辞退劳动者。

用人单位单方解除还可分为单个辞退(又称单个解雇)和裁员(又称集体辞退或集体解雇)。前者即用人单位单个地辞退某个劳动者,此为辞退的一般形式。后者即用人单位批次地辞退一定数量的劳动者。裁员因其对就业和社会稳定的负面影响大于单个辞退,各国立法都将其事由限定于严重的经济原因(故被称为经济性裁员),并规定更为严格的特别程序和条件。

劳动合同的协议解除与单方解除的区别主要在于:(1)协议解除由双方当事人协商一致而解除,体现当事人的意思自治,实际上是以一个新的合同替代了原先的合同;单方解除则由法律直接规定解除的条件和程序,体现了国家公权力对当事人合同自由的干预,实际上是由国家意志代替了当事人意志。值得一提的是,在民事合同法中单方解除权既可以由当事人约定,也可以由法律规定,所以还有约定单方解除权与法定单方解除权之分;而劳动合同法中,单方解除权则一般不由当事人约定或者用人单位单方决定,而只由法律明确规定。即基于劳动合同较之法律可以对劳动者更有利的原理,在法定辞职权之外约定给予劳动者更多的辞职自由,在法定辞退权限之外约定给予用人单位更多的辞退限制,应当是允许的;此外,均不得就单方解除权由当事人约定或者用人单位单方决定。(2)协议解除是基于双方当事人的自愿,法律推定其符合双方利益,并不对任何一方的行为实施限制。而单方解除却是由一方当事人单方行使解除权的意志行为,并不与对方协商以征得其同意,法律推定其基于自身利益考虑,存在不顾及他方利益或者损害他方利益的可能。单方解除不当,就会破坏合同效力,损害对方权益。故需要对单方解除行为实施限制。

2. 以解除条件的依据为标准的分类

按照合同解除条件的依据是法规还是合同,可分为:(1)法定解除,即劳动者或用人单位在符合劳动法规定的合同解除条件的情况下,单方解除劳动合同。立法之所以规定合同解除条件,旨在限制单方解除劳动合同(尤其是辞退)的任意性,以维护劳动关系的稳定。因而,许多国家在劳动立法中,既有许可性条件的规定,也有禁止性条件的规定。许可性条件,即许可劳动者或用人单位解除劳动合同的条件。凡不是具备法定许可性条件的,除有合法的特别约定外,不得单方解除劳动合同,但在具备法定许可性条件时,也可不单方解除劳动合同;不过,有单方解除权的劳动者不解除劳动合同,应是出自其单方选择,而不应是合同约定或被强迫的结果。禁止性条件,即禁止用人单位辞退劳动者的条件。在具备法定禁止条件时,用人单位不得辞退劳动者;即使具备法定许可性条件,在法定禁止性条件的适用范围内,也不得辞退劳动者。(2)约定解除。即劳动者或用人单位在符合集体合同或劳动合同依法约定的合同解除条件的情况下,单方解除劳动合同。它不同于劳动合同因合同约定终止条件成立而终止[109],当约定终止条件成立时,劳动合同当然终止;而在具备约定解除条件时,须作出解除合同的意思表示,劳动合同才得终止。约定解除,必须以关于合同解除条件的约定合法为前提。首先,这种约定只能限于法定的适用约定解除的范围之内,也就是说,仅仅在劳动法规允许约定解除的场合,集体合同和劳动合同才可就合同解除条件作出约定。其次,这种约定不得与辞职的法定许可性条件冲突,也就是说,如果法律允许劳动者在一定条件下辞职,合同就不得约定在该条件下禁止或限制劳动者辞职。

3. 以解除原因中有无过错为标准的分类

按照导致合同解除的原因中是否含有对方当事人过错的不同,可分为:(1)有过错解除。即由于对方当事人的过错行为而导致劳动合同解除。它包括劳动者因用人单位有过错而辞职和用人单位因劳动者有过错而辞退。这里的过错,仅限于已严重到足以导致辞退或辞职之程度为准,轻微过错不在其内。因而,有过错解除的条件应当由立法规定。在这里,解除合同的主动权在无过错方,由其提出的解除要求对有过错方具有强制性,并可不以预告就行使单方解除权;用人单位如果是过错方,就应当赔偿劳动者因辞职所受损失;劳动者如果是有过错方,就无权要求用人单位因辞退而给予经济补偿。(2)无过错解除。即在对方当事人无过错行为或者其过错行为轻微的情况下单方解除劳动合同。为了避免或减少合同解除可能给对方当事人造成的损失,立法要求劳动者或用人单位在解除合同前向对方当事人预告。尤其是为保障劳动者利益,立法不仅应当对辞退规定严格的条件,而且还应当要求用单位对辞退或辞职的劳动者给予一定经济补偿。

4. 劳动合同解除制度的概要

根据《劳动合同法》的规定,劳动合同解除制度的主要内容,可概括如图 7－1 所示:

---

[109] 依《劳动法》的规定,可约定终止;而依《劳动合同法》和《劳动合同法实施条例》的规定,不得约定终止。

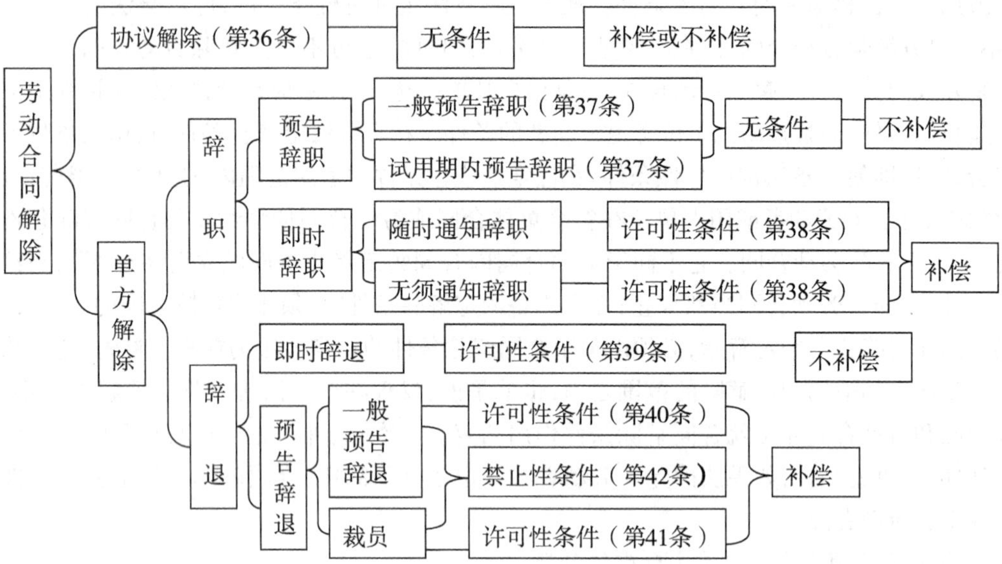

图 7－1

图 7－1 所示表明，我国对劳动合同解除制度采取的是综合立法模式，而不是解雇保护单独立法模式。解雇保护单独立法模式，仅对解雇行为及其后果，基于限制解雇以保障劳动者职业安定的价值取向进行专门立法，劳动者因雇主有过错而被迫辞职，作为推定解雇也纳入其中。其典型如《联邦德国解雇保护法》，《比利时雇佣合同法》、《日本劳动合同法》也采用这种模式。至于协议解除和劳动者非因雇主过错而主动辞职，则被规定在民法中。在我国，劳动合同未被纳入《合同法》的调整范围，《劳动法》和《劳动合同法》都对劳动合同解除制度采用综合立法模式，协议解除、解雇和辞职都纳入其中。这种立法模式的价值取向有两个方面：一方面是保障劳动者自由流动，此为协议解除和辞职制度的主要价值取向；另一方面是保障劳动者职业安定，此为解雇（包括推定解雇）的主要价值取向。尽管如此，在这种立法模式中，解雇保护制度仍然是立法的重点。

三、劳动合同的协议解除

实践中，劳动合同的协议解除包括：(1)在当事人双方均无单方解除权的情况下，经合意而解除合同。(2)无单方解除权的当事人在征得有单方解除权的当事人同意后，合意解除合同。

协议解除的具体方式与程序并无强行性规定，可以遵循劳动合同订立的程序。协议解除的动议，双方当事人皆可提出，并进而与对方协商以形成解除合意即可解除劳动合同，而无论是书面形式还是口头形式。

依《劳动法》的规定，协议解除无论何方当事人提出动议，都应当给予经济补偿。而依《劳动合同法》第 46 条的规定，用人单位首先提出协议解除动议的，须支付经济补偿金；而劳动者首先提出协议解除动议的，用人单位可以不支付经济补偿金。这种规定较之《劳动法》的规定，更有利于维护劳动关系稳定，但增加了对劳动者（尤其是劳动合同已履行期间较长的劳动者）自由流动的抑制作用。

四、劳动者单方解除(辞职)

(一)预告辞职

预告辞职以劳动者向用人单位预告为辞职的程序性条件。其特点主要有:(1)它是劳动者享有的法定权利。(2)它是享有单方解除权的劳动者的单方意思表示。(3)它不受用人单位制约,无须征得用人单位的同意。(4)它除了以预告为程序性条件外,不附加实体性条件,故也可以认为预告辞职权是劳动者享有的无条件的单方解除权。这给予了劳动者辞职的极大自由。(5)用人单位可不支付经济补偿。

预告辞职可分为试用期外预告辞职和试用期内预告辞职,前者为一般预告辞职,后者为特殊预告辞职。

一般预告辞职的法律依据是《劳动法》第 31 条和《劳动合同法》第 37 条中规定的,劳动者提前 30 日以书面形式通知用人单位,可以解除劳动合同。在许多国家的劳动立法中,以定期劳动合同与不定期劳动合同的区分为基础,分别规定不同的预告辞职规则。对定期劳动合同,劳动者原则上不得预告辞职,否则需承担相应的违约责任;对不定期劳动合同,劳动者原则上可以预告辞职,但需履行一定程序或者满足一定条件。而《劳动合同法》未作这种区分,即定期劳动合同和不定期劳动合同均可预告辞职。这是因为,国外的定期劳动合同一般为临时性劳动合同,且以不定期劳动合同为通例,定期劳动合同为特殊;而我国,定期劳动合同在实践中曾多为中长期劳动合同,尽管临时性劳动合同所占比例呈现提高趋势,但国家正在加大控制力度,并且,试图实现以中长期劳动合同为主、短期(临时)劳动合同和不定期劳动合同为辅的劳动合同期限总体结构。所以,我国允许预告辞职对定期劳动合同和不定期劳动合同都适用。

但是,预告辞职的预告期一律为 30 日,而未考虑到劳动合同期限长度的差异,与设立预告期的意图不尽相符。预告辞职而无须实体条件,旨在保障劳动者自由流动;设立预告期,旨在给予用人单位提前安排替代辞职者人选以准备时间,从而保障正常营业不因劳动者自由流动而受不利影响。由于劳动者的可替代程度与其素质高低相关,故一律 30 日的预告期对于辞职者为素质高、可替代程度低的情形而言,则难以满足用人单位安排甚至寻找替代辞职者人选的需要。因此,有必要对高素质劳动者(以高薪或合同期限长为标志)规定特别预告期(如不超过 3 个月)。

试用期内,由于劳动关系还处在实验状态,故《劳动法》规定劳动者可无条件地即时辞职;而《劳动合同法》考虑到保障正常营业的需要,规定辞职预告期为 3 日,且预告方式为口头通知即可。

(二)即时辞职(被迫辞职)

即时辞职,是指劳动者无须向用人单位预告就可随时辞职。由于没有给用人单位安排其他劳动者来顶替辞职者的准备时间,可能对用人单位正常营业有不良影响,故即时辞职的事由只限于用人单位有过错的情形。可见,这种辞职实质上是因用人单位过错而被迫辞职,故无须预告,且用人单位应当支付经济补偿。由于被迫辞职对用人单位而言,已在预料之中,且在策略上是对解雇的一种替代,故被称之为推定解雇,纳入解雇保护制度。

根据是否通知用人单位,即时辞职可分为随时通知辞职与无须通知辞职。随时通知辞职表明,劳动者在辞职时需履行通知用人单位的义务,不得不辞而别。无须通知辞职则表明,劳动者在辞职的当时可以不通知用人单位,即可以不辞而别;但辞职后仍有必要告知用人单位以便办理辞职手续。作出这种区别的原因主要在于用人单位过错行为对劳动者人身自由或人身安全的危险程度。用人单位实施一般性的损害劳动者权益的过错行为,劳动者须在即时辞职时通知用人单位;而用人单位实施的过错行为严重损害劳动者权益或者危及劳动者人身自由或人身安全时,劳动者可以不辞而别,而这种不辞而别不属于违纪违章。因而,《劳动合同法》第38条对这两种即时辞职分别规定许可性条件。

随时通知辞职的许可性条件包括:(1)用人单位未按照劳动合同约定提供劳动保护或者劳动条件。向劳动者提供劳动保护和劳动条件是用人单位的法定义务和约定义务,其中,作为法定义务应当符合劳动基准,作为约定义务可高于但不得低于劳动基准。“未按照劳动合同约定提供”,是指低于约定要求提供,不是指低于劳动基准提供;如果劳动合同只作概括约定而未作具体约定,则是指低于劳动基准提供,即提供的劳动保护或劳动条件不符合劳动法的强行性规范。(2)用人单位未及时足额支付劳动报酬,主要是指未在劳动合同约定和国家规定的时间,按照劳动合同约定和国家规定劳动者应得的劳动报酬数额,支付劳动者应得的全部或部分劳动报酬。(3)用人单位未依法为劳动者缴纳社会保险费。如果劳动者已被依法纳入社会保险覆盖范围,而用人单位未给劳动者办理社会保险,或者已为劳动者办理社会保险,但未按时足额缴纳其依法应当承担的社会保险费,劳动者有权通知用人单位即时辞职。(4)用人单位的规章制度违反法律、法规的规定,损害劳动者权益。根据《劳动合同法》第4条的规定,用人单位应当依法建立和完善劳动规章制度。如果用人单位的劳动规章制度或直接涉及劳动者切身利益的规章制度的制定主体、内容、制定程序违反法律、法规的规定或集体合同的约定而导致不特定劳动者的权益受到损害,或者因用人单位根据违法的劳动规章制度作出具体行为而使特定劳动者的权益受到损害,劳动者有权通知即时辞职。(5)用人单位有《劳动合同法》第26条第1款规定的情形致使劳动合同无效。如果用人单位具有以欺诈、胁迫的手段或者乘人之危,使劳动者在违背真实意思的情况下订立或者变更劳动合同而致使劳动合同无效的情形,劳动者可以通知即时辞职。(6)法律、行政法规规定劳动者可以解除劳动合同的其他情形。此项为概括式的兜底规定,也表明即时辞职的事由只能法定。

无须通知辞职较之随时通知辞职,其特点有:(1)无须通知而立即辞职。即只要存在构成许可性条件的事实,劳动者无须事先告知用人单位就可立即辞职。(2)许可性条件只限于《劳动合同法》第38条第2款规定的用人单位以暴力、威胁或者非法限制人身自由的手段强迫劳动者劳动的,或者用人单位违章指挥、强令冒险作业危及劳动者人身安全两种情形。(3)用人单位应当支付经济补偿。

国外立法对允许即时辞职情形的规定

五、用人单位单方解除(辞退)

法律对辞退的规制,因引起辞退的事由不同而有差异。在法定辞退事由中,有的来自劳动者,有的来自用人单位;在来自劳动者的法定辞退事由中,又可分为可归责的过错性事由和不可归责的能力性(健康性)事由,且有的能力性事由还因是否在试用期内而有所不同。根据《劳动合同法》的规定,对劳动者过错性事由和试用期内能力性事由,实行即时辞退,其中,因劳动者过错性事由而辞退的为惩戒性辞退;对来自用人单位的事由和试用期外劳动者能力性事由,实行预告辞退,并规定更严格的限制。

(一)即时辞退

即时辞退,是指用人单位无须向劳动者预告或支付代预告金就可随时通知辞退。其特点有:(1)只要具备法定许可性条件,用人单位无须向劳动者预告就可随时通知辞退;(2)其法定许可性条件限于劳动者经试用不合格和劳动者有过错的情形;(3)用人单位可不支付经济补偿。根据《劳动合同法》第39条的规定,即时辞退可分为经试用不合格而即时辞退和惩戒性辞退(或称过错性辞退)。

1. 经试用不合格而即时辞退

经试用不合格,即劳动者在试用期间被证明不符合录用条件,是指在劳动合同约定的试用期内,用人单位有合法有效的证据证明劳动者完全或部分不符合招工时规定的录用条件。对此,依试用期的实验性,用人单位有权随时通知辞退。

值得注意的要点有:(1)认定劳动者是否符合录用条件,应当以是否能胜任工作为准。若劳动者在试用期内患病或者非因工负伤在医疗期内停工治疗的,不应当认定为不符合录用条件。[110] (2)只限于在试用期内,用人单位才可以劳动者不符合录用条件为由即使辞退。若已过试用期,用人单位不得以试用不合格为由即使辞退。

2. 惩戒性辞退的法定事由

(1)严重违反用人单位的规章制度。如果劳动者严重违反用人单位依法制定的、劳动者本人有义务遵循的规章制度(劳动纪律),用人单位可即时辞退。判断劳动者违反劳动规章制度是否"严重",应当以劳动规章制度的规定为依据,并且应当以劳动者在本劳动合同存续期间和法定追究期限内的未经处罚的和法定可重复处罚的违章违纪事实为限,而不能将超出此时间范围或法定不可重复处罚的违章违纪事实累计在内。但是如果用人单位未履行《劳动合同法》第4条规定的依法建立和完善劳动规章制度的义务,可能导致不得以劳动者严重违法劳动规章制度为由辞退劳动者的后果。

值得注意的是,《企业职工奖惩条例》和《国营企业辞退违纪职工暂行规定》虽然已被废止,但其中关于劳动者严重违纪的规定,对于判断劳动者违反劳动规章制度是否"严重",仍有参考价值。[111]

(2)严重失职,营私舞弊,给用人单位的利益造成重大损害。是指劳动者在履行劳动合同期间,违反其忠于职守、维护和增进用人单位利益的义务,有未尽职责的严重过失行为或者利用职务之便谋取私利的故意行为,使用人单位的有形财产、无形财产或人员遭受重大损害,但不够受刑罚处罚的程度。例如,因玩忽职守而造成事故;因工作不负责任而经常产生废品、损坏设备工具、浪费原材料或能源;贪污受贿;泄露或出卖商业秘密;等等。其中,"重大损害"由劳动规章制度规定。因为企业类型各有不同,对重大损害的界定也千差万别,故不便对重大损害作统一解释。若由此发生劳动争议,可以通过劳动争议仲裁委员会对劳动规章制度规定的

---

〔110〕《劳动合同法实施条例(草案)》(2007年征求意见稿)第27条第1款规定,劳动者在试用期内患病或者非因工负伤医疗期满,或者不能胜任工作的,用人单位可以作为不符合录用条件解除劳动合同。《劳动合同法实施条例》(2008年)未规定该条文。《江苏省劳动合同条例》(2013年)第15条第2款规定,劳动者在试用期内患病或者非因工负伤须停工治疗的,在规定的医疗期内,试用期中止。

〔111〕参见《劳动部关于〈中华人民共和国劳动法〉若干条文的说明》(1994年)第25条。

重大损害进行认定。[112]

(3)劳动者同时与其他用人单位建立劳动关系,对完成工作任务造成严重影响,或者经用人单位提出,拒不改正。在劳动法中,对劳动者参与劳动关系实行"一人一职"原则,即在同一时间内,同一个劳动者只能与一个用人单位的生产资料相结合,从而只参与一个劳动关系。故对全日制劳动者而言,一般不允许存在双重劳动关系;经本职劳动关系的用人单位同意,劳动者才可参与兼职劳动关系,并且,兼职劳动关系不得影响本职劳动关系的运行。《劳动法》和《劳动合同法》都体现了此法理。如果劳动者在存在本职劳动关系的同时又建立了兼职劳动关系,且兼职劳动关系对劳动者完成本职劳动关系中的工作任务造成严重影响,即严重不利于劳动者履行本职劳动关系的劳动义务,或者无论兼职劳动关系对劳动者完成本职劳动关系中的工作任务造成严重影响与否,本职劳动关系的用人单位要求劳动者解除或终止兼职劳动关系,或者兼职劳动关系不得影响本职劳动关系中劳动义务履行,而劳动者拒不改正的,用人单位有权即时辞退。

(4)因《劳动合同法》第26条第1款第1项规定的情形致使劳动合同。即如果劳动者有以欺诈、胁迫的手段或者乘人之危的方式使用人单位在违背真实意思的情况下订立或者变更劳动合同的情形,导致用人单位在劳动合同订立或者变更中意思表示不真实,致使劳动合同无效,用人单位有权即时辞退。

(5)被依法追究刑事责任。包括下列有情形之一:①被人民检察院免予起诉的;②被人民法院判处刑罚的(刑罚包括主刑和附加刑。主刑有管制、拘役、有期徒刑、无期徒刑、死刑;附加刑有罚金、剥夺政治权利、没收财产);③被人民法院依据刑法第32条免予刑事处分的。[113]

《土耳其劳工法》对即时辞退情形的相关规定

(二)预告辞退

预告辞退,即用人单位经向劳动者预告或支付代预告金后辞退劳动者。其特点有:(1)预告是用人单位的程序性义务,即用人单位应当提前30日以书面形式通知劳动者本人。(2)预告辞退适用于限于劳动者没有过错的情形,即其许可性条件中不包括劳动者有过错的情形。(3)用人单位应当支付经济补偿。(4)预告辞退不适用于非全日制劳动者。根据《劳动合同法》第71条的规定,非全日制劳动关系中,双方当事人任何一方均可随时通知对方终止用工,即不需要一定期间的预先通知,即可终止劳动合同。

法律设定辞退预告期的目的是给被辞退的劳动者求职以准备时间。因而,用人单位可以采用向劳动者预付预告期工资且免除其劳动给付义务的方式替代,这被称为"代预告金"。并且,"代预告金"较之预告期,对于防范用工风险,具有一定的意义。故《劳动合同法》第40条允许用人单位对"提前30日以书面形式通知劳动者本人"和"额外支付劳动者1个月工资"这两种方式作出选择。关于代预告金的标准,有的地方立法规定,应当按照该劳动者被辞退时上一个月的工资标准确定;上一个月工资不能反映正常工资水平的,按照劳动者在劳动合同解除前12个月的月平均工资确定;不满12个月的,按照实际月平均工资确定;月平均工资低于当地最

〔112〕 参见《劳动部关于〈中华人民共和国劳动法〉若干条文的说明》(1994年)第25条。

〔113〕 原劳动部《关于贯彻执行〈中华人民共和国劳动法〉若干问题的意见》(1995年)第29条的规定。

低工资标准的，按照最低工资标准确定。[114]

1. 一般预告辞退的许可性条件

根据《劳动合同法》第 40 条的规定，预告辞退的许可性条件包括：

（1）劳动者患病或者非因工负伤，在规定的医疗期满后不能从事原工作，也不能从事由用人单位另行安排的工作。“规定的医疗期”是指劳动者根据其工龄等条件，依法可以享受的停工医疗休息并发给病假工资等待遇而不得解除其劳动合同的期间。原劳动部《企业职工患病或非因工负伤医疗期规定》（1994 年）第 3 条规定，企业职工因患病或非因工负伤，需要停止工作医疗时，根据本人实际参加工作年限和在本单位工作年限，给予 3 个月到 24 个月的医疗期。《劳动部关于贯彻执行〈中华人民共和国劳动法〉若干问题的意见》（1995 年）第 76 条规定，患特殊病的职工在 2 年内尚不能痊愈的，经企业和劳动行政部门批准可适当延长疗期。如果规定的医疗期虽然届满，但劳动者的病伤尚未医疗终结或者医疗终结而其劳动能力受损，经劳动鉴定机构证明，缺乏或丧失从事原工作或者用人单位在现有条件下为其所安排新工作的劳动能力。用人单位另行安排对劳动者劳动能力的要求低于原工作的岗位后，仍不能胜任工作的，用人单位可以预告辞退。

（2）劳动者被证明不能胜任工作，经过培训或者调整工作岗位，仍不能胜任工作。如果用人单位有证据证明劳动者不能按要求完成劳动合同中约定的工作任务或者同工种、同岗位人员的工作量，经过培训或者调整工作岗位，仍不能胜任工作，可以预告解除劳动合同。关于“不能胜任工作”的认定，我国台湾地区司法实践认为，劳工对于所担任工作之“胜任”与否，应将积极与消极两方面加以解释，劳工之工作能力、身心状况、学识品性等固为积极客观方面应予考量之因素，但劳工主观上“能为而不为”、“可以做而无意愿”之消极不作为情形，亦系胜任与否不可忽视之一环。[115] 这种解释固然全面，但应当因“不能胜任工作”是在“经过培训或者调整工作岗位”之前或之后而有所不同。即在“经过培训或者调整工作岗位”之前，应当只限于积极客观方面的“不能胜任工作”；在“经过培训或者调整工作岗位”之后，“不能胜任工作”应当包括积极客观和消极主观两个方面。

（3）劳动合同订立时所依据的客观情况发生重大变化，致使劳动合同无法履行，经用人单位与劳动者协商，未能就变更劳动合同内容达成协议。这种事由通常被称为“情势变更”事由。这里的“客观情况”，是指据以订立劳动合同的履行劳动合同所必要的客观条件，如自然条件、原材料或能源供给条件、生产设备条件、产品销售条件、劳动安全卫生条件等。这里的“重大变化”，是指这些客观情况由于发生不可抗力或企业迁移、被兼并、企业资产转移等原因，发生了足以使劳动合同不能履行或不必要履行的变化。鉴于劳动合同中止制度在《劳动合同法》中未作规定而在地方立法中已有规定的状况，应当将这里作为预告辞退前置环节的协议变更扩大解释为包括协议中止，即经用人单位与劳动者协商，未能就变更、中止劳动合同达成协议的，方可预告辞退。

在有的国家和地区的立法中，就预告辞退的许可性条件作了较为具体的规定。例如，《利比亚劳工法》规定，在企业全部或部分永久关闭或关闭连续两个月的时间，或者劳动合同仅涉

---

〔114〕《江苏省劳动合同法条例》（2013 年）第 32 条。

〔115〕台湾劳动法学会编：《劳动基准法释义——施行 20 年之回顾与展望》，新学林出版股份有限公司 2009 年版，第 253 ~ 254 页。

及暂时性工作情况下,允许预告辞退。又如,我国台湾地区将许可雇主预告辞退的情形规定为:歇业或转让;亏损或业务紧缩;不可抗力暂停工作在一个月以上;业务性质变更,有减少劳工之必要,又无适当工作可供安置;劳工对于所担任之工作确不能胜任。

2. 裁员的许可性条件、程序和附加义务

裁员,即用人单位一次性预告辞退部分劳动者,以此作为改善企业生存和发展条件的一种手段。它是预告辞退和无过错辞退的一种特殊形式。其原因在于经济方面,即用人单位由于生产经营状况发生变化而出现劳动力过剩现象,因而被称为经济性裁员。其表现形式是批量辞退(或称集体辞退),而非单个辞退。虽然裁员属于预告辞退,但与一般预告辞退(单个预告辞退),在条件、程序等方面有其特殊性,故立法在一般预告辞退之外对裁员作出特别规定,给予更多的限制。

以国家对裁员的规制是否考虑规模(裁员数量)问题为标准,可分为规模裁员与规模以下裁员。有的国家对规模裁员和规模以下裁员分别实行有所不同的裁员制度,如德国。在我国,《劳动法》未区分规模裁员与规模以下裁员,无论裁员多少都实行同样的裁员制度。而《劳动合同法》第40条规定的裁员制度仅限于规模裁员,即一次裁减20人以上或者裁减不足20人但占企业职工总数10%以上的裁员。

规模裁员的许可性条件包括:

(1)依照企业破产法规定进行重整。即企业法人不能清偿到期债务,并且资产不足以清偿全部债务或者明显缺乏清偿能力而濒临破产的,依照企业破产法经申请法院准许进入重整。在重整期间,为挽救企业,减员增效,管理人或债务人都可以决定进行规模裁员。

(2)生产经营发生严重困难。主要是指用人单位生产经营状况恶化,发生诸如严重亏损、开工严重不足、产品严重积压之类困难,并达到当地政府规定的严重困难企业标准,需要通过裁员来摆脱困境。

(3)企业转产、重大技术革新或者经营方式调整,经变更劳动合同后,仍需裁减人员。企业转产、重大技术革新或者经营方式调整,会给企业职工的劳动关系增加不稳定因素,其中,岗位转化和裁减冗员尤为可能。为此,首先应当协议变更劳动合同以转换岗位,对于无法转换岗位、不能适应新岗位、或者在新岗位中已无优势的劳动者,可以裁减。

(4)其他因劳动合同订立时所依据的客观经济情况发生重大变化,致使劳动合同无法履行。其与《劳动合同法》第40条中规定的单个预告辞退的情事变更事由的区别,在实践中难以界定。一般而言,二者在严重程度和影响范围上应当有所差异。作为单个预告辞退事由的情事变更,只导致零星劳动者的劳动合同无法履行;而作为裁员事由的情事变更,则导致一定数量劳动者的劳动合同无法履行。

用人单位进行规模裁员须遵循的法定程序包括:(1)提前30天向工会或者全体职工说明情况,并提供有关生产经营状况的资料;(2)提出裁减人员方案,内容包括被裁减人员名单、裁减时间及实施步骤,符合法律、法规规定和集体合同约定的被裁减人员的经济补偿办法;(3)将裁减人员方案征求工会或者全体职工的意见,并对方案进行修改和完善;(4)向当地(企业工商登记机关的同级)劳动行政部门报告裁减人员方案以及工会或者全体职工意见,并听取劳动行政部门意见;(5)由用人单位正式公布裁减人员方案,与被裁减人员办理解除劳动合同手续,按照有关规定向被裁减人员本人支付经济补偿金,并出具裁减人员证明书。

此外,用人单位进行规模裁员,负有裁员时优先留用和裁员后优先录用的义务。裁员时优先留用,是指用人单位在选择裁员对象和安排裁员顺序时,基于一定的价值取向将特定类型的人员优先留用,亦即将其安排在裁员的较后顺序。优先留用具有相对性,即相对于其他人员具有优先留用的可能,但并非不可裁减。《劳动合同法》第 41 条第 2 款规定,裁员时"应当留用下列人员:(1)与本单位订立较长期限的固定期限劳动合同的;(2)与本单位订立无固定期限劳动合同的;(3)家庭无其他就业人员,有需要扶养的老人或者未成年人的。"裁员后优先录用,是指用人单位在裁员后近期内重新招用人员的,在同等条件下优先招用被裁减的人员。裁员后优先录用义务,是指《劳动合同法》41 条第 3 款所规定的,用人单位裁员后在六个月内重新招用人员的,应当通知被裁减的人员,并在同等条件下优先招用被裁减的人员。

3. 预告辞退(包括裁员)的禁止性条件

预告辞退的禁止性条件仅与预告辞退的许可性条件相斥,也就是说,若具备法定禁止性条件,即使同时具备预告辞退的许可性条件,也不得预告辞退;或者说,只有在被禁止辞退的情形消失后,用人单位以许可性条件为依据的预告辞退权才可以恢复。但是,预告辞退的禁止性条件与即时辞退的许可性条件和协议解除并不相斥,也就是说,即使具备禁止辞退的情形,若同时具备即时辞退的许可性条件也可即时辞退;除法律有特别规定外,当事人双方仍可协议解除劳动合同。《劳动合同法》第 42 条规定的预告辞退和裁员的禁止性条件包括:

(1)从事接触职业病危害作业的劳动者未进行离岗前职业健康检查,或者疑似职业病病人在诊断或者医学观察期间。这仅适用于在作业中接触职业病危害因素的劳动者。其中包括两种禁止辞退的情形:①"从事接触职业病危害作业的劳动者未进行离岗前职业健康检查"。②"疑似职业病病人在诊断或者医学观察期间",此即有职业病危害接触史或者健康检查发现异常的劳动者经职业病诊断机构受理正处在诊断期间;或者经诊断而不能确诊的疑似职业病病人正处在必要的医学检查或者住院观察等待再次诊断期间。

(2)在本单位患职业病或者因工负伤并被确认丧失或者部分丧失劳动能力。职业病和工伤都是由劳动过程中的职业危害因素所致,因而,用人单位对由此而丧失或部分丧失劳动能力的劳动者,负有保障其生活和劳动权利的义务,不得将其辞退。根据《工伤保险条例》的规定,工伤职工伤残一级至四级的,保留劳动关系至退休并退出工作岗位,故不仅不得预告辞退,而且不得协议解除劳动合同;五至十级的,不得预告辞退,但经工伤职工本人提出,可以协议解除劳动合同。[116]

(3)患病或负伤并在规定的医疗期内。在这里,"患病"是指劳动者患职业病以外的疾病,"负伤"是指非因工负伤。劳动者患病或负伤,根据原劳动部《企业职工患病或非因工负伤医疗期规定》(1994 年)的规定,用人单位应当给予一定的医疗期,以保证劳动者治病疗伤的需要,并在此期限内负有保障其医疗和生活的义务。在医疗期内,即使出现特殊的经营困难,用人单位也不得解除劳动合同。

(4)女职工在孕期、产期、哺乳期内。以此作为禁止性条件,旨在保护妇女和儿童的特殊权益,保障人类再生产的条件。孕期与产期和哺乳期,或者孕期与产期为一个连续的过程,其中,产期长度应当以生育正产、难产或小产的法定产假期为准,哺乳期长度一般限于婴儿周岁。处

---

[116] 《工伤保险条例》(2013 年)第 35 ~ 37 条的规定。

在孕期、产期和哺乳期的女职工,用人单位不得将其辞退,除非提供证据证明引起辞退的事由在法定禁止性条件的适用范围之外,并且与怀孕、分娩或哺乳毫无关系。

(5)在本单位连续工作满15年且距法定退休年龄不足5年。一般而言,此类劳动者,对本单位的发展已有相当多的贡献积累,并且处于就业困难年龄段,因而,用人单位有义务给予其特殊就业保障。并且,禁止辞退具备本项条件的劳动者,对鼓励劳动者忠诚于用人单位和稳定劳动关系,具有不可忽视的积极意义。

(6)法律、行政法规规定的其他情形。例如,根据《工会法》(2001年修订)第52条的规定,劳动者不得"因参加工会活动",工会工作人员不得"因履行本法规定的职责""而被解除劳动合同"。据此,劳动和社会保障部《集体合同规定》(2004年)第28条规定,职工一方协商代表在其履行协商代表职责期间,除了有严重违反劳动纪律或用人单位依法制定的规章制度;严重失职、营私舞弊,对用人单位利益造成重大损害;被依法追究刑事责任的情形外,用人单位不得与其解除劳动合同。

4. 工会对用人单位单方解除的干预

对用人单位单方解除劳动合同进行干预,是工会的一项非常重要的维权职能。单个劳动者处于分散、孤立、弱小、无助的地位,无法与用人单位抗衡,特别是在用人单位对劳动者进行即时辞退、预告辞退或裁员时,劳动者更处于不利地位,其权益更容易受到侵犯,更需要工会的支持和维护。因此,《劳动合同法》第43条将工会干预辞退规定为辞退的必要程序,赋予工会对辞退的参与和监督权,规定:"用人单位单方解除劳动合同,应当事先将理由通知工会。用人单位违反法律、行政法规规定或者劳动合同约定的,工会有权要求用人单位纠正。用人单位应当研究工会的意见,并将处理结果书面通知工会。"此外,在《劳动法》和《工会法》中都对于工会干预用人单位单方解除做出了规定。《劳动法》第30条规定,"用人单位解除劳动合同,工会认为不适当的,有权提出意见。如果用人单位违反法律、法规或者劳动合同,工会有权要求重新处理;劳动者申请仲裁或者提起诉讼的,工会应当依法给予支持和帮助。"《工会法》(2001年修订)第21条规定:"企业、事业单位处分职工,工会认为不适当的,有权提出意见。企业单方面解除职工劳动合同时,应当事先将理由通知工会,工会认为企业违反法律、法规和有关合同,要求重新研究处理时,企业应当研究工会的意见,并将处理结果书面通知工会。职工认为企业侵犯其劳动权益而申请劳动争议仲裁或者向人民法院提起诉讼的,工会应当给予支持和帮助。"

《劳动合同法》第43条、《劳动法》第30条和《工会法》第21条的规定表明,工会对用人单位辞退劳动者的干预,有下述要点:(1)工会对辞退有知情权,即用人单位单方解除劳动合同,应当事先将理由通知工会。(2)工会对不当辞退有要求纠正权,即工会认为用人单位解除劳动合同不适当的,有权提出意见;如果用人单位违反法律、法规或者劳动合同,工会有权要求纠正;用人单位应当研究工会的意见,并将处理结果书面通知工会。(3)工会有义务支持和帮助劳动者提起仲裁和诉讼。即劳动者认为企业侵犯其劳动权益而申请劳动争议仲裁或者向人民法院提起诉讼的,工会应当给予支持和帮助。

值得注意的是,鉴于工会组建还不具有普遍性和工会维权还未完全到位的现实,最高人民法院在其司法解释中对辞退须事先将理由通知工会的程序作出变通性规定,即该程序仅适用于已建立工会组织的用人单位，并且是可事后补正的程序。[117]

六、劳动合同的终止

（一）劳动合同终止制度的概要图示

根据《劳动合同法》和《劳动合同法实施条例》的规定，劳动合同终止制度的主要内容，可概括如表7－3所示：

表7－3

<table>
<tr><th>终止分类</th><th colspan="2">终止事由</th><th>是否补偿（《劳动合同法》第46条）</th></tr>
<tr><td rowspan="5">一般终止（《劳动合同法》第44条）</td><td colspan="2">劳动合同期满</td><td>一般补偿，法定例外不补偿</td></tr>
<tr><td colspan="2">劳动合同任务完成（以完成工作任务为期限）</td><td>补偿（《劳动合同法实施条例》第22条）</td></tr>
<tr><td rowspan="2">劳动者</td><td>开始依法享受基本养老保险待遇</td><td rowspan="2">不补偿</td></tr>
<tr><td>死亡，或者被宣告死亡或失踪</td></tr>
<tr><td colspan="2">用人单位被宣告破产；被吊销营业执照、责令关闭、撤销或者用人单位决定提前解散</td><td>补偿</td></tr>
<tr><td>特殊终止（《劳动合同法实施条例》第5、6条）</td><td colspan="2">开始用工之日起不满一年，劳动者不订书面劳动合同</td><td>开始用工之日起，一个月内的不补偿；超过一个月不满一年的补偿（《劳动合同法实施条例》第5、6条）</td></tr>
<tr><td>延期终止（第45条）</td><td colspan="2">具备《劳动合同法》第42条规定的禁止预告辞退的情形之一</td><td>不补偿，但因工伤丧失劳动能力者享受工伤保险待遇</td></tr>
</table>

（二）劳动合同终止的事由

关于劳动合同终止的事由，根据《劳动法》第23条的规定，除法定事由（期满终止）外，还可约定；而《劳动合同法》第44条和《劳动合同法实施条例》第13条的规定，只可法定，不得约定。值得注意的是，在《最高人民法院关于审理劳动争议案件适用法律若干问题的解释（三）》（2010年）第10条中，虽然允许当事人双方就终止劳动合同办理相关手续、支付工资报酬、加班费、经济补偿或者赔偿金等达成协议，但并未表明可约定终止事由。[118]《劳动合同法》第44条规定的事由包括以下各项：

（1）劳动合同期满或任务完成。即定期劳动合同所约定的期限届满或以完成一定工作任务为期限的劳动合同所约定的工作任务完成。除劳动合同依法续订或依法延期外，劳动合同合同期满即行终止。

---

[117] 《最高人民法院关于审理劳动争议案件适用法律若干问题的解释（四）》（2013年）第12条规定：建立了工会组织的用人单位解除劳动合同符合劳动合同法第39条、第40条规定，但未按照劳动合同法第43条规定事先通知工会，劳动者以用人单位违法解除劳动合同为由请求用人单位支付赔偿金的，人民法院应予支持，但起诉前用人单位已经补正有关程序的除外。

[118] 《最高人民法院关于审理劳动争议案件适用法律若干问题的解释（三）》（2010年）第10条规定：劳动者与用人单位就解除或者终止劳动合同办理相关手续、支付工资报酬、加班费、经济补偿或者赔偿金等达成的协议，不违反法律、行政法规的强制性规定，且不存在欺诈、胁迫或者乘人之危情形的，应当认定有效。前款协议存在重大误解或者显失公平情形，当事人请求撤销的，人民法院应予支持。

(2)劳动者开始依法享受基本养老保险待遇。劳动者因达到退休年龄或丧失劳动能力而办退休手续,开始依法享受基本养老保险待遇,劳动合同即行终止。但是,劳动者已具备退休条件,但未开始依法享受基本养老保险待遇的,劳动合同终止与否以及是否支付经济补偿的问题,《劳动合同法》未作规定。对此问题,下位法有不同规定。《劳动合同法实施条例》第21条规定,“劳动者达到法定退休年龄的,劳动合同终止。”而依《最高人民法院关于审理劳动争议案件适用法律若干问题的解释(三)》(法释[2010]12号)第7条的规定,劳动者达到法定退休年龄但未开始依法享受基本养老保险待遇的,劳动合同可不终止。鉴于劳动者达到退休年龄并不意味着丧失劳动能力,我们赞同以开始依法享受基本养老保险待遇而不以劳动者达到退休年龄作为劳动合同终止的事由。

(3)劳动者死亡,或者被法院宣告死亡或者宣告失踪。劳动关系具有人身属性,作为劳动力载体的劳动者死亡或者被宣告死亡(失踪),劳动合同当然终止。宣告死亡,是指自然人下落不明达一定期限(4年或2年),经利害关系人申请,而由法院宣告其死亡。宣告失踪,是指自然人离开自己的住所或居所,没有任何消息达2年,处于生死不明状态,经利害关系人申请,由法院在查明事实后依法宣告为失踪人。

(4)用人单位被依法宣告破产。我国现行立法中,只有企业破产制度。企业破产,是指企业因不能偿付到期债务而依法经一定程序由法院消灭其主体资格。

(5)用人单位被吊销营业执照、责令关闭、撤销或者用人单位决定提前解散。这属于经营主体资格消灭的情形,而用人单位资格以经营主体资格为基础,故经营主体资格被消灭,劳动合同即终止。

(6)法律、行政法规规定的其他情形。值得注意的是,由于《劳动合同法》第44条和《劳动合同法实施条例》第13条的规定已替代《劳动法》第23条关于可约定终止的规定,故后者已失效,不再在“法律、行政法规规定的其他情形”之列。

(三)劳动合同的延期终止

与劳动合同期满终止相对应,存在劳动合同延期终止的情形,即劳动合同期满时因存在法定特殊情形,劳动合同应当续延至相应的情形消失时终止。它作为劳动合同终止的一种特殊形式,是劳动合同期满终止的例外和补充。

延期终止的事由,即法定的阻却劳动合同期满终止的法律事实。存在该事由,劳动合同应当续延至该事由消失时终止。《劳动合同法》第45条将延期终止的事由限定为预告辞退的禁止性条件:(1)从事接触职业病危害作业的劳动者未进行离岗前职业健康检查,或者疑似职业病病人在诊断或者医学观察期间的。即劳动合同期满时,从事接触职业病危害作业而未进行离岗前职业健康检查者,劳动合同应当续延至离岗前职业健康检查完毕时终止。而疑似职业病病人,应当续延至诊断期或医学观察期届满时终止。(2)在本单位患职业病或者因工负伤并被确认丧失或者部分丧失劳动能力的。即工伤劳动者劳动合同的终止,按照国家有关工伤保险的规定执行。(3)患病或者负伤,在规定的医疗期内的,即患普通病或者非因工负伤者,应当续延至规定的医疗期届满时终止。(4)女职工在孕期、产期、哺乳期的。即女职工的劳动合同如果在孕期、产期、哺乳期内期限届满的,应当分别续延至规定的孕期、产期、哺乳期届满时终止的。(5)在本单位连续工作满15年,且距法定退休年龄不足5年的。(6)法律、行政法规规定的其他情形。例如,根据《工会法》(2001年修订)第52条和《集体合同规定》(2004年)第28条规定的规定，工会工作人员、职工一方协商代表应当分别续延至任工会职务期满或任协商代表期满时终止。

七、劳动合同解除和终止的经济补偿

（一）经济补偿的界定

劳动合同解除和终止的经济补偿（以下简称经济补偿或经济补偿金），即劳动合同解除或终止时，用人单位在法定条件下应当按照法定标准向劳动者一次性支付的货币补偿。其狭义仅指《劳动法》第 28 条和《劳动合同法》第 46、47 条规定的经济补偿，在境外立法例中被称之为遣散费或离职费。其广义还包括医疗补助费、工伤医疗补助金和伤残就业补助金等。[119]

《劳动法》第 28 条只规定劳动合同解除经济补偿而未规定劳动合同终止经济补偿，这被认为是导致劳动合同短期化的原因之一；并且，未规定劳动者被迫辞职的经济补偿，此缺陷后来被《最高人民法院关于审理劳动争议案件适用法律若干问题的解释》（2001 年）所弥补。《劳动合同法》第 46 条则增加规定了劳动合同终止的经济补偿和劳动者被迫辞职的经济补偿。

关于经济补偿的性质，我国学界有社会保障说、劳动贡献补偿说、法定违约金说、法定义务说、社会责任说等观点。[120] 对这几种观点可作如下评析：（1）法定义务说和社会责任说既不相互冲突，也不排斥其他观点，因为用人单位在劳动合同解除或终止时向劳动者支付经济补偿，无论作社会保障说、劳动贡献补偿说、法定违约金说中哪一种理解，都在形式上属于法定义务、实质上属于社会责任。（2）法定违约金说除了在一定意义上可解释劳动者被迫辞职的经济补偿外，则悖于劳动法的法理和违反《劳动合同法》关于违约和违约金的规定，故不可取。（3）社会保障说和劳动贡献补偿说作为确定经济补偿的依据，各有其合理性，可以并存且兼容。

从我国立法关于经济补偿的规定来看，应当定性为社会保障（生活帮助）为主、劳动贡献补偿为辅的经济补偿。在立法变迁中，《劳动法》规定的劳动合同解除经济补偿，所替代的是《国营企业实行劳动合同制暂行条例》（1986 年）中的“生活补助费”和《私营企业劳动管理暂行规定》（1989 年）中的“失业补偿费”；《劳动合同法》虽然将经济补偿由劳动合同解除扩展到劳动合同终止，但仅适用于以劳动合同期满、用人单位资格丧失为事由的终止，而不适用于因劳动者开始依法享受基本养老保险待遇、死亡、被宣告死亡或失踪而终止的情形。这些都表明，经济补偿的主旨在于，对劳动者在劳动合同解除或终止后的生活风险给予适度的经济帮助。此外，这种经济补偿也兼顾到对劳动贡献的补偿，即经济补偿数额与劳动者的本单位工作年限挂钩；但同时对低薪劳动者和高薪劳动者分别作出低限和高限规定，这又表明，经济补偿应当以生活帮助为主，劳动贡献补偿辅助于生活帮助。

还值得注意的是，经济补偿虽然具有社会保障性质，但不属于劳动福利。原劳动部《违反和解除劳动合同的经济补偿办法》（1994 年）第 12 条规定，经济补偿金在企业成本中列支，不得占用企业按规定比例应提取的福利费用。

（二）经济补偿的事由

1. 劳动合同解除的经济补偿事由

根据《劳动合同法》第 46 条的规定，包括：（1）因用人单位有《劳动合同法》第 38 条规定的

---

〔119〕 原劳动部《违反和解除劳动合同的经济补偿办法》（1994 年）；王全兴：《劳动法》，法律出版社 1997 年版，第 184 页。

〔120〕 喻术红：《劳动合同法专论》，武汉大学出版社 2009 年版，第 135 页。

违反劳动合同和劳动与社会保障法律法规的情形,劳动者被迫辞职。(2)用人单位依照《劳动合同法》第36条的规定向劳动者提出解除劳动合同并与劳动者协议解除劳动合同。(3)因劳动者有《劳动合同法》第40条规定的由于健康、劳动能力的原因,或由于劳动合同订立时所依据的客观情况发生重大变化,不能履行劳动合同,用人单位经努力仍无效果而预告辞退。(4)用人单位由于有《劳动合同法》第41条第1款规定企业破产重整、生产经营发生严重困难等劳动合同订立时所依据的客观经济情况发生重大变化,致使劳动合同无法履行,而依法进行规模裁员。上述事由表明,在据以解除劳动合同的事由中劳动者本人没有过错的,应当给予经济补偿。

根据《劳动部关于贯彻执行〈中华人民共和国劳动法〉若干问题的意见》(1995年)第37条的规定,用人单位发生分立或合并后,分立或合并后的用人单位可依据其实际情况与原用人单位的劳动者遵循平等自愿、协商一致的原则变更、解除或重新签订劳动合同,在此种情况下的重新签订劳动合同视为原劳动合同的变更。所以,劳动者不能以原劳动合同解除为由要求经济补偿。

根据《劳动部关于实行劳动合同制度若干问题的通知》(1996年)第21条的规定,劳动者在劳动合同期限内,由于主管部门调动或转移工作单位而被解除劳动合同,未造成失业的,用人单位可以不支付经济补偿金。

2. 劳动合同终止的经济补偿事由

根据《劳动合同法》第46条和《劳动合同法实施条例》第22条的规定,包括:(1)除用人单位维持或者提高劳动合同约定条件续订劳动合同,劳动者不同意续订的情形外,劳动合同期满终止。也就是说,用人单位以维持或提高劳动合同约定的劳动报酬等待遇为条件提出续订劳动合同,而劳动者不同意续订,故定期劳动合同期满终止的,不支付经济补偿;此外,劳动合同期满终止的,应当支付经济补偿。(2)劳动合同因用人单位被依法宣告破产,被吊销营业执照、责令关闭或撤销,或者用人单位决定提前解散而终止。上述事由表明,劳动合同终止的原因不在于劳动者本人的,应当给予经济补偿。(3)以完成一定工作任务为期限的劳动合同因任务完成而终止。(4)法律、行政法规规定的其他经济补偿事由。这表明,经济补偿的事由只能由法律、行政法规作出规定。

关于劳动者达到法定退休年龄时尚不能依法享受基本养老保险待遇而当事人终止劳动合同的经济补偿问题,《劳动合同法》并未就此作出规定。依据法理和常理,此种劳动合同终止是否支付经济补偿的问题需要由立法规定,并且,是否支付经济补偿的问题会影响当事人对终止与否的选择。一般而言,若不支付经济补偿,用人单位会乐意选择终止,劳动者则不会选择终止;若支付经济补偿,劳动者会选择终止,用人单位对终止的选择会受到抑制。有一种立法主张是,劳动者达到法定退休年龄时尚不能依法享受基本养老保险待遇的,用人单位可以终止劳动合同;但是,应当依照《劳动合同法》第47条关于经济补偿标准的规定向劳动者支付经济补偿。[121] 可见其立法意图是,对用人单位终止劳动合同,既允许又给予一定的抑制。

---

〔121〕《劳动合同法实施条例(草案)》(2007年征求意见稿)第33条,该条文在《劳动合同法实施条例》中未规定,因为《劳动合同法实施条例》已规定劳动合同因劳动者达到法定退休年龄而终止。

（三）经济补偿的标准

1. 经济补偿的一般标准

《劳动合同法》第 47 条第 1 款规定，经济补偿按劳动者在本单位工作的年限，每满 1 年支付 1 个月工资的标准向劳动者支付。6 个月以上不满 1 年的，按 1 年计算；不满 6 个月的，向劳动者支付半个月工资的经济补偿。可见，经济补偿数额取决于“月工资”和本单位工作年限。

作为经济补偿基数的“月工资”，根据《劳动合同法》第 47 条第 2 款和《劳动合同法实施条例》第 27 条的规定，是指劳动者在劳动合同解除或者终止前 12 个月（工作不满 12 个月的为实际工作月数）的平均工资，应当按照劳动者应得工资计算，包括计时工资或者计件工资以及奖金、津贴和补贴等货币性收入；而根据原劳动部《违反和解除劳动合同的经济补偿办法》（1994 年）第 11 条第 1 款的规定，是指企业正常生产情况下的月平均工资。

关于本单位工作年限，现行立法规定的特殊计算规则有：（1）劳动者外部调职的本单位工作年限计算。劳动者非因本人原因从原用人单位被安排到新用人单位工作的，劳动者在原用人单位的工作年限合并计算为新用人单位的工作年限。原用人单位已经向劳动者支付经济补偿的，新用人单位在依法解除、终止劳动合同计算支付经济补偿的工作年限时，不再计算劳动者在原用人单位的工作年限。[122] （2）复转军人的本单位工作年限计算。按照《兵役法》和《军队转业干部安置暂行办法》（2001 年）第 37 条以及国务院《关于退伍义务兵安置工作随用人单位改革实行劳动合同制度的意见》（1993 年）第 5 条和《违反和解除劳动合同的经济补偿办法》（1994 年）的规定，退伍、复员、转业军人的军龄，计算为接收安置单位的连续工龄和计发经济补偿金的“本单位工作年限”。[123]

2. 经济补偿的特殊标准

（1）高薪劳动者的特别高限。《劳动合同法》第 47 条第 2 款规定，劳动者月工资高于用人单位所在直辖市、设区的市级人民政府公布的本地区上年度职工月平均工资 3 倍的，向其支付经济补偿的标准按职工月平均工资 3 倍的数额支付，向其支付经济补偿的年限最高不超过 12 年。

（2）低薪劳动者的特别低限。关于低薪劳动者的经济补偿基数（即“月工资”）的低限，需要探讨《劳动合同法实施条例》第 27 条与原劳动部《违反和解除劳动合同的经济补偿办法》第 11 条第 2 款的关系。前一法条（即新法）规定，劳动者月平均工资低于当地最低工资标准的，按照当地最低工资标准计算。后一法条（即旧法）规定，劳动者月平均工资低于企业月平均工资的，按企业月平均工资的标准计算。对这两个法条，若理解为新法修改旧法的关系，旧法则与新法抵触而不得适用；若理解为新法补充旧法的关系，旧法则与新法不抵触而可适用。

笔者认为，这里存在经济补偿基数的两种低限：旧法规定的本人月平均工资低于企业月平均工资的劳动者，其经济补偿基数低限为企业月平均工资；新法规定的本人月平均工资低于当地最低工资标准的劳动者，其经济补偿基数低限为当地最低工资标准。实践中，劳动者在劳动

---

[122] 《劳动合同法实施条例》第 10 条；《最高人民法院关于审理劳动争议案件适用法律若干问题的解释（四）》（2013 年）第 5 条。

[123] 原劳动和社会保障部办公厅《关于复转军人军龄及有关人员工龄是否作为计算职工经济补偿金年限的答复意见》（2002 年）。

合同解除或者终止前12个月的月平均工资低于当地最低工资标准的现象,一般是违法现象,其作为合法现象仅可能发生在临近劳动合同解除或者终止时提高最低工资标准的场合。根据《劳动合同法》第85条的规定,用人单位低于当地最低工资标准支付劳动者工资的,应当支付其差额部分,并且按应付金额50%以上100%以下的标准向劳动者加付赔偿金。这表明,以当地最低工资标准作为经济补偿基数低限,似乎不妥。正确的做法应当是在最低工资标准和加付赔偿金的基础上重新计算其月平均工资,并以此为经济补偿基数低限。而旧法规定的低薪现象,是合法低薪,即不低于最低工资标准的低薪。因此,不应当将新法所规定的经济补偿基数低限理解为是对旧法所规定的经济补偿基数低限的修改和替代,否则,不仅违背法理,而且对劳动者极为不利。

(四)医疗补助费、工伤医疗补助金和伤残就业补助金

1. 医疗补助费

根据原劳动部《违反和解除劳动合同的经济补偿办法》(1994年)第6条的规定,劳动者患病或者非因工负伤,经劳动鉴定委员会确认不能从事原工作,也不能从事用人单位另行安排的工作而解除劳动合同的,用人单位在支付经济补偿金的同时,还应当发给不低于6个月工资的医疗补助费,患重病或绝症的还应当分别增加不低于50%或100%的数额。有的地方立法还将此规定扩展适用于劳动合同因同样事由而终止的情形。[124]

2. 工伤医疗补助金和伤残就业补助金

根据《劳动合同法实施条例》第23条的规定,用人单位依法终止工伤职工劳动合同的,除依照《劳动合同法》第47条的规定支付经济补偿外,还应当依照国家有关工伤保险的规定支付一次性工伤医疗补助金和伤残就业补助金。根据《工伤保险条例》(2013年)第36、37条的规定,劳动者工伤伤残5~10级的,经其本人提出,可以与用人单位解除或者终止劳动关系,由工伤保险基金支付一次性工伤医疗补助金,由用人单位支付一次性伤残就业补助金,其具体标准由省级政府规定。

(五)劳动合同存续于《劳动合同法》施行前后的经济补偿的法律适用

1. 新法与旧法关于经济补偿规定的比较

关于劳动合同解除和终止经济补偿的规定,旧法主要见之于《劳动法》第28条、《最高人民法院关于审理劳动争议案件适用法律若干问题的解释》(2001)第15条和《违反和解除劳动合同的经济补偿办法》;新法见之于《劳动合同法》第46、47条和《劳动合同法实施条例》第27条。其异同如表7-4所示:

表7-4

补偿条件或标准	旧　法	新　法
协议解除	补偿	因用人单位提出动议而协议解除才补偿
预告辞退	补偿	补偿
即时辞职、裁员	补偿	补偿(试用期内辞职除外)

[124] 如《江苏劳动合同条例》(2013年)第34条。

续表

补偿条件或标准	旧　法	新　法
终止	不补偿	非劳动者本人原因而终止的才补偿
补偿标准	▲一般标准 ▲低薪劳动者经济补偿基数低限(企业月平均工资)	▲一般标准 ▲高薪者经济补偿高限 ▲低薪劳动者经济补偿基数低限(最低工资标准)

2.《劳动合同法》施行前后的经济补偿

存续于《劳动合同法》施行前后的劳动合同,其解除或终止的经济补偿,应当分施行前后两个阶段分别确定和计算:(1)《劳动合同法》施行前的劳动合同存续期间,劳动合同解除的经济补偿,按照当时规定的补偿条件和标准向劳动者支付。需要特别注意的是,劳动合同即使在《劳动合同法》施行后终止而按照《劳动合同法》规定应当支付经济补偿的,其在《劳动合同法》施行前的本单位工作年限也不支付经济补偿;高薪劳动者的月工资超过本地区上年度职工月平均工资3倍的,劳动合同即使在《劳动合同法》施行后解除而按照《劳动合同法》规定应当支付经济补偿的,其在《劳动合同法》施行前的本单位工作年限应当按照旧法规定的标准支付经济补偿。(2)《劳动合同法》施行后的劳动合同存续期间,劳动合同解除或终止的经济补偿,补偿年限自《劳动合同法》施行之日起计算,补偿条件和标准按照旧法规定执行。

八、用人单位违法解除或终止劳动合同的后果

用人单位解除和终止劳动合同的行为,包括用人单位与劳动者协议解除劳动合同和用人单位单方解除劳动合同的行为,以及用人单位具备法定劳动合同终止事由时终止劳动合同的行为。如果违反了法律法规关于劳动合同解除和终止的强行性规定,或者违反了集体合同和劳动合同依法约定的解除和终止劳动合同的规则,则属于用人单位违法解除或终止。这相当于境外立法例中的不正当解雇、不公平解雇或非法解雇的概念。依据《劳动合同法》第48条的规定,其后果包括:

1. 优先强制继续履行

作为违约责任形式的继续履行合同,是指违反合同的当事人不论是否已经承担赔偿金或违约金责任,都必须根据对方的要求,并在自己能够履行的条件下,对原合同未履行的部分继续履行。《民法通则》和《合同法》都将强制继续履行规定为违约责任的一种重要形式。

强制继续履行合同作为违约责任形式,在劳动法和民法中有所不同:(1)强制继续履行合同在民事合同法中可适用于合同当事人的任何一方,在劳动合同法中只能适用于用人单位。这是因为,在违法解除或终止劳动合同后,强制继续履行劳动合同即是恢复劳动关系,这对劳动者和用人单位有不同的后果。如果对劳动者违约或违法解除或终止劳动合同适用强制继续履行劳动合同,就违背了劳动者人身不可强制的原则,将构成强迫劳动。对于用人单位违法解除或终止劳动合同,则需要给予劳动者以是否要求用人单位继续履行劳动合同的选择权。(2)强制继续履行合同在民法的违约责任体系中不具有优先地位,而在劳动法的违约责任体系中应当给予优先地位。因为强制用人单位继续履行劳动合同,是保障劳动者就业稳定的需要,这在就业形势严峻的现阶段更有意义。但值得注意的是,这种优先应当以劳动者的意愿为准,即给予劳动者优先选择强制用人单位继续履行劳动合同的权利。

强制用人单位继续履行劳动合同,亦即复职,首先,要求重新给予劳动者原有的工作;其次,要求给予劳动者与其原有工作类似的其他工作。其要件包括:(1)用人单位已实施违法解除或终止劳动合同的行为;(2)劳动者有复职的要求;(3)用人单位有复职的条件。

2. 赔偿损失

用人单位违法解除或终止劳动合同,劳动者不要求继续履行劳动合同或者劳动合同已经不能继续履行的,用人单位应当依照《劳动合同法》第87条的规定支付赔偿金,即应当依照《劳动合同法》第47条规定的劳动合同解除和终止经济补偿标准的2倍向劳动者支付赔偿金。

鉴于这种赔偿金可能与经济补偿竞合,《劳动合同法实施条例》第25条规定,用人单位违法解除或者终止劳动合同,依照《劳动合同法》第87条规定支付了赔偿金的,不再支付经济补偿。这只是表明不再支付狭义经济补偿,而医疗补助费、工伤医疗补助金和伤残就业补助金在支付赔偿金的同时仍然应当支付。因为医疗补助费、工伤医疗补助金和伤残就业补助金的依据是患病或工伤,而不在于劳动合同解除或终止;其在依法解除或终止劳动合同时应当于狭义经济补偿之外另行支付,在违法解除或终止劳动合同时就更应当支付。

值得注意的是,《劳动合同法》第47条的规定表明,"依照本法第87条规定支付赔偿金"是对复职的利益替代,而复职之外的利益损失,如复职前因被违法解除或终止劳动合同所致工资损失,劳动者有权请求赔偿。[125]

与国外有的立法例[126]比较,我国用人单位违法解除或终止劳动合同的成本并不高,尤其是未考虑到劳动合同被违法解除或终止后的剩余期限所承载的劳动者就业权益。这显然不利于劳动者对自己职业安定的预期,不利于劳动关系稳定。

九、劳动合同解除或终止的当事人义务(后合同义务)

所谓后合同义务,是指合同关系消灭后,基于诚实信用原则的要求,缔约双方当事人依法应负有某种作为或不作为义务,以维护给付效果,或协助对方处理合同终了的善后事务的合同附随义务。劳动合同解除或终止之后,当事人也负有善后阶段所承担的义务,即"后合同义务"。这是劳动合同法中诚实信用原则的要求。在劳动合同解除或终止后,虽然合同约定的权利义务关系已经消灭,但因为过去合同关系的存在,会对当事人双方产生一定的影响,如果一方当事人不顾另一方当事人的利益,滥用权利,就很可能对另一方当事人造成损害。因此,《劳动合同法》规定,在劳动合同解除或终止的善后阶段中,当事人还须履行通知、协助、保密等多项义务。

劳动关系结束后,因义务主体不同,后合同义务可以分为用人单位的后合同义务与劳动者的后合同义务。

用人单位的后合同义务主要包括:(1)出具解除或者终止劳动合同的证明。法律设定此义务的目的,仅在于满足劳动力市场管理、劳动者享受失业保险待遇和再就业是履行告知义务的

---

〔125〕 关于劳动者被违法解除或终止劳动合同之日至复职前所受损失的赔偿,因《劳动合同法》未明确规定,故应考虑以《违反〈劳动法〉有关劳动合同规定的赔偿办法》(劳部发〔1994〕481号)的规定为依据。

〔126〕 例如,在美国,如果劳动者对雇主提供无固定期限工作产生了合理期待,而雇主在没有正当事由解雇雇员时,法院通常会通盘考虑雇主如果未解除雇员时雇员可以获得的收入、雇员剩余工作年龄等因素来决定赔偿金额。参见谢增毅:《对〈劳动合同法〉若干不足的反思》,载《法学杂志》2007年第6期。

需要。例如,失业登记,求职时告知招聘单位本人非在职状态,均需提出此种证明。因此,在时间上,应当在解除或终止的当时出具证明;在证明内容上,仅要求写明劳动合同期限、解除或者终止劳动合同的日期、工作岗位、在本单位工作年限[127]。至于其他内容可否记载,因以劳动者请求或同意为前提。未经劳动者请求,不得记载劳动合同终止或解除的事由,也不得记载对劳动者评价之事项;即使经劳动者请求记载评价事项,也客观真实,并仅限于与职务有关行为的评价。《劳动合同法》第 89 条规定,用人单位违反《劳动合同法》规定未向劳动者出具解除或者终止劳动合同的书面证明,由劳动行政部门责令改正;给劳动者造成损害的,应当承担赔偿责任。(2)告知失业保险权利和报社会保险经办机构备案。《失业保险条例》(1999 年)第 16 条第 1 款规定,城镇企业事业单位应当及时为失业人员出具终止或者解除劳动关系的证明,告知其按照规定享受失业保险待遇的权利,并将失业人员的名单自终止或者解除劳动关系之日起 7 日内报社会保险经办机构备案。(3)提供职业健康监护档案。《职业病防治法》(2001 年)第 33 条规定,劳动者离开用人单位时,有权索取本人职业健康监护档案复印件,用人单位应当如实、无偿提供,并在所提供的复印件上签章。(4)在 30 日内为劳动者办理档案和社会保险关系转移手续。(5)应当支付经济补偿金的须在办结工作交接手续时支付。(6)保存劳动合同文本 2 年以上时间。(7)保密义务。用人单位对于劳动者求职材料和个人履历负有保密义务,如果违反该义务可能导致对于劳动者人格权特别是隐私权的侵害。(8)不得扣押劳动者档案或其他物品。《劳动合同法》第 84 条第 3 款规定,劳动者依法解除或者终止劳动合同,用人单位扣押劳动者档案或者其他物品的,由劳动行政部门责令限期退还劳动者本人,并以每人 500 元以上 2000 元以下的标准处以罚款;给劳动者造成损害的,应当承担赔偿责任。

劳动者的后合同义务主要包括:(1)办理工作交接,妥善处理自己在劳动合同解除或终止前经手的事务。这是基于保护用人单位的利益而产生的后合同义务。(2)返还、归还因工作需要而使用、占用用人单位财产、资料的义务,如电脑、汽车、图纸、设计方案、企划方案等。(3)保守用人单位的商业秘密和与知识产权有关的秘密事项。劳动者在离开用人单位后保密期未满的,应当在保密期内继续承担保密义务。有竞业限制约定的,在用人单位按约定支付经济补偿的同时应当遵守其竞业限制约定。

第七节　劳 务 派 遣

一、劳务派遣的界定、分类和劳动关系结构

(一)劳务派遣的界定

劳务派遣,又称劳动派遣或劳动力派遣,是指派遣单位按照用工单位(又称要派单位)或劳动力市场的需要招收劳动者并与之订立劳动合同,按照其与用工单位订立的劳务派遣协议将劳动者派遣到用工单位劳动,劳动过程由用工单位管理,工资和社会保险费等项待遇由用工单位提供给派遣单位,再由派遣单位支付给劳动者,并为劳动者办理社会保险登记和缴费等项事

[127] 《劳动合同法实施条例》第 24 条。

务;用工单位向派遣单位就提供的服务支付劳务费。它是一种特殊的用工形式、就业形式和就业服务形式。其中的被派遣劳动者通常称之为派遣工。

劳务派遣与一般劳动关系的区别在于,一般劳动关系中,是用人单位直接招收和使用劳动者,这被称之为劳动合同用工;而劳务派遣中,用工单位是通过派遣单位招收劳动者,即招工与用工发生分离,这被称之为劳务派遣用工。

劳务派遣中的用工单位,须具备用人单位资格,但在法律适用意义上,其外延小于用人单位。例如,《劳务派遣暂行规定》(2014 年)所适用的用工单位,未包括个体工商户、公共部门用人单位和境外雇主。

劳务派遣不同于外包用工。外包用工,是指发包人将其特定业务项目发包给承包人,由承包人招用劳动者来完成所承包的项目。在这里,发包人与承包人之间是劳务关系,承包人与劳动者之间是劳动关系,劳动者的劳动过程由承包人管理。而在劳务派遣中,派遣单位与用工单位之间不存在业务项目承包关系,派遣单位为用工单位提供的劳务只是只限于部分人力资源管理服务,被派遣劳动者从事的劳动不由派遣单位所承包和管理。基于这种区别,一种立法主张认为,用人单位将业务发包给承包单位,但对从事该业务的承包单位劳动者的劳动过程直接进行管理的,属于劳务派遣用工。[128] 此即假外包用工,真劳务派遣,对于这种现象,应当作为劳务派遣处理。[129]

劳务派遣在我国由职业介绍、劳动人事代理相继发展而来,但不同于职业介绍和劳动人事代理。职业介绍只是中介服务,劳动关系由劳动者与用人单位自己缔结;劳动人事代理虽然服务内容比职业介绍有所扩展,但不具有用人单位身份;而派遣单位具有用人单位的部分身份和职能。

(二)劳务派遣的分类

1. 常雇型派遣和临时性派遣(又称登录型派遣)

二者区别在于:(1)派遣前提。临时性派遣中,在派遣前派遣机构对劳动者只作登记,在受到用工单位委托后才与劳动者订立劳动合同并派遣其到用工单位劳动。常雇型派遣中,在派遣前派遣单位根据市场需求招工并与劳动者订立劳动合同,受到用工单位委托后才派遣劳动者到用工单位劳动。(2)劳动关系存续状态。临时性派遣中,劳动者与派遣单位、用工单位的劳动关系都具有临时性,且同时发生和终止。常雇型派遣中,劳动者与用工单位的劳动关系具有临时性,而与派遣单位的劳动关系不具有临时性,即在劳动合同期限内,劳动者与用工单位的劳动关系终止或未被派遣,都不影响其与派遣单位劳动关系的存续。(3)劳动关系地位。常雇型派遣中,劳动者对派遣单位的依赖程度大于对用工单位的依赖程度,故以劳动者与派遣单位的劳动关系为主,且雇主责任承担应当以派遣单位为主。临时性派遣中,劳动者相对而言对于用工单位的依赖程度大于对派遣机构的依赖程度,故以劳动者与用工单位的劳动关系为主,且雇主责任承担应当以用工单位为主。(4)劳动者类型。临时性派遣较适合于可替代性程度比较高的劳动者,即主要是低端或非技术型劳动者。常雇型派遣较适合可替代性程度较低的

---

〔128〕《劳务派遣若干规定(征求意见稿)》(2013 年 8 月)第 2 条第 2 款。

〔129〕《劳务派遣暂行规定》(2014 年)第 27 条规定,用人单位以承揽、外包等名义,按劳务派遣用工形式使用劳动者的,按照本规定处理。

劳动者,即主要是高端或技术型劳动者。(5)社会效果。常雇型派遣较之临时性派遣,其优势主要在于,有利于劳动关系的稳定,可促使派遣单位对被派遣劳动者的培训,便于保障被派遣劳动者在用工单位实现劳动平等。

我国在《劳动合同法》施行前,劳务派遣规模较大,且多为临时性派遣,而常雇型派遣发育不足。在西方发达国家,劳务派遣一般为常雇型派遣,且派遣工占从业人员的比例都很低。[130]实践已表明,趋向主流化的临时性派遣,致使就业不稳定和劳动不平等,降低就业质量,损害企业竞争力,不利于企业可持续发展等弊端。于是,《劳动合同法》作出按照常雇型派遣的模式进行制度设计的选择。

2. 系统内派遣与社会化派遣

系统内派遣,又称内部派遣,是指用人单位或者其所属单位出资或者合伙设立的劳务派遣单位,向本单位或者所属单位派遣劳动者。在我国,系统内派遣曾是为满足国有企业改革中减员的需要而出现的一种派遣形式。派遣单位一般为国有企业(公司)所属劳动就业服务机构,用工单位多为派遣单位所属国有企业或其改制后的公司,派遣工一般为国有企业(公司)的下岗失业人员、多余人员和职工家属。社会化派遣,即派遣单位面向全社会提供派遣服务,派遣单位独立于用工单位,其所服务的劳动者和用工单位都按劳动力市场需求选择而不受所有制、部门或行业系统限制。二者比较,就满足劳动力资源市场配置和劳动者权益保护的需要而言,系统内派遣显然不及社会化派遣,因为系统内派遣系统内派遣只是在劳务派遣服务于国有企业改革的阶段和场合,才有其存在的价值和政策性依据;但由于其服务对象只限于系统内的用工单位和劳动者而对社会上劳动力供求关系的调节作用甚微,且由于派遣单位受用工单位控制而更容易导致二者合谋向派遣工转嫁用工成本。为此,《劳动合同法》禁止系统内派遣,只允许社会化派遣。国外也有这种立法例,如《日本派遣劳工法》第 48 条中规定,仅针对特大企业派遣时,劳动大臣得劝告派遣机构之负责人变更派遣机构之目的及内容。

3. 初始派遣和再派遣

派遣单位向用工单位派遣劳动者,为初始派遣。用工单位将派遣工派遣到其他用人单位劳动,为再派遣。基于劳务派遣的性质和派遣单位资格规制的要求,用工单位只有用工权而无派遣权,即有权在本单位范围内根据劳务派遣协议和劳动合同的约定使用派遣工的劳动力,但无权将派遣工再派遣到其他用人单位劳动。若允许再派遣,不仅不利于派遣工的权益保护,而且会扰乱劳务派遣秩序。因此,《劳动合同法》第 62 条第 2 款明确规定不得再派遣。

4. 境内单位派遣用工和境外组织(政府)驻境内机构派遣用工

以境内依法设立的用人单位为用工单位的劳务派遣,为一般劳务派遣。在该用人单位中,劳动合同用工与劳务派遣用工并存,且劳务派遣用工作为灵活用工形式,应当定位为劳动合同用工的补充形式。而境外组织(政府)驻境内机构,如外国驻华外交代表机构、联合国系统组织代表机构、外国新闻代表机构、外国企业常驻代表机构和外国金融机构常驻代表机构等组织,

---

〔130〕 根据"劳动力派遣业者国际联合会"CIETT 的统计数据,2004 年,西方国家派遣劳动者占全体就业人员的比例,最高为英国 5%,其他国家的情况,如澳大利亚为 1.38%,比利时为 2%,丹麦为 1.2%,芬兰为 1.2%,法国为 2.1%,德国为 1%,希腊为 0.1%,意大利为 0.63%,卢森堡为 2.5%,荷兰为 2.5%,挪威为 1%,波兰为 0.22%,葡萄牙为 0.9%,西班牙为 0.8%,瑞典为 1%,瑞士为 1%,英国为 5%,美国为 1.93%,日本为 1.3%,韩国为 0.34%,南非为 4%。其中,美国的劳动力派遣数量较 2001 年的数字有所下降,2001 年,CIETT 公布的数字为 2.4%。

依据我国法律规定,劳务派遣用工是其使用我国劳动者的唯一用工形式,即其在我国境内不得直接与我国劳动者订立劳动合同,只可由特定派遣机构向其派遣劳动者。因此,其劳务派遣用工,不受临时性、辅助性、替代性岗位和劳务派遣用工比例的限制。

(三)劳务派遣的劳动关系结构

劳务派遣中的劳动关系呈现出一重劳动关系分两个层次运行的结构。其中有下述要点:

(1)“一重”。劳动关系实质上是劳动力与生产资料相结合的社会关系。某个劳动者的劳动力如果只与一个主体的生产资料相结合,就只存在一重劳动关系;如果与两个主体的生产资料相结合,则存在双重劳动关系。在劳动派遣中,由于只出现劳动力与生产资料的一重结合,因而只有一重劳动关系。

(2)“三角”。在劳动派遣中,存在三个主体即派遣单位、用工单位和劳动者,形成三角关系。

(3)“两方”。就利益结构而言,派遣单位具有从用工单位中分离出来的雇主身份和职能,其与用工单位的共同利益一般多于其与劳动者的共同利益。因而,派遣单位不是独立于用工单位与劳动者的第三方,而是与用工单位共同为雇主一方,构成劳动者的相对人。

(4)“两层”。雇主和劳动关系都分为两个层次。派遣单位为名义雇主、招工雇主,用工单位为实际雇主、用工雇主。一个完整的劳动关系也相应分为两个不完整而又相互联系的层次,劳动者与派遣单位之间有劳动合同而无劳动,这是形式上的劳动关系,其内容中没有劳动力与生产资料的结合,为人力资源管理(非生产性)的劳动权利义务;劳动者与用工单位之间是无劳动合同而有劳动的关系,这是实质上的劳动关系,以劳动力与生产资料的结合,亦即劳动过程管理(生产性)的劳动权利义务为内容。其中,有的权利义务在内部分为两个层次,如雇主对劳动者的工资和社会保险费义务,用工单位承担负担义务,派遣单位承担支付或缴纳义务。《江苏省劳动合同条例》(2003年)第39条规定,派遣单位应当按照法律、法规规定以及劳务派遣协议,向劳动者支付劳动报酬和应得的经济补偿,及时足额缴纳社会保险费;用工单位应当按照法律、法规规定以及劳务派遣协议,向派遣单位按时足额支付被派遣劳动者劳动报酬和社会保险费等费用。

(5)“纽带”。在劳动关系的两个层次之间存在两根“纽带”:一是委托关系,即派遣单位受用工单位委托为其提供招工、派遣等服务,此与民商法中的隐名代理类似;二是默示担保关系,即派遣单位因招工和派遣而就用工单位履行劳动法义务的能力对劳动者有默示担保义务,用工单位因委托派遣单位招工派遣或接受派遣单位的派遣而就其履行劳动法义务的能力对派遣单位和劳动者有默示担保义务。这就是派遣单位与用工单位应当对劳动者负连带责任的法理依据。

(6)“主次”。即劳动关系两个层次的主次地位问题。在临时性派遣中,应当以劳动者与用工单位的劳动关系为主,这是因为,劳动关系的存续取决于用工单位的用工需求,劳动者为用工单位提供劳动力而从属于用工单位,且用工单位从劳动者的劳动中收益一般大于派遣单位。在常雇型派遣中,应当以劳动者与派遣单位的劳动关系为主,因为派遣单位往往出于人才储备的考虑而招收劳动者,劳动者对派遣单位的依赖程度大于对用工单位的依赖程度。

二、劳务派遣的适用范围

(一)岗位范围限制

法律对劳务派遣适用范围的限制,主要集中于对适用劳务派遣的岗位、工种、行业的限制。此限制有许可式限制与禁止式限制、弹性限制与刚性限制之区分。许可式限制,即指仅允许在特定业务实行劳务派遣;禁止式限制,则指禁止在特定业务实行劳务派遣。于工种而言,可派遣的工作限定为两类:一类为需要专门知识、能力或经历以便更快速、准确操作的工作;另一类为由于从事或从业形式的特点,对员工需要特殊管理的工作。例如,日本1984年允许在14种工种上实行劳务派遣,对于港口搬运工、建筑工、保安、医务人员、律师等工种,则禁止实行劳务派遣。于岗位而言,以是否企业常设、是否属于企业生产劳动不可或缺的核心地位、是否具有可替代性为标准,区分为常设性与临时性、主业性与辅助性、不可替代性与可替代性的岗位。刚性限制,即以强行性规范对劳务派遣的适用范围作出严格限制;弹性限制,即对劳务派遣的适用范围作出原则性规定,或者示范性与强行性相结合的规定。

限制劳务派遣的岗位范围,旨在控制劳务派遣主流化的现象,将劳务派遣限定为用工的补充形式。《劳动合同法》(2008年)第66条关于劳务派遣岗位范围的规定,属于弹性限制,而《劳动合同法修正案》则修改为刚性规制,即规定"劳务派遣用工是补充形式,只能在临时性、辅助性或者替代性的工作岗位上实施",并对"三性"岗位作出明确界定;鉴于辅助性岗位界定的难度,还规定实行比例限制。《劳务派遣暂行规定》第25条对"三性"岗位和比例限制的适用范围作出排除性规定,即不适用于外国法人驻华代表机构使用被派遣劳动者和船员用人单位使用被派遣国际远洋海员。

1."三性"岗位界定

临时性工作岗位作为与常年性岗位(或称常设性岗位)相区别的概念,被限定为存续时间不超过六个月的岗位。

辅助性岗位作为常年性岗位中与主营业务岗位相区别的概念,被定义为为主营业务岗位提供服务的非主营业务岗位。鉴于主营业务岗位与辅助性岗位划分的复杂性和因单位而异,防止用工单位在辅助性岗位上滥用劳务派遣,《劳务派遣暂行规定》第3条第3款规定,用工单位决定使用派遣工的辅助性岗位,应当经职工代表大会或者全体职工讨论,提出方案和意见,与工会或者职工代表平等协商确定,并在用工单位内公示。

替代性岗位则是指常年性、主业性岗位中,在劳动者因脱产学习、休假等原因无法工作的一定期间内可以由其他劳动者替代工作的岗位。对这里的由其他劳动者替代工作的"一定期间",有的地方立法规定为"一年之内"。[131]

2.劳务派遣比例限制

鉴于辅助性岗位范围难以统一界定,在限定"三性"岗位范围的同时,还实行比例限制,即要求用工单位应当严格控制劳务派遣用工数量,不得超过其用工总量的一定比例。根据《劳务派遣暂行规定》(2014年)第4条的规定,这种比例限制的规则,包括下述要点:(1)比例项的界定。分子项即"劳务派遣用工数量",包括在"三性"岗位使用的派遣工数量,有的地方立法为防

---

〔131〕《山东省劳动合同条例》(2013年)第48条第2款。

止以真派遣假外包用工的方式规避比例限制,还规定,企业将其业务发包给其他单位,但承包单位的劳动者在企业的生产经营场所使用企业的设施设备、按照企业的安排提供劳动,或者以企业的名义提供劳动,以及其他名为劳务外包实为劳务派遣的,其劳动者的人数纳入该企业计算比例的分子项。[132] 分母项即"用工总量",为用工单位订立劳动合同人数与使用的派遣工人数之和。(2)比例值为不超过10%。(3)比例的空间范围。即计算劳务派遣用工比例的用工单位,被限定为依照《劳动合同法》和《劳动合同法实施条例》可以与劳动者订立劳动合同的用人单位。这表明,在设置有分支机构的企业中,凡依法有资格与劳动者订立劳动合同的分支机构,就应当作为独立计算劳务派遣用工比例的用工单位。

3. 超出"三性"岗位和比例限制的劳动关系

《劳动合同法修正案》(2013年)尽管对"三性"岗位和派遣工比例以强行性规范作出刚性限制,但对超出此限制的劳动关系定性未作规定。依法律逻辑,可作如下推理判断:(1)用工单位超出"三性"岗位或10%比例的范围使用派遣工,违反强行性规范,属于无效劳务派遣;(2)导致劳务派遣无效的过错在于用工单位和派遣单位,而不在于劳动者,故不得使劳动者因劳务派遣无效而承受不利后果,尤其是不得使劳动者因劳务派遣无效而失业;(3)劳务派遣无效只是否定派遣单位与劳动者之间劳动合同的效力,并不能否认用工单位与劳动者之间用工关系的事实存在;(4)依据《劳动合同法》第7条和第10条中"劳动关系自用工之日起建立"的规定,劳动者与用工单位之间自用工之日起已建立劳动关系。因此,应当将这种"用工关系"就作为正式工的劳动关系对待,并要求该"用工单位"与劳动者依法补订书面劳动合同。鉴于《劳动合同法修正案》已对"派遣单位、用工单位违反本法有关劳务派遣规定"作出"由劳动行政部门责令限期改正"和罚款的规定,有一种立法主张为:"用工单位违反劳动合同法有关劳务派遣在临时性、辅助性、替代性岗位用工规定或者超比例使用被派遣劳动者,依据《劳动合同法》第92条第2款有关规定罚款后一个月内仍不改正的,在非临时性、辅助性、替代性岗位或者超比例使用的被派遣劳动者视为与用工单位建立劳动关系,用工单位应及时补订劳动合同,劳动合同起始时间自处罚之日起满一个月的次日计算。被派遣劳动者书面表示不愿与用工单位建立劳动关系的除外。"[133]

(二)用工形式限制

劳务派遣和非全日制用工,在《劳动合同法》中是两种独立的特别法制度。非全日制用工存在双重或多重劳动关系,且流动性很强;劳务派遣中的劳动关系结构则是一重劳动关系分两个层次运行,且派遣单位与派遣工的劳动关系具有相对稳定性。因而,若允许劳务派遣制度与非全日制用工制度竞合适用,则会发生规则冲突,例如,《劳动合同法》第71条关于非全日制用工双方当事人任何一方都可以随时通知对方终止用工且不支付经济补偿的规定,与雇用型派遣对派遣单位与派遣工的劳动关系的稳定性要求不一致。所以,派遣单位与派遣工的劳动关系不应当适用非全日制。但是,在常雇型派遣中,用工单位与派遣工的劳动关系具有临时性,故可选择非全日制,即派遣单位可将同一个劳动者同时派遣到两个或以上的用工单位从事非全日制劳动。因此,《劳动合同法实施条例》第30条只规定劳务派遣单位不得以非全日制用工

---

〔132〕《江苏省劳动合同条例》(2013年)第36条第3款。

〔133〕人力资源和社会保障部:《劳务派遣若干规定(征求意见稿)》(2013年8月7日)第37条。

形式招用派遣工，而对用工单位可否以非全日制使用派遣工未作规定，这意味着派遣单位可以安排派遣工在用工单位从事非全日制工作。

由于《劳动合同法》只允许常雇型派遣，以完成一定任务为期限的劳动合同不适用于劳务派遣，但常雇型派遣中劳动者与用工单位的劳动关系可以具有临时性，故派遣单位可以安排其在用工单位从事以完成一定工作任务为期限的工作。

三、派遣单位和用工单位的用人单位（雇主）义务划分

在劳动关系和劳动法中，用人单位（雇主）是使用他人劳动力的主体，是劳动合同的缔约人和履约人。在劳务派遣中，派遣单位虽然不使用派遣工的劳动力，却招收并向用工单位派遣劳动者，是劳动合同的缔约人和履约人，即以用人单位名义与劳动者订立劳动合同并履行劳动合同约定的部分与劳动力使用相关的义务，故已具备法律意义上用人单位（雇主）内涵的部分必备内容。因此，《劳动合同法》第58条特别强调，派遣单位是《劳动合同法》所称用人单位，应当履行用人单位对劳动者的义务。在此意义上，派遣单位作为用人单位（雇主）不具有完整性，只是名义用人单位（雇主）、缔约或招工用人单位（雇主）、非用工用人单位（雇主）。劳务派遣中的用工单位，须以具备用人单位资格为前提，虽然不是劳动合同的缔约人，却是劳动力的使用者和劳动合同的履约人。基于劳动关系是劳动力使用关系的实质，用工单位较之派遣单位，更有理由是用人单位（雇主）。正因为如此，不应当以法律未特别强调用工单位是用人单位（雇主）[134]而否定其是用人单位（雇主）。不过，用工单位作为用人单位（雇主）也具有不完整性。

派遣单位和用工单位都作为不完整的用人单位（雇主），其义务划分，既由立法规定，也由劳务派遣协议和劳动合同约定。其中，法定优于约定，约定内容不得与法定内容抵触。《劳动合同法》和《劳务派遣暂行规定》等立法对其义务划分的特别规定，有以下几个方面：

1. 缔约义务和告知义务

派遣单位作为招工雇主，应当与派遣工订立书面劳动合同，且在常雇型派遣中应当订立二年以上的定期劳动合同，而不得订立以完成一定任务为期限的劳动合同。派遣单位未与劳动者订立书面劳动合同而将其派遣到用工单位劳动的，劳务派遣不成立，该用工单位与劳动者自开始用工之日起建立劳动关系，应当及时补订书面劳动合同。

在常雇型派遣中，劳动者可能被先后派遣到不同用工单位，劳动合同订立可能先于或后于劳务派遣协议订立，故派遣单位的告知义务，包括劳动合同订立和变更时的告知义务。告知义务的内容除《劳动合同法》第8条所规定的一般缔约告知义务外，还应当包括劳务派遣所特有的内容，如明确告知该劳动者为劳务派遣用工形式，应当遵守的规章制度以及劳务派遣协议中有关工作岗位性质、社会保险、劳动报酬等方面的内容。

对于常雇型派遣而言，由于劳动合同对其存续期间派遣工在不同用工单位的劳动权利义务都作出具体约定，故用工单位也负有告知义务，即应当告知派遣工的工作要求和劳动报酬。对于派遣工所要从事的工作，应当在劳动者被派遣前或上岗前告知其工作任务、职责、规程等具体工作要求；对于劳动报酬，应当于派遣工上岗前在劳动合同或其补充协议所约定劳动报酬条款的基础上作进一步说明，尤其是说明有无变动和变动原因。

---

〔134〕 有的立法规定，用工单位应当履行用人单位的义务，如安全生产法、职业病防治法、工伤立法等。

2. 劳动基准义务

在劳务派遣中,劳动过程的管理者是用工单位而不是派遣单位,故遵守劳动基准的义务一般只由用工单位承担。用工单位应当遵守国家劳动标准,提供相应的劳动条件和劳动保护。其中包括工资、工时、劳动安全卫生等各个方面的标准。在异地派遣中,一般应当遵守用工单位所在地的劳动标准;若派遣单位注册地劳动标准高于用工单位所在地劳动标准,且派遣单位与派遣工约定按照派遣单位注册地劳动标准执行的,从其约定。

派遣单位虽然不管理劳动过程,但对用工单位遵守劳动基准有督促义务,即应当督促用工单位依法为派遣工提供劳动保护和劳动安全卫生条件;并且,其在派遣工无工作期间支付的劳动报酬遵守当地最低工资标准。

3. 劳动报酬和福利义务

派遣单位由于不使用派遣工的劳动力,故其就劳动报酬和福利仅承担支付义务,即除法定由用工单位直接支付的项目外,应当按照国家规定和劳务派遣协议约定,依法支付派遣工的劳动报酬和相关待遇,不得克扣、无故拖欠或挪用用工单位按照劳务派遣协议支付给派遣工的劳动报酬等各项费用;派遣工在无工作期间,应当按照所在地政府规定的最低工资标准,向其按月支付劳动报酬。

用工单位作为劳动力的使用者,应当负担由派遣单位支付的劳动报酬和福利。此外,其主要义务还有:(1)同工同酬义务。即其负担的劳动报酬应当符合派遣工与正式工同工同酬的法律规定。(2)工资调整义务。即对同一个派遣工连续用工即延续原用工期限或不间断地再次使用的,应当按照本单位正常的工资调整机制,提高派遣工的劳动报酬。(3)直接支付义务。即直接向派遣工支付加班费、绩效奖金,提供与工作岗位相关的福利待遇且不得歧视派遣工。

4. 社会保险义务

派遣单位是劳动合同的签约人,故应当是派遣工社会保险的参保人和缴费人,即应当依法为派遣工办理社会保险和缴纳社会保险费,并按规定办理社会保险关系转移手续。异地派遣的,由于社会保险执行用工单位所在地的标准,故派遣单位应当由其在用工单位所在地设立分支机构,或者委托用工单位代理,在用工单位所在地为派遣工办理参保手续并缴费。

派遣工在用工单位发生工伤的,派遣单位应当依法申请工伤认定,用工单位应当协助工伤认定的调查核实工作;派遣单位还应当承担工伤保险责任,但可以与用工单位约定补偿办法。派遣工在申请进行职业病诊断、鉴定时,用工单位应当负责处理职业病诊断、鉴定事宜,并如实提供职业病诊断、鉴定所需的劳动者职业史和职业危害接触史、工作场所职业病危害因素检测结果等资料,劳务派遣单位应当提供派遣工职业病诊断、鉴定所需的其他材料。

5. 其他义务

派遣单位应当建立培训制度,对派遣工进行上岗知识、安全教育培训;用工单位应当对在岗派遣工进行工作岗位所必需的培训。

派遣单位应当依法出具解除或终止劳动合同证明;协调处理劳动者与用工单位的纠纷。用工单位不得将派遣工再派遣到其他用人单位;除法定可退回的情形外,不得将派遣期限未满的派遣工退回派遣单位。劳务派遣单位和用工单位都不得向派遣工收取费用。

四、派遣工与正式工的同工同酬

1. 劳务派遣中同工同酬的意义和特点

在劳务派遣规制中,同工同酬至关重要。因为派遣工与正式工同工不同酬,作为在我国实践中的顽症,既是诱使用工单位选择劳务派遣来降低用工成本,从而导致劳务派遣大规模和主流化的原因,也是劳务派遣的大规模和主流化被定性为滥用的依据。鉴于劳务派遣岗位范围规制的高难度和派遣工与正式工“混岗”存在的不可避免性,细化派遣工与正式工同工同酬的规则成为《劳动合同法修正案》(2012 年)的一个重点。《劳动合同法》(2012 年修订)第 63 条第 1 款规定:“被派遣劳动者享有与用工单位的劳动者同工同酬的权利。用工单位应当按照同工同酬原则,对被派遣劳动者与本单位同类岗位的劳动者实行相同的劳动报酬分配办法。用工单位无同类岗位劳动者的,参照用工单位所在地相同或者相近岗位劳动者的劳动报酬确定。”其中可见,特点在于:(1)劳务派遣中的同工同酬,不只是法律原则,而且是法律规则。(2)“同工”仅以岗位作为界定的标志,即派遣工与正式工在“本单位同类岗位”或“用工单位所在地相同或者相近岗位”。(3)“同酬”在空间范围和衡量标准上具有两个层次,即用工单位同类岗位上部分使用派遣工的,“同酬”只在本单位同类岗位比较;用工单位同类岗位上全部使用派遣工的,“同酬”则超出本单位而在其所在地区作社会比较。

2. 劳务派遣中“同工”的界定

以岗位作为界定“同工”的标志,虽然较为简便和易于把握,但其赖以为基础的岗位分类仍然是一个复杂问题。实践中,岗位分类既有按照岗位的业务内容和性质的不同所作出的横向分类,包括职系(小类)、职组(中类)和职门(大类)的划分;又有按照岗位的工作难易程度、责任大小、所需职业资格等因素的不同所作的纵向分类,包括职级、职等的划分。基于岗位分类来界定是否“同工”,就面临如何选择岗位分类的问题。鉴于岗位分类由用人单位(用工单位)自主而因用人单位(用工单位)而异,为了增强“同工”界定的可操作性和规范化程度,应当结合岗位分类规则,制定界定岗位相同、同类、相近的标准。其中应当包括的要点有:(1)判断是否“同工”,既要考虑其工作内容和性质,还应当考虑其工作质量,故其“同工”不仅应当是同一职系、职组或职门的岗位,而且还应当要求其职级或职等相同或相当。(2)界定“同工”所依据的横向分类层次,就界定“本单位同类岗位”和“用工单位所在地相同岗位”而言,应当以职系或职组为准;而就界定“用工单位所在地相近岗位”而言,则应当以职门为准。(3)界定“同工”所依据的纵向分类层次,在本单位内部比较,可根据具体情形以职级或职等为准;而在用工单位所在地比较,由于对判断其是否同酬只有“参照”意义,故只以职等为准即可,甚至在参照相同或相近岗位平均劳动报酬水平的情形下对职等可不予考虑。(4)判断是否岗位相同、同类或相近,不能只以劳务派遣协议和劳动合同所约定的岗位为依据,若约定岗位与实际岗位不一致的则应当以实际岗位为依据,若岗位名称不同而岗位职责内容相同、类似或相近的则应当认定为岗位相同、同类或相近。

3. 劳务派遣中“同酬”的界定

同工同酬中的“酬”,就其文义解释,是指劳动报酬。但现实中,派遣工不仅劳动报酬,而且劳动福利和社会保险待遇也低于正式工。故有一种主张是,将其扩大解释为劳动待遇,把劳动福利和社会保险包括其中。[135] 笔者认为,对这里的"酬",有必要作适度的扩大解释,即除劳动报酬外,还应当包括部分劳动福利,但不宜包括基本社会保险待遇。因为:(1)现行立法对劳动报酬与劳动福利缺少明确界定,辅助工资形式与劳动福利项目易于混淆和串项,实践多有劳动报酬支付与劳动福利支付错位的现象,且派遣工与正式工劳动福利不平等的问题非常突出。故应当将与劳动报酬难以界定且基于岗位特殊性的劳动福利项目纳入"同酬"的范围。所以,《劳务派遣暂行规定》第9条规定,向派遣工提供与工作岗位相关的福利待遇,不得歧视派遣工。(2)劳动报酬与社会保险是两种有明确法律界限的不同分配形式,正式工与派遣工不仅社会保险的参保人不同,而且在异地派遣中社会保险的缴费地和待遇享受地也可能不同,故正式工与派遣工社会保险待遇不平等的问题,可通过统一在用工单位所在地参保和缴费得到解决,而不必将基本社会保险纳入"同酬"范围。

关于"同酬"的标准,实践中通常有三种理解,即同工者劳动报酬数额相同;同工者劳动报酬水平相同;同工者劳动报酬分配规则相同。对其选择,应当依同工同酬的空间层次不同而不同。

在本单位同类岗位派遣工与正式工"同酬"的比较中,由于"同工"只限于静态的"同类岗位",而未要求动态的等量劳动和相同绩效,故不宜选择劳动报酬数额相同或劳动报酬水平相同作为"同酬"的标准,而只宜要求劳动报酬分配规则相同即可,此即立法所规定的"实行相同的劳动报酬分配办法"。其中,就内容而言,劳动报酬分配办法的三项要素即劳动计量办法、劳动绩效考核办法和劳动报酬标准都应当相同;就形式而言,劳动报酬分配办法无论是规范性文件规定的,还是集体合同或劳动规章制度规定的,都应当统一适用于同类岗位的正式工和派遣工。由于劳动报酬分配办法相同的实质是适用范围不因用工形式而有差别,故劳动报酬分配办法中基于用工形式以外因素的差别规则,如派遣工可能因本单位工作年限短而不享有年功工资,不能认为是同工不同酬。

在用工单位所在地相同或者相近岗位派遣工与正式工"同酬"的社会比较中,由于不同雇主之间千差万别,并且自主制定的劳动报酬分配规则也会各不相同,故对"同酬"只宜从劳动报酬水平相同的维度提出要求,即要求"参照用工单位所在地相同或者相近岗位劳动者的劳动报酬确定"派遣工的劳动报酬。其中应当包括的要点有:(1)用工单位所在地的范围,应当与确定地区最低工资标准、地区职工平均工资的地区范围一致。(2)所参照的相同或相近岗位的劳动报酬水平,应当是该岗位的上一年度地区职工月平均工资。(3)派遣工与正式工就劳动报酬水平进行社会比较,不应当是个体层次的比较,而应当是岗位整体层次的比较。(4)既然是"参照",就表明派遣工劳动报酬可以不与所参照的岗位劳动报酬水平相等,但应当以所参照的岗位劳动报酬水平为基准线确定一定的允许降低的幅度,低于该幅度线的才可认定为同工不同酬。

五、劳务派遣协议和劳动合同

(一)劳务派遣协议

劳务派遣协议,即派遣单位与用工单位关于派遣单位为用工单位提供劳务派遣服务的书

---

〔135〕 王姝:《委员建议劳务派遣"同工同酬同待遇"》,载《新京报》2012年12月26日第A07版。

面协议。它对劳务派遣事务作出具体方案和安排,既约定派遣单位与用工单位相互间的权利义务,又约定派遣单位与用工单位如何划分对派遣工的雇主义务。它属于民事劳务合同,并不确立劳动关系,只是启动劳务派遣,为被派遣工与派遣单位和用工单位的劳动关系的确立和运行提供依据。

根据《劳动合同法》第59条和《劳务派遣暂行规定》第7条的规定,劳务派遣协议的必备条款包括:(1)派遣的工作岗位名称和岗位性质;(2)工作地点;(3)派遣人员数量和派遣期限;(4)按照同工同酬原则确定的劳动报酬数额和支付方式;(5)社会保险费的数额和支付方式;(6)工作时间和休息休假事项;(7)被派遣劳动者工伤、生育或者患病期间的相关待遇;(8)劳动安全卫生以及培训事项;(9)经济补偿等费用;(10)劳务派遣协议期限;(11)劳务派遣服务费的支付方式和标准;(12)违反劳务派遣协议的责任;(13)法律、法规、规章规定应当纳入劳务派遣协议的其他事项。关于其中的派遣期限,《劳动合同法》第59条还特别要求,用工单位应当根据工作岗位的实际需要与派遣单位确定派遣期限,不得将连续用工期限分割订立数个短期劳务派遣协议。这不仅有利于派遣工的就业稳定,而且是为了防止用工单位规避连续使用同一派遣工所承担的按正常工资调整机制提高派遣工劳动报酬的义务。

劳务派遣协议的标的一般是派遣单位向用工单位派遣一定数量的派遣工,故不必针对特定某个派遣工,而劳动合同则是特定某个派遣工与派遣单位签订的,故在常雇型派遣中,劳动合同和劳务派遣协议的签订时间不一定相同。派遣协议签订在先的,签订以其用工单位为派遣对象的劳动合同,应当以派遣协议为依据;劳动合同签订在先的,派遣工被派遣到后签订派遣协议的用工单位,若派遣协议内容与劳动合同内容不一致,派遣单位应当与派遣工依据派遣协议协商变更劳动合同。基于劳务派遣协议与劳动合同的这种关系,在同工同酬的实现机制中,劳务派遣协议比劳动合同更为重要。这是因为,同工同酬只限于在用工单位同类岗位或者用工单位所在地相同或相近岗位作比较,而在签订劳动合同时,用工单位可能尚未确定或者虽已预定但还未签订劳务派遣协议,若要知悉用工单位同类岗位劳动报酬分配办法或者用工单位所在地相同或相近岗位劳动报酬水平的完全信息,其条件显然不及劳务派遣协议签订的当时。为此,需要在立法中强调和细化如下要点:(1)签订劳务派遣协议时,用工单位应当向派遣单位提供用工单位派遣工所在同类岗位劳动报酬分配办法和用工单位所在地相同或相近岗位劳动报酬水平的完全信息。(2)劳动合同约定派遣工劳动报酬应当以劳务派遣协议为依据,劳动合同约定的劳动报酬与后签订的劳务派遣协议不一致的,应当依据劳务派遣协议变更劳动合同的劳动报酬条款。(3)派遣单位将同一派遣工再次派遣到另一用工单位的,应当先与该用工单位签订劳务派遣协议,并依据劳务派遣协议在劳动合同中重新约定劳动报酬。

(二)劳动合同的内容

劳动合同,即派遣单位以用人单位名义与派遣工签订的确立派遣工与派遣单位和用工单位的劳动关系,明确派遣工向用工单位履行劳动义务,派遣单位和用工单位向派遣工履行雇主义务的书面协议。根据《劳动合同法》第58条第1款的规定,劳动合同除应当载明劳动合同一般必备条款外,还应当载明用工单位、派遣期限、工作岗位等基于劳务派遣的特殊性所必备的内容。在常雇型派遣中,派遣工可能被不止一次地被派遣到不同的用工单位工作,因而,劳动合同关于用工单位和在用工单位工作的期限、劳动报酬等的约定,除第一次派遣外,应当具有弹性。当变动用工单位时,可在每次变动前就该次派遣用工的有关事项作出具体约定。

劳动合同内容中的期限条款,有作为法定必备条款的劳动合同期限条款和派遣期限条款,有作为法定可备条款的试用期条款。

劳动合同期限即派遣工与派遣单位的劳动关系存续期限。由于常雇型派遣是法定类型,故应当订立期限 2 年以上的定期劳动合同。至于《劳动合同法》第 14 条第 2 款关于应当订立不定期劳动合同的规定是否适用于常雇型派遣的问题,《劳动合同法》未作规定,学界和实务界则存在争论。鉴于在《劳动合同法》(2007 年)实施前后的一段期间,许多用人单位因恐惧不定期劳动合同而更倾向于选择劳务派遣,有观点认为,对劳务派遣不适用应当订立不定期劳动合同的规定,不利于防范劳务派遣普遍化的现象。笔者认为,应当订立不定期劳动合同的规定不应当适用于劳务派遣。这是因为:劳务派遣若适用应当订立不定期劳动合同的规定,不仅与劳务派遣作为非主流用工形式和过渡型就业形式的地位不符,而且也因派遣单位无能力履行不定期劳动合同而不具有可行性。并且,立法若要求使用同一派遣工达到一定期限的用工单位承担将派遣工转为正式工的义务,比要求派遣单位与派遣工订立不定期劳动合同,不仅更能抑制劳务派遣长期化和普遍化,而且更具有可行性。当然,基于派遣单位与派遣工的合意,也可以订立不定期劳动合同。[136]

派遣期限,即派遣工与用工单位的劳动关系存续期限。《劳动合同法》第 59 条第 2 款规定,用工单位应当根据工作岗位的实际需要与劳务派遣单位确定派遣期限,不得将连续用工期限分割订立数个短期劳务派遣协议。在常雇型派遣中,约定的派遣期限可以短于但不应当超过劳动合同期限,劳动合同订立时也可以只约定第一次派遣期限,至于以后各次派遣用工,则需要在当次派遣用工前以补充协议约定。

在常雇型派遣中,劳动合同可以依法约定试用期,但派遣单位与同一派遣工只能约定一次试用期。派遣单位与用工单位若约定试岗期或试工期的,不属于劳动合同法规定的试用期。

(三)劳务派遣退回

劳务派遣退回,是指用工单位在具备法定条件时,将派遣工退回派遣单位,由派遣单位依法解除或安置。为保障派遣工的就业稳定性,劳务派遣退回的条件和后果都由立法作出明确规定。

1. 劳务派遣退回的条件

为防止用工单位无正当理由随意退回派遣工,立法要求用工单位在具备许可性条件且不具备禁止性条件时,才可以将派遣工退回劳务派遣单位。根据《劳动合同法》第 65 条第 2 款和《劳务派遣暂行规定》第 12 条、第 13 条的规定,劳务派遣退回的条件可分为两类:

一类是与《劳动合同法》所规定辞退条件一致的退回条件,即具备第 39 条所规定可即时辞退条件,以及具备第 40 条所规定可预告辞退条件或第 41 条所规定可裁员条件且不具备第 42 条所规定禁止性条件的,用工单位才可以退回派遣工。

另一类是法定辞退条件以外的退回条件,有两种情形:(1)用工单位被依法宣告破产、吊销营业执照、责令关闭、撤销、决定提前解散或者经营期限届满不再继续经营;(2)劳务派遣协议期满终止。

---

[136] 《江苏省劳动合同条例》(2003 年)第 37 条规定:劳务派遣单位应当与被派遣劳动者订立二年以上的固定期限劳动合同。双方约定订立无固定期限劳动合同的,从其约定。

2. 劳务派遣退回的后果

因与法定辞退条件一致的退回条件成立而被退回的,除因用工单位客观情况发生重大变化或者裁员条件成立而被退回外,派遣单位可依法与派遣工解除劳动合同。

因法定辞退条件以外的退回条件成立而被退回,以及因用工单位客观情况发生重大变化或者裁员条件成立而被退回的,派遣单位对派遣工应当重新派遣且维持或者提高劳动合同约定条件,派遣工对此不同意的,派遣单位才可以解除劳动合同;如派遣单位重新派遣时降低劳动合同约定条件,派遣工不同意的,不得辞退,但派遣工辞职除外。

此外,在派遣工退回后无工作期间,应当不低于当地最低工资标准按月支付报酬。

(四)劳动合同解除和终止

劳务派遣中的劳动合同解除和终止具有特殊性,《劳动合同法》、《劳动合同法实施条例》和《劳务派遣暂行规定》就此作了特别规定,此外,还涉及对劳动合同解除和终止的一般法如何选择适用的问题。

1. 劳动合同协议解除

一般的劳动合同协议解除,当事人双方都可提出动议。而《劳动合同法》第 65 条第 1 款只规定派遣工可以依照本法第 36 条关于协议解除的规定与派遣单位解除劳动合同,就意味着仅派遣工可提出协议解除的动议;但根据《劳务派遣暂行规定》第 11 条的规定,派遣单位行政许可有效期未延续或者《劳务派遣经营许可证》被撤销、吊销,而已依法订立的劳动合同尚未期满的,派遣单位和派遣工都可提出协议解除动议。

在劳务派遣中,派遣工的相对人有派遣单位和用工单位,劳动关系有两个层次,即派遣工与派遣单位的劳动合同关系和与用工单位的派遣用工关系。而派遣工与之协议解除劳动合同的相对人只限于派遣单位。这表明,可协议解除的只限于劳动合同关系,而不能是派遣用工关系;可提出协议解除动议或表示同意解除的只能是派遣工或派遣单位,派遣工的协议解除动议只可向派遣单位提出,派遣单位的协议解除动议只可向派遣工提出。

2. 派遣工即时辞职和预告辞职

《劳动合同法》第 65 条第 1 款规定,派遣工可依第 38 条的规定与劳务派遣单位解除劳动合同。基于派遣单位与用工单位的雇主义务划分,需要对成就即时辞职条件的主体作出如下界定:(1)未按照劳动合同约定提供劳动保护或者劳动条件的主体是用工单位,而未依法为劳动者缴纳社会保险费的主体则是派遣单位。(2)未及时足额支付劳动报酬的主体一般是派遣单位,而对加班费、绩效奖金或与工作岗位相关的福利待遇而言,则是用工单位。(3)用工单位和派遣单位的劳动规章制度违法而损害劳动者权益的,均构成即时辞职的条件。(4)致使劳动合同无效的有过错主体一般为派遣单位,但是,用工单位的过错也可能单独构成即时辞职条件。例如,因用工单位欺诈而使被派遣工违背真实意思订立或变更劳动合同的;因用工单位有《劳动合同法》第 26 条第 1 款规定的情形致使用工合同无效,而该用工合同构成对劳动合同变更的,也构成即时辞职的条件。(5)强迫劳动,违章指挥或强令冒险作业危及劳动者人身安全的主体,只限于用工单位。

具备即时辞职的许可性条件时,除了法定无须通知的情形外,派遣工应当通知派遣单位。

《劳务派遣暂行规定》第 14 条规定,派遣工依《劳动合同法》第 37 条的规定,预告辞职,即提前 30 日以书面形式通知派遣单位,或者在试用期内提前 3 日通知劳务派遣单位,可以解除劳动合同。派遣单位应当将派遣工通知解除劳动合同的情况及时告知用工单位。

依《劳务派遣暂行规定》第 15 条第 2 款的规定,因法定辞退条件以外的退回条件成立而被退回,以及因用工单位客观情况发生重大变化或者裁员条件成立而被退回,派遣单位重新派遣时降低劳动合同约定条件,派遣工不同意的可辞职,而立法对这是预告辞职还是即时辞职,则未作明确规定。笔者认为,定性为即时辞职较妥,因为预告辞职无需条件,而即时辞职需必备条件且多因雇主过错。关于由派遣单位依法决定是否辞退的问题,派遣单位决定不予辞退的,可以继续雇用该劳动者,将其派遣到其他用工单位工作;经原用工单位同意,也可派遣到原用工单位工作。

3. 派遣工被即时辞退和预告辞退

根据《劳动合同法》第 65 条和《劳务派遣暂行规定》第 15 条的规定,具备《劳动合同法》第 39 条规定的可即时辞退条件,派遣工被退回的,派遣单位可辞退派遣工;具备《劳动合同法》第 40 条规定的可预告辞退条件或第 41 条规定的可裁员条件且不具备第 42 条所规定禁止性条件,派遣工被退回,派遣单位提出重新派遣且维持或者提高劳动合同约定条件而派遣工不同意的,派遣单位可辞退派遣工。

《劳动合同法》第 43 条规定的工会监督辞退的程序,在劳务派遣中的适用,有其特殊性。无论是派遣单位工会还是用工单位工会,都有监督的权利和职责;派遣单位和用工单位都应当接受工会监督,用工单位以法定辞退条件成立为由将派遣工退回的,应当事先将退回理由通知工会并接受工会监督。

4. 终止后的派遣工安置

劳务派遣中的劳动合同较之一般劳动合同,在终止事由上没有不同,在终止的法律后果上也基本相同。《劳务派遣暂行规定》所规定的特别规则仅在于:劳动合同因劳务派遣单位被依法宣告破产、吊销营业执照、责令关闭、撤销、决定提前解散或者经营期限届满不再继续经营而终止的,用工单位应当与派遣单位协商妥善安置派遣工。《山东省劳动合同条例》(2013 年)第 53 条还进一步规定,因派遣单位关闭、破产或者其他原因致使劳动合同终止或者解除,用工单位继续使用该派遣工的,应当与该劳动者订立劳动合同。之所以如此规定,是因为给派遣工提供就业岗位的是用工单位而非派遣单位,派遣单位终止并不影响用工单位提供就业岗位的能力,故在派遣单位终止时应当负有安置派遣工的义务。

5. 劳动合同解除和终止的经济补偿

《劳务派遣暂行规定》第 17 条规定,劳务派遣单位因劳动合同法第 46 条或者本规定第 15 条、第 16 条规定的情形,与被派遣劳动者解除或者终止劳动合同的,应当依法向被派遣劳动者支付经济补偿。这表明,向派遣工支付劳动合同解除和终止经济补偿的事由,超出了劳动合同解除和终止经济补偿一般事由,即除了一般事由外,还包括因用工单位终止或劳务派遣协议期满终止而被退回和解除劳动合同的情形。

六、派遣单位和用工单位的连带赔偿责任

派遣单位和用工单位是派遣工的共同雇主,或者说是雇主的两个层次,且二者对派遣工存在默示担保关系,所以,无论是派遣单位违法还是用工单位违法,也无论派遣单位与用工单位对违法行为有无共同过错,只要是给派遣工造成损害的,都应当互负连带赔偿责任。

值得注意的是,《劳动合同法修正案》与《劳动合同法》(2008年)比较,所规定的连带赔偿责任的方位尽管发生了根本变化,即将用工单位为派遣单位承担连带赔偿责任修改为派遣单位为用工单位承担连带赔偿责任,但都是单方位的连带赔偿责任,而悖于以派遣单位和用工单位之间共同雇主关系和默示担保关系为基础的连带赔偿责任原理。尤其是在现实中,超出"三性"岗位或比例限制使用派遣工、同工不同酬、违法退回等违法行为的主要原因在于用工单位;用工单位从违法劳务派遣中所得利益,一般多于派遣单位;且作为派遣单位的国有单位,其承担赔偿责任的能力一般强于派遣单位,故在法律责任分配上偏重于用工单位较之偏重于派遣单位,不仅更有效而且更可行。而只规定派遣单位为用工单位的违法行为承担连带赔偿责任,显然不利于抑制用工单位的违法行为。因此,正确的立法选择应当是,派遣单位和用工单位就其一方或双方的违法行为,互负连带赔偿责任。[137]

还值得注意的是,在劳务派遣中,根据法律规定和劳务派遣协议约定,用工单位对派遣工负有独立于派遣单位之外的义务,并且,有的义务只应当由用工单位承担。故用工单位应当是独立的责任主体。而设立连带赔偿责任,是为了给派遣工实现其赔偿请求权提供保障,并且以派遣单位与用工单位的雇主义务和赔偿责任的划分为前提,而不是对用工单位独立责任的否定。因而,履行连带赔偿责任后,可依据雇主义务和赔偿责任的划分行使追偿权。

第八节　非全日制用工

一、非全日制用工的含义和特点

劳动法调整范围内的用工(或称劳动、就业)有全日制(又称全时制)与非全日制(又称部分工时制)之分。根据国际劳工组织175号公约《非全日制工作公约》第1条的规定,非全日制劳动,是指劳动者可以与多个雇主建立劳动关系的一种就业形式。根据《劳动合同法》第68条的规定,非全日制用工,是指以小时计酬为主,劳动者在同一用人单位一般只提供非全日工时劳动的用工形式。

非全日制用工与全日制用工的区别主要在于:(1)非全日制用工的工作时间少于全日制用工。(2)全日制用工为一般用工形式,非全日制用工为特殊用工形式。(3)非全日制用工的劳动关系一般具有临时性,全日制用工的劳动关系多具有稳定性。(4)全日制用工一般是一重劳动关系,非全日制可以存在双重或多重劳动关系。(5)对非全日制用工需要制定和适用特别法(如以小时计酬为主)。

可见,区别全日制用工与非全日制用工的主要标志是正常工作时间的差异,即非全日制用工的正常工作时间少于全日制正常工作时数。目前,国际劳工组织和工业化国家对于非全日制劳动关系的界定有两类:一类是不规定非全日制用工的工时上限,仅以日或周为平均工作时间少于标准工时来确定,例如国际劳工组织、欧盟和德国等;另一类是以周或日平均工时总数

---

[137] 《劳动合同法修正案(草案)》:四、第九十二条修改为:"……劳务派遣单位、用工单位违反本法规定的,……给被派遣劳动者造成损害的,劳务派遣单位与用工单位承担连带赔偿责任。"

上限界定非全日制用工,如法国、英国等。关于非全日制用工的正常工时界限的规定,又有时数界限和比例界限两种形式。时数界限如,日本、美国、瑞典、澳大利亚等国规定周工时不满35小时;挪威规定为周工时不满37小时;英国、芬兰、马来西亚规定为周工时不满30小时。比例界限如,法国规定为至少少于法定周工时(39小时)1/5;西班牙规定为每日或每周工作的小时或天数之和少于正常工作时间的2/3。我国对于非全日劳动关系的界定采用了后一种方式,将其界定为:以小时计酬为主,劳动者在同一用人单位一般平均每日工作时间不超过4小时,每周工作时间累计不超过24小时。依据非全日制用工形式建立起的劳动关系称之为非全日制劳动关系。也就是说,"非全日制劳动关系",是指劳动者在一个或一个以上用人单位以小时作为工作时间单位并以小时计酬,在每一个用人单位平均每日或周工作时间不超过法定标准工作时间的50%的一种劳动合同关系。非全日制劳动合同,是劳动者与用人单位约定的以小时计酬确立劳动关系、明确双方权利和义务的协议。这一规定的积极意义在于确认了非全日制用工在性质上属于劳动关系的一种特殊形态。同时,确立了全日制劳动关系和非全日制劳动关系的划分标准,即如果劳动者在同一个用人单位的日或周平均工作时间超过法定标准工时的一半以上,就应当属于全日制劳动关系。

非全日制用工同劳务关系易于混淆。其区别的关键点在于,非全日制劳动者是用人单位的劳动组织成员,其劳动被作为用人单位生产经营系统的组成部分;而劳务提供者与劳务接受者不具有组织从属性,劳务过程不由劳务接受者组织和指挥。《劳动合同法》所规范的非全日制用工,其用工主体必须具有用人单位资格;自然人雇主的非全日制用工,不在劳动法调整范围内,属于民事雇佣,由民法调整。

二、非全日制用工的意义

劳动法以全日制用工为一般,以"一人一职"(即同一劳动者在同一时空只参与一个劳动关系)为原则,而以非全日制用工为特殊、以双重或多重劳动关系为例外。非全日制用工作为全日制用工的一种特殊和例外形式,可弥补全日制用工的不足,以满足社会和劳动力市场的灵活用工(就业)需求。其积极作用在我国实践中已有体现。其主要有:(1)适应企业降低用工成本、推进灵活用工的客观需要。在市场经济条件下,企业用工需求取决于生产经营的客观需要,同时,企业追求利润的最大化,也要降低用工成本。实践中,非全日制用工成本明显低于全日制用工。应此,越来越多的企业根据生产经营的需要,采用包括非全日制用工在内的一些灵活用工方式。(2)促进下岗职工和失业人员再就业。在劳动力市场供过于求的矛盾非常尖锐,下岗职工和失业人员的就业竞争能力较弱的情况下,灵活就业形式成为下岗职工和失业人员寻求再就业的主要途经。其中,非全日制劳动作为灵活就业的一种重要形式,在促进下岗职工和失业人员再就业方面发挥着越来越重要的作用。(3)有利于缓解劳动力市场供求失衡的矛盾。国外的经验表明,通过推广非全日制劳动方式使劳动者分享有限的就业岗位可以扩大就业容量。目前我国劳动力大量过剩,劳动力供求关系严重失衡,就业机会短缺。在这种背景下,企业实行非全日制用工制度,可以使企业在对人力资源的客观需求总量不变的条件下,招用比实行全日制用工条件下更多的劳动者,从而产生就业岗位的扩增效应,给广大劳动者提供更多的就业机会。

非全日制用工突破了传统的单一全日制用工模式,近些年来发展较快。为规范用人单位非全日制用工行为，保障劳动者的合法权益，促进非全日制就业健康发展，自 2001 年以来，一些地方陆续制定了有关非全日制用工的政策规定，原劳动和社会保障部也制定了《关于非全日制用工若干问题的意见》（劳社部发[2003]12 号）。《劳动合同法》对非全日制用工专设一节作出规定，对促进就业和保护非全日制劳动者合法权益，具有重大意义。

三、非全日制用工的适用范围

非全日制用工是弥补全日制用工之不足的一种非主流用工形式。其适用范围应当限于：(1)工作量不能满足全日制用工需要的岗位；(2)工作量虽能满足全日制用工需要但非全日制用工较之全日制用工可节约管理成本的岗位。超出此范围采用非全日制用工，既不利于保护劳动者权益，也不利于提高企业效率。值得注意的是，非全日制用工虽然多具有临时性，但其适用范围不限于临时性岗位。《劳动合同法》将非全日制用工与劳务派遣并列为两种灵活用工形式，但并不表明二者在适用范围上应当完全隔离。由此就引申出非全日制可否和如何适用于劳务派遣的问题。常雇型派遣以派遣工与派遣单位的劳动关系非临时性，而与用工单位的劳动关系具有临时性，且强调和加大派遣单位责任为特点；非全日制用工以双重或多重劳动关系并存且多具有临时性为特点。因而，派遣工与派遣单位之间不应当是非全日制劳动关系，也就是说，派遣单位不应当利用非全日制劳动合同来减轻其雇主责任。但是，用工单位基于其岗位的非全日制用工需要，则会优先选择非全日制用工。为此，应当允许用工单位对派遣工采用非全日制用工的形式，在此情形下，派遣单位可以将劳动者同时派遣到两个或以上用工单位从事非全日制劳动。

四、非全日制劳动合同的特殊运行规则

（一）非全日制劳动合同订立的特殊规则

1. 订立非全日制劳动合同可以采用口头形式

非全日制用工，具有短期性、灵活性、非正规性的特点，其劳动合同的订立需要快捷简便和尽可能低成本。口头协议可满足这一需要，以促进劳动者灵活就业。非全日制劳动合同可以采取口头形式，包含以下三重含义：(1)非全日制劳动合同的订立，既可以采用口头形式也可以采用书面形式，无论采用何种形式都应当是双方当事人的共同选择。(2)全日制劳动关系的建立以开始用工而不以书面劳动合同订立为标志，口头劳动合同对标志非全日制劳动关系的建立与开始用工有同等的法律效力，口头协议达成即成立劳动关系。(3)非全日制劳动合同虽然可以采用口头形式订立，但用人单位应当建立职工名册备查，并将非全日制劳动者列入职工名册。

值得注意的是，境外有相反的立法例，例如，我国台湾地区的“行政命令”规定，部分时间劳动契约之订定应以书面为宜，雇主欲将全时工作劳工调整为部分工作时间劳工时，应明确告知其权益上之差异，并征求该劳工之书面同意。[138]

2. 劳动者可以与一个或一个以上用人单位订立非全日制劳动合同

全日制劳动者若建立兼职劳动关系，应当经本职劳动关系的用人单位同意。而非全日制

---

[138] 台湾地区“劳工委员会”《雇用部分时间工作劳工权益手册》（2003 年 3 月劳动一字第 0920011034 号函）。

劳动者无须用人单位同意就可以另外订立非全日制劳动合同。但是,后订立的非全日制劳动合同不得影响先订立的非全日制劳动合同的履行,即当同一个劳动者与不同用人单位先后确立的非全日制劳动关系在运行中发生冲突时,应当优先保障先确立的非全日制劳动关系的运行。因而,对非全日制劳动合同订立时劳动者的告知义务应当有特殊的要求:(1)已有全日制劳动关系的劳动者经用人单位同意订立非全日制劳动合同的,应当向对方告知其已有全日制劳动关系的情况。(2)已有非全日制劳动关系的劳动者另外再订立非全日制劳动合同的,不仅应当向后一个劳动合同的用人单位告知已有非全日制劳动合同的情况;还应当向前一个劳动合同的用人单位告知订立后一个劳动合同的情况。

3. 非全日制劳动合同不得约定试用期

对非全日制劳动关系若实行试用期,与非全日制劳动关系的临时性、灵活性、非正规性的特点不符,也与试用期的功能相悖;并且,给用人单位压低非全日制劳动者的劳动报酬增加了条件,不利于非全日制劳动者的权益保护。

(二)非全日制劳动合同终止的特殊规则

1. 非全日制劳动合同终止的特点

在非全日制劳动关系运行中,由于劳动合同订立和开始用工对劳动关系的建立具有同样的法律意义,故劳动合同终止亦即用工终止。基于非全日制劳动关系的短期性、灵活性、非正规性,依据《劳动合同法》的规定,非全日制劳动合同的终止,较之全日制劳动合同,有下述特点:(1)任何一方当事人都可以单方终止劳动合同,而无需对方同意。(2)任何一方当事人都可以随通知对方终止劳动合同,而无须向对方预告。(3)任何一方当事人终止劳动合同,都不需要任何实体性条件。(4)终止非全日制劳动合同,用人单位不向劳动者支付经济补偿。

2. 非全日制劳动合同的解除

由于非全日制劳动合同可以由任何一方当事人随时通知终止,意味着无须适用劳动合同解除制度。

(三)非全日制用工可否选择非临时性劳动合同的问题

我国现行立法关于非全日制用工的制度设计是以假定非全日制用工为临时性用工为前提的。然而,现实中不可否认在常年性岗位上采用非全日制用工的可能性,立法也未禁止在常年性岗位上可非全日制用工。若用人单位在常年性岗位上非全日制用工并与劳动者订立中长期甚至不定期劳动合同,仍然适用《劳动合同法》第71条关于双方当事人任何一方都可以随时通知对方终止用工且用人单位不向劳动者支付经济补偿的规定,则有失公正。在这种情形下,应当支持当事人双方作出附条件终止用工和支付经济补偿的约定。对此,还有必要借鉴境外立法例[139],作出基准性规定。

五、非全日制用工的劳动条件基准法适用

非全日制用工适用劳动条件基准法,既要遵循非全日制劳动者与全日制劳动者平等的原

〔139〕 在台湾地区"劳工委员会"《雇用部分时间工作劳工权益手册》(2003年3月劳动一字第0920011034号函)中,对有继续性工作性质之部分工时劳工及其订立的不定期契约,有关于不得终止契约、预告终止契约和资遣费的特别规定。

则，又要考虑非全日制用工特殊因素的影响。可有三种方式：其一，对于不受非全日制用工特殊因素影响的劳动条件，适用一般劳动基准，即劳动基准的适用不因全日制或非全日制而有差别。例如，我国台湾地区《雇用部分时间工作劳工权益手册》规定，产假、资遣费与退休金、职业灾害补偿、职业安全卫生均适用法定一般标准。其二，对于受非全日制用工特殊因素影响的某些劳动条件，适用特殊劳动基准。例如，我国台湾地区《雇用部分时间工作劳工权益手册》规定，工资不低于按工作时间比例计算之基本工资；每七日中至少有一日之休息，作为例假。其三，对于受非全日制用工特殊因素影响的某些劳动条件，劳动条件基准适用与当事人合意相结合。例如，我国台湾地区《雇用部分时间工作劳工权益手册》规定，法定节假日均应休息，但得应由劳雇双方协商调整休假日期；特别休假日数依劳动基准法规定办理，其休假日期及休假之每日时数由劳雇双方议定；婚、丧、事、病假日数依劳工请假规则办理，其请假之每日时数由劳雇双方议定；而产假、资遣费与退休金、职业灾害补偿、职业安全卫生均适用法定一般标准。在我国现行立法和实践中，以下问题尤其值得重视：

（一）非全日制用工的工资基准

（1）适用最低小时工资标准。根据《劳动合同法》第 72 条第 1 款的规定，非全日制用工小时计酬标准不得低于当地最低小时工资标准。

（2）小时最低工资标准的确定。根据《劳动和社会保障部关于非全日制用工若干问题的意见》第 7 条的规定，确定和调整小时最低工资标准应当综合参考的因素包括：当地月最低工资标准；单位应缴纳的基本养老保险费和基本医疗保险费，当地月最低工资标准未包含个人缴纳社会保险费因素的，还应考虑个人应缴纳的社会保险费；非全日制劳动者在工作稳定性、劳动条件和劳动强度、福利等方面与全日制劳动者的差异。最低小时工资标准的测算方法为：小时最低工资标准＝[（月最低工资标准÷月平均计薪工作日数÷8）×（1＋单位应当缴纳的基本养老保险费和基本医疗保险费比例之和）]×（1＋浮动系数）。

（3）工资结算周期。非全日制用工的工资支付可以按小时、日、周单位结算，最长劳动报酬结算周期为 15 天。因此，根据《劳动合同法》的规定，非全日制劳动者的工资支付是不能按月结算的。

（二）非全日制用工的加班问题

关于非全日制用工是否存在加班和是否适用加班制度的问题，除个别地方立法[140]外，我国现行立法尚无规定。

尽管非全日制用工的正常工作时间短于全日制用工，但作为正常工作时间之外延长工时的加班在现实中难免存在。其形式有法定工时内加班和法定工时外加班，前者即非全日制劳动者的实际工作时间超出约定工时但未超出法定工时；后者即非全日制劳动者的实际工作时间不仅超出约定工时而且超出法定工时。

在我国台湾地区的学界和实务界，对部分工时劳工的法定工时外加班须依法支付加班费，没有疑问；而对法定工时内加班是否支付加班费问题曾有不同观点。其一，不论法定工时内加班或法定工时外加班，皆为“劳动基准法”第 22 条所谓之“雇主延长劳工工作时间”，因此雇主

---

〔140〕《江苏省劳动合同条例》（2013 年）第 41 条第 2 款中规定，非全日制用工不适用加班加点规定，但用人单位和劳动者另有约定的除外。

皆必须依该条规定计其加班费。其二,"劳动基准法"第22条所规定者为法定工时外加班,因此若系法定工时内加班,其加班费之给予可由劳资双方议定。[141] 对此,2003年"劳工委员会"颁布的《雇用部分时间工作劳工权益手册》采纳了后一种观点,即第5项中规定,劳动每日工作时间超过约定工时而未达到劳动基准法所定正常工作时间之工资,由劳雇双方议定;超过该法所定正常工作时间部分,应依该法规定计其加班费。这值得我国立法借鉴。

(三)非全日制用工的社会保险问题

(1)养老保险。非全日制劳动者应当参加基本养老保险,原则上参照个体工商户的参保办法执行。对于已参加过基本养老保险和建立个人账户的人员,前后缴费年限合并计算,跨统筹地区转移的,应当办理基本养老保险关系和个人账户的转移、接续手续。符合退休条件时,按国家规定计发基本养老金。

(2)医疗保险。非全日制劳动者可以个人身份参加基本医疗保险,并按照待遇水平与缴费水平相挂钩的原则,享受相应的基本医疗保险待遇。参加基本医疗保险的具体办法由各地社会保险行政部门制定。

(3)工伤保险。用人单位应当按照国家有关规定为建立劳动关系的非全日制劳动者缴纳工伤保险费。非全日制劳动者发生工伤,依法享受工伤保险待遇;被鉴定为伤残5~10级的,经劳动者与用人单位协商一致,可以一次性结算伤残待遇及有关费用。

---

[141] 台湾劳动法学会:《劳动基准法释义——施行20年之回顾与展望》,新学林出版股份有限公司2005年版,第304页。

第八章　集 体 合 同

第一节　概　　述

一、集体合同的概念

集体合同，又称团体协约、集体协约或劳资合约，根据国际劳工组织第 91 号建议书《集体合同建议书》第 2 条第 1 款规定，“以一个雇主或一群雇主，或者一个或几个雇主组织为一方，一个或几个有代表性的工人组织为另一方，如果没有这样的工人组织，则根据国家法律和法规由工人正式选举并授权的代表为另一方，上述各方之间缔结的关于劳动条件和就业条件的一切书面协议，称为集体合同。”换言之，集体合同是指工会与用人单位或其团体为规范劳动关系而订立的，以全体或部分职工的共同利益为中心内容的书面协议。

集体合同作为团体协约自治[1]的基本形式，其与劳动合同的区别有下述要点：(1)当事人不同。劳动合同当事人为单个劳动者和用人单位；集体合同当事人为劳动者团体（即工会）和用人单位或其团体，故又称团体协约或团体合同。在集体合同中，工会和用人单位团体只是形式上的当事人，而实质上的当事人分别是工会所代表的全体或部分职工和用人单位团体所代表的全体用人单位，通常被称之为“关系人”。但在未建立工会组织而由职工推举代表订立集体合同的场合，职工方代表仅是签约人，其代表的全体职工则是当事人而不是关系人。(2)目的不同。订立劳动合同的主要目的，是确立劳动关系；订立集体合同的主要目的，是为确立劳动关系设定具体标准，即在其效力范围内规范劳动关系。(3)内容不同。劳动合同以单个职工的权利和义务为内容，一般包括劳动关系的各个方面；集体合同一般以集体劳动关系中全体职工的共同权利和义务为内容，可能涉及劳动关系的各个方面，也可能只涉及劳动关系的某个方面（如工资合同等）。(4)形式不同。劳动合同在有的国家为要式合同，在有的国家则要式合同与非要式合同并存；集体合同一般为要式合同。(5)效力不同。劳动合同对单个的用人单位和职工有法律效力；集体合同对签订合同的单个用人单位或用人单位团体所代表的全体用人单位，以及工会所代表的全体职工，都有法律效力。并且，集体合同的效力高于劳动合同的效力。此外，它们在签订程序和适用范围等方面也有所不同。

还应当明确的是，我国改革实践中出现的全员承包合同，不属于集体合同。这是因为：(1)全员承包合同的当事人，一方是发包人，即企业财产所有者（国家），以政府或者其某个部门

---

〔1〕 所谓团体协约自治，是指工会和雇主或雇主团体拥有缔结团体协约之自由，而仅有这个团体协约对于劳资双方的劳动条件有所规范。劳动条件之内容完全有劳资双方以团体协约加以规定，国家不得干预。参见杨通轩：《集体劳工法理论与实务》，五南图书出版股份有限公司 2012 年版，第 143 页。

为代表,另一方是承包人,即企业全体职工,以企业经营者为代表;而集体合同的当事人则是企业和工会。(2)全员承包合同作为经济责任制的一种形式,体现企业生产经营承包关系,以企业财产的所有权与经营权分离为核心内容;而集体合同是集体劳动关系的法律形式,以劳动力的所有权与使用权分离为核心内容。(3)全员承包合同主要以企业法为法律依据,而集体合同主要以劳动法为法律依据。

二、集体合同的立法概况

集体合同,是产业革命以后,随着工人运动的发展,特别是工会的兴起,而产生和发展起来的,国家对集体合同的态度,经历了一个反对→承认→保护的演变过程。

在18世纪末,英美等国出现了工人和雇主进行谈判达成协议的现象。如1799年美国费城制鞋工人与雇主举行过谈判,并在谈判的基础上达成协议,此即集体合同的萌芽。到了19世纪50年代,集体合同在许多行业中发展起来,1850年英国的纺织、矿山、炼铁业的工会也与企业主之间达成了一些协议。后来,工资协议等集体合同逐渐增多,适用范围逐渐扩大。但是,早期集体合同并不具有法律效力,法院也不受理集体合同案件。

到了20世纪初,资本主义各国先后开始了集体合同立法。世界上最早进行集体合同立法的国家是新西兰。早在1904年该国就制定了有关集体合同的法律。1907年奥地利、荷兰先后制定了此类法律。1911年瑞士颁布的《债务法》中,就有关于集体合同的规定。早期的集体合同法较简单,而且多在民法中加以规定。

第一次世界大战以后,出现了一些较有影响的单行集体合同法或劳动法典等基本法中的集体合同专章(篇)。1918年德国颁布了《劳动协约、劳动者及使用人委员会暨劳动争议调停令》,并于1921年颁布了《劳动协议法(草案)》。法国于1919年颁布了《劳动协约法》,后来又将其编入《劳动法典》。美国1935年的《国家劳工关系法》(华格纳法)也规定了有关集体合同的内容。“二战”后,一些国家在制定和修订劳动法时,大都对集体合同作了专门规定。有些国家还制定了新的集体合同法。如1946年至1956年间,法国就颁布了几项集体合同法律。另外,一些第三世界国家的劳动法典,如1956年加纳,1967年卢旺达,1970年伊拉克、利比亚、阿拉伯也门共和国,1971年赞比亚的劳动法,都对集体合同作了专门规定。

1918年,苏联借鉴西方国家集体合同的经验,开始按产业订立集体合同,后来逐渐将适用范围改为企业内部,并且建立了相应的集体合同法律制度。东欧各国也在苏联的影响下建立了集体合同制度。

现代集体合同立法具有下述特点:(1)制定单项集体合同法规或在劳动法典等基本法中设置集体合同专章(篇),是集体合同立法的主要形式。有些国家将这两种立法形式并用,从发展趋势看,单项集体合同法规逐渐增多。(2)集体合同为许多国家宪法所确认。例如,在德国、日本、意大利、葡萄牙、前南斯拉夫、菲律宾、委内瑞拉等国的宪法中,都有关于集体合同的规定。(3)集体合同立法的内容日臻完善。一般都对集体合同的内容、形式、期限、效力、程序等作出规定,各国虽有差异,但其涉及的方面都有增多趋势。(4)集体合同立法已纳入国际劳工立法体系。国际劳工组织制定了若干项有关集体合同的公约和建议书,如1949年的第98号公约《组织权利和集体谈判权利公约》,1951年的第91号建议书《集体协议建议书》,1981年的第154号公约《促进集体谈判公约》和第163号同名《建议书》。

在我国,共和国成立前就已存在集体合同立法;共和国成立初期和"一五"计划期间,不仅在《中国人民政治协商会议共同纲领》和《工会法》等立法中对集体合同作了规定,而且还制定了关于集体合同的专项规章。党的十一届三中全会以后,在1983年《中国工会章程》、1986年《全民所有制工业企业职工代表大会条例》和1992年《工会法》中,都规定工会可以代表职工与企事业单位签订集体合同,从而使曾经一度中止的集体合同制度,具有赖以恢复的法律依据。在《劳动法》中,将集体合同置于与劳动合同并列的地位,并且对集体合同的内容、订立和效力作出原则性规定;1994年12月,原劳动部制定《集体合同规定》,就集体合同的签订、审查和争议处理作出较具体的规定;1995年8月,全国总工会制定了《工会参加平等协商和签订集体合同试行办法》,就工会对集体合同运行各环节的参与,规定了较具体的规则;1996年5月,原劳动部、全国总工会、原国家经贸委和中国企业家协会专门发出《关于逐步实行集体协商和集体合同制度的通知》,提出"集体协商和集体合同制度是市场经济条件下协调劳动关系的有效机制。当前重点应在非国有企业和实行现代企业制度试点的企业进行。"2000年11月,原劳动和社会保障部还专门颁布《工资集体协商试行办法》。这对于普遍实行和健全集体合同制度,具有特别重要的意义。在1983年的《中国工会章程》,1986年的《全民所有制工业企业职工代表大会条例》和1992年制定、2001年修改的《工会法》中,都规定工会可以代表职工与企事业单位行政签订集体合同,从而使曾经一度中止的集体合同制度,具有了赖以恢复的法律依据。2004年1月原劳动和社会保障部重新颁布经修改的《集体合同规定》。2006年8月原劳动和社会保障部、中华全国总工会和中国企业联合会/中国企业家协会联合发布《关于开展区域性行业性集体协商工作的意见》。2007年6月制定的《劳动合同法》中,设专门一节对集体合同制度的基本问题作出规定。

在我国集体合同立法中,由于中央立法不够细化,地方立法值得重视。各地都就集体合同或工资集体协商制定了专项地方性法规或政府规章。

三、集体合同的意义

集体合同制度之所以盛行于现代各国,并且在劳动法体系中处于与劳动合同制度并重甚至比劳动合同制度更为重要的地位,是因为在保护劳动者利益和协调劳动关系方面,集体合同具有劳动立法和劳动合同所无法取代的功能。

1. 集体合同可以弥补劳动立法的不足

这突出表现在:(1)劳动立法所规定的关于劳动者利益的标准属于最低标准,按此标准对劳动者进行保护只是法律所要求的最低水平,而立法意图并不是希望对劳动者利益的保护只留在最低水平上,但对劳动者能否获得高于法定最低标准的利益,劳动立法却力不能及。通过集体合同,可以对劳动者利益作出高于法定最低标准的约定,从而使劳动者利益保护的水平能够实际高于法定最低标准。(2)劳动立法关于劳动者利益和劳动关系协调规则的规定,有许多是粗线条、原则性的规定,并且,相对现实生活中丰富复杂的劳动关系而言,难免有所疏漏。通过集体合同,可以在一定范围内就劳动利益和劳动关系协调的共性问题作出约定,从而更具体地规范劳动关系,对劳动立法不完备起补充作用。

不仅如此,从世界劳动法制的发展来看,劳动立法与集体合同制度之间存在此消彼长的态势。"假若集体谈判制度能够有效合理规律劳资问题,保护立法可相对减少。反之,假若集体谈判制度根本未能建立或名存实亡,则将多赖国家立法以保护劳工利益。”各国到底以何者为重,完全取决于每个国家的历史传统,“固受其社会、哲学思想、工业经济发展及政治制度之影响,但仅有轻重之别,实难偏废。”〔2〕不过,“美国人更坚信以谈判方式达成合约比较政府规定更富有弹性和创造性,更能唤起人类高尚的品质。”〔3〕

2. 集体合同可以弥补劳动合同的不足

这突出表现在:(1)在签订劳动合同时,因单个劳动者是相对弱者而不足以同用人单位抗衡,难免违心地接受用人单位提出的不合理条款;而由工会代表全体劳动者签订集体合同,就可以改善单个劳动者在劳动关系中的地位,利于双方平等协商,避免劳动者被迫接受不合理条款。(2)劳动者之间因各自实力不同而在与用人单位相对时实际地位有差别,仅以劳动合同来确定劳动者的权利义务,就难免有的劳动者受到歧视,即不能平等地享有权利和承担义务(如同工不同酬等);通过集体合同就可以确保在一定范围内全体劳动者的权利和义务实现平等。(3)劳动关系的内容包括工时、定额、工资、保险、福利、安全卫生等多个方面,若都由劳动合同具体规定,每个劳动合同的篇幅必将冗长,这对于劳动合同的签订和鉴证来说,都是难以承受的负担,也不利于劳动关系的及时确立,会增加确立劳动关系的成本;集体合同对劳动关系的主要内容作出了具体规定后,劳动合同只需就单个劳动者的特殊情况作出约定即可。这样,就可以简化劳动合同内容,减少劳动合同签订和鉴证的工作量,降低确立劳动关系的成本。

四、集体合同的体制

(一)集体合同体制的模式选择

综观各国的集体合同就其体制而言,可分为单一层次集体合同模式和多层次集体合同模式。在实行单一层次集体合同模式的国家,一般只存在一个层次的集体合同——基层集体合同(或称微观层次集体合同),即由基层工会与用人单位签订的,只对本单位全体职工和单位行政具有法律效力的集体合同。目前实行这种模式的国家并不多,我国基本上属于这种模式。在实行多层次集体合同模式的国家,基层集体合同与中观、宏观层次集体合同并存,中观层次即产业集体合同、职业集体合同、区域集体合同,宏观层次即全国集体合同,它们分别由产业工会与产业用人单位团体(或大型联合企业)、职业工会组织与有关用人单位团体(或大型联合企业)、地方性联合工会与联合用人单位团体、全国性联合工会与联合用人单位团体签订,各自对当事人双方所代表的全体劳动者和用人单位具有法律效力。现代西方国家大多实行这种模式,其中,有的国家(如欧、美各国),基层集体合同不多,大量的是中观层次集体合同;有些国家(如日本),大量的是基层集体合同,中观、宏观层次集体合同则较少。

基层集体合同与中观、宏观层次集体合同相比较,在保护劳动者权益和协调关系方面,各有其优缺点。

基层集体合同的优点,主要是:(1)它能够从各个企业的实际情况出发,对劳动关系作出具体规定,因而,可以适应各个企业的特殊需要,可以使劳动者权益获得更缜密的保护,可以使劳动合同内容更简化。(2)因涉及范围较小,易于协商和达成一致,签订时发生争议也易于解决,

---

〔2〕 王泽鉴:《民法学说与判例研究》(第2集),中国政法大学出版社1998年版,第324~325页。

〔3〕 [美]哈罗得·伯曼:《美国法律讲话》,生活·读书·新知三联书店1992年版,第129页。

即使发生罢工、闭厂等事件，对社会的震荡也相对较小。

基层集体合同的缺点，主要是：(1)各个企业劳动关系双方的力量对比（尤其是工会实力强弱）不尽相同，因而，仅有基层集体合同，劳动者权益保护和劳动关系协调的状况，难免出现宏观上的不平衡，在劳动者方和工会实力不强的企业，基层集体合同仍不足以使劳动者摆脱不利地位。(2)基层集体合同需要劳动行政部门对各个企业集体谈判进行协调，并对各个企业的集体合同进行审查，因而，管理工作量过大。

中观、宏观层次集体合同的优点，主要是：(1)它能够在行业、职业、区域乃至全国范围内对劳动关系进行规范，便于实现劳动者权益保护和劳动关系协调的宏观平衡。(2)它在许多国家的司法实践中，被视为劳动法的一种渊源（形式），它对劳动者和用人单位的约束力不仅受到国家强制力的保障，而且受到全国性、地方性、行业性、职业性的工会组织和用人单位团体的保障，因而具有准法规的效力。(3)它数量少，覆盖面广，对于集体合同管理来说，成本低于基层集体合同，效率高于基层集体合同。

中观、宏观层次集体合同的缺点，主要是：(1)它的内容大多为纲领性、原则性或轮廓性条款，不易与各个企业特殊需要吻合。(2)它涉及面广，一旦发生争议，对社会的影响大，甚至有可能引起社会震荡。

上述比较表明，基层集体合同与中观、宏观层次集体合同能够互补。就单一层次集体合同模式和多层次集体合同模式而言，后者较为理想。

(二)我国的集体合同分类

1. 基层集体合同和行业性、区域性集体合同

在我国，《劳动法》只就企业集体合同作出规定，而实践中在一些地方已有行业性集体合同和区域性集体合同。《劳动合同法》第53条首次以法律形式对行业性集体合同和区域性集体合同作出规定。根据《劳动合同法》第53条和《关于开展区域性行业性集体协商工作的意见》（劳社部发[2006]32号）、《关于积极开展行业性工资集体协商工作的指导意见》（总工发[2009]31号）的规定，行业性、区域性集体合同的适用范围为：(1)“县级以下区域”包括县级及其以下区域。但在现阶段，区域性行业性集体合同一般适用于小微型企业或同行业企业比较集中的乡镇、街道、社区和工业园区（经济技术开发区、高新技术产业园区等），有条件的方可以根据实际情况在县级及以上区域开展行业性集体协商签订集体合同。(2)“行业”以建筑业、采矿业、餐饮服务业等行业为主。因为这些行业的非公性质比较明显，且从业劳动者流动性较大，属于有必要开展行业性、区域性集体协商的领域。在行业特点明显的区域要重点推行行业性集体协商和集体合同工作。(3)主要适用于非公有制企业。在现阶段，开展行业性、区域性集体协商的主要是非公有制企业。因为这类企业迅速增多，大多规模较小，职工流动性较大，工会力量薄弱，职工合法权益受侵害的现象时有发生，劳动关系矛盾相对突出。

可见，现阶段的行业性、区域性集体合同有两种类型：其一，全覆盖的行业性、区域性集体合同，即覆盖行业或区域内全体企业及其劳动者，属于中观层次集体合同。其二，部分覆盖的行业性、区域性集体合同，即仅覆盖行业或区域内未单独订立集体合同的企业（如小微型企业）及其劳动者，是对企业集体合同的补充，仍属于基层集体合同，而不属于中观层次集体合同。

2. 专项集体合同和综合性集体合同

根据集体合同的内容不同，可分为综合性集体合同和专项集体合同。前者的内容较为广

泛,涉及劳动条件、劳动保护、劳动关系、争议处理等诸多问题。后者是指用人单位与企业职工一方,就劳动安全卫生、女职工权益保护、工资调整机制等劳动关系的某项内容,通过集体协商签订的专项书面协议。

关于专项集体合同的规范性文件主要有《工资集体协商试行办法》(2000 年)、《关于进一步推进工资集体协商工作的通知》(劳社部发[2005]5 号)、《关于推进女职工权益保护专项集体合同工作的意见》(总工办发[2006]38 号)等。《劳动合同法》第 52 条对专项集体合同的种类作了开放式列举,规定用人单位与企业职工一方,就劳动安全卫生、女职工权益保护、工资调整机制等劳动关系的某项内容,通过集体协商签订的专项书面协议。其中,工资专项集体合同应当每年订立一次;企业有女工 25 人以上的,应订立女职工特殊保护专项集体合同;矿山、交通、化工、建筑等行业的企业应当订立劳动安全卫生专项集体合同。

专项集体合同的优势,是可以就专项问题作出具体、细化和可操作的规定,这对于保护某些特殊劳动者群体的合法权益,或者劳动者某一方面的合法权益,具有重要意义。专项集体合同的依内容划分,主要有:劳动安全卫生专项集体合同、女职工权益保护专项集体合同和工资专项集体合同。

《工资集体协商试行办法》(2000 年)规定,企业依法开展工资集体协商,签订工资协议;已订立集体合同的,工资协议作为集体合同的附件,并与集体合同具有同等效力。据此可认为,综合性集体合同与专项集体合同关系主要在于:(1)在形式上是主件与附件的关系,即专项集体合同作为综合性集体合同的附件形式而存在。(2)在内容上是一般与特殊的关系,即专项集体合同所规定的事项与综合性集体合同所规定的事项相比,是就某一事项作出的特别和具体的规定。(3)在适用范围上是整体与局部的关系,即综合性集体合同可以普遍适用于劳动关系的诸多事项,而专项集体合同仅适用于其所规定的特别事项。(4)在作用上是互补的关系,即二者具有相同的效力,共同维护劳动关系的和谐稳定,保障劳动者的权益。

第二节 集体合同的内容、形式和期限

一、集体合同的内容

(一)立法模式

有的国家在立法中详细规定集体合同的必要条款,如《法国劳动法典》将全国性集体合同应当包括的一般条款列举为 15 项、特别条款列举为 8 项,并对其中有的项目还列举了若干子项;有的国家在立法中只是简略地规定集体合同的必要条款,我国《劳动法》即如此。

有的国家对集体合同的内容作了分类规定,如美国 1935 年《瓦格纳法》(又称《国家劳工关系法》)规定,工会和雇主集体协商的范围包括"工时、工资和其他劳动条件。"国家劳工关系局与法院将协商议题分为三类:(1)强制协商议题,除了工资和工时外,尚包括所谓"其他劳动条件",其中不仅包括雇主与受雇者间之关系,也包含雇主与工会间的关系。其重要性至少包括

年资、晋升及调职,暂时裁员[4],工作规则、苦情(申诉)处理程序。(2)任意协商议题,指工资、工时及其他劳动条件之外,不违背法律或公序良俗的可协商的所有议题。如团体协约签约代表的选派,协约追认程序的工会内部事务,要求雇主提供股票作为员工福利或雇主核拨基金作为员工福利基金的管理费用等。该议题可由任何一方于协商时提出,但任何一方都不得因这些议题"坚持"立场,而致集体协商产生僵局[5],或以其作为签署协约的配套条件;任何一方对这些议题拒绝协商,不致构成不公平劳动行为。(3)非法协商议题,又称为禁止协商议题,指违反制定法或其他法律的协商议题。劳资双方不能对此类议题进行协商,即便协商,也不能缔结协约。这类议题包括:封闭式工厂[6]、歧视性雇用条件、热货条款[7]、强迫雇用措施,以及违反雇用歧视法或反托拉斯法的协议。此外,雇主不得与工会协商要求合意抛弃法定保障的权利,这种抛弃将违背《瓦格纳法》第7条所规定的权利,且不生效力。

有的国家在立法中对集体合同的内容不作规定,完全由签约双方商定应规定哪些条款,如日本等。从发展趋势看,集体合同内容所涉及的面越来越广,凡在劳动关系中可能发生的问题,都纳入集体合同范围,甚至以往被认为是雇主特权的某些内容,如引进新技术、变更管理组织、生产计划等,也成为集体合同的内容。[8]

在我国,《劳动法》和《劳动合同法》就集体合同可具备的条款作了不完全的列举规定。《集体合同规定》则将集体合同可具备的条款列举规定为15项,即劳动报酬,工作时间,休息休假,劳动安全与卫生,补充保险和福利,女职工和未成年工特殊保护,职业技能培训,劳动合同管理,奖惩,裁员,集体合同期限,变更、解除、终止集体合同的程序,履行集体合同发生争议时的协商处理办法,违反集体合同的责任,双方认为应当协商的其他内容;并且还对上述各种条款所包括的要目作了具体规定。

(二)集体合同内容的结构

一般认为,完整的集体合同内容,应当由下述几类条款构成:

---

[4] 所谓暂时裁员(又称附再雇用约款之解雇),系指在经济不景气、经营不善的情况下,企业不得不裁撤员工时,企业主与公司成立协定,根据进入企业从事工作先后顺序及年资排列,对"后进入工作者"先予以一时解雇,将来再雇用时,仍依就业顺序确认其先任权,此种制度在法律上称为"附再雇用约款之解雇"。请参见黄越钦:《劳动法论》,(台湾)"国立"政治大学劳工研究所1992年发行,第215页。

[5] 所谓协商产生僵局,系指诚信协商的完全停顿,或在某争点上诚信协商已耗尽缔结协议的期待。协商僵局的认定,一般而言,就是斟酌下列五项因素:(1)协商事实;(2)交涉中的诚信(必须一直没有实质上的违反或其他恶意协商);(3)交涉的长短;(4)关于所不同意的议题的重要性;(5)当事人对于协商情况同时存在的理解。

[6] 所谓"封闭式工厂"条款,是雇主和工会在团体协约中约定雇主雇用的劳工必须是该工会的会员。这是一种工会安全(union security)的保护形态,工会通过掌握或控制工作的机会,以确保劳工愿意加入工会,或工会不致因雇主雇用非工会会员的劳工,而影响工会的生存发展空间。由于这种形态的工会安全条款,严重损害劳工的工作权,且侵犯到劳工消极的结社权,所以被1947年的《塔夫脱—哈特莱法》认定为非法协商议题。对"封闭式工厂"的评论,请详见杨体仁、李丽林:《市场经济国家劳动关系——理论·制度·政策》,中国劳动社会保障出版社2000年版,第363~367页。

[7] 所谓热货条款,是工会和雇主在团体协约中约定双方当事人不得处理、买卖、或运送正在发生劳资争议的公司的产品和货物。这个做法相当接近是以一种封锁的手段,来达到制裁正在发生劳资争议的雇主的效果,使其无法在他处继续生产或处理货物。美国1959年《劳资关系报告暨公开法》(the Labor - Management Reporting and Disclosure Act)明文界定是属非法协商议题。

[8] See J. Atleson ,Values and Assumptions in American Labor Law, the University of Massachusette Press ,1983, pp. 115 - 116.

1. 标准性条款

它所规定的是关于单个劳动关系内容的标准,即单个劳动关系当事人双方的权利和义务的标准,如劳动报酬、工作时间、劳动定额、休息休假、保险福利、劳动安全卫生等方面的标准。它应当作为劳动者和用人单位据以确定劳动合同内容的基础,也可直接成为劳动合同内容的组成部分。它直接来源或依据法规或政策,在集体合同的整个有效期间持续有效。它在集体合同内容构成中,居于最重要的地位。

2. 目标性条款

它所规定的,是在集体合同有效期内应当达到的具体目标和实现该目标的主要措施。它通常适用于基层集体合同。其内容的确定,应当考虑与用人单位的规则和计划相衔接,遵循量力而行的原则。这种目标一般不能成为劳动合同的内容,仅作为签约方的义务而存在。这种目标的实现,有的是用人单位的义务,有的是工会或全体职工的义务,有的是双方的共同义务。这种义务在合同有效期内,随着设定目标的实现而终止。

关于这种条款内容,在实践中一致认为可以规定诸如建成某项劳动保护工程,增设某项生活福利设施之类的劳动者利益目标;但对于可否规定生产经营目标,如产值、产量、营业额成本、利润等目标,则有截然相反的两种主张。主张集体合同可以规定生产经营目标的主要理由是:由工会和全体劳动者与用人单位共保生产经营目标的实现,符合双方共同利益,有利于加强劳动者关心生产经营、服从劳动管理、完成劳动任务、遵守劳动纪律的责任感和改善生产经营管理,有利于劳动关系双方当事人协调利益矛盾和形成利益共同体。主张集体合同不应当规定生产经营目标的主要理由是:(1)由工会和全体劳动者与用人单位共保生产经营目标的实现,超越了劳动者的义务范围,并且与劳动者的权利不对称。一方面,劳动者只有义务遵守劳动纪律和完成本人承担的劳动任务,工会也只有义务教育劳动者遵守劳动纪律和完成劳动任务,而生产经营目标的实现虽然与劳动有关,但主要取决于市场变化、经营决策和管理措施等因素,所以,工会和劳动者都不应当也无能力承担实现生产经营目标的义务;另一方面,企业经营权尤其是经营决策权不由工会和劳动者而归投资者和经营者行使,企业利益和经营风险不由劳动者而归投资者享有和承担,所以,实现生产经营目标的责任应当由投资者和经营者而不归工会和劳动者承担。(2)由工会和劳动者承担实现生产经营目标的义务,不利于实现集体合同所规定的劳动者利益标准和劳动者利益目标。因为集体合同的全部内容是一个有机整体,权利条款与义务条款互为条件,对于劳动者来说,作为其义务条款的生产经营目标如果未能实现或未能完全实现,那就意味着其作为权利条款的劳动者利益标准和劳动者利益目标也可以相应地不实现或不完全实现。这样,规定劳动者负有实现生产经营目标的义务,实际上是对劳动者利益的不合理限制。

3. 劳动关系运行规则条款

它所规定的是关于单个劳动关系和集体合同如何运行的规则。其中,单个劳动关系运行规则,主要是职工录用规则、劳动合同续订和变更规则、辞退辞职规则等;集体合同运行规则,主要是集体合同的期限,以及关于集体合同的履行、解释、续订、变更、解除、违约责任、争议处理等方面的规则。在立法不完备的情况下,这类条款更为必要。

为了使集体合同内容的构成完整化和规范化,有必要推行集体合同示范文本制度,即由集体合同管理机构会同工会和用人单位团体或有关经济管理部门,拟订各种类型的集体合同示范文本，作为签约人协商集体合同内容时参考。

区域性、行业性集体合同的内容，根据《关于开展区域性行业性集体协商工作的意见》的规定，应当从本区域、本行业劳动关系的特点和企业实际出发，紧紧围绕劳动报酬、劳动定额、工作时间、休息休假、劳动安全卫生、保险福利、女职工和未成年工特殊劳动保护等问题来确定。既可以是综合性的，也可以是专项的。当前，要将职工工资水平、工作时间以及与此直接相关的劳动定额、计件单价等劳动标准作为区域性、行业性集体合同内容的重点。

二、集体合同的形式

各国关于集体合同可以或应当以什么形式存在，都由立法明确规定。一般而言，集体合同为要式合同，必须采用书面形式。我国《集体合同规定》明确要求集体合同应当采用书面形式。口头形式的集体合同不具有法律效力。

集体合同的形式还有主件和附件之分。主件即综合性集体合同，其内容一般涉及劳动关系的各个方面。附件即专项集体合同，是就劳动关系的某个方面的事项签订的专项协议。我国目前法定的集体合同附件主要有工资协议，即指专门就工资事项签订的专项集体合同。《工资集体协商试行办法》规定，已订立集体合同的，工资协议作为集体合同的附件，并与集体合同具有同等效力。

三、集体合同的期限

集体合同按照期限形式不同，可分为定期集体合同、不定期集体合同和以完成一定项目为期集体合同。集体合同的期限应当适当，太短不利于劳动关系的稳定；太长不利于劳动者利益的保护，即难以保证劳动者利益随着社会、经济的发展而同步提高。各国一般采用定期集体合同并在立法中限制其最短期限（通常规定为1年）和最长期限（通常规定为3～5年）。也有些国家还采用不定期集体合同，立法中只规定其生效时间而不规定其终止时间，如法国、日本等。按照惯例，这种集体合同可以随时由当事人提前一定期限通知对方终止。还有少数国家采用以完成一定项目为期限的集体合同，如利比亚等。在实践中，当这种集体合同约定的工作（工程）未能在法定最长期限内完成时，一般将法定最长期限视为该集体合同的有效期限。

集体合同的期限，由当事人双方在法定最短和最长期限范围内自行协商约定，期满前经当事人协商一致可以延期，但延期也不得超过法定最长期限。

我国《集体合同规定》只就定期集体合同作了规定，期限为1～3年；在合同约定的期限内，双方代表可对合同履行情况进行检查，每年可对合同进行修订。

第三节　集体合同的订立

一、集体合同订立的主体和原则

集体合同订立的主体，又称集体合同签约人，分为职工方签约人和用人单位方签约人；各有两种类型：一种是当然具有集体合同签约人资格的集体合同当事人（团体），另一种是由集体合同当事人依法推举的具有集体合同签约人资格的代表。

职工方签约人,一般是法定具有集体合同当事人资格的工会组织。在工会组织体系采用一元化模式的国家,各级工会组织都依法成立即具有集体合同当事人资格。在工会组织体系采用多元化模式的国家,各级工会组织只有当其会员数额在一定范围内占劳动者总数的比例达到法定标准(一般不少于半数)时,才有资格作为该范围内全体劳动者的代表而成为集体合同当事人。有的国家还规定,工会组织的集体合同当事人资格,必须经政府以法定方式(如发给证明书)予以确认。工会组织作为集体合同签约人的签约权限的确定,有的基于工会法,有的基于工会章程,有的基于工会会员大会或会员代表大会的决议。在我国,现行立法〔9〕赋予基层工会组织和县级以下区域工会、行业工会以集体合同签约人资格;未建工会的用人单位,由上级工会指导劳动者推举的代表充当基层集体合同签约人。未组建行业工会的,由行业所在区域工会代行行业集体合同签约人职能。

用人单位方签约人,法定为用人单位和用人单位团体。用人单位一般只有与基层工会签订集体合同的资格,但有些大型联合企业也有同行业或职业工会签订集体合同的资格。依我国现行立法规定,用人单位一般由其法定代表人签订集体合同,但根据原劳动部的规定〔10〕,具备企业法人资格、跨省市的大型企业或集团公司的法定代表人可以委托所属下一级企业或子公司的负责人与工会签订集体合同,但只能委托一级,不得层层委托。有的地方立法规定,用人单位分支机构经用人单位法定代表人同意,可与本分支机构的劳动者方进行签订集体合同。〔11〕

用人单位团体与对应等级工会组织签订集体合同,其签约权限,一般由本团体章程规定,特殊情况下也可由本团体成员大会或成员代表大会的决议确定。依我国现行立法规定〔12〕,区域性、行业性集体合同的企业方签约人,一般为区域内或行业内企业代表组织,行业内无企业代表组织的,可以是行业内企业方推荐产生的代表。

根据《集体合同规定》(2004 年)第 2 条的规定,集体合同制度适用于我国境内的各类企业,以及实行企业化管理的事业单位。〔13〕 有的地方立法将集体合同制度的适用范围扩大到国家机关、事业单位、社会团体及其他组织。〔14〕 基于劳动权利平等的要求,根据国际上的通行做法,除公务员外,其他的劳动者都有权组织和参加工会、进行集体谈判。而且目前在英国、德国等工业化国家,公务员一样享有集体谈判的权利。至于民办非企业单位,被《劳动合同法》第 2 条第 1 款确立为非公共部门用人单位,应当同企业一样适用集体合同制度。

集体合同订立所应遵循的原则,我国规定为:(1)合法原则;(2)平等合作原则;(3)诚信协商原则;(4)协商一致原则;(5)兼顾国家、企业和职工利益原则;(6)维护公共秩序原则。

---

〔9〕 参见《劳动合同法》第 51 条、第 53 条,《中华全国总工会关于积极开展行业性工资集体协商工作的指导意见》(2009 年)。

〔10〕《关于加强集体合同审核管理的通知》(劳部发[1996]360 号)。

〔11〕《浙江省集体合同条例》(2010 年)第 46 条第 2 款。

〔12〕《关于开展区域性行业性集体协商工作的意见》(劳社部发[2006]32 号);《关于积极开展行业性工资集体协商工作的指导意见》(总工发[2009]31 号)。

〔13〕 参见《集体合同规定》(2004 年)第 2 条;《劳动合同法》第五章第一节。

〔14〕《浙江省集体合同条例》(2010 年)第 46 条第 1 款。

二、集体合同订立的签约阶段

集体合同订立程序可分为签约阶段、政府确认阶段和公布阶段。签约阶段，即签约双方就集体合同内容协商一致，形成集体合同书的阶段。

（一）签约程序的模式比较

集体合同签约阶段的程序，按照合意过程中是否含有集体谈判可分为谈判型和非谈判型两种模式。

集体谈判，又称集体协商，是签约方双方代表签订集体合同进行商谈的法律行为。谈判模式的程序中，有下述主要环节：（1）谈判启动。即签约人之一方向另一方提出集体谈判的要约，并为另一方所接受。（2）谈判准备。双方签约人为举行集体谈判进行各项准备工作。其中主要是，确定谈判代表，拟定谈判方案，预约谈判内容、日期和地点，指定谈判记录员，等等。有的国家（如美国），谈判准备工作中，还包括对工会或雇主组织作为谈判相对人的谈判资格的承认。（3）谈判举行。在谈判中，可能出现几种情形：一种是双方相互让步，顺利达成协议；另一种是双方相互讨价还价，谈判陷入僵局，后经协商或调解达成协议；还有一种是谈判陷入僵局并调解失败，导致谈判破裂甚至罢工或闭厂，后来又在政府干预下继续谈判，最终达成协议。无论哪种情形，在就集体合同内容达成协议后，都应制作集体合同书，由双方首席代表签字，并加盖签约人公章。可见，完善的谈判规则中应当包括谈判正常进行规则，解决谈判僵局规则，谈判破裂和罢工、闭厂规则，恢复谈判和处理罢工、闭厂事件规则等内容。

非谈判签约程序，一般为社会主义国家所适用，我国也有少量实践。其中的主要环节有：（1）起草，由单位行政和工会各派代表若干人组成起草小组，拟出集体合同草案；（2）讨论，由工会组织全体职工讨论集体合同草案，并将讨论中的意见汇交起草小组；（3）审议，起草小组根据职工讨论中提出的意见对集体合同草案进行修改后，提交职代会或职工大会审议通过；（4）签字，工会主席和用人单位规定代表人在经审议通过的集体合同文本中签字。

在我国关于签约程序的立法中，《劳动法》所规定的基本上属于非谈判型签约程序；《集体合同规定》（1994 年）所规定的，则属于谈判型签约程序。这两种类型的共同点在于，签约程序都由劳动关系当事人双方代表参加，集体合同都必须由工会主席和企业法定代表人签署。但二者有下述主要区别：（1）非谈判型应成立由工会和企业行政双方代表组成的合同起草小组；谈判型无须如此。（2）非谈判型中，起草小组内就拟订合同草案进行的协商，不具有谈判性质，往往是先拟草案后协商修改；谈判型则在经谈判达成一致意见后才形成合同草案。（3）非谈判中，合同草案须经职代会或全体职工讨论通过后才由双方签字；谈判型中，谈判达成一致就由双方签字。

基于上述两种类型，就我国立法应如何确定签约程序的模式，有两种主张：（1）两种类型并存。由于谈判型和非谈判型签约程序各自所需客观条件不尽相同，而各个企业所具备的客观条件又千差万别，所以，对基层集体合同的签约程序应当允许两种类型并存，由签约双方从本企业实际情况出发，通过协商来选择签约何种类型。至于宏观层次的集体合同，国外的实践表明，适用谈判型签约程序为宜。（2）两种类型合并。即将谈判型和非谈判型签约程序中的若干环节组合成一套签约程序，也就是形成一套由谈判准备、谈判举行、职代会（职工大会）审议通过和双方代表签署环节依次衔接的签约程序。

上述两种主张相比较,各有一定利弊。就两种类型合并的主张而言,虽然可以对签约进行统一规范,但有两点缺陷:(1)经过艰难甚至较长时间的谈判所形成的集体合同草案,如果在职代会(职工大会)上未能获得通过,就要再次举行谈判,使本来通过谈判得以协调的矛盾又重新产生,并且使签约程序拖延时间。(2)在谈判中本已经过平等协商所形成的集体合同草案,再交职工方明显占优势的职代会(职工大会)审议通过,就有悖于平等协商的精神。但是,《工会法》(2001年)、《集体合同规定》(2004年)和《劳动合同法》选择的是两种类型合并的主张。

(二)签约程序的主要环节

根据《劳动合同法》和《集体合同规定》等的规定,用人单位与本单位职工签订集体合同,应当采取集体协商的方式,并且,集体协商主要采取协商会议的形式。该阶段的程序主要有下述环节:

1. 集体协商启动

集体协商的任何一方都有权以书面形式向对方提出集体协商要求,另一方不得拒绝,并应当在法定期限内予以书面答复,商定集体协商时间。用人单位已经建立工会的,职工方的集体协商要约由工会向用人单位提出,用人单位的集体协商要约向本单位工会提出。用人单位尚未建立工会的,由地方工会或者产业工会指导职工方推举协商代表,向用人单位提出集体协商要约;用人单位的集体协商要约,可以向本单位劳动者直接提出,也可以向地方工会或者产业工会提出。集体协商要约书应当包含协商时间、地点、内容等,并对其主张说明理由。

2. 确定集体协商代表

集体协商代表是指按照法定程序产生并有权代表本方利益进行集体协商的人员。双方的代表人数应当对等,每方至少3人,并各确定1名首席代表。首席代表可以书面委托本单位以外的专业人员作为本方协商代表,委托人数不得超过本方代表的1/3。首席代表不得由非本单位人员代理。用人单位方代表不得与职工方代表相互兼任。职工方代表由本单位工会选派,未建立工会的由本单位职工民主推荐,并经本单位半数以上职工同意。女性、残疾人劳动者较多的用人单位,职工方协商代表中应当有相应比例的女性、残疾人代表;派遣工较多的用工单位,应当有派遣工代表。职工方代表由工会更换,未建立工会的经本单位半数以上职工同意也可以更换。用人单位方代表由单位法定代表人指派,首席代表由单位法定代表人担任和由其书面委托的其他管理人员担任。单位法定代表人可以更换用人单位方代表。

代表应履行下列职责:(1)参加集体协商;(2)接受本方人员质询,及时向本方人员公布协商情况并征求意见;(3)提供与集体协商有关的情况和资料;(4)代表本方参加集体协商争议的处理;(5)监督集体合同的履行;(6)法律、法规和规章规定的其他职责。代表履行职责的期限由被代表方确定。

3. 集体协商会议

集体协商主要采取协商会议的形式。双方应当在举行集体协商会议的法定期限前将拟定协商的事项和协商代表名单通知对方,并按照对方要求提供与集体协商有关的真实情况和资料;共同确定一名非协商代表担任记录员。

协商会议由双方首席代表轮流主持,有一种地方立法主张[15]还可以由双方首席代表共同

---

〔15〕《广东省企业集体协商和集体合同条例(修订草案)》(2013年10月征求意见稿)第29条。

主持，也可以邀请双方认可的第三方主持。其程序包括：(1)宣布议程和会议纪律；(2)一方首席代表提出协商的具体内容和要求，另一方首席代表做出回应；(3)双方就商谈事项发表各自的意见，展开充分讨论；(4)双方首席代表归纳意见。

协商会议达成一致的应当形成集体合同草案，由双方首席代表签字。未达成一致意见或出现事先未预料的问题时，经双方协商，可以中止协商。中止期限及下次协商时间、地点、内容由双方商定。

4. 职代会讨论通过

经双方代表协商一致的集体合同草案应提交职代会或全体职工讨论。职代会和全体职工讨论草案，应当有2/3以上职工代表或职工出席，且需经全体职工代表或职工半数以上同意，草案方获通过。草案通过后，由集体协商双方首席代表签字。

(三)签约阶段的政府介入和上级工会参与

在签约阶段政府介入和上级工会参与对于实现顺利签约和保障社会安定都具有重要意义。

签约阶段的政府介入，其狭义仅指直接介入，即政府或其劳动行政部门直接参与签约程序，对签约双方进行协调，促使其达成协议。其广义还包括间接介入，即政府不直接进入签约程序，而有针对性地运用经济社会政策、经济杠杆等宏观调控手段，影响集体谈判的进程和结果。在西方国家，政府多取间接介入方式，但近几十年来已呈现出越来越重视直接介入的趋势。发展中国家政府多取直接介入方式。在我国，政府目前尚无间接介入的实践，立法对直接介入仅有对签订集体合同的争议可以由劳动行政部组织有关各方协调处理的规定。就直接介入而言，其方式有主动介入(无须当事人请求就介入)与被动介入(经当事人请求才介入)、争议前介入与争议后介入之区分。在我国，无论哪个层次集体合同的签约程序，也无论谈判型或非谈判型签约程序，政府介入都有必要性，只不过对介入方式的要求可以有所不同。对于基层集体合同的签约程序来说，由于数量多、影响面小，应当以争议后介入为主、争议前介入为次；争议前介入应当限于一定条件下的被动介入；争议后介入应当既要求无条件的被动介入，也要求一定条件下的主动介入。对于将来可能出现的宏观层次集体合同的签约程序来说，由于数量少、影响面大，应当争议前介入与争议后介入并重，并且都应当实行主动介入。

签约阶段的上级工会参与，是指上级工会以指导、帮助、协调、监督等方式参与下级工会与相对用人单位或其团体的签约程序，以维护劳动者合法权益，这已见诸某些国家的实践。例如，在日本，大企业的集体谈判一般不要求上级工会派干部参加，但有些中小企业由于工会干部谈判能力不足而临时要求上级工会派干部参加集体谈判。据日本劳动省1978年统计，以企业为单位的集体谈判中由上级工会派干部参加的约占9%。又如挪威，全国总工会对下属工会有很大权威，各产业工会与资方签订的集体合同都要经总工会批准；若发生涉及一个以上工会的罢工，则由总工会担任罢工的指挥者。在我国现阶段，各企业的工会组织状况不平衡，缺少签订集体合同的经验，因而，应当重视上级工会对企业工会签订集体合同的参与。于是，全国总工会《工会参加平等协商和签订集体合同的试行办法》规定：上级工会对企业工会与企业进行平等协商和签订集体合同负有帮助、指导和监督检查的责任；根据企业工会的要求，可以派工作人员作为顾问参与平等协商，帮助企业工会签订集体合同；在审查集体合同时如发现问题，应当及时通知企业工会，并协同同级劳动行政部门协调解决；对尚未建立工会的企业，应当帮助、指导职工与企业签订集体合同；对签订集体合同过程中出现的争议，应当参与处理。

三、集体合同订立的政府确认阶段和公布阶段

(一)政府确认阶段

许多国家规定,集体合同由双方签约人签订后,须经政府有关部门依法确认,方能生效。其目的在于,通过政府确认来监督和指导集体合同的订立,尤其是确保集体合同内容的公平、合法、完备和可行。政府确认的方式,法定为登记、备案、审查或批准。

我国《集体合同规定》等现行立法要求实行集体合同审查制度,并作出下述规定:

1. 审查机构及管辖范围

县级以上劳动行政部门的劳动合同管理机构负责对集体合同进行审查。地方各类企业和不跨省的中央直属企业集体合同报送的管辖范围,由省级劳动行政部门确定;全国性集团公司、行业性公司以及跨省企业的集体合同报送国务院劳动行政部门或其指定的省级劳动行政部门。

2. 报送期限和材料

集体合同签订后,应当在7日内将集体合同文本一式三份及说明材料报送劳动行政部门。说明材料应当包括:企业的所有制性质、职工人数、《企业法人营业执照》复印件和工会社团法人证明材料;双方首席代表、谈判代表或委托人的身份证复印件、授权委托书;职工方谈判代表的劳动合同书复印件;谈判情况及集体合同条款征求职工意思的记录;职代会(职工大会)审议通过集体合同草案的决议;集体合同条款的说明。

3. 审核内容和程序

集体合同审核的内容,包括三个方面:(1)资格审核。主要是审核合同的签约人、谈判代表是否合格。(2)程序审核。主要是审核签约程序的各个环节是否齐备和合法。(3)内容审核。主要是审核合同条款是否符合法规政策,是否公平。

审核程序主要包括以下环节:(1)收到报送的集体合同文本及有关材料后,进行编号、登记并及时告知报送单位收到时间。(2)对代表资格、签约程序等进行初审。(3)将初审合格后的集体合同分送劳动部门内有关机构,对有关条款进行专审,经该机构主管负责人签字后收回专审意见。审核中出现较大分歧或遇到其他重大问题时,应当由劳动行政部门负责人或委托集体合同管理机构负责人主持召开由有关机构负责人共同参加的联席会议,对有关条款进行研究,提出审核意见。报主管领导签字。(4)综合各方面意见制作《集体合同审核意见书》,并在法定期限内送达签约双方代表。该《意见书》中应当载明经确认的合同有效条款、无效条款及其原因。对合同中无效或部分无效的条款,可提出修改建议以供签约双方参考,但不应直接在合同书上进行修改或强求签约双方按审核意见修改或执行。(5)综合各方面意见制作《集体合同审核意见书》,并于法定期限内送达签约双方代表。(6)签约双方在收到《集体合同审核意见》后,对其中无效或部分无效的条款应进行修改,并于15日内报送劳动行政部门重新审查。(7)将审查后的集体合同书、企业报送的材料、《审核意见书》(复印件)一并存档,并将审核有效的集体合同报上级劳动行政部门备案。

4. 审查期限和生效日期

劳动行政部门应当在收到集体合同书后15日内将审核意见书送达;生效日期为《审核意见书》确认的生效日期;如果收到集体合同书后在15日内未提出异议的,自第16日起集体合同自行生效。

（二）公布阶段

经政府确认生效或依法自行生效的集体合同，签约双方应及时以适当方式向各自代表的全体成员公布。

四、区域性、行业性集体合同订立程序的特别规则

区域性、行业性集体合同订立程序与基层集体合同的订立略有差别，现行立法[16]规定的特别规则，有下述要点：

1. 协商代表的产生

职工方协商代表由区域或行业工会选派，首席协商代表由区域或行业工会主席担任。未组建行业工会的，职工方协商代表由行业所在区域工会选派，首席协商代表可由行业所在区域相应一级的工会主席担任，也可由上级工会选派或在上级工会指导下从本行业内企业工会主席或者协商代表中民主推举产生。

用人单位方协商代表可以由本区域、行业内的企业代表组织直接选派，或者由区域或行业内用人单位经民主推选、授权委托等方式产生，首席代表由协商代表民主推选产生。

2. 工资集体协商的重点

行业性工资集体协商的重点是行业最低工资标准、工资调整幅度、劳动定额和工资支付办法等。劳动定额和工时工价标准的确定，必须符合国家和地方有关法律法规的规定，以“在法定工作时间内、正常劳动条件下、90%以上职工能够完成”为原则，做到科学合理。随着先进技术的应用和劳动生产率的提高，双方应通过集体协商及时修订劳动定额和工时工价标准。

3. 集体合同的审议通过和确认

经集体协商形成的集体合同草案，应当提交区域、行业职代会审议通过；尚未建立区域、行业职代会的，应当分别经各成员企业半数以上职工通过，并经区域内企业主签字（或盖公章）确认后，由集体协商双方首席代表签字。

第四节　集体合同的效力

集体合同只要完全具备有效要件，即主体合格、内容和形式合法、意思表示真实、订立程序合法，就具有法律效力，其条款在一定范围内成为劳动关系的规范，并设定债权债务。立法中关于集体合同效力的规定，通常以效力范围和效力形式为重点。

一、集体合同的效力范围

（一）对人效力

此即集体合同对什么人具有约束力。一般认为，受集体合同约束的人包括集体合同的当

---

〔16〕《关于开展区域性行业性集体协商工作的意见》（劳社部发［2006］32 号）、《关于积极开展行业性工资集体协商工作的指导意见》（总工发［2009］31 号）以及《浙江省集体合同条例》（2010 年修订）、《湖北省集体合同条例》（2013 年修订）、《湖南省企业工资集体协商条例》（2011 年）、《云南省企业工资集体协商条例》（2012 年）等地方立法。

事人（当事团体）和关系人。前者指订立集体合同并且受集体合同约束的主体，即工会组织和用人单位或其团体；后者指无权订立集体合同却直接由集体合同获得利益并且受集体合同约束的主体，即工会组织所代表的全体职工和用人单位团体所代表的各个用人单位。

关于集体合同关系人的范围，需要明确以下界定规则：（1）劳动者是否为集体合同关系人，一般以其所在单位是否受集体合同约束为限；但除集体合同另有规定外，不以其在订立合同当时是否为受合同约束的用人单位的职工为限，也不论其是否工会会员。（2）作为集体合同关系人的用人单位中，除集体合同另有规定外，包括有在用人单位团体订立集体合同后加入该团体者和失去该团体成员资格者。（3）作为当事团体成员的职工或用人单位，对订立集体合同即使反对，也属于集体合同关系人。（4）当事团体被依法解散后，在集体合同存续期间，作为前当事团体成员的职工或用人单位，仍然应受集体合同约束。（5）当某一用人单位的营业依法移转给另一用人单位后，如果前一用人单位及其职工的劳动合同也随之移转，在对该劳动合同有约束力的集体合同的存续期间，后一用人单位和职工也受该集体合同约束。

（二）时间效力

此即集体合同在多长的时间内具有约束力。它一般由集体合同依法自行规定，在有的情况下，由法律规定。其表现形式有三种类型：（1）当期效力，即集体合同在其存续期间内具有约束力。其生效时间，有的国家规定为集体合同经审查合格之日或依法推定审查合格之日，有的国家则规定为双方在合同上签字盖章之日。其失效时间，一般为定期集体合同的约定期满或依法解除之日；其他集体合同的约定或法定终止条件具备之日。（2）溯及效力，即集体合同可追溯到对其成立前已签订的劳动合同发生效力。集体合同一般不具有溯及效力，但某些国家规定，当事人如有特别理由，并经集体合同管理机关认可，允许集体合同有溯及效力。（3）余后效力，即集体合同终止后对依其订立并仍然存续的劳动合同还有约束力。为了避免在时间效力上出现脱节现象，有的国家规定，集体合同终止后，在代替它的新集体合同生效前仍然有效；如未订立有效的新集体合同，允许终止后1年内继续有效。上述三种时间效力形式中，当期效力是无条件的，溯及效力和余后效力都只限于一定条件；溯及效力与余后效力有冲突的，新、旧集体合同比较，哪个对劳动者更有利，哪个就有约束力。我国立法可考虑作这样的规定。

（三）空间效力

空间效力主要指集体合同在哪些地域、产业（职业）发生效力。全国集体合同、区域性集体合同分别在全国或特定行政区域范围内有效；产业集体合同对特定产业的用人单位及其职工有效；职业集体合同对从事特定职业的职工及其用人单位有效。

在空间效力方面，难免发生集体合同竞合问题，即有两个以上集体合同可适用于同一劳动关系而又内容相异时，应优先适用哪个集体合同的问题。可用来解释此问题的方法主要有：（1）如效力发生在前的集体合同对集体合同竞合时应优先适用哪个集体合同作了特别规定，就依其规定；若无此规定，就依其他规则确定。（2）优先适用最适合于该劳动关系特点的集体合同，例如，在产业（职业）集体合同和区域性集体合同之间优先适用前者，在产业集体合同和职业集体合同之间优先适用后者。（3）优先适用更具有普遍性的集体合同。例如，在全国集体合同和区域性集体合同之间优先适用前者。（4）优先适用更有利于劳动者的集体合同，即哪个集体合同对劳动者利益规定的标准更高，就适用哪个集体合同。上述第一种方法一般应规定为第一顺序并普遍适用的方法，而上述其他方法一般应规定为第二顺序并能分别适用于特定范围的方法。我国在实行多层次集体合同模式以后,立法中应当考虑规定上述方法。

二、集体合同的效力形式

(一)准法规效力

准法规效力又称规范效力或物权效力,是指集体合同的标准性条款和单个劳动关系运行规则条款对其关系人(单个劳动关系当事人)具有相当于法律规范的效力。其特点在于:(1)这种条款不论其关系人同意与否,而直接确定其关系人之间相互权利义务;(2)这种条款赋予职工的权益职工无权放弃,即职工在劳动合同中和劳动关系存续期间放弃这种条款所给予之权益的意思表示应为无效;(3)这种条款因意思表示有瑕疵而被撤销时,只发生向后效力,而无溯及效力;(4)这种条款从生效之日起对其生效前已确立并仍然存续的劳动关系,也有约束力。

标准性条款的准法规效力,表现为直接支配其关系人的劳动合同内容。具体形式有两种:(1)不可贬低性效力,即集体合同所规定的标准在其效力范围内是劳动者利益的最低标准,劳动规章制度和劳动合同关于劳动者利益的规定,可以高于但不得低于这些标准,若低于此标准就由集体合同的规定取而代之。(2)补充性效力,即集体合同所规定的标准在一定条件下可以成为劳动合同内容的补充。申言之,在集体合同有规定而劳动合同未作规定或虽有规定却被确认为无效,集体合同有明确规定而劳动合同的规定不明确的情况下,集体合同的规定就当然视为劳动合同内容的补充。

单个劳动关系运行规则条款的准法规效力,表现为直接支配其关系人在单个劳动关系运行过程中的具体行为。亦即劳动合同的订立、续订、履行、变更和终止,用人单位劳动规章制度的制定和实施,以及劳动组织、职工参与等行为,凡是在这种条款中有规定的,都要受这种条款的约束。

(二)债权效力

债权效力又称债法效力,是指集体合同的目标性条款和集体合同运行规则条款对其当事人具有设定债务的效力。其特点在于:(1)这种债务的设定者和承担者都是集体合同当事人。即集体合同当事人通过合意为自己设定债务,债务的内容和范围均由集体合同约定;集体合同当事人在约定之外不承担债务,经协调一致也可以变更集体合同所约定债务,但以不影响集体合同之存在为限。(2)这种债务既是集体合同当事人双方各自向对方承担的义务,也是向对方当事人所代表的关系人承担的义务。因而,这种债务的履行如果涉及对方关系人的个体利益,或者既涉及对方关系人个体利益,又涉及对方全体或大部分关系人共同利益,那么,该关系人和对方当事人都有债务履行请求权;如果不涉及对方关系人个体利益,那么,债务履行请求权就应当只由对方当事人行使。

集体合同对其当事人所设定的债务,主要是遵守集体合同运行规则、保持劳动和平(即不使用罢工、闭厂等过激手段)、敦促其成员遵守集体合同、实现集体合同约定目标的义务。集体合同当事人不履行或不完全履行这些义务,都应当承担相应的违约责任。

(三)组织效力

组织效力又称组织法效力,是指集体合同的某些条款对其关系人具有设定组织法义务的效力。其特点在于:(1)这种义务是集体合同关系人作为团体成员对其所属团体的义务,或者说是团体内部义务而非团体外部义务。(2)这种义务是由集体合同而非团体规章直接设定的义务,也就是说,集体合同关系人是由于集体合同的存在才对其所属团体承担此义务。(3)这种义务是以集体合同关系人所属团体的组织法和团体规章为依据的义务,也就是说,它虽然不由该组织法和团体规章所直接设定,但却以该组织法和团体规章所确定的组织关系为依据。

集体合同关系人之所以对其所属团体承担这种义务,在实践中是因为:(1)集体合同关系人由于其所属团体向对方当事人负有集体合同所约定义务,才对其所属团体负有这种义务。例如,集体合同当事人双方彼此向对方负有保持和平协商的义务,因而,集体合同关系人对其所属团体也就负有不实施过激行为并就此接受监督的义务。(2)集体合同关系人为了维护其所属团体的利益,才对其所属团体负有这种义务。例如,集体合同当事团体在集体合同中为其成员约定应作为劳动合同内容标准的条款,由于集体合同关系人是否遵守这种条款对其所属的集体合同当事团体的履约信用有利害关系,集体合同当事团体就有权要求其成员遵守这种条款,所以,遵守这种条款是集体合同关系人对其所属团体承担的义务。

三、基层集体合同、行业性集体合同、区域性集体合同的效力关系

在现阶段,区域性、行业性集体合同多因仅覆盖未建立工会的企业而实际相当于基层集体合同,但现行立法设计所追求的是由县级、乡镇(街道)级和基层三级集体合同构成体制,如图8-1所示。

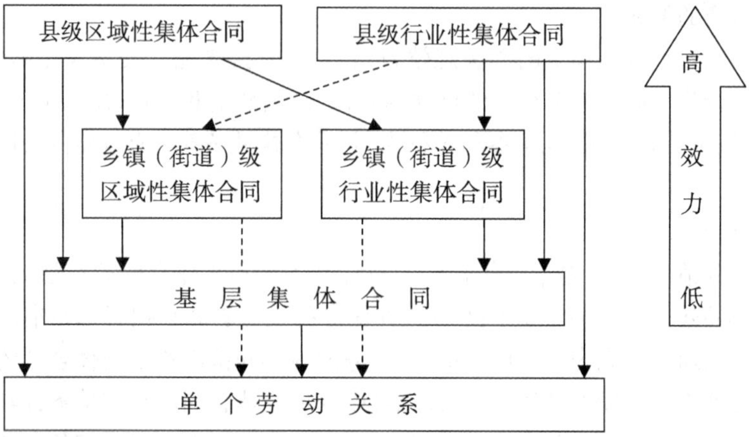

图8-1

在这种体制中,基层集体合同、行业性集体合同、区域性集体合同相互间的效力关系,可分解为两个角度来理解:

1. 同级关系

《劳动合同法》第53条规定,在县级以下区域内,可以由工会与企业方面代表订立行业性集体合同,或者订立区域性集体合同。这表明,在同级区域(县级或乡镇级),就部分覆盖的行业性集体合同与区域性集体合同而言,在覆盖范围上不存在交叉,故不存在二者之间的冲突问题。

2. 不同级关系

在县级区域性集体合同与乡镇(街道)级区域性集体合同之间,县级区域性集体合同中的行业性规定与乡镇(街道)级行业性集体合同之间,县级行业性集体合同与乡镇(街道)级行业性集体合同或乡镇(街道)级区域性集体合同中的行业性规定之间,其效力关系应当是,上级集体合同的规定可以补充下级集体合同的内容；下级集体合同规定的劳动者利益不得低于上级集体合同规定的标准。

四、集体合同与劳动规章制度、劳动合同的效力关系

集体合同的效力高于劳动规章制度和劳动合同的效力，即集体合同的标准性条款对其所覆盖的劳动规章制度和劳动合同的内容具有约束力。其效力关系表现为：(1)劳动规章制度和劳动合同关于劳动者利益的规定不得低于集体合同规定的标准，低于集体合同规定标准的无效。先于集体合同制定的劳动规章制度和订立的劳动合同，其约定的劳动者利益若低于集体合同规定的标准，应当根据集体合同作出相应调整，否则以集体合同的规定为准。(2)集体合同可以补充劳动合同的内容。即集体合同有规定而劳动合同未就相关部分内容作规定或虽作规定却被认定无效的情形下，或者集体合同有明确、具体规定而劳动合同规定不明确、不具体的情形下，集体合同的相关内容可自动成为劳动合同的组成部分。

第五节　集体合同的履行、变更、解除和终止

一、集体合同的履行

履行集体合同，对于集体合同的当事人和关系人来说，既是约定义务，也是法定义务。在集体合同立法中，一般对集体合同的履行有明确规定，有的还特别强调用人单位对集体合同的履行。在《法国劳动法典》的集体劳动协议篇中，设置了“协议的执行”专章，它规定，受集体劳动协议所约束的受雇者或雇主团体，应该避免做任何可能有害于忠实执行协议的事情；只要协议本身已作专门说明，他们都应负责执行该协议。在《卢旺达劳工法》中，除了作出与上述类似的规定外，为了保证集体合同履行，还特别要求，有集体契约或与企业集体协定有关联的资方，应采取适当措施，使有关劳动者了解要在企业中执行的契约或协定的内容。

集体合同的履行，应当坚持实际履行、适当履行和协作履行的原则。

在集体合同履行过程中，应针对不同的合同条款采用不同的履行方法。其中，标准性条款的履行，主要是在集体合同有效期内始终按集体合同规定的各项标准签订和履行劳动合同，确保劳动者利益的实现不低于集体合同所规定的标准；目标性条款的履行，着重在将集体合同所列各项目标具体落实在企业计划和工会工作计划之中，并采取措施实施计划。对于内容不够明确的条款，凡国家的法规、政策、劳动标准中有明确规定的，应按这些规定执行；凡国家无明确规定的应当由当事人双方、关系人双方或当事人与关系人依法重新协商，按新商定的要求履行。

集体合同履行过程中，监督是非常必要的。西方国家作为职工参与形式之一的企业(职工)委员会，就负有监督集体合同履行的职责。在我国，企业工会、企业职代会及其职工代表、签约双方代表以及劳动行政部门、企业主管部门、地方和产业工会，都应当对集体合同的履行实行监督。就企业工会和职代会对集体合同履行的监督问题，《工会参加平等协商和签订集体合同试行办法》(总工发[1995]12号)规定了下述要点：(1)企业工会应当定期组织有关人员对集体合同的履行情况进行监督检查，发现问题后，及时与企业协商解决；(2)企业工会可以与企

业协商建立集体合同履行的联合监督检查制度,定期或不定期对履行集体合同的情况进行监督检查;(3)工会小组和车间工会应当及时向企业工会报告本班组和车间履行集体合同的情况;(4)职代会有权对集体合同履行实行民主监督,企业工会应当定期向职代会或全体职工通报集体合同履行情况,组织职工代表对集体合同履行地进行监督检查。

二、集体合同的变更或解除

根据《集体合同规定》的规定,集体合同或专项集体合同既可因双方协商代表协商一致而变更或解除,也因具备法定条件而变更或解除。

《集体合同规定》第 40 条规定,有下列情形之一的可以变更或解除集体合同专项集体合同:(1)用人单位因被兼并、解散、破产等原因,致使集体合同无法履行的;(2)因不可抗力等原因致使集体合同无法履行或部分无法履行的;(3)集体合同约定的变更或解除条件出现的;(4)法律、法规、规章规定的其他形式。

变更或解除集体合同适用集体协商程序。集体合同变更后应当自双方首席代表签字之日起 10 日内,由用人单位方将文本报送劳动行政部门审查。

三、集体合同的终止

集体合同的终止,包括下述几种情形:(1)因有效期届满而终止。集体合同在约定期限届满时,除依法延期者外,应当终止;依法延期者在所延长期限届满时,也应当终止。(2)因目的实现而终止。集体合同所规定的义务完全获得履行,表明其目的已实现,就应当终止。例如,以完成一定工作(工程)为期集体合同,在约定的工作(工程)完成时,即行终止。(3)因用人单位终止而终止。用人单位被吊销营业执照、责令关闭、撤销或者依法破产、决定解散的,集体合同即行终止。

第六节　集体合同的管理

一、集体合同管理的概念和意义

集体合同管理,是指集体合同管理机关依法对集体合同运行过程所实施的一系列管理措施,包括运用指导、监督、调解仲裁争议等方式,促使集体合同当事人依法订立、履行、变更和解除集体合同,并追究其违反集体合同的责任,以实现集体合同运行的正常化和规范化,充分发挥集体合同对劳动关系协调和经济社会发展的积极作用。

集体合同自产生之日,就一直是国家干预的对象,契约自由原则在集体合同运行过程中的适用为国家所限制。在现代市场经济国家,政府不仅制定一系列有关集体合同的法规,确认工会和雇主团体的集体合同签约权,确立集体合同运行的规则;而且设立官方或半官方的机构,对集体合同运行进行宏观控制。因而,集体合同管理在现代已形成一套完整的体系,对我国建立社会主义市场经济条件下的集体合同管理体系极有借鉴的价值。

我国的集体合同管理始于共和国成立初期,但当时仅以私营企业、公私合营企业的集体合同为管理对象。1956年我国工商业社会主义改造基本完成以后，集体合同管理随着集体合同制度的废止而中断。党的十一届三中全会以后，尽管各地部分企业自发地恢复了集体合同制度，但由于缺乏完备的法规和必要的集体合同管理机构，致使集体合同运行处于不规范状态，限制了集体合同的作用。伴随着《劳动法》将集体合同制度确立为一项必不可少和普遍适用的劳动法律制度，集体合同管理逐步加强。在社会主义市场经济条件下，对集体合同进行管理，是协调劳动关系，促进劳动关系双方合作互利，减少和预防劳动争议的需要；是完善劳动法制，强化集体合同效力的需要；是加强对劳动领域的宏观控制，确保劳动力市场运行符合国家的经济社会目标的需要；是改善职工劳动条件和生活条件，维护职工合法权益的需要；是保证企业生产经营计划实现，提高企业经济效益的需要。

二、集体合同管理的机关

集体合同管理机关的设置，在不同国家不尽相同，大致可归纳为两种体制，即单一制管理体制和联合管理体制。

在单一制管理体制中，集体合同统一由一种官方或半官方机关进行管理。例如，在英国由劳动关系裁判所管理，在法国由中央集体协议委员会管理，在日本由中央和地方仲裁委员会管理，在匈牙利由劳动事务委员会管理。

在联合管理体制中，集体合同由几种机关联合实行管理。我国在实践中采用此种体制，即由地方劳动行政部门、上级工会机关和企业主管部门联合管理集体合同，其中以劳动行政部门管理为主。联合管理兼有分工管理和统一管理双重性质。所谓分工管理，即不同管理部门在集体合同管理体制中，分别承担不同的任务，上级工会机关和企业主管部门分别侧重于对基层工会和企业行政订立、履行集体合同进行指导和监督检查；劳动行政部门除了对集体合同订立进行管理外，主要是监督集体合同履行和处理集体合同争议。所谓统一管理，即各主管部门在集体合同管理过程中相互配合和支持，并做到组织统一、标准统一和行动统一。为了便于对集体合同进行统一管理，应当将劳动争议仲裁委员会，作为三方联合管理的工作机构。

三、集体合同管理的内容

在我国，集体合同管理的主要内容有：(1)宣传和普及集体合同制度及其法律知识，提高企业管理人员、工会工作人员和职工群众的集体合同法律意识。(2)制定集体合同法规政策，完善集体合同制度。建立和健全集体合同管理机构及其组织规则和活动规则。(3)指导和监督企业行政和工会依法订立集体合同，通过制订集体合同文本，为拟订集体合同条款提供咨询，实行集体合同审查，以确保集体合同符合有效要件。(4)确认和处理无效集体合同，查处违法集体合同。对不符合有效要件的集体合同，应依法认定为无效或部分无效；对部分无效集体合同，应责令当事人修改；对违法性质严重的无效集体合同，以及利用集体合同危害国家、社会或职工利益的违法行为，必须严肃处理，需追究直接责任者刑事责任的，移送司法机关处理。(5)监督集体合同的履行。对企业行政、工会和职工履行集体合同的情况进行检查，及时解决所发现的不利集体合同履行和违反集体合同的问题，督促各当事人和关系人履行集体合同义务，提高集体合同的履约率。(6)处理集体合同争议。健全集体合同争议处理的体制，完善集体合同争议处理的手段，合法、及时和快捷地处理集体合同争议，保持劳动关系的协调。

第九章　劳动规章制度

第一节　概　　述

一、劳动规章制度的界定

劳动规章制度，又称用人单位内部劳动规则，有的国家和地区称雇佣规则、工作规则或从业规则等，是指用人单位依法制定并在本单位实施的组织劳动和进行劳动管理的规则。理解此概念，需明确下述要点：(1)它是用人单位的规章制度。即劳动规章制度以用人单位为制定主体，以公开和正式的用人单位行政文件为表现形式，只在本单位范围内适用。这既不同于法规和政策，也不同于社会团体规章。(2)它是职工和用人单位在劳动过程中的行为规则。劳动规章制度的调整对象是在劳动过程中用人单位与职工之间以及职工相互间的关系，也就是说，它所规范的行为是作为劳动过程必要组成部分的劳动行为和用人行为。因而，它在本单位范围内，既约束全体职工，又约束单位行政的各个组成部分。但是，它对职工和用人单位的约束只限于劳动过程，而关于劳动过程之外事项的规定，则不属于劳动规章制度。(3)它是用工自主权和职工民主管理权相结合的产物。制定和实施劳动规章制度，是用人单位在其自主权限内用规范化、制度化的方法对劳动过程进行组织和管理的行为。简言之，是行使用工自主权的一种形式和手段。职工作为劳动过程的要素和主体，既有权参与劳动规章制度的制定，又有权对用人单位遵守劳动规章制度实行监督，这是职工民主管理权的重要内容。因而，劳动规章制度具有协调劳动关系的功能。

劳动规章制度和劳动合同、集体合同都是确定劳动关系当事人双方权利和义务的重要依据，都是协调劳动关系的重要手段。其区别主要表现在：(1)劳动规章制度的制定是用人单位的单方法律行为，制定程序中虽然有职工参与的环节，但由单位行政最后决定和公布，职工并非制定主体；而劳动合同和集体合同的订立，都是劳动关系当事人或其团体的双方法律行为。(2)劳动规章制度所规定的是全体或部分职工的共同权利和义务；而劳动合同所规定的只是单个职工的权利和义务。(3)劳动规章制度与集体合同在内容上虽然有交叉，但各有侧重。前者侧重于规定在劳动过程的组织和管理中职工和单位行政双方的职责，也即劳动行为规则和用工行为规则；后者则侧重于规定本单位范围内的最低劳动标准。

劳动规章制度是企业规章制度的重要组成部分，由于其受到劳动法的专门规制，就有必要区分企业规章制度中的劳动规章制度和其他规章制度。在《劳动合同法》第4条中，第1款的规定表明，劳动规章制度即“保障劳动者享有劳动权利、履行劳动义务”的规章制度，这是从功能和任务的角度作出界定；第2款的规定表明，劳动规章制度即“有关劳动报酬、工作时间、休息休假、劳动安全卫生、保险福利、职工培训、劳动纪律以及劳动定额管理等直接涉及劳动者切身利益的规章制度”,这是从内容的角度作出界定。这表明,“保障劳动者享有劳动权利、履行劳动义务”的规章制度,亦即“‘直接涉及劳动者切身利益’的规章制度”,两种表述的内涵和外延都具有一致性。因而,不应当作所谓的“直接涉及劳动者切身利益”的劳动规章制度与“不直接涉及劳动者切身利益”或“直接涉及劳动者非切身利益”的劳动规章制度之区分。此外,在《劳动合同法》第38、39条中有“用人单位的规章制度”之表述。对此需要明确的是,企业作为用人单位制定的规章制度不同于企业作为经营者制定的规章制度。用人单位是劳动法的概念,是企业在劳动关系中的身份,故企业作为用人单位制定的规章制度就是劳动规章制。经营者不是劳动法而是民商法、经济法的概念,不是企业在劳动关系中的身份,故企业作为经营者制定的规章制度不属于劳动规章制度,而属于经营管理规章制度,由于其不直接涉及劳动者切身利益,故不适用劳动法所规定的劳动规章制度制定的职工参与等规则。

二、劳动规章制度的性质

(一)契约说和定型契约说

契约说认为,劳动规章制度本身不具有约束力,然而,由于劳动者对规则的同意,事实上多体现为默示同意或录取时的概括同意,在劳动者个人与用人单位之间就规则所列内容形成合意关系,规则几乎对所有劳动者都具有约束力,这是合同上的约束力。也有观点认为,劳动规章制度是劳动合同的一部分,劳动合同既已成立,规则作为劳动合同的附合合同只要合法也同样具有效力。〔1〕

将劳动规章制度定性为契约不过是对当事人合意的一种拟制,事实上这种当事人合意并不存在。因为劳动者大多数在受雇后才知道此等规则存在,甚至常常有受雇后仍不知有此规则者,并且,用人单位对此规则还可依单方、片面的意思随时变更。对此等情况,契约说无法解释。

即使承认劳动规章制度为契约,亦属一种定型契约或附合契约。〔2〕定型契约说认为,在劳动关系领域内,为求经营之效率,有必要将劳动条件即服务规则等契约内容以统一化、定型化之方式来处置,劳动规章制度其实就是雇主为统一劳动条件及服务规则所订定。在我国台湾地区有地方法院的判决认为:依现今社会之情形观之,劳工与雇主间之劳动条件依雇主所订之工作规则所规定之内容而定,已成为劳工与雇主间均有合意之一种事实上习惯,工作规则即因而有拘束劳工与雇主双方之效力,而不论劳工是否知悉工作规则之存在及其内容,或是否有予以同意,均当然适用工作规则。在此种情形下,工作规则之于雇用契约,即如同运送业或保险业所订之一般契约条款之于运送契约、保险契约。除非当事人有反对的意思表示之外,当然成为雇用契约内容之一部。〔3〕

(二)法规说

此学说认为,劳动规章制度在工作场所事实上发挥着行为规范的作用,从法理角度观察,

---

〔1〕 参见本章第二节中的“用人单位内部劳动规则的法律效力”

〔2〕 参见黄越钦:《劳动法新论》,中国政法大学出版社2003年版,第138~139页。

〔3〕 台湾劳动法学会:《劳动基准法释义——施行20年之回顾与展望》,新学林出版股份有限公司2005年版,第341~343页。

劳动规章制度的强制力和约束力基于上述规范具有法律规范的性质;作为一种法规,劳动规章制度具有对劳动合同实施规制的法律效力。同时主张,不论劳动者对劳动规章制度的内容是否知悉和同意,都要无条件地受其约束。此学说依对法规性质的认识不同,又分为授权立法说和习惯法、自治法说。

1. 授权立法说

此学说有以下观点:(1)经营权说。即劳动规章制度是用人单位基于经营权而发动之法的规范权能,故其所制定的规则是一种法律,换言之,与团体协约同为用人单位和劳动者间对劳动合同适用的一种特别契约法规。[4] 有观点进而认为,这种权能是法律赋予企业经营权的内容,即企业作为一种社会组织从其依法成立之日起就被国家授予制定本组织内部规范的权力。[5] (2)保护法授权说。有学者认为,由用人单位单方制定或修改的劳动规章制度本来不具备法律规范的性质,只是由于得到了劳动基准法的保护而被赋予了法律的效力,主张应该在保护法的范围内承认企业劳动规章制度的法律规范性。[6]

2. 习惯法、自治法说

此学说认为,劳动规章制度具有习惯法或自治法规的性质。如日本有人认为,习惯法主张劳动规章制度属于《日本民法》第92条规定的具有法律规范性质的习惯。[7]

对上述学说,存在诸多质疑。有人认为[8]:(1)以企业经营权为基础的授权说可以解释用人单位单方对劳动规章制度的制定权,但是,无法解释用人单位究竟基于何种权利得制定如此强烈效力之法律,而径予颁布施行。其基于"经营权而发动立法力、规范力"无法解释企业为什么可以逾越职场规则的范围,对劳动条件片面决定。(2)法律不承认平等劳动契约关系的一方当事人当然有法规制定权,故自治法说欠缺理论根据;习惯的实质基础与劳动规章制度的性质不同,故习惯法说亦是谬误;尤其是在集体劳动关系中,劳动关系自治法规之制定本来应以团体协约之方式完成,故劳动规章制度具有法规性质之主张的根据极为薄弱。(3)从宪法、行政法、私法人自治看,"法规说"亦是谬误。"法规说"过分提高劳动规章制度的法律地位,不当地授予私法人立法权,使资方因此处于近乎公权力对人民的统治地位。有人则认为,"法规说"的缺陷在于,企业并非国家机关,对其授权立法,无充分的法理依据。[9] 也有人认为,[10]将仅由用人单位单方制定的劳动规章制度视为法规,有违现代法的基本原则。同时劳动基准法在规章制度的制定、备案、听取意见等方面做出了许多制约性的规定,因此不能在排除劳动关系形成过程中劳动者陈述意见机会的情况下承认规章制度的法规范性。

---

〔4〕 参见黄越钦:《劳动法新论》,中国政法大学出版社2003年版,第139页。

〔5〕 参见本章第二节中的"用人单位内部劳动规则的法律效力"。

〔6〕 杨继春:《企业规章制度的性质与劳动者违纪惩处法理初探》,载http://www.labournet.com.cn,2003年4月8日访问。

〔7〕 杨继春:《企业规章制度的性质与劳动者违纪惩处法理初探》,载http://www.labournet.com.cn,2003年4月8日访问。

〔8〕 参见黄越钦:《劳动法新论》,中国政法大学出版社2003年版,第139页。

〔9〕 参见本章第二节中的"用人单位内部劳动规则的法律效力"。

〔10〕 杨继春:《企业规章制度的性质与劳动者违纪惩处法理初探》,载http://www.labournet.com.cn,2003年4月8日访问。

(三)事实说〔11〕

劳动规章制度为一种事实上的存在,并无法律上的效力,即其在劳动法中无任何法规地位可言,其内容仅为用人单位基于债权人之地位,对受雇人履行债务时之"指示",在有劳动合同的情形下,劳动规章制度已无规范的效果,最多只有事实上意思通知之效力。在有经营协议、团体协约的情形下,劳动规章制度的地位更低,大致低于或等于安全守则。但是,可否称为一种"事实上的习惯",亦值得考虑。根据日本劳动基准法之规定,不能肯定劳动规章制度是劳动关系的法源。

(四)其他学说

二分说认为,劳动规章制度是基于劳资双方合意的契约发挥效力的部分和基于用人单位的指挥产生的具有法律法规性质的部分所构成的,前者为工资、工时等狭义劳动条件部分,后者为广义劳动条件部分。集体合意说认为,劳动规章制度是针对劳动者集体统一设定的规范,基于集体合意而产生法律约束力。〔12〕

上述各说只就劳动规章制度为何具有效力的依据作出不同解释,而对效力本身无不同主张,故法律性质争论的实益不大。在日本,学说上针对此问题的争论有式微之势。〔13〕

三、劳动规章制度的地位

劳动规章制度在劳动关系协调机制中是一种具有特殊地位和功能的法律工具。一方面,作为集体劳动关系协调机制的一个组成部分,不仅依托于集体合同,并弥补集体合同的不足;而且以职工民主管理制度为支撑,集中体现职工民主管理的成果,放大职工民主管理的功效。另一方面,作为单个劳动关系协调机制的关联因素,以劳动合同附件的形式扩大劳动合同的合意功能,降低劳动合同的签约成本,并弥补劳动合同的不足。基于劳动规章制度跨越集体劳动关系和单个劳动关系的联通性和边缘性,将劳动规章制度置于劳动关系协调机制的整个系统中展开研究,尤其是分别从单个劳动关系和集体劳动关系的视角研究劳动规章制度,更便于把握劳动规章制度的本质、地位和功能,对劳动规章制度的制定和实施作出与劳动合同制度、集体合同制度、职工民主管理制度相衔接的制度设计。我国《劳动合同法》不仅规定劳动合同的运行规则,而且还对集体合同、劳动规章制度、职工民主管理作出相关规定。这种立法体例更表明,从劳动关系协调机制的整个系统中全方位研究劳动规章制度,不仅具有必要性和可行性,而且具有优越性。

劳动规章制度还作为企业规章制度的组成部分,跨越劳动法而兼具民商法意义。包括企业(公司)章程在内的企业规章制度,作为意思自治和合同的一种特殊形态,一直是意思自治与公权干预的衔接点,成为民商法领域既传统又不断产生新问题的研究对象。劳动规章制度作为企业经营管理权与职工民主管理权相结合的产物,兼有企业经营管理和劳动关系协调双重功能,其与公权干预相对应的意思自治,比仅作为企业经营管理工具的其他企业规章制度更为

---

〔11〕 参见黄越钦:《劳动法新论》,中国政法大学出版社2003年版,第140页。

〔12〕 杨继春:《企业规章制度的性质与劳动者违纪惩处法理初探》,载http://www.labournet.com.cn,2003年4月8日访问。

〔13〕 台湾劳动法学会:《劳动基准法释义——施行20年之回顾与展望》,新学林出版股份有限公司2005年版,第344页。

复杂,即其意思自治中含有企业与劳动者在一定程度上的合意,并且这种合意还受到来自不同劳动者群体的利益和意思表示的影响。因而,劳动规章制度研究,既要从民商法视角分析意思自治与公权干预的关系,也要从劳动法视角研究企业与劳动者的合意关系和不同劳动者群体的意思表示协调关系。

四、劳动规章制度的立法概况和立法模式

(一)我国的立法概况

1954 年,政务院制定《国营企业内部劳动规则纲要》,该规定已经失效。1982 年,国务院制定《企业职工奖惩条例》,1983 年,原劳动人事部制定《关于〈企业职工奖惩条例〉若干问题的解答意见》,1986 年国务院制定《国营企业辞退违纪职工暂行规定》。

在《劳动法》中,第 4 条规定用人单位应当依法建立和完善规章制度,保障劳动者享有劳动权利和履行劳动义务;第 25 条第 2 项将劳动者严重违反劳动纪律或用人单位的规章制度作为用人单位可以即时解除劳动合同的法定情形之一;第 89 条规定,用人单位制定的劳动规章制度违反法律、法规规定的,应当承担法律责任。《关于贯彻执行〈劳动法〉若干问题的意见》(劳部发[1995]309 号),在第 87 条明确了《劳动法》第 25 条第(三)项中的"重大损害"由企业内部规章规定,并由劳动争议仲裁委员会根据企业的类型规模和损害程度等情况进行认定。《关于新开办用人单位实行劳动规章制度备案制度的通知》(劳部发[1997]338 号)中规定,劳动规章制度应包括劳动合同管理、工资管理、社会保险、福利待遇、工时休假、职工奖惩以及其他劳动管理等内容,并要求劳动行政部门从内容和程序两方面进行审查,符合规定的予以备案。《最高人民法院关于审理劳动争议案件适用法律若干问题的解释》(法释[2001]14 号)第 19 条规定,用人单位根据《劳动法》第 4 条之规定,通过民主程序制定的规章制度,不违反国家法律、行政法规及政策之规定,并已向劳动者公示的,可以作为人民法院审理劳动争议案件的依据。《劳动合同法》以《劳动法》的有关规定为依据,对劳动规章制度的内容、制定程序,用人单位不制定、违法制定劳动规章制度和劳动者违反劳动规章制度的法律后果,作出更为明确的规定。

我国一些地方立法对此问题也有涉及,如《上海市劳动合同条例》(2001 年)第 27 条第 2 项、《江苏省劳动合同条例》(2013 年)第 47 条第 3 款、《山东省劳动合同条例》(2013 年)第 33 条第 2 款关于劳动规章制度效力的规定。

劳动规章制度现行立法的缺陷,主要表现在:(1)高层次的法律过于原则化、抽象化,如《劳动法》、《劳动合同法》、《关于贯彻执行〈劳动法〉若干问题的意见》中的规定有很大弹性,而对劳动规章制度的内容、程序、效力、法律责任等没作规定,难以实际操作。(2)有的规范性文件,如《关于新开办用人单位实行劳动规章制度备案制度的通知》虽然对劳动规章制度的有关问题作了规定,但立法层次较低,效力有限。(3)法律规定不完整,劳动规章制度制定和实施中的某些问题,如制定主体、劳动纪律等,缺乏规定。

(二)立法模式

各国关于劳动规章制度的立法,已形成两种模式:(1)授权式立法。即在立法中只规定劳动规章制度的权限和程序,对劳动规章制度内容则不作规定或者仅列举规定其应含事项,而将劳动规章制度内容的确定权完全授予用人单位,只要内容不违法即可。例如,《日本劳动标准法》中关于雇佣规则的规定和我国台湾地区的"劳动基准法"及其"施行细则"中关于工作规则

的规定,就属于此种模式。(2)纲要式立法。即在立法中除了对劳动规章制度的制定权限和程序作出规定外,还对劳动规章制度内容作出纲要式规定,要求用人单位以此作为制定劳动规章制度的依据和标准。例如,我国1954年《国营企业劳动规章制度纲要》、1982年《企业职工奖惩条例》、1986年《国营企业辞退违纪职工暂行规定》,都是关于劳动规章制度的基本规定,各企业制定的劳动规章制度,都必须与之相符。在一些前社会主义国家,如苏联等,关于劳动规章制度的立法,就属于此种模式。

劳动规章制度立法的上述两种模式尽管有区别,但不乏共同点。其中主要是:(1)都授权用人单位制定劳动规章制度,并自行确定劳动规章制度的具体内容;(2)都要求劳动规章制度在制定程序和内容上均必须合法;(3)都确认劳动规章制度具有法律效力,把遵守劳动规章制度规定为劳动者和用人单位的义务。这些共同点,也就是劳动规章制度立法的一般任务和内容。

劳动规章制度立法的上述两种模式,都分别同一定的所有制和经济体制相联系。在私有制和市场经济的条件下,企业资产归资本家所有,企业拥有包括微观劳动管理在内的经营管理自主权,制定劳动规章制度理所当然地属于企业的内部事务。因而,不宜在立法中规定劳动规章制度的内容,而应当赋予企业以确定劳动规章制度的完全自主权。在公有制和计划经济的条件下,国家对企业财产拥有所有权,企业作为政府的附属物而无经营管理自主权,因而,劳动规章制度所涉及的不只是企业自身利益而主要是国家利益和社会公共利益,遵守劳动规章制度不仅是职工与企业相互间的义务而且是双方对国家的义务。基于此,国家在立法中对劳动规章制度内容作出纲要式规定。

在我国经济体制改革所追求的目标模式中,既要求以公有制为主体,又要求实行市场经济。由此决定了我国的劳动规章制度立法,应当在吸收上述两种模式的合理因素的基础上,形成一种与社会主义市场经济相适应的新模式。该模式的立法应当包括下述几个方面:(1)规定凡职工人数达到一定界限的用人单位,都应依法制定完善的劳动规章制度;(2)规定制定劳动规章制度的主要程序和劳动规章制度的有效要件,并规定用人单位因劳动规章制度违法应负的法律责任;(3)规定劳动规章制度内容所应包括的事项,并对某些重要内容作出示范性的纲要式规定,或者授权特定机构或组织制定示范性纲要,同时,赋予用人单位以确定劳动规章制度具体内容的自主权;(4)规定职工和用人单位都必须遵守劳动规章制度,并且对违反劳动规章制度的惩戒规则作出原则性规定。

第二节　劳动规章制度的制定和效力

一、制定劳动规章制度是用人单位的权利和义务

劳动规章制度的制定,一方面是用人单位对职工的权利,即用人单位的经营权和用人权中必然含有劳动规章制度制定权;另一方面是用人单位对国家和职工的义务,即用人单位必须以制定劳动规章制度作为其行使经营权和用人权的一种主要方式。

在许多立法例中,明确赋予用人单位制定劳动规章制度的义务。例如,《法国劳动法典》规

定,正常情况下至少雇用20个雇工的工商企业、律师事务所、机关办事处、协会等雇主必须制定雇佣规则;一个企业对其各个部门或各个方面的人员都要制定出特别的规则;在没有宏观层次集体合同可适用的企业,还应当制定关于集体解雇之手续的一般细则。又如,《日本劳动标准法》规定,经常雇用10人以上的雇主,应当就与适用于企业全体工人之规定有关的各种事项,制定雇佣规则;雇主有必要时,可对工资、安全卫生、事故补贴和非因工病伤救济分别订立规则。我国台湾地区的"劳动基准法"规定,雇主雇用劳工人数30人以上者,应依其事业性质,就法定有关事项制定工作规则;事业单位之事业场所分散于台湾各地者,雇主得订立适用于其事业单位全部劳工或该事业场所之工作规则。我国《劳动法》第4条和《劳动合同法》第4条都原则性规定,用人单位应当依法建立和完善规章制度,保障劳动者享有劳动权利和履行劳动义务;但未把用工人数规定为承担此项义务的条件,也未列举规定应当制定规章制度的事项。这表明,各种用人单位都有义务制定劳动规章制度;并且,凡是保障劳动者享有劳动权利和履行劳动义务所必要的事项,都应当制定相应的劳动规章制度。

立法之所以把制定劳动规章制度规定为用人单位的义务,是因为:(1)劳动者在劳动过程中处于从属地位,其权利和义务的实现受用人单位支配,制定劳动规章制度既可以使劳动者的权利和义务明确、具体,又可以使用人单位的劳动管理行为规范化,从而排除用人单位对劳动者实现其权利和义务的任意支配,尤其是防止用人单位滥施纪律惩戒权。(2)在同一用人单位内部,任一劳动者的权利和义务都同其他劳动者的权利和义务相互关联,其实现过程中难免发生冲突,制定劳动规章制度就有利于协调不同劳动者之间因实现各自权利和义务所产生的矛盾,有利于营造全体劳动者实现各自权利和义务的良好秩序。

用人单位的此项义务包括两个层次:(1)应当"建立和完善"劳动规章制度的义务。用人单位不履行此义务的法律后果是,不能依据《劳动合同法》第39条第1款第2项之规定,以劳动者严重违反用人单位的规章制度为由即时辞退劳动者。(2)应当"依法"建立和完善劳动规章制度的义务,即制定劳动规章制度应当合法的义务。用人单位不履行此义务的法律后果,一是依据《劳动合同法》第38条第1款第4项之规定,劳动者可以"用人单位的规章制度违反法律、法规的规定,损害劳动者权益"为由即时辞职;二是依据《劳动合同法》第80条的规定,用人单位的劳动规章制度违反法律、法规规定的,由劳动行政部门责令改正,给予警告,给劳动者造成损害的应当承担赔偿责任。

二、劳动规章制度的内容

关于劳动规章制度所应当包括的内容,一般由立法列举规定。一种模式是规定较全面,包括行为规则、惩戒规则和劳动条件。例如,《日本劳动标准法》规定,雇佣规则应当包括10个方面的内容,即上下班时间、休息时间、休息日、休假以及有两组以上工人轮班时有关换班的事项;工资的决定、计算及支付方法,工资的发放日期及截止计算日期,以及有关增加工资的事项;有关退职的事项;与规定退职津贴及其他津贴、分红、最低工资等有关的事项;与规定工人负担膳费、工作用品及其他开支有关的事项;与规定安全及卫生规则有关的事项;与规定职业训练有关的事项;与规定事故补偿、非因工负伤和疾病的救济有关的事项;与规定奖惩的办法、种类及程度有关的事项;在上述各项之外,与适用于该企业全体工人的规定有关的事项。又如,我国台湾地区的"劳动基准法"将工作规则的内容规定为12项,即工作时间、休息、休假、法定纪念日、特别休假及继续性工作之轮班方法；工资之标准、计算方法及发放日期；延长工作时间；津贴及奖金；应遵守之纪律；考勤、请假、奖惩及升迁；受雇、解雇、资遣、离职及退休；灾害、伤病补偿及抚恤；福利措施；劳雇双方应遵守劳工安全卫生规定；劳雇双方沟通意见加强合作的方法；其他。该法的《施行细则》针对上述各项还特别规定，雇主认为必要时，得分别就上述各项另订单项工作规则。可见，劳动规章制度中应当包括的事项相当广泛，几乎涉及劳动关系内容的各个方面和劳动关系运行的各个主要环节。为了指导用人单位合法、全面和完整地确定劳动规章制度的内容，有的国家还授权特定机关制定劳动规章制度范本。例如，《巴林劳工法》规定，“劳工和社会事务部长可以通过命令颁布适合工作性质的纪律规定和范本，作为雇主制订他们自己的规则的指导。”

另一种模式是限制内容范围。如《法国劳动法典》将内容范围限定于行为规则和惩戒规则，而不包括劳动条件。其法律篇第 122～34 条规定，内部劳动规则只能包括：(1)企业实施安全和卫生法规的各项措施，特别是雇员应当掌握的各项安全卫生具体操作规程；(2)雇主与雇员协商确定的关于雇员在哪些情况下可以参与创造有利于保护雇员安全和健康的劳动条件；(3)劳动纪律，特别是关于处罚的性质和等级的规定。其法律篇第 122－35 条接着规定了内部劳动规则的法定排除条款，即不得包括违反法律、法规以及集体合同、集体协议的条款；不得对雇员个人性的、集体性的权利和自由做出不能为雇员承担的任务性质所证明的或者与雇主所要追求的目标不成比例的限制；不得含有对具有同等职业能力的雇员，只因性别、习俗、家庭状况、出身、观点或信仰、或者残疾等因素不同，而侵害其劳动权益的条款。〔14〕之所以如此规定，其理由是，内部劳动规则“系雇主基于指挥权之行使，就职场纪律所谓之规定”，“为维护职场秩序而作成”，〔15〕故其内容应当限定于维护职场秩序所必要的行为规则。

在我国《劳动合同法》第 4 条第 2 款中，将劳动规章制度的内容限定为“有关劳动报酬、工作时间、休息休假、劳动安全卫生、保险福利、职工培训、劳动纪律以及劳动定额管理等直接涉及劳动者切身利益的”事项，不仅如此，我国立法还进一步对某些重要事项直接规定其内容或者规定如何确定内容的规则。其中，较多的是关于劳动组织、劳动纪律和工资分配等方面的规定。

三、劳动规章制度的制定程序

立法中对劳动规章制度的制定程序，一般不作完整的规定，而只择要规定其中应含的某些环节。也就是说，劳动规章制度的制定程序中，既有法定环节，也有非法定环节，后者即用人单位自行规定的环节或者有关国家机关指定必备的环节。法定环节，一般有下述几种：

(一)职工参与

劳动规章制度虽然是单位行政制定的，但只有在吸收和体现了职工方意志，或者得到职工方认同的情况下，才能确保其实施。于是，立法中要求劳动规章制度制定程序中应当有职工参与(又称职工民主参与)的环节。例如，《法国劳动法典》规定，雇佣规则在提交工厂委员会讨论

---

〔14〕参见《法国劳动法典》，罗结珍译，国际文化出版公司 1996 年版，第 55～56 页；郑爱青：《法国劳动法对企业内部劳动规则的调整及对我国的借鉴意义》，载 http://china.findlaw.cn/hetongfa/lilunyanjiu/35478.html，2014 年 2 月 22 日访问。

〔15〕黄越钦：《劳动法新论》，王惠玲监修，翰芦图书出版有限公司 2012 年版，第 189 页。

通过之前,或在没有工厂委员会的情况下提交职工代表讨论通过之前,不能将其付诸实施。又如,《日本劳动标准法》规定,起草或修改雇佣规则时,雇主应征求有关企业中过半数工人所组成的工会的意见,如无此种工会时应征求过半数工人的代表的意见。

根据我国《劳动合同法》第4条第2、3款的规定,制定、修改劳动规章制度或作出重大事项决定的职工参与程序包括两个环节:(1)由职工代表大会或者全体职工对制定、修改劳动规章制度或作出重大事项决定的建议展开讨论,提出方案和意见;但在劳动规章制度和重大事项决定实施过程中,工会或者职工认为不适当而向用人单位提出修改方案和意见的,无须职工代表大会或者全体职工讨论。(2)就上述方案和意见,用人单位与工会或者职工代表平等协商确定。

值得注意的是,这里的平等协商不同于集体合同订立程序中的平等协商。劳动规章制度制定程序中的平等协商,又称劳资协商,属于职工参与形式,是指职工方与企业方就有关企业生产经营和职工利益的事务,平等地交涉、对话和商讨,以实现相互理解和合作,并在可能的条件下达成一定协议的活动。集体合同订立程序中的平等协商,即《关于〈中华人民共和国劳动法(草案)〉的说明》(1994年)中的"协商谈判"和《集体合同规定》(2003年)中的"集体协商",在境外立法例中称为"集体谈判"。这是两种不同的制度:(1)集体合同草案作为集体协商的结果须经协商一致达成,且须提交职工大会或职代会讨论通过;而劳动规章制度制定程序中,平等协商作为职工参与的方式,既可能是经协商一致而确定劳动规章制度,也可能是经协商未达成一致时由用人单位在部分吸收工会或职工代表意见的基础上确定劳动规章制度。(2)集体协商中发生的争议属于集体合同缔约争议,按照法定协调处理程序处理;制定劳动规章制度的平等协商中发生的争议,则不适用集体合同缔约争议的协调处理程序。可见,对劳动规章制度制定程序中的平等协商不宜理解为劳资共决。

(二)报送审查或备案

劳动规章制度涉及劳动法律政策的实施,为确保劳动规章制度内容合法和职工参与劳动规章制度制定,立法要求将劳动规章制度的制定置于国家的监督之下。例如,日本规定,雇主应当将草拟或修改的雇佣规则呈报行政官厅,并将所征求的工会或工人代表的意见随同附上,行政官厅有权命令更改不符合法令或劳动协约的雇佣规则。又如,我国台湾地区的"劳动基准法施行细则"和有的文件规定,雇主订立工作规则,应于30日内报请当地主管机关核备;事业单位之事业场所分散于各地者,订立适用于其全部劳工之工作规则应向事业主体所在地之主管机关报备,订立适用于各该事业场所之工作规则应分别向各该事业场所之当地主管机关报备;主管机关认为有必要时,得通知雇主修订工作规则。

我国《劳动合同法》对劳动规章制度的报送审查或备案未作规定,但在《关于新开办用人单位实行劳动规章制度备案制度的通知》(劳部发[1997]338号)中,曾要求新设立的企业应当将其制定的劳动规章制度报送劳动行政部门备案。笔者认为,我国立法有必要规定:用人单位应将其制定或修订的劳动规章制度报送劳动行政部门审查;劳动行政部门应当在法定期限内作出书面的审查意见,对不合法的内容有权在审查意见书中责令用人单位修改。

(三)公示或告知劳动者

劳动规章制度既然以全体职工和单位行政各个部分为约束对象,就应当为全体职工和单位行政各个部分所了解。所以,立法中要求以合法有效的方式公布。例如,《加拿大劳工(标准)法》规定,省政府主席有权要求雇主将其制定的劳动规章,向全体职工公布;《阿拉伯也门共和国劳工法》规定,业主应当在企业里的明显地点挂出奖惩条例及其实施条件;《智利共和国劳动法》规定,雇主必须发给每个工人一个有关内部规章的印刷本;我国台湾地区"劳动基准法施行细则"规定,工作规则经主管机关核备后,雇主应即于事业场所内公告并印发各劳工;《法国劳动法典》规定,雇佣规则应于完成了公布等手续两周之后实施。

在我国,《最高人民法院关于审理劳动争议案件适用法律若干问题的解释》(法释[2001]14号)对劳动规章制度有应当向劳动者公示的原则要求。根据《劳动合同法》第4条第4款的规定,用人单位应当将劳动规章制度和重大事项决定公示,或者告知劳动者。公示方式的选择,关键是公示效果,应当使劳动者能够知悉其内容。一般而言,公示应当采用正规的、公开的、可以永久或较长时间持续的方式。为便于日后履行举证责任,用人单位对公示和告知劳动者应当作书面记载。

四、劳动规章制度的法律效力

1. 劳动规章制度具有效力的理论依据

西方国家,关于劳动规章制度有无效力的问题,存在争论。无效说认为,劳动规章制度是厂方单方制定的,职工事后才知道,因而不属于劳动契约,不能约束职工。有效说则主张,劳动规章制度应当具有效力,但对于为什么会具有效力的理由,有不同观点。其主要是:(1)契约说。契约说认为劳动规章制度是劳动契约的一部分,劳动契约既已成立,劳动规章制度作为劳动契约的附合契约只要合法,同样具有效力。正如乘坐交通工具或委托运输货物,旅客或货主在购票或办理托运时即已订立运输契约,随后就应当遵守运输方面的各项规章一样。在这里,运输规章是运输契约的附合契约,其效力具有强迫性。这种观点主张,劳动者只有以明示或默示的方式与雇主达成合意,才受劳动规章制度约束。(2)法规说。法规说认为企业作为一种社会组织从其依法成立之日起就被国家授予制定本组织内部规范之权,制定劳动规章制度是一种授权"立法"。劳动者既已入厂,不仅表明已与雇主在建立劳动关系方面意思表示一致,而且表明已承认雇主作为一厂之长具有为谋工厂发展而在本厂范围内的"立法"之权。所以,这种观点主张,不论劳动者对劳动规章制度的内容是否知悉和同意,都要无条件地受其约束。(3)折中说。折中说认为上述两种观点均失之偏颇而不合理。并认为,劳动规章制度之所以发生效力,既是由于法律的确认,也是由于当事人双方的合意,所以,劳动规章制度具有效力的条件是,其内容不违法并且取得职工同意。

在我国,一般认为,劳动规章制度虽然被称为厂规厂法,但并不是法律,其效力只是来自法律的赋予。《宪法》规定,遵守劳动纪律是公民的一项基本义务。《劳动法》和《劳动合同法》规定,用人单位应当依法建立和完善规章制度,劳动者应当遵守劳动纪律。劳动规章制度之所以由法律赋予其效力,其主要理由是:(1)劳动规章制度是法律规范的延伸和具体化。劳动规章制度的主要内容都是依据有关法规制定的,是对有关法规所规定内容的具体展开。在此意义上,劳动规章制度是实施劳动法律规范的必要手段,因而,法律应当赋予劳动规章制度以效力。(2)劳动规章制度是劳动合同的附件。在劳动合同订立过程中,劳动规章制度是劳动者有权了解、用人单位有义务告知的必要信息。双方订立劳动合同,并约定劳动者应当遵守劳动纪律、用人单位应当按照本单位规章制度提供劳动条件和劳动待遇,就表明劳动者承认劳动规章制度并愿意受其约束。可见,劳动规章制度实际上成为劳动合同的附件。法律赋予劳动规章制度以效力,是强化劳动合同效力的必然要求。(3)劳动规章制度是实现劳动过程的自治规范。一方面,用人单位制定劳动规章制度,是行使其用人自主权的法律行为;另一方面,职工也参与劳动规章制度的制定,劳动规章制度的内容经职工方同意才能确定。这表明,劳动规章制度是用人单位和职工依法自律的手段,反映了用人单位和全体职工的共同意志,法律理应认可其效力。

2. 劳动规章制度具有效力的必要条件

劳动规章制度发生效力,必须完全具备法定有效要件。《最高人民法院关于审理劳动争议案件适用法律若干问题的解释》(2001 年)第 19 条将劳动规章制度的有效要件规定为:通过民主程序制定;符合国家法律、行政法规及政策规定;已向劳动者公示。这种规定还不够完整。在法理上,劳动规章制度的有效要件应当包括:

(1)制定主体必须合法。劳动规章制度只能由单位行政制定,但并非单位行政中的任何一个管理机构都有权制定劳动规章制度。一般认为,有权代表用人单位制定劳动规章制度的,应当是单位行政系统中处于最高层次、对于用人单位的各个组成部分和全体职工有权实行全面和统一管理的机构。这样,才能保证所制定的劳动规章制度在本单位范围内具有统一性和权威性。至于单位行政中的其他管理机构,虽然可参与劳动规章制度的制定活动,但无权以用人单位名义颁布劳动规章制度,不具有劳动规章制度的制定主体资格。在我国现行立法对劳动规章制度的制定主体要件尚未作明确规定的情况下,应当依据经工商行政管理部门核准登记的企业章程来确定什么机构有资格制定劳动规章制度。

在母、子公司之间,各具有法人资格,故各自独立制定劳动规章制度。在法人与其非法人分支机构之间,非法人分支机构经法人总机构授权,才可制定劳动规章制度。

(2)内容必须合法。劳动规章制度的内容,不仅不得违反法律、法规和政策的规定,而且不得违反集体合同的规定,即其规定的劳动者利益不得低于法律、法规、政策和集体合同规定的标准。劳动规章制度应当对立法所列举的必备事项作出具体规定,其内容必须体现权利与义务一致、劳动者利益与劳动效率并重、奖励与惩罚结合、劳动纪律面前人人平等的精神,不得与法律、法规、政策和集体合同的规定相悖。其中,关于劳动条件和劳动待遇的规定,不得低于法定最低标准和集体合同约定最低标准;关于惩罚违纪职工的规定,必须同法定的违纪罚则相符,必须贯彻"教育为主,惩罚为辅"的原则,不得侵犯职工合法权益。

(3)制定程序必须合法。在制定劳动规章制度的过程中,凡属于法定必要程序,都必须严格履行;集体合同和既存有效劳动规章制度对此程序若有规定,也应当遵循。现行立法所规定的程序要件有职工民主参与和向劳动者公示或告知两项;根据国外的立法例,还应当报政府有关部门审查备案。

关于程序瑕疵对劳动规章制度效力的影响,取决于程序瑕疵对劳动者实体权益有无实质影响和可否补正等因素。鉴于劳动规章制度制定程序中的职工参与环节在我国法律中首次为《劳动合同法》第 4 条所规定〔16〕,有的地方性劳动仲裁和司法政策文件〔17〕对职工民主程序缺

〔16〕 在《劳动合同法》制定前,仅在《最高人民法院关于审理劳动争议案件适用法律若干问题的解释》(2001 年)第 19 条中,要求用人单位通过民主程序制定劳动规章制度。

〔17〕 《广东省高级人民法院、广东省劳动争议仲裁委员会关于适用〈劳动争议调解仲裁法〉、〈劳动合同法〉若干问题的指导意见》(2008 年)第 20 条;《浙江省劳动争议仲裁委员会关于劳动争议案件处理若干问题的指导意见(试行)》(2009 年)第 30 条。

失的劳动规章制度的效力问题，作出分阶段弹性程度有所不同的规定。即劳动规章制度的制定虽未经过法定的民主程序，但内容不违反法律、行政法规、政策及集体合同规定，不存在明显不合理的情形，并已向劳动者公示或告知的，若制定于《劳动合同法》实施前，可以作为用人单位用工管理的依据；若制定于《劳动合同法》实施后，劳动者没有异议的，可以作为劳动仲裁机构和法院裁判的依据。这种规定的弊端在于轻视了职工民主程序对劳动者实体权益的实质性影响作用，忽视了用工自主权和职工民主管理权相结合是劳动规章制度的本质，极易导致企业滥用劳动规章的制定权，而使职工民主程序流于形式。对此，有必要借鉴国外的立法例，如法国《劳动法典》法律篇第122－36条、第122－37条规定，雇主在正式公布内部劳动规则之前，如果未向企业委员会或员工代表、企业安全委员会征求意见，该内部劳动规则无效，并且这也构成刑法上的妨碍企业委员会正常运行罪，雇主要受到刑法惩罚。[18]

3. 劳动规章制度具有效力的主要表现

劳动规章制度依法制定，应在本单位范围内对全体职工和单位行政各个部分都具有法律约束力。其主要表现在：(1)劳动规章制度必须在本单位范围内全面实施，劳动过程中的各种劳动行为和用工行为都必须受劳动规章制度约束，全体职工和用人单位的权利和义务都应当以劳动规章制度为依据。(2)遵守劳动规章制度是全体职工和用人单位的法定义务和约定义务，对模范遵守劳动纪律的职工应当给予奖励，对违反劳动纪律的职工应当给予惩处，对违反劳动规章制度的用人单位应当追究法律责任。(3)职工与用人单位因执行劳动规章制度发生争议，应当依法定的劳动争议处理程序予以处理。(4)在劳动争议处理中，劳动规章制度是仲裁和审理劳动争议的依据。

劳动规章制度与劳动合同在效力上的关系，表现在下述三个方面：(1)劳动规章制度作为劳动合同的附件，具有补充劳动合同内容的效力。(2)劳动合同所规定的劳动条件和劳动待遇不得低于劳动规章制度所规定的标准，否则，以劳动规章制度所规定的标准代替。这是因为，劳动规章制度规定的标准是平等适用于全体职工的标准，劳动合同所约定的职工利益若低于该标准，就是对单个职工的歧视。(3)劳动合同中可以特别约定其当事人不受劳动规章制度中特定条款的约束，但这种约定应当以对劳动者更有利为前提。这是因为，劳动合同作为主件，对作为其附件的劳动规章制度的效力，可以在合法的范围内予以一定制约。

关于劳动规章制度与集体合同在效力上的关系，学界有不同观点。有的认为，日本劳动基准法明确规定，适用于该用人单位的集体合同的效力优先于该用人单位的劳动规章制度，劳动规章制度违反法规和集体合同时，劳动行政部门有权命令变更其内容；但按契约说，劳动规章制度因为违背法规和集体劳动合同的规定而无效的部分，只能是劳动规章制度中成为劳动合同内容的那一部分。[19] 有的认为，当劳动规章制度与集体合同、劳动合同的内容出现冲突时，应本着标准上"就高不就低"的原则，以最大限度体现劳动者利益为出发点，并考虑合同订立时间的先后等因素加以解决，而不能盲目地将劳动规章制度、集体合同和劳动合同的效力予以简

---

〔18〕 郑爱青：《法国劳动法对企业内部劳动规则的调整及对我国的借鉴意义》，载 http://china.findlaw.cn/hetongfa/lilunyanjiu/35478.html，2014年2月22日访问。

〔19〕 杨继春：《企业规章制度的性质与劳动者违纪惩处法理初探》，载《法学杂志》2003年第5期。

单的排序。[20] 还有的认为,劳动规章制度与集体合同不存在相抵触的问题,因为劳动规章制度本身并非法规,又无契约的性质,从法的立场看,劳动规章制度的内容往往只是能否成为个别劳动契约内容之一部分的问题,因此,只有个别劳动契约的内容是否违反法规或集体合同的问题。并认为,《日本劳动基准法》第 92 条第 1 项规定,劳动规章制度不得违反法令及集体合同云云,将劳动规章制度与法令及集体合同并列同视,该国学者有"上位下位关系混淆"之讥评。[21] 笔者认为,劳动规章制度作为劳动合同的附件,它与集体合同效力的关系应当同劳动合同一样;并且,用人单位作为集体合同的一方当事人有履行集体合同的义务,其劳动管理行为应当遵守集体合同,而制定和实施劳动规章制度作为劳动管理的一种形式,当然要遵守集体合同。故集体合同应当成为制定劳动规章制度的依据,劳动规章制度所规定的劳动者利益不得低于集体合同所规定的标准。这已在我国地方立法中得到肯定。[22]

4. 劳动规章制度不利变更的效力

劳动规章制度不利变更,是指劳动规章制度变更后的内容较之原劳动规章制度和以其为依据订立的劳动合同,于劳动者不利,亦即变更后劳动规章制度规定的职工利益低于原劳动规章制度所规定的或者依据原劳动规章制度订立之劳动合同所约定的职工利益。在劳动规章制度的内容中,不利变更条款是一种需要对其效力作出专门讨论和规范的特殊内容。

关于劳动规章制度不利变更的效力,依对劳动规章制度之法律性质的不同理解,有不同观点。在我国台湾劳动法学界,主要观点有:(1)依法规说,雇主可自由地将工作规则予以不利变更,对于反对变更之劳工,有的认为当然也有拘束力;有的认为,虽然也有拘束力,但适用既得权保障之法理来保障劳工;有的认为,得到劳工同意才有拘束力,既得权保障、诚信原则须适用于此,其中,对是否属于既得权之废弃的认定,须作严格审查。(2)依二分说,关于劳动条件部分之不利变更,适用权利滥用、诚信原则和既得权保障等法理,同时参考契约说的旨趣来限制其效力。(3)依定型契约说,雇主可自由地将工作规则予以不利变更,关于其效力,有的认为,对劳工不能主张新工作规则当然有效;有的认为,需导入"合理变更法理"。依定型契约说和"合理变更法理",认为在保护劳工利益和兼顾企业经营之必要性的考虑下,雇主单方不利变更工作规则时,不能拘束表示反对之劳工,但如不利变更有合理性和必要性时,例外地亦能拘束表示反对之劳工。若不这样,一旦少数劳工反对,纵然不利变更具有合理性,仍不能对之发生拘束力,结果造成劳动条件分歧,不但违反工作规则旨在统一、划一劳动条件之性格,同时也不能满足企业经营之需要。在上述不同观点中,现阶段的劳动司法实务界,采用"合理变更法理"似有成为主流之势。至于司法个案中对工作规则不利变更的合理性判断,则是以"变更的必要性"、"变更所带来的不利程度"之比较考量为中心的综合判断,同时还考量"补偿措施之有无及

---

〔20〕 陈艳:《用人单位劳动规章制度的立法初探》,载 http://www.chinalawedu.com/news/21602/4000/46/2004/6/ma3128142834116400216800_117861.htm,2014 年 2 月 23 日访问。

〔21〕 参见黄越钦:《劳动法新论》,中国政法大学出版社 2003 年版,第 143 页。

〔22〕 《上海市劳动合同条例》(2001 年)第 27 条第 2 项规定,劳动报酬和劳动条件低于用人单位规章制度、集体合同或者法定劳动标准的,按照有利于劳动者的原则确认。《江苏省劳动合同条例》(2013 年)第 47 条第 3 款规定,用人单位规章制度与集体合同不一致的,按照集体合同执行。《山东省劳动合同条例》(2013 年)第 33 条第 2 款规定,企业制定的劳动规章制度不得与集体合同相抵触。

其程度”、“其他同业者之状况”、“与工会或劳工之协商经过”、“其他劳工之反应”等因素。[23]

在我国立法中,对于劳动规章制度不利变更的效力,需要借鉴上述学说和司法实践,明确下述要点:(1)劳动规章制度的不利变更条款,对受到不利之职工发生效力,应当以取得其同意为原则。(2)作为例外,劳动规章制度不利变更对反对变更的职工仍发生效力,应当以不利变更具有合理性为前提。

有学者认为,在劳动规章制度不利变更对反对变更的职工发生效力的情形下,应当允许职工因反对不利变更而在合理期限内依法辞职并获得经济补偿。[24] 这虽然体现了对职工个人意愿和原劳动合同的尊重,但其法律依据尚待明确。在《劳动合同法》第 38 条第 1 款所规定的即时辞职的各种情形中,因反对劳动规章制度不利变更而辞职不应当以“用人单位的规章制度违反法律、法规的规定,损害劳动者权益”为事由,而应当以“法律、行政法规规定劳动者可以解除劳动合同的其他情形”为事由。这就需要由立法作出明确规定。

第三节 劳动组织规则

一、劳动定员定额规则[25]

(一)劳动定员

劳动定员,又称编制定员,是指根据企业既定的生产经营方向(或产品方案)及其规模所规定的,在一定时期内和一定技术组织条件下,企业机构的设置和企业各机构配备各类人员的数量界限。它表明企业应设置哪些机构,以及各机构应配备多少人员(劳动者数量)和什么人员(劳动者素质)。企业中实行定员的范围,应当限定在企业进行正常生产经营所需要的全部职工,无论是固定工、合同制工还是临时工,也无论是生产人员还是非生产人员,只要是维持正常生产经营所需要的,都纳入定员范围之内。按规定,连续 6 个月以上的援外人员、脱产学习人员、病假人员和休长假人员,待分配人员和不顶岗学徒,试用人员、为外单位培训的人员和准备向外单位输送的后备人员,退居二线工作和离休的人员,停薪留职人员和保留厂籍劳教或服刑人员,从事的劳动与企业生产经营无关的人员(如农副业生产人员),临时性生产或工作所需人员,都不纳入定员范围。

制定劳动定员,是企业经营管理自主权的一项重要内容。除法律另有规定和国务院有特殊规定的以外,企业有权按照生产经营的特点和实际需要,自主决定其内部机构的设立、调整和撤销以及其人员配备;有关部门可以根据业务需要就企业应承担的某项职能或任务向企业提出要求,但任何部门不得硬性规定企业设置对口机构和建立人员编制。

---

〔23〕 台湾劳动法学会:《劳动基准法释义——施行 20 年之回顾与展望》,新学林出版股份有限公司 2005 年版,第 344 ~ 350 页。

〔24〕 丁建安:《论企业劳动规章制度不利变更法律规制的完善》,载《东方法学》2014 年第 1 期。

〔25〕 参见《劳动部、国家体改委关于加强劳动定额标准工作的意见》(1989 年 3 月 4 日)、《劳动部关于劳动定额定员行业标准实行统一归口管理的通知》(1991 年 5 月 15 日)、《劳动部关于清理整顿劳动定额标准工作的通知》(1991 年 2 月 22 日)、《劳动定员定额标准的结构和编写规则》(劳社部发[2004]21 号)。

企业制定劳动定员,应当符合有关法规和政策的要求。其中主要是,本着精简机构、节约用工、促进生产和提高效率的精神,确定劳动定员水平;尽可能执行适合本企业现有技术组织条件的劳动定员标准,对强制性劳动定员标准必须严格执行;法定的或者为确保科学性所必需的劳动定员制定程序,都应当切实履行。企业依法确定的劳动定员在本企业范围内具有法律效力,应当成为企业编制劳动计划、增减职工、调配职工、确定工资基金数的一必要依据。

(二)劳动定额

劳动定额是指为规范地确定劳动任务而制定的,在一定技术组织条件下劳动者完成单位合格产品或工作所需要的劳动消耗量。它有工时定额(亦称时间定额)和产量定额两种基本形式。前者是完成单位合格产品或工作所耗工时定额;后者为单位时间内完成合格产品量或工作量定额。劳动定额的范围,只限于能够计算和考核工作量的工种和岗位。在企业中,可以实行劳动定额的工种和岗位,必须具备下述基本条件:(1)企业的生产过程可以分解为许多道工序(或工步)操作,并且在不同的工作地按工序组织生产;(2)劳动成果的大小多少直接取决于劳动者的劳动消耗量,并且直接可以用实物产品量或单位产品(工作)工时消耗量来表示;(3)劳动者使用的设备一般是中小型设备,设备的转速、用量可以调整,并且必须由人来使用、操纵,采用一人一机或多机的管理方式。

劳动定额的制定,也是企业经营管理自主权的内容。但较之劳动定员,它与劳动者利益更为密切相关。因而,在法律上应当要求企业在制定劳动定额时,除了遵循必要的定额技术规则外,还应遵循下述规则:(1)据以制定定额的技术组织条件必须是企业现有的或者企业按照合同应当提供的条件,不能制定超越这种条件的定额,采用的定额标准也只能旨与这种条件相符的标准。(2)定额所规定的劳动消耗量,必须以法定工作时间为限,并且符合劳动安全卫生的要求。(3)定额的制定过程应当有工会或职工代表参与,也可以在集体合同中约定定额条款。(4)定额必须向职工正式公布并以书面形式通知有关职工,如果是对过去定额的改变,还应在定额公告和通知中说明改变定额的原因。(5)职工认为定额超越了企业所提供的技术组织条件和或者有害于劳动者安全健康的,有权提出异议,此异议应由企业行政会同企业工会进行处理。

劳动定额依法制定,即具有法律效力。凡是已制定劳动定额的工种和岗位,都必须按劳动定额组织生产;企业实行升级考评,编制劳动计划,签订承包合同,配备劳动力,进行劳动组合,实行经济核算,组织劳动竞赛,确定工资基金和计件工资、定额工资,核定奖励基金,都应当以劳动定额为依据。劳动定额制定后,就要维护其严肃性。因定额不准或生产情况发生变化确需要增加工时的,须经定额管理人员核实和同意,不得随意改变定额。

(三)劳动定员定额标准

劳动定员标准,是指根据一定的技术组织条件制定的,关于不同企业的同类型岗位在人员配备方面的统一规定。其内容包括企业各类人员数量或比例以及影响定员的有关因素的规定。它所表示的定员水平,应当具有先进合理性。所谓先进,是指与历史上最高水平相比较,定员相对较少,非生产人员比例相对较小,机构精干,劳动组合结构优化,劳动效率高;所谓合理,是指切实可行,既不落后,又非高不可攀能保证生产经营正常需要,使每个职工的工作保持满负荷。

劳动定额标准,是指在典型的技术组织条件下通过技术测定,制定的典型劳动作业或代表性产品的工时消耗或产量的标准数据。它所确定的定额水平，应当具有平均先进性。也就是说，它所规定的劳动消耗水平应当是在正常的技术组织条件下，经过努力，多数人可以达到或超过、少数人可以接近的水平。

劳动定员定额标准经批准发布，即具有法律效力。企业制定劳动定员定额，应当以劳动定员定额标准为依据和参考；劳动行政部门企业主管部门和有关部门，审查、核定或审批企业定员定额，考核企业定员定额水平，指导企业定员定额工作，必须以劳动定员定额标准为依据和尺度。

劳动定员定额标准由国家标准、行政标准、地方标准和企业标准所组成，其中的国家标准、行业标准和地方标准，可划分为强制性标准和推荐性标准。就劳动定员标准而言，一般为推荐性标准。就劳动定额标准而言，一些主要的劳动定额技术术语、符号、代号（含代码）和文件格式，以及通用的劳动定额制定方法、检验方法等劳动定额基础标准和方法标准，应列为强制性标准；其他劳动定额标准，一般应列为推荐性标准。

劳动定员定额标准属于管理性劳动标准，它对企业的约束不同于保障性劳动标准。其特点主要在于：（1）企业对劳动定员定额标准的执行须有一个前提，即企业已经具有或者有义务提供与被执行标准相对应的技术组织条件。（2）企业只有在具备足以突破劳动定员定额标准所规定定员定额水平的技术组织条件时，才可以实行高于劳动定员定额标准的劳动定员定额。（3）企业实际具有的技术组织条件尚不够劳动定员定额标准所设定的技术组织条件时，劳动定员定额标准对企业仅是一种示范，企业应将劳动定员定额标准列入其整顿和发展的目标。

二、劳动岗位规范制定规则〔26〕

劳动岗位，即有确定的职责、任务和手段的生产、工作位置。劳动岗位规范，是指企业根据劳动岗位的特点对上岗职工提出客观要求的综合规定。在劳动组织工作中，它是安排职工上岗和签订上岗合同的依据，以及对职工进行岗位考核的尺度。

劳动岗位规范的内容，按规定，一般应由下述四个部分构成：（1）岗位名称。（2）岗位职责。即劳动岗位的职能和在岗职工所负的责任。一般包括岗位的职能范围和工作内容，在规定时间内应完成的工作数量和质量，本岗位与其他岗位的关系。（3）生产技术规程。这是企业为执行国家、行业、地方、企业技术标准，和保障生产秩序，就如何保证产品质量、设备有效使用和安全生产等方面所作的具体规定，包括生产工艺规程、操作规程、设备维修规程和检修规程及安全技术规定等有关内容。（4）上岗标准。它是职工履行岗位职责所必备的自身条件。其主要包括政治思想和职业道德，文化程度，专业知识和实际技能，工作经历，身体条件等五个方面的内容。

企业制定劳动岗位规范所应遵循的原则，主要是：（1）应当根据岗位的特点确定岗位规范的内容和水平，使岗位规范能够科学、准确地反映本岗位对上岗职工的实际要求。（2）岗位规范的内容应当贯彻国家有关法规、政治，并与企业内部规章制度相协调。（3）岗位规范应符合标准化要求。岗位规范的内容和形式要参照国家有关标准化的规定，并符合企业管理标准化的要求。编写岗位责任中“在规定时间内应完成的工作数量和质量”时，凡是有适用于本企业

---

〔26〕《劳动部关于制定工人岗位规范的通知》（1991 年 10 月 24 日）。

的劳动定员定额标准的,应当按标准编写;制定特种企业人员的岗位规范,应严格执行国家标准中的有关规定。(4)岗位规范的内容应当定量描述与定性描述相结合,并尽量采用定量描述,使之具有可操作性。(5)岗位规范在一定时间内要保持相对稳定,同时要随着企业生产发展和技术进步,以及企业劳动管理的改善,适时进行修改和补充。

制定劳动岗位规范的程序中应包括的特殊环节,主要有:(1)科学地划分和设置岗位,把工作性质、业务范围和工作任务相近的岗位适当归类和合并,形成科学的系列,并编制岗位分类目录;(2)在划分和设置岗位的基础上,确定岗位职责,明确岗位标准内容的构成和各项必备要素的水平;(3)企业劳动人事职能机构会同教育、技术、生产、安全等机构聘请有关工程技术人员、技师组成专门的编审组织,进行岗位规范的编写和审核工作;(4)编审后的岗位规范由企业组织有关专家进行可行性论证和评估,以保证岗位规范的科学性。

为了加强对劳动岗位规范制定的宏观管理,国家规定,劳动部对岗位规范的制定工作负责进行宏观指导和综合协调,并制定有关方针政策;各省级和中心城市劳动部门,以及国务院有关部门和直属机构的劳动人事职能部门,负责提出本地区、本部门制定岗位规范的意见,并组织试点、经验交流和推广工作;国务院有关行业主管部门可以根据实际需要,制定本部门(行业)的标准性岗位规范。

第四节　劳 动 纪 律

一、劳动纪律的界定

劳动纪律,是指用人单位依法制定的,全体职工在劳动过程中必须遵守的行为规则以及保障其实施的对违纪行为的惩戒规则。它要求每个职工都必须按照规定的时间、地点、质量、方法和程序等方面的统一规则完成自己的劳动任务,实现全体职工在劳动过程中行为方式和联系方式的规范化,以维护正常的生产、工作秩序。凡是在集体劳动的场合,都必须有劳动纪律;没有劳动纪律,便没有社会化大生产。

在《劳动法》中,将劳动纪律和劳动规章制度规定为两个并列的概念;在《劳动合同法》中,劳动纪律则被规定为劳动规章制度的一个组成部分。为界定劳动规章制度中的劳动纪律,需明确以下要点:(1)劳动纪律是劳动过程中劳动者的行为规则,而不包括劳动条件标准和招聘、劳动合同管理、职工民主管理等规则。(2)劳动纪律是以劳动义务规则为主的劳动行为规则,除惩戒规则中的程序性劳动权利规则外,不包括劳动权利规则。(3)劳动纪律是由惩戒规则与之配套的劳动行为规则,而不包括“员工守则”等虽被违反而无惩戒后果的倡导性劳动行为规则。(4)劳动纪律包括惩戒规则,而不包括奖励规则。对此,我国立法曾经有不同要求,1954 年《劳动部关于贯彻执行政务院颁布的〈国营企业内部劳动规则纲要〉及其决定的通知》要求,各企业应制定单一的内部劳动规则,不应与人事管理规章及奖励办法等混在一起;1982 年《企业职工奖惩条例》则包括奖励和惩戒两方面内容。于是,一种观点认为,奖励和惩戒均为实施劳动纪律的重要措施,故劳动纪律既包括惩戒规则,也包括奖励规则;另一种观点认为,劳动纪律不宜包括奖励规则。这是因为,遵守劳动纪律属于职工的基本义务,值得奖励的是超出基本义务之上，有突出表现或业绩的行为；在管理实践中，奖励和惩戒也分属不同职能部门，奖励多属于党委、工会系统的职能范围，惩戒属于人力资源管理部门的职能范围。[27] 笔者认为，奖励模范遵守劳动纪律者固然对劳动纪律实施有重要意义，但其属于激励机制，已超出劳动纪律作为强行性规则和属于约束机制的性格和范围，故赞同后一种观点。

在我国立法中，劳动纪律有广义、狭义之分。其狭义仅指非公共部门的劳动纪律，主要是企业、民办非企业单位的劳动纪律，现行劳动立法中，除《劳动法》和《劳动合同法》关于劳动规章制度的原则性规定涉及劳动纪律外，尚无专项立法。《宪法》第53条将"遵守劳动纪律"规定为公民的基本义务，这是广义劳动纪律，除狭义劳动纪律外，还包括公共部门的劳动纪律，即公务员和事业单位工作人员的劳动纪律。劳动法中的劳动纪律，一般取其狭义。

二、劳动纪律的内容及其立法

劳动纪律的内容由劳动行为规则和惩戒规则所构成。劳动行为规则主要由劳动规章制度所规定，在立法中多作原则性规定或零散的择要规定。其内容一般包括：(1)时间纪律，即职工在作息时间、考勤、请假方面的规则。(2)组织纪律，即职工在服从人事调配、听从指挥、保守秘密、接受监督方面的规则。(3)岗位纪律。即职工在完成劳动任务、履行岗位职责、遵循操作规程、遵守职业道德方面的规则。(4)职场纪律，即职工在工作场所遵守公共秩序、协作配合方面的规则。(5)安全卫生纪律，即职工在劳动安全卫生、环境保护方面的规则。(6)品行纪律，即职工在廉洁奉公、爱护财产、厉行节约、善良风化、关心集体方面的规则。(7)其他纪律。

惩戒规则主要由惩戒事由(即违纪行为要件)、惩戒措施和惩戒程序所构成，虽然由劳动规章制度作细化规定，但出于防范用人单位滥用惩戒权的需要，一直是劳动纪律立法的重点，甚至可以说，劳动纪律立法几乎就是惩戒立法。就惩戒立法的内容而言，因劳动规章制度立法的模式不同而有差别。在授权式劳动规章制度立法中，对惩戒规则一般作原则性规定，而具体惩戒规则则授权雇主依法自主规定。市场经济国家大都如此。例如，《巴林劳工法》规定："纪律规定的制订和实施，得符合下列原则：(1)明确规定工人的违反规定行为及严重程序；(2)按照违反规定的严重程度列出各种惩罚；(3)对同一违反规定的行为只能给予一次惩罚；(4)除非违反规定的行为与工作有关，否则不得因工人在工作地点之外所犯的任何违反规定的行为惩罚工人；(5)对一个违反规定行为的罚款，每一个月不得超过5天工资数，同时任何罚款的扣除亦不得在一个月内超过5天工资数；(6)在工人违反规定行为之日起30天后，方才被揭发，即不予追究；同样，工人犯有刑事性质的行为如过了法律的有效期亦不予以追究；(7)在确认工人犯有违反规定行为之日起15天后或者过了平常发工资日期后，不得惩罚工人。""劳工和社会事务部可以通过命令颁布适合工作性质的纪律规定的范本，作为雇主制定他们自己的规则的指导。"在纲要式劳动规章制度立法中，对惩戒规则作出纲要式规定，以此作为用人单位制定具体惩戒规则的依据和实施惩戒的准则。例如，我国曾适用于国有企业的《企业职工奖惩条例》(1982年)和《国营企业辞退违纪职工暂行规定》(1986年)。

我国现行劳动纪律立法呈现二元格局。对公共部门的惩戒规则一直采用纲要式立法模式，除在《公务员法》(2005年)和《事业单位人事管理条例》(2014年)中就惩戒作专章规定外，

[27] 人力资源和社会保障部劳动科学研究所课题组：《企业劳动纪律规章制度研究》(2010年)。

还制定了专项法规,如《行政机关公务员处分条例》(2007 年)和《事业单位工作人员处分暂行规定》(2012 年)等。而对非公共部门的惩戒规则,则由纲要式立法模式转向授权式立法模式。即在《企业职工奖惩条例》废止后,仅在《劳动法》、《劳动合同法》中授权用人单位制定劳动纪律,把劳动纪律规定为劳动合同的必要条款,并规定用人单位对严重违纪者有权辞退。但就立法对惩戒规则是否仍有必要作出规定和如何规定的问题,还需探讨。笔者认为,由立法规定惩戒规则,对于防止用人单位滥用惩戒权,规范惩戒行为,确有积极意义;且我国原有的企业惩戒立法中,仍含有某些合理内容。所以,我国有必要按照社会主义市场经济的要求,修改和完善惩戒立法,一方面,授权用人单位在职工参与下制定具体惩戒规则,并通过劳动合同予以确认;另一方面,对惩戒的严厉形式(如惩戒性辞退、罚款)作出限制性规定,将惩戒程序中的某些有助于防止滥用惩戒权的环节规定为必经程序,但对惩戒的条件和一般形式只作原则性或示范性规定即可。

用人单位制定劳动纪律,应当按照下述基本要求确定其内容:(1)合法。即劳动纪律只能在法律允许的范围和程度内约束职工的行为,不得非法限制和剥夺职工依法享有的权利和自由,对违纪职工不得采用法定限制外的惩戒措施。(2)全面。即对各种岗位的职工都制定相应的劳动纪律,使劳动纪律成为全面约束劳动过程中各种劳动行为的规范体系。(3)宽严一致。即劳动纪律对各种职工在宽严程度上应当采用一致标准,使各种劳动者都受到同等力度的约束,而不能对有的劳动者采用严厉的纪律,对有的职工则采用宽松的纪律。(4)结构完整。即按照社会规范所应有的逻辑结构制定劳动纪律,在劳动纪律中应当含有完整的构成要素,即适用条件、行为模式以及遵纪和违纪后果。(5)明确具体。无论是劳动行为规则还是惩戒规则,其明确和具体都应当达到让职工得以理解的程度,可预见何种作为或不作为构成义务或义务之违反,以及违反义务应受何种惩戒。

三、劳动纪律的实施机制

劳动纪律的实施,即劳动纪律的遵守和执行。基于我国劳动关系的性质和企业实施劳动纪律的实践,劳动纪律的实施机制有下述特点:

1. 思想政治工作与经济手段相结合

劳动纪律在本质上是集体劳动过程中用人单位与职工、职工与职工共同协作的规则和秩序,其有效实施既需要强制性手段,更需要培养和提高自觉性的手段,强制性手段的首要目的是培养和提高自觉性。故其实施机制中,即一方面通过对职工进行思想政治教育,帮助职工树立正确的劳动态度和纪律观念,培养和提高职工遵守劳动纪律的自觉性;另一方面运用经济手段鼓励和促使职工遵守劳动纪律,将职工的守纪状况与经济利益挂钩,以提高职工遵守劳动纪律的积极性和责任感。这两个方面的结合,就是要实行奖惩结合并且以奖为主,其中,奖励应当精神奖励与物质奖励结合并且以精神奖励为主,惩戒应当教育与惩戒结合并且以教育为主。

2. 自主奖惩与依法奖惩相结合

在我国,遵守劳动纪律,既是宪法上的公民的基本义务,也是劳动法上的职工的劳动义务。故作为实施劳动纪律之两种基本手段的奖励和惩戒,都包括两个层次即自主奖惩与依法奖惩。自主奖励,即用人单位有权自主决定对模范守纪者的奖励和对违纪者的惩戒,这是在社会主义市场经济体制下微观劳动管理自主权的重要内容。依法奖惩,即用人单位必须严格遵循法定的奖惩规则对职工进行奖惩，而不得滥用奖惩权。对符合获奖条件而依法享有获奖权的职工，用人单位对其负有依法授奖的义务，凡应奖而不奖或授奖不当的，应当纠正。对违纪职工，用人单位所给予的纪律惩戒，在条件、形式、轻重和程序上都必须符合法定要求。凡违法处罚职工的，应当承担法律责任。为保障企业劳动纪律的实施，我国立法曾就奖励和惩戒的条件、形式和程序作了专门规定。对职工给予奖励的必备条件一般包括：职工具备获奖主体的法律资格；职工已实施列入奖励范围的行为；该行为已产生并达到获奖标准的积极后果。对职工给予纪律处分的必备条件一般包括：职工具有责任能力；职工已实施违纪行为并造成一定的危害后果；职工违纪经批评教育无效。需要指出的是，《企业职工奖惩条例》和《国营企业辞退违纪职工暂行规定》被废止后，为给用人单位行使惩戒权提供法律依据并防范用人单位滥用惩戒权，有必要就纪律惩戒规则制定一项专门的统一适用于各种企业和民办非企业单位的专门法规。

四、惩戒的依据和原则

（一）惩戒的依据[28]

惩戒，又称惩处、惩罚或纪律处分，作为用人单位劳动管理和劳动合同运行中的法律行为，是指用人单位对违反劳动纪律的职工依据劳动法规和劳动纪律实施的制裁性措施。对职工而言，是因违反劳动纪律而承担的不利后果；对用人单位而言，既是对违纪职工单方行使惩戒权，也是应对职工违纪行为的一种自力救济。关于用人单位享有惩戒权的依据，学界有以下多种观点。

1. 固有权说

将惩戒权看成是企业体存在的一种当然的固有（本能的）权能，即雇主基于维持工作规则、经营秩序的需要，即使无任何明文规定，亦得对劳工施以适当制裁。有的认为，“惩戒解雇权者乃基于企业经营权，即所有权所产生的一种权限”，亦即“所有权”中对人的支配权。还有的进一步认为，惩戒处分不仅限于内部劳动规则的规定，规则上列举的惩戒事由和手段只具有举例意义。

2. 维护企业秩序说

雇主系企业所有者，享有将构成企业之人的要素及物的设施加以统合，作合理配置组织的权限，故其得就维持企业秩序之必要事项订定一般性规则（建立企业秩序之权限），调查违反企业秩序行为之内容、样态与程度（维持企业秩序之权限），进而依其所定规则对违反者施加惩戒以为制裁（惩戒权限）。

3. 契约说

企业只能基于与劳动者达成合意才能行使惩戒权，内部劳动规则中关于惩戒的规定只有在得到劳动者的同意并成为劳动合同内容之后，才能成为拥有惩戒权的依据，且其权限必须以内部劳动规则规定的内容为限，该规则列举的惩戒手段和事由属于限定性列举，不能任意扩张。

4. 集体合意说

契约必须以当事人合意为基础，因此，就劳动者一方而言，成立一项集体的统一意思，代表

---

〔28〕 参见黄越钦：《劳动法新论》，中国政法大学出版社2003年版，第183页；台湾劳动法学会：《劳动基准法释义——施行20年之回顾与展望》，新学林出版股份有限公司2005年版，第351～353页。

劳动者个人为意思表示,故惩戒权唯于此项团体为合意时始有其存在。

5. 法规范说

内部劳动规则以劳动基准法为根据,法律认可的惩戒权主体,仅限于具备劳基法所规定要件的内部劳动规则所规定的使用者。这种惩戒不是平等当事人间一方对他方的私力制裁,而是基于国家授权的一种存在于经营体的司法权。

6. 否定说

劳动契约由固定部分(如当事人地位取得)和可动部分(如提供劳动、取得工资)构成。惩戒权属于固定部分,是一种社会的事实,不必法律确认,不过以财产上的惩戒为限。因此用人单位一方决定之惩戒,其事由及法律效力完全依民法及其他法律决定,从而否定用人单位对劳动者的惩戒权。

上述观点中,固有权说和契约说是主流学说,而维护企业秩序说与固有权说接近。目前,出现固有权说与契约说融合的趋势,如日本最高法院在惩戒权的性质上偏向于固有权说,同时又借鉴契约说的某些主张,试图对惩戒权予以合理限制。[29]

在我国值得注意的是,公共部门和非公共部门在惩戒依据上有所差异。国家机关和事业单位对违纪职工的惩戒,属于行政处分,且直接以行政处分立法为依据,显然具有公法属性,这可用法规范说来解释;但就实行聘用制的职工而言,对其惩戒也是基于契约说的一种违约责任形式。企业和民办非企业单位对违纪职工的惩戒,不属于行政处分,而是基于劳动规章制度和劳动合同的违约责任,可将固有权说和契约说作为其依据。

(二)惩戒权行使的原则

惩戒权的行使符合特定的原则,才是合法有效的。例如,日本的法院判例和劳动法理通常认为,即使具备惩戒事由,但惩戒权的行使还必须遵循特定原则。[30] 根据境外的立法例[31]和司法实践以及我国关于公共部门纪律惩戒的现行立法,除合法原则外,还有下述原则值得强调:

(1)惩戒以劳动规章制度为依据原则,又称明文化和确定性原则。此原则与刑法中的罪刑法定主义原则相类似,要求惩处的事由、手段和程度必须以劳动规章制度的明确规定为依据,并且遵守不溯及既往原则。

(2)惩戒与教育相结合原则。惩戒固然有制裁功能,但首要目的是教育职工遵规守纪,维护秩序。故应当将惩戒作为对职工进行纪律教育的手段,寓纪律教育于惩戒之中。我国劳动纪律立法一直要求坚持此项原则。

(3)平等待遇原则。即不同职工同等程度违反同一规定的,惩戒措施必须是同一程度和同一类型,若有先例,惩戒必须遵循先例。不得采取歧视性的惩罚措施。如《法国劳动法典》法律篇第122-45条明确规定,禁止雇主因为雇员的出身、性别、习俗、家庭状况、种族、民族、政治观

---

〔29〕 杨继春:《企业规章制度的性质与劳动者违纪惩处法理初探》,载《法学杂志》2003年第5期。

〔30〕 杨继春:《企业规章制度的性质与劳动者违纪惩处法理初探》,载《法学杂志》2003年第5期。

〔31〕 台湾劳动法学会:《劳动基准法释义——施行20年之回顾与展望》,新学林出版股份有限公司2005年版,第355~359页;杨继春:《企业规章制度的性质与劳动者违纪惩处法理初探》,载《法学杂志》2003年第5期;郑爱青:《法国劳动法对企业内部劳动规则的调整及对我国的借鉴意义》,载 http://china.findlaw.cn/hetongfa/lilunyanjiu/35478.html,2014年2月22日访问。

点、参加工会或者互助会活动、行使罢工权、宗教信仰、身体健康状况或残疾因素（除非有医生证明属于无能力者）而惩罚或者解雇雇员。

（4）相当性原则。即惩戒的内容与违纪的类型、程度和其他相关情节相应才是合理和相当的，否则就构成惩戒权的滥用。例如，《法国劳动法典》法律篇第122－43条第2款规定，雇主对雇员的惩罚措施必须与雇员所犯的错误成比例，不得惩罚过当；《日本劳动合同法》第15条规定，雇主对劳动者惩戒时，该惩戒对照与其相关的劳动者行为的性质以及形态等其他事项，欠缺客观的合理的理由，不被认为相当于社会通常理念时，作为惩戒权的滥用，该惩戒无效。

（5）禁止一事两罚原则。即禁止对职工的同一个错误行为进行两次惩罚。如在法国，有司法判例认为，雇员因为某项错误而受到书面警告的处分，那么这项错误就不能成为雇主辞退雇员的理由；也有司法判例认为，雇主可以针对雇员反复犯的同一错误，结合前次所犯的，来处罚雇员最近所犯的那次错误。[32] 为了保护雇员不被雇主"秋后算总账"，《法国劳动法典》法律篇第122－44条第2款规定："任何一项三年前的处罚措施不得再被援引来支持一项新的处罚。"在我国，也有体现此原则的地方立法例，如《深圳市和谐劳动关系促进条例》（2008年）第16条规定，用人单位依照规章制度对劳动者实施经济处分的，对同一违纪行为不得重复处分。

（6）过期不罚原则。即知道职工犯错误一定期限后仍未给予惩戒的，就不得再仅针对该错误进行惩戒。如《法国劳动法典》法律篇第122－44条第1款规定，"除非受到刑事追究，从雇主知道雇员的错误之日起两个月以上的，雇主不得再仅仅根据该错误对雇员进行处罚。"在我国，有的地方立法规定，用人单位应当从知道或者应当知道职工违反规章制度行为之日起一年内作出处理决定，逾期未处理的不再追究该违章责任。[33] 将惩戒时限规定为一年，主要是考虑到与劳动争议仲裁时效期间的一致。

（7）正当程序原则。即惩戒的决定和实施须具备程序正义要件。尤其是在决定惩戒前，应提供职工适度的程序上保障，如给予本人听证等让其有澄清或辩白的机会。

五、惩戒事由和措施的限制

对惩戒权行使的实体性限制，应当以惩戒的事由和措施为重点。在我国，对公共部门职工违纪的惩戒事由和措施，分别在《行政机关公务员处分条例》（2007年）、《事业单位工作人员处分暂行规定》（2012年）中有明确规定；而对企业职工违纪的惩戒事由和措施，自《企业职工奖惩条例》和《国营企业辞退违纪职工暂行规定》被废止后，则成为立法盲点。尽管具体惩戒事由和措施应当由劳动规章制度规定，但在立法中作出限制性规定（尤其是基准性规定），并在惩戒争议仲裁和司法中形成限制性裁判规则，仍然有其必要。

（一）对惩戒事由的限制

《事业单位工作人员处分暂行规定》将惩戒事由规定为六大类，即违反政治纪律、违反工作纪律失职渎职、违反廉洁从业纪律、违反财经纪律、严重违反职业道德、严重违反公共秩序和社会公德，其中，除违反政治纪律外，其他惩戒事由对非公共部门惩戒制度都有参考意义。在境

---

〔32〕 郑爱青：《法国劳动法对企业内部劳动规则的调整及对我国的借鉴意义》，载 http://china.findlaw.cn/hetongfa/lilunyanjiu/35478.html，2014年2月22日访问。

〔33〕 《重庆市职工权益保障条例》第26条第2款；《辽宁省职工劳动权益保障条例》第26条第2款。

内外关于惩戒事由的立法和司法实践中,对惩戒事由的限制可分为以下几个方面:

1. 工作时间、工作场所或工作业务以外惩戒事由的限制

作为惩戒事由的违纪行为,一般为工作时间、工作场所或工作业务之内的行为,然而,职工在工作时间、工作场所或工作业务之外的不良行为,有的也被雇主列为惩戒对象。这属于惩戒边际问题。对其限制主要有两种:(1)基于惩戒目的对惩戒事由的限制。惩戒制度的目的是督促劳动者履行劳动义务,维持雇主业务正常运行所必要的客观秩序,故惩戒制度之实际运作必须与该目的的落实有客观合理关联。我国台湾地区有判例认为,劳资关系是以劳动力为中心,受空间、时间限制的结合关系,并非劳工与雇主的全人格结合关系,因此,在工作时间外之劳工业务外行为,属劳工私生活范围,非雇主所得任意支配,惟有劳工之行为与事业活动有直接关联,且损害事业之社会评价,为维护企业秩序必要,方足成为惩戒之对象。否则属不当干涉劳工私生活。[34] 在《事业单位工作人员处分暂行规定》第21条中,对工作人员违反公共秩序、社会公德的行为,仅将达到"严重"者列为惩戒事由。这也表明,惟有严重地违反公共秩序、社会公德的行为,才足以使其所在用人单位的社会形象受到损害,故可作为惩戒事由。(2)基于诚信义务对惩戒事由的限制。劳动者基于劳动合同对雇主有诚信义务,亦即忠实义务。在日本,有些企业将员工在工作场所以外、工作时间以外违反劳动合同中诚信义务的行为列为惩戒对象,而相关判例主要集中于有损于企业利益的行为,如员工在工作时间以外参与或发起抵制本公司产品的活动;散发攻击本公司的传单;泄露本公司的商业秘密等,均被认定为违反诚实义务。[35]

日本的判例表明,对劳动者因企业外的行为而进行惩戒,要根据该行为的性质、状况,企业的种类、规模,劳动者的职业、地位,是否对企业权益带来的侵害以及侵害的严重程度,加以严格判断。[36]

2. 工作时间、工作场所或工作业务之内惩戒事由的限制

在日本,法院通常从保护劳动者角度,对是否构成劳动规章制度所规定的惩戒事由采取限定性解释,例如,基本肯定虚假学历或履历的可惩戒性,但同时要求诈称的学历或履历是"重要"的;职务懈怠行为本身只被理解为债务不履行,只有在这种行为引起工作场所秩序混乱时,才可作为惩戒事由;违背业务命令作为惩戒事由,须考察该命令是否被涵盖在劳动合同所约定义务内容的范围之内,劳动者不服从该命令是否存在不得已的理由;故意妨碍本单位业务作为惩戒事由,不应包括基于工会斗争目的而积极妨碍企业业务的行为,劳动者个人与雇主或其管理人员之间的不睦而发展为妨碍业务的行为则可包括在内。[37] 在企业管理中,尽管绩效考核与劳动纪律有紧密联系,甚至有的将遵纪或违纪状况纳入绩效考核内容,但绩效考核不同于劳动纪律。绩效考核的对象是劳动者的工作内容和工作任务完成状况,其后果是影响劳动报酬和职级升降或岗位变动。而劳动纪律作为劳动者的行为规则,所约束的不是工作绩效,故不应

---

〔34〕 台湾劳动法学会:《劳动基准法释义——施行20年之回顾与展望》,新学林出版股份有限公司2005年版,第345页。

〔35〕 杨继春:《企业规章制度的性质与劳动者违纪惩处法理初探》,载http://www.labournet.com.cn,2003年4月8日访问。

〔36〕 田思路:《日本劳动法研究》,中国社会科学出版社2013年版,第140页。

〔37〕 杨继春:《企业规章制度的性质与劳动者违纪惩处法理初探》,载http://www.labournet.com.cn,2003年4月8日访问。

当将绩效考核不达标作为惩戒事由。即使将违纪状况纳入绩效考核的内容，对已给予惩戒的违纪行为就不应当再作绩效考核扣分，反之，对已作绩效考核扣分的违纪行为也不应当再作为惩戒事由。否则，就违反一事二罚原则。在实行末位淘汰制的企业，对绩效考核末位者可以调整其岗位，但不得因其绩效考核末位而给予惩戒性辞退。

职业道德和劳动纪律都是劳动者的行为规则，遵守职业道德固然也是劳动者的义务，但职业道德的要求一般高于劳动纪律，且纪律惩戒一般重于舆论谴责。故在《事业单位工作人员处分暂行规定》第 20 条中，只将"严重违反职业道德的行为"规定为惩戒事由。这表明，虽然违反职业道德，但未达到严重程度的，就不应当给予纪律惩戒。

3. 严重违纪的界定

与最重惩戒措施对应的惩戒事由只能是严重违纪行为。关于何谓"严重违纪"的问题，除公共部门纪律惩戒制度外，我国现行立法未作规定。就非公共部门而言，认定劳动者违纪行为是否"严重"，有必要考虑以下几个方面的依据：(1)违纪行为依据现行立法应当受到刑事处罚或治安处罚的，当然可属于"严重违纪"。(2)在合法有效的劳动规章制度或劳动纪律中，明确规定的"严重违纪"行为。(3)劳动规章制度或劳动纪律虽然未作明确规定，但经职工大会或职工代表大会认定的"严重违纪"行为。

严重违纪是与未达到"严重"程度的"一般违纪"或"轻微违纪"相对的概念，判断违纪程度严重与否，需要考虑主体、主观、事实、情节、后果等因素，如，是故意还是过失、初犯还是屡犯、影响一般还是恶劣、是否补救、认错态度如何，等等。其中有的因素虽然可以量化并按数额大小来区分严重程度，但由于不同地区、不同企业、不同行业、不同工种、不同岗位的情况存在差别，而不宜采用同样的数额标准。

(二)对惩戒措施的限制

1. 惩戒措施的分类和界定方式

惩戒措施，又称惩戒形式，是指雇主对违纪劳动者实施惩戒的具体方式。依其是否直接影响经济利益，可大致分为经济惩戒和非经济惩戒。经济惩戒直接使违纪劳动者承受经济利益方面不利后果，或者表现为强制劳动者支付一定的财产，如罚款、赔偿经济损失等；非经济惩戒直接使违纪劳动者承受精神上的谴责和警戒，但不直接表现为财产的给付、丧失或减少，如警告、记过、开除、除名和辞退等。有些非经济惩戒兼有经济惩戒属性，如降岗、降级(降低工资级别)、降职、撤职、留用察看等，由于降岗、降职同时必定同时降低其工资级别，留用察看期间停发工资而发给生活费，间接地使违纪者的经济利益受损。但由于这种经济利益减少是因岗位、职责变动所致，也可认为不具有处罚属性。而从劳动合同运行的视角看，这些惩戒形式可分为惩戒性辞退和惩戒性劳动合同变更。

从立法上界定哪些措施构成雇主对雇员的惩戒，其意义在于，凡是具有惩戒性质的措施，雇主都必须履行法定的惩戒程序。立法对惩戒措施作出界定，主要有四种方式：(1)概括式认定。例如，《法国劳动法典》法律篇第 122－40 条规定，"除口头批评外，雇主针对雇员的在其看来是错误的行为而采取的任何措施，不论是否直接影响到雇员的出勤、职务、报酬或职业，都构成对雇员的惩戒"。这种认定较为宽泛，将雇主针对雇员的错误所采取的对雇员不利的措施尽可能认定为惩戒措施，而纳入法定惩戒程序的适用范围，足以防止雇主规避惩戒程序而滥用惩戒权。(2)列举式规定。例如，《阿联酋劳动法》中列举的惩戒措施，包括警告、罚款、不超过 10

天的停职减薪、延迟加薪或处以罚金或不进行定期的提升、降职或不提升、解雇;《柬埔寨劳动法》规定,“在雇佣少于8个工人的企业或单位,如果没有内部规章,雇主可以根据工人不当行为的严重程度,宣布警告、训斥、无报酬停工不超过6天、提前通知或无提前通知的前提下解雇该工人”。我国《事业单位工作人员处分暂行规定》将纪律处分的种类规定为警告、记过、降低岗位等级或者撤职、开除。(3)禁止性规定。例如,《法国劳动法典》法律篇第122-42条规定“禁止罚款和经济性处罚”,第122-45条还规定禁止采取歧视性的惩罚措施。(4)基准性规定。例如,我国《劳动合同法》只针对严重违纪行为,规定最重的惩戒形式,即惩戒性辞退。这意味着对违纪程度轻于严重违纪的行为,只可给予轻于惩戒性辞退的惩戒。

2. 事业单位的行政处分形式

根据《事业单位人事管理条例》和《事业单位工作人员处分暂行规定》的规定,事业单位的纪律惩戒仍属于行政处分。现行立法所规定的事业单位纪律处分形式及其制裁内容,可概括为表9-1所示。

表9-1

<table>
<tr><th rowspan="2">轻重次序</th><th rowspan="2">处分期间</th><th colspan="3">附带制裁内容</th></tr>
<tr><th>岗位聘用限制</th><th>年度考核限制</th><th>任职资格限制</th></tr>
<tr><td>(一)警告</td><td>6个月</td><td>不得聘用到高于现聘岗位等级的岗位</td><td>不能确定为优秀等次</td><td></td></tr>
<tr><td>(二)记过</td><td>12个月</td><td>不得聘用到高于现聘岗位等级的岗位</td><td>不得确定为合格及以上等次</td><td rowspan="3">▲不得参加本专业(技术、技能)领域专业技术职务任职资格或者工勤技能人员技术等级考试(评审)
▲应当取消专业技术职务任职资格或者职业资格的,按照有关规定办理</td></tr>
<tr><td>(三)降低岗位等级或者撤职(仅适用于行政机关任命者)</td><td>24个月</td><td>▲降低一个以上岗位等级聘用(重新确定工资待遇)
▲不得聘用到高于受处分后所聘岗位等级的岗位</td><td>不得确定为基本合格及以上等次</td></tr>
<tr><td>(四)开除</td><td></td><td colspan="2">▲终止人事关系 ▲解除聘用合同</td></tr>
</table>

关于上述行政处分形式的一般适用规则,现行立法规定的要点有:(1)多种违纪行为的合并处分。事业单位工作人员同时有两种以上需要给予处分的行为的,应当分别确定其处分。应当给予的处分种类不同的,执行其中最重的处分;应当给予开除以外多个相同种类处分的,执行该处分,但处分期应当按照一个处分期以上、两个处分期之和以下确定。在受处分期间受到新的处分的,其处分期为原处分期尚未执行的期限与新处分期限之和,但是最长不得超过48个月。(2)共同违法违纪行为的处分。事业单位工作人员两人以上共同违法违纪,需要给予处分的,按照各自应当承担的责任,分别给予相应的处分。(3)从重处分。违纪者在两人以上的共同违法违纪行为中起主要作用的;隐匿、伪造、销毁证据的;串供或者阻止他人揭发检举、提供证据材料的;包庇同案人员的;或者有法律、法规、规章规定的其他从重情节的,应当在法定处分幅度以内从重处分。(4)从轻处分。违纪者主动交代违法违纪行为的;主动采取措施,有效避免或者挽回损失的;或者检举他人重大违法违纪行为,情况属实的应当在法定处分幅度以内从轻处分。(5)减轻处分或者免予处分。主动交代违法违纪行为,并主动采取措施有效避免或者挽回损失的,应当在法定处分幅度以外,减轻一个处分的档次给予处分;其中应当给予警

告处分,又有减轻处分的情形的,免予处分。违法违纪行为情节轻微,经过批评教育后改正的,可以免予处分。

3. 非公共部门的纪律惩戒措施

关于非公共部门的纪律惩戒措施,现行立法除针对严重违纪行为规定惩戒性辞退外,对其他惩戒措施未作规定。而实践中的惩戒措施,由用人单位自主选择,形式多样。为规范惩戒措施,需要明确以下几点:

(1)统一最重惩戒形式。立法既然已将惩戒性辞退规定为针对严重违纪行为的最重惩戒形式,开除、除名、劝退、限期调离等解除劳动关系的惩戒措施,就应当为惩戒性辞退所替代,其中的开除因具有行政处分性质,在非公共部门不应当再适用。

(2)限制经济性惩戒。关于经济性惩戒,在国外立法例中,禁止者有之,如《法国劳动法典》规定,"禁止罚款和经济性处罚,任何与此相反的规定都无效";限制者有之,如《日本劳动基准法》规定,对违纪者的降薪,每次降薪的金额不能超过该劳动者日工资额的一半,每个工资支付期内累计降薪额不能超过该支付期工资总额的十分之一。在我国,已废止的《企业职工奖惩条例》中,有对违纪职工罚款和责令赔偿的规定;而《事业单位人事管理条例》和《事业单位工作人员处分暂行规定》对违纪工作人员只规定行政处分,则未规定经济惩戒。故在现阶段,关于罚款问题,有两种主张:一是可以罚款,但须作出限制;二是不应当罚款,而由赔偿经济损失、减发绩效(浮动)工资或奖金、扣工资等形式替代。笔者认为,鉴于经济性惩戒无论采用何种形式,都应当以违纪行为给用人单位造成经济损失为前提,故赔偿经济损失是经济性惩戒的实质,宜作为经济性惩戒的统一形式。

职工违反劳动纪律给用人单位造成经济损失的,应当承担赔偿责任。但这种赔偿责任不宜适用等额(或称全额)赔偿原则,而应当实行合理(又称酌情)赔偿原则。即职工对其违纪行为所造成的经济损失,不是一律要求赔偿全部实际损失额,而是考虑实际损失额大小、违纪情节轻重、认错态度和悔改表现、经济承受能力等因素,酌情要求给予适当数额或比例的赔偿,但也不排除在本人经济承受能力限度内的与实际损失额相等的赔偿。之所以实行合理赔偿原则,主要是因为:第一,职工违纪给用人单位所造成的经济损失往往数额大,要求全额赔偿远远超出职工个人的经济关系承受能力,从而使全额赔偿成为不可能。第二,根据工资支付保障的法律规定,从职工本人工资中扣除其应付赔偿金每月不得超过月工资的20%,且扣除后的余额不得低于当地最低工资标准。这就使得在发生大额实际损失的情况下,难以执行全额赔偿责任。第三,劳动过程中的风险应当由用人单位承担而不由职工承担。这是因为,在劳动关系中,用人单位作为生产资料的占有者和劳动力的使用者,既有权支配劳动者的劳动又有权取得劳动所创造的利润,当然应当承担劳动过程中的风险;而职工只是劳动力的提供者,由用人单位组织参与劳动过程,所取得的是作为生活消费品分配形式的劳动报酬,一般不以职工身份分享劳动所创造的利润,这样,使用劳动力的风险,同劳动过程中发生的其他风险一样,用人单位也有责任承担。所以,职工违纪所造成的经济损失,应当由用人单位承担与其风险责任相对应的部分。第四,按照教育与惩罚相结合的原则,对过失违纪者和认错态度好或有悔改表现的违纪者,适当减轻其赔偿责任,有利于对职工的思想教育和劳动关系的协调。

正因为如此,立法应当按照合理赔偿原则的要求,规定如何确定赔偿标准的规则,其中应包括赔偿的最高标准和确定具体赔偿标准需综合考虑的因素。赔偿金可从本人工资中扣除,但这种扣除应限制在能保障职工基本生活需要的数额内。[38]

(3)渐进性惩戒体系。根据惩戒的合法性和相当性原则,用人单位自主选择的具体惩戒形式,应当形成阶梯渐进的惩戒体系,即以法定的最重惩戒形式(惩戒性辞退)和对应的严重违纪行为作为高限,设置惩戒力度分别与违纪行为不同等级危害程度对应的惩戒形式阶梯体系。例如,在日本,企业惩戒的形式由轻到重为诫告与谴责、扣发工资、停止出勤、惩戒解雇等。[39] 在我国非公共部门,可参照事业单位的法定惩戒形式体系,采用由轻到重为警告、记过、降低岗位等级、惩戒性辞退的体系。

(4)一般适用规则。为贯彻惩戒与教育相结合、惩戒与违纪程度相当的精神,《事业单位工作人员处分暂行规定》所规定的关于多种违纪行为合并处分、共同违法违纪行为处分、从重处分、从轻处分、减轻处分、免予处分的规则,对非公共部门有参照意义。

(三)惩戒权行使的程序限制

基于程序正当的要求,境外立法和司法对雇主告知惩戒事由并听取雇员申辩尤为重视。《法国劳动法典》第122-41条规定:"没有以书面方式通知雇员,任何针对该雇员的错误行为的惩戒措施都不得做出。雇主要惩罚雇员时,除非惩戒方式是警告或者类似性质的措施,对雇员的出勤、职务、报酬或职业生涯没有影响的,而对于其他形式的惩戒措施,雇主都应当以书面的方式提前通知该雇员进行谈话,在通知书中要写明谈话的目的和时间、地点,并告知雇员可以找一位员工陪同他参加谈话。在谈话过程中,雇主要说明惩戒雇员的理由,并听取雇员的解释。惩戒措施应当在谈话后的一天至一个月的时间内以书面形式做出,并陈明惩戒的理由。"日本有学说认为,雇主须依工作规则所规定的事由对劳工施行惩戒,故雇主惩戒劳工时应向劳工明示惩戒事由;雇主以后追加所未主张之事由作为惩戒理由者,应仅限于该等事由与雇主先前作成惩戒处分时所据事实基础具有同一性或紧密联系性者,才具有合理性。[40] 我国台湾有判例认为,基于诚信原则,若劳工同时符合多款惩戒事由,雇主应将所有事由一并明确告知劳工,不得于惩戒时隐瞒其中部分事由,却在事后再主张当时尚符合的其他惩戒事由,也不得于事后任意追加惩戒事由。[41]

在我国,公共部门的纪律惩戒因属于行政处分,故其程序由立法规定。《事业单位工作人员处分暂行规定》设有"处分的权限和程序"专章。其权限划分为:警告、记过、降低岗位等级或者撤职处分,按照干部人事管理权限,由事业单位或者事业单位主管部门决定,其中,由事业单位决定的,应当报事业单位主管部门备案;开除处分由事业单位主管部门决定,并报同级事业单位人事综合管理部门备案;对中央和地方直属事业单位工作人员的处分,按照干部人事管理权限,由本单位或者有关部门决定,其中,由本单位作出开除处分决定的,报同级事业单位人事

[38] 《工资支付暂行规定》(1994年)第16条规定:因劳动者本人原因给用人单位造成经济损失的,用人单位可按照劳动合同的约定要求其赔偿经济损失。经济损失的赔偿,可从劳动者本人的工资中扣除。但每月扣除的部分不得超过劳动者当月工资的20%。若扣除后的剩余工资部分低于当地月最低工资标准,则按最低工资标准支付。《深圳市和谐劳动关系促进条例》(2008年)第16条规定:用人单位依照规章制度对劳动者实施经济处分的,单项和当月累计处分金额不得超过该劳动者当月工资的30%,且对同一违纪行为不得重复处分。实施处分后的月工资不得低于市政府公布的特区最低工资标准。

[39] 田思路、贾秀芬:《日本劳动法研究》,中国社会科学出版社2013年版,第141~142页。

[40] [日]下井隆史:《劳动基准法》(第3版),有斐阁2001年版,第323页。

[41] 台湾劳动法学会:《劳动基准法释义——施行20年之回顾与展望》,新学林出版股份有限公司2005年版,第358页。

综合管理部门备案。其程序包括初步调查并立案;进一步调查并形成调查报告;听取本人陈述和申辩;依处分决定权限作出决定(给予处分、免予处分或者撤销案件);印发处分决定并通知和宣布;将处分决定存入本人档案。

在我国非公共部门,根据实践,纪律惩戒程序中有必要包括下述几个环节[42]:(1)调查取证。即调查违纪事实,并取得证明违纪事实的证据,尤其应当明确由用人单位负举证责任。(2)批评教育。即针对违纪行为对违纪者进行批评教育,并给予一定的要求其改正违纪行为的预警期(如留用查看期、辞退警告期)。(3)正式会议讨论。即根据违纪事实的认定和纪律处分的初步决定。(4)征求工会意见。即向工会征求对惩戒处分的意见,工会认为惩戒处分不适当或者违反劳动法规、集体合同、劳动规章制度或劳动合同的,有权提出意见或者要求重新处理。(5)听取本人申辩。即向职工告知惩戒决定及其依据的事实和理由,并告知其有申辩权,听取其本人对违纪事实认定和惩戒决定的申辩意见。(6)报请审查或批准。对有法定特殊要求的职工(如工会干部、职工方集体谈判代表等)进行惩戒处分,应当报请有关机构或组织审查或批准。(7)制定并公布或送达书面惩戒处分决定。

---

〔42〕 参见《企业职工奖惩条例》(1982 年 4 月 10 日,国发[1982]59 号)和《国营企业辞退违纪职工暂行规定》(1986 年 7 月 12 日,国发[1986]77 号)。这两部法规虽已废止,但其程序性规定仍有参考价值。

第十章　职工民主管理

第一节　概　　述

一、职工民主管理的概念和协调职能

职工民主管理又称企业民主管理，西方国家通常称职工参与或产业民主，是指职工直接或间接参与管理所在企业内部事务。对此含义，宜按下述要点来理解和界定：(1)从其主体来看，是以职工身份参与管理，即作为劳动关系中与用人单位相对的一方当事人参与管理，而有别于以股东等其他身份参与管理。在实行内部职工股的企业，职工参与管理和股东参与管理虽然联系密切，但毕竟是两种性质相异的法律行为。(2)从其对象来看，是参与企业内部事务管理，此属微观范畴，不同于职工参与国家或社会事务管理。(3)从其行为来看，是对企业管理的参与，而不是企业管理本身，也不是职工方与企业方的双方行为。职工作为被管理者，通过这种参与，使其意志贯穿于管理过程并与管理者意志相协调。如果职工作为企业管理人员执行其职务，则不属于职工参与行为。

在劳动法体系中，职工民主管理制度与劳动合同制度、集体合同制度和劳动争议处理制度并存，共同执行着协调劳动关系的职能。

较之劳动合同和集体合同，职工民主管理在协调劳动关系方面的特点，主要表现在：(1)职工民主管理主要由劳动关系当事人双方各自的单方行为所构成，其意志协调表现为职工意志对企业意志的影响和制约，企业意志对职工意志的吸收和体现；而劳动合同和集体合同都是劳资双方当事人的双方行为，其意志协调表现为经协商一致所达成的协议。(2)职工民主管理是在劳动过程中处于被管理者地位的职工参与企业管理，这属于管理关系中的纵向协调；而劳动合同和集体合同属于平等关系中的横向协调。(3)职工民主管理由于其形式多样，能够在劳动关系存续期间，对劳动关系进行经常、随机、及时的协调；而劳动合同和集体合同对劳动关系的协调，则主要集中在合同的订立和变更环节。

较之劳动争议处理，职工民主管理在协调劳动关系方面的特点主要表现在：(1)职工民主管理是劳动关系运行中的自我协调和内部协调；而劳动争议处理则是由特定机构对劳动关系进行外部协调。(2)职工民主管理是在尚未形成争议的情形下对劳动关系的协调，也即劳动关系正常运行中的协调；劳动争议处理则是在劳动关系由于发生争议而处于非正常状态下，所进行的协调。相对劳动争议的发生而言，职工民主管理属于事前协调，有预防争议的作用；劳动争议处理属于事后协调，目的在于解决争议。

可见，职工民主管理在协调劳动关系方面的职能，为劳动合同、集体合同和劳动争议处理所不能代替，而且还能弥补它们的不足。因而，它一直作为劳动关系协调机制中的一种主要构

成要素而存续和发展。

二、职工民主管理的立法

在200多年前,早期社会主义者就提出过工人参与的思想;19世纪工业化初期,英、法、德等国开始以职工参与为主要内容的工业民主化运动,并逐步萌生关于职工参与的立法。

德国是最早就职工参与进行立法的国家。1848年,设在法兰克福的国民议会在讨论《营业法》时,曾有人提议在企业设置"工厂委员会"这种属于职工参与范畴的机构,但该提议当时未被通过,这可能是历史上最早向立法机关正式提出的关于职工参与的立法提案。少数有社会主义思想的企业家对这项制度进行试验。1884年,符利思(Heinrich Freese)即在其工厂中设有员工代表会,由员工代表组成而向其提出有关提高生产力及待遇的方案供其参考,而德国政府也赞成此种制度,并于1891年重新修订《营业法》时,增加了"企业主可视情况设置工人委员会"的条款,从而第一次在立法上对职工参与作了肯定。1905年普鲁士邦由于矿坑灾祸频繁,引发严重的煤矿工人罢工,政府强制规定煤矿业必须设立劳工委员会。第一次世界大战期间和以后,这方面的立法取得显著进展。1916年的《辅助服务法》规定,凡是与军务生产有关的企业,一旦雇工超过50人的企业,都必须成立工人和职员委员会;1918年年底政府颁布的法令中将工人和职员委员会的适用范围扩大到20名以上职工的企业;1919年的《魏玛宪法》规定,为公共经济需要可依法使企业"立于自治基础之上",允许"依公共经济原则规定雇主及劳工参加管理经济财务之生产、制造、分配、消费、定价、输出";"职工与企业家具有平等的权利,得共同参加企划经济的全面发展,并规划劳动条件,与其应得的工资报酬。"1920年通过《企业职工委员会法》,从而使职工参与制度固定化,但法律规定职委会只有福利问题上的参与决定权、人事问题上的听证权及经济问题上的了解和咨询权。此后,职委会参与决定权不断扩大,1922年通过《经营协议法》,允许工人参加企业的决策机构,职委会可选派1~2名代表参加股份制企业监事会;1926年规定5人以上的企业须成立职委会。挪威、瑞典、丹麦等国家和地区也陆续实行职工参与制度,如挪威于1920年通过《参与决定法》。

第二次世界大战以后,职工参与制度在许多国家盛行。有些国家的宪法对此也有规定,如1946年的《法兰西共和国宪法》规定,"工人通过其代表,参加关于工作条件之集体决定及企业之管理";1947年《意大利共和国宪法》规定,"共和国承认劳动者有权按照法定程序并在法定范围内参加各种经济企业之管理"。1951年,第34届国际劳工大会通过决议,促请会员国在企业设立劳资共同参加的管理组织。1952年国际劳工组织通过的第94号建议书《企业一级雇主与工人间协商和合作建议书》规定,批准国家应采取必要步骤促进企业一级雇主和工人之间就共同关心的问题(集体谈判办法范围以外的或不由其他确定雇用条件与期限的有关机构处理的),进行协商和合作;应制定法律和条例,要求建议各种协商与合作机构并决定其范围、职责、机构和适合各企业的工作方法,鼓励雇主和工人双方自愿协议或借助于这种法律和条例进行协商与合作。这对各国的职工参与制度起了推动作用。自20世纪50年代以来,一些西方国家在实行企业(职工)委员会制的同时,还制定了职工方代表参加董事会或监事会的法律。德国1951年通过《煤钢行业参与决定法》,将1947年在英占区钢铁工业确立的同等代表制(职工代表和股东代表等额参加兼事会)推广到全联邦德国的钢铁和采矿业;1952年通过的《企业组织法》,第一次同时规定职工参与社会福利性事务和经济性事务,适用于钢铁和采矿业以外的经济部门;1956 年通过《参与决定补充法》;1972 年对《企业组织法》作出重大修改;1976 年出台《共同决定法》,突破了原共同决定制度仅限于煤、钢行业的局限,其中规定职工在 2000 名以上的公司,均应设立职工代表会,监事会中可以有半数职工代表[1];1988 年,再次修订《企业组织法》和《煤钢行业参与决定法》,增加了对企业内部职工中少数派的保护;进入 20 世纪 90 年代,德国立法活动主要表现为对已有的法律进行修改和补充。1972 年,瑞典颁布《有限责任公司和经济组织职工参加董事会法》;1973 年,奥地利颁布《职工参加法》;1980 年挪威修订的宪法对职工参与制度做了肯定,随后在《股份公司法》中就职工参与公司大会和董事会作了规定。1992 年欧共体通过第 443 号法令,建立了共同体内的各种类型的分配计划,包括现金支付、股票红利、延期利润分享以及各种特殊形式的股利分配。在当今西方国家,职工参与制度已普遍成为现代企业制度的必要组成部分。

在社会主义国家,职工民主管理制一直是劳动立法的重要内容,并且,职工民主管理立法在劳动立法体系中占有比西方国家职工参与立法更重要的地位,即不仅制定关于职工民主管理的专项法规,而且把职工民主管理制度作为劳动法典的一个重要组成部分。

在我国,早在革命根据地和解放区的劳动立法中,就有若干关于职工民主管理的规定。共和国成立后,历次宪法中都把职工民主管理作为民主制度的一个重要组成部分而予以原则性规定,但在计划经济时期和市场化经济体制改革前期,企业立法仅要求公有制企业实行职工民主管理制度。直到国家将社会主义市场经济确立为经济体制改革的目标模式以后,立法才将职工民主管理制度的适用范围由公有制企业扩大到非公有制企业。《公司法》(1993 年)虽然在第 16 条第 2 款只要求国有独资公司和两个以上的国有企业或者其他两个以上的国有投资主体投资设立的有限责任公司,依法通过职工代表大会和其他形式实行民主管理,而在第 52 条和第 124 条确立了适用于各种公司的职工监事制度。《劳动法》第 8 条规定,"劳动者依照法律规定,通过职工大会、职工代表大会或者其他形式,参与民主管理,或者就保护劳动者合法权益与用人单位进行平等协商。"《工会法》(2001 年)第 6、19、35、36、37、39、53 等条款更为集中地规定了职工民主管理制度。《公司法》(2013 年修订)第 18 条第 2 款规定,"公司依照宪法和有关法律的规定,通过职工代表大会或者其他形式,实行民主管理";第 3 款规定,"公司研究决定改制以及经营方面的重大问题、制定重要的规章制度时,应当听取公司工会的意见,并通过职工代表大会或者其他形式听取职工的意见和建议"。此外,,许多地方陆续制定企业民主管理条例或企业职工代表大会条例,2012 年 2 月中华全国总工会等六部门联合制定了《企业民主管理规定》。其中,有的地方立法还将职工民主管理制度的适用范围扩展到事业单位和民办非企业单位[2]。

三、职工民主管理的必要性

我国立法由仅要求公有制企业实行职工民主管理转向要求各种所有制性质企业都实行职

---

〔1〕 [日]T. 哈纳米、[比]R. 布兰佩因主编:《市场经济国家解决劳资冲突的对策》,佘云霞等译,中国方正出版社 1997 年版,第 98~121 页。

〔2〕 例如,《江苏省企业民主管理条例》(2007 年)第 31 条规定,事业单位和民办非企业单位实行民主管理,参照本条例执行;《吉林省企业事业单位民主管理条例》(2010 年)第 48 条规定,民办非企业单位及其他经济组织实行民主管理的,参照本条例执行。《广西壮族自治区企业民主管理条例》(2012 年)第 54 条规定,本自治区行政区域内实行企业化管理的事业单位和民办非企业单位的民主管理,参照本条例执行。《安徽省企业民主管理条例》(2014 年)第 52 条规定,本省行政区域内的事业单位和民办非企业单位实行民主管理,参照本条例执行,但参照《公务员法》管理的事业单位以及法律法规授权的具有公共事务管理职能的事业单位除外。

工民主管理,并制定统一适用于各种所有制性质企业的职工民主管理制度,是职工民主立法适应社会主义市场经济需要的一个重要转变。市场经济条件下职工民主管理的实践表明,职工民主管理虽然同所有制有联系,但其产生和发展并不必然以公有制为基础,甚至其原因更多在于生产力和其他方面。即普遍实行职工民主管理,符合现代化生产、科学化管理、市场经济、民主政治、社会进步的客观需要。既然公有制企业和私有制企业都实行职工民主管理制度,那就不应当把其决定性原因限于所有制。实际上,其必要性还应当从下述两个方面来认识:

1. 职工民主管理是现代企业制度的应含内容

现代企业制度在一定意义上是以工业社会步入信息社会为时代背景、以人为中心的企业制度。在工业社会中,战略资源是金融资本;在信息社会中,人力资本已取代美元资本而成为一种战略资源,信息、知识和创造性已转变为关键的战略资源,企业能够获得利润的唯一或主要途径就是利用存在于职工本身的这些资源。[3] 于是,在现代观念中,职工成了企业可以开发战略资源的唯一对象,办好企业的根本就是充分调动职工的积极性、主动性和创造性,人比利润更重要。所以,以人为中心成为信息社会中企业制度的一大特色。西方国家纷纷将职工民主管理制度溶于本国现代企业制度设计之中,正是这种新的人本主义价值观的体现。

2. 职工民主管理是现代科技进步的必然结果

企业是生产力诸要素的结合体,其中,劳动者作为能动的生产力要素,随着现代科技的进步,在生产力系统内的地位越来越重要。科技进步的这种影响,突出地表现在:(1)计算机的运用使企业内部中层管理削减,企业体制的“金字塔”结构向网络结构转化,劳动者与最高主管之间直接联系的范围趋向扩大。[4] (2)企业中的劳动岗位,由于科技进步而不断增加技术内涵,对劳动者技能的要求越来越高,技术型劳动者替换的成本越来越高。这就使雇主对其所需要的劳动者越来越尊重。(3)随着科技进步和劳动者知识化过程的加速,传统企业中“动脑”与“动手”的工作分工已不适用,管理者职能与劳动者职能在趋向界限模糊和相互融合。因而,劳动者自我管理正逐步代替管理人员专职管理,企业管理的有效实施,越来越需要劳动者对企业的经营决策、规章制度、管理措施的理解、认同和支持。[5] 正是由于这些影响和变化,才使得职工民主管理制度为发展生产力所普遍需要。

四、职工民主管理的度

职工民主管理的度,是一个表明职工对企业管理参与的份量和作用大小的概念,可以从广度和深度两方面来理解。

职工民主管理的广度,即职工参与管理事务的范围,它表明企业中哪些事项可由职工参与管理。企业管理事务按照其管理对象不同,可分为生产经营事项(如生产营计划、调整经营方向或投资、停产停业、分立合并、财务、销售、质量等)、用工人事事项(如劳动规则的制定和职工的招用、培训、辞退、调配、奖惩等)和劳动待遇事项(如劳动报酬分配、劳动保险福利、休假安排

---

〔3〕［美］约翰·奈斯比特、帕特丽夏·阿伯丹:《90年代的挑战——重新创造公司》,中国人民大学出版社1988年版,第11~12页。

〔4〕［美］约翰·奈斯比特、帕特丽夏·阿伯丹:《90年代的挑战——重新创造公司》,中国人民大学出版社1988年版,第12~15页。

〔5〕［美］艾文·托佛勒:《大未来》,中国人民大学出版社1993年版,第205、209页。

等);按照它在管理过程中所处阶段不同,可分为决策事项和决策实施事项,其中决策事项又有发展方略决策与日常经营决策、制度性决策(即制定规章制度)与计划性决策(即制定规划计划)之区分。把握职工参与的广度,就是要确定,在上述各种事项中,哪些可以或应当由职工参与,也即确定职工可否参与和应否参与的界限。综观世界潮流,职工民主管理的广度已呈现由狭至广的趋势。

职工民主管理的深度,即职工对其所参与的管理事务的介入程度,它表明职工意志对企业管理影响的力度。依其影响力度之不同,由浅至深大致可分为下述几个层次:(1)知情。即职工对该类管理事务仅限于了解或过问,管理者对职工只负报告、公布、说明、咨询之义务,无须征求职工意见。(2)参考性意见。即职工对其所参与的管理事务有权以一定方式表示可供管理者参考的意见,如参加讨论、提出建议、作出评价、发表看法等;管理者对此意见虽然应当征求和听取,但无必须采纳之义务。(3)质询或检查(调查),即职工有权就特定企业事务对管理提出质询,或者以一定方式进行或参加检查(调查),管理者对此有答复或受查的义务。(4)约束性意见。即职工对特定管理事务有权向管理者提出有一定约束力的意见,管理者对此意见一般应当接受,除非因此意见不正确而提出异议。(5)同意或否决。即职工对管理者提交审议的方案或决定草案,有权表示同意或否决,如经同意即获通过,如被否决则不能生效。(6)决定或批准。即职工对特定范围内的事项,有权以一定方式进行审议决定或审查批准。在这里,职工方意志高于管理者意志。

无论是从广度还是从深度来说,职工民主管理都应当适度。然而,在实践中要正确把握职工民主管理的度,却是一个难题。其主要难点在于:(1)投资者目标与职工目标差异。投资者追求的目标是资本利益最大化,即利润最大化,热衷于积累和投资的增长;而职工所追求的目标是劳动利益最大化,即工资福利最大化和就业保障最大化,至于积累和投资的增长,则被视为次要地位。这两种目标实现之难易,在一定程度受职工参与度的左右。相对言之,职工参与度愈低,企业管理就愈有可能忽视劳动利益,甚至为扩大资本利益而牺牲劳动利益;职工参与度愈高,企业运行中出现重消费、轻积累、少投资和劳动力吐纳迟缓或中止等短期行为的可能性就越大。因而,投资者本能地偏好职工参与度趋低,职工本能地偏好职工参与度趋高。因而,职工参与度就难以确定在始终能够满足这两种偏好的均衡点上。(2)管理权威与职工参与相矛盾。在现代企业管理中,管理权威和职工参与都为保证管理效率所必要。决策的及时形成和有效执行,都需要管理权威来维持;而职工参与可以使决策为职工所理解、认同和支持,减少执行决策的障碍。然而,管理权威与职工参与之间不可避免地存在矛盾。管理权威在本质上排斥职工对企业管理的参与,要求职工对管理者保持臣服;而职工参与是对管理权威的修正、限制甚至否定,要求减弱一定的管理权威。在这种相斥性的支配下,如果职工参与度不足,管理权威过盛,企业决策就会遭到职工逆反心理和行为的抵制;如果职工参与过度,管理权威减少,就会延缓企业决策的过程,抑制管理人员的积极性和功能。在这两种情况下,其后果都是管理成本增大,管理效率降低。正因为管理权和职工参与都不可不要,又不可多要,就使得职工参与度很难被确定在管理权威与职工参与的最佳结合点上。综上,判断职工民主管理适度与否,需依两条标准:一是资本利益和劳动利益是否协调并获得保障;二是企业管理过程是否高效率、低成本。

根据这两条标准的要求,在立法和实践中选择职工民主管理的度,应当综合考虑多方面的因素:(1)在职工参与的客体方面,应着重考虑企业管理事务与劳动利益的联系,以及对职工认同的需求和在市场中的时间性。企业管理事务中,凡是涉及劳动利益的事项,以及为职工和投资者所共同关心的事项,都有必要纳入职工参与的范围,职工对具体事项参与的深度,应当同该事项与劳动利益联系的紧密程度成正比。企业决策中,如果含有必须以职工认同为执行前提的内容,就应当尽可能吸收职工参与决策;并且,职工参与的深度应当与职工对决策的认同在决策执行中的意义相匹配。由于市场瞬息万变,企业决策当及时和灵活,而高度的职工参与难免产生各执己见、议而不决、反复协调等延缓管理过程的现象。所以,凡需要快速处理的事项,不必事事由职工参与,也不宜列为深层次参与的对象。(2)在职工参与的主体方面。应当着重考虑职工的参与能力,当职工具备其参与事项所要求的知识、技术或经验时,其参与才有助于企业管理科学化和减少决策失误。在职工素质整体水平较高的企业,其职工参与度应当高于职工素质整体水平较低的企业。在同一企业内素质高低不同的职工之间,除了被参与事项同职工素质无关或相关甚小者以外,其参与度应当有所差别。一般来说,高级职员的参与度,应当高于其他职工。(3)在职工参与的企业条件方面,应当着重考虑企业的生产经营规模、技术状况和行业特点。各种企业的职工参与度,都应当从各自实际情况出发来具体确定。就生产经营规模来说,企业管理事务中能够在大范围乃至全员范围内吸收职工参与的事项,规模较大的企业相对少于规模较小的企业;在规模大的企业,职工对企业决策的直接参与一般相对少于间接参与,在规模小的企业则与之相反。就技术状况来说,技术先进的企业,尤其是信息技术条件好的企业,职工参与度相对要高。例如,由于计算机的运用而导致中层管理相对削弱的企业,应当更注重发挥职工参与的作用。就行业特点来说,有的行业由其性质决定而必须在企业中实行高度集中的管理,有的行业,则要求企业的管理体制分权化,于是,管理权威企业管理中的地位具有明显差别,后一种企业的职工参与度相对高于前一种企业。

五、职工民主管理的形式

各国职工民主管理的形式主要有以下四类:(1)机构参与,或称组织参与。即职工通过组成一定的代表性专门机构参与企业管理,如德、法等国的企业(职工)委员会,美国的初级董事会,挪威的公司大会,我国的职工代表大会等。(2)代表参与。即职工通过经合法程序产生的职工代表参与企业管理,如职工代表参加企业有关机构或监督企业日常管理活动等。(3)岗位参与。即职工通过在劳动岗位上实行自治来参与企业管理,如日本等国的质量管理小组,我国的班组自我管理,等等。(4)个人参与。即职工本人以个人行为参与企业管理,如职工个人向企业提出合理化建议,向企业有关管理机构进行查询,等等。上述各种形式中,机构参与和代表参与为职工民主管理的间接形式,岗位参与和个人参与为职工民主管理的直接形式。

国家对职工民主管理形式的要求,有两种类型:(1)由立法作出规定,如德国、奥地利、法国、芬兰、比利时等;(2)由政府倡导,立法不直接作出规定,如美国、英国、加拿大、挪威、丹麦、瑞典等。这两种类型各有优点,前者赋予一定的职工参与形式以法律效力,使其在企业界普遍实行;后者则有利于各企业根据自己实际情况,选择适当的职工参与形式。

在我国企业界,一方面,对实行职工民主管理制度目前还有一定障碍,尤其是自觉实行职工民主管理制度的氛围尚未普遍形成;另一方面,实行职工民主管理制度的条件甚不平衡,这要求立法对职工民主管理形式的规定体现出灵活性。因而,关于职工民主管理形式的法律规定,应当包括下述几个方面的内容:(1)法定必要形式。即立法中明确规定企业在一定条件下必须采用特定的职工民主管理形式。例如,按照《德国企业组织法》的规定,凡有 5 名以上年满 18 岁职工的私人企业,都必须实行企业职工委员会制度。在我国,应当将经实践证明行之有效的某些职工民主管理形式,如职工代表大会制度、职工董事(监事)制度、合理化建议制度等,以强行法规范予以固定,分别要求各种企业或者一定范围内企业实行。(2)法定示范形式。我国在经济体制转型的条件下实行职工参与制度,还处在探索阶段。为指导这种探索,有必要以任意法规范来规定某些职工民主管理形式的规则,作为示范,供企业具体选择职工民主管理形式时参考和遵循。(3)依法自创形式。即在立法中允许、提倡企业和职工,依照法定原则,从本企业实际情况出发,不断创设符合本企业需要的职工民主管理形式。

第二节　职工代表大会制度

一、职工代表大会的性质

职工代表大会(以下简称职代会,在有的中小企业则为职工大会)是由经过职工民主选举所产生的职工代表组成的,代表全体职工行使民主管理权力的机构,是用人单位实行职工民主管理的基本形式。在股份合作企业和集体所有制企业,它还兼有一定的权力机构属性。

按照我国现行法律规定,职代会能够吸引全体职工参与企业管理;其参与的事项涉及企业管理的各个方面,并且包括企业的许多重大问题;对企业管理事务既有浅层次和较浅层次的参与,也有较深层次和深层次的参与。可见,其参与人员的范围很广,参与事项的内容相当全面,参与深度的层次最多,故在参与份量和参与作用上大于职工民主管理的其他形式。因而,它一直被法定为我国职工民主管理的基本形式。

职代会是全体职工行使民主管理权力的机构。这表明:(1)职代会是一个行使权力的机构。即职代会具有法律赋予的一定权力,它依法行使权力行为,不仅对全体职工有约束力,而且对企业行政也有约束力。(2)职代会行使的权力是职工民主管理权力。这不同于所有者、经营者的所有权和经营权,也不同于职工的其他权利。(3)职代会行使的民主管理权力是全体职工的整体权力,应当反映和体现职工集体的意志和利益。

在股份公司中,职代会具有不同于股东大会的法律性质。其主要区别在于:(1)股东大会是企业的权力机构,其成员为企业的投资者;而职代会是企业内的"民意机构",其成员为企业劳动者。(2)股东大会拥有对企业重大事项的决策权,其行使职权的行为在企业内具有最高效力;而职代会所拥有的是代表全体职工对企业管理事务的参与权,其行使职权的行为在企业内一般不具有最高效力。(3)股东大会代表和维护投资者利益,其行为目标主要是职工收入和福利最大化。所以,除了股份合作企业外,股东大会既不能代替职代会,也不能兼有职代会职能。即使在职工持有本企业股份的公司,职工尽管兼有股东身份,仍有必要在股东大会之外同时实行职代会制度。

还值得注意的是,在我国国有企业,职代会已不再具有权力机构的性质。20 世纪 80 年代初期,国有企业实行党委领导下的厂长(经理)负责制和职工代表大会制(职工大会制),其中的职代会被立法定性为具有决策、管理和监督职能的权力机构。[6] 而在国有企业实行“厂长（经理）负责制”以后，厂长（经理）在企业管理体制中处于中心地位，职代会被立法定性为职工行使民主管理权力的机构。[7]

二、职工代表大会的适用范围

在我国，职代会一直是作为公有制企业实行职工民主管理的一种法定必要形式而存在的，至于其是否适用于非公有制企业的问题，立法上经历了一个演变过程。在《公司法》（1993 年）中，仅对国有独资公司和两个以上国有企业或其他国有投资主体投资设立的有限责任公司，明确提出了实行职代会制度的要求。《劳动法》（1994 年）第 8 条虽然原则性要求劳动者依照法律规定通过职代会等形式参与民主管理或者与用人单位平等协商，但当时对非公有制企业只有要求劳资双方平等协商的法律规定，而无要求实行职代会制度的法律规定。故该条文并未表明职代会适用于非公有制企业。[8] 直到《公司法》（2005 年修订），才将职代会制度的适用范围扩展到各种公司。

关于非公有制企业应否适用职代会的问题，笔者认为：（1）职代会制度对非公有制企业也具有必要性。按照市场经济的要求，无论在哪种所有制企业的劳动者，都应当享有平等的包括民主管理权在内的劳动权利。非公有制企业职工同国有企业职工一样，也都是国家主人，而不是所有者意义上的企业主人。因而，在职工民主管理方面不应当歧视非公有制企业职工，非公有企业同公有制企业一样也需要有职代会这种能吸收全体职工参与企业管理的形式。（2）职代会制度对非公有制企业也具有可行性。我国的职代会与国外私有制企业中的企业职委会、初级董事会等在本质上虽不可同日而语，但在形式和功能上相类似，都由经选举产生的职工代表所组成，都有权代表全体职工对企业管理进行全面的多层次的参与。国外的实践表明，这种形式完全可以有效地适用于我国的非公有制企业。因此，我国应当将职代会的适用范围，扩展到各种所有制和各种法律形态的企业。

就建立职代会制度的实际条件而言，一般需要职工达到一定规模，且存在企业工会组织。而小微企业，则不具备这种条件。为弥补这种缺陷，有的地方立法将区域或行业性职代会作为特殊形式，规定其可适用于小微企业。例如，《湖北省企业民主管理条例》（2007 年）第 16 条规定，乡镇、街道、村、社区、开发区、科技园区、工业园区等同一区域，或者同一行业以及在性质相近的几个行业内，规模较小、职工人数较少而又比较集中的企业，可以联合建立区域性或者行业性职工代表大会，开展民主管理活动；《安徽省企业民主管理条例》（2014 年）第 9 条第 1 款规定，县级以下一定区域内或者行业内若干小微企业，可以通过选举代表联合建立区域、行业职工代表大会制度。

在集团企业，由于规模大、分支机构分布范围广甚至在不同地区，故除集团企业职代会外，

---

〔6〕《国营工业企业职工代表大会暂行条例》（1981 年）第 2 条规定，“职工代表大会（或职工大会）是企业实行民主管理的基本形式，是职工群众参加决策和管理、监督干部的权力机构”。

〔7〕《全民所有制工业企业法》（1988 年）第 51 条规定，“职工代表大会是企业实行民主管理的基本形式，是职工行使民主管理权力的机构”。

〔8〕劳动部办公厅《关于〈劳动法〉若干条文的说明》（1994 年 9 月 5 日）指出，在《劳动法》第 8 条中，“通过职工大会、职工代表大会，参与民主管理”，主要适用于国有企业；“与用人单位进行平等协商”，主要适用于非国有企业。

还可在总部机关和各分公司、分厂、车间以及其他分支机构分别建立职代会制度。[9]

三、职工代表大会的职权

(一)职代会职权的结构和一般内容

职代会的职权,依职权指向的对象不同,可分为对事权和对人权。对事权,即职代会对企业行政所管理事务拥有的职权,如对涉及职工利益的事项的审议、建议或通过等。对人权,即职代会对企业行政领导和管理人员等拥有的职权,如选举职工董事、职工监事,评议、监督企业行政各级领导人员,推荐、推选劳动模范,等等。在职代会的职权结构中,对事权多于对人权;就对人权而言,公有制企业重于非公有制企业。

我国现行地方立法所规定的职代会职权一般包括如下几类:(1)集体合同草案的审议通过权,即审议通过集体合同草案和专项集体合同草案。(2)劳动规章制度和重大事项的审议建议权,即审议直接涉及职工切身利益的规章制度或者重大事项,提出意见和建议。(3)职工保护的审查监督权,即审查监督企业遵守劳动、社会保险法律法规,履行集体合同和劳动合同,劳动争议处理,实行企业事务公开,执行职代会决议和办理职代会提案的情况。(4)企业报告的听取权,即听取企业关于发展规划、年度生产经营管理等情况的报告。(5)企业机构和民主管理活动中职工代表的选举权,即选举产生法定或企业与工会商定的代表职工方参与特定机构或民主管理活动的人员,如职工董事、职工监事、民主管理专门小组(委员会)成员、参加平等协商或破产企业债权人委员会的职工代表。(6)职工董事、职工监事等职工代表的民主评议权,即对代表职工参加企业机构或民主管理活动的人员的工作实绩,进行民主评议,并提出奖惩建议。[10]

(二)公有制企业职代会职权的特殊内容

一般而言,既然职工民主管理制度与企业所有制形式没有必然联系,不同所有制企业职代会的职权就应当相同,否则会破坏公司治理基本规则的一致性,并悖于职工民主管理权利的平等性。然而,在我国现阶段,允许公有制企业特别是国有企业职代会享有一定的特殊职权,有利于克服国有企业所有者虚化的弊端和加强对国有企业的监督,且可顾及公有制企业职代会制度的惯性。[11]

根据现行地方立法的规定,公有制企业职代会除享有职代会一般职权外,还被赋予一定的特殊职权。其主要表现在:(1)审议通过权的范围扩展到直接涉及职工切身利益的事项。如审议通过企业工资调整方案,奖金分配方案,企业年金方案和奖惩办法,以及职工裁员、分流、安置方案等涉及职工切身利益的事项。(2)审议建议权的范围扩展到非与职工直接相关的事项。如听取和审议企业发展规划、生产经营管理重大决策、技术引进、基本建设、重大技术改造、担保、资产处置、大额资金使用等重大事项,企业公积金使用方案和企业改制、重组、解散、破产实施方案以及财务预决算、业务招待费使用等情况报告,提出意见和建议。(3)审查监督权的范

---

〔9〕《企业民主管理规定》第16条。

〔10〕参见《湖北省企业民主管理条例》第14条;《江苏省企业民主管理条例》第6条;《浙江省企业民主管理条例》第7条;《安徽省企业民主管理条例》第16条;《上海市职工代表大会条例》第9~13条。

〔11〕谢增毅:《职代会的定位与功能重塑》,载《法学研究》2013年第3期。

围扩展到对企业管理人员的监督。如听取企业管理人员薪酬水平、职务待遇、职务消费和业务消费以及廉洁自律规定执行情况。(4)民主评议权的范围扩展到高中级高级管理人员。[12]

城镇集体所有制企业职代会因兼有一定的权力机构属性,现行地方立法还赋予其与此相应的特殊职权,例如,制定、修改企业章程,选举、罢免、聘用、解聘企业中高级管理人员,决定企业经营管理的重大问题,决定企业职工福利的重大事项。[13]

四、职工代表大会的职工代表

凡与企业建立劳动关系的职工,均可当选为职代会代表(简称职工代表);依法终止或者解除劳动关系的职工代表,其代表资格自行终止。[14]

职工代表应当以班组、工段、车间、科室等为基本选举单位由职工直接选举产生;规模较大、管理层次较多的企业,可以由下一级职代会的职工代表选举产生。选举、罢免职工代表,应当召开选举单位全体职工会议,且应当有2/3以上职工参加;选举、罢免职工代表的决定,经选举单位全体职工的过半数通过方为有效。[15] 有的地方立法还规定,有条件的企业可以试行职工代表竞选制。[16] 职工代表实行常任制,其任期与职代会届期一致,可以连选连任。[17]

职工代表的权利主要有:选举权、被选举权和表决权;参加职代会及其工作机构组织的民主管理活动;对企业涉及职工权益的事项有知情权、建议权、监督权;对企业领导人员进行评议和质询;在职代会闭会期间,通过工会组织对企业执行职代会决议和提案落实情况进行监督、检查。[18]

职工代表的义务主要有:遵守法律法规、企业规章制度,提高自身素质,积极参与企业民主管理;依法履行职工代表职责,听取职工对企业生产经营管理等方面的意见和建议,以及涉及职工切身利益问题的意见和要求,并客观、真实地向企业反映;参加企业职代会组织的各项活动,执行职代会通过的决议,完成职代会交办的工作;向选举单位的职工报告参加职代会活动和履行职责情况,接受职工的评议和监督;保守企业的商业秘密和与知识产权相关的保密事项。[19]

职工代表履行职责受法律保护,任何组织和个人不得阻挠和打击报复。职工代表在法定工作时间内依法参加职代会及其组织的各项活动,企业应当正常支付劳动报酬,不得降低其工资和其他福利待遇。企业不得因职工代表履行职责扣发、降低其工资、福利,调动其工作岗位或者免除职务、降低职级,单方变更或者解除其劳动合同。[20]

---

〔12〕 参见《湖北省企业民主管理条例》第15条第1款、《江苏省企业民主管理条例》第7条第1款、《浙江省企业民主管理条例》第8条第1款、《安徽省企业民主管理条例》第17条。

〔13〕 参见《湖北省企业民主管理条例》第15条第2款、《江苏省企业民主管理条例》第7条第2款、《浙江省企业民主管理条例》第8条第2款、《安徽省企业民主管理条例》第18条。

〔14〕 《企业民主管理规定》第23条。

〔15〕 《企业民主管理规定》第25条。

〔16〕 《安徽省企业民主管理条例》第24条第2款。

〔17〕 《企业民主管理规定》第26条第1款。

〔18〕 参见《企业民主管理规定》第28条、《安徽省企业民主管理条例》第29条。

〔19〕 参见《企业民主管理规定》第29条、《安徽省企业民主管理条例》第30条。

〔20〕 参见《企业民主管理规定》第30条、《安徽省企业民主管理条例》第28条。

五、职工代表大会的运行

1. 职代会的任期

职代会每届任期为3~5年,具体任期由职代会根据本单位的实际情况确定。职代会因故需要提前或者延期换届的,应当由职代会或者其授权的机构决定。[21] 有的地方立法还规定,延期换届的时间不得超过1年。[22]

2. 职代会的组织

职代会由符合法定要求的职工代表所组成。为确保职代会对职工利益和诉求的广泛代表性,职工代表人数或其占职工人数的比例不得低于法定要求[23],且应当由工人、技术人员、管理人员、企业领导人员和其他方面的职工组成。为防止职代会受控于企业行政,企业中层以上管理人员和领导人员占职工代表总人数的比例不得超出法定限制(如20%[24])。为确保弱势职工群体的利益和诉求在职代会中得以体现,一线工人、女职工、派遣工、残疾人职工等各占职工代表总人数的比例,须符合法定要求。[25] 为便于在职代会上职工代表与企业行政的沟通,职代会可根据需要设置列席代表,但列席代表无表决权和选举权。[26]

职代会通过一定的组织形式组织职工代表开展民主管理活动。实践中形成并为立法[27]所肯定的组织形式主要有:(1)代表团(组)。职工代表按照基层选举单位组成代表团(组),并推选团(组)长。在职代会中,职工代表主要通过代表团(组)参与活动。这是职工代表在职代会中代表其基层选举单位职工利益的组织保障。(2)主席团。职代会可以设主席团,由其主持会议和处理大会期间有关重大问题。主席团成员由企业工会与职代会各团(组)协商提出候选人名单,经职代会预备会议表决通过。其中,工人、技术人员、管理人员不少于50%。有的地方立法还有其他要求,如,主席团成员须达到一定人数,且其中一线职工代表的不得低于一定比例[28];主席团成员中应当有女职工代表[29]。(3)民主管理专门小组(委员会)。职工代表大会根据需要,可以设立若干民主管理专门小组(委员会),组织职工代表开展民主管理专项活

---

〔21〕《企业民主管理规定》第10条。

〔22〕《上海市职工代表大会条例》第20条第1款。

〔23〕《广西壮族自治区企业民主管理条例》第15条规定,建立职工代表大会制度的企业,职工代表名额按照下列规定确定:(一)职工人数五十人以上不足一百人的,职工代表名额不少于三十人;(二)职工人数一百人以上一千人以下的,代表名额以四十名为基数,职工每超过一百人,代表名额增加七名;(三)职工人数一千人以上的,职工代表名额按职工人数的百分之十确定,一般不超过四百人。《安徽省企业民主管理条例》第25条规定,召开职工代表大会的,代表名额不得少于三十名;职工一百人以上不满一千人的企业,代表名额以三十名为基数,职工每增加一百人,代表名额增加十名;职工一千人以上不满五千人的企业,代表名额以一百二十名为基数,职工每增加一千人,代表名额增加三十五名;职工五千人以上的企业,代表名额不得少于二百六十名。职工代表名额应当是单数。

〔24〕《企业民主管理规定》第9条规定,企业中层以上管理人员和领导人员一般不得超过职工代表总人数的20%。

〔25〕《湖北省企业民主管理条例》第8条规定,一线职工代表不得少于代表总数的50%。《安徽省企业民主管理条例》第26条第2款规定,女职工代表、集中安置残疾人企业的残疾人职工代表、使用劳务派遣工企业的劳务派遣工代表的比例不低于女职工、残疾人职工、劳务派遣工在本单位职工总量中所占比例。

〔26〕《上海市职工代表大会条例》第20条第2款。

〔27〕参见《企业民主管理规定》第11、12、19条;《上海市职工代表大会条例》第22~24条;《安徽省企业民主管理条例》第11~13条。

〔28〕《上海市职工代表大会条例》第22条规定,主席团人数不得少于七人,其中一线职工代表的比例不得少于50%。

〔29〕《安徽省企业民主管理条例》第11条。

动，办理职代会交办的有关事项。其负责人由职工代表担任，其成员人选必须经职代会审议通过。（4）联席会议。职工代表大会闭会期间，可以召开职代会联席会议，对除法定应当提交职代会审议通过的事项外，需要及时处理的重要事项，进行协商处理，其处理结果提请下一次职代会确认。联席会议由企业工会负责召集，由职工代表团（组）长、民主管理专门小组（委员会）负责人、主席团成员、工会委员会委员参加，还可以根据会议内容邀请企业领导人员或其他有关人员参加。

3. 职代会的议事规则

现行立法规定的议事规则要点有：（1）会议召开的次数和条件。职代会每年至少召开一次，且须有全体职工代表2/3以上出席方可召开。[30] 有的地方立法还规定，遇有重大事项，经企业经营者、企业工会或者1/3以上职工代表提议，可以召开临时会议。[31] （2）议题和议程的确定。职代会的议题和议案应当由企业工会听取职工意见后与企业协商确定，并在会议召开七日前以书面形式送达职工代表。[32] （3）选举和表决事项的通过。[33] 职代会选举和表决相关事项，须按照少数服从多数的原则，经全体职工代表的过半数通过。对重要事项的表决，应当采用无记名投票的方式分项表决。（4）审议通过的效力。职代会在其职权范围内依法审议通过的决议和事项对本单位以及全体职工具有约束力，非经职代会重新审议通过不得变更或撤销。法定应当提交职代会审议通过的事项，未按照法定程序提交的，企业工会有权要求纠正，企业应当根据工会的要求予以纠正；未按照法定程序提交审议通过而企业就该事项作出决定的，该决定对职工不具有约束力。[34]

4. 职代会的工作机构

企业工会是职代会的工作机构，负责职代会的日常工作。依现行立法的规定[35]，企业工会作为职代会工作机构的职责，有以下主要内容：（1）组织职工代表选举。即提出职代会代表选举方案，组织职工选举职工代表。（2）筹备和组织职代会会议。即提出职代会主席团组成方案和组成人员建议名单；提出专门委员会（小组）设立方案和组成人员建议名单；征集职工代表提案，提出职代会议题、议程的建议。（3）向职代会报告。即就职代会决议的执行情况和职代会提案的办理情况、厂务公开的实行情况等向职代会报告。（4）监督落实职代会决议和提案。即在职代会闭会期间，组织专门委员会（小组）和职工代表就职代会决议执行和职代会提案办理的情况、厂务公开的实行情况等，开展巡视、检查、质询等监督活动；根据职代会的授权，对需要临时解决的重要问题以及职代会决议事项在实施过程中出现的问题，组织召开职工代表团（组）长和专门委员会（小组）负责人联席会议。（5）服务职工代表。即联系职工代表，征求职工代表的建议，受理职工代表的申诉，维护职工代表的合法权益。（6）建立和管理职工代表大会工作档案。

---

〔30〕《企业民主管理规定》第17条。

〔31〕《湖北省企业民主管理条例》第12条第2款。

〔32〕《企业民主管理规定》第18条。

〔33〕《企业民主管理规定》第20条。

〔34〕《企业民主管理规定》第21条；《上海市职工代表大会条例》第32条、第33条。

〔35〕《企业民主管理规定》第22条、《安徽省企业民主管理条例》第14条。

六、职工代表大会的多维关系

1. 职代会与股东大会(股东会)的关系

股东大会(股东会)是公司的最高权力机构。对职代会与股东大会的关系进行制度设计,重点要处理好下述问题:(1)议事范围的界定。在二者的议事范围之间,凡是只直接涉及投资者根本利益而不直接涉及职工利益的事项,如投资方案和利润分配方案,一般应当只列为股东大会的议事对象;凡是只涉及职工根本利益而不直接涉及投资者利益的事项,如公益金使用方案和职工住房分配方案,一般应当只列为职代会的议事对象;而对投资者利益和职工利益者都直接涉及的事项,依法应作为股东大会议事对象的,也应当列入职代会议事范围。目前,职代会议事范围小于股东大会议事范围,为了发挥职代会应有的作用,就应当扩宽职代会议事范围。(2)共决权限的划分。对于专属股东大会或职代会议事对象的事项,分别由各自单独决定,此为共决权限的横向划分。对于作为两会共同议事对象的事项,则由两会分别行使初决权或终决权,此为共决权限的纵向划分。由于股东大会是最高权力机构,职代会只是一种职工参与形式,董事会要向股东大会负责,所以,除了同职工利益联系特别紧密的事项由股东大会初决、职代会终决外,都应当由职代会初决、股东大会终决。其中,终决一般应当采用同意或否决的方式。(3)议事程序的配合。股东大会和职代会的议事程序,都应当实行审议表决模式,即对特定事项先进行审查和讨论,然后予以表决。对于作为两会共同议事对象的事项,应当实行复合审议制,或者联席审议、分别表决,或者分别审议表决。两会在共决过程中的配合,与各自举行会议的时间安排相关。这有同期举行和相继举行两种选择。同期举行,便于两会之间双向沟通信息,还可以就共同议事对象由两会交替讨论,这样有利于两会及时调整各自意见,加速共决一致的过程。相继举行,因两会之间的信息交流是单向的,且有时间差,一旦否决成立就不能及时实现共决一致。所以,为了便于议事程序同步配合,从提高共决效率考虑,两会同期举行为宜。

关于职代会与股东会的关系,也应当从上述几个方面进行制度设计。

2. 职代会与董事会的关系

董事会是对股东大会(股东会)负责的公司常设决策机构。关于职代会与董事会的关系,概言之,是监督与被监督的关系,即职代会对董事会职权活动实行监督。其监督措施可作以下设想:(1)董事会有义务向职代会报告工作并在职代会上接受质询。(2)职代会对董事会的决策可以提出参考性修改建议,对其严重侵犯职工合法权益的决策可以否决。(3)职代会可以通过民意测验的方式表示对各董事的信任率,其中,对不称职的董事可以提出不信任案。(4)职代会可以参与对下届董事候选人资格的审议,并提出参考性意见。(5)职代会可以参与对下届董事候选人资格的审议,并提出参考性意见,同时还可以否决不宜任董事者的候选人资格,但被否决人数应限制在一定比例之内。

3. 职代会与(总)经理的关系

(总)经理是就公司经营管理业务的执行向董事会(股东会)全面负责的日常经营管理机构。它应接受职代会的监督。这种监督必须坚持两个前提:一是经理由董事会聘任和解聘,只对董事会负责;二是除了职代会对专属其议事对象的事项所作出的决定,(总)经理必须执行外,职代会不得向(总)经理发号施令,(总)经理的经营管理行为不受职代会直接干预。其监督措施可作下述设想:(1)职代会对董事会拟聘的(总)经理人选进行民意测验,若某候选人未获得一定的支持率,董事会应当考虑不将其列为拟聘任对象。(2)(总)经理应当向职代会报告工作,接受职代会质询,听取职代会的建议。(3)职代会组织全体职工对(总)经理的实绩进行考核评价,若评分低于一定标准,可向其提出警告,若评分继续下降,可向董事会提出解聘建议。

4. 职代会与监事会的关系

监事会是公司经营管理的监督机构。关于职代会与监事会的关系,有两个主要层次:(1)配合关系,即在监督企业经营管理的过程中,职代会应以其监督手段(如对董事、经理进行民主评议、民意测验等)支持监事会行使监督职权;监事会应以其日常监督活动,为职代会实施监督提供依据,并将职代会反映的"民意"付诸实现。(2)监督关系,即监事会也应当受职代会监督,例如,职代会可以定期听取监事会的工作报告,对监事会和监事个人的实绩作出评价,参与对职工监事的选择和撤换,等等。

第三节　平等协商制度

平等协商,又称劳资协商,是指职工方与企业方就有关企业生产经营和职工利益的事务,平等地交涉、对话和商讨,以实现相互理解和合作,并在可能的条件下达成一定协议的活动。它早在19世纪末就已出现,并在两次世界大战期间以后得到较快发展,当今已遍及西方国家和某些发展中国家。

作为职工参与形式的平等协商和作为集体合同订立程序的集体谈判(又称集体协商)是两种不同的制度,其主要区别在于:(1)平等协商的职工方代表一般经民主选举产生;集体谈判的工会代表则由工会选派,只有在没有工会组织或者工会组织不符合法定要求的企业才由职工推举产生。(2)平等协商并不一定以达成协议为目的,通常只需增进相互理解或形成合作意向即可;而集体谈判则是为了签订集体合同。(3)平等协商中如有争议,只能由双方自行协商解决,不能采取罢工、闭厂等对抗行动;集体谈判中的争议则可能表现为罢工、闭厂等激烈形式,可以由第三人协调处理。(4)平等协商中,双方在可以就企业经营决策和发展战略之类的问题交换信息和意见;集体谈判的内容则一般限于劳动条件,而不包括企业有权单方决定的事项。(5)平等协商往往频繁举行(如一月一次),甚至可随时举行;集体谈判则一般一年一次,也可以间隔时间更长。尽管存在上述区别,平等协商与集体谈判仍有紧密联系。这主要表现在,集体谈判通常以平等协商作为其准备阶段。

在许多国家和地区的立法中,要求平等协商采用劳资协商机构的形式,即依法由劳资双方代表组成一定机构专司平等协商的职能。如法国的工厂委员会,我国台湾地区的劳资会议。根据《法国劳动法典》的规定,凡雇用50名以上受雇者的一切工业和商业企业等雇主都应当建立工厂委员会,对于雇员不足50人或50名的企业,劳工部长、工业部长和其他各有关部长所发布的命令可以规定哪些单位必须建立工厂委员会;工厂委员会的成员为企业领导人或其代表和根据受雇者人数由国务委员会法令规定的若干名职工的代表;工厂委员会在改善雇用条件和职工的工作、生活条件方面应与管理部门合作;工厂委员会有权研究管理部门所设想的各种措施和职工为改进生产和提高企业生产率所提出的各种建议,并对采纳与否提出建议;凡是有关企业的组织、管理和总的经营事项,工厂委员会一律都应得到通知并接受咨询,还可提出自己的希望;工厂委员会应随时得知关于企业所得利润情况,并可就如何使用利润提出建议。根据我国台湾地区“劳动基准法”和“劳资会议实施办法”的规定,事业单位〔36〕及其劳工在30人以上的分支机构,应举办劳资会议;劳资会议由劳资双方同数代表(各为3~9人)组成,资方代表由雇主自任或雇主指派,劳方代表由工会会员或会员代表大会选举,无工会组织者由全体劳工直接选举;劳资会议代表在会议中应克尽协调合作之精神,所为之意思表示,其为资方代表者应向雇主负责,其为工会会员选出者应向工会负责;劳资会议之议事范围包括关于劳工动态、生产计划及业务情况等报告事项,关于协商劳资关系、促进劳资合作、劳动条件、劳工福利筹划、提高工作效率等讨论事项,以及关于生产、财务、人事、技术等建议事项;劳资会议每月举行一次,必要时得召开临时会议,均应有劳资双方代表各过半数出席;劳资会议代表轮流担任,但必要时得由劳资双方代表各推派1人共同担任;劳资会议得设专案小组处理有关议案或重要问题;劳资会议开会时,与议案有关人员及事业单位指派人员得列席解答有关问题;劳资会议作出的决议,须有出席代表2/3以上同意;劳资会议决议事项,应由事业单位分送工会及有关部门办理并函报当地主管机关备查,如不能实施,得提交下次会议复议。

《英国劳资关系法实施规则》中的具体规定

在有的国家,立法只规定平等协商的一般规则,而不要求必须采取劳资协商机构的形式,《英国劳资关系法实施规则》即是如此。

在我国,1950年政务院曾批准《劳动部关于在私营企业中设立劳资协商会议的指示》。现阶段,我国企业已有平等协商的实践,但不规范。其主要形式有:(1)民主对话会。即厂长(经理)和其他行政领导与工会和部分职工代表相互提出和解答问题并共同商讨的会议,它通常由工会主持。(2)民主质询会。即职工代表或职工对企业行政领导提出问题,要求作出说明或答复的会议,它是民主监督的一种形式。(3)民主咨询会。亦称生产(技术)民主会,即根据企业生产、技术和经营管理中出现的问题,组织部分职工或职工代表,进行讨论,研究解决措施的会议,它一般由企业行政领导主持。(4)民主接待日。即企业党政领导干部和工会干部、职工代表配合编组,定期轮流值班接待来访职工,对来访职工的意见、建议和要求及时研究、解决或答复的活动。它是一种企业日常民主管理形式。

在现行立法中,《劳动合同法》第4条第2款在集体协商之外另行作出劳动规章制度制定程序中用人单位“与工会或者职工代表平等协商确定”的规定,这表明作为职工民主管理形式的平等协商有别于作为集体合同订立程序的平等协商(第51条第1款);而有的地方立法〔37〕则将这两种平等协商混同,就其规则作出统一规定。

基于我国平等协商的实践,并借鉴有关国家和地区关于平等协商的立法,在我国立法中,就平等协商规则应明确以下要点:(1)适用范围。平等协商作为一种职工参与形式,普遍适用于各种企业。非国有企业和国有企业都可适用,即使实行职代会制度的企业也可将其作为职

〔36〕 我国台湾地区的立法中所称的“事业单位”,相当于我国大陆立法中所称的“企业”。

〔37〕《浙江省企业民主管理条例》第五章“平等协商”。

代会的辅助形式。(2)协商内容。这可以有较宽的涉及面,并允许双方协定。不论是直接涉及劳动关系还是直接涉及企业生产经营,只要是双方共同关心的事项,都可以作为协商的标的。(3)协商形式。这可以由职代会确定或者集体合同约定,允许灵活多样。既可以组成协商机构也可以不组成协商机构或者进行协商机构外的协商,既可以定期协商也可以临时协商。(4)职工方代表。除首席代表应当由工会主席或者工会主席书面委托其他工会负责人担任以外,其他代表的产生方式,既可以是职工民主选举,也可以是职代会议定,在一定条件下还可以是工会选派。(5)协商程序。双方都应当按既定程序进行协商。除了法定程序外,有必要授权全国总工会和地方、行业工会组织制定示范性程序规范,还应当允许在集体合同和内部劳动规则中规定一定的程序规则。(6)协商结果。平等协商允许有多种形式的结果。就协商的事项既可以形成书面协议、会议决议、会议纪要、备忘录等书面文件,也可以只达成口头协议,还可以为进行集体谈判拟订谈判方案、谈判提纲、集体合同草案等预备性文件。其中,书面协议可以约定为集体合同的附件;协商机构所作的决议,应分送工会和企业有关机构办理,未能实施的事项可重新协商;口头协议应记录在案,但不具有必须履行的效力,也不能作为处理争议的依据。无论何种形式的协商结果,都应当传达给全体职工或相关职工。

第四节 企业机构内职工代表制度

企业机构内职工代表制度,是指由职工代表参加企业的决策、监督、咨询等机构,并作为其正式成员行使职权和履行职责,从而代表职工参与企业管理。在许多国家,它属于职工民主管理的一种法定必要形式,表现为劳工董事制度、劳工监事制度等。

董事会和监事会分别为企业的决策机构和监督机构[38],劳方代表参加董事会或监事会作为其正式成员,从而形成高层次的劳资共决和职工监督。职工参与的此种形式,开始于第二次世界大战以后,已为许多国家的法律所肯定。但在不同国家,法律要求董事会和监事会中劳方代表应有人数或应占比重往往不尽相同。董事会成员中,德国要求采矿、钢铁公司以及雇员超过2000人的公司都必须有1名劳方董事,其中,采矿、钢铁公司的劳方董事由监事会中的雇员代表通过表决方式任命,其他公司的劳方董事则由股东指定;丹麦要求一般有2名(白领工人、蓝领工人各1名)劳方董事,由地方工会任命;瑞典要求,雇员25人以上的公司须有雇员代表和副代表各2名,雇员1000人以上或具有不同行业雇员的公司须有雇员代表和副代表各3名,均由雇主选举产生。挪威《股份公司法》规定,在前三个会计年度平均雇工超过30人,但未设立公司大会的公司,2/3以上的职工有权从职工中选举1名董事或若干名副董事;在前三个会计年度平均雇工超过50人,但未设立公司大会的公司,1/2以上的职工有权从职工中选举不超过1/3的董事和副董事;在前三个会计年度平均雇工超过200人,且根据职工与经营者约定不设立公司大会的公司,职工除了享有前一种公司的参与权外,还职工有权从职工中选举1名配备副董事事。监事会成员中,德国等国家要求劳资双方选派的代表人数相等;遇有表决出现双

[38] 在德国,监事会具有相当于其他国家董事会的权限。

方票数相等的情况时,有的国家由另设的一名“中立”代表裁决,有的国家则由资方主席多投决定性一票;此外,也有规定劳方代表少于资方代表的国家,如奥地利,股东代表2/3、雇员代表1/3。监事会成员中的劳方代表,一般分别由企业委员会推荐,行业工会指派和职工选举产生,其中分别有工人、职员、高级职员各自的代表,行业工会指派的代表可以不是企业内部职工,妇女若在职工中占绝大多数的则至少应有1名妇女代表。

企业机构内职工代表制度较之职代会制度,在实现职工民主管理方面具有下述主要特点:(1)职工代表进入企业机构,直接从事所在企业机构的活动,从而能够使职工意志从企业机构内部体现于企业管理行为中;(2)职工代表作为企业机构的正式成员,在企业管理活动中与其他成员具有同等的法律地位,从而能够使职工与投资者、经营者之间的协调转化为企业机构内部的协调;(3)职工代表所进入的企业机构,一般为常设机构,从而能够使职工参与企业管理固定化、经常化,使职工参与行为与企业管理过程同步。

我国现行立法中,除职工董事和职工监事外,对企业机构内职工代表制度仅有零散规定。例如,国有企业法中有关于职工代表参加企业管理委员会的规定;劳动争议调解立法中有关于职工代表参加企业劳动争议调解委员会的规定。为了完善我国的企业机构内职工代表制度,应当在立法中就下述问题作出规定:(1)企业机构内职工代表制度的适用范围。它表现为机构范围和企业范围两个方面。机构范围是指在企业中哪些机构应当有职工代表参加,其中应当包括经营决策机构(如董事会等)、专门监督机构(如监事会等)、高层智囊机构(如企业管理委员会等)、职工福利管理机构(如职工住房分配委员会等)和劳动关系协调机构(如劳动争议调解委员会等)。企业范围是指哪些企业应当实行企业机构内职工代表制度。职工民主管理权的平等性和市场经济条件下企业竞争的公平性,都要求我国立法,将各种企业都纳入企业机构内职工代表制度的适用范围。(2)企业机构内职工代表的比例。在企业机构正式成员中,职工代表人数须占一定比例,但在不同机构此比例应有所不同。其中,董事会中的比例,应根据董事会规模、董事来源、内外部董事结构等因素确定,至少须有1名;在监事会中的比例,一般不应少于一定比例;在职工福利管理机构中的比例,一般应高于1/2;在劳动关系协调机构中的比例,应当与企业行政方代表的比例对等。关于此比例的立法,可以只规定最低比例,并要求至少必须有1名,允许企业章程或集体合同中作出高于法定最低比例的规定;也可以只规定确定此比例的准则,允许企业章程或集体合同依法定准则规定具体比例。(3)企业机构内职工代表的身份结构。在职工结构中有工人、普通职员和高级职员,生产人员、技术人员和管理人员,男职工和女职工等区分。为确保代表性,职工代表的身份结构应当与职工总体结构相对应。但不得将职工代表与投资者代表、经营者代表(企业行政代表)混同或替代。(4)职工代表的确定方式。进入企业机构的职工代表,一般可通过职代会推举、职工群众选举或工会组织指定的方式来具体确定。(5)职工代表的法律地位。企业机构内职工代表具有双重属性,即既是全体职工的利益代表者和意志表达者,又是企业机构的正式成员,这使其有别于集体谈判中的工会代表和企业机构中的其他成员。职工代表进入企业机构后,就应当以独立的人格履行其作为正式成员的职责,其行为虽然会体现职工方意志,但这种体现应限定在其成员职责所允许的范围内,也就是说,在企业机构中,作为正式成员的职工代表,其成员职责应优于其代表职责。不仅如此,职工代表作为企业机构的正式成员,应当同其他成员处于平等地位,享有平等的知情权、发言权和表决权,且参与表决的事项范围大致相同。

我国现行立法关于职工董事和职工监事制度的规定[39],有下述要点:(1)适用范围。职工董事制度,仅在两个以上的国有企业或者其他两个以上的国有投资主体投资设立的有限责任公司应当实行,在其他有限责任公司和股份有限公司则是可以实行;而职工监事制度,在所有公司都应当实行。(2)职工董事和职工监事的比例。公司应当依法在公司章程中明确规定职工董事、职工监事的具体比例和人数,其中,立法要求职工监事在监事会成员中应当占适当比例,且不得低于1/3。(3)职工董事和职工监事的产生和来源。职工董事和职工监事由公司职工通过职代会、职工大会或者其他形式民主选举产生。职工董事、职工监事候选人由公司工会根据自荐、推荐情况,在充分听取职工意见的基础上提名,经职代会全体代表的过半数通过方可当选,并报上一级工会组织备案。工会主席、副主席应当作为职工董事、职工监事候选人人选。公司高级管理人员不得兼任职工董事和职工监事,且公司董事不得兼任职工监事,公司监事不得兼任职工董事。职工董事、职工监事的任期与公司其他董事、监事的任期相同,可以连选连任。(4)职工董事和职工监事的权利义务。职工董事、职工监事与公司的其他董事、监事享有同等的权利,承担相应的义务。并且,职工董事有权就涉及职工切身利益的规章制度或者重大事项,提请召开董事会会议,反映职工的合理要求,维护职工合法权益;职工监事有权就涉及职工切身利益的规章制度或者重大事项,提议召开监事会会议,还有权监督检查公司对涉及职工切身利益的法律法规、公司规章制度贯彻执行情况以及劳动合同和集体合同的履行情况。职工董事、职工监事不履行职责或者有严重过错的,经1/3以上的职工代表联名提议,职代会全体代表的过半数通过可以罢免。(5)职工董事和职工监事的保护。公司应当保障职工董事、职工监事依照法律法规和公司章程开展工作,为职工董事、职工监事履行职责提供必要的工作条件;在任职期间,除法定情形外,公司不得与其解除劳动合同。有的地方立法还规定,公司不得因职工董事、职工监事履行职责扣发、降低其工资、福利,调动其工作岗位或者免除职务、降低职级,单方变更其劳动合同。[40]

第五节 职工民主管理的利益机制

职工民主管理的效果如何,除了取决于职工对企业管理的参与度是否适当、参与形式是否合理以外,还取决于职工对参与企业管理的积极性和责任感。而这种积极性和责任感,必须有相应的经济利益作基础。在企业中,职工如果只能得到作为劳动力价格转化形成的工资,而无缘分享企业利润,工资与利润对立,就会减弱其参与企业管理的内在动力;职工如果只承担由于企业裁员或破产而失业的风险,而对企业经营亏损不承担财产风险,其参与企业管理的内在压力就可能不足。因而,要调动和提高职工对参与企业管理的积极性,形成和加大职工对参与企业管理的责任感,就必须建立一种有效的利益机制,即职工、投资者和经营者之间利润分享、

---

〔39〕《公司法》(2005年修订)第45条、第52条、第109条、第118条;《企业民主管理规定》第四章;《江苏企业民主管理条例》、《浙江企业民主管理条例》、《安徽企业民主管理条例》等地方性法规中也对职工董事和职工监事制度设专章规定。

〔40〕《安徽企业民主管理条例》第39条第2款。

亏损分担的利益趋同机制。因而,职工持股制度和按劳分红制度在许多国家,伴随着职工参与制度应运而生。

职工持股,是指职工凭借其劳动者资格购买本企业股份,作为本企业股东分享利润和分担风险。这里的职工股,与普通股不同之处主要在于,持股须以其与企业有劳动关系为前提,职工有权利和义务购买一定股份,一般要求各个职工所持股份大体均等,股票记名并且不可转让。在这种制度中,职工和股东双重身份合一,使职工认同企业的经营目标有一定经济利益作基础,对职工参与的积极性和责任感无疑意义重大。但在实际操作中也不乏问题。集中表现在:(1)有可能不利于职工参与的积极性和责任感。因为,除合作企业外,职工所持股份在企业总资本中的比重一般很小,不仅其股份收益和风险较之资本股东悬殊过大,而且在职工收入结构中仍以工资福利为重头,股份收益很可能微不足道。这样,既不足以激发甚至可能影响职工参与的热情,也不足以提高甚至可能降低职工在参与企业管理过程中对企业长期利益的关心程度。职工所持股份如果人人均等,实际就成了一种"大锅饭"式的变相福利分配,它对职工参与的积极性和责任感的作用,就会连有等级差别的工资制度都不及,甚至还有可能冲淡工资制度对职工参与积极性和责任感的积极影响。职工所持股份如果允许有差别,就会在全体职工中造成参与企业管理的积极性和责任感的不平衡,即只会对少数持股多的职工起到提高其参与积极性,加重其参与责任感的作用;而持股相对少的职工,其参与企业管理的积极性和责任感,就不会因持股而提高和加重,甚至还可能因持股相对少而降低和减弱。(2)有可能与职工参与的宗旨相悖。众所周知,现代企业实行职工参与制度的主旨是提高效率,而职工持股在一定条件下可能引起低效率的结果。例如,当股份收益在职工收入中不可能占较大比重时,职工以劳动者和股东双重身份参与企业管理,就可能促使企业目标偏向工资福利最大化,造成企业行为短期化。又如,当职工持股均等时,其股份收益与其劳动贡献不挂钩,就会影响职工的劳动积极性;当职工持股不均等时,难免在职工之间产生利益矛盾和摩擦,为减少这种矛盾和摩擦,就会增加企业的管理成本。再如,职工持股是以劳动者资格为前提的,随着劳动关系的解除就应当退股,当退股量过大时,企业资本额锐减,应会造成财务困难和发展受阻。

按劳分红,是指将企业可分配利润的一部分,在全体劳动者中按照劳动贡献大小进行分配。为深化企业内部分配制度改革,加快建立与现代企业制度相适应的工资收入分配制度,劳动和社会保障部于 2000 年 11 月 6 日发布了《进一步深化企业内部分配制度改革的指导意见》,明确提出在"具备条件的小企业可以探索试行劳动分红办法"。按劳分红与工资分配利润的一部分,在全体劳动者中按照劳动贡献大小进行分配。它与工资分配的区别在于,分配客体是利润而不是计入成本的劳动报酬;它与职工持股制度中利润分配的区别在于,分配的尺度是劳动而不是股份。这种制度使职工仅凭其劳动分享利润,使工资与利润由对立转向相容,使劳资矛盾能有所缓解,因而,它对职工参与的积极性和责任感有十分显著的积极作用。但它也有缺陷,主要表现在:(1)按劳分红的利润在可分配利润中只是很小一部分,并且分红所得在职工收入中仅是工资的一种补充形式,所以对职工参与的积极性和责任感的积极作用也非常有限。(2)单纯的按劳分红只能使职工在企业盈利时能够分享利润,而无法使职工在企业亏损时象职工持股制度中那样分担风险。这就不足以加重职工参与的责任感。

上述分析表明,职工持股制度和按劳分红制度都为建立职工参与的利益机制所必不可少,同时又都有一定的局限性,为了使全体职工对参与企业管理保持旺盛的积极性和强烈的责任感,应当建立和健全与职工参与制度配套的职工持股制度和按劳分红制度,充分发挥其对职工参与的利益驱动和约束功能。其中,重点要解决好下述问题:(1)职工分享利润总量的确定。从外延界定,职工分享利润总量只限于给职工股支付股息和给职工支付劳动红利的利润,其中,不应当包括职工所持普通股的股息红利。它在企业可以分配利润中所占比例应当合理。确定该比例,应当以既有利于企业发展又足以激发职工参与积极性为原则,还应当同资本、经营和劳动在企业中的地位相适应。因而,该比例一般应当低于投资者(不包括职工股东)、高于经营者分享利润在企业可分配利润中所占比例;并且,该比例在劳动密集型企业应当高于资本密集型企业,在对职工参与的需求较大的企业应当高于需求较小的企业。(2)利润均等分享和利润差别分享的结合。利润均等分享,即各个职工所分享的利润份数相等,这有助于全体职工平等地参与企业管理,但与按劳分配原则相悖。利润差别分享,即各个职工分享的利润份额因劳动贡献等因素的不同而有差别,这易于同按劳动分配原则相适应,但只对部分职工有激励其参与企业管理的作用。所以,这两种利润分享方式应当并用。有两种模式可供选择:一种是同时实行职工持股制度和按劳分红制度,并将职工分享利润总量分为两部分,一部分作为职工股息由职工平等分享,另一部分作为劳动红利在职工中进行差别分配。另一种是只实行按劳分红制度,而同时实行两种分配标准,即最低分红标准和等级分红标准,各个职工所得红利不得低于最低分红标准,以此实现利润均等分享;在最低分红标准的基础上按照等级分红标准将红利在职工中进行差别分配。在上述两种模式中的利润差别分享,应当以职工工资额大小、工龄长短、受过何种奖励、受过何种纪律处分等因素,作为确定差别的依据。(3)利润分享与亏损分担的对称。职工作为利润分享主体,也应当是亏损分担主体。当企业出现亏损时,职工分担亏损总量在企业亏损中所占比例,应当与职工分享利润总量在企业可分配利润中所占比例对应;至于各个职工分担亏损的比例,也应当与各自分享利润的比例一致。为了使职工分担亏损的责任不致落空,在向职工分配利润的同时,应当从各个职工所得利润中按照同一比例提取部分利润留作亏损风险基金(或集体股)并分别记入职工个人账户。应当由职工分担的亏损,首先用亏损风险基金(或集体股)弥补,不足弥补的部分从职工股中扣除,职工股仍不足弥补或者未实行职工持股制度的,可用企业公益金弥补。(4)职工离开企业时职工股和职工所得利润的处理。为了避免或缓解伴随大量职工离开企业而来的大批退股(仅限于职工股)和带走所得利润给企业带来的财务危机,应当对职工离开企业时带走资金作适当限制。可以设想,对于职工退股,全部转为普通股,或者按一定比例,部分转为普通股,部分由企业出资购回;对于亏损风险基金或集体股中记入职工个人账户的份额,经清算确定应退还的资金,如果数额超过规定界限,就要按一定比例部分转为普通股,部分兑付现金;如果数额未超过界限,就由职工选择转为普通股或兑付现金。还可以设想,职工离开企业时按照上述规则确定的应带走的资金,如果即时付清会造成企业财务困难,应当要求分期付清,具体办法可由双方协议确定。

劳动基准篇

第十一章　工作时间和休息休假

第一节　概　述

一、工作时间和休息时间的概念和划分

工作时间,又称法定工作时间,是指劳动者为履行劳动义务,在法定限度内应当从事劳动或工作的时间。它含有以下几个要点:(1)工作时间是劳动关系中劳动者为用人单位履行劳动义务而从事劳动或工作的时间;(2)工作时间的长度由法律直接规定,或者由集体合同和劳动合同依法约定;(3)劳动者不遵守工作时间要承担法律责任。其表现形式有工作小时、工作日和工作周三种,其中工作日即在一昼夜内的工作时间,是工作时间的基本形式。

休息时间,又称法定休息时间,是指法定的劳动者得免于履行劳动给付义务而自行支配的时间。它包含以下几个要点:(1)劳动者在休息时间免于履行劳动给付义务,即不必为用人单位从事劳动或工作;(2)休息时间由劳动者自行支配,是劳动者实现休息权的必要保证;(3)劳动者在休息时间内的生活保障由用人单位提供;(4)用人单位不得非法占用劳动者的休息时间,如需依法占用,应当给予特别补偿。

工作时间的范围,不仅包括作业时间,还包括准备工作时间、结束工作时间以及法定非劳动消耗时间(如劳动者自然需要中断时间、工艺需要中断的时间、停工待活时间、女职工哺乳婴儿时间等);不仅包括在岗位上工作的时间,还包括依据法规或单位行政安排离岗从事其他活动的时间。休息时间的范围,包括日常休息时间和休假,前者即工作日内不计入工作时间的间歇时间(如用膳时间、午休时间)和计入工作时间的间歇时间(即法定非劳动消耗时间),以及相邻两个工作日之间的休息时间和相邻两个工作周之间的休息时间(即周休日);后者即劳动者依法享受的各种假日。可见,在工作时间和休息时间之间,一方面既能明确界定范围,另一方面又有一定交叉,存在计入工作时间的休息时间。

在一定的自然时间内,工作时间与休息时间是一种此长彼短、此短彼长的关系。对劳动者来说,工作时间是支出劳动力的量化形式,休息时间是恢复和增强劳动力的必要时间,二者之间是劳动力的使用和再生产的关系。所以,二者的划分,应当坚持下述原则:(1)保护劳动者身体健康和休息权。工作时间的长度和工作班的安排,不得损害劳动者的身体健康,必须保障劳动者休息权的实现。(2)有利于提高劳动效率。要正确处理这两种时间与劳动效率的关系,把工作时间的长度限定在足以保证劳动效率达到较好水平的限度之内,使劳动者有足够的休息时间来恢复劳动力和提高自身素质,从而提高劳动效率。(3)与经济发展和人民生活水平相适应。随着经济发展和人民生活水平的提高,各国的工作时间呈缩短趋势。我国工作时间长度的确定,应当从我国实际情况出发,在经济发展的基础上,不断满足人们日益增长的物质和文

化生活需要。因而,国家规定的工作时间长度界限只具有相对意义,应允许地方、部门和单位根据需要和可能进一步缩短工作时间。

二、工时立法的起源和发展

工时立法,起始于工业革命以后,在其历史发展过程中,意义最为重大的就是8小时工作制的确立。

最早的工厂立法中,限制童工、女工最高工时是其主要内容之一,随后扩展到对成年男工最高工时的限制。但当时立法上所限定的工时都在8小时以上,如法国1848年规定为不得超过12小时,瑞士1877年、奥地利1885年规定为不得超过11小时。

8小时工作制是工人阶级长期争取的目标。英国空想社会主义者罗伯特·欧文早在1817年8月就把8小时工作制作为其设想的"理想社会"制度的一项重要内容。1833年,在欧文的支持下,具有同情心的工厂主约翰·菲尔登第一次提出了在现存制度下实行8小时工作制度的改良计划,甚至组织大规模请愿活动,呼吁工厂主、议会和政府推行8小时工作制。1866年第一届国际日内瓦代表大会,根据马克思的倡议,提出了"8小时工作、8小时自己支配、8小时休息"的口号,要求各国制定法律予以确认。1884年,美国和加拿大的8个国际性和全国性的工人团体在芝加哥城集会,决定举行总同盟罢工,以求实现8小时工作制。1886年5月1日,美国芝加哥20万工人举行大罢工,要求实现8小时工作制。经过流血斗争,终于获得了8小时工作制的权利。

关于8小时工作制的立法,最早出现在1908年的新西兰,当时提出了"8小时工作、8小时休息、8小时睡眠"的原则。前苏联在十月革命胜利后第4天,就颁布了由列宁签署的关于8小时工作日的法令。到第一次世界大战以后,欧洲各国的劳工立法才大多以8小时工作制为原则,如德、奥、捷克、卢森堡等国于1918年采用,法、挪、丹、西、波、葡和瑞士于1919年采用。1919年的"国际劳动宪章"中规定,工厂的工作时间以每日8小时或每周48小时为标准、每周至少有一次连续24小时休息,并尽量以星期日为公休日。同年举行的第一届国际劳工大会通过了工业劳动一日8小时的公约。1921年的第三届国际劳动大会通过了工业实行每周休息公约。这两个公约得到许多国家批准。此后,8小时工作制才成为标准工时制度。在我国,自共和国成立以来一直实行8小时工作制。

从20世纪三四十年代开始,有些国家开始实行每周5日40小时工作制。1935年第19届国际劳工大会通过了每周工时减至40小时的第47号公约。许多工业发达国家先后实行了40小时或40小时以下的工作周制。据国际劳工局1985年统计,在150个成员国中,有80个国家的周工时不到48小时,其中大部分为40小时。近年来一些发达国家的周工时已减至35小时左右,最短的如北欧国家只有30小时。据国际劳工局1984年统计,46个发展中国家有28个国家周工时为40~44小时,其余仍为48小时。

在我国,工时立法一直是劳动立法的重要组成部分。现行工时立法主要有《劳动法》中的"工作时间和休息休假"专章和《国务院关于职工工作时间的规定》(1995年修订)及其《实施办法》(1995年劳动部、人事部分别制定)、《全国年节及纪念日放假办法》(2007年修订)、劳动部《关于企业实行不定时工作制和综合计算工时工作制的审批办法》(1994年)、《职工带薪年休假条例》(2007年)等项法规。

三、工时制度演变的两种趋势

(一)工时缩短的评析

工时不断缩短已成为世界趋势。其原因主要在于[1]:(1)劳动生产率的提高。由于科技的进步和生产力的发展,劳动生产率的提高意味着完成同样的生产任务只需要更少的时间,工时的减少不会使产量降低,反而,可能提高劳动的边际生产率。(2)经济衰退的影响。如西方国家1929~1933年的经济危机对促成40小时工作制起了重要作用。经济萧条时期,企业会自动减少工时以节省开支。(3)居民收入水平的提高。收入提高后,闲暇对劳动者显得更重要,劳动者不愿再用较多的劳动换取更多的收入,因而自愿减少劳动力的供给。(4)国际劳工组织政策的影响。提高工资和缩短工时一直是国际劳工组织的纲领。国际劳工组织领导下的国际工人运动,对雇主缩短工时具有不可忽视的作用。国际劳工公约对各国法定工时的缩短也具有引导和促进作用。

在现实和理论上,与经济发展水平相适应的一定范围内的工时缩短,其对经济的积极意义主要有[2]:(1)可以使劳动的各个要素得到充分利用;(2)可以使劳动产品增多;(3)有利于节约能源;(4)有利于扩大就业;(5)有利于提高劳动者素质;(6)有利于促进第三产业的发展。

(二)工作班制逐渐走向灵活化和多样化及其评析

20世纪70年代初,德国率先出现弹性工时制,这种工作班制很快风靡世界。继弹性工时制之后,发达国家出现了适应时代需求的多种形式的工作班制,主要有紧缩工作班制、间隔工作班制、分职制、变动工作班制等。

弹性工时,亦称灵活工时或部分就业工时,是指在非常规工时制的基础上,根据企业对劳动力的需求状况灵活安排职工工作时间的一种制度创新。在这种制度安排下,不是采用全日工时制,而是实行部分就业模式,即劳动者自主、灵活地选择工作时间。这种制度创新为人力资源的市场优化配置、实现人力资源的共享、强化人力资源的使用效率提供了可能性。目前已成为国际公认的大趋势。在国外,劳动力市场中弹性工时制人员的比例正在逐渐增加,OECD提供的数据表明,20世纪90年代中期,澳洲、丹麦、荷兰、挪威四国的弹性工时制人员占受雇人员的比例分别达到18%、24.3%、23.5%、28.6%。我国台湾地区近年也实行了弹性工时制。实行弹性工时制的积极意义主要在于[3]:

1. 弥补传统工时制的不足

在传统工时制中,劳动力一旦配置于某一具体行业、企业、工种或岗位,便会沉淀下来,陷入“状态锁定”。不论是企业经营者、科技人员,还是一般生产流水线的工人,不仅在企业外部,而且在企业内部也难以流动。这样的制度环境,至少有以下几点不足:(1)从个人效用最大化考虑,8小时的工作量若能用较少的时间量完成,那么在超额时间内,个体不会多贡献人力资本。这就会造成人力资本的浪费,形成微观主体对闲暇的追求。(2)从微观个体考虑,若个体

---

〔1〕 参见徐林清:《缩短工时与劳动力市场供求》,载《经济与管理研究》1995年第4期;熊斌:《世界工时的演变趋势和我国工时制度的发展方向》,载《重庆工业管理学院学报》1995年第1期。

〔2〕 杨河清主编:《劳动经济学》,中国人民大学出版社2002年版,第150~152页。

〔3〕 盛乐:《弹性工时制的经济理论分析》,载《经济评论》2000年第2期。

提前完成规定的工作量后能从事另一项工作,并为其支付相应的工资,那么职工的人力资本价值在充分发挥后能得到等量的回报,从而增加工资收入。而这种效果在传统工时制下是不可能实现的。(3)从宏观角度考虑,人力资本的限制流通性加之其具有的时效性和专业性,在一定时间、空间内,其边际收益必定出现递减,使其对经济增长的贡献率趋降。(4)从企业成本考虑,企业更新人力资源的唯一途径只是不断引进新的人力资源,在企业人力资源的增量和存量不断扩大的同时,冗员和在职闲暇现象会不断产生,企业的包袱越来越大,负担越来越重。而实行弹性工时制,则可以在一定程度上弥补上述不足。

2. 有助于人力资源的优化配置

劳动力市场存在一个理论前提,即劳动者是理性的经济人,其从事一切经济活动的目的在于追求物质利益的最大化;同时,劳动者对工作时间的利用有支配权,并能自行配置劳动力资源,使其利用效率最大化,即人力资源价值实现的最大化倾向。弹性工时制加大了人力资源的自由流动性,可使劳动者与一个或多个企业之间形成纽带关系,为人力资源的最优化配置和个人价值的实现提供了有效的途径。

在弹性工时制条件下,人力资源具有共享性,高技术的人力资本不再是一个完整不可分的实体,它可分解为多个单元,每个独立的单元均能发挥其作用,都独立地以货币形式计价。因此,企业可依据自身实力,量体裁衣,雇用高技术人才的某一单元人力资本。这可以降低企业的用工成本,增强企业的竞争力,使企业达到提高经济效益的目的。

3. 有利于增加就业岗位

弹性工时制为就业体制的转换创造了一个有利的条件,即让所有的劳动力进入市场,并实行弹性化的政策;劳动者根据实际需要合理分配人力资本,并选择企业就业,使人力资本全要素尽可能多地与生产资料相结合,这能有效缓解就业压力。在弹性工时制之下,劳动者有选择有时段间隔地就业,这样,数量一定的就业岗位就被分割为数倍与原岗位的量,工时越短,新增的就业岗位就越多。

四、工时立法的任务和内容

关于工时立法的任务,有两种观点。[4] "单一保护任务说"认为,工时立法的任务就在于限制工时长度,保护劳动者的休息权。"保护和管理双重任务说"认为,工时立法除了负有上述保护任务外,在现代国家还负有从管理的角度规范工时组织和安排,以提高工时利用效率的任务。我们认为,赋予工时立法以管理任务,在现代经济中确有一定必要性,但保护任务作为工时立法的传统任务,应当是现代工时立法的主要任务,管理任务只宜置于次要地位。

基于上述保护和管理任务,工时立法的主要内容应当包括下述几个方面:(1)规定最高工时标准,即规定工时上限,允许在集体合同和劳动合同中约定在此限度内缩短工时长度;(2)规定最低休息时间标准,即只规定休息时间的下限,允许在集体合同和劳动合同中约定在此基础上增加休息时间;(3)规定作息办法,为工作时间和休息时间的组织和安排提供规范;(4)规定工时延长制度,限制工时延长和设定工时延长补偿标准;(5)规定侵犯劳动者休息权的法律责任。

---

〔4〕 参见吴超民、王全兴、张国文:《中国劳动法新论》,中国经济出版社1994年版,第218页。

还值得注意的是，弹性工时制作为一种特殊的用工形式和就业形式，应当纳入劳动法的调整范围，但它又不能完全适应基于正规就业和传统用工形式的一般劳动法。这就需要制定适用于弹性工时制劳动者的特别法，对弹性工时制劳动者在劳动合同、工作时间、休息休假、工资、劳动安全卫生、社会保险和福利等方面的特殊规则作出规定，并明确在哪些事项上同传统工时制劳动者应当享有平等待遇。其中，在工时立法中，应当就弹性工时制劳动者加班加点的特殊界限、休息休假的特殊安排、法定最高工时和休息休假在双重或多重劳动关系中的适用等问题作出规定。

第二节　最高工时标准和工时形式

一、最高工时标准

最高工时标准，又称法定最长工时，是指法律规定的在一定自然时间(一日或一周)内工作时间的最长限度。它有法定日最长工时和周最长工时两种形式。根据我国现行立法规定，日最长工时为8小时，即劳动者每日工作时间不得超过8小时；周最长工时为40小时，即劳动者平均每周工作时间不得超过40小时。[5]

最高工时标准是法定的强制性标准，其法律效力主要表现在：(1)在全国范围内应当普遍执行最高工时标准，除了具备法定特殊情形外，用人单位不得突破法定最长工时的限制；(2)对实行计件工资的劳动者，用人单位应当根据日或周最长工时，合理确定其劳动定额和劳动报酬；(3)企业因生产特点不能按照法定日和周最长工时的要求实行作息办法而采用其他工时形式的，必须符合法定条件，并且履行法定审批程序；(4)实行综合计算工时工作制的，其平均日(周)工时应当与法定日(周)最长工时基本相同；(5)用人单位不遵守最高工时标准、违法延长工时的，应当追究法律责任。

各国关于最长工时的立法表明，缩短法定最长工时，已成世界性趋势。我国法定周最长工时，共和国成立以来一直为48小时，从1994年3月1日起缩短为44小时，从1995年5月1日起又进一步缩短为40小时。实践表明，缩短工时，对于增加就业，发展第三产业乃至整个国民经济，提高劳动者自身素质和生活水平，提高劳动效率，都具有重要意义。

二、工时形式

(一)标准工时形式

标准工时形式，又称标准工时，是指法定的在正常情况下普遍适用的，按照正常作息办法安排的工作日和工作周。即标准工作日和标准工作周。其主要特点是：(1)它以正常情况作为其适用条件；(2)它普遍适用于一般职工；(3)它是按正常作息办法安排工时，属于均衡工作制；(4)它一般以法定最长工时作为其时间长度，我国规定为每周5个工作日，每个工作日8小时；(5)它被作为确定其他工作日长度的基准。

---

〔5〕 参见《国务院关于修改〈国务院关于职工工作时间的规定〉的决定》(1995年3月25日，国务院令第174号)。

(二)非标准工时形式[6]

非标准工时形式,又称非标准工时制,是指法定只适用于特殊情形,并且工时长度和作息办法都不同于标准工时制的工时形式。我国立法[7]对非标准工时形式规定了下述内容:

1. 非标准工作日的类型和适用范围

(1)缩短工作日及其适用范围。缩短工作日,是指法定在特殊条件下实行的工作时间少于标准工作日长度的工作日。在我国,目前允许实行缩短工作日的情形限于下述几种:①特定的岗位。从事矿山井下作业、高山作业、严重有毒有害作业、特别繁重和过度紧张的体力劳动的职工,每个工作日的时间要少于8小时。②夜班。实行三班制的企业,从事夜班工作的时间比白班减少1小时。在这里夜班一般是指在当日晚上10点至次日早晨6点之间当班。③哺乳期女工。哺乳未满周岁婴儿的女职工,每班工作时间内可哺乳两次(含人工喂养),每次30分钟;多胞生育的每多哺乳一婴儿,每次哺乳时间增加30分钟;一班内两次哺乳可以合并使用。哺乳时间和哺乳往返时间算作工作时间。④未成年工和怀孕女工。未成年工应实行少于8小时工作日制度。怀孕7个月以上女职工,在正常工作时间内应安排一定的休息时间。

(2)延长工作日及其适用范围。延长工作日,是指法定在特殊条件下实行的超过标准工作日长度的工作日。它适用于从事受自然条件或技术条件限制的季节性作业的职工,并且只能在一年中的某段时间(忙季)实行;以后应当以实行缩短工作日或者补休的方式,抵补超过标准工作日长度的工时,因而对实行缩短工作日者应当综合计算工时。

(3)不定时工作日及其适用范围。不定时工作日,又称不定时工作制,是指法定在特殊条件下实行的,每日无固定起讫时点,亦即不固定计算工作日长度的工作日。它可适用于下述几种职工:①高级管理人员、外勤人员、推销人员、部分值班人员和工作无法按标准工作时间衡量的其他职工;②长途运输人员、出租汽车司机和铁路、港口、仓库的部分装卸人员以及因工作性质特殊,需要机动作业的职工;③其他因生产特点、工作特殊需要或职责范围的关系,适合实行不定时工作制的职工。

(4)连续工作日及其适用范围。连续工作日,是指法定在特殊条件下实行的,两个以上工作日连续使用、相邻工作日之间无离岗休息时间的工作日。它只适用于交通、铁路、邮电、水运、航空、渔业等行业中,因工作性质特殊,需要连续作业的职工;它不是实行超过标准工作日长度的工作日,而是将两个以上标准工作日连续使用,即不间隔地连续两个以上工作日不离开岗位,其间应当享有的日常休息时间留在连续工作结束后集中享用,因而,对实行连续工作日者应当综合计算工时。

2. 非标准工时形式的管理

为了加强对非标准工时形式的管理,我国作了下述规定:(1)非标准工时形式只能在符合法定条件的情况下实行。现行法规对实行缩短工作日、不定时工作日、延长工作日和连续工作

---

〔6〕 张新民:《完善我国特殊工时制度的建议》,载《中国劳动》2012年第9期。

〔7〕 参见《中华人民共和国劳动法》(1994年7月5日)、《国务院关于修订〈国务院关于职工工作时间的规定〉的决定》(1995年3月25日,国务院令第174号)、《关于企业实行不定时工作制和综合计算工时制的审批办法》(1994年12月14日,劳部发[1994]503号)、《劳动部关于贯彻〈国务院关于职工工作时间规定〉的实施办法》(1995年3月25日,劳部发[1995]143号)、《人事部关于贯彻〈国务院关于职工工作时间规定〉的实施办法》(1995年3月26日,人薪发[1995]32号)、《女职工劳动保护规定》(1988年7月21日,国务院令第9号)。

日,分别规定了各自必须具备的条件。另外,原劳动部规定,在市场竞争中由于外界因素影响而生产任务不均衡的企业,可以对部分职工参照实行非标准工时形式。(2)实行非标准工时形式必须履行法定审批程序。中央直属企业实行标准工时形式,经国务院行业主管部门审核,报国务院劳动行政部门批准。地方企业实行延长工作日、不定时工作日、连续工作日的,按省级劳动行政部门制定并报请国务院劳动行政部门备案的审批办法,报请审批;实行缩短工作日的,经当地主管部门审核,报当地劳动行政部门批准。国家机关、事业单位实行非标准工时形式,由各省、自治区、直辖市和各主管部门按隶属关系提出意见,报国务院人事行政部门批准。(3)实行非标准工时形式必须确保职工休息权的实现和生产、工作任务的完成。对实行除缩短工作日以外的其他非标准工时形式的职工,用人单位应当根据《劳动法》的有关规定,在保障职工身体健康并充分听取职工意见的基础上,可采用集中工作、集中休息、轮休调休、弹性工作时间等方式。(4)实行非标准工时形式可综合计算工时。对实行延长工作日或连续工作的职工,以及其他适于综合计算工时的职工,可分别以周、月、季、年等为周期,综合计算工时,但其平均日工时和平均周工时应当与法定标准工时基本符合。

第三节　休　　假

休假,简言之,即劳动者带薪休息,是法定的劳动者得免于上班劳动并且有工资保障的休息时间。它是休息时间的重要组成部分。我国《劳动法》和有关法规所规定的休假,主要有下述几种。

一、法定节假日

法定节假日,是指根据国家、民族的传统习俗而由法律规定的在节日和纪念日实行的休假。严格地说,法定节日并非专为劳动者规定的,但由于它涉及劳动者中断劳动以及用人单位得继续依法支付工资,所以,劳动法对此作了专门规定。根据我国现行立法的规定,[8]用人单位在法定应当放假的节日和纪念日,应当安排劳动者休假。

全体公民放假的节日有:(1)新年,放假1天(1月1日);(2)春节,放假3天(农历除夕、正月初一、初二);(3)清明节,放假1天(农历清明当日);(4)劳动节,放假1天(5月1日);(5)端午节,放假1天(农历端午当日);(6)中秋节,放假1天(农历中秋当日);(7)国庆节,放假3天(10月1日、2日、3日)。

部分公民放假的节日及纪念日有:(1)妇女节(3月8日),妇女放假半天;(2)青年节(5月4日),14周岁以上的青年放假半天;(3)儿童节(6月1日),不满14周岁的少年儿童放假1天;(4)中国人民解放军建军纪念日(8月1日),现役军人放假半天。少数民族习惯的节日,由各少数民族聚居地区的地方人民政府,按照各该民族习惯,规定放假日期。

上述法定节假日中,全体公民放假的假日,如果适逢星期六、星期日,应当在工作日补假;

---

[8] 参见国务院《全国年节及纪念日放假办法》(2007年12月14日)。

部分公民放假的假日,如果适逢星期六、星期日,则不补假。

二、年休假

年休假是指劳动者每年享有保留原职和工资的连续休假。许多国家的劳动法都明确规定,享受年休假是劳动者一项不容剥夺,也不许放弃的重要休息权;以支付经济补偿来代替年休假,被认为是违法行为;用人单位有义务根据职工要求和照顾生产需要适当安排年休假,一般不允许推迟到下一年享受;在年休假期内,一般不得被所在单位辞退或解除劳动合同。

年休假制度一般规定年休假的适用范围、享受条件、休假期限、工资待遇、具体使用办法等,其中最主要的是年休假的享受条件和休假期限。根据国际劳工组织1936年第52号公约规定:连续工作1年后年休假至少应有6个工作日,未成年工和学徒工为12个工作日。1970年第132号公约又修改为:连续工作6个月者有权享受年休假,连续工作6~12个月者有权享受与其工作时间相称的年休假,连续工作1年者休假不应少于3个工作周。我国在20世纪50年代初期,曾在部分职工中试行过假期为12天的年休假制度,但未能坚持贯彻。学校教职工的寒暑假制度,从事有害健康、特别繁重工作的工人每年集中一段时间休假的制度,实际上也是一种年休假制度。1991年《中共中央、国务院关于职工休假问题的通知》中就如何确定年休假作了原则性规定,即"确定职工休假天数时,要根据工作任务和各类人员的资历、岗位等不同情况,有所区别,最多不超过2周。"《劳动法》规定:国家实行年休假制度,劳动者连续工作满1年以上的,享受带薪年休假,具体办法由国务院规定。据此,国务院于2007年12月制定《职工带薪年休假条例》,该条例从2008年1月1日起施行。其主要内容有:

1. 年休假的适用范围和享受条件

机关、团体、企业、事业单位、民办非企业单位、有雇工的个体工商户等单位的职工连续工作1年以上的,享受年休假。职工累计工作已满1年不满10年的,年休假5天;已满10年不满20年的,年休假10天;已满20年的,年休假15天。

职工有下列情形之一的,不享受当年的年休假:(1)职工依法享受寒暑假,其休假天数多于年休假天数的;(2)职工请事假累计20天以上且单位按照规定不扣工资的;(3)累计工作满1年不满10年的职工,请病假累计2个月以上的;(4)累计工作满10年不满20年的职工,请病假累计3个月以上的;(5)累计工作满20年以上的职工,请病假累计4个月以上的。

2. 年休假的安排

单位根据生产、工作的具体情况,并考虑职工本人意愿,统筹安排职工年休假。年休假在1个年度内可以集中安排,也可以分段安排,一般不跨年度安排。单位因生产、工作特点确有必要跨年度安排职工年休假的,可以跨1个年度安排。

3. 年休假的工资待遇和未休补偿

职工在年休假期间享受与正常工作期间相同的工资收入。单位确因工作需要不能安排职工休年休假的,经职工本人同意,可以不安排职工休年休假。对职工应休未休的年休假天数,单位应当按照该职工日工资收入的300%支付年休假工资报酬。

4. 法律责任

用人单位不安排职工休年休假又不依照法规定给予年休假工资报酬的,由县级以上地方政府人事部门或者劳动保障部门依据职权责令限期改正;对逾期不改正的,除责令该单位支付年休假工资报酬外,用人单位还应当按照年休假工资报酬的数额向职工加付赔偿金;对拒不支付年休假工资报酬、赔偿金的,属于公务员和参照公务员法管理的人员所在单位的,对直接负责的主管人员以及其他直接责任人员依法给予处分;属于其他用人单位的,由劳动保障部门、人事部门或者职工申请法院强制执行。

三、探亲假

探亲假,是指法定给予家属分居两地的职工,在一定时期内与父母或配偶团聚的假期。我国现行法规中关于探亲假的规定有下述主要内容:

1. 享受探亲假的条件

凡工作满1年的职工,与配偶或父母不在一起居住,又不能在公休假日团聚的,可以享受探望配偶或父母的探亲假待遇。这里的"父母",对已婚职工来说,仅限于职工本人的父母,而不包括职工配偶的父母(公婆或岳父母)。职工如果与父母一方能在公休假日团聚的,不能享受探望父母的探亲假待遇。

2. 探亲假的假期

按规定,有以下几种情形〔9〕:(1)职工探望配偶的,每年给予探亲假一次,假期为30天。(2)未婚职工探望父母的,原则上每年给假一次,假期为20天;如果因工作需要,当年用人单位不能给假,或者职工本人自愿两年探亲一次的,可两年给假一次,假期为45天。(3)已婚职工探望父母的,每4年给假一次,假期为20天。(4)凡已实行周期性集中休假制度的职工(如学校教师),应在休假期间探亲,若休假较短,可由本单位适当安排,补足其探亲假天数。

内地进藏职工在藏工作达1年半的,可回内地休假一次,其假期一般干部和工人为3个月,县级干部和八级以上工人为4个月,地级以上干部为5个月。

华侨、侨眷职工出境探望配偶,4年以上一次的给假半年,不足4年的按每年给假1个月计算;未婚归侨、侨眷出境探望父母,4年以上一次的给假4个月,3年一次的给假70天,1年或两年1次的按国内其他职工同样处理。

四、其他假期

除了上述假期外,依规定还有女职工产假、职工婚丧假等。用人单位均应依法支付工资。例如《劳动法》第62条规定:"女职工生育享受不少于90天的产假";前政务院《关于国营企业职工请婚丧假和路程问题的规定》规定,职工请婚丧假3个工作日之内的工资照发;等等。

第四节　延长工作时间

一、延长工作时间的概念和形式

延长工作时间,是指工作时间超出法定正常界限在休息时间范围内延伸,亦即职工在正常

---

〔9〕 参见《国务院关于职工探亲待遇的规定》(1981年3月14日,国发[1981]36号)。

工作时间以外应当休息的时间内进行工作。其有两种形式:(1)加班,指职工在法定节假日或周休日进行工作;(2)加点,指职工在标准工作日以外延长时间进行工作,即提前上班或推迟下班。可见,加班加点都是相对特定的工作日形式而言的,对实行标准工作日或缩短工作日者,才存在加班加点;对实行不定时工作日者,则不存在加班加点;对实行延长工作日或连续工作日者,在综合计算工时的结果是平均日(周)工时超过法定标准工时的情况下其超出部分应视为加班或加点,工作日正好是法定节假日的也应视为加班。

工作日的时间长度和上下班时间一般具有固定性,这虽然同生产、工作的常规需要相适应,却难以满足生产、工作的特殊需要,加班加点正是因为能够弥补这种不足而有存在的必要。但是,加班加点意味着挤占休息时间,同法定最高工时标准相矛盾。因此,在工时立法中,对加班加点既允许又限制,并规定补偿标准,以防止加班加点的滥用,保障劳动者休息权和有关权益的实现。

二、延长工作时间的限制

1. 延长工时的人员范围限制

我国立法规定,禁止安排未成年工、怀孕7个月以上的女工和哺乳未满周岁婴儿的女工参加加班加点[10]。

2. 一般情况下延长工时的条件、程序和长度限制

(1)延长工时的条件。在我国《劳动法》中,仅要求延长工时应当以"生产经营需要"为条件,但未明确规定"生产经营需要"的具体情形。在实践中,有必要由集体合同约定,或者由用人单位与工会共同界定"生产经营需要"的具体范围。

(2)延长工时的程序。《劳动法》规定,用人单位由于生产经营需要而安排延长工时的,应当事先与工会和劳动者协商。即用人单位应当事先就加班加点的理由、工作量计算和所需职工人数,向工会说明,并征得工会同意。

(3)延长工时的长度。《劳动法》规定,由于生产经营需要而延长工时的,一般每日不得超过1小时;因特殊原因需要,在保障劳动者身体健康的条件下每日不超过3小时,但每周不得超过36小时。

3. 延长工时不受程序、长度限制的特殊情形

根据《劳动法》和《国务院关于职工工作时间的规定》及其《实施办法》的规定,延长工时不受上述程序、长度限制的特殊情形有:(1)发生自然灾害、事故或者因其他原因,使人民的安全健康和国家资财遭到严重威胁,需要紧急处理的;(2)生产设备、交通运输线路、公共设施发生故障,影响生产和公众利益,必须及时抢修的;(3)必须利用法定节日或公休日的停产期间进行设备检修、保养的;(4)国家机关、事业单位为完成国家紧急任务或完成上级安排的其他紧急任务,以及商业、供销企业在旺季完成收购、运输、加工农副产品紧急任务的;(5)为完成国防紧急任务,或者完成上级在国家计划外安排的其他紧急生产任务的;(6)法律、行政法规规定的其他特殊情形。

---

〔10〕 参见《劳动法》(1994年7月5日)、《女职工劳动保护规定》(1988年7月21日,国务令第9号)、《未成年人保护法》(1991年9月4日)。

三、延长工时的补偿

立法关于延长工时补偿的规定，兼有职工利益补偿和限制延长工时双重功能。我国现行的延长工时补偿有两种形式，即补休和支付加班加点工资，对于法定节假日以外延长工时，应当优先采用补休形式。我国立法关于加班加点工资的规定[11]，有下述主要内容：

1. 加班加点工资的发放范围

国家机关、社会团体、事业单位的职工，企业中适用事假照发工资制度的职工，加班加点后只安排补休而不发放加班加点工资。企业中不适用事假照发工资制度的职工，在法定节假日以外休息时间加班加点后不能安排补休的，在法定节假日加班的，都应发给加班加点工资。劳动者在完成劳动定额或规定工作任务后参加用人单位安排的加班加点，才发给加班加点工资。企业由于生产任务不足或者未按计划完成生产任务，为了突击完成任务或者突击完成临时承揽的生产任务而加班加点的，不得发放加班加点工资。

2. 加班加点工资的标准

《劳动法》规定，用人单位应当向职工支付高于正常工作时间工资的加班加点工资，其标准分别为：(1)加点不低于正常工时工资的150%；(2)周休日加班不低于正常工时工资的200%；(3)法定节假日加班不低于正常工时工资的300%。实行计件工资的劳动者在完成计件定额任务后的加班加点，分别按照不低于其本人法定工时计件单价的150%、200%、300%支付加班加点工资。在这里，作为计算加班加点工资基数的正常工作时间工资，有日工资和小时工资两种。日工资为本人月工资标准除以平均每月法定计薪工作日数所得的工资额；小时工资为日工资标准除以8小时所得的工资额。

3. 加班加点工资的管理

国家规定，企业主管部门根据各企业的不同生产情况，应分别核定企业全年发放加班加点工资总额，并报当地劳动部门审批，同时还要抄送开户银行。企业发放的加班加点工资总额超过核定限额的部分，应从当年的奖金总额中予以扣除。凡未核定加班加点工资限额的，银行不得支付加班加点工资。企业主管部门、劳动行政部门对加班加点工资的发放必须加强监督，对滥发加班加点工资的单位和滥批加班加点工资的部门必须严肃处理并坚决纠正。

四、法律责任

1. 强迫延长工时的法律责任

用人单位未与工会和劳动者协商，强迫劳动者延长工作时间的，应给予警告，责令改正，并可按每名劳动者每延长工作时间1小时罚款100元以下的标准处罚。

2. 超过法定时数延长工时的法律责任

用人单位在由于生产经营需要而延长工时的情况下，一日内延长工时超过3小时或一个月内延长工时超过36小时，应给予警告，责令改正，并可按每名劳动者每超过工作时间1小时罚款100元以下的标准处罚。

---

[11] 参见《劳动部关于贯彻〈国务院关于职工工作时间的规定〉的实施办法》(1995年3月25日，劳部发[1995]143号)和《人事部关于贯彻〈国务院关于职工工作时间的规定〉的实施办法》(1995年3月26日，人薪发[1995]32号)。

3. 安排法定禁止延长工时人员延长工时的法律责任

用人单位安排在哺乳未满一周岁的婴儿期间的女职工和怀孕7个月以上的女职工延长工作时间和夜班工作的，应责令改正，并按每侵害一名女职工罚款3000元以下的标准处罚。

4. 拖欠、拒付加班加点工资或低于法定标准发放加班加点工资的法律责任

加班加点工资标准属于法定标准。根据《劳动合同法》第85条的规定，用人单位安排加班不支付加班费的，即无故拖欠、拒付加班加点工资，或无故扣除而低于法定标准发放加班加点工资的，由劳动行政部门责令限期支付加班费，逾期不支付的，责令用人单位按应付金额50%以上100%以下的标准向劳动者加付赔偿金。

第十二章　工　　资

第一节　概　　述

一、工资的概念和职能

工资，又称薪金。其广义，即职工劳动报酬，是指劳动关系中，职工因履行劳动义务而获得的，由用人单位以法定方式支付的各种形式的物质补偿。其狭义，仅指职工劳动报酬中的基本工资（或称标准工资）。

工资较之其他劳动报酬或劳动收入（如农民劳动报酬、个体劳动收入、劳务报酬等），具有下述特征：(1)工资是职工基于劳动关系所获得的劳动报酬；(2)工资是用人单位对职工履行劳动义务的物质补偿，换言之，支付工资是用人单位必须履行的基本义务；(3)工资额的确定必须以劳动法规、劳动政策、集体合同和劳动合同的规定为依据；(4)工资必须以法定方式支付，即一般只能用法定货币支付，并且应当是持续的、定期的支付。

工资的基本职能包括：(1)分配职能。即工资是向职工分配个人消费品的社会形式，职工所得的工资额也就是社会分配给职工的个人消费品份额。(2)保障职能。即工资作为职工的生活主要来源，其首要作用是保障职工及其家庭的基本生活需要。(3)激励职能。即工资是对职工劳动的一种评价尺度和手段，对职工的劳动积极性具有鼓励作用。(4)杠杆职能。即工资是国家用来进行宏观经济调节的经济杠杆，对劳动力总体布局、劳动力市场、国民收入分配、产业结构变化等都有直接或间接的调节作用。

二、工资立法的模式

工资立法一直是劳动立法的重要组成部分。不仅各国的劳动法典和劳动标准基本法中都设有关于工资的专篇或专章，而且许多国家还制定专项工资法规。如《日本最低工资法》、《美国联邦最低工资法》等。国际劳工组织也制定了若干项关于工资的公约和建议书，例如，1928年的第26号公约《确定最低工资办法的制订公约》和相应的第30号建议书，1949年的第95号公约《工资保障公约》和相应的第85号建议书，1970年的第131号公约《特别参照发展中国家情况确定最低工资公约》和相应的第135号建议书，等等。

工资立法因其依存的经济体制是市场经济还是计划经济，而各具不同的模式。以西方国家和我国为例，两种工资立法模式的主要区别在于：(1)西方国家是保障型工资立法，我国计划经济体制下则是分配型（或管理型）工资立法。前者一般只对最低工资标准、工资支付手段等工资保障方面的内容作出规定，而对工资分配及其管理方面的内容，如最低工资标准以上的工资应如何确定、雇主(政府除外)应实行什么样的工资制度、国家对工资分配如何干预等,则基本上不予规定。所以,这种工资法只是单纯的工资保障法。后者虽然有某些关于工资保障方面的规定,但大量的是关于工资等级、工资标准、工资形式、工资宏观控制等工资分配及其管理方面的内容,在1993年劳动部颁行《企业最低工资规定》以前,最低工资立法几乎是空白。所以,这种工资法基本上是工资分配法或工资管理法。(2)西方国家是统一调整型工资立法,我国则是分别调整型工资立法。西方国家除对政府公务员工资在立法上作特别规定外,对其他劳动者则进行统一的工资立法,工资保障方面的法律规定,基本上统一适用于劳动法调整范围内的各种雇主和劳动者。在我国计划经济体制时期和改革开放后的十多年内,不仅对机关、事业单位和社会团体工资作出专门法律规定,而且对国有大中型企业、国有小型企业、城镇大集体企业、城镇小集体企业、乡村集体企业、股份制企业、外商投资企业和私营企业的工资制度,都分别作出专门法律规定,不同用人单位实行不同的法定工资制度。因而,现行的工资法律规范大多只适用于某种特定的用人单位。

在经济体制市场化改革进程中,随着经济体制由计划经济向市场经济转型,我国工资立法模式发生了根本性转变。《劳动法》中关于工资制度的规定,以及《企业最低工资规定》(1993年)、《工资支付暂行规定》(1994年)、《工资集体协商试行办法》(2000年)和《最低工资规定》(2004年)等项工资法规的颁行,表明新的工资立法模式已基本定型。该模式应当既适应市场经济的基本要求,又符合我国的基本国情,工资保障立法与工资分配(管理)立法相结合而以工资保障立法为主,统一工资立法与分别工资立法相结合而以统一工资立法为主。关于该模式的立法内容和任务,《中共中央关于全面深化改革若干重大问题的决定》(2013年)中有明确规定,即"着重保护劳动所得,努力实现劳动报酬增长和劳动生产率提高同步,提高劳动报酬在初次分配中的比重。健全工资决定和正常增长机制,完善最低工资和工资支付保障制度,完善企业工资集体协商制度。"

三、工资立法的原则

《中共中央关于实行社会主义市场经济若干问题的决定》(1993年)指出,个人收入分配要体现效率优先、兼顾公平的原则。这表明在社会主义市场经济中,包括工资分配在内的个人收入分配,应当把效率与公平统一起来,在促进效率提高的前提下体现公平。根据此精神,我国《劳动法》规定:"工资分配应当遵循按劳分配原则,实行同工同酬。""工资水平在经济发展的基础上逐步提高。国家对工资总量实行宏观调控。"这为我国工资立法确立了应当坚持的原则。

1. 按劳分配原则

按劳分配,即按照劳动者提供的劳动量(数量和质量)分配个人消费品,实行多劳多得。为实现微观领域的按劳分配,在工资立法中,应当坚持把劳动的数量和质量作为工资分配的主要或唯一尺度,逐步减少和消除非劳动因素对工资分配的影响;正确把握潜在形态劳动、流动形态劳动和凝结形态劳动各自作为工资分配过程中的相互配合关系;确认熟练劳动和非熟练劳动之间、繁重劳动和轻便劳动之间、复杂劳动和简单劳动之间的工资差别,并理顺这三对不同劳动的工资比例关系;重视市场机制和科学手段对劳动的评价作用,使以劳动为尺度的工资分配立足于市场和具有科学性。为实现宏观领域的按劳分配,在工资立法中,应当要求国家对工资分配实行宏观调控之间的工资比例关系，调节非劳动因素所决定的不同职业、不同部门、不同地区、不同单位之间级差工资收入，使各职业、部门（行业）、地区、单位的工资水平主要取决于各自的劳动生产率。为实现按劳分配，在工资立法中，应当强调实行同工同酬，即要求在同一单位、同样劳动岗位、同样劳动条件下，不同性别、不同户籍或不同用工形式的职工之间，只要提供的劳动数量和劳动质量相同，就应给予同等的劳动报酬；禁止在工资分配中对职工的性别歧视和其他与身份相关的歧视，保障所有职工有平等的工资权。

2. 工资水平随经济发展逐步提高原则

社会主义的生产目的，就是不断满足人民日益增长的物质和文化生活需要。在经济发展的基础上逐步提高工资水平，正是由此目的所决定。这一原则要求，在国民收入分配和工资分配中，应当正确处理积累与消费的关系，保持工资水平与经济发展水平相协调，形成一种适应社会主义市场经济的，既符合社会主义生产目的，又能促进经济发展的工资增长机制。其中尤其应当明确：(1)工资水平的提高必须以经济发展为前提，不能脱离经济发展所提供的实际可能而片面追求工资增长；(2)在经济有所发展的条件下，工资水平应当有所提高，使广大人民群众能从经济发展中直接分享到实际利益；(3)工资水平提高与经济发展应当比例适当，切实做到工资总额增长幅度低于经济效益增长幅度、职工实际平均增长幅度低于劳动生产率增长幅度，使提高工资水平与增强经济发展后劲并行不悖，以保持国民经济的稳定、协调发展。

3. 工资总量宏观调控原则

现代市场经济的实践表明，在市场调节工资的基础上，由国家对工资总量进行适度的宏观调控，有利于保护劳动者的经济权益和维护、制约企业的工资分配自主权，有利于控制用人成本和消费基金的上升，保持经济总量平衡，以实现国民经济持续、稳定、协调发展。总之，工资分配的效率目标和公平目标只有通过工资总量宏观调控，才可能在全社会范围内实现。目前国家对工资总量宏观调控的重点放在国有企业，随着经济体制市场化的进展，国家调控工资总量将对国有企业和非国有企业一视同仁。亦即要制定普遍适用的工资法，以优化对工资总量的宏观调控。

四、工资制度中三方的权利（权力）

1. 劳动者的工资权

工资权是与劳动者的劳动给付义务相对应的一项权利，正因为劳动者有工资权，劳动才得以成为劳动者的谋生手段。按照许多国家的劳动法和国际劳工组织的有关公约和建议书规定，工资权的完整内容包括四个组成部分：(1)工资取得权。即劳动者在履行劳动给付义务，以及合法免去劳动给付义务和因可归责于用人单位的事由而不能履行劳动给付义务的情况下，对用人单位有工资请求权和工资受领权。(2)工资支配权。即劳动者对其取得的全部工资有权自由支配，而不受任何他人或组织的干预。(3)工资保障权。即劳动者有权获得最低工资保障、工资支付保障和实际工资保障。(4)工资分配参与权。即劳动者有权通过法定方式参与企业工资分配过程，使劳动者的共同意志体现于企业工资分配的制度和方案之中。

2. 用人单位的工资分配自主权

《劳动法》第47条规定："用人单位根据本单位的生产经营特点和经济效益，依法自主确定

本单位的工资分配方式和工资水平。"这为用人单位享有工资分配自主权提供了法律依据。理解此项法律规定,需要明确下述几点:

(1)工资分配自主权的主体范围。在社会主义市场经济中,享有工资分配自主权是市场主体依法自主经营、自负盈亏的必要条件和重要表现。因而,工资分配自主权的主体应限于从事生产经营活动和具有经济效益目标的用人单位,其中,主要是企业和个体经济组织以及实行企业化管理的事业组织,实行全额拨款和差额拨款的事业组织只对工资总额的一定部分享有工资分配自主权。我国目前尚处在计划经济向市场经济转型的阶段,不同用人单位的工资分配自主权不尽相同。一般来说,企业和个体经济组织较之事业组织,非国有企业较之国有企业,差额拨款事业组织较之全额拨款事业组织,享有更大程度的工资分配自主权。

(2)工资分配自主权的内容。工资分配自主权作为经营管理自主权的重要组成部分,是指用人单位依法自主确定本单位工资分配的权利。其内容包括两部分:一是工资分配方式确定权。主要是自主选择基本工资制度,自主决定工资标准、工资形式,以及晋级增薪和降级减薪的办法、条件和时间。二是工资水平确定权。主要是按照法定原则自主确定工资总额和职工平均工资水平。

(3)工资分配自主权的行使。用人单位行使工资分配自主权时,应当注意两点:一是这里的"自主"是法定范围内的自主,凡是以强行性法律规范规定的工资分配规则,用人单位必须严格遵守;凡是法律和政策所界定的工资分配权限,用人单位不得超越。二是这里的"自主"并不是指完全由单位行政单方决定工资分配,用人单位工资分配的制度和方案应当由职代会审议通过,或者经过与工会组织或职工代表协商一致,方能生效。

3. 国家的工资管理权

在现代市场经济条件下,国家拥有一定的工资管理权,对于保护劳动者的工资权和维护、制约企业的工资分配自主权,对于实现工资分配的效率目标和公平目标,都很有必要。但是,国家在工资管理权限上应当适当,既要确保国家对工资分配实行有效的宏观控制,又不能与工资分配中的市场调节机制相冲突。

国家的工资管理权应当包括下述三个方面的内容:(1)对全社会工资的一般管理。主要是,制定工资政策和法规,控制工资总量,确定最低工资标准,管理工资基金,协调城乡居民收入比例关系和不同地区、行业、职业之间工资比例关系。(2)对企业工资的间接管理。主要是,对企业工资总额进行动态的、适度的宏观调控,指导企业选择和完善工资制度,监督企业在工资分配过程中遵守工资政策法规。(3)对国家机关(包括部分事业单位和社会团体)工资的直接管理。主要是,确定国家机关工资分配的制度和方案,根据经济发展状况并参照企业平均工资水平确定和调整国家机关工资水平。

五、工资分配制度确定的方式

工资分配制度,即用人单位内部工资分配规则的总称,其主要内容是对工资的构成、形式、等级和标准等所作的具体规定。确定工资分配制度的方式,归纳言之,有下述几种:(1)立法确定,即工资分配制度的内容,由立法以强行性规范具体规定。(2)自主协商确定,又称谈判确定,即工资分配制度的内容,由用人单位或团体与工会通过谈判签订集体合同来具体规定。(3)单方自主确定,即工资分配制度的内容,由用人单位依法制定内部规章来具体规定。在后两种方式中，立法关于基本工资制度的规定属于任意性规范，仅具有示范和参考意义。

在西方国家，国家机关的工资分配制度由立法确定，其他雇主的工资分配制度普遍由谈判确定。实践表明，以谈判方式确定工资分配制度，既与市场机制相适应，又有助于实现宏观经济目标和社会政策目标。

我国自实行市场取向的经济体制改革以来，逐步改变了以往那种普遍由立法确定工资分配制度的局面，初步形成了工资分配制度确立方式多样化和混合化的格局。具体言之，国家机关的工资分配制度由立法确立；事业单位的工资分配制度，则部分由立法确定、部分由单位自主确定。企业的工资分配制度现在统一应由工资集体协商确定，立法对此作出了相应的规定。[1]

第二节 工资构成和工资形式

一、工资构成

工资作为劳动者支出劳动力的物质补偿，同劳动力的质量结构、支出状况和使用效果的复杂性相对应，具有结构性。即工资因取决或受制于多种因素故而由若干个部分(或称工资单元)所组成，各个组成部分都有其质和量的规定性以及特定的存在形式、作用对象和专门职能，且各个组成部分之间具有内在的逻辑关系，互相联系、制约和补充，共同使工资的职能得以充分发挥。各国立法所规定的工资单元不尽相同。例如，在巴西，工资中不仅包括固定的报酬，而且还包括佣金、年度利润分配额、额外报酬、旅行日津贴、补贴和必要的食物补助，以及从第三方收到的小费；在比利时，工资中不包括雇主作为假日津贴或劳动事故(职业病)后补充津贴而直接或间接支付的补偿，也不包括应看作各社会保障部门发给的补充津贴；在巴拿马，工资中不包括雇主给予的盈余分红。我国立法所规定的工资，一般由基本工资和辅助工资两类单元所构成。

(一)基本工资

基本工资，是指劳动者在法定或约定工作时间内提供正常劳动所得的报酬，它构成劳动者所得工资额的基本组成部分。在我国现行的工资分配制度中，基本工资有下述主要特征：(1)常规性。即基本工资所对应的是劳动者在法定工作时间内和正常条件下所完成的恒量劳动或定额劳动。(2)结构性。即基本工资一般可分解为若干个职能各自不同的工资单元，并且各个工资单元的计量规则不尽相同。(3)等级性。即基本工资的主要单元甚至各个单元都存在一定的等级差别和相应的多级标准，这种等级差别通常与劳动质量差别、技能水平差别或者岗位条件差别相对应。(4)固定性。即劳动者所享有的基本工资主要单元的等级和相应标准，在一定期限内一般固定不变或者说不具有浮动性，但这并不意味着基本工资不可变动。(5)主干性。即基本工资应当是劳动者所得全部工资额中的主干部分亦即占全部工资额的较大比重。但在现实生活中呈现出基本工资在全部工资额中所占比重逐步下降的趋势，这只能说明

---

[1] 参见《工资集体协商试行办法》(2000年11月8日，劳动和社会保障部令第9号)。

由于工资分配制度不合理,应当纳入基本工资的报酬而未纳入。(6)基准性。即基本工资可以成为确定辅助工资单元数额的计算基准。国家、用人单位内部劳动规则和集体合同关于工资标准的规定,一般只限于基本工资,因而,通常将基本工资称为标准工资。

根据我国现行立法,国家机关的基本工资制度,由法规和政策规定;企业的基本工资制度由企业内部劳动规则和集体合同规定;事业单位的基本工资制度,部分由法规和政策规定,部分由本单位自主规定。

(二)辅助工资

辅助工资,即基本工资以外的、在工资构成中处于辅助地位的工资组成部分。它通常是用人单位对劳动者支出的、超出正常劳动之外的劳动耗费所给予的报酬。常见的有奖金、津贴(补贴)、加班加点工资等。

1. 奖金

奖金,是指用人单位对劳动者的超额劳动或增收节支实绩所支付的奖励性报酬。较之基本工资,其主要特征有:(1)非常规性。即奖金所对应的是劳动者在完成正常劳动的基础上所提供的超额劳动。这里的"超额"主要表现为劳动质量、劳动成果上的超额,如超额完成劳动任务或取得超常劳动效果等;而工作时间上的超额,则一般可用加班加点工资或补休来补偿。(2)浮动性。即劳动者获得奖金与否或多少,所在单位是否发放奖金或奖金水平高低,都是经常变动的。(3)非普遍性。即法律上既不要求每个劳动者都一定要支付奖金。换言之,奖金只适用于符合奖励条件的场合。

奖金有多种类型,可分为月度奖金、季度奖金和年度奖金;经常性奖金和一次性奖金;集体奖金和个人奖金;综合奖金和单项奖金(如超产奖、安全奖、节约奖、新产品试制奖等)。

奖金发放的条件,除国有用人单位外,一般由用人单位内部劳动规则或集体合同规定。它可分为集体条件和个人条件两个层次,集体条件即职工所在用人单位或劳动组织(如车间、班组等)所必备的发放奖金的条件,凡不具备这种条件的用人单位或劳动组织,其各个职工都无权获得奖金;个人条件即职工个人所必备的获取奖金的条件。如果对某种奖金规定了这两个层次的条件,那么在不具备集体条件的情况下,即使职工个人具备条件,也不能获得奖金。

我国立法曾对国有用人单位的奖金分配规则作出专门规定。[2] 国有企业奖金分配规则的法定要点有:(1)企业的奖金应从国家规定的财务渠道中开支,不能自开提取奖金渠道和滥支奖金。(2)企业提取和发放奖金须具备有关法规和政策所规定的条件,例如,企业必须在完成和超完成国家或投资者(所有者)规定的主要经济技术指标的条件下,才能提取和发放奖金;有政策性亏损的企业,减少核定亏损额视同盈利,可适当提取和发放奖金;实行计件工资或超额计件工资的企业,不得重复提取和发放奖金;关停企业、生产任务不足且无盈利的企业,都不得提取和发放奖金;等等。(3)企业向职工发放奖金,上不封顶,下不保底,应按劳动差别拉开奖金档次,打破平均主义。

国家机关、事业组织和社会团体奖金分配规则的法定要点有:(1)凡全面完成本单位工作任务的一般可按基本工资总额的一定比例,从结余留用的预算包干经费和增收节支留用经费

---

〔2〕 参见国务院《关于国营企业发放奖金有关问题的通知》(1984年4月16日,国办发[1984]25号)和劳动人事部《关于合理使用奖励基金的若干意见》(1984年5月8日,国办发[1984]35号)。

（或单位基金）中提取奖励基金。（2）结合年度考核，对优秀、合格的职工年终发给一次性重奖。（3）全年发放奖金的总额，一般不得超出国家规定的限额。

2. 津贴和补贴

津贴，是为了补偿职工在特殊劳动条件下所付出的额外劳动消耗和生活费用而支付给职工的劳动报酬。需说明的是，这里的津贴，与事业单位基本工资制度中被称之为"津贴"（如"专业技术人员津贴"等）的活动工资部分，不是同一概念。补贴，是为了保障职工的工资水平不受特殊因素的影响而支付给职工的劳动报酬。职工的劳动消耗和生活费用往往因客观条件不同而存在一定差别，而基本工资不能反映这种状况，所以，需要用津贴和补贴来补充。

津贴和补贴较之奖金，其特点是：（1）附加性。津贴和补贴属于附加劳动报酬；奖金则是一种超额劳动报酬。（2）独立性。津贴和补贴除国家另有规定外不与标准工资挂钩，既不按标准工资的比率支付，也不随标准工资的提高比率而提高；奖金同标准工资往往有一种比率关系。（3）稳定性。津贴和补贴确定后，比较稳定；奖金则有浮动性。（4）有限性。发给职工的各种津贴和补贴一般不应超过本人的基本工资额；奖金在企业中则上不封顶、下不保底。

津贴根据其建立的目的和所起的作用，可分为：（1）为补偿职工额外劳动消耗而建立的津贴，如高空津贴、高温津贴、夜班津贴；（2）为保障职工身体健康而建立的津贴，如有毒有害岗位津贴，林区、高原、水下工作津贴等；（3）为补偿职工生活费额外支出而建立的津贴，如外勤工作津贴、铁路乘务津贴；（4）为保障职工的实际生活水平而建立的津贴，如主要副食品价格补贴；（5）为补偿职工的特殊贡献而设立的奖励性津贴，如对作出突出贡献的专家、学者和科技人员的政府特殊津贴；等等。当然，作为工资辅助形式的津贴仅指工资性津贴，那些非工资性津贴如保健食品等，不包括在内。

津贴和补贴的项目设置、发放范围、支付标准、领取条件等，国家均有统一规定。凡实行法定基本工资制度的单位，均不得就津贴和补贴自行增设项目、扩大发放范围、提高支付标准、改变领取条件。在企业的津贴和补贴项目中，有的为法定必设项目；非国有企业支付给职工（外籍职工除外）的劳动报酬中，应当包括国家规定当地同行业国有企业职工享受的各种津贴和补贴。津贴、补贴的享受范围，有的是全体职工，有的是符合特定条件的部分或少数人员，还有的包括退休人员。它们多数由工资基金开支，有的直接摊入成本，有的在企业公益金中开支，有的由国家专项拨款开支。

二、工资形式

工资形式即计量劳动和支付工资的方式。它是以基本工资制度为基础，按照职工实际付出劳动量支付劳动报酬。也就是按照确定的劳动标准和报酬标准，计量每个劳动者的实际劳动量并计算其应得的工资，把劳动和工资有机地结合起来，以实现按劳分配的原则。当前，主要有计时工资和计件工资两种形式。

1. 计时工资

计时工资，是按照单位时间工资率（即计时工资标准）和工作时间支付给职工个人的劳动报酬。计时工资标准一般分为月工资标准、日工资标准和小时工资标准。其中，月工资标准是确定日（小时）工资标准的基础，即日工资标准为月工资标准除以月均法定计薪工作日数所得之商，小时工资标准为日工资标准除以日均法定工作时数（8 小时）所得之商。职工全勤，按月工资标准计发工资;职工缺勤或加班加点,按日工资标准或小时工资标准扣发或加发工资。计时工资在任何部门、用工单位和岗位(工种)都可适用。

在实行计时工资的条件下,职工完成法定工作时间和劳动定额后,按本人的工资等级和工资标准领取的工资数额,即为标准工资。它是工资的基本部分,可作为计算工资的其他组成部分、计件工资的计件单价以及某些项目的社会保险待遇的基础或依据。

2. 计件工资

计件工资,是在一定技术条件下,根据职工完成的合格产品数量或工作量,按计件单价支付的劳动报酬。其核心是计件单价,即生产某一单位产品或完成某一单位工作的应得工资额,亦单位产品(工作)工资率。在正常条件下,计件单价根据一定技术等级的职工的工资标准和劳动定额计算出来,即计件单价 = 单位时间的标准工资/单位时间的劳动定额。正是在此意义上,计件工资是计时工资的转化形式。

计件工资在我国实践中有多种具体形式,一般可作如下分类:(1)个人计件工资和集体计件工资。前者是按职工集体的劳动成果和计件单价计发工资,后者是按职工个人的劳动成果和计件单价计算集体应得工资总额,再在集体内职工之间进行合理分配。(2)无限计件工资和有限计件工资。前者即无论职工完成或超额完成劳动定额多少,都按同一计件单价计发工资。后者对职工的计件超额工资加以一定限制,如对个人或集体超额工资规定最高限额;采用累进计件单价;实行浮动计件单价;等等。(3)直接计件工资和间接计件工资。前者是按职工本人完成的产量,以计件单价计发工资;后者按辅助工人的服务对象所完成的产量,以计件单价计发工资。在这里,间接计件单价 = 辅助工人的工资标准/所服务工人的产量定额,间接计件工资额 = 间接计件单价 × 所服务工人的实际产量。(4)超额计件工资和累进计件工资。前者是对完成的定额任务实行计时工资制,而对超过定额任务的部分按同一计件单价计发工资。后者是对完成的定额任务按基本计件单价计发工资,而对超过定额任务的部分则按递增计件单价计发工资。(5)包工计件工资和提成计件工资。前者又称包工工资,是把一定数量和质量的生产或工程任务包给职工个人或集体,并预先规定应完成任务的期限和实得工资总额,只要包工方按规定完成任务,就可领取全部预定工资。后者又称提成工资,是按企业的营业额或纯利润的一定比例提取工资总额,然后根据职工的技能水平和实际工作量计发工资。

计件工资的适用范围不具有普遍性,一般只适用于劳动工序相对独立、产品量或工作量能精确计算、产品质量有明确标准并能科学测定、生产过程能正常进行、管理制度比较健全的企业。

3. 年薪

年薪,又称年工资收入,是指以企业财务年度为时间单位所计发的工资收入。一般适用于企业高级职员。

年薪作为一种特殊的工资形式,其本质在于它所对应的劳动不只是一般意义的劳动力支出,而是一种经营活动。这种劳动对企业经济效益有关键性作用,其直接劳动成果只能由整个企业或经营单位的经营状况反映出来。由此决定了年薪具有以下特征:(1)年薪应当以企业经济效益的基本时间单位即财务年度,作为计发报酬的时间单位。(2)年薪只宜适用于对实际行使经营权并对企业经济效益负有职责的人员,即董事、经理等高级职员。(3)年薪的构成中,除了包括作为一般意义劳动力支出之补偿的基本劳动报酬外,还应当包括与行使经营权和承担经营责任从而对企业经济效益起关键性作用相对应的利润分享收入。

第三节　工 资 保 障

工资保障,是指法定的保障职工工资足以成为其生活主要来源和维持其基本生活需要的一系列措施。劳动立法中所规定的工资保障制度,一般包括以下三方面的基本内容。

一、最低工资保障

(一)最低工资标准的概念和组成

最低工资标准,是国家依法规定的,当职工在法定工作时间或依法签订的劳动合同约定的工作时间内提供了正常劳动的前提下,用人单位在最低限度内应当支付的足以维持职工及其平均供养人口基本生活需要的劳动报酬,即工资的法定最低限额。劳动关系双方当事人不得在劳动合同中约定在法定最低工资额以下的工资;只要职工提供了正常劳动,用人单位向职工支付的工资就不得少于法定最低工资额。最低工资标准一般采取月最低工资标准和小时最低工资标准的形式。月最低工资标准适用于全日制就业劳动者,小时最低工资标准适用于非全日制就业劳动者。

最低工资额和起点工资是两个不同的概念。起点工资,是基本工资制度中各工种(岗位)的最低一级工资标准。确定起点工资,除了要考虑职工基本生活需要,还要更多考虑其他因素,如各工种(岗位)的技术业务、劳动强度、职工技能等,因而不同工种(岗位)的起点工资不尽相同。最低工资仅与职工基本生活需要对应,与其他因素无关,并不因工种(岗位)不同而有差异。

还需明确的是,国家要求一定范围内的职工必须达到的最低工资水平,也不属于最低工资。例如,我国有关法规中关于外商投资企业职工的工资水平不得低于当地同行业同等条件国有企业职工实际工资的120%的规定,即非关于外商投资企业职工最低工资的规定。[3]

最低工资由法律所允许的若干种劳动报酬项目所组成。一般来说,只要是劳动者在法定或约定工作时间内提供了正常劳动的情况下所获得的各种劳动报酬项目,都应作为最低工资的组成部分。换言之,劳动报酬之外的收入、法定或约定工作时间之外的劳动报酬以及法定或约定工作时间内超出正常劳动部分的劳动报酬,都不应纳入最低工资的范围。因此,国家明确规定,加班加点工资和中班、夜班、高温、低温、井下、有毒有害等特殊工作环境(条件)下的津贴,以及法律、法规和国家规定的劳动者福利待遇等,不作为最低工资的组成部分。[4] 从理论上说,最低工资的构成应当与基本工资的构成一致,但在我国的实践中,由于存在着把本应纳入基本工资范围的报酬却用奖金形式发放,以致基本工资在工资额中所占比重过低的现象,于是也把奖金列为最低工资的组成部分。

---

〔3〕 参见《劳动部关于进一步加强外商投资企业中方职工工资管理的意见》(1990年8月23日,劳计字[1990]57号)。

〔4〕 参见《最低工资规定》(2004年,劳动和社会保障部令第21号)。

(二)最低工资的立法概况

关于最低工资的立法,最早出现于19世纪末,新西兰于1884年制定的《产业仲裁法》中,规定仲裁法庭有决定最低工资率的权力,但该法是关于劳动争议仲裁的一般法律,而不是专门的最低工资立法。作为专门最低工资立法开端的,是澳大利亚的维多利亚州1896年颁布的具有试行性的最低工资法令,它规定在6种行业中委托产业委员会决定最低工资率。该法经试行,收到较好效果,于1903年经修改后被州议会通过为正式法律,其他各州也相继通过了最低工资法。1909年,英国仿澳大利亚制定了最低工资法。继英国之后,德、法、瑞士、意大利等国也先后进行类似的最低工资立法。第一次世界大战后,最低工资立法开始在各国盛行。

最低工资立法的发展,还表现在最低工资法适用范围的不断扩大,即从早期只包括女工、童工和非熟练工人,发展到后来包括所有行业、职业或工种的工人。但是,对残疾劳动者、试用期内工作者、受训人员和未成年工是否适用,各国规定有别。有的规定不适用;有的则对这部分劳动者规定"次最低工资",即规定不得少于最低工资的1/3至1/2不等。

随着最低工资立法的重要性日益增强,国际劳工组织通过了若干项关于最低工资的公约和建议书,明确要求各成员国都应承担最低工资立法的任务。1928年第26号公约《确定最低工资办法的制订公约》规定,凡批准本公约的会员国方应承允制订或维持一种办法,以便为那些在无从用集体协议或其他方法有效规定工资、且工资特别低的若干行业或部门(特别是在家庭工作的行业)中工作的工人,确定最低工资率。1970年第131号公约《特别参照发展中国家情况确定最低工资公约》规定,凡批准本公约的成员国应承允制订一种最低工资制度,其适用范围包括其雇佣条件理应予以保护的各类工资劳动者;并且所包括的各类工资劳动者由各国主管机关决定,如有雇主和工人代表组织的,应与其取得协议,或事先充分征求意见。

在我国,早在1948年召开的第二次全国劳动大会所通过的《关于中国职工运动当前任务的决议》中提出,必须保障任何普通职工的最低工资标准,即职工最低工资要能维持连同本人在内两个人的生活。1949年制定的《私营企业劳动管理暂行规定》中规定,私营企业职工的最低工资不得低于当地同行业集体企业同等条件工人的最低工资水平。到1993年下半年,劳动部终于制定了《企业最低工资规定》,这是我国的第一部全国性最低工资法规。其后的《劳动法》的"工资"专章中,明确规定"国家实行最低工资保障制度",并对最低工资标准的制定权限、制约因素和法律效力,作了原则性规定。2004年1月,劳动和社会保障部颁布的《最低工资规定》对最低工资标准的制度要素作了更为完整和具体的规定。

(三)最低工资标准的制定

最低工资标准的制定有两种方式:(1)立法上直接规定最低工资标准。如加拿大、美国等。(2)立法不直接规定最低工资标准,而只规定如何确定最低工资标准的原则和具体规则,并授权有关机构确定具体的最低工资标准。多数国家都采用这种方式,即使在有联邦一级法定最低工资标准的美国,各州也采用这种方式。

有权确定最低工资标准的机构有两种:(1)多数国家法定由依法组成的专门机构来决定最低工资标准。例如,在澳大利亚、英国等,分别由各行业委员会决定本行业的最低工资标准,各行业委员会都由劳动大臣任命与该行业无关的若干人员和由劳资双方选派的同数代表组成;在美国各州,由州长任命3~5人组成州最低工资委员会(或州工资局),劳资双方也可派代表参加,州最低工资标准就由这种机构确定。(2)有的国家还法定由劳工部行使制定最低工资标准的一定职权。例如,在日本,实行计件工资或包干工资的最低工资标准,由劳动省以命令形式规定。

在我国现阶段,经济发展和生活水平的地区不平衡性还比较突出,由此决定了难以实行全国统一的最低工资标准。因此,《劳动法》第48条规定:"最低工资的具体标准由省、自治区、直辖市人民政府规定,报国务院备案。"《最低工资规定》(2004年)第7条进一步规定,省、自治区、直辖市范围内的不同行政区域可以有不同的最低工资标准。由于最低工资标准直接涉及劳动关系双方当事人的利益,因而,省级政府应当组织同级的工会组织和用人单位方面代表,参与最低工资标准的制定过程。

关于确定最低工资标准的原则,各国有所不同。英国、美国、澳大利亚等国家曾采用生活工资原则,即以维持劳动者的最低生活水平为根据;法国、英国部分行业、美国(1929年后)等曾采用公平工资原则,即对熟练程度、劳动效果和劳动条件相同的劳动,报酬也应相同。由于这种原则各有侧重和利弊,现代各国在确定最低工资标准时都二者兼用。这具体表现在各国所选择的据以确定最低工资标准的各种因素中。

关于确定最低工资标准所应依据和考虑的因素,国际劳工组织1970年第131号公约《特别参照发展中国家情况确定最低工资公约》中,有两点规定:(1)工人及其家庭的必需品,需考虑该国的一般工资水平、生活费、社会保障津贴,以及其他社会阶层的相应生活标准;(2)经济因素,包括经济发展的要求,生产率水平,获得和维持高水平就业的需要。这两点规定,基本上为各国最低工资立法所接受,但各国立法关于制约最低工资标准之要素的规定也不尽相同。关于工人及其家庭生活需要,有的国家(如菲律宾、伊拉克)只规定最低工资应能保障工人本人的生活需要,而不包括其家庭成员的生活需要,有的国家(如泰国)则规定最低工资要能维持本人及其家属(平均供养人员)的生活需要。关于工资水平,许多国家规定最低工资应参考可比性工资水平,如《日本最低工资法》规定应参照"同类工人的工资"。关于经济因素,许多国家立法所关注的,一是地区间经济发展的不平衡,最低工资准也应有适当的地区差别,如也门、菲律宾有此规定。二是企业支付能力,最低工资标准不应超出企业支付能力。如日本有此规定。三是物价,最低工资标准应随物价变动而调整,如法国劳动法典规定,最低工资的增长应同"以法令为水准基点的国民消费价格指数的发展趋势联系起来加以考虑","如这个指数达到的水平比上一次确定最低工资标准时所记载的指数至少增长了相当于2%,最低工资标准也应以同样的比例增长。"

在我国,为了使最低工资标准的制定具有保障性、科学性和可行性,《劳动法》第49条对确定和调整最低工资标准所应综合参考的各种因素作了明确规定。其中包括:(1)劳动者本人及平均赡养人口的最低生活费用。实行最低工资保障的直接目的,是确保劳动者所得工资足以维持基本生活需要。因而,最低工资标准不应低于劳动者本人及平均赡养人口的最低生活费用。需明确的是,这里的"最低生活费用",从其组成项目来看,应当是各种基本生活需要项目的最低费用,也即衣、食、住、行和子女教育所需的最低费用。(2)社会平均工资水平。最低工资标准应当低于当地社会平均工资水平;对于社会平均工资水平有差别的不同地区来说,其最低工资标准可以有所不同。(3)劳动生产率。不同地区、不同行业之间,劳动生产率存在差别,也意味着各地区、各行业用人单位对支付最低工资的平均承受能力不一样,因而,其最低工资标准可以有所不同。(4)就业状况。这是一个同劳动者的劳动收入和生活负担相关联,并且影响劳动者的最低工资需求的因素。最低工资标准应当具有与现实失业率相适应的保障作用,并且有利于实现高水平的就业。(5)地区之间经济发展水平的差异。在经济发展水平不同的地区,最低工资标准应当有适当的地区差别。上述各种因素的具体指标,都应当以政府统计部门的统计数据为准。当据以确定最低工资标准的上述因素发生变化后,对原确定的最低工资标准应当适时调整。

《最低工资规定》第6条对最低工资标准的制约因素作了进一步规定:(1)确定和调整月最低工资标准,应当参考当地就业者及其赡养人口的最低生活费用、城镇居民消费价格指数、职工个人缴纳的社会保险费和住房公积金、职工平均工资、经济发展水平、就业状况等因素。(2)确定和调整小时最低工资标准,应在颁布的月最低工资标准的基础上,考虑单位应缴纳的基本养老费和基本医疗保险费因素,同时还应当适当考虑非全日制劳动者在工作稳定性、劳动条件和劳动强度、福利等方面与全日制就业人员之间的差异。

最低工资标准的具体测算方法,国际上通常采用的有八种,即比重法、恩格尔系数法、累加法、超必需品剔除法、平均数法、生活状况分析法、经济计量分析法、分类综合计算法。结合我国的实际情况,《最低工资规定》(2004年)明确肯定了下述两种:(1)比重法。即根据城镇居民统计调查资料,确定一定比例的最低人均收入户为贫困户,统计出贫困户的人均生活费用支出水平,乘以每一就业者的供养系数,再加上一个调整数。(2)恩格尔系数法。即根据国家营养学会提供的年度标准食物谱及标准食物摄取量,结合标准食物的市场价格,计算出最低食物支出标准,除以恩格尔系数〔5〕得出最低生活费用标准,再乘以每一在业者的供养系数,再加上一个调整数。以上方法计算出最低工资标准后,再考虑职工平均工资水平、社会救济金和失业保险金标准、就业状况、劳动生产率水平以及经济发展水平等进行必要的修正。

关于最低工资标准的制定程序,根据《最低工资规定》(2004年),包括以下环节:(1)初步拟定。省级劳动行政部门会同同级工会、企业联合会/企业家协会研究拟定最低工资标准的确定和调整方案。方案内容包括最低工资确定和调整的依据、适用范围、拟订标准和说明。(2)征求意见。省级劳动行政部门必须将拟定的方案报送国务院劳动行政部门。后者在收到各地拟定方案后,应征求全国总工会、中国企业联合会/企业家协会的意见;如拟订方案有不妥之处,国务院劳动行政部门有权提出修订意见,并在方案收到后14日内以书面形式予以回复。若在此期间内未提出修订意见,视为同意。(3)批准、发布和备案。省级劳动行政部门应将经国务院劳动行政部门同意的方案报省级政府批准,并在批准后7日内在当地政府公报上和至少一种全地区报纸上发布。并且,省级劳动行政部门应在发布后10日内将最低工资标准报国务院劳动行政部门。(4)调整。最低工资标准发布实施后,如原最低工资标准所依据的因素发生变化,应当适时调整,每两年至少调整一次。

(四)最低工资标准的效力

最低工资标准的效力,一般只及于一定的产业范围和劳动者范围。按照国际劳工组织第131号公约和第135号建议书的规定,要求发展中国家把雇佣条件理应予以保护的各种产业都纳入最低工资标准的效力范围,而把不适用最低工资标准的产业限制在尽可能小的范围内。

---

〔5〕 恩格尔系数,是指根据19世纪中叶德国统计学家恩格尔提出的恩格尔定律所计算出的,在一定时空范围内家庭食物支出占家庭总消费支出的比例。

在国外的立法和实践中,被排除在最低工资标准的效力范围之外的情形通常有:(1)国家公务员。因为国家公务员以政府为雇主,其工资水平实际上大大高于维护基本生活的水平,所以不存在给予最低工资保障的需要。(2)某些公共团体(如宗教机构、慈善机构)的职员。因为这类机构的职员往往不是以获取报酬为目的为这些机构工作,也就不需要最低工资保障。(3)学徒工。因为在学徒期间不能提供正常劳动,也就不存在适用最低工资保障的前提。(4)假期临时就业的学生。因为他们一般无供养责任,也就无须给予最低工资保障。(5)残疾人。因为残疾人劳动能力低下,若实行最低工资保障,就有可能使用人单位在同等条件下倾向于雇用身体和精神正常者,从而增加残疾人就业的难度。我国最低工资标准的适用范围,《最低工资规定》第2条规定,境内的企业、民办事业单位、有雇工的个体工商户和与之形成劳动关系的劳动者,国家机关、事业单位、社会团体和与之建立劳动合同关系的劳动者,适用最低工资标准。

最低工资标准依法制定即具有法律效力。我国《劳动法》要求,"用人单位支付劳动者的工资不得低于当地最低工资标准。"这种法律效力具体表现在:(1)用人单位应在最低工资标准发布后10日内将该标准向本单位全体劳动者公示。(2)集体合同和劳动合同中所规定的工资标准,都不得低于当地最低工资标准。(3)劳动者只要在法定工作时间内提供了正常劳动,用人单位支付给劳动者的工资不得低于当地最低工资标准。(4)劳动者因探亲、婚丧按规定休假期间,以及依法参加社会活动期间,视为提供了正常劳动,用人单位也不得向劳动者支付低于最低工资标准的工资。(5)劳动者在法定工作时间内未提供正常劳动,如果不是由于本人原因造成的,用人单位也应当按照不低于最低工资标准的要求向劳动者支付工资。(6)实行计件工资或提成工资等工资形式的用人单位,必须进行合理折算,其相应的折算额不得低于按时、日、周、月确定的最低工资标准。(7)县级以上地方劳动行政部门负责对最低工资标准执行情况进行监督检查,对违反最低工资标准的用人单位及其责任人员依法追究法律责任。(8)各级工会有权对最低工资标准执行情况进行监督,发现用人单位违反最低工资标准的,有权要求当地劳动行政部门处理。

(五)对《最低工资规定》的评价

《最低工资规定》是以市场经济为基础而制定的,其在立法上具有相当大的灵活性,又便于国家利用最低工资标准对工资水平进行宏观调控,这符合市场经济条件下劳动力价格规制的要求。主要表现在:(1)最低工资标准的制定不是采取中央立法的方式,而是采用授权地方政府发布行政命令的方式。中央立法的程序严格且立法周期长,不利于根据经济变化来及时调整最低工资标准。而地方政府采取行政命令的方式则能根据本地区经济发展状况,及时调整符合本地区经济发展需要的最低工资标准。(2)不同地区和同一地区的不同行政区域内允许不同水平最低工资标准的存在。这符合我国地区经济发展不平衡,不同地区之间、同一地区内不同行政区域之间经济状况存在差异的特点。(3)对不同用工方式规定不同的最低工资标准计算方式。即对全日制就业劳动者采用月最低工资标准,对非全日制就业劳动者采用日最低工资标准,这便于将灵活就业的劳动者纳入最低工资制度的保护范围。(4)考虑到计件工或提成工作的特点,要求实行计件工资或提成工资形式的用人单位,以科学合理的劳动定额为基础实行最低工资制度。(5)适当扩大了最低工资保障的范围。除了《劳动法》规定的用人主体类型,还将民办非企业单位纳入最低工资制度的适用范围。同时,还继续将保姆、钟点工、农业劳动者等排除在最低工资制度的适用范围之外,这在一定程度上可以在一级劳动力市场和二级劳动力市场并存的格局下,消除最低工资对就业总额的影响。(6)中央和地方政府双重控制,即省级劳动行政部门会同同级工会、企业联合会/企业家协会拟订的最低工资标准确定和调整方案,需要报国务院劳动行政部门征求意见并征得其同意,这有利于保持全国范围内最低工资标准的相对均衡。

《最低工资规定》只是一个授权式立法,内容不很具体,为确保其贯彻实施,应当注意以下几点:(1)设立政府及其相关部门的责任制,对于违反程序制定最低工资标准、使用虚假信息制定最低工资标准等行为,追究有关地方政府或其相关部门的责任,如实行领导人责任制,责令改正,通报批评等。(2)《最低工资标准测量办法》作为《最低工资规定》的附件,应从以下要点进行完善:①补充规定计件工资和提成工资最低标准的计算方法,以供地方制定最低工资标准参考,从而避免计件工等特殊劳动形式的最低工资保障流于形式。②以名义工资而非实际工资制定最低工资标准,这样可以在经济状况发生变化时,特别是通货膨胀时给政府一个可调整的空间。(3)以本地区普遍适用的最低工资标准为基础,针对某些行业的特点分行业制定最低工资标准。这种行业标准在国外一般是行业工会与雇主团体用行业集体合同规定的,我国由于没有实行行业集体合同制度,故政府在制定最低工资标准时,应考虑不同行业的最低工资标准。(4)可考虑尽可能统一经济发展水平大致相同地区的最低工资标准。有人认为,最低工资标准差异过多过大对整个经济体是有害的,会造成地区间劳动力过度流动,从而损害本地区利益。[6] (5)最低工资标准应适当低于劳动力市场均衡价格。我国目前劳动力过剩,就业需求不旺,为了避免最低工资制度对就业的不利影响,应在保证基本生活需求时,从低制定最低工资标准。(6)完善和加大劳动监察力度,保证最低工资标准的执行。

二、工资支付保障

工资支付保障,也就是对职工获得全部应得工资及其所得工资支配权的保障。它给劳动者所提供的保护,较之最低工资保障则更进一步,因为它所保护的客体已不只限于最低工资,而扩及全部应得工资;它所干预的对象,已由工资额的确定转到工资支付的行为。在许多国家的劳动法和国际劳工组织的1949年第95号公约《工资保障公约》及第85号同名建议书中,都有关于工资支付保障的规定。我国除了在《劳动法》中对工资支付保障作了原则性规定外,还制定了《工资支付暂行规定》(1994年)及其《补充规定》(1995年)、《建设领域农民工工资支付管理暂行办法》(2004年),在《劳动合同法》等其他有关法律法规中也可散见工资支付保障规则。归纳言之,主要有以下几个方面的内容:

(一)工资支付一般规则

(1)货币支付规则。工资应当以法定货币支付,不得以实物和有价证券替代货币支付。

(2)直接支付规则。用人单位应当将工资支付给职工本人,但是,职工本人因故不能领取工资时可由其亲属或委托他人代领;用人单位可委托银行代发工资,但应当将工资存入劳动者本人账户。被派遣劳动者的工资可以由派遣单位直接支付,也可以由派遣单位委托用工单位支付。建筑施工、矿山的用人单位将工程(业务)或经营权发包不具备用工主体资格的组织或自然人的,承包人所雇劳动者的工资由发包人承担支付义务。为实施直接支付规则,还要求用

---

〔6〕 马扬、陈苗:《最低工资制度若干问题的思考》,载《金融科学——中国金融学院学报》1997年第3期。

人单位书面记录支付工资的数额、时间、领取者姓名及其签字，并保存2年以上备查。

(3)足额支付规则。法定和约定应当支付给职工的工资项目和工资额，必须全部支付，不得克扣。正是基于此规则，用人单位在支付工资时应当向职工提供一份其个人的工资清单。

(4)定期支付规则。又称及时支付规则，即工资必须在用人单位与职工约定的日期支付。如遇节假日或休息日，应提前在最近的工作日支付；工资至少每月支付一次，实行周、日、小时工资制的可按周、日、小时支付工资，但非全日制用工劳动报酬结算支付周期最长不得超过15日；对完成一次性临时劳动或某项具体工作的职工，用人单位应按协议在完成劳动任务后即行支付；劳动关系依法终止时，用人单位应在终止劳动关系时一次性付清工资；凡拖欠工资的，应当按拖欠日期和拖欠工资额向职工赔偿损失。

(5)定地支付规则。即用人单位除特别约定或依报酬性质、习惯等其他情形另行确定外，必须以营业场所为工资支付地。例如，《俄罗斯劳动法典》第97条规定，职工的工资一般应在其完成工作的地点支付。又如，《越南社会主义共和国劳动法典》第59条规定，工人的工资应当在工作场所内支付。

(6)优先支付规则。企业破产或依法清算时，职工应得工资必须作为优先受偿的债权。

(7)紧急支付规则。在职工因遇有紧急情况以致不能维持生活时，用人单位必须向该职工预支其可得工资的相当部分。

(二)特殊情况下工资支付

特殊情况下工资支付，是指在非正常情况下，按照国家规定应当按计时工资标准或其一定比例支付工资。其特点在于：(1)它以存在某种法定非正常情况作为工资支付的依据。一般认为，因职工在法定工作时间内履行劳动给付义务而支付工资，是工资支付的正常情况，此外其他应支付工资的情况，即为非正常情况。至于哪些情况属于应支付工资的非正常情况，必须以法规和政策的明确规定为依据。(2)它以职工本人计时工资标准作为工资支付的标准。或者按计时工资标准进行全额支付，即工资照发；或者按计时工资标准的一定比例进行支付；或按计时工资标准的一定倍数进行支付。各种支付方式分别适用于哪些正常情况，均由有关法规和政策具体规定。

在我国，法定的应当支付工资的特殊情况[7]，主要有：(1)职工在法定工作时间内依法参加社会活动，用人单位应视同其提供了正常劳动而支付工资。社会活动包括：依法行使选举权或被选举权；当选代表出席乡(镇)、区以上政府、党派、工会、青年团、妇女联合会等组织召开的会议；出任人民法院证明人、陪审员；出席劳动模范、先进工作者的大会；《工会法》规定的不脱产工会基层委员会委员因工会活动占用生产或工作时间；其他依法参加的社会活动。(2)职工在法定休息日和年休假、探亲假、婚假、丧假期间，用人单位应按规定标准支付工资。(3)非职工原因造成的停工、停产在一个工资支付周期内的，用人单位应按劳动合同规定的标准支付工资；超过一个工资支付周期的，若职工提供了正常劳动，则支付的劳动报酬不得低于当地最低工资标准；若职工未提供正常劳动，应按国家有关规定办理。(4)职工在调动工作期间、脱产学

---

〔7〕 参见《工资支付暂行规定》(1994年12月6日，劳部发[1994]489号)及其《补充规定》(1995年5月月12日，劳部发[1995]226号)、《财政部关于〈国营对外承包企业在国外人员和行政、企事业单位临时出国人员国内工资发放问题的请示〉的批复》(1987年5月14日，[87]财外字第551号)。

习期间、被错误羁押期间、错判服刑期间,用人单位应当按国家规定或劳动合同规定的标准支付工资。(5)职工被公派在国(境)外工作、学习期间,其国内工资按国家规定的标准支付。(6)职工加班加点,应当依法定标准支付加班加点工资。

(三)禁止非法扣除工资

只有在法定允许扣除工资的情况下,才可以扣除工资;在法定禁止扣除工资的情况下,不得作允许扣除工资的约定;即使在法定允许扣除工资的情况下,每次扣除工资额也不得超出法定限度。在许多国家,对某些扣除工资的行为,作了禁止性规定,例如,工资在一定金额之限度内,不得扣押;雇主除法律另有规定外,不得以自己对于受雇人之债权,与受雇人之不得扣押部分相抵销;雇主不得为自己利益从受雇人工资中扣存一定金额,也不得未经受雇人同意而为受雇人利益扣存其部分工资;雇主不得与受雇人订立预定受雇人应付违约金或赔偿金之数额的契约;等等。在有些国家,还对雇主克扣工资和罚款加以禁止和限制,例如,英国规定,对工人不得科以过多的不合理的罚金,如必须科以罚金,应根据契约的规定进行;法国规定罚金不得超过被罚工人一天工资的1/4,瑞士规定不得超过1/2;奥地利、德国、荷兰、比利时等国规定,除预先有契约或依照现行规则外,不得科以罚金;美国有些州规定,除了工人故意或怠惰造成雇主的财产或货物损失以外,不得科以罚金。

在我国现行法规中〔8〕,则主要是从另一种角度就禁止非法扣除工资作出规定,即规定只有在哪些情况下才可扣除工资,未经法律许可不得扣除工资。按规定,用人单位可以从职工的工资中代扣的情况只限于:应由职工缴纳的个人所得税;应由职工负担的各项社会保险费用和住房公积金;法院判决、裁定中要求代扣的抚养费、扶养费、赡养费;法定可以从工资中扣除的其他费用。还规定,职工违纪违章给用人单位造成经济损失而应予赔偿的,可从职工本人工资中扣除,但每月扣除的部分不得超过其当月工资的20%,并且,扣除后的剩余工资部分不得低于当地月最低工资标准。

(四)工资支付的资金来源保障

1. 工资基金制度

工资基金,是指国家要求用人单位依法设置的用于一定时期内(通常为一年)给全体职工支付劳动报酬的一种专门货币基金。国家对各用人单位工资基金的提取、储存和使用实行统一管理,即工资基金管理。各企业、事业单位、机关和社会团体发给职工的劳动报酬,不论其资金来源如何,凡属于国家规定的工资总额组成范围的,均应纳入工资基金管理的范围。这样,工资基金就成了用人单位支付工资的唯一直接资金来源和可靠保障。

按现行规定〔9〕,工资基金管理的主要措施有:(1)建立工资基金专户。这是我国银行为各用人单位设立的唯一专存专支工资基金的账户。一个用人单位只能在一家银行建立一个工资基金专户;各用人单位凡是提取的工资总额都必须专项存入各自的工资基金专户,凡是工资总额组成范围内的支出,不论现金或转账,均应从工资基金专户中列支;工资基金专户中储存的资金,只能用作工资支付,不得挪作他用。(2)计划管理。各用人单位应依法编制年度、季度和

〔8〕 参见《工资支付暂行规定》(1994年12月6日,劳部发[1994]489号)。

〔9〕 参见《工资基金暂行管理办法》(1985年,国发[1985]115号)和《国务院关于进一步加强工资基金管理的通知》(1989年,国发[1989]31号)。

分月工资基金使用计划,其中的年度、季度计划,国家不直接下达工资总额计划的用人单位应报主管部门和劳动行政部门备案签章,国家直接下达工资总额计划的用人单位则应由主管部门和劳动、人事行政部门审批。在工资基金使用计划的执行过程中,可将本月或本季度节余的工资基金移到本年度的下个月或季度使用,但不得将下个月或季度的工资基金提前使用;工资基金应按计划规定的各种项目及其数额专项使用,不能串项挪用,即基本工资基金、奖励基金和津贴基金三者之间不能调剂使用。(3)银行监督。银行有权对用人单位使用工资基金实行监督。国家下达到用人单位的工资总额计划、经审批的工效挂钩方案、经核定的工资总额包干数或工资总额基金,以及年度、季度、分月工资基金使用计划,都应抄送工资基金专户开户银行,由开户银行据此监督用人单位对于工资基金的支取。劳动行政部门和银行还向用人单位核发《工资基金管理手册》,以此作为用人单位向开户银行支取工资基金的法定凭证。对未经劳动、人事行政部门批准或审批手续不全的超计划支取工资基金的,开户银行一律拒付。用人单位向开户银行支取当月工资基金时,要将上个月的工资基金使用情况,报主管部门并抄送开户银行。

2. 工资保证金制度

工资保证金,是指国家强制已有或易发工资违法行为的用人单位依法存入劳动行政部门所指定银行账户的,专门用于用人单位有工资违法行为时支付工资及其赔偿金的资金。建议在此项制度中突出下述要点:(1)用人单位范围。有义务存入工资保证金的用人单位,只限于已有或易发工资违法行为的用人单位,例如,经劳动行政部门查实已有克扣或无故拖欠工资、或者低于最低工资标准支付工资、或者不依法支付加班工资等工资违法行为的用人单位,建筑施工企业等易于发生拖欠工资等工资违法行为的用人单位。(2)工资保证金存入的方式和标准。由劳动行政部门强制用人单位按照法定标准一次性确定据以存入工资保证金数额的标准,应当考虑违法工资行为标的额占用人单位月工资总额的比例、建筑工程预算总额中工资总额所占比例等因素。(3)工资保证金的使用和补足。已存入工资保证金的用人单位发生工资违法行为,经劳动行政部门责令限期正而预期不改正的,应当依法承担支付违法未付的工资以及赔偿金的责任;用人单位不支付违法未付的工资以及赔偿金的,由劳动行政部门从该用人单位的工资保证金中直接向劳动者支付。工资保证金被用于支付违法未付的工资以及赔偿金后,用人单位应当在规定期限(以 1 个月为宜)内向工资保证金专户补足工资保证金;并且要求补足后的工资保证金达到一定数额标准。(4)工资保证金的退还。设立工资保证金的目的是防范用人单位的工资违法行为,促使用人单位提高工资诚信度,如果用人单位在存入工资保证金后持续一定期间(如 3 年)未发生工资违法行为,表明其已具备足够的工作诚信度,劳动行政部门应当将工资保证金退还给用人单位。

3. 欠薪保障基金制度

欠薪保障基金,是指特定机构依法筹集建立的,专门用于雇主由于无力或故意而欠薪时,向劳动者垫付欠薪的基金。此项制度的基本内容有下述要点:(1)基金的来源。立法大多规定,全部来源于雇主捐款;有的规定,部分由雇主捐款,部分由公款负担;有的规定全部由公款负担;还有的规定,由雇主和劳动者共同分担。雇主向基金捐款具有强制性,并且不得低于规定标准。有的规定,各种雇主都应当向基金捐款;有的规定,一定范围的雇主才应当向基金捐款,例如,只限于参加国家劳动保险的雇主,或者不包括国家机关、公共团体、公营企业等不可能无偿付能力的雇主。(2)基金的管理机构。基金具有独立于任何其他财产的地位,由具有法人资格的机构集中管理。这种机构,有的为劳动行政机构或社会保障行政机构,有的为特定的社会保障机构,有的为专门设置的机构。(3)基金的受益对象。立法大多原则上规定,除法定特殊情形外,全体劳动者都可以从基金中受益,即成为基金援助的对象。被排除在基金受益范围之外的,通常是企业的高级职员、雇主的配偶和近亲属、已享受其他形式保障或者不以工资收入为生活主要来源的劳动者。(4)基金保障的欠薪范围。关于可以用基金支付的欠薪,各国立法都作了一定限制。就可支付欠薪的构成而言,有的只限于欠薪中维持基本生活需要的部分;有的则允许包括欠薪中的大部分项目(如基本工资、津贴等);有的还扩大到拖欠的解雇补贴。就可支付欠薪的数额而言,有的只限于一定期限(最后或最近若干个月)的欠薪;有的规定了最高限额。就可支付欠薪的产生原因而言,有的仅限于因企业倒闭或停业所产生的欠薪;有的只包括因雇主无力偿付所产生的欠薪;有的则扩大到因雇主逃匿或失踪、资产被扣押、故意拖欠所产生的欠薪。(5)基金支出的程序。各国立法对动用基金向劳动者支付欠薪,都规定了严格的程序,其中的关键性环节有:劳动者向基金管理机构或雇主提出索赔请求;索赔得到雇主的承认或者受到劳动争议处理机构或司法机构的支持;雇主无力偿付的诉讼程序已经开始;索赔的正当性已经查实;等等。(6)基金支出的法律后果。基金管理机构向劳动者支付欠薪后,即就所垫付的欠薪代位取得欠薪索赔特权。

深圳市1996年10月制定颁布了《深圳经济特区企业欠薪保障条例》。这是我国第一个有关欠薪保障的法规。它规定欠薪保障实行缴费与共济、垫付与追偿相结合的原则;并且就欠薪保障机构、欠薪保障基金、欠薪的垫付和追偿作了明确规定。它将垫付欠薪的必备条件规定为:(1)企业基于法院依法受理破产申请,依法整顿或经审计资不抵债且无力支付员工工资,投资者或经营者隐匿或逃跑而欠薪;(2)员工个人被欠薪数额达150元以上;(3)垫付欠薪申请期限前6个月以内的欠薪。它将垫付欠薪的数额限定为员工实际被拖欠的工资总额,并规定最高不超过上年度市职工年平均工资的20%。

在我国的法律和国家政策中,对欠薪支付保障仅有零散的规定。例如,在破产财产的清偿程序中,欠薪被列为拨付破产费用后的第一清偿顺序;在追索劳动报酬的民事诉讼中,法院可以根据当事人的申请裁定先予执行;困难企业应当从其销售收入中按规定比例提取一定资金,用于支付所欠工资;等等。目前,拖欠工资已成为较常见的现象,因而,从我国实际出发并借鉴国外立法经验,完善欠薪支付保障制度,具有非常重要的意义。

(五)欠薪索赔特权〔10〕

欠薪索赔特权,即劳动者依法享有的对欠薪雇主就其欠薪优先索赔的权利。法律赋予并保护劳动者欠薪索赔特权,旨在保障劳动者能够优先于其他债权人从欠薪雇主的财产(尤其是破产财产)中使其欠薪得到偿付。此项制度的基本内容,有下述要点:

(1)受特权保护的劳动者范围。原则上全体劳动者都享有此项特权,但立法也规定了某些例外。例如,有的国家在适用于国家公务员和公共团体或公营企业雇员的特别劳动法中从未授予这些劳动者此项特权;有的国家在法律或判例中拒绝给予高级职员、持有本公司股份或股票的雇员、与雇主有近亲属关系的雇员以此项特权。

---

〔10〕 关怀、赵履宽:《中华人民共和国劳动法实务全书》,经济日报出版社1994年版。

(2)受特权保护的工资范围。法律上对通过行使此项特权获得偿付的工资有一定限制。例如,有的只限于一定金额以内的工资;有的只限于一定期限(最后或最近若干个月)的工资;有的只限于一定项目的工资(如基本工资、津贴)。

(3)特权的等级。主要有一般特权和专门特权之区分。专门特权优于一般特权,即针对欠薪雇主的某项财产,享有专门特权的欠薪可以从该项财产中优先受偿,尚有余额时才可偿付享有一般特权的欠薪。可以作为行使一般特权之对象的雇主财产,立法大多规定可以是动产或不动产,有的规定只限于不动产;而可以作为行使专门特权之对象的,立法上都只限于一定条件下的特定财产,例如,海员对其船舶就其最后一次航行的工资享有专门特权;建造、改建和修理建筑物、水渠或其他工程的工人对其建造、改建或修理的财产就其工资也享有专门特权。

(4)欠薪索赔特权与其他债权的关系。以欠薪雇主为债务人的欠薪索赔特权以外的债权有非特权债权和特权债权之分。在各国立法中,都把欠薪索赔权置于比非特权债权优先的地位,但对欠薪索赔权是否优先于特权债权则有不同的主张。特权债权包括有担保债权、税收债权、社会保障费债权、破产费用债权等。在各国立法中,有的将欠薪索赔权置于比一切特权债权都优先的地位,即成为超级特权或绝对特权;有的将欠薪索赔权仅置于比税收债权和社会保障费债权优先的地位;有的则将欠薪索赔权置于除有担保债权外都优先的地位,这意味着欠薪可以在拨付破产费用前得到偿付。为了协调欠薪索赔特权与特权债权的利益冲突,各国立法对优先于特权的欠薪索赔特权(尤其是超级特权)所保护的欠薪范围都作了一定限制,一般限制于欠薪中属于维持基本生活需要的部分,有的规定为最后一定期限劳动的欠薪,有的规定为一定限额以内的欠薪。

(5)欠薪索赔特权的加速偿付。由于欠薪索赔具有维持基本生活需要的性质,有些国家规定了加速偿付程序。有的规定,欠薪索赔,一旦查实,就可列为应当立即动用资金偿付的索赔;有的规定,正在进行的欠薪赔索程序,并不因欠薪雇主破产程序的开始而中止;有的规定,欠薪索赔可直接由劳工法院等劳资争议处理机构查实和裁定,而不必经过破产程序;有的规定,劳工法院(法庭)可直接扣押和变卖已成为破产者的欠薪雇主的财产,以偿付欠薪。

在我国有关政策和立法中,对欠薪索赔特权也有规定。例如,根据国务院关于国有企业政策性破产的规定,曾将试点城市破产国有企业所欠职工工资在支付破产费用之前优先清偿,即从破产企业依法取得的土地使用权转让所得中清偿,破产企业以土地使用权为抵押物的,其转让所得也应首先清偿所欠职工工资。而2006年制定、2007年6月1日起施行的《破产法》,在第113条仅将破产人所欠职工的工资列为破产财产在优先清偿破产费用和共益债务后的第一清偿顺序,即仅可从无担保的财产中优先清偿;同时在第133条规定,“在本法施行前国务院规定的期限和范围内的国有企业实施破产的特殊事宜,按照国务院有关规定办理。”

(六)工资支付令和其他程序法保障措施

在我国,《劳动合同法》第30条规定,“用人单位拖欠或者未足额发放劳动报酬的,劳动者可以依法向当地人民法院申请支付令,人民法院应当依法发出支付令”;根据《劳动争议调解仲裁法》第16条的规定,因支付拖欠劳动报酬达成调解协议,用人单位在协议约定期限内不履行的,劳动者可以持调解协议书依法向人民法院申请支付令,而人民法院应当依法发出支付令。

所谓支付令是法院责令债务人在规定期限履行债务的法律文书。它属于民事诉讼中的督促程序,存在于起诉之前,是一种快捷和低成本的法律救济方式。劳动报酬作为劳动者生活的主要来源,及时足额支付是其本质要求。因而,以支付令的方式督促用人单位履行劳动报酬债务,对劳动者意义重大。《民事诉讼法》第17章对支付令程序作了专门规定。在支付令程序中,劳动者为债权人和申请人,用人单位为债务人和被申请人。

1. 支付令申请的条件

劳动者向法院申请支付令,必须符合下列条件:(1)必须由劳动者自己提出申请;(2)劳动者的请求只能是以请求给付货币性劳动报酬为标的;(3)请求给付的劳动报酬所依据的支付期限已到期且数额确定;(4)劳动者对用人单位没有给付义务;(5)支付令能够送达用人单位;(6)劳动者的申请必须向有管辖权的基层法院提出;(7)劳动者申请法院发布支付令,应当提交申请书并附有相关的债权文书,申请书应当写明请求给付劳动报酬的数量和所根据的事实、证据。

2. 支付令申请的受理和发出

法院接到劳动者的申请后,应当在5日内通知劳动者是否受理。法院受理劳动者的申请后应当对其进行审查(限于形式审查),对债权债务关系明确、合法的,应当在受理之日起15日内向用人单位发出支付令。

3. 支付令的效力

法院依法发出的支付令,其效力有如下几种:(1)支付令发布之后,用人单位在限期内依支付令履行义务的,支付令实际上与生效裁判起到同等作用。(2)用人单位在限期内不提出异议,又不履行支付令的,劳动者可以根据支付令向法院申请强制执行。(3)用人单位在限期内提出书面异议的,支付令自行失效。

此外,《民事诉讼法》规定了其他保障措施,例如,在追索劳动报酬的民事诉讼中,法院可以根据当事人的申请裁定先予执行。

(七)农民工工资保障的特别措施

针对拖欠农民工工资的严重现象,《建设领域农民工工资支付管理暂行办法》规定了特别保障措施。主要有:(1)工程总承包企业应对劳务分包企业工资支付进行监督,督促其依法支付农民工工资。(2)业主或工程总承包企业未按合同约定与建设工程承包企业结清工程款,致使建设工程承包企业拖欠农民工工资的,由业主或工程总承包企业先行垫付农民工被拖欠的工资,先行垫付的工资数额以未结清的工程款为限。(3)企业因被拖欠工程款导致拖欠农民工工资的,企业追回的被拖欠工程款,应优先用于支付拖欠的农民工工资。(4)工程总承包企业不得将工程违反规定发包、分包给不具备用工主体资格的组织或个人,否则应承担清偿拖欠工资连带责任。(5)企业违反国家工资支付规定拖欠或克扣农民工工资的,记入信用档案,并通报有关部门。建设行政主管部门可依法对其市场准入、招投标资格和新开工项目施工许可等进行限制,并予以相应处罚。(6)企业应按有关规定缴纳工资保障金,存入当地政府指定的专户,用于垫付拖欠的农民工工资。

三、实际工资保障

工资是分配个人生活消费品的主要形式,因而,对职工生活最具意义的应是实际工资,即职工所得货币工资所能购买到的生活资料和服务的数量。保障实际工资,就是要处理好工资与物价的关系,一方面力求把物价上升控制在较温和的程序之内,即力求避免物价较剧烈的、较大幅度的上升;另一方面力求使职工货币工资以至少不低于物价上涨的幅度上升,并尽可能使职工货币工资的增长率大于物价的上涨率。后者就是劳动法中的实际工资保障问题。可见,保障实际工资较之保障最低工资和保障工资支付,是对劳动者更高水平的保护。在法律上就实际工资保障问题作出规定,表明了现代工资保障立法的发展。

在西方国家,处理工资与物价关系的法定方式,主要有两种:(1)劳资双方工资谈判。许多国家对企业的工资一般不直接干预,而规定由劳资双方谈判自行解决。例如,日本自20世纪50年代中期以来,企业劳资双方每年定期谈判一次工资增长问题,物价上涨幅度是其考虑的因素之一。政府通过每年公布最低工资调整标准和公务员工资调整意见,对私人企业工资起导向作用。战后十几年,绝大多数年份工资的增长幅度都超过物价上涨幅度而低于劳动生产率增长幅度。美国与日本相仿,但谈判只在行业工会与行业雇主团体之间进行,政府主要采取说服方法,劝导劳资双方克制,适度提高物价和工资,而不要一次增长过猛。(2)工资物价指数化。即工资随着生活消费品价格指数增加而提高。最早实行这种办法的是美国的通用汽车公司,1948年该公司与联合汽车工人工会签订了为期2年的集体合同,规定工人工资每季度按生活费变动情况而调整,以抵销价格上涨的影响。目前美国只有不足10%的就业人员受此办法的保护。意大利在“二次大战”后,某些工业部门率先实行了物价工资指数化制度,1947年扩大到各经济部门,1995年年底实行滑动工资加生活补贴的办法,滑动工资保持相对稳定,生活补贴随通货膨胀升降,每3个月调整一次。巴西1965年开始实施由政府法令颁布的工资物价指数化方案,此后多次作了大的改动,1987年起重新采取工资与物价同步上升的政策。上述两种方式,指数化方式曾为多数国家所采用,但近年来,多数国家采用谈判方式,仅有少数国家采用指数化方式。

在我国,曾有两种处理工资与物价关系的基本方式:(1)工资调整。即国家在大幅度调价的同时,进行工资普调,以弥补职工因调价而受到的实际工资损失。(2)物价补贴。在劳动法意义上,仅指在大幅度调价的同时,通过财政支出或企业支出渠道,以货币形式向职工发给补贴。它可以是根据物价总水平的上涨幅度及居民生活费指数上涨幅度等因素给予补贴,属明补形式。至于明补以外在商品流通环节的暗补,则不属于劳动法的范围。

上述两种方式,都是在物价主要由国家调整的条件下所采用的。而按市场经济的要求,物价变动应由市场调节,这就大大增加了采用上述两种方式的局限性。为此,我国需要采用与市场经济相适应的新方式来处理工资与物价的关系。对此,借鉴外国经验是完全必要的。

关于我国应否实行工资物价指数化制度的问题,目前认识不一致。我们认为,这种方式同市场经济具有一定的适应性,且较为规范,不失为保障实际工资的一种有效方式。但是,这种方式须以完备和科学的统计制度和统计数据为基础条件,而我国具备此条件尚需一个过程。同时,这种方式也有一定缺陷。例如,它对实际工资的保障难免有滞后性,即工资增长滞后于物价上涨;它还有可能成为推动工资与物价轮番上涨的因素。所以,我国对这种方式的实行应当慎重,并且在实行这种方式的同时,还应采取一些弥补其缺陷的配套措施。

根据2000年10月10日劳动和社会保障部通过的《工资集体协商试行办法》,我国已开始试行工资谈判制度。我们认为,这种方式具有灵活性,比较适应市场经济的波动特点,且有利于发挥劳动者和企业双方对物价上涨和工资增长的相互制约作用。然而,实行这种方式至少应具备以下条件:(1)建立完备的集体合同制度,尤其是地区性、行业性集体合同制度;(2)理顺工会与用工方的实际利益关系,强化工会的独立地位与谈判实力;(3)国家有一套指导、协调工资谈判的完备制度和有效手段。而这些条件目前在我国尚不成熟,所以,这种制度的施行仍有相当难度。为避免其流于形式,有必要采用措施促使上述条件的完备。

四、法律责任

根据《劳动法》、《劳动合同法》的规定,用人单位违反工资法的行为主要有:(1)未按照劳动合同的约定或者国家规定及时足额支付劳动者劳动报酬;(2)低于当地最低工资标准支付劳动者工资;(3)安排加班不支付加班费。

用人单位如实施了上述行为,其法律责任为,用人单位必须按照劳动者要求或劳动行政部门责令,全额发给违法未付的劳动报酬、加班费、低于最低工资标准的差额部分,并按违应付金额50%以上100%以下的标准向劳动者加付赔偿金。

第四节　工资总量宏观调控

工资总量宏观调控,是指国家根据既定的宏观经济、社会目标,对地区、部门(产业)、单位工资总量的确定和互相关系,综合运用经济、行政和法律等多种手段进行调节和控制,以实现资源优化配置和国民经济协调发展。在社会主义市场经济中,工资总量宏观调控分别作为宏观经济调控体系和宏观劳动管理体系的重要组成部分而存在,它应当以企业自主分配、市场决定工资作为其微观基础,以工资水平及其增长速度作为其调控重点,间接调控与直接管理相配套,事前调控与事后调控相结合,实行分级调控、分类管理的体制。国家的宏观调控政策由中央统一制定,各地区、部门(行业)负责本地区、部门(行业)的工资管理,出台重大工资政策须报中央批准。对非国有企业以间接调控和事后调控为主;对关系国计民生、垄断性强而需要由国家统一管理的少数国有企业保持较多的直接管理;对参与市场竞争程度较高的多数国有企业,逐步转向以间接的、事后的调控为主。

我国现行法规和政策关于工资总量宏观调控的规定[11],集中在下列几个方面:

一、界定工资总额

工资总额,是指在一定时期(年度、季度或月度)和一定范围(全国、地区、部门或单位)内,用人单位支付给全体职工的各种形式劳动报酬的总额。它既可分为年度工资总额、季度工资总额和月度工资总额,又可分为全国工资总额、地区工资总额、行业工资总额和用人单位工资总额(企业工资总额)。作为宏观调控主要对象的,是用人单位年度工资总额。国家界定工资

---

〔11〕 参见《劳动部、财政部、国家计委关于国营企业工资总额同经济效益挂钩实施办法》(1989年11月23日,劳薪字[1989]40号)、《关于工资总额组成的规定》(1990年1月1日,国家统计局发布)及《国家统计局〈关于工资总额组成〉若干具体范围的解释》(1990年1月1日)、《全民所有制企业工资总额管理暂行规定》(1993年6月23日,劳部发[1993]138号)、《试点地区工资指导线制度试行办法》(1997年1月30日,劳部发[1997]27号)、《劳动和社会保障部关于建立劳动力市场工资指导价位的通知》(1999年10月25日,劳部发[1999]34号)等。

总额的主要方式是用法规的形式明确规定工资总额的范围和组成项目，在全国范围内统一工资总额的统计口径。

用人单位支付给职工的各种形式的劳动报酬，不论计入成本与否，不论是否列入计税项目，也不论以货币或实物支付，均应列入工资总额之内。按国家统一规定，组成工资总额的项目有：(1)计时工资（包括基本工资和奖金等）；(2)计件工资；(3)津贴和补贴；(4)特殊情况下支付的工资。

按国家规定，下列项目不列入工资总额的范围：(1)根据国务院有关规定颁发的创造发明奖、自然科学奖、科技进步奖、支付的合理化建议和技术改进奖以及支付给运动员、教练员的奖金；(2)有关劳动保险和福利方面的各项费用；(3)离休、退休、退职人员的待遇和各项支出；(4)劳动保护的各项支出；(5)稿费、讲课费及其他专门工作报酬；(6)出差伙食补助费、误餐补助费、调动工作的旅费和安家费；(7)对自带工具、牲畜等来企业工作所支付的工具、牲畜等的补偿费用；(8)租赁经营承租人的风险性补偿收入；(9)对购买本企业股票、债券的职工所支付的股息（包括股金分红）、利息；(10)解除劳动合同时支付的经济补偿金、医疗补助费等；(11)因录用临时工而在工资以外向提供劳动力单位支付的手续费或管理费；(12)支付给家庭工人的加工费和按加工订货办法支付给承包单位的发包费用；(13)支付给参加企业劳动的在校学生的补贴；(14)计划生育独生子女补贴。

二、调控地区、部门（行业）工资水平

国家对地区、部门（行业）工资水平的调控，是工资总量宏观调控体系的主要层次，对实现工资总量宏观调控的总目标和调控用人单位工资总额的效果，具有关键性意义。在体制转轨的过程中，其主要调控措施是弹性工资计划、工资指导线和工资控制线，后两种调控措施的地位和作用将日益重要，并呈现逐步取代弹性工资计划的趋势。

（一）弹性工资计划

弹性工资计划，又称工资总额（职工人数）弹性计划，是指由国家制定和组织实施的，对地区工资总额和部门（行业）工资总额，进而对职工人数，实行动态调控的指导性计划。它所调控的对象是在国家计划中单列的地区（包括省、自治区、直辖市和计划单列市）、部门（含计划单列的企业集团），地区、部门所属国有企业的工资总额和职工人数均在计划的调控范围之内，并且，将把调控范围扩大到城镇全部企业的工资总量。它从1993年起，在各地区、各部门（行业）普遍实行工资总额弹性计划制度。该制度的基本内容有下述要点：(1)对工资总额实行分地区、部门（行业）控制。地区工资总额弹性计划包括在国家或上一层次地区工资总额弹性计划之内，各部门（行业）工资总额弹性计划包括在国家或本地区工资总额弹性计划之内。(2)对工资总额实行比例控制。它一般以增加值（或净产值）工资含量、资金利润率、劳动生产率等综合效益指标作为工资总额的相关经济指标，在工资总额指标与相关经济指标之间设置一定比例关系。(3)对工资总额实行动态控制。弹性计划中，工资总额基数，第一年根据上年年报数进行审定。从第二年开始，原则上以上年末应达到数滚动计算。在弹性计划执行期间，结余的工资总额允许在年度之间自行调剂使用。地区和部门（行业）实发工资总额超过弹性工资总额计划的部分，要在弹性计划执行期末结算时，等额增加该地区或部门上缴中央财政的数额，并等额核减其下一个计划期的工资总额基数。(4)间接约束企业工资总额。政府有关部门对企业

工效挂钩方案的审批、对企业工资总额包干或企业工资总额基数的核定,都应依据弹性工资总额计划。各级劳动行政部门在汇总所属企业编报的年度预计发放的工资总额计划时,如汇总数超过地区、部门弹性工资总额计划的,应查找原因,及时调整工资总额包干企业的工资总额计划,建议工效挂钩企业相应调整当年预计发放的工资总额计划,多留工资储备金,以确保本地区、部门所属企业的工资总额控制在地区、部门弹性工资总额计划之内。(5)间接调控职工人数。在对工资总额实行弹性计划的同时,年度职工人数也相应改为指导性计划指标,在计划期内坚持增人不增工资总额、减人不减工资总额的原则。这样,实施弹性计划后,国家就按照投入产出的综合效益指标调控工资总额,通过调控工资总额间接调控职工人数。

(二)工资指导线

工资指导线,是指政府为实现宏观经济社会目标,依据当前经济社会发展水平、城镇居民消费价格指数以及其他经济社会指标,确定年度工资增长的原则和水平,通过提出建议、提供信息等措施,指导企业合理增加工资的一种宏观调控方式。国家于1993年提出实行工资指导线制度的设想,随后逐步组织试行和实施。1997年劳动部制定了《试点地区工资指导线制度试行办法》。该制度的内容有下述要点:(1)工资指导线的制定。在实行工资指导线的地区,组织以劳动行政部门为主,有计划、财政、经贸等有关行政部门和工会、用人单位团体以及有关专家、学者参加的工资指导委员会,经政府授权,在多方协商的基础上,依据劳动部当年全国工资增长指导意见,制定本地区工资指导线,送劳动部审核后,经地方政府批准,由地方政府(或其委托劳动行政部门)于每年3月底以前颁布。(2)工资指导线的基本内容。一是经济形势分析,包括国家宏观经济形势和宏观政策简析;本地区上一年度经济增长、企业工资增长分析;本年度经济增长预测以及周边地区比较分析。二是工资指导意见,即工资指导线水平,包括本年度企业货币工资水平增长基准线、上线和下线。工资指导线水平的确定,应当以本地区年度经济增长率、社会劳动生产率、城镇居民消费品价格指数为主要依据,并综合考虑城镇就业状况、劳动力市场价格、人工成本水平和外贸状况等相关因素。三是工资指导线对企业的要求。(3)工资指导线的实施。工资指导线适用于本地区城镇各类企业。但对不同类别的企业实行不同的调控办法。国有企业和国有控股企业应当严格执行工资指导线,在工资指导线所规定的下线和上线区间内,围绕基准线根据企业经济效益合理安排工资分配,工资增长不得突破指导线规定的上线。在工资指导线规定的区间内,对工资水平偏高,工资增长过快的国有垄断性行业和企业,按照国家宏观调控阶段性从紧的要求,根据有关政策,从严控制其工资增长。非国有企业应依据工资指导线进行集体协商确定工资,尚未建立集体协商制度的企业应依据工资导线确定工资分配。企业在生产经营正常的情况下,工资增长不应低于工资指导线所规定的基准线水平,效益好的企业可相应提高增长幅度。各企业应当在政府颁布工资指导线后30日内,依据工资指导线编制或调整年度工资总额使用计划。此计划国有企业应当报企业主管部门和劳动行政部门审核,非国有企业应当报劳动行政部门备案。劳动行政部门应当对工资指导线的执行情况进行监督检查。

(三)工资控制线

工资控制线,是指政府对工资水平偏高、增长过快的行业、企业采取的一种阶段性从紧调控工资总额增长的具体措施。自1996年起,国家对部分行业、企业实行工资控制线办法。基本内容有下述要点:(1)工资控制线的调控内容。即控制工资水平偏高、增长过快的工资发放;

对部分行业(部门)、企业工资总额发放增长速度实行上限控制;调节行业、企业工资水平,逐步协调工资分配关系,缓解分配不公。(2)工资控制线的控制对象。仅限于上年度平均工资水平达到全国工资平均水平180%以上的国务院各部门(含国务院直属公司)、国家计划单列企业集团,以及省、自治区、直辖市和计划单列市依法确定的本地区的行业、企业。(3)工资控制线的制定和水平。劳动部、国家计委于每年4月底以前,针对国务院所属部门、企业具体情况,提出并确定年度工资控制线的控制对象和水平。地区控制线的控制对象和水平由省、自治区、直辖市和计划单列市劳动行政部门和计划部门确定。工资控制线的制定过程中,相关部门、企业须据实提供企业工资水平、人工成本、经济效益完成情况等有关资料、数据。工资控制线的水平,要根据控制对象的平均工资与全国平均工资的差距、经济效益完成情况等相关因素区别确定,其年度货币工资总额增长速度要低于全国企业货币工资总额计划增长速度。(4)工资控制线的实施。国务院和各省、自治区、直辖市、计划单列市劳动行政部门、计划部门负责工资控制线的实施。实行工资控制线的国务院有关部门必须在工资控制线内将年度工资总额计划逐级分解落实到所属企业,同时抄送劳动部和企业所在地区的劳动行政部门。国家通过采用企业自查、劳动行政部门重点检查和由社会中介机构审计等办法,对工资控制线的落实情况,进行严格的监督检查,对超过工资控制线发放工资的部门、总公司、企业,依法给予经济处罚或通报批评,并追究当事人法律责任。

(四)工资指导价位

工资指导价位,是指各大中城市政府按照国家统一规范和制度要求,通过定期对各类企业中的不同职业(工种)的工资水平进行调查、分析、汇总、加工,形成各类职业(工种)的工资价位,向社会发布,用以指导企业合理确定职工工资水平和工资关系,调节劳动力市场价格的重要措施。它对于建立与现代企业制度相适应的企业工资收入分配制度,充分发挥劳动力市场对企业工资分配的基础性调节作用,引导企业根据社会平均工资水平和本企业经济效益自主决定工资水平,加强国家对企业工资水平的宏观指导和调节,具有重要的意义。根据国家劳动和社会保障部的安排,1999年在全国35个大中城市(不含拉萨)进行,2000年扩大到100个试点城市,2001年在全国所有地级以上中心城市全面建立。其基本内容有下述要点:(1)以中心城市为依托,广泛覆盖各类职业(工种),由国家、省(自治区)、市多层次汇总发布的劳动力市场工资指导价位。(2)严格按照《劳动力市场工资指导价位调查和制订方法》和《企业在岗职工工资调查表》的要求进行统计调查,职业(工种)要按国家的职业分类大典和劳动力市场职业分类与代码确定,使收集的数据资料准确、真实、具有可比性。(3)在对有关数据资料进行科学的整理和分析的基础上制订工资指导价位,将对同一职业(工种)所调查的全部职工工资收入从高到低进行排列,按照规定办法分别确定本职业(工种)的工资指导价位的高、中、低位数,以保证工资指导价位在不同地区之间具有可比性。(4)工资指导价位在每年6月底以前发布,每年发布一次,并且在公共职业介绍机构专项公布,有条件的城市还应当输入计算机,通过劳动力市场信息网络发布,供企业、劳动者和其他需要者查询。(5)工资指导价位发布后,应当利用多种渠道收集市场、企业和劳动者等方面的反映,以对工资指导价位的作用、科学性和代表性等方面进行正确评价,不断修改、完善工资指导价位的调查和分析方法。

三、调控用人单位工资总额

国家对用人单位工资总额的宏观调控,包括工资总额与经济效益挂钩、工资总额包干、工资总额计划指标控制、工资总额考核控制等方式,允许针对不同的用人单位分别选择适用;但是,也有一些共同的管理制度,如《工资总额使用手册》管理制度和工资总额联合审核制度。

1. 工资总额与经济效益挂钩

工资总额与经济效益挂钩,简称"工效挂钩",又称工资总额包干浮动,一般指企业工资总额随企业生产经营状况,按一定比例上下浮动。它是在体制转轨时期对国有企业工资总额实行调控的一种重要措施;城镇集体企业也可实行。

有关法规关于工效挂钩的规定,主要有下述几个方面的内容:(1)经济效益指标及其基数。在这里,经济效益指标是指由企业选择并报财政、劳动行政部门审核确定的,与企业工资总额挂钩的经济指标。按规定,应以能够综合反映企业经济效益和社会效益的指标作为挂钩指标,一般以实现利税、实现利润、上缴税利为主要挂钩指标,因企业生产经营特点不同,也可将实物(工作)量、业务量、销售收入、创汇额以及劳动生产率、工资利税率、资本利税率等综合经济效益指标作为复合挂钩指标。要建立能够全面反映企业综合经济社会效益的考核指标体系,其中应包括承包合同完成情况、资产保值增值状况以及质量、消耗、安全等;国有资产保值增值应作为否定指标,达不到考核要求的不能提取新增效益工资;其他考核指标达不到要求的,要扣减一定比例的新增效益工资。经济效益指标基数即用以计算上述指标增长幅度的基数。它应按照鼓励先进、鞭策落后的原则核定,既对企业自身经济效益高低、潜力大小进行纵向比较,又进行企业间横向比较。该基数一般以企业上年实际完成数为基础,剔除不可比因素或不合理部分,并参照本地区同行业平均水平进行核定。(2)工资总额基数。即经劳动、财政部门核定的,用以计算企业年度工资总额提取量的基数。应将职工全部工资收入逐步纳入挂钩工资总额基数,取消挂钩工资总额以外提取和列支的各种工资项目。该基数原则上以企业上年度统计年报中的工资总额为基础确定,实行增人不增工资总额、减人不减工资总额的办法。对已实行工效挂钩的企业和新实行工效挂钩的企业来说,确定工资总额基数的规则应有所不同。(3)浮动比例。即工资总额随挂钩经济指标变化而浮动的比例系数或工资含量系数。比例系数,即表示挂钩指标增减比例与工资总额增减比例之关系的系数,如上缴利税增或降1%,工资总额则上浮或下浮×%。这种浮动比例,一般应按1:0.3~0.7核定,少数特殊企业经批准可适当提高,但最高按低于1:1核定。工资含量系数,即表示完成一定单位数量的产品、产值或工作量应提取一定工资额的系数,如吨煤工资含量、百元产值工资含量、吨公量工资含量等。采用这种比例的企业,经济指标完成核定基数和超过基数一定幅度以内的,按核定的工资含量提取含量工资,超过基数一定幅度以上的一般按不超过核定工资含量的70%提取含量工资。无论哪种浮动比例,都应根据挂钩指标高低和潜力大小,按纵比和横比相结合的办法确定。工资总额应根据挂钩指标当年实际完成情况,严格按核定的浮动比例计算提取,经济效益增长或下降时应按核定比例增提或减提。(4)工效挂钩管理。劳动、财政部门会同计划等部门对工效挂钩实施综合管理,主要职责是:制定工效挂钩政策、法规和实施办法;审核确定企业的工效挂钩方案;核定工资总额基数、经济指标基数和挂钩浮动比例,并进行年终工资清算;监督检查企业的工效挂钩执行情况。企业编报的工效挂钩方案,按管理体制经劳动、财政部门会同计划部门审批后执行；企业的工效挂钩执行情况，应按国家统一制定的工效挂钩年度清算表，依工资管理体制进行清算；企业自行调整挂钩的工资总额基数、经济效益基数和浮动比例，或超过核定浮动比例提取工资总额的，劳动、财政、计划部门应予纠正并扣回。

2. 工资总额包干

工资总额包干，即企业工资总额依法由劳动行政部门和有关部门依法核定后，原则上不因职工人数增减，企业按核定的工资总额包干数提取工资总额并自主使用。企业必须保证完成国家下达或核定的年度生产、上缴利税、劳动生产率等指标，凡未完成指标的，应按一定比例核减包干工资总额。企业提取工资总额超过核定包干数的部分，应予扣回。

3. 工资总额指令性控制

这是一种行政制约力度最大的宏观调控方式，即由国家直接对用人单位下达指令性工资计划指标或者核定年度工资总额计划，用人单位对这种计划指标或计划必须严格执行而不得突破。这种控制方式只适用于机关、事业单位和社会团体，以及垄断性国有企业。实行工资总额由国家指令性控制的单位，其工资总额超过计划指标或核定数的部分，应予扣回。

4. 工资总额考核控制

按照这种控制方式，企业在坚持工资总额增长幅度低于经济效益增长幅度、职工实际平均工资增长幅度低于劳动生产率增长幅度，以及保证公积金、公益金提留的前提下，自主决定年度工资总额；劳动行政部门仅核定企业提出的工资总额基数，并以经济效益和劳动生产率增长幅度为标准考核企业的增资幅度；企业提取工资总额高于经济效益和劳动生产率增长幅度的部分，劳动行政部门应予扣回。按规定，外商投资企业和自我约束机制基本建立、资产经营责任基本落实的其他企业，可适用这种宏观控制方式。

5.《工资总额使用手册》管理制度和工资总额联合审核制度

即由各级劳动行政部门会同统计、财政、银行等部门，于每年年初对本地区企业上年度工资总额的提取和发放情况进行联合审核。在联合审核的基础上，由劳动行政部门和银行核发《工资总额使用手册》。在联审中，发现多提或超额发放工资的，要如数扣回。

所有企业都要使用《工资总额使用手册》。实行工效挂钩或者自主确定工资总额的企业，根据自行编制的工资总额计划如实填写《手册》，于年初报主管部门或劳动行政部门一次性备案签章；实行工资总额包干的企业，按照劳动行政部门下达的工资总额包干数填写《手册》，于年初报主管部门或劳动行政部门一次性审核签章。对未备案签章、审核签章或超额支取工资的企业，银行一律拒付。

第十三章　劳 动 保 护

第一节　概　　述

一、劳动保护的概念和特征

劳动保护,其广义是指对劳动者各个方面合法权益的保护,即通常所称的劳动者保护;其狭义仅指对劳动者在劳动过程中的安全和健康的保护,又称劳动安全卫生或职业安全卫生。本章阐述狭义的劳动保护。其特征表现为:(1)受保护者是劳动者,保护者是用人单位。当劳动者将其劳动力的使用权有期限地让渡给用人单位后,仍拥有对劳动力的所有权,用人单位在使用劳动者的劳动力时就应当对劳动者的劳动力实施保护。因而,劳动保护是劳动者的权利和用人单位的义务。(2)保护的对象是劳动者的安全和健康。因为劳动力以劳动者人身为载体,劳动者只有在其人身处于安全和健康的状况下,其劳动力才能正常存续和发挥,所以,保护劳动者的安全和健康也即保护劳动者的劳动力。(3)保护的范围只限于劳动过程。劳动保护是基于劳动关系产生的,因而,用人单位只对劳动者在劳动过程中的安全和健康负有保护义务,而对劳动者在劳动过程之外的安全和健康则无此义务。

二、劳动保护的立法概况

劳动保护立法在劳动法体系中一直处于非常突出的地位,其数量之多,远非劳动法体系的其他部分可比。在世界上已有的70多部劳动法典中,都设置专门篇章规定劳动保护的基本要求。许多国家还制定了劳动保护基本法,如美国《职业安全与卫生法》,日本《劳动安全与卫生法》等。在国际劳工组织1919年至1992年所制定的170多项国际劳工公约和建议书中,以劳动保护为主要内容的占一半左右。各国劳动保护立法都有一个显著特征,即制定了分门别类、为数众多、内容详细的劳动安全标准和卫生标准,从而成为劳动保护法的一种重要渊源。

在我国,共和国成立初期的临时宪法(即《共同纲领》),和以后的历次宪法中都对劳动保护作了原则性规定。在1990年出版的《中华人民共和国劳动政策法规全书》中,关于劳动保护方面的政策法规,约占该《全书》篇幅的1/3强。据2002年的《中国的人权状况》白皮书介绍,全国已制定29类共1682项有关劳动保护的法规和规章,有28个省、自治区、直辖市制定了劳动保护方面的地方性法规,全国已制定有关职业安全卫生的国家标准452项。在已有的劳动保护立法中,除《劳动法》、《矿山安全法》(1992年)、《职业病防治法》(2011年、2016年修订)和《安全生产法》(2014年修订)外,影响较大的有:1956年制定的“三大规程”,即《工厂安全卫生规程》、《建筑安装工程安全技术规程》和《工人职员伤亡事故报告规程》,1963年制定、1979年修订的《工业企业设计卫生标准》,1982年制定的《矿山安全条例》、《矿山安全监察条例》和《锅炉压力容器安全监察条例》,1985年制定的关于工会实施劳动保护监督检查的三个条例,1987年制定的《职业病范围和职业病患者处理办法的规定》和《尘肺病防治条例》,1988年制定的《关于生产性建设工程项目职业安全卫生监察的暂行规定》和《女职工劳动保护规定》,1990年制定的《女职工禁忌劳动范围的规定》和《厂长、经理职业安全卫生管理资格认证规定》,1991年制定的《企业职工伤亡事故报告和处理规定》,1994年制定的《未成工特殊保护规定》和《矿山建设工程安全监督实施办法》,1995年制定的《劳动安全卫生监察员管理办法》,1996年制定的《矿山安全法实施条例》,等等。

职业安全卫生一直是国际劳工组织的一项主要职责。在诸多国际劳工公约和建议书中,有70多个涉及职业安全卫生,第155号《职业病安全和卫生公约》和第161号《职业安全卫生设施公约》最为重要,涉及一般要求和安全卫生服务。国际劳工组织还制定了个类职业安全卫生"行为准则"、手册和指导方针,提供更加实际的技术指南,如2001年的《职业安全卫生管理体系指南》。

三、劳动保护法的特征

劳动保护法,又称劳动(或职业)安全卫生法,是指以保护劳动者在劳动过程中的安全和健康为宗旨,以劳动安全卫生规则为内容的法律规范的总称。在劳动法体系中,它较之其他部分具有明显特征。主要表现在:

1. 其保护对象具有首要性

在劳动法所保护的劳动者利益的总体结构中,安全和健康无疑居于特别重要的地位,是劳动法保护的首要对象,由此决定了劳动保护法在劳动法体系中无可争辩地处于首要地位。劳动法的历史告诉我们,劳动法对劳动者的保护是从保护劳动者的安全和健康开始的,或者在一定意义上说,劳动法起源于对劳动者安全和健康的保护。例如,被视为现代劳动立法开端的1802年英国颁布的《学徒健康与道德法》,就其内容而言,实际上是一部劳动保护法规;至于其他国家最先颁布的也是专门性劳动保护法规,或者是以劳动保护为主要内容的劳动法规。

2. 其内容具有技术性

劳动过程中客观存在的各种职业危害因素,都是由自然规律支配的。为了避免职业危害因素对劳动者人身造成现实伤害,通常都以技术手段(还有组织管理措施)作为最基本的劳动保护手段。在劳动保护法的内容中,包含有大量的技术性法律规范,其中有许多直接由技术规范所构成。这种技术性法律规范直接反映自然规律的要求,使劳动安全卫生的技术措施和技术要求规范化和法定化,是劳动保护法规的基本内容。正因为如此,劳动保护法规具有跨越国界的共同性和跨越历史阶段的稳定性,我国的劳动保护立法,应当大胆地借鉴外国的立法成果,并且力求使之同国际劳工组织的劳动安全卫生公约趋于一致。

3. 其法律约束力具有强行性

在劳动法中,既有强行性法律规范,也有任意性法律规范。就劳动保护法律规范而言,一般属于强行性法律规范,具有必须严格遵循的法律约束力。之所以如此,是由劳动者的安全和健康的特殊性决定的。只有法律用绝对肯定的形式给予规定,才有可能确保劳动者安全和健康作为首要和最基本的权益而存在。

4. 其适用范围具有普遍性

在我国境内,各种用人单位不论其所有制形式如何,都应遵守劳动保护法;各种职工不论其用人形式如何,都应受到劳动保护法的保护。此外,劳动保护法的许多内容,还应当超越劳动法的调整范围,适用于未列入此范围的某些劳动者和用人单位。例如,《安全生产法》适用于生产经营单位及其从业人员。其中,生产经营单位已超出用人单位的外延,从业人员已超出劳动者的外延。也就是说,安全生产不以存在劳动关系为界限,更不以劳动法所调整的劳动关系为界限。任何生产经营单位,无论是否属于用人单位,都应当承担安全生产义务;只要是生产经营单位的从业人员,无论是否具有劳动者资格,都应当受安全生产法的保护,即使是劳改(劳教)单位的劳改(劳教)人员,也不例外。又如,《职业病防治法》第 78 条规定,本法第 2 条规定的用人单位以外的单位,产生职业病危害的,其职业病防治活动可以参照本法执行。之所以如此,这是由劳动保护法规的保护对象的特殊性所决定的。一方面,安全和健康对劳动者来说,不论其所处的劳动关系如何,也不论是否处在劳动关系中,都具有同等重要的意义。另一方面,劳动过程中的职业危害因素对劳动者安全和健康的潜在危险和现实伤害并不因劳动者所在劳动关系不同或者是否处在劳动关系中而有任何差别。所以,各种劳动者的安全和健康在法律上应当受到同等的重视和保护。

还值得注意的是,劳动保护法的适用范围应当突破主体合格与否的界限。在劳动法实施的实践中,有一种观点和做法是,劳动法只适用于合格的劳动者和用人单位。例如,《矿山安全法实施条例》第 2 条将“矿山”定义为“在依法批准的矿区范围内从事矿产资源开采活动的场所及其附属设施”,将“矿产资源开采活动”定义为“在依法批准的矿区范围内从事矿产资源勘探和矿山建设、生产、闭坑及有关活动”,在实践中被作为是把非法矿山和非法矿产资源开采活动排斥在《矿山安全法》适用范围和矿山安全监察范围之外的法律依据。这对社会的恶果已在频发的矿难中充分体现。并且,依法理,在各部门法调整范围内的主体,既包括合格主体,也包括不合格主体,如民法中的民事主体、反不正当竞争法和消费者权益保护法中的经营者均如此。因此,《安全生产法》将从事生产经营活动的单位统称为生产经营单位,其中没有合格与否之区分。这也是对以往立法的超越。

四、劳动保护的任务和方针

1. 职业伤害与劳动保护任务

劳动保护的任务是同职业伤害相联系的。所谓职业伤害,是指职业危害因素对劳动者人身造成的有害后果,它既可能表现为急性伤害,即劳动者伤亡事故,也可能表现为慢性伤害,即劳动者患职业病或身体早衰。所谓职业危害因素,是指劳动过程中的物质因素(劳动对象、劳动工具、劳动环境等)固有的物理、化学或生物性能所含的危险性或危害性。它的存在,只表明劳动过程中存在发生职业伤害的客观基础,但并非一定都会造成职业伤害。尤其是随着科学技术的进步,防护手段会越来越多且越来越有效。因而,职业伤害既具有客观现实性,又具有可避免性。由此才提出了劳动保护的要求。职业伤害的客观现实性表明劳动保护具有必要性;职业伤害的可避免性则表明劳动保护具可行性。

一般来说,潜在的职业危害因素转化为职业伤害,必须具备一定的诱发或激发条件。这种条件包括:(1)物质条件的不良状态,主要指原材料、燃料的质量不合格,机器设备不符合运转、使用要求,物资存放、包装不合要求,以及劳动场所存在问题等;(2)人的错误行为,主要指企业管理者的违章管理行为、劳动者的违章操作行为;(3)人们对自然规律的认识不足和应付手段欠缺。

劳动保护的任务在于,通过多种手段控制潜在职业危害因素向职业伤害转化的条件,使职业伤害不致发生。也就是说,劳动保护的任务,就是在职业伤害发生之前积极采取组织管理措施和工程技术措施,尽可能地消除职业伤害所赖以发生的条件,从而有效地保护劳动者的安全和健康。

2. 劳动保护的方针

《安全生产法》第3条规定,安全生产工作应当“坚持安全第一、预防为主、综合治理的方针”;《职业病防治法》第3条规定,“职业病防治工作坚持预防为主、防治结合的方针”。“安全第一”,是处理生产与安全的关系所应遵循的原则。当生产与安全发生矛盾时,应当优先满足安全的需要,即安全重于生产,而不允许以生产压安全。“预防为主、防治结合”,即防重于治,这是处理职业伤害的预防与治理关系所应遵循的原则,它要求把劳动保护的重点放在防患于未然,要求尽量采用直接安全技术,制造和使用无害设备和无害工艺,而不要在不安全、不卫生因素形成之后,甚至造成职业伤害之后,再进行治理和补救。“综合治理”,强调的是应当建立生产经营单位/用人单位负责、职工参与、政府监管、行业自律和社会监督的治理体制机制,技术、行政、经济、法律等多维度手段相互配合的治理手段体系。

五、劳动保护关系中各方主体的权利和义务

1. 政府的劳动保护职责

根据宪法的规定,政府及其有关部门对劳动者的安全和健康在宏观上负有保护职责。具体包括:(1)制定劳动保护法规和劳动安全卫生标准,并监督用人单位执行;(2)政府职能部门应当把劳动安全卫生管理和服务工作,纳入各自的日常职责范围;通过日常的审批、鉴定、考核、认证、事故查处职能活动等,督促用人单位做好劳动保护工作;(3)通过劳动保护监察活动,监督、检查用人单位遵守劳动保护法,制止、纠正并制裁劳动保护中的违法行为;(4)组织和推动劳动保护科研工作及其成果的开发、推广和应用;(5)向企业直接提供或支持提供巨型劳动保护设施。

2. 用人单位的劳动保护义务

用人单位必须按照劳动保护法的要求,对本单位劳动者承担劳动保护义务。其中主要有:(1)向劳动者提供符合劳动安全卫生标准的劳动条件;(2)对劳动者进行劳动保护教育和劳动保护技术培训;(3)建立和实施劳动保护管理制度;(4)保障职工休息权的实现;(5)为女工和未成年工提供特殊劳动保护;(6)接受政府有关部门、工会组织和职工群众的监督。

3. 劳动者的劳动保护权利和义务

劳动者是劳动保护关系中的受保护者,其劳动安全卫生权利的内容,主要包括:(1)有权获得符合标准的劳动安全卫生条件;(2)有权获得法定的休息休假待遇;(3)有权获得本岗位安全卫生知识、技术的学习和培训;(4)有权拒绝单位行政提出的违章操作要求,在劳动条件恶劣、隐患严重的情况下,有权拒绝作业和主动撤离工作现场;(5)有权对单位行政执行劳动保护法

的情况进行监督并提出建议。同时,职工负有学习和掌握劳动保护知识、技术,严格遵守操作技术规程的义务。

第二节 劳动保护法的体系

一、劳动保护法体系的结构

劳动保护法体系,是指由众多的劳动保护法律规范,按照劳动保护工作所需要的结构,分类组合而成的有机整体。其结构如表 13 – 1 所示:

表 13 – 1 劳动保护法体系结构

<table>
<tr><td>纵向结构</td><td colspan="26">横向结构</td></tr>
<tr><td>1. 宪法</td><td colspan="26">《宪法》中有关劳动保护的规定</td></tr>
<tr><td>2. 劳动法典</td><td colspan="26">《劳动法》中有关劳动保护的规定</td></tr>
<tr><td>3. 综合性基本法</td><td colspan="26">《安全生产法》、《职业病防治法》</td></tr>
<tr><td rowspan="3">4. 专门性基本法(法律或行政法规)
5. 单项规章(部门规章)
6. 劳动安全卫生标准</td><td colspan="5" rowspan="2">劳动安全技术法</td><td colspan="5" rowspan="2">劳动卫生技术法</td><td colspan="11">劳动保护管理法</td><td colspan="2" rowspan="2">特殊主体保护法</td><td colspan="3" rowspan="2">劳动保护监督法</td></tr>
<tr><td colspan="6">劳动保护综合管理</td><td colspan="5">劳动保护专项管理</td></tr>
<tr><td>矿山安全</td><td>特种设备安全</td><td>建筑安装工程安全</td><td>危险性产品、材料安全</td><td>特定劳动场所安全</td><td>粉尘危害防护</td><td>职业性毒物危害防护</td><td>噪声危害防护</td><td>电磁辐射危害防护</td><td>其他职业危害防护</td><td>劳动保护计划</td><td>劳动保护教育</td><td>劳动保护设施三同时</td><td>劳动保护认证和考评</td><td>劳动保护检查</td><td>其他综合性劳动保护管理措施</td><td>安全生产责任</td><td>生产安全事故调查处理</td><td>职业病危害项目申报</td><td>职业健康监护</td><td>其他专项劳动保护管理措施</td><td>女职工特殊劳动保护</td><td>未成年工特殊劳动保护</td><td>矿山安全监察</td><td>特种设备安全监察</td><td>其他劳动保护监察</td></tr>
</table>

根据上述设计,劳动保护法体系的结构,应包括相互联系的横向结构、纵向结构两个方面。(1)横向结构。即按照劳动保护法调整的对象(或规定的事项)进行分类而形成的劳动保护法体系结构。除宪法和《劳动法》中关于劳动保护的规定,以及可能制定的《劳动保护法》外,对其他劳动保护法规可大致分为劳动安全技术法规、劳动卫生技术法规、劳动保护管理法规、特别主体劳动保护法规和劳动保护监察法规五大类,各大类又都可以进一步划分为若干小类。这种结构与劳动保护工作所应包括的各个部门内容相对应,它昭示为建立完备的劳动保护法体系,应制定哪些方面的法规。(2)纵向结构。即按照劳动保护法各种形式的效力层次进行分类而形成的劳动保护法体系结构。《宪法》关于劳动保护的规定,居于最高层次;《劳动法》关于劳

动保护的专章规定,居于第二层次。

在内容的复杂程度和地位的重要程度上是不尽相同的。其中,有的部分内容非常复杂、地位非常重要,宜于制定专门性基本法(即第四层次),对该部分的基本问题予以集中规定,以统率本部分的各个单项法规(即第五层次)。例如,《矿山安全法》,就属于第四层次。当然,作为第四层次的法规,并非都要采用法律的形式,有的只需采用行政法规的形式即可。但是,横向结构中有的部分,内容相对简单或地位相对次要,就不宜分别设置第四和第五两个层次,而只需采用这两个层次中某一层次的法规即可。此外,还有依据标准化法规和劳动保护法规所制定的劳动安全卫生标准。它以技术规范为基本内容,分为国家标准和行业标准两个层次,与相应的单项规章具有同等效力。

二、劳动安全与卫生立法的分立

劳动安全和劳动卫生是既可相对区分又有紧密联系的两种劳动保护措施和制度。其基本法的立法例有合并与分立两种模式。合并模式如美国《职业安全与卫生法》、日本《劳动安全与卫生法》等,分立模式如我国的《安全生产法》和《职业病防治法》。

劳动安全与劳动卫生的相对可分,既缘于劳动不安全与对劳动者人身的急性伤害对应,劳动不卫生与对劳动者人身的慢性伤害对应;也缘于劳动安全和劳动卫生各有相对特定的职业危害因素和防护措施。而劳动安全与劳动卫生的密不可分,则缘于生命与健康的不可分、安全危害因素与卫生危害因素的同源、安全措施与卫生措施的通用、安全状态与卫生状态的互动和共存。例如,一定浓度的瓦斯或煤尘既危及安全也危及健康,通风和照明既是卫生措施也是安全措施,提供个人防护用品是安全和卫生的共同要求。所以,劳动安全与卫生合并立法,有利于对劳动安全与卫生作出统一的制度设计以及统筹兼顾的安排和协调。

就应然层面而言,劳动安全与卫生处于同等重要的地位。但我国目前无论从立法还是从管理来看,存在重劳动安全、轻劳动卫生的问题。这与劳动安全与卫生立法的分立模式不无关系。例如,"安全第一"、"安全生产责任制"等表述中,都忽略了劳动卫生;国务院制定的以安全生产为主题的文件明显多于以劳动卫生为主题的文件;近些年来,发生矿难时政府首长多赶赴现场以示重视,而对职业病现象未能给予同样的关注。其实,职业病的严重危害并不亚于矿难。例如,在由于瓦斯、煤尘浓度超标而引起的矿难中,受到关注的往往只是矿难造成的损失,而在矿难发生前瓦斯、煤尘浓度超标所给劳动者健康造成的危害后果并不一定小于,甚至会大于矿难。如果重视劳动卫生,做好瓦斯、煤尘浓度的监测和控制工作,就可以避免矿难的发生。

为此,在劳动安全与卫生的现行立法模式中,应当扭转以安全生产替代或淹没劳动卫生的局面,在继续重视安全生产立法的同时,加快劳动卫生立法的步伐,形成劳动安全立法与劳动卫生立法并重的格局。此外,以《劳动法》为基础,总结劳动安全与卫生的共性规则和通用性手段,以及劳动安全与卫生协调的经验,进行劳动安全与卫生的合并立法,推动劳动安全与卫生立法的同步发展,构建统一的劳动安全与卫生法律体系。

第三节 劳动安全卫生技术规程

一、劳动安全技术规程

劳动安全技术规程,是指以防止和消除劳动过程中伤亡事故的技术规则为基本内容,旨在保护劳动者安全的法律规范。它具体规定安全技术措施规定和相应的安全组织管理措施。主要有:《安全生产法》、《矿山安全法》及其《实施条例》,以及劳动安全方面的国家标准和行业标准。

由于各行业的生产特点、工艺过程不同,需要解决的安全技术问题不同,规定的安全技术规程也有所不同。按产业性质分,有煤矿、冶金、化工、建筑、机器制造等安全技术规程;按机器设备性质分,有电器、起重、锅炉和压力容器、压力管道、焊接、机床等安全技术规程。

我国各行各业需要共同遵守的劳动安全技术规程,主要有下述几个部分:

1. 工厂安全技术规程

其内容主要包括下列几个方面:(1)厂房、建筑物和通道的安全要求。建筑物(厂房)必须坚固,以防垮塌,如有损坏或危险的迹象则应立即修理;动力间、锅炉房、瓦斯发生室应与其他工作间隔开,其屋顶要求轻便,楼房应设置安全梯和其他便于脱险设备;等等。厂院内交通要道必须平坦、畅通;夜间要有足够的照明设备;交叉处须有明显的警告标志、信号装置或落杆;为生产需要所设的坑、壕、池,应有围栏或盖板;等等。(2)工作场所的安全要求。机器和工作台等设备的布置,必须科学、合理,便于安全操作;原材料、成品、半成品的堆放必须不妨碍生产活动的正常进行和通行;工作地点局部照明的光度应符合操作要求;爆炸危险场所,应当选择物质危险性小、工艺较缓和并较成熟的工艺路线,对爆炸性混合物的生产、使用、储存和装卸要采取预防性措施;等等。(3)生产设备的安全要求。其总的要求是:设备的设计、制造、安装必须符合劳动安全法、标准的要求;所用设备对人体有危害的,应采取有效防护措施;对容易发生危险的特种设备,必须严格管理,操作人员应经过专门培训考核,持证上岗操作。机器设备的安全要求是,应当根据各种机器设备的性能和特点分别采取相应的安全措施,如防护装置、保险装置、信号装置、防摩擦加油或蓄油装置、危险牌示、识别标志等。电器设备的安全要求是,各种电气设备都要有可熔保险器和自动开关,带电导体要设安全遮拦或警告标志;行灯电压不能超过36伏特,在金属容器内或潮湿处所不能超过12伏特;发生蒸汽、气体、粉尘的工作场所要使用密闭电气设备,有爆炸危险的工作场所要使用防爆型电气设备。锅炉压力容器的安全要求是,动力锅炉必须装有准确、有效的安全阀、压力表和水位表;各种气瓶的存放和使用,都必须距离明火10公尺以上;锅炉的运行操作,要由经过专门训练并考试合格的专职人员担任;等等。此外,还有起重机械、厂内机动车辆等特种设备都有各自特定的安全要求。(4)个人防护用品的安全要求。企业必须对处于可能危害劳动者安全岗位上的劳动者提供安全帽、呼吸护具、眼防护具、听力护具、防护鞋、防护手套、防护坠落具、护肤品等相应的防护用品,对特种劳动防护用品、用具的效能,应定期检验和鉴定并且按规定报废和更新,失效的一律不准使用。

2. 建筑安装工程安全技术规程

其内容主要有下列几个方面：(1)施工现场的安全要求。在现场周围和悬崖、陡坎处所，应该用篱笆、木板或铁丝网等围设栅栏；工地的沟、坑应填平或设围栏、盖板。施工现场要有交通指示标志，危险地区应悬挂“危险”或者“禁止通行”的明显标志，夜间应有红灯示警；架设高压线、材料存放、爆炸物存放等应按规定采取有安全措施；施工现场的附属企业、机械装置等临时工程设施的位置、规格都应在施工组织设计时详细规定；等等。(2)脚手架的安全要求。凡是承载机械或超过15公尺高的脚手架，必须先行设计，经批准后才可搭设。搭设好的脚手架经施工负责人验收后，才能使用，使用期间应经常检查。(3)土石方工程和拆除工程的安全要求。进行土石方工程之前，应做好必要的调查和勘察工作。拆除工程应在施工之前对建筑物现状进行详细调查，并组织设计，经总工程师批准后才可动工。(4)高处作业的安全要求。对于从事高处作业的职工，必须进行身体检查，不能使患有高血压、心脏病、癫痫病的人和其他不适于高处作业的人从事高处作业；遇有六级以上强风气候，禁止露天进行起重工作和高空作业。(5)防护用品等其他方面的安全要求。

3. 矿山安全技术规程

其内容主要有下述两个方面：(1)矿山建设的安全要求。矿山建设工程的设计文件必须符合矿山安全规程和行业技术规范，其主要设计项目包括矿井通风系统、供电系统、提升运输系统、防火灭火系统、防水排水系统、防瓦斯系统、防尘系统等。每个矿井必须有两个以上能行人的安全出口，出口之间的水平距离必须符合矿山安全规程和行业技术规范。矿山必须有与外界相通的、符合安全要求的运输和通讯设施。(2)矿山开采的安全要求。矿山开采必须具备保障安全生产的条件，应按开采的矿各不同分别遵守相应的矿山安全规程和行业技术规范。矿山使用有特殊安全要求的设备、器材、防护用品和安全测试仪器，必须符合国家标准或行业安全标准，否则，不得使用。矿山企业必须对机电设备及其防护装置、安全检测仪器进行定期检查、维修，保证使用安全；必须对冒顶、片帮、边坡滑落和地表塌陷，瓦斯、煤尘爆炸，地面和井下火灾、水灾、爆破作业等危害安全的事故隐患采取严密的预防措施。

二、劳动卫生技术规程

劳动卫生技术规程，是指以防止和消除职业病急性中毒等慢性职业伤害的技术规则为基本内容，旨在保护劳动者健康的法规。它包括各种工业生产卫生、医疗预防、职工健康检查等技术措施和组织管理措施的规定。

我国各行各业的劳动卫生规程很多，除了在《职业病防治法》中规定了一般性的基本要求外，还针对某些劳动卫生问题制定了专门规定，如《工业企业噪声标准》、《关于加强防毒工作的决定》、《尘肺病防治条例》、《放射性同位素与射线装置放射防护条例》等。此外，还制定了一些关于劳动卫生的国家标准和行业标准。它们关于劳动卫生基本的要求，概括起来主要有以下几个方面：

1. 防止有毒物质危害

凡散发有害健康的蒸汽、气体的设备应加以密闭，必要时应安装通风、净化装置；有毒物品和危险物品应分别储藏在专设处所，并严格管理；对有毒或有传染性危险的废料，应在卫生机关的指导下进行处理；对接触有毒有害气体或液体的职工应供给有关防护用品；等等。

2. 防止粉尘危害

凡是有粉尘作业的用人单位,要努力实现生产设备的机械化、密闭化和自动化,设置吸尘、滤尘和通风设备,矿山采用湿式凿岩和机械通风;对接触粉尘的工人发给防尘口罩、防尘工作服和保健食品,并定期进行健康检查;等等。

3. 防止噪音和强光危害

对产生强烈噪音的生产,应尽可能在设有消声设备的工作房中进行,并实行强噪声和低噪声分开作业。在有噪声、强光等场所操作的工人,应供给护耳器、防护眼镜等;要用低噪声的设备和工艺代替强噪声的设备和工艺,从声源上根治噪声危害;等等。

4. 防止电磁辐射危害

凡是存在电磁辐射的工作场所,应当设置电场屏蔽体或磁场屏蔽体将电磁能量限制在所规定的空间内;实行远距离控制作业和自动化作业;用能吸收能量的材料与屏蔽材料叠加一起,吸收辐射能量和防止透射;对作业人员采取必要的个人防护措施。

5. 防暑降温、防冻取暖和防潮湿

工作场所应当保持一定温度和湿度,不宜过热、过冷和过湿。室内工作地点的温度经常高于35摄氏度的,应当采取降温措施;低于5摄氏度的,应当设置取暖设备;对高潮湿场所,应当采取防潮措施。

6. 通风和照明

工作场所的光线应当充足,采光部分不要遮蔽;工作地点局部照明应符合操作要求,但也不宜强光刺目;通道应有足够的照明。生产过程温度和风速要求不严格的工作场所应保证自然通风;有瓦斯和其他有毒害气体集聚的工作场所,必须采用机械通风。通风装置必须有专职或兼职人员管理,并应定期检修和清扫,遇有损坏应立即修理或更换。

7. 卫生保健

为增强从事有害健康作业的职工抵抗职业性中毒的能力,应满足其特殊营养需要,免费发给保健食品。对高温作业的职工,应免费供给高温饮料,以补充水分和盐分。另外,用人单位应根据需要,设置浴室、厕所、更衣室、妇女卫生室等生产辅助设施,并经常保持设施完好和清洁卫生。

第四节　劳动保护管理制度

劳动保护管理制度,是法律所规定或确认的国家和用人单位[1]为保护劳动者在劳动过程中的安全和健康而采取的各项管理措施的统称。其中,既包括宏观劳动保护管理,也包括微观劳动保护管理;既包括劳动保护综合管理,也包括劳动保护专项管理。本节仅介绍几种主要的劳动保护管理制度。

---

[1] "用人单位"是劳动法中的一般称谓,但在《安全生产法》中称之为"生产经营单位",在《职业病防治法》的有关条款中称之为"建设单位",在其他有关法规中称之为"企业"。

一、一般劳动安全卫生管理制度[2]

1. 安全卫生技术措施计划制度

它是指用人单位在编制年度生产、技术、财务计划的同时必须编制安全卫生技术措施计划,对改善劳动条件、防止工伤事故和职业病的一切技术措施,实行计划管理的制度。该计划的项目包括:安全技术措施、劳动卫生措施、辅助性设施等措施和劳动保护宣传教育措施等。安全卫生技术措施所需资金,应按计划专款专用,专户储存,在更新改造基金中予以安排;安全卫生技术措施所需设备、材料,应列入物资供应计划;对每项措施应确定现实的期限和负责人。企业应把安全卫生技术措施计划与生产计划置于同等地位,同时应建立对执行安全卫生技术措施计划的监督检查制度。

2. 安全卫生教育制度

它是指为了增强职工的安全卫生意识,提高其安全卫生操作水平,而对职工进行教育、培训和考核的制度。其内容包括安全卫生知识教育和遵守安全卫生制度教育两个方面。

安全卫生教育可采用多种形式,主要有:(1)对新职工必须实行三级安全卫生教育,即入厂教育、车间教育、班级教育,经考试合格后方可进入操作岗位。(2)对特种作业人员进行生产技术和特定的安全卫生技术培训,并经考核取得合格证,方准上岗;此外对生产管理人员、特种设备检验人员、救护人员也应进行相关的安全卫生教育。(3)凡采用新技术、新工艺、新设备、新材料的,应对职工重新进行相应的生产和安全卫生技术教育;对调任新工作职务的管理人员进行与新业务相应的安全卫生教育。(4)坚持经常性的安全卫生教育。(5)职业培训实体应开设劳动安全卫生方面的理论和操作技能课程。

3. 安全卫生设施"三同时"制度

它是指为确保劳动者在生产过程中的安全和健康,而要求新建、改建、扩建工程的劳动安全卫生设施必须与主体工程同时设计、同时施工、同时投产和使用的一种劳动保护制度。它要求:(1)各级经济管理部门和行业管理部门在编制和审批建设项目计划任务书和下达投资计划时,必须同时提出安全卫生设施要求,并将此项设计所需经费物资纳入总投资计划和年度计划之中。(2)安全卫生所需投资和费用,应当纳入建设项目工程预算。(3)建设单位首先应当提出安全卫生设施的具体要求;验收前认真填写《建设项目职业安全卫生项目验收审批表》;并进行试生产,就试生产中安全卫生设施的运行情况、措施效果、检测数据、存在问题、解决办法写出专题报告,以供验收审查。(4)设计单位在设计主工程项目时应同时编制《职业安全卫生篇》,详细说明可能产生的职业危害和应采取的措施及其预期效果等;严格按照有关法律规定和标准进行设计,并与主设计同时提交审查、论证。(5)施工单位对安全卫生设施要同主体工程同等对待、严格按照设计要求和图纸施工,保证工程质量。(6)建设单位、设计单位、施工单位都无权变更或削弱已经会审确定的安全卫生项目;确需变更或削减的部门,必须事前征得有关各方同意,并重新履行审批手续。(7)建设项目在竣工验收前,建设单位应当进行职业危害控制效果评价。(8)建设项目中安全卫生设施的设计和验收,均纳入安全卫生监督的范围,其中法定纳入安全卫生行政部门审核、验收范围的,经安全卫生行政部门审查同意方可施工、验

---

[2] 参见《劳动法》(1994年)、《安全生产法》(2014年)、《职业病防治法》(2016年)等法律法规。

收,经安全卫生行政部门验收方可收投产。

关于职业病防护设施的"三同时"制度,《职业病防治法》第 18 条特别要求:医疗机构放射性职业病危害严重的建设项目,其防护设施设计经卫生行政部门审查同意后,方可施工;项目竣工验收时,其放射性职业病防护设施经卫生行政部门验收合格后,方可投入使用。其他建设项目的职业病防护设施应当由建设单位负责依法组织验收,验收合格后方可投入生产和使用,安全生产监督管理部门应当加强对建设单位组织的验收活动和验收结果的监督核查。

4. 安全卫生认证制度

它是指通过对安全卫生的各种制约因素是否符合安全卫生要求进行严格审查并对其中符合要求者正式认可而允许其进入生产过程的制度。按其认证对象,可分为:(1)对与安全卫生联系特别密切的某些人员的资格认证,包括企业领导人安全卫生管理资格、特种设备操作人员安全资格、安全卫生检测检验人员执业资格等的认证。(2)对与安全卫生联系特别密切的某些单位的资格认证,包括矿山、建筑等企业的安全资格认证;安全卫生设备设计制造、安装、维修单位,劳动防护用品设计、生产、维修、经营单位,安全卫生检测检验机构的资格认证;等等。(3)对与安全卫生联系特别密切的物质技术要素的质量认证,包括安全卫生设备和工程、劳动防护用品、安全卫生技术等的质量认证。

凡是纳入认证范围的对象,都实行强制认证。经认证符合安全卫生要求的,颁发相应的资格证书或合格证书;经认证不符合安全卫生要求的,不得从事相应的职业活动或者投入使用。

5. 个人防护用品管理制度

个人防护用品俗称"劳保用品",是工业生产领域中劳动者个人使用的劳动保护用品。分为一般防护用品(也称通用品)和特种劳动防护用品(也称专用防护用品)。生产特种劳动防护用品的企业须事先取得劳动部颁发的专项生产许可证。国家授权职业安全卫生监察机构行使防护用品质量监督职能,并设立国家劳动保护用品质量监督检验站担任质量监督检验技术工作。生产企业必须依国家标准和行业标准进行生产。用人单位应当根据个人防护用品的使用需求和使用频率、损耗的一般状况,规定个人防护用品的发放制度、建立定期检查、修理制度,经检查失效的防护用品必须禁用;建立防护用品知识和操作技能教育制度,以保证防护用品充分发挥对操作人员及有关人员的保护作用。

二、安全生产管理制度(又称劳动安全管理制度)[3]

1. 安全生产责任制度

它是指企业各级负责人、职能科室人员、工程技术人员和生产工人在劳动过程中,对各自职务或业务范围内的安全生产负责的制度。它是企业经济责任制的重要组成部分,也是企业劳动保护管理制度的核心。《安全生产法》第 4 条规定,生产经营单位必须遵守本法和其他有关安全生产的法律、法规,加强安全生产管理,建立、健全安全生产责任制和安全生产规章制度,改善安全生产条件,推进安全生产标准化建设,提高安全生产水平,确保安全生产。该项制

〔3〕 参见《安全生产法》(2014 年)。

度,要求从组织体系上规定企业各类人从上到下对安全卫生各负其责,使各个层次的安全责任与管理或生产责任合一;还要求各个层次和环节的安全生产责任具体落实和固定于规章制度中,以实现规范化和标准化。其中,企业主要负责人(厂长、经理、矿长)对本单位安全生产负全面责任;分管安全生产的负责人和专职人员对安全生产负直接责任;总工程师负安全生产技术领导责任;各职能部门、各级生产组织负责人在各自分管的工作范围内对安全生产负责任;工人在本岗位上承担严格遵守生产操作规程和安全技术规程的义务。根据《安全生产法》第17条的规定,企业的主要负责人对本单位安全生产工作负有下列职责:(1)建立、健全本单位安全生产责任制;(2)组织制定本单位安全生产规章制度和操作规程;(3)组织制定并实施本单位安全生产教育和培训计划;(4)保证本单位安全生产投入的有效实施;(5)督促、检查本单位的安全生产工作,及时消除生产安全事故隐患;(6)组织制定并实施本单位的生产安全事故应急救援预案;(7)及时、如实报告生产安全事故。

2. 安全生产审批、验收制度

它是指负有安全生产监督部门对涉及安全生产的事项依照法律、法规和法定劳动安全标准,以批准、核准、许可、注册、认证、颁发证照等方式进行审查批准,或者验收的制度。《安全生产法》第60条和第61条规定了下述要点:(1)安全生产监督部门依照有关法律、法规的规定,对涉及安全生产的事项需要审查批准或者验收的,必须严格依照有关法律、法规和国家标准或者行业标准规定的安全生产条件和程序进行审查;不符合有关法律、法规和国家标准或者行业标准规定的安全生产条件的,不得批准或者验收通过。(2)对未依法取得批准或者验收合格的单位擅自从事有关活动的,负责行政审批的部门发现或者接到举报后应当立即予以取缔,并依法予以处理。(3)对已经依法取得批准的单位,负责行政审批的部门发现其不再具备安全生产条件的,应当撤销原批准。(4)对涉及安全生产的事项进行审查、验收,不得收取费用;不得要求接受审查、验收的单位购买其指定品牌或者指定生产、销售单位的安全设备、器材或者其他产品。

3. 安全生产检查制度

它是指通过对企业遵守有关安全生产的法律、法规和国家标准或行业标准的情况进行监督检查,总结安全生产经验,揭露和消除事故隐患,并用正反两方面的事例推动劳动保护工作的制度。在安全生产领域,有这样一个著名定律:每一起事故的背后,都有9次轻微事故和300起未遂先兆以及1000起事故隐患。[4] 这足以说明安全生产检查制度何等重要。

安全检查必须贯彻领导、专门机构和群众相结合,自查和互查相结合,检查和整改相结合的原则。《安全生产法》第62~66条规定了下述要点:(1)安全生产监督管理部门和其他负有安全生产监督管理职责的部门依法进行安全生产检查,行使下列职权:①进入生产经营单位进行检查,调阅有关资料,向有关单位和人员了解情况。②对检查中发现的安全生产违法行为,当场予以纠正或者要求限期改正;对依法应当给予行政处罚的行为,依照本法和其他有关法律、行政法规的规定作出行政处罚决定。③对检查中发现的事故隐患,应当责令立即排除;重大事故隐患排除前或者排除过程中无法保证安全的,应当责令从危险区域内撤出作业人员,责令暂时停产停业或者停止使用;重大事故隐患排除后,经审查同意,方可恢复生产经营和使用。

---

〔4〕 张朝鸿:《变"事故问责"为"隐患问责"》,载《徐州日报》2008年11月27日第3版。

④对有根据认为不符合保障安全生产的国家标准或者行业标准的设施、设备、器材予以查封或者扣押,并应当在15日内依法作出处理决定。(2)生产经营单位对负有安全生产监督管理职责的部门的监督检查人员(以下统称安全生产监督检查人员)依法履行监督检查职责,应当予以配合,不得拒绝、阻挠。(3)负有安全生产监督管理职责的部门的监督检查不得影响被检查单位的正常生产经营活动;在监督检查中,应当互相配合,实行联合检查;确需分别进行检查的,应当互通情况,发现存在的安全问题应当由其他有关部门进行处理的,应当及时移送其他有关部门并形成记录备查,接受移送的部门应当及时进行处理。(4)安全生产监督检查人员应当忠于职守,坚持原则,秉公执法;执行监督检查任务时,必须出示有效的监督执法证件;对涉及被检查单位的技术秘密和业务秘密,应当为其保密;应当将检查的时间、地点、内容、发现的问题及其处理情况,作出书面记录,并由检查人员和被检查单位的负责人签字;被检查单位的负责人拒绝签字的,检查人员应当将情况记录在案,并向负有安全生产监督管理职责的部门报告。

4. 安全生产举报、报告制度

它是指各种单位和个人对生产经营单位存在的有关安全生产的问题向有关部门举报或报告,以加强安全生产监督管理的制度。《安全生产法》第70~73条规定了下述要点:(1)负有安全生产监督管理职责的部门应当建立举报制度,公开举报电话、信箱或者电子邮件地址,受理有关安全生产的举报;受理的举报事项经调查核实后,应当形成书面材料;需要落实整改措施的,报经有关负责人签字并督促落实。(2)任何单位或者个人对事故隐患或者安全生产违法行为,均有权向负有安全生产监督管理职责的部门报告或者举报。(3)居民委员会、村民委员会发现其所在区域内的生产经营单位存在事故隐患或者安全生产违法行为时,应当向当地人民政府或者有关部门报告。(4)县级以上各级人民政府及其有关部门对报告重大事故隐患或者举报安全生产违法行为的有功人员,给予奖励。具体奖励办法由国务院负责安全生产监督管理的部门会同国务院财政部门制定。

5. 生产安全事故应急救援制度

它是指发生生产安全事故时,政府、有关部门、有关单位、和个人采取应急救援措施的制度。《安全生产法》第77~82条规定了下述要点:(1)县级以上地方各级人民政府应当组织有关部门制定本行政区域内特大生产安全事故应急救援预案,建立应急救援体系。(2)危险物品的生产、经营、储存单位以及矿山、建筑施工单位应当建立应急救援组织,生产经营规模较小,可以不建立应急救援组织的,应当指定兼职的应急救援人员;应当配备必要的应急救援器材、设备,并进行经常性维护、保养,保证正常运转。(3)生产经营单位发生生产安全事故后,事故现场有关人员应当立即报告本单位负责人;单位负责人接到事故报告后,应当迅速采取有效措施,组织抢救,防止事故扩大,减少人员伤亡和财产损失,并按照国家有关规定立即如实报告当地负有安全生产监督管理职责的部门,不得隐瞒不报、谎报或者拖延不报,不得故意破坏事故现场、毁灭有关证据。(4)负有安全生产监督管理职责的部门接到事故报告后,应当立即按照国家有关规定上报事故情况;负有安全生产监督管理职责的部门和有关地方人民政府对事故情况不得隐瞒不报、谎报或者拖延不报。(5)有关地方人民政府和负有安全生产监督管理职责的部门的负责人接到重大生产安全事故报告后,应当立即赶到事故现场,组织事故抢救。(6)任何单位和个人都应当支持、配合事故抢救,并提供一切便利条件。

6. 生产安全事故调查处理制度

它是指生产安全事故发生后，有关部门和单位依照法定的权限和程序，调查事故的后果和原因并对责任单位和个人依法进行处理的制度。《安全生产法》第83～86条规定了下述要点：(1)事故调查处理应当按照实事求是、尊重科学的原则，及时、准确地查清事故原因，查明事故性质和责任，总结事故教训，提出整改措施，并对事故责任者提出处理意见。(2)生产经营单位发生生产安全事故，经调查确定为责任事故的，除了应当查明事故单位的责任并依法予以追究外，还应当查明对安全生产的有关事项负有审查批准和监督职责的行政部门的责任，对有失职、渎职行为的，依照本法的规定追究法律责任。(3)任何单位和个人不得阻挠和干涉对事故的依法调查处理。(4)县级以上地方各级人民政府负责安全生产监督管理的部门应当定期统计分析本行政区域内发生生产安全事故的情况，并定期向社会公布。此外，国家就生产安全事故的调查处理还制定了专门法规，如《企业职工伤亡事故报告和处理规定》(1991年)、《特别重大事故调查程序暂行规定》(1989年)等。

三、职业病防治管理制度[5]

1. 职业病危害项目申报制度

职业病是指企业、事业单位和个体经济组织的劳动者在职业活动中，因接触粉尘、放射性物质和其他有毒、有害物质等因素而引起的疾病。职业病危害，是指对从事职业活动的劳动者可能导致职业病的各种危害。职业病危害因素包括：职业活动中存在的各种有害的化学、物理、生物因素以及在作业过程中产生的其他职业有害因素。用人单位设有依法公布的职业病目录所列职业病的危害项目的，应当及时、如实向卫生行政部门申报，接受监督。申报的项目范围，是《职业病防治法》第2条规定的列入职业病的分类和目录中的职业病的项目。职业病的分类和目录由国务院卫生行政部门会同国务院安全生产监督管理部门、人力资源社会保障部门规定、调整并公布。

2. 建设项目职业病危害预评价制度

建设项目(新建、扩建、改建建设项目和技术改造、技术引进项目的统称)职业病危害预评价，是指在建设项目可行性论证阶段，应用职业病评价的原理和方法，对建设项目可能产生的职业病危害进行预测性评价。建设单位应当根据建设项目可行性研究报告或者初步设计报告的内容，运用科学的评价方法，依据国家法律、法规及标准，对建设项目可能产生的职业病危害因素及其对工作场所和劳动者健康的影响作出分析、预测，并确定危害类别，提出科学、合理和可行的职业病防治技术措施和管理对策。职业病危害预评价报告应当是建设单位进行职业卫生设计、卫生行政部门对建设项目进行职业病防治管理时的主要依据。其中，医疗机构建设项目可能产生放射性职业病危害的，建设单位应当向卫生行政部门提交放射性职业病危害预评价报告，卫生行政部门应当自收到预评价报告之日起30日内，作出审核决定并书面通知建设单位。未提交预评价报告或者预评价报告未经卫生行政部门审核同意的，不得开工建设。

3. 工作场所职业病危害因素监测、检测和评价制度

职业病危害因素监测，是指通过建立一套完整的监测系统，对工作场所存在的职业病危害

[5] 参见《职业病防治法》(2016年)。

因素进行监测,以便于及时了解有害因素产生、扩散、变化的规律,鉴定防护设施的效果,并为采取防护措施提供依据。职业病危害因素检测、评价,是指由具有一定资质的职业卫生技术服务机构对工作场所的职业病危害因素进行检查、测定,并通过对各种数据的总结和分析,对工作场所的职业病危害进行评价,确定危害类别,其检测、评价结果是用人单位采取防护措施的主要依据。用人单位应当实施由专人负责的职业病危害因素日常监测,并确保监测系统处于正常运行状态;应当按照国务院卫生行政部门的规定定期对工作场所进行职业病危害因素检测、评价,检测、评价结果存入用人单位职业卫生档案,定期向所在地卫生行政部门报告并向劳动者公布。职业病危害因素检测、评价由依法设立的取得省级以上人民政府卫生行政部门资质认证的职业卫生技术服务机构进行,其所作的检测、评价应当客观、真实。发现工作场所职业病危害因素不符合国家职业卫生标准和卫生要求时,用人单位应当立即采取相应治理措施,仍然达不到国家职业卫生标准和卫生要求的,必须停止存在职业病危害因素的作业;职业病危害因素经治理后,符合国家职业卫生标准和卫生要求的,方可重新作业。

4. 职业病危害告知制度

职业病危害告知,是指用人单位或者其他单位,对可能产生职业病危害的作业或者设备、材料,应履行如实告知的义务,以保障劳动者的知情权。其中包括:(1)作业场所危害告知。产生职业病危害的用人单位,应当在醒目位置设置公告栏,公布有关职业病防治的规章制度、操作规程、职业病危害事故应急救援措施和工作场所职业病危害因素检测结果;对产生严重职业病危害的作业岗位,应当在其醒目位置设置警示标识和中文警示说明,警示说明应当载明产生职业病危害的种类、后果、预防以及应急救治措施等内容。(2)设备、材料危害告知。向用人单位提供可能产生职业病危害的设备的,应当提供中文说明书,并在设备的醒目位置设置警示标识和中文警示说明,警示说明应当载明设备性能、可能产生的职业病危害、安全操作和维护注意事项、职业病防护以及应急救治措施等内容;向用人单位提供可能产生职业病危害的化学品、放射性同位素和含有放射性物质的材料的,应当提供中文说明书,说明书应当载明产品特性、主要成分、存在的有害因素、可能产生的危害后果、安全使用注意事项、职业病防护以及应急救治措施等内容;产品包装应当有醒目的警示标识和中文警示说明;贮存上述材料的场所应当在规定的部位设置危险物品标识或者放射性警示标识。国内首次使用或者首次进口与职业病危害有关的化学材料,使用单位或者进口单位按照国家规定经国务院有关部门批准后,应当向国务院卫生行政部门报送该化学材料的毒性鉴定以及经有关部门登记注册或者批准进口的文件等资料。进口放射性同位素、射线装置和含有放射性物质的物品的,按照国家有关规定办理。(3)劳动合同告知。用人单位对采用的技术、工艺、材料,应当知悉其产生的职业病危害。用人单位与劳动者订立劳动合同时,应当将工作过程中可能产生的职业病危害及其后果、职业病防护措施和待遇等如实告知劳动者,并在劳动合同中写明,不得隐瞒或者欺骗;劳动者在已订立劳动合同期间因工作岗位或者工作内容变更,从事与所订立劳动合同中未告知的存在职业病危害的作业时,用人单位应当依法向劳动者履行如实告知的义务,并协商变更原劳动合同相关条款。用人单位未履行上述法定告知义务的,劳动者有权拒绝从事存在职业病危害的作业,用人单位不得因此解除或者终止与劳动者所订立的劳动合同。

5. 职业健康监护制度

职业健康监护,是指为及时发现劳动者的职业性健康损害,根据劳动者的职业接触史,对劳动者进行有针对性的定期或不定期的健康检查和连续、动态的医学观察，记录职业接触史及健康变化，评价劳动者健康变化与职业病危害因素的关系。其主要内容有：(1)职业健康检查。对从事接触职业病危害的作业的劳动者，用人单位应当按照国务院卫生行政部门的规定组织上岗前、在岗期间和离岗时的职业健康检查，将检查结果如实告知劳动者，并承担职业健康检查费用。根据职业健康检查的不同情况，用人单位应当分别采取相应的措施：对未经上岗前职业健康检查的劳动者，不得安排其从事接触职业病危害的作业；对有职业禁忌的劳动者不得安排其从事其所禁忌的作业；对有与所从事的职业相关的健康损害的劳动者，应当调离原工作岗位，并妥善安置；对未进行离岗前职业健康检查的劳动者不得解除或者终止与其订立的劳动合同。职业健康检查应当由省级以上人民政府卫生行政部门批准的医疗卫生机构承担。(2)职业健康监护档案。用人单位应当为劳动者建立职业健康监护档案，并按照规定的期限妥善保存。这种档案应当包括劳动者的职业史、职业病危害接触史、职业健康检查结果和职业病诊疗等有关个人健康资料。劳动者离开用人单位时，有权索取本人职业健康监护档案复印件，用人单位应当如实、无偿提供，并在所提供的复印件上签章。

6. 急性职业病危害事故救援和控制制度

在劳动过程中，如果发生急性职业病危害事故，用人单位应当立即采取应急救援和控制措施，控制住危害事故的发生，不使危害扩散；对于尚未发生但有可能发生的事故，也要积极地采取措施，避免危害事故的发生。同时，用人单位还应当及时向用人单位所在地的当地卫生行政部门和有关部门报告。接到报告的卫生行政部门，应当及时会同有关部门进行调查处理。如果有必要，可以采取临时控制职业病危害事故的措施，如责令暂停导致职业病危害事故的作业、封存造成或者可能导致职业病危害事故的材料和设备等。对遭受职业病危害的劳动者，用人单位应及时将其送至医疗卫生机构救治；对有可能遭受职业病危害的劳动者，用人单位应当为其定期提供健康检查和医学观察。上述所需费用由用人单位承担。

第五节　女职工和未成年工特殊劳动保护

一、女职工的特殊劳动保护

女职工特殊劳动保护制度，是针对女职工的生理特点和抚育后代的需要，对女职工在劳动过程中的安全和健康依法加以特种保护。其主要法律依据是《劳动法》第七章和《女职工劳动保护规定》、《妇女权益保障法》、《女职工禁忌劳动范围的规定》等法规。其主要内容包括下述几个方面：

1. 禁止安排女职工从事有害妇女健康的劳动

禁止安排女职工从事以下劳动：(1)矿山井下；(2)森林采伐作业(归楞、流放)；(3)《体力劳动强度分级》中第四级强度的体力劳动作业；(4)建筑业脚手架的组装和拆除，电力、电讯等行业中的高处作业；(5)连续负重(每小时负重6次以上)每次超过20公斤的作业，间断负重超过25公斤的作业。

2. 对女职工的“四期”保护

在女职工经期,不得安排从事高处、低温、冷水作业和国家规定的第三级体力劳动强度的劳动。

在女职工孕期,不得安排从事以下劳动:(1)国家规定的第三级体力劳动强度的作业;(2)作业场所空气中有毒物质浓度超过国家卫生标准的作业;(3)制药行业中从事抗癌药物及己烯雌酚生产的作业;(4)作业场所放射物质超过规定剂量的作业;(5)人力进行的土方和石方作业;(6)伴有全身强烈震动的作业;(7)工作中需要频繁弯腰、攀高、下蹲的作业;(8)高处作业。对怀孕7个月以上的女职工,不得安排其延长工作时间和夜班劳动。另外,已婚待孕女职工禁忌从事铅、汞、镉等作业场所属于《有毒作业分级》标准中第三、四级的作业。

在女职工产期,享受不少于90天的产假;劳动部还对产前、产后假以及难产、多胞胎者分别规定了相应的假期。

在女职工哺乳期,即哺乳未满1周岁婴儿的期间,不得安排从事以下劳动:(1)国家规定的第三级体力劳动强度的作业;(2)作业场所空气中有毒物质浓度,或者锰、氟、溴、甲醇、有机磷化合物、有机氯化合物浓度超过国家卫生标准的作业;(3)延长工作时间和夜班劳动。《女职工劳动保护规定》还对女职工在每班劳动时间内的哺乳时间和次数等作了规定。

3. 女职工劳动保护的其他措施

国家要求,女职工比较多的单位应当按国家有关规定,以自办或者联办的形式,逐步建立女职工卫生室、孕妇休息室、哺乳室、托儿所、幼儿园等设施,并妥善解决女职工在生理卫生、哺乳、照料婴儿等方面的困难。

女职工劳动保护的权益受到侵害时,有权向所在单位的主管部门或者当地劳动部门提出申诉。受理申诉的部门应当自收到申诉书之日起30日内作出处理决定;女职工对处理决定不服的,可以在收到处理决定书之日起15日内向人民法院起诉。另外,还规定了对特殊保护规定及相关法规的监督和检查。

二、未成年工人特殊劳动保护

所谓未成年工,是指年满16周岁,未满18周岁的劳动者。未成年工的特殊保护是指针对未成年人处于生长发育期的特点,以及接受义务教育的需要,依法采取的特殊劳动保护措施。对未成年工特殊保护的立法有:《未成年人保护法》、《劳动法》、《未成年工特殊保护规定》。其主要内容包括:

1. 未成年工禁忌劳动范围

《劳动法》规定,不能安排未成年工从事矿山井下、有毒有害、国家规定的第四级体力劳动强度的劳动和其他禁忌从事的劳动。劳动部更具体地规定,用人单位不得安排未成年工从事国家标准中第一级以上的接粉作业、有毒作业;第二级以上的高处作业、冷水作业;第三级以上的高温作业、低温作业;第四级体力劳动强度的劳动作业;矿山井下及矿山地面采石作业;森林业中的伐木、流放及守林作业;工作场所接触放射性物质的作业;有易燃易爆等危险性的作业;地质、资源勘探的野外作业;潜水、涵道、涵洞作业以及海拔3000米以上的高原作业;连续负重每小时超过在6次以上并每次超过20公斤,间断负重每次超过25公斤的作业;使用凿岩机、捣固机、汽镐、电锤等的作业;工作需长时间保持低头等强迫体位和动作频率每分钟高于50次流水线作业;锅炉司炉等共17种作业。另外,还规定:未成年工患有某种疾病或具有某些生理缺陷(非残疾型)时,用人单位不得安排其从事国家标准中第一级以上高处作业;第二级以上高温或低温作业;第三级体力劳动强度的作业以及接触铅、苯、汞、甲醛、二硫化碳等易引起过敏反应的作业。

国家还规定,禁止安排未成年工延长工作时间和进行夜班作业。

2. 未成年工定期健康检查制度

《劳动法》规定,用人单位应当对未成年工定期进行健康检查。根据劳动部具体规定,用人单位应当在未成年工安排工作岗位之前、工作满一年时、年满18周岁距前一次体验时间已超过半年进行健康检查。未成工的健康检查应按《未成年工特殊保护规定》所附《未成年工健康检查》所列项目进行。用人单位应根据未成工的健康检查结果安排其从事适当的劳动,对不能胜任原劳动岗位的,应根据医务部门的证明,予以减轻劳动量或安排其他劳动。

3. 未成年工使用和特殊保护登记

用人单位招收使用未成年工,除符合一般的用工要求外,还须向所在地县级以上劳动行政部门办理登记。劳动行政部门根据《未成年工健康检查表》、《未成年工登记表》以及劳动部的有关规定,审核体检情况和拟定安排的劳动范围,核发国务院劳动行政部门统一印制的《未成年工登记证》。未成年工须持《未成年工登记证》上岗。未成年工体检和登记,由用人单位统一办理并承担所需费用。

劳动保障篇

第十四章　劳动就业

第一节　概　　述

一、就业和失业的概念

(一)就业的概念

在不同的学科中有不同的解释:在劳动经济学中,就业指的是劳动力与生产资料相结合生产社会物质财富并进行社会分配的过程;在社会学中,就业是劳动者个人的谋生手段,对全社会而言则指劳动力和生产资料两大资源得到合理利用的过程;在劳动法中,就业指具有就业资格的公民获得某种有劳动报酬或劳动收入的职业,其实质是实现劳动力与生产资料的结合。从法律上把握此概念应明确下述要点:

1. 就业资格

此即国家所确认的公民有权实现就业的资格。它包括两个必备条件:(1)在法定劳动年龄范围(始于最低就业年龄,止于退休年龄)内,并且具有劳动能力。这是公民取得劳动权利能力和劳动行为能力的最基本条件,不具备此条件,当然无就业资格。(2)具有就业愿望。即使具备上述条件的公民,若无就业愿望,国家也无须保障其就业。公民办理失业或求职登记,就是有就业愿望的表示。

2. 就业界限

此即国家确认的、公民已经实现就业的界限,也是国家据以确定就业人口范围和统计就业人口数量的标准。它一般要求公民从事的劳动必须具备三个特征:(1)具有合法性。凡从事不合法的活动,不能被视为就业。(2)限于国民经济领域。即公民在国民经济的某个部门(行业)从事劳动,才可视为就业;如果从事的劳动不在国民经济领域之内,则不属于就业。(3)在一定期间内达到一定量。通常以一定期间内的劳动时间和劳动所得来衡量。国际劳工组织统计会议规定,从事规定时间有酬(或收入)工作的和在规定时间内正规从事 1/3 以上时间工作的,才可视为已经就业。在我国,应当以公民在一定期限内参加社会劳动所取得的劳动报酬和劳动收入足以构成其生活主要来源,作为实现就业的一种标志。若公民在一定期限内虽从事零星劳动,但其劳动所得不能成为其生活主要来源的,就不认为已实现就业。

3. 就业形式

此即国家政策法规确认的劳动者实现就业的方式。现阶段包括:(1)正规就业,是指劳动者在用人单位从事全时制劳动。(2)非正规就业,又称灵活就业,是指劳动者从事非全时制劳动,如小时工、弹性工时、阶段性就业等。(3)个体经营劳动,是指劳动者从事个体工商业经营活动。此外,如果从广义理解,还包括农业就业,主要表现为农民(农户)承包农村土地从事农业生产经营活动。

综上所述,劳动就业是指处于法定劳动年龄范围内,具有劳动能力和就业愿望的公民,参加国民经济中某个部门的社会劳动,从而获得有劳动报酬或劳动收入作为其生活主要来源的状况。

(二)失业的概念

失业,是一个与就业对称的概念。它是指在法定劳动年龄范围内并且有劳动能力和就业愿望的公民未能实现就业的状态。国际劳工组织在1988年的《促进就业和保护失业公约》中将失业划分为全失业和半失业。全失业是指凡能够工作、可以工作并确实在寻找工作的劳动者不能得到适当职业而没有收入的状态;半失业是指因暂时停工引起临时解雇而使收入中止,尤其是由于经济、技术结构和类似性质的原因中止收入而没有中断就业关系的状态。我国由于一直存在城乡二元就业机制,政策法规中的失业(待业)概念仅指城镇失业,而将乡村中的未就业者称为农村剩余劳动力。

失业作为一个法律概念,具有下述特征:(1)失业者仅限于依据有关法规和政策应当保证其就业的公民。不满或超过法定劳动年龄者、完全丧失劳动能力者和无就业愿望者,以及在校学生、现役军人和其他依法无须保障其就业的人员,均不存在失业问题。(2)失业必须是处于未获得就业岗位的状态。既包括从未获得就业岗位,也包括失去原有就业岗位后未获得新就业岗位。已有就业岗位确因故暂时未能在岗劳动的状态则不属于失业;但是,虽有就业岗位,却在较长时间只能得到非全日工作从而未能领取全额劳动报酬的,也应视为失业。(3)失业不以未能获得就业岗位的原因为限。无论是在市场上有就业机会而不接受可获得的就业岗位,还是因无就业机会而无法获得就业岗位,均属于失业。即法律意义上的失业,既包括自愿失业,也包括非自愿失业。(4)失业的表现形式仅以显性(或称外在性)失业为限。经济学意义上的隐蔽性(或称潜在性)失业不包括在内。例如,企业中出现的"冗员",劳动者被迫从事不能充分使用其劳动能力的工作,在经济学上被认为是隐蔽性失业,但这不属于作为法律概念的失业。

二、就业立法概况

劳动关系的存续须以就业为前提,就业也意味着公民实现其劳动权。因而,在劳动立法中,关于就业的法律规定占有首要地位,甚至在一定意义上可以说,整个劳动法就是公民实现就业的保障法。

综观各国就业立法,有三个主要组成部分:(1)宪法中关系公民劳动权的规定。例如,《委内瑞拉宪法》规定,人人有劳动的权利;《朝鲜民主主义人民共和国宪法》规定,一切有劳动能力的公民按照希望和才能选择就业,由国家保障安定的工作和劳动条件;《墨西哥宪法》规定,不分性别和国籍,一律同工同酬。我国《宪法》第42条规定,公民有劳动的权利和义务;劳动是一切有劳动能力的公民的光荣职责;国家通过各种途径,创造劳动就业条件;国家对就业前的公民进行必要的劳动就业训练。(2)劳动基本法中关于就业的规定。各国劳动法典中,几乎都有就业法的内容。例如,《法国劳动法典》第三卷为《安置和雇用》,对安置、雇用、职业介绍所、劳动力保护、失业工人都分别设专篇予以具体规定;《菲律宾劳工法》的第一部为《就业前》,其内容就是关于招募和安置的规定;《尼日利亚联邦共和国劳工法》的第二章为《招募》,不仅规定招募的一般规则,而且还分别就招募工人在本国就业和到境外作业作了专门规定。在我国《劳动法》中,设有《促进就业》专章,对国家促进就业职责作了原则性规定。(3)关于就业的专项法律法规。例如,英国1980年、1982年的《就业法》;日本1947年的《职业安定法》。在我国自共和国成立以来,制定了大量的就业法规和政策;尤其是党的十一届三中全会以后,为建立适应社会主义市场经济的新型就业制度,制定了许多重要法规和政策,对就业方针、就业形式、职工招用、劳动力流动、就业服务、就业管理和特殊就业政策等问题,作了明确规定。在《劳动法》颁布后,制定了《就业登记规定》(1995年)、《职业指导办法》(1994年)、《农村劳动力跨省流动就业管理暂行规定》(1994年)、《劳动就业服务企业管理规定》(1990年)、《职业介绍服务规程(试行)》(1998年)、《劳动力市场管理规定》(2000年)等一系列配套法规。2007年8月30日经全国人大常委会审议通过《就业促进法》,于2008年1月1日起施行,这是我国就业立法的一个重要里程碑。

由于就业问题历来是世界各国的普遍性社会问题,国际劳工组织非常重视关于就业问题的立法。其中主要有:1919年第2号公约《失业公约》和第1号同名《建议书》,1944年第71号建议书《国家计划公共工程建议书》、1948年第88号公约《职业介绍所组织公约》和第83号同名《建议书》,1958年第111号公约《歧视(就业与职业)公约》和第111号同名《建议书》,1964年第122号公约《就业政策公约》和第122号同名《建议书》,等等。

劳动力与生产资料相结合,是就业和劳动关系的实质内容。在此意义上,劳动关系的运行过程,亦即劳动者就业权的实现过程,其中,就业前、就业中阶段分别与劳动合同订立、履行阶段重合。国内外已有的立法例表明,就业立法可作广义、中义、狭义三种界定。广义就业立法的内容,涵盖就业前和就业中两个阶段,劳动合同和就业后职业培训包括其中,如《秘鲁就业促进法》。中义就业立法的内容,仅涵盖就业前阶段,以未实现就业和未实现充分就业的劳动者为促进对象,其中不包括劳动合同制度,但包括职业培训和失业保险制度,如《德国就业促进法》、《波兰就业与失业法》、《俄罗斯联邦居民就业法》等。狭义就业立法的内容也仅涵盖就业前阶段,劳动合同、职业培训和失业保险制度都不包括其中,如《日本职业安定法》。我国《劳动法》结构中的第二章"促进就业"属于狭义就业促进法;而《就业促进法》则对职业培训设专章规定,对失业保险仅作关联性规定,也可认为是狭义就业促进法。

三、《就业促进法》的定位

1.《就业促进法》与《劳动法》的关系

从法理上讲,《就业促进法》与《劳动法》应当是子法与母法、下位法与上位法[1]的关系,即《劳动法》作为基本法,其效力应高于《就业促进法》。在有的国家,劳动法的基本法是法典式,如《法国劳动法典》,就业促进法包括其中。而且鉴于我国《劳动法》是纲要式而非法典式,其"促进就业"专章只作原则性规定,故需要制定《就业促进法》,细化、补充《劳动法》的规定。

---

[1] 《劳动法》是全国人大常委会制定的,就制定机关而言,它不构成《就业促进法》的上位法,但从法理和《立法法》的要求而言,《劳动法》作为劳动法体系中最高位阶的法律,与《就业促进法》形成上位法与下位法的关系。

同时根据《立法法》的规定,由于《就业促进法》和《劳动法》都是由全国人大常委会制定的,属于同级别的法律。由于《劳动法》属于纲要式、原则性立法,有的规定来源于改革进程的探索性或过渡性的政策法规,难免保留有旧体制和过渡性的痕迹,不可能完整体现市场经济对就业制度的要求,特别是不能完全解决后续改革中出现的新问题,因此,作为与《劳动法》同一位阶的《就业促进法》,根据后法优于先法的原则,不仅可以细化、补充《劳动法》的现有规定,而且可以有选择地突破《劳动法》的规定。

2.《就业促进法》与《劳动合同法》的关系

劳动合同的运行过程可分为订立前和订立后两个阶段,《就业促进法》和《劳动合同法》的交叉主要发生在劳动合同订立前阶段。而劳动合同订立前阶段又可细分为确定合同当事人和确定合同内容阶段。确定合同当事人即劳动者和用人单位通过劳动力市场进行双向选择,其中包括公布招工简章、报名、考试考核、择优录用、就业协议等,涉及择业自由、就业竞争、劳动力市场管理等,这应当主要由《就业促进法》规定。确定合同内容即劳动者与用人单位就劳动合同条款进行协商一致,这应当由《劳动合同法》规定。

3.《就业促进法》与失业保险法的关系

失业保险具有生活保障和促进再就业双重功能,《就业促进法》与失业保险法的交叉是围绕着失业保险的促进再就业功能发生的。《就业促进法》就失业保险的促进再就业政策目标,失业保险基金如何用于促进再就业,国家和社会如何支持、援助失业人员再就业等作出相应规定,至于失业保险的体制、管理和业务则应当由失业保险法规定。

4.《就业促进法》与劳动法体系外相关实体法的关系

作为就业促进对象的劳动者还有许多特殊身份,如农民、妇女劳动者、残疾人劳动者等,因而《就业促进法》还必须与农业法、妇女权益保护法、残疾人保护法等发生关系;就业促进的手段既有计划、产业政策、财政税收、金融等宏观调控手段,又有行政许可、行政监督、行政处罚等市场管理手段,因而《就业促进法》必然与各个宏观调控法部门和行政法部门发生关系;承担就业促进义务的主体除了国家外,还有企业、社会团体等,促进就业是它们的社会责任,因而《就业促进法》必然与企业法(公司法)、社会团体法等发生关系。《就业促进法》与这些相关实体法存在三个方面的关系:(1)体系化。《就业促进法》把散见于各种相关实体法中可用于促进就业的手段相对集中地予以规定,使之体系化;(2)专门化。在各种相关实体法中对可用于就业促进的手段只可能作关联性的规定,《就业促进法》则是依据这些关联性规定,针对就业促进的专门问题作出了具体规定;(3)特别法。《就业促进法》还针对就业促进的特殊需求,在各种相关实体法已有的与就业促进关联的规定的基础上,作出突破性规定,形成了以促进就业为主题的特别法。

四、就业法的原则

1. 平等就业原则

又称反就业歧视原则。国家保障劳动者享受平等的就业权,任何用人单位不得以任何借口在就业方面歧视劳动者。平等就业意味着公民在就业过程中均享有平等竞争的机会,即社会对公民的劳动能力要以同一尺度和标准衡量;通过公平竞争择优吸收劳动力就业。平等就业是国家对公民生存权平等保护的要求在劳动就业上的反映,它客观上要求打破工人和干部、农民和市民的身份界限，冲破地区封锁，消除条块分割，在全国范围内形成统一的劳动力市场，建立劳动力平等就业的竞争机制。《劳动法》第12条只禁止民族、种族、性别、宗教信仰歧视，而《就业和职业歧视公约》中所列举的应予禁止的某些歧视因素没有得到我国立法的确认，这就需要立法中增加应予禁止的歧视因素，如政治见解、社会出身等，还可以采用排除式规定，即除了基于职业（岗位）特殊需求、国家安全和宏观经济政策的原因予以差别待遇外，禁止其他任何因素的歧视。

2. 市场调节就业与宏观调控相结合的原则

在市场经济体制中，一方面，劳动力是一种特殊商品，劳动力资源只有通过劳动力市场供求双方的选择，在价值规律和竞争机制的作用下，才能够得到优化配置；另一方面，以市场调节作为劳动力资源配置的手段，虽然能自发地倾向于效率和鼓励强者，却不能自发地实现公平和保护弱者，因而需要国家运用政策进行引导和调节，以保障社会公平和保护弱者。因此，社会主义市场经济体制中劳动就业制度的模式，应当是国家宏观调控下的劳动力资源市场配置模式。在此模式中，把市场调节作为劳动力资源的基础性配置机制，使劳动者和用人单位在劳动力市场上自主地双向选择；国家依法运用政策、计划、经济杠杆、行政监督等手段，对劳动力资源市场配置实行间接调控为主的宏观调控，促进经济和社会发展，创造就业条件，扩大就业机会，力争充分实现就业目标以及与其他宏观目标相协调。

3. 城乡统筹就业原则

我国在城乡二元经济结构的基础上存在二元就业机制，国家一直实行城乡有别、城乡分割的就业政策。在市场化、工业化、城市化并存的进程中，必然要打破这种局面，以城乡统筹发展为目标，以城乡劳动者就业为对象，以城乡统一劳动力市场为空间，来制定就业政策、法规和规划，实施就业调控，追求城镇就业稳定发展与农村剩余劳动力向非农产业和城镇转移的协调。尤其是立法所规定的各项就业促进措施，都应当统一适用于城乡。当前反就业歧视的重点应当是反城乡劳动者就业歧视。但值得注意的是，城乡二元经济结构的体制、经济、技术等方面的原因至今尚未消除，就业政策上的城乡分立现象仍然存在，虽然中央政策中已出现淡化城乡差别、实现城乡统筹就业和统一城乡劳动力市场的趋向，却仍然障碍重重，尤其是地方壁垒森严。在可见的将来，面向占中国总人口73%的农业人口，特别是面向1.5亿农村剩余劳动力和城镇中有限的劳动力吸纳能力，城乡就业政策差别只可能淡化而不可能消除。

4. 照顾特殊群体就业的原则

《劳动法》第13条规定："妇女享有与男子平等的就业权利。在录用职工时，除国家规定的不适合妇女的工种或者岗位外，不得以性别为由拒绝录用妇女或者提高对妇女的录用标准。"我国《妇女权益保障法》、《女职工特殊劳动保护规定》等法律法规对妇女的劳动就业保护作了具体的规定。《劳动法》第14条规定："残疾人、少数民族人员、退出现役的军人的就业，法律、法规有特别规定的，从其规定。"《残疾人保障法》、《兵役法》等法律法规对残疾人和退役军人的就业作了具体的规定。对由于生理、健康、文化、历史和社会等原因而在劳动力市场上处于劣势的特殊群体进行就业照顾是人类进步和社会文明程度提高的标志。

五、劳动者的就业权

就业权，即获得就业机会的权利，是指有就业资格的公民能够获得从事有报酬或收入的职业性劳动的机会的权利,也就是有机会将其劳动力与生产资料相结合的权利。就业机会,即劳动者实现就业的现实可能性。它取决于多方面的因素,如经济发展状况、劳动者职业技能、劳动力供求均衡或失衡程度、劳动力市场秩序、经济社会政策等。实现就业以有劳动机会为前提。在市场经济条件下,实现就业虽然是就业权的直接目标,但就业权的直接客体应当是就业机会,而不是实现就业,因为就业的实现意味着劳动力和生产资料的实际结合,这种结合在市场经济条件下只能以劳动力市场为通道,市场机制所能提供的只能是机会,故国家对就业权实现的职责应当是保障劳动者获得就业机会,而不是给劳动者安置就业岗位,更不是给劳动者提供"铁饭碗"。就业权的主要内容有:

1. 就业竞争权

即竞相争夺就业机会的权利,亦即进入劳动力市场,提出就业请求,参与就业竞争的权利。与该项权利相对应,国家要求用人单位招工必须面向全社会,通过合法的职业介绍机构公开招收,并以考试、考核等方式择优录用,其招工(招聘)简章的内容和公布方式都必须合法,其考试、考核和择优录用都必须公开公正。劳动力市场管理机构必须定期公布劳动力供求信息,把劳动力供求双方双向选择和缔结劳动关系的全过程都纳入监管范围。

2. 自由择业权

即根据自己的意愿自主选择职业的权利,包括对是否从事职业劳动、从事何种职业劳动、何时何地从事职业劳动,以及进入哪个用人单位从事职业劳动等方面的选择权。在计划经济体制下,劳动者几乎没有择业自由。市场化劳动制度改革在一定意义上就是利用市场机制配置劳动力资源,赋予劳动者以自由择业权。为此,在我国,劳动立法中,以劳动合同制度取代固定工制度,禁止一切形式的强迫劳动,赋予劳动者签订、变更和解除劳动合同的权利;在农业立法中,充分肯定逐步扩充农民择业自由的农村改革成果,由允许农民"离土不离乡"发展到允许农民"离土又离乡"。《农业法》和《农村土地承包法》规定,国家保护承包方依法自愿、有偿地进行土地承包经营权流转,赋予农民自愿放弃承包土地的权利;并规定承包方全家迁入小城镇落户的应当按照承包方的意愿保留其土地承包经营权或者允许其转让土地承包经营权。此外,还通过改革户籍制度以保障迁徙自由,放宽农民进城就业和定居条件,简化农民跨地区就业和进城务工手续、扩大社会保险统筹范围、疏通社会保险异地转移关系等措施,消除劳动力自由流动的障碍。

3. 平等就业权

即平等地获得就业机会和就业待遇的权利。其要义是,劳动者除了基于职业、工种或岗位本身特殊的内在需要和国家安全需要的因素外,不因种族、肤色、性别、财产、政见、社会出身等因素的不同,在就业机会或就业待遇上一律平等。其具体要求主要体现在反就业歧视和特殊就业保护两个方面。反就业歧视主要是禁止用人单位在录用职工和提供劳动条件时,劳动服务机构在提供就业服务时,对劳动能力相同的劳动者以差别对待。以反性别歧视为例,我国在劳动立法中规定,除国家规定的不适合妇女的工种或岗位外,不得以性别为由拒绝录用妇女或提高女职工录用标准;在农业立法中规定,农村土地承包中,妇女与男子享有平等的承包经营土地的权利,任何组织和个人不得剥夺、侵害妇女应当享有的土地承包经营权。特殊保护主要是对特殊就业群体如妇女、残疾人、退役军人、少数民族人员等给予特殊的就业保障。例如,有关政策规定,凡适合妇女的工种或岗位,录用女职工不得低于一定比例。在我国现阶段,虽然农民工已成为产业工人的重要组成部分,而农民进城就业遭受歧视的现象却普遍存在。为此,2004年《中共中央国务院关于促进农民增加收入若干政策的意见》要求,进一步清理和取消针对农民进城就业的歧视性规定和不合理收费,城市政府要切实把进城农民工的职业培训、子女教育、劳动保障及其他服务和管理经费,纳入正常的财政预算。

4. 职业安定权

即免受不公正辞退的权利,已就业的劳动者可凭此权利对用人单位的不公正辞退进行抗辩。它既可以继续保持劳动者已获得的职业,又可以限制用人单位对辞退权的滥用,从而维持劳动关系的稳定。我国《劳动法》和有关法规本着严格限制辞退的精神,对用人单位解除劳动合同的许可性条件、禁止性条件、预告期限、程序、经济补偿金、赔偿责任等作出了具体规定。用人单位违法或违约解除劳动合同,均构成不公正辞退,劳动者可以通过仲裁和诉讼程序获得救济。

5. 公共就业保障权

即接受为获得就业机会所必要的就业服务、职业培训和失业保险等公共保障的权利。由于就业竞争的激烈,劳动者的就业和再就业在信息、择业、技能、签约、生活等方面会遇到许多困难。就业机会的获得,依赖于国家和社会的帮助,由政府和社会力量设立公共机构为劳动者提供就业服务、职业培训和失业保险,是保障劳动者获得就业机会的必要条件。劳动力供求信息供给、职业指导、职业介绍等就业服务可以疏通劳动者获得就业机会的渠道,职业培训可以通过提高劳动者的职业技能来扩大就业机会。失业保险可以为失业人员提供基本生活保障并促进失业人员再就业。由于公共就业保障具有公共产品或准公共产品的属性,应当赋予劳动者免费或低费接受就业服务和职业培训的权利以及享受失业保险待遇的权利。

此外,如果超出劳动法的范围,还包括土地承包经营权。即农民承包农村土地从事农业经营的权利。《宪法》规定,"农村中的家庭联产承包为主的责任制和生产、供销、信用、消费等各种形式的合作经济,是社会主义劳动群众集体所有制经济。参加农村集体经济组织的劳动者,有权在法律规定的范围内经营自留地、自留山、家庭副业和饲养自留畜。"《农业法》规定,"国家实行农村土地承包经营制度,依法保障农村土地承包关系的长期稳定,保护农民对承包土地的使用权。"《土地管理法》和《农村土地承包法》对农村土地承包经营的方式、期限、发包方和承包方的权利义务、土地承包经营权的保护和流转等,都作了具体规定。

六、政府促进就业的职责

1. 促进就业在就业机制中的地位

现代市场经济体制中的就业机制,应当是市场导向的就业机制,即在人力资源市场配置与政府干预相结合的机制中,政府以人力资源的市场配置为基础,调控人力资源供求的总量和结构,建立和维护劳动者自由流动和公平竞争就业的人力资源市场秩序,以保障劳动者就业权的实现。此即促进就业。国家1998年提出并为《就业促进法》第2条所肯定的"劳动者自主择业、市场调节就业、政府促进就业"的新时期就业方针,就是对市场导向的就业机制的概要描述。其中,劳动者自主择业和市场调节就业,是人力资源的市场配置机制的基本内容,政府促进就业是在人力资源由市场配置的基础上对人力资源市场的干预。

(1)劳动者自主择业。劳动者自由进入人力资源市场,通过各种渠道实现就业,是劳动者自由流动的前提,而劳动者自由流动是市场调节就业的必要条件。在人力资源市场中,劳动者作为就业主体,享有法律赋予的自主择业权,即自主选择职业、就业形式和用人单位的权利。于提高劳动者参加职业培训的主动性和积极性,有利于提高劳动者的素质和市场竞争力。

(2)市场调节就业。在劳动者自由流动的条件下,市场调节就是由市场供求机制来调节全社会的劳动力与生产资料的结合。与劳动者的自主择业权相对应,法律赋予用人单位以用人自主权,即自主选择劳动者的权利。在此权利框架中,劳动者之间形成就业竞争机制,用人单位之间形成人才竞争机制,劳动者与用人单位之间则形成双向选择机制。只有通过这三种机制的联动,才可能实现人力资源的充分开发和优化配置。

(3)政府促进就业。在人力资源的市场配置机制中,由于存在劳动者弱势地位、劳动力供过于求、就业歧视、信息不对称等市场缺陷,加之城乡二元经济、城市化滞后于工业化、区域发展不平衡、产业结构转型、经济波动等因素的影响,仅凭市场机制不足以实现人力资源的高效率配置。为此,需要政府在市场配置人力资源的基础上促进就业,即为劳动者自主择业、市场调节就业提供保障,又针对市场机制的缺陷采用宏观调控和市场规制的手段,营造和维护自由和公平就业的市场秩序,追求人力资源供求总量和结构的均衡,实现国家的就业政策的目标。

2. 促进就业的目标

国际劳工组织1964年的《就业政策公约》(第122号公约)明确提出,各会员国应当以"充分的、生产性的和自由选择的就业"作为就业政策的主要目标,并将其内容规定为:(1)为一切有能力工作并寻找工作的人提供工作;(2)此工作应尽可能是生产性的;(3)有选择职业的自由,每个人有资格享受最充分发挥其技能与才能的机会,获得最适合的工作,而不分其种族、肤色、性别、宗教、政见、民族、血统或社会出身。

国内外经济社会发展和解决就业问题的实践表明,将实现"充分的、生产性的和自由选择的就业"确立为我国促进就业的目标,有利于制定和实施适应社会主义市场经济的就业政策,有利于实现就业目标同其他经济和社会目标的协调、就业政策同改革和发展的协调。鉴于我国劳动力供求矛盾的严重性和长期性,《就业促进法》将就业政策目标概括地规定为"扩大就业"。

"扩大就业"在国家政策目标体系中的地位,尤其在经济社会发展目标中的地位,取决于国家的基本政策方向和就业在经济社会发展中的作用。基于就业是民生之本、安国之策的重要性和经济与社会协调发展对构建和谐社会的必要性,《就业促进法》在第1条把"促进经济发展与扩大就业相协调"规定为立法目的之一,并在第2条规定,"国家把扩大就业放在经济社会发展的突出位置,实施积极的就业政策"。这表明,为扭转就业增长落后于经济增长的局面,应当以就业优先的取向来协调经济发展与扩大就业的关系。

鉴于就业政策目标软约束的教训,《就业促进法》第4条规定,县级以上政府把扩大就业作为经济和社会发展的重要目标,纳入国民经济和社会发展规划,并制定促进就业的中长期规划和年度工作计划;同时,在第58条规定,各级政府和有关部门应当建立促进就业的目标责任制度,县级以上政府按照促进就业目标责任制的要求,对所属的有关部门和下一级政府进行考核和监督。

3. 促进就业的主要任务

根据我国《劳动法》和《就业促进法》的规定,为实现宏观的就业目标,政府促进就业的任务，主要有下述各项：(1)扩大就业机会。即通过促进经济和社会发展，为提供更多就业岗位和增加劳动力需求创造必要条件，从而扩大就业机会。(2)保障公平就业。即保障劳动者享有平等就业和自由选择职业的权利，使其就业不因民族、种族、性别、宗教信仰等不同而受歧视，并对特殊就业群体给予特殊保护和就业援助。(3)提供就业服务。即逐步完善覆盖城乡的就业服务体系，尤其是建立健全人力资源市场信息服务体系和公共就业服务体系，为劳动者提供优质高效的就业服务。(4)开发职业能力。即根据经济社会发展和市场需求，组织建设职业能力开发体系，为劳动者提供多种形式的职业教育和培训。

4. 促进就业的工作体制

实现促进就业的目标，完成促进就业的任务，需要依托于一定的工作体制。在市场经济体制中，促进就业虽然是政府的职责，但促进就业的工作体制应当由政府、社会和用人单位三个层次所构成。

关于政府层次，其促进就业的职能，需要各级政府及其各个部门共同履行，其中劳动行政部门的定位和中央与地方、劳动行政部门与其他部门的协调尤为主要。对此，《就业促进法》在第6条作出原则规定，国务院建立全国促进就业工作协调机制，研究就业工作中的重大问题，协调推动全国的促进就业工作；国务院劳动行政部门具体负责全国的促进就业工作；省级政府根据促进就业工作的需要，建立促进就业工作协调机制，协调解决本行政区域就业工作中的重大问题；县级以上政府有关部门按照各自的职责分工，共同做好促进就业工作。

关于社会层次，处于政府层次与市场层次(用人单位、劳动者)之间的中介地位，主要由可代表劳动者利益或用人单位利益、提供就业服务的社会组织所构成，其相对于促进就业的政府和实现就业的劳动者都负有义务。为此，《就业促进法》第9条规定，工会、共产主义青年团、妇女联合会、残疾人联合会以及其他社会组织，一方面应当协助人民政府开展促进就业工作，另一方面应当依法维护劳动者的劳动权利。

关于用人单位层次，其作为就业岗位的提供者，是落实就业促进任务的最终载体和就业促进工作的对象；在市场调节就业与政府促进就业相结合的机制中，既是权利主体又是义务主体。为此，《就业促进法》第8条一方面规定，用人单位依法享有自主用人的权利；另一方面规定，用人单位应当依照本法以及其他法律、法规的规定，保障劳动者的合法权益。

第二节　公平就业

一、公平就业的含义和基本原则

(一)含义

公平就业，是指所有劳动者享有公平的就业机会，既包括形式公平意义上的反就业歧视，以形成公平竞争就业的环境；又包括实质公平意义上的对特殊就业群体以扶持、援助和保护，弥补特殊就业群体获取就业机会的不足。其基本要求是，保障劳动者依法享有平等就业和自主择业的权利。

在市场导向的就业机制中，公平就业既是劳动者的就业权利，又是劳动者实现就业的机制。在促进就业的目标即扩大就业中,公平就业既体现扩大就业的价值取向,又给扩大就业提供条件。在就业促进的体系中,无论是政府,还是社会组织和用人单位;无论是就业调控、人力资源市场管理,还是就业服务、职业教育(培训)、就业援助,都应当以实现公平就业为义务。为此,《就业促进法》对公平就业给予了特别重视,不仅把公平就业作为贯穿于就业促进法体系的基本精神,而且还设专章对公平就业的有关问题作出集中规定。就业无关的因素而受到歧视。

(二)基本原则

1. 机会均等

即劳动者的个人禀赋虽然有差异,但所有劳动者都平等享有进入人力资源市场,通过竞争实现就业的机会。其含义中包括:(1)录用机会均等。即劳动关系建立前,所有求职的劳动者都平等地享有被录用的机会。依据就业机会均等的要求,用人单位招用人员,对同一职业、工种或岗位的所有求职者应当适用同一录用标准,只可基于职业、工种或岗位本身特殊的内在需要进行选择,给各个求职者同样的录用机会。(2)职业机会均等。即在劳动关系建立后,劳动者在用人单位所获得的劳动关系存续机会、职业晋级机会和培训机会均等。劳动关系存续机会均等,是指已就业的劳动者享有免受不公正辞退的权利,不因为与工作无关的歧视性原因而导致用人单位解除劳动关系。职业晋级机会均等,是指在用人单位中,用人单位给予劳动者晋级应当依据劳动者的职业表现决定,而不能抑制某一群体劳动者的晋级或使某一群体获得更为有利的晋级机会。(3)就业服务和职业培训机会均等。就业服务和职业培训是劳动者赖以实现就业的必要条件,公共就业服务机构和职业培训机构应当应当向劳动者提供公平的就业条件。

2. 同工同酬

即从事技能、责任和体力要求相等并且工作条件相似的工作的所有劳动者,用人单位应当支付相等的报酬。其中,“同工”是同等工作、同样劳动条件的概括性表述;“酬”应当作扩大解释,不仅指工资和劳动报酬,还包括社会保障、职业福利等劳动待遇。由于职业是被隔离的,在同一用人单位内部,不同群体的劳动者可能并不同工,于是英、美、澳大利亚等国基于“同工同酬”的概念提出“同值同酬”的理论,即从事同等价值的工作,报酬相同。依此理论,可比价值原则把同工同酬原则推广到要求对类似的或可比工作提供相同的报酬,即以基于各种工作所需要的技能、努力程度和责任的付酬制度取代工资的市场决定,亦即根据各种工作所需要的知识、能力、责任大小、物理条件,以及其他各种可能的特点,分别确定各自的分配点数,具有相同点值的工作将获得同样的报酬,而获得较高点值的工作则将获得较高的报酬。

二、反就业歧视

(一)就业歧视的概念和分类

就业歧视,是指基于特定职业内在需要以外的因素,在就业或职业的机会或待遇上给予区别、排斥或优惠,从而剥夺或损害就业或职业上平等。它具有以下特点:(1)它与公平就业原则、平等待遇原则相背离。(2)其内容非常广泛,涉及各个方面。除《就业和职业歧视公约》(第111号公约)中列举的种族、肤色、性别、宗教、政治观点、民族血统或社会出身歧视外,《促进就业和失业保护公约》(第168号公约)又增加了禁止国籍、残疾、年龄歧视的规定。(3)它应有例外规定。《就业和职业歧视公约》中规定了不应视为歧视的情形,例如,对一项特定职业基于其内在需要的任何区别、排斥或优惠,针对有正当理由被怀疑或证实参与了有损国家安全活动的个人所采取的任何措施,都不应视为歧视。

依歧视的实施者不同,可分为雇主歧视;雇员歧视(即某类雇员根据自己的偏好来选择或拒绝与另一类人一起工作);职业介绍机构歧视;政府歧视;顾客歧视(即消费者对商家的销售服务的评价,受到销售人员的性别、种族、宗教及品性等因素的影响);选民歧视(即在政治民主体制中,投票人的歧视偏见决定当选政党的歧视倾向,从而产生歧视性的政府政策);等等。依歧视的内容不同,可以为录用歧视;工资歧视;职业准入歧视;人力资本投资歧视;等等。依歧视所依据的因素不同,可分为性别歧视、种族歧视、民族歧视、年龄歧视、残疾和健康歧视数、户籍歧视等。

(二)国外反就业歧视的法律实践

国外反就业歧视立法既有针对所有就业歧视的基本法,也有针对某种具体歧视的单项法律法规。基本法如美国《民权法案》第七章,后修改为1973年的《公平就业机会法》,澳大利亚1997年《反歧视法》等。单项法律有,反性别歧视,如美国1963年的《同酬法》,英国1970年的《同酬法》、1975年的《性别歧视法》;反年龄歧视,如美国1967年的《年龄歧视法》,欧盟1997年的《阿姆斯特丹条约》——该条约允许欧盟国家部长有权对就业年龄歧视采取行动;反残疾歧视,如美国1990年的《残疾人法案》,英国1995年的《残疾歧视法案》;反性倾向歧视,如英国废止反同性恋法(地方政府法第28条规定的变性人不得结婚的禁令),将使同性恋者的工作权益和结婚权获得立法保障,美国一些州的立法允许同性恋;反艾滋病歧视,如澳大利亚、加拿大、香港特区、新西兰、南非、美国和西欧(如法国和英国)已经出台了不同形式的反艾滋病歧视的法律。

一些国家和地区在制定反歧视法后,均设立了相应的执行机构以保障反歧视法的实施。如美国、澳大利亚、我国香港都成立了"公平就业机会委员会"(Equal Employment Opportunity Commission,简称EEOC)并有多种执法机制。并且设置了相应的特别行政机制。例如,在美国,受害人可以自己向法院起诉,请求损害赔偿,或请求法院颁发禁止令。EEOC亦可进行调解,或以自己名义向法院起诉,免费为受害人提起诉讼。这种"行政机关向法院起诉"的执法方式对受害人的救济是相当有效,因为各类受歧视的被害人,往往很难运用法律以保护自己不受无端歧视。

(三)我国反就业歧视的立法概况

(1)宪法。如《宪法》第33条第2款规定"中华人民共和国公民在法律面前一律平等";第42条第1款规定"中华人民共和国公民有劳动的权利和义务",宪法的规定是所有禁止就业歧视法律规范的立法基础。

(2)法律。作为平等就业和禁止就业歧视的法律可以分为两类:一类是一般法中规定的普遍适用于所有劳动者平等就业问题的法律,如《就业促进法》和《劳动法》、《劳动合同法》中关于平等就业、反歧视、同工同酬的规定。另一类是涉及特殊群体、特别是就业弱势群体的专项法律,如《残疾人保障法》、《妇女权益保障法》等法律中对于防止残疾人就业歧视和妇女就业歧视的积极措施以及禁止歧视规定。

(3)行政法规。如《女职工劳动保护规定》、《残疾人教育条例》、《工伤保险条例》、《劳动保障监察条例》等也有直接或间接地涉及禁止就业歧视问题规定。

(4)行政规章。如劳动部关于《女职工禁忌劳动范围的规定》,民政部等部委颁布的《社会福利企业招用残疾职工的暂行规定》、卫生部和人事部颁布的《公务员录用体检通用标准(试行)》等。这些规定为法律、行政法规的实施提供了具体细则。

(5)地方性法规。如《北京市按比例安排残疾人就业办法》、《北京市实施〈中华人民共和国妇女权益保障法〉办法》、《上海市妇女儿童保护条例》、《广东省分散按比例安排残疾人就业办法》,这些涉及平等就业的规定主要在各个地方实施。

(6)我国政府批准生效的国际公约和文件。我国已经批准加入的涉及反歧视和平等就业的国际公约,具有法律渊源的地位。如我国已经批准的联合国《消除一切形式种族歧视国际公约》和《消除对妇女一切形式歧视国际公约》以及国际劳工组织《1958 年消除就业和职业歧视公约》(第 111 号)、《残疾人职业康复就业公约》和《男女工人同工同酬公约》等。

(四)反就业歧视的范围

根据《劳动法》第 12 条的规定,反就业歧视的范围仅限于民族歧视、种族歧视、性别歧视和宗教信仰歧视。在此基础上,《就业促进法》第 3 条第 2 款对反就业歧视的范围作出开放式列举规定(即"劳动者就业,不因民族、种族、性别、宗教信仰等不同而受歧视"),给在实践中扩大反就业歧视的范围提供了法律依据。据此规定,只要是基于无正当理由的因素所给予的歧视,都可以纳入反歧视的范围。

在《就业促进法》中,还就我国现阶段比较突出的几种就业歧视类型,作出专门规定:

(1)性别歧视。国家保障妇女享有与男子平等的劳动权利。用人单位招用人员,除国家规定的不适合妇女的工种或者岗位外,不得以性别为由拒绝录用妇女或者提高对妇女的录用标准。用人单位录用女职工,不得在劳动合同中规定限制女职工结婚、生育的内容。

(2)民族歧视。各民族劳动者享有平等的劳动权利。用人单位招用人员,应当依法对少数民族劳动者给予适当照顾。

(3)残疾歧视。国家保障残疾人的劳动权利。各级人民政府应当对残疾人就业统筹规划,为残疾人创造就业条件。用人单位招用人员,不得歧视残疾人。

(4)疾病歧视或传染病歧视。即传染病病源携带者享有平等就业的权利,用人单位招用人员,不得以是传染病病原携带者为由拒绝录用,且不得因劳动者为传染病病源携带者而被辞退,只要其所从事的工作不是法律、行政法规和国务院卫生行政部门规定禁止从事的易使传染病扩散的工作。当然,经医学鉴定传染病病原携带者也负有相应的义务,在治愈前或者排除传染嫌疑前,不得从事法律、行政法规和国务院卫生行政部门规定禁止从事的易使传染病扩散的工作。

(5)户籍歧视。农村劳动者进城就业享有与城镇劳动者平等的劳动权利,不得对农村劳动者进城就业设置歧视性限制。

(五)就业歧视的法律救济

1. 反歧视诉讼

《就业促进法》第 62 条规定,违反本法规定,实施就业歧视的,劳动者可以向人民法院提起诉讼。据此规定,就业歧视争议可以向人民法院提起诉讼,但因加害主体的不同,诉讼方式的选择有所差异。

政府实施就业歧视的,则依政府歧视性行政行为的性质[2]不同,采取相应的诉讼方式。如果歧视性行为属于具体行政行为,则劳动者可以依据《就业促进法》的规定直接向人民法院提起行政诉讼。如果歧视性行政行为属于抽象行政行为,则依作出抽象行政行为的机关不同,采取不同的诉讼方式。根据《立法法》第90条的规定,如果行政法规、地方性法规、自治条例和单行条例中有歧视性规定,与《就业促进法》中公平就业的规定相抵触,国务院、最高人民法院、最高人民检察院和各省、自治区、直辖市的人大常委会可以向全国人大常委会书面提出进行审查的要求,由常委会工作机构分送有关的专门委员会进行审查、提出意见;而其他国家机关和社会团体、企业事业组织以及公民则可以向全国人大常委会书面提出进行审查的建议,由常务委员会工作机构进行研究,必要时,送有关的专门委员会进行审查、提出意见。如果是行政规范[3]中有歧视性规定,违反《就业促进法》中公平就业规定的,有六种解决途径[4]:(1)国务院根据宪法第89条第13、14项的规定,对任何行政主体制定的行政规范,可以依法认定为“不适当”而予以改变或撤销;(2)县级以上地方各级人民政府根据《地方组织法》第59条第3项的规定,对所属行政主体(包括所属各工作部门和下级人民政府)的行政规范可以依法认定为“不适当”而予以改变或撤销;(3)公务行政主体对下级公务行政主体有领导权的,对该下级的行政规范可以依法认定为“不适当”而予以改变或撤销;没有领导权而只有指导权的,则不能直接予以改变或者撤销;(4)在行政复议中,作为复议机关的上级行政主体,根据《行政复议法》第27条的规定,认为被申请人做出的具体行政行为所依据的行政规范“不合法”的,可以依法予以处理;(5)制定行政规范的行政主体也可自行改变、撤销或废止自己制定的行政规范;(6)地方各级人大及其常委会根据《地方组织法》第8条第11项、第9条第9项和第44条第8项的规定,对本级人民政府的行政规范,可以依法认定为“不适当”而予以改变或撤销。

如果歧视行为的实施主体是用人单位或职业中介机构,则劳动者可以依法提起民事诉讼,要求其承担相应的民事责任。

2. 法律责任

《就业促进法》没有具体规定就业歧视的法律责任,但是第68条规定:违反《就业促进法》规定,侵害劳动者合法权益,造成财产损失或者其他损害的,依法承担民事责任;构成犯罪的,依法追究刑事责任。实施就业歧视应当属于侵害劳动者合法权益的情形,因此可以此条的规定。在具体的责任承担方式上,可借鉴美国经验,规定禁止令、复职、积欠工资、晋升以及损害赔偿等救济方式,其中造成受害人损害的赔偿责任,应包括诉讼费用,对故意歧视的,要规定惩罚性的赔偿责任,以有效遏制违法行为和保护受害者。另外,还应当结合我国现有的民事救济

---

[2] 行政行为依据对象的特定性和适用的重复性分为抽象行政行为和具体行政行为。抽象行政行为是指由行政主体针对处于将来可能发生法律事实中的不特定的行政相对人单方做出的具有普遍约束力的可反复适用的行政行为。例如行政机关进行行政立法或制定行政规范的行为。具体行政行为是指行政主体行使行政职权,针对特定的行政相对人已经发生的法律事实做出的,并直接对行政相对人权利义务产生影响的单方行为。例如行政执法行为和行政处罚行为。

[3] 行政规范是指行政机关及被授权组织为实施法律和执行政策,在法定权限内制定出行政法规和规章之外的决定、命令等普遍性行为规则的总称。一般来说,可以作为人民法院处理案件依据的规范性文件只有法律和行政法规,但是如果地方性法规和规章的规定,是基于对上位法尚未具体规定的问题所作的补充,与上位法的立法目的和基本精神相一致,就可以将地方性法规和规章作为确认人民法院处理争议的参考。

[4] 以下参见应松年:《当代中国行政法》,中国方正出版社2005年版,第635~636页。

体系以及其他相关规定,构建符合我国国情的法律救济体系。例如,如果就业歧视给受害人造成精神损害的,受害人还可以主张精神损害赔偿。[5]

3. 举证责任

根据国外的立法实践,反歧视诉讼中一般实行“举证责任倒置”原则,即受害人只需证明受到差别对待,即可推定认为用人单位存在歧视,雇主必须用证据推翻歧视的假设,如果他不能提供客观的有效的证据来证明差别对待是合理需要的,则可判定歧视成立。[6]

三、特殊就业保障

特殊就业保障,是指法规和政策特别规定的,国家对妇女、残疾人、少数民族人员、退役军人等特殊群体的就业所采取的特殊保障措施。国家所承担的保障公平就业的任务,在很大程度上是通过为特殊群体提供特殊就业保障来实现的。我国《劳动法》规定,妇女享有与男子平等的就业权利;残疾人、少数民族人员、退役军人的就业,法律法规有特别规定的,从其规定。在《妇女权益保障法》(1992 年)、《残疾人保障法》(1990 年)等法律法规中,对特殊就业保障,都作了相应的规定。

(一)妇女就业保障

根据我国《劳动法》和《妇女权益保障法》等法规的规定,妇女就业保障的内容主要包括:(1)除国家规定的不适合妇女的工种或岗位外,不得以性别为由拒绝录用妇女;(2)凡适合妇女的工种或岗位,招工的男女比例,要从当地实际情况出发,根据生产、工作需要和劳动力资源情况合理确定;(3)招工时不得提高对妇女的录用标准;(4)对女职工不得以结婚、怀孕、产假、哺乳等为由,予以辞退或单方解除劳动合同;(5)实行男女同工同酬,在晋职、晋级、评定专业技术职务、分配住房和享受福利待遇等方面坚持男女平等;(6)对妇女在劳动过程中的安全和健康给予特殊保护,不得安排不适合妇女从事的工作和劳动。

(二)残疾人就业保障

为了保障残疾人就业,我国于 1989 年制定了《社会福利企业招用残疾人职工暂行规定》,在 1990 年《残疾人保障法》中对残疾人就业问题设专章作了规定,在 1994 年《劳动法》中也明确规定对残疾人就业实行特殊保护;2007 年《残疾人就业条例》对残疾人就业保障设计了较完整制度框架。保障残疾人就业的主要措施有:

1. 保障残疾人平等就业

劳动者就业,不因残疾而受歧视。用人单位应当为残疾人职工提供适合其身体状况的劳动条件和劳动保护,不得在晋职、晋级、评定职称、报酬、社会保险、生活福利等方面歧视残疾人职工。

2. 集中就业

政府和社会依法兴办的残疾人福利企业、盲人按摩机构和其他福利性单位,应当集中安排残疾人就业;其从事全日制工作的残疾人职工,应当占本单位在职职工总数的 25% 以上。对集中使用残疾人的用人单位,国家依法给予税收优惠,并在生产、经营、技术、资金、物资、场地使

---

〔5〕 林嘉:《论我国就业歧视的法律调控》,载《河南社会科学》2006 年第 5 期。

〔6〕 喻术红:《反就业歧视法律问题之比较研究》,载《中国法学》2005 年第 1 期。

用等方面给予扶持；地方政府及其有关部门应当为其优先安排生产或者经营的产品、项目，并根据其生产特点确定某些产品由其专产；政府采购在同等条件下，应当优先购买其产品或者服务。

3. 按比例就业与残疾人就业保障金

用人单位安排残疾人就业的比例不得低于本单位在职职工总数的1.5%，并为残疾人提供适当的工种、岗位；国家对安置残疾人员达到规定比例的企业，依法给予税收优惠；用人单位安排残疾人就业达不到省级政府规定比例的，应当缴纳残疾人就业保障金；该项资金应当纳入财政预算，专项用于残疾人职业培训以及为残疾人提供就业服务和就业援助，受财政部门和审计机关的监督。

4. 扶持残疾人非正规就业

县级以上政府应当采取措施，拓宽残疾人就业渠道，开发适合残疾人就业的公益性岗；社区服务事业应当优先考虑残疾人就业；国家鼓励扶持残疾人自主择业、自主创业，对残疾人从事个体经营的，应当依法给予税收优惠和小额信贷等扶持，有关部门应当给予照顾并免收管理类、登记类和证照类的行政事业性收费。

5. 扶持农村残疾人农业就业

地方各级政府应当多方面筹集资金，组织和扶持农村残疾人从事种植业、养殖业、手工业和其他形式的生产劳动；有关部门对从事农业生产劳动的农村残疾人，应当在生产服务、技术指导、农用物资供应、农副产品收购和信贷等方面给予帮助。

6. 残疾人就业服务

各级政府和有关部门应当为就业困难的残疾人提供有针对性的就业援助服务，鼓励和扶持职业培训机构为残疾人提供职业培训，并组织残疾人定期开展职业技能竞赛；中国残疾人联合会及其地方组织所属的残疾人就业服务机构应当免费为残疾人就业提供法定项目的服务；国家鼓励其他就业服务机构为残疾人就业提供免费服务；残疾人就业服务机构经批准还可以进行残疾人职业技能鉴定；残疾人职工与用人单位发生争议的，当地法律援助机构应当依法为其提供法律援助，各级残疾人联合会应当给予支持和帮助。

（三）退役军人就业保障

退役军人，又称复员退伍军人，即不再在中国人民解放军服役的人员。对退役军人就业实行特殊保障，即由国家进行政策性安置就业，有利于稳定军心，是关系军队建设、经济建设、国家安危和社会安定的大事。我国一贯重视退役军人安置工作，制定了一系列法规政策。其中现行的法规，除《劳动法》外，还有《兵役法》（1984年）、《中国人民解放军志愿兵退出现役安置暂行办法》（1983年）、《退伍义务兵安置条例》（1987年）、《军人抚恤优待条例》（1988年）、《中国人民解放军士官退出现役安置暂行办法》（1999年）、《军队转业干部安置暂行办法》（2001年）等。它们对退役军人就业保障的规定，主要有下述几个方面的内容：

（1）原则。退役军人安置工作，实行从哪里来、回哪里去的原则和妥善安置、各得其所的方针；由专门安置机构在地方各级政府领导和有关部门协助下具体进行。

（2）农村退役义务兵就业安置。家居农村的义务兵退役后，一般由乡镇政府妥善安排其生产和生活；在服役期间荣立二等功以上的，应当安排工作；对有一定专长的，应当向有关部门推荐录用；各用人单位向农村招工时，在同等条件下应当优先录用，对服役期间荣立三等功或超期服役者和女性,应当给予适当照顾。

(3)城镇退役义务兵就业安置。家居城镇的义务兵退役后,由县级政府安排工作。服役前没有参加工作的,由国家统一分配工作,实行系统分配任务、包干安置办法,各接收单位必须妥善安排。入伍前原是机关、团体、企事业单位正式职工的,原则上回原单位复工复职;对于因残、因病不能坚持8小时工作的,原单位应当按照与具有同样情况的一般工作人员同等待的原则予以妥善安置;原工作单位已撤销或合并的,由上一级机关或合并后的单位负责安置。

(4)伤残退役义务兵就业安置。因战、因公致残的二等、三等革命伤残军人,原是城市户口的,由原征集地退伍军人安置机构安排力所能及的工作;原是农业户口的,原征集地区有条件的,可以在企事业单位安排适当工作。

(5)退役志愿兵就业安置。志愿兵退役后,由原征集地的县级政府安排工作,遇有特殊情况也可以由上一级或者省级政府统筹安排;安排工作时应尽量按专业技术对口分配,并按法定标准评定工资级别。志愿兵退役时,本人申请复员回乡参加农业生产的,应予鼓励,并增发安家补助费;生产、生活有困难的,当地政府应协助解决。

(6)退役军官就业安置。军官退役后,由国家妥善安置。对其就业,实行专门的军官转业安置办法。

(四)少数民族人员就业保障

对少数民族人员就业实行特殊保障的政策,是我国民族政策的重要组成部分,是国家促进少数民族地区经济和社会发展的重要手段。关于少数民族人员就业保障的法律规定,除劳动立法外,主要见诸民族事务立法,如《民族区域自治法》(1984年)等。其内容主要有下述两个方面:

(1)优先招用少数民族人员。民族自治地方的企事业单位在招收人员时,要优先招收少数民族人员,并且可以从农村和牧区少数民族人员中招收。上级国家机关隶属的在民族自治地方的企事业单位招收人员、民族自治地方每年编制内的干部和职工的补充,上级政府在每年下达的“农业户口转非农业户口”计划,均优先考虑招用少数民族人员。

(2)培养少数民族人才。民族自治地方的自治机关要采取各种措施从当地民族中大量培养各级干部和各种科学技术、经营管理等专业人才和技术工人,充分发挥他们的作用,并且注意在少数民族妇女中培养各级干部和各种专业技术人才;上级国家机关对此负有帮助职责。国家举办民族学院,在高等学校举办民族班、民族预科,专门招收少数民族学生,并且可以采取定向招生、定向分配的办法。高等学校和中等专业学校招收新生时,对少数民族考生适当放宽录取标准和条件。

此外,国家一直实行帮助各民族自治地方加速发展经济文化建设事业的政策,这也是为少数民族人员就业创造条件,从而保障少数民族人员就业的根本性措施。

第三节 政策支持

作为政府促进就业手段的政策支持,是指按照扩大就业的要求,运用宏观调控的政策手段支持经济发展，以实现经济发展与扩大就业的协调。其中包括产业政策、所有制结构政策、国内外贸易和国际合作政策、投资政策、财政（税收）政策、失业保险政策、金融政策、城乡统筹政策、区域经济政策、灵活就业政策等宏观调控政策手段。

一、产业政策和所有制结构政策

为从产业政策和所有制结构政策上促进就业，《就业促进法》规定，县级以上人民政府应当把扩大就业作为重要职责，统筹协调产业政策与就业政策；国家鼓励各类企业在法律、法规规定的范围内，通过兴办产业或者拓展经营，增加就业岗位；国家鼓励发展劳动密集型产业、服务业，扶持中小企业，多渠道、多方式增加就业岗位；国家鼓励、支持、引导非公有制经济发展，扩大就业，增加就业岗位。

二、国内外贸易和国际合作政策

作为我国经济发展的重大引擎之一，外贸出口对我国经济的快速发展起到了十分重要的作用。基于我国劳动力资源优势，扩大劳动密集型产品的出口，对外招商引资，发展国际劳务输出，已经成为我国扩大就业的重要渠道。为此，《就业促进法》规定，国家发展国内外贸易和国际经济合作，拓宽就业渠道。

三、投资政策

鉴于投资可以带动经济增长而未必同步带动就业增长的关系，国有资本投资应当为扩大就业起到杠杆作用，即通过引导社会资本的投资方向，与产业政策、财政税收政策等配合，在带动经济增长的同时，带动就业的同步增长。为此，《就业促进法》规定，县级以上人民政府在安排政府投资和确定重大建设项目时，应当发挥投资和重大建设项目带动就业的作用，增加就业岗位。

四、财政（税收）政策

促进就业的财政政策，需要从财政支出和收入两个方面着手。在财政支出方面，《就业促进法》规定，国家实行有利于促进就业的财政政策，加大资金投入，改善就业环境，扩大就业；县级以上人民政府应当根据就业状况和就业工作目标，在财政预算中安排就业专项资金，用于职业介绍、职业培训、公益性岗位、职业技能鉴定、特定就业政策和社会保险等的补贴，小额贷款担保基金和微利项目的小额担保贷款贴息，以及扶持公共就业服务等促进就业的项目。在财政收入方面，《就业促进法》规定，国家鼓励企业增加就业岗位，扶持失业人员和残疾人就业，对下列企业、人员依法给予税收优惠：（1）吸纳符合国家规定条件的失业人员达到规定要求的企业；（2）失业人员创办的中小企业；（3）安置残疾人员达到规定比例或者集中使用残疾人的企业；（4）从事个体经营的符合国家规定条件的失业人员；（5）从事个体经营的残疾人；（6）国务院规定给予税收优惠的其他企业、人员。

五、金融政策

实践表明，中小企业发展的就业贡献大于大型企业发展，而我国现阶段中小企业的融资条件劣于大型企业。这就需要金融政策朝着支持中小企业发展的方向作出调整。为此,《就业促进法》规定,国家实行有利于促进就业的金融政策,增加中小企业的融资渠道;鼓励金融机构改进金融服务,加大对中小企业的信贷支持,并对自主创业人员在一定期限内给予小额信贷等扶持。

六、城乡和区域统筹政策

我国正处在工业化和城镇化的过程中,且区域发展不平衡,就业形势严峻的原因多缘于此。因而,应当把就业问题置于城乡统筹发展和区域统筹发展的框架中予以解决,即把统筹城乡就业和统筹区域就业作为统筹城乡和区域经济社会发展的重要内容,从国民经济和社会发展的全局高度一体化地制定就业政策,以实现就业与宏观经济和社会发展的良性互动。关于城乡统筹就业,《就业促进法》规定,国家实行城乡统筹的就业政策,建立健全城乡劳动者平等就业的制度,引导农业富余劳动力有序转移就业;各级人民政府统筹做好城镇新增劳动力就业、农业富余劳动力转移就业和失业人员就业工作。其中,劳动力转移分两个层次:一是向小城镇转移就业,《就业促进法》规定,县级以上地方人民政府推进小城镇建设和加快县域经济发展,引导农业富余劳动力就地就近转移就业,在制定小城镇规划时将本地区农业富余劳动力转移就业作为重要内容;二是向城市转移就业,《就业促进法》规定,县级以上地方人民政府引导农业富余劳动力有序向城市异地转移就业,劳动力输出地和输入地人民政府应当互相配合,改善农村劳动者进城就业的环境和条件。关于区域统筹就业,《就业促进法》规定,国家支持区域经济发展,鼓励区域协作,统筹协调不同地区就业的均衡增长;国家支持民族地区发展经济,扩大就业。

七、灵活就业政策

为促进灵活就业,《就业促进法》规定,各级人民政府采取措施,逐步完善和实施与非全日制用工等灵活就业相适应的劳动和社会保险政策,为灵活就业人员提供帮助和服务。

八、再就业政策

为促进失业人员再就业,《就业促进法》规定,国家建立并逐步完善失业保险制度,依法确保失业人员的基本生活,促进其实现再就业;地方各级人民政府和有关部门应当加强对失业人员从事个体经营的指导,提供政策咨询、就业培训和开业指导等服务;国家扶持失业人员就业,对从事个体经营的符合国家规定条件的失业人员依法给予税收优惠。

第四节　就业服务和管理

一、就业服务的概念和分类

就业服务,是指就业服务主体为劳动者实现就业和用人单位招用劳动者提供的社会服务。在人力资源市场的运行机制中和国家劳动政策的实施体系中,它都是一个重要的组成部分。

就业服务的对象，是劳动力供求双方，按照市场经济的要求，凡是有劳动力供给愿望的各种劳动者和有劳动力需求愿望的各种用人单位，都在服务对象的范围之内。就劳动力供给主体来说，既包括城镇劳动者，又包括农村剩余劳动力；既包括失业人员，又包括要求流动的在业人员；既包括劳动年龄内的劳动者，又包括超过劳动年龄后仍有求职愿望的劳动者；既包括本地区、本部门的劳动者，又包括要求在本地区、本部门就业的外地区、外部门的劳动者；既包括境内劳动者，又包括允许在境内就业的境外劳动者。就劳动力需求方来说，不受用人单位的所有制和所属地区或部门的限制，并且，应当既包括境内用人单位还包括对境内劳动力有需求的境外雇主。

就业服务的主要内容包括就业登记、职业指导、职业介绍、就业前培训、失业保险、组织生产自救和以工代赈等多个方面。

根据《就业促进法》的规定，就业服务分为非营利性就业服务和营利性就业服务。非营利性就业服务，对劳动者而言，即免费就业服务，又可分为公共就业服务和其他非营利性就业服务，前者即地方各级政府和有关部门提供的公益性就业服务，后者即企事业单位、社会团体和其他社会力量提供的公益性就业服务；营利性就业服务是法人、其他组织和公民个人以营利为目的所提供的就业服务。

根据《就业促进法》的规定，地方各级政府和有关部门不得自行举办或参与举办营利性就业服务，包括举办营利性职业中介机构和招聘会。

二、公共就业服务

（一）公共就业服务机构

1. 国家公共就业服务机构

国务院劳动行政部门是全国就业服务的主管部门。它设置的就业服务管理职能机构，负责建立劳动力调查统计制度和就业登记、失业登记制度，开展劳动力资源和就业、失业状况调查统计，并公布调查统计结果；研究就业服务工作的政策，拟定就业服务发展规划，协调与有关部门的业务关系，对全国就业服务管理机构的工作进行指导和监督，并维护其履行职责过程中的权利，组织推动就业服务系统的干部培训工作。

2. 地方公共就业服务机构

地方公共就业服务机构，是各级地方劳动行政部门设置的并在其直接领导下实施就业服务任务的工作机构，县级以上的一般称为就业服务局，它在全面开展就业服务工作的同时，负责本地区各类就业服务机构的管理。

省级公共就业服务机构，主要负责本地区就业服务工作和就业服务机构管理工作，拟定本地区就业服务工作的规划、方针和政策，对本地区就业服务机构的业务工作进行指导和监督。

县级以上各级政府公共就业服务机构的职责包括：(1)培育和完善统一开放、竞争有序的人力资源市场，为劳动者就业提供服务。(2)建立失业预警制度，对可能出现的较大规模的失业，实施预防、调节和控制。(3)鼓励社会各方面依法开展就业服务活动，加强对公共就业服务和职业中介服务的指导和监督，逐步完善覆盖城乡的就业服务体系。(4)加强人力资源市场信息网络及相关设施建设，建立健全人力资源市场信息服务体系，完善市场信息发布制度。(5)建立健全公共就业服务体系，设立公共就业服务机构，为劳动者免费提供就业服务。(6)对提供公益性就业服务的职业中介机构,按照规定给予补贴。(7)加强对职业中介机构的管理,鼓励其提高服务质量,发挥其在促进就业中的作用。

地方就业服务管理机构的基层组织,即街、镇、乡劳动就业服务站,它可由街、镇、乡政府部门直接领导和管理,也可作为区、县就业服务管理机构的派出机构。

(二)公共就业服务的具体内容

国际劳工组织《就业服务公约》(第88号,1948年)规定的就业服务的内容被概括为四类:职业中介、劳动力市场信息系统开发、劳动力市场调整计划的管理(支持经济和社会计划)、失业补贴的管理。其中,确立劳动力市场调整计划的管理职能,是劳动力市场政策从消极转向积极的体现,也是公共就业服务各种功能紧密结合趋势的体现,这使得公共就业服务机构既是信息供给机构和中介机构,也成为就业政策、计划的执行机构。我国积极的就业政策对公共就业服务机构的要求则与此一致。

根据《就业促进法》的规定,公共就业服务机构应当为劳动者免费提供下列服务:(1)就业政策法规咨询;(2)职业供求信息、市场工资指导价位信息和职业培训信息发布;(3)职业指导和职业介绍;(4)对就业困难人员实施就业援助;(5)办理就业登记、失业登记等事务;(6)其他公共就业服务。

职业指导,是指就业服务机构根据劳动力供求双方的需要,依法为劳动者选择职业、用人单位选择劳动者和培训机构开展职业培训,提供调查、测评、咨询、建议等导向性服务。其工作内容包括:(1)调查分析社会职业变动趋势和劳动力市场供求状况;(2)开展对劳动者个人素质和特点的测试,并对其职业能力进行评价;(3)帮助劳动者了解职业状况,掌握求职方法,确定择业方向,增强择业能力;(4)向劳动者提出培训建议,并负责向就业训练机构推荐;(5)对妇女、残疾人、少数民族人员及退役军人等特殊群体提供专门的职业指导服务;(6)指导用人单位选择招聘方法,确定用人条件和标准;(7)对从事个体劳动和开办私营企业的劳动者,提供开业和生产经营方面的咨询服务;(8)对就业训练机构的培训方向、训练规模和专业设置等,提供导向;(9)对在校学生提供相应的职业指导服务。

职业介绍,是指职业介绍机构利用市场调节机制,为劳动力供求双方沟通联系和提供其他服务,促进用人单位和求职者相互选择,帮助劳动者实现就业。其工作内容包括:(1)为求职者办理求职登记,提供职业需求信息,推荐用人单位,进行素质测评和评价,帮助其了解职业状况和掌握求职方法,并且,为特殊群体人员和长期失业者提供专门服务。(2)为用人单位办理用人登记,提供劳动力资源信息,推荐求职者,指导其正确选择招聘方法和执行国家规定的招聘标准。(3)为职业培训和就业训练机构提供职业需求信息,推荐需要培训的人员。(4)组织劳务交流洽谈活动和劳务承包、劳务协作等活动,为求职者提供直接的就业服务。(5)根据需要开展推荐临时用工、家庭服务人员等服务。(6)建立劳动力市场信息库,开展劳动力供求预测、预报,进行劳动力信息咨询服务,汇集、管理和定期发布劳动力市场信息。(7)受劳动行政部门委托,可以开展颁发有关证件、保管求职者档案、发放失业保险金等服务项目。

作为就业援助对象的就业困难人员,根据《就业促进法》的界定,是指因身体状况、技能水平、家庭因素、失去土地等原因难以实现就业,以及连续失业一定时间仍未能实现就业的人员。根据《就业服务与就业管理规定》(2007年)的规定,零就业家庭,即法定劳动年龄内的家庭人员均处于失业状况的城市居民家庭,也作为就业困难人员。就业困难对象的具体范围,由省、自治区、直辖市人民政府根据本行政区域的实际情况规定。法律要求各级人民政府建立健全就业援助制度,采取税费减免、贷款贴息、社会保险补贴、岗位补贴等办法,对就业困难人员实行优先扶持和重点帮助。就业援助的具体措施包括:(1)针对性就业服务。地方各级人民政府加强基层就业援助服务工作,对就业困难人员实施重点帮助,提供有针对性的就业服务和公益性岗位援助。并且各级人民政府采取特别扶助措施,促进残疾人就业,按照国家规定安排残疾人就业。(2)提供公益性岗位。政府投资开发公益性岗位优先安排符合岗位要求的就业困难人员。按照国家规定给予被安排在公益性岗位工作的劳动者岗位补贴。县级以上地方人民政府采取多种就业形式,拓宽公益性岗位范围,开发就业岗位,确保城市有就业需求的家庭至少有一人实现就业。法定劳动年龄内的家庭人员均处于失业状况的城市居民家庭,可以向住所地街道、社区公共就业服务机构申请就业援助。街道、社区公共就业服务机构经确认属实的,应当为该家庭中至少一人提供适当的就业岗位。(3)职业培训和信息服务。地方各级人民政府鼓励和支持社会各方面为就业困难人员提供技能培训、岗位信息等服务。(4)引导产业结构转型导致的转移就业并提供扶持帮助。国家鼓励资源开采型城市和独立工矿区发展与市场需求相适应的产业,引导劳动者转移就业。对因资源枯竭或者经济结构调整等原因造成就业困难人员集中的地区,上级人民政府应当给予必要的扶持和帮助。

三、人力资源市场管理

(一)人力资源市场的含义和意义

人力资源市场,即理论上的劳动力市场(广义劳动力市场),包括原归属于劳动行政部门管理的"劳动力市场"(狭义劳动力市场)和归属于人事行政部门管理的"人才市场",是指劳动力供求双方主体通过相互选择和协商一致,缔结劳动关系的中介性场所。

在《就业促进法》中,以"人力资源市场"的概念替代"劳动力市场"和"人才市场"的概念,表明"劳动力市场"与"人才市场"分立的二元模式应当转向市场一体化和运行规则统一的一元模式;在现阶段至少表明,即使"劳动力市场"和"人才市场"在管理体制上还未统一且在运行规则上还有差异,《就业促进法》所规定的人力资源市场运行规则统一适用于"劳动力市场"和"人才市场"。

(二)人力资源市场准入管理

1. 劳动者进入人力资源市场的法律规定

根据我国有关劳动立法的规定,劳动者年满 16 周岁,有劳动能力,且有就业愿望,符合法律规定条件,可以凭本人身份证件和接受教育、培训的相关证明,通过职业介绍机构介绍或直接联系用人单位等渠道求职。

为了提高劳动者的职业素质和技能水平,缓解城镇就业压力,根据我国有关立法的规定,劳动者在就业前,应当接受必要的职业教育和职业培训。城镇初、高中毕业生就业前还应当参加劳动预备制培训,即新生劳动力在进入人力资源市场前,必须经过 1 ~ 3 年的相关职业培训或职业教育。

根据平等就业的原则,劳动者的自由流动受法律保护,任何地方政府不得限制劳动者的自由流动,特别是不得以户籍为由,限制非本地户籍和农业户籍的劳动者进入本地人力资源市场,不得对其就业做出任何限制。

2. 用人单位进入人力资源市场的法律规定

用人单位招用人员，应当面向社会，公开招收，公平竞争，择优录用。用人单位在招用职工时，除国家规定不适合从事的工种或者岗位外，不得以性别、民族、种族、宗教信仰为由拒绝录用或者提高录用标准。

用人单位可以通过下列途径自主招用人员：(1)委托职业介绍机构；(2)参加劳动力交流洽谈活动；(3)通过大众传播媒介刊播招用信息；(4)利用互联网进行网上招聘；(5)法律、法规规定的其他途径。

用人单位委托职业介绍机构招用人员时，应当出示单位介绍信、营业执照(副本)或其他法人登记文件、招用人员简章和经办人身份证件。招用人员简章应包括用人单位基本情况、招用人数、职业工种、岗位要求、录用条件、劳动报酬、福利待遇、劳动保护等内容。用人单位通过报刊、广播、电视等大众传播媒介发布招用人员广告，须经当地人力资源行政部门审核。2002 年修改的《北京市人才市场管理条例》规定，新闻单位刊登、播放人才招聘单位的人才招聘启事无须再经过北京市人事局的批准。

用人单位招用人员时禁止有下列行为：(1)提供虚假招聘信息；(2)招用无合法证件的人员；(3)向求职者收取招聘费用；(4)向被录用人员收取保证金或抵押金；(5)扣押被录用人员的身份证等证件；(6)以招用人员为名牟取不正当利益或进行其他违法活动。

用人单位招用人员后，应当自录用之日起 30 日内，到当地人力资源行政部门办理录用备案手续，并为被录用人员办理就业登记。

四、职业中介机构管理

职业介绍机构分为公共职业介绍机构和非公共职业介绍机构。人力资源行政部门开办的公共职业介绍机构，是公益性的事业单位。社会团体、企事业单位开办的职业介绍机构可以是公益性的，也可以是非公益性的。私人开办的职业介绍机构为非公益性职业介绍机构。

开办职业介绍机构应当具备以下条件：(1)有明确的章程和管理制度；(2)有开展业务必备的固定场所、办公设施和一定数额的开办资金；(3)有一定数量具备相应职业资格的专职工作人员；(4)法律、法规规定的其他条件。

职业介绍机构设立的程序为：设立公益性职业介绍机构的，应当持相关证明文件向所在地县级以上人民政府的人力资源行政部门提出申请，经审查批准，领取《职业介绍许可证》后，从事职业介绍活动。设立经营性职业介绍机构，除履行前款规定的手续外，还应当依法到工商、税务行政管理部门申请办理企业、税务登记手续，方可从事职业介绍活动。职业介绍机构需变更或者终止的，应按原申请开办程序办理变更或者终止手续。

人力资源行政部门对于职业介绍机构的资格予以严格认定，依法发放《职业介绍许可证》。《职业介绍许可证》由省级人力资源行政部门统一印制，任何单位和个人不得伪造、涂改、出租、出版、传借和转让。人力资源行政部门对《职业介绍许可证》进行年度检验工作；并制定职业介绍机构的服务标准，统一服务流程，明确各项服务的质量要求，建立监督检查制度。

职业介绍机构被禁止实施下列行为：提供虚假信息；为无合法证照的用人单位提供职业中介服务；伪造、涂改、转让职业中介许可证；扣押劳动者的居民身份证和其他证件，或者向劳动者收取押金；为未满 16 周岁的未成年人介绍职业；介绍求职者从事法律、法规禁止从事的职业；采取欺诈、胁迫或者暴力等手段进行职业介绍；超越劳动和社会保障行政部门批准的业务范围进行职业介绍；擅自增加收费项目或提高收费标准的；以及其他违反法律、法规规定的行为。

五、劳务派遣单位管理

劳务派遣是就业服务的一种特殊形式，派遣单位是一种特殊的就业服务主体，即劳务派遣业务中兼有就业服务和部分雇主职能的内容。在就业服务体系中，劳务派遣较之职业介绍应当定性为准公共产品或私人产品。因而，对派遣单位的资格管理应当协调其公益性和商业性的关系，其中，作为用工单位的服务主体可具有商业性，而作为劳动者的服务主体，应当强调其公益性。派遣单位作为劳动者的相对人，既是就业服务主体，又兼有部分雇主身份和职能。因而，对其资格要求和管理应当高于和严于一般就业服务主体（如职业介绍机构）。在我国经历了劳务派遣迅猛发展和规模过大的实践后，更应当如此。基于上述，立法要求，派遣单位的设立，除了遵守《公司法》和其他公司法律法规所规定的设立条件和程序外，还必须遵守特别法律规定，如《劳动合同法》（2012 年修正）和《劳务派遣行政许可实施办法》（人力资源和社会保障部令第 19 号，2013 年）对派遣单位管理作出的专门规定。

在我国国企改革进程中，曾一度出现内部性派遣单位，即为了满足国有企业改革中精简和安置剩余人员、置换职工身份的需要，许多国有企业或其改革后公司成立了以本企业的下岗失业人员和职工家属为服务对象的派遣单位，作为其分支机构或子公司，有的还限定派遣单位仅向所属企业或母公司派遣员工。这种内部性派遣单位也只是在服务于国有企业改革的阶段和场合，才有其存在的价值和政策性依据；而与人力资源市场的基本需求相悖，对社会上的劳动力供求关系的调节作用甚微，且因派遣单位受用工单位控制而容易导致二者合谋向被派遣劳动者转嫁用工成本。为此，立法规定，派遣单位不得是用工单位设立的分支机构或子公司。

第十五章 职 业 培 训

第一节 概 述

一、职业培训的概念

职业培训，又称职业技能培训和职业技术培训，是指根据社会职业的需求和劳动者从业的意愿及条件，按照一定标准，对劳动者进行的旨在培养和提高其职业技能的教育训练活动。其含义有下述要点：(1)职业培训服从于社会职业的需求。即劳动力市场上需要什么职业，就进行什么职业培训。(2)职业培训满足于劳动者的从业意愿。即职业培训是在尊重劳动者择业自由的基础上进行的。劳动者愿意选择什么职业，就进行什么职业培训。(3)职业培训适应于劳动者的从业条件。即职业培训是以劳动者现有的身体、知识、技术为基础所进行的。劳动者依其自身条件可能从事什么职业，就进行什么职业的培训。(4)职业培训符合职业标准化的要求。即国家依据职业标准所规定的各种职业类别（工种）和等级对职业技能的要求，编制教学大纲和考核标准。职业培训则是严格遵循教学大纲和考核标准所进行的。职业培训是国民教育体系中职业教育的一种主要形式，是职业技能开发体系的一个主体部分。为此，应当从下述几个方面的比较中理解职业培训的特征和地位：

1. 职业培训与普通教育

国民教育体系主要由普通教育和职业教育所构成。二者都是为了培养和提高人的才能和文化技术水平，同属智力开发活动。其中，普通教育是职业教育的基础，职业教育是普通教育的延伸和专门化。职业培训作为职业教育的一种形式，与普通教育相比较，二者的主要区别在于：(1)对象不同。后者以非社会劳动者为对象，其中主要是青、少年，也包括部分老年和有兴趣接受某种教育的成年人（学成后并不执此业）；前者以社会劳动者为对象。(2)目标不同。后者的目标在于普遍提高国民素质，通常是对劳动预备队伍进行文化教育从而间接的作用于劳动能力的形成。前者则直接以职业能力开发为目标。(3)性质不同。后者是常规教育，具有基础性、全面性和系统性；前者则是特需教育，具有选择性、单一性和实用性。(4)形式不同。后者是有固定学制的学校教育；前者多是一种不拘形式的培训制度，虽然它包含部分学校教育形式，但大量表现为灵活多样的其他培训方式。

2. 职业培训与职业基础教育

职业教育体系主要由职业基础教育与职业培训所构成。职业基础教育，又称职业学校教育，它是介于普通教育与职业培训之间、而又与普通教育和职业培训并存的一种职业教育形式。职业培训与职业基础教育相比较，主要区别在于：(1)内容不同。后者偏重于专业基础知识的传授，或者专业基础知识与操作技能并重，具有全面性和系统性；前者则偏重于操作技能的传授，主要针对某种岗位的特定要求进行训练。(2)性质不同。后者为学历教育，有固定的学制，对学完规定课程并考试及格者发给学历证书；前者为非学历教育，学制不固定，对考试和考核合格者发给培训合格证书。(3)形式不同。后者为学校常规教育，即由职业学校和普通学校以常规的教学方式实施；前者则为非常规教育，形式不一，大多由职业培训机构实施，有的虽由学校实施但不是常规化教学。(4)管理体制不同。后者以教育行政部门管理为主，有的还可纳入普通教育体系；前者则以劳动行政部门管理为主，只纳入职业教育管理体系。

3. 职业培训与职业技能开发

一般认为，职业技能开发是旨在增进社会劳动力资源的有效供给，培养、提高和评价劳动者职业技能的一系列活动和措施，是一个由职业需求预测、职业分析和分类、职业技能标准、职业技能培训、职业技能鉴定、职业技能竞赛、职业指导、职业介绍的活动和措施所组成的有机体系。可见，职业培训在职业技能开发体系中处于特别重要的地位，职业需求预测、职业分析和分类、职业技能标准都是为职业培训拟定方向、目标、内容和体系；职业技能鉴定和职业技能竞赛是对职业培训成果的检验和评价；职业指导和职业介绍则是将职业培训成果投入劳动力市场和劳动过程，从而实现职业培训效益的必经途径和必要手段。因此，职业培训是职业技能开发的关键，并且只有在职业技能开发体系中才能够增加社会劳动力资源的有效供给。正因如此，职业培训立法的内容不能只限于职业培训，而应当扩及整个职业技能开发体系；职业培训立法的指导思想，应当从职业技能开发体系的广度予以确定。

二、职业培训的立法概况

许多发达国家和发展中国家的经济发展史表明，通过职业培训来开发劳动力资源，是决定社会生产力水平和经济发展速度的一个重要因素。因而，职业培训立法普遍为各国所重视。历史上最早的劳动立法就是关于学徒的立法，即《学徒健康与道德法》；近几十年来，许多国家不断进行新的职业培训立法活动。在英国，1948 年制定《就业训练法》，1964 年制定《工业培训法》，1973 年修改为《雇佣培训法》，1975 年制定《职业训练金计划条例》；在法国，1953 年制定、1955 年重新制定《职业训练法》，1966 年制定《职业训练基本法》，1971 年制定《继续培训法》，1976 年制定《终身培训法》，1978 年制定《带薪学习法》，1981 年制定的《劳动法典》中将《作为终身教育一部分的继续教育训练》列为第 9 卷；在联邦德国，1969 年制定《职业训练法》和《训练促进法》，1975 年制定《改进培训场所法》，1981 年制定《职业教育促进法》；在美国，1937 年制定《国家学徒训练法》，1952 年制定《人力发展与训练法案》，1953 年制定《职业培训法》，1973 年制定《就业介绍和平衡成长法》；在日本，1939 年制定《工厂学徒规则》，1947 年制定的《职业安定法》和《劳动基准法》中有关于职业培训的规定，1958 年制定、1969 年和 1978 年先后修订《职业训练法》，1969 年制定《人力资源开发促进法》；在韩国，1967 年制定《职业培训法》，1973 年制定《国家技术资格法》，1974 年制定《关于职业培训的特别实施法》，等等。

我国的职业培训立法经历了以下三个发展阶段：(1)国民经济恢复时期。这是我国职业培训的开始阶段，举办转业培训班和师傅带徒弟是主要培训形式。当时的职业培训立法散见于当时的就业法规之中。(2)有计划的经济建设时期。这是职业培训初步奠定基础的阶段。国家颁发了关于职业培训的一系列法规和文件。其要者有 1952 年 2 月国务院颁布的《关于国营、公私合营、合作社、个体经营的企业和事业单位的学徒的学习期限和生活补贴的暂行规定》;1961年5月劳动部颁发的《技工学校通则》。(3)党的十一届三中全会以来。这是我国职业培训的发展阶段。国家制定了大量的职业培训法规,主要有:《劳动法》中关于职业培训的专章规定;《职业教育法》(1996年);《国务院关于大力发展职业技术教育的决定》(1991年);《国务院办公厅关于转发人力资源社会保障部、财政部、国资委关于加强企业技能人才队伍建设意见的通知》(2012年);《国务院关于加快发展现代职业教育的决定》(2014年);劳动部(或原劳动人事部)制定的《技工学校工作条例》(1986年)、《就业训练中心管理规定》(1991年)、《就业训练规定》(1994年)、《职业培训实体管理规定》(1994年)、《工人考核条例》(1990年)、《职业技能鉴定规定》(1993年)、《职业资格证书规定》(1994年)、《关于实行技师聘任制的暂行规定》(1987年)、《企业职工培训规定》(1996年)、《劳动预备制培训实施办法》(2000年)、《企业新型学徒制试点工作方案》(2015年)等项规章。

三、职业培训立法的原则

1. 先培后用原则

即先培训后就业或先培训后上岗,强调劳动力投入使用前必须先经开发(培训)。劳动者就业或上岗前必须先经过职业培训,掌握某项专业知识或技能,经过考核鉴定后,发给职业培训和就业资格证书,方可就业或上岗。

2. 按需培训原则

即职业培训活动必须与经济、社会发展的实际需要相一致。亦即职业培训的方向、内容和规模的确定,甚至职业培训的形式和方法的选择,都应当以经济、社会发展的实际需要为根本依据。其基本要求是,劳动力扩大再生产必须与物质扩大再生产同步进行,使培成劳动力(即经培训合格获得证书者)的技术结构大致符合经济和社会发展的近期、中期和远期要求,避免技术人才的结构性短缺或过剩。

3. 培训费用合理分担原则

即职业培训应当有偿进行,培训费用由国家依其职责和各方培训受益主体依其受益程度进行分担。这就要求应当合理界定国家、用人单位和劳动者对职业培训的投资责任。国家对劳动力资源的开发负有宏观上的责任,它应当对各类培训给予必要的财政支持,对经济和社会特需的人才实行公费培训;企业等用人单位应当有偿吸收、使用培成人员并对其在用人员的培训承担投资责任;就业前的培训应由国家承担基本投资,劳动者则应自费就培。与此相适应,投资者对培成人员在一定期限内应当享有支配和使用的权利。为此,国家应当建立培训合同制度,有关各方应以合同形式明确和固定此种劳动力资源开发投资与受益的关系,以保障双方合法权益的实现。

4. 培训效益责任原则

即公立培训主体及其主管人员应当对培训的社会效益和经济效益承担责任。培训的社会效益,以其满足社会需求的程度为标准;培训的经济效益,包括直接效益和间接效益,前者是指办学单位在一定时期内投入办学的人力、财力、物力与办学成效的比较,后者是指培成人员投入使用后所获经济效益的提高部分。追求培训效益,一方面要求我国扬弃单一的数量考核指标,重新建立起考核效益的指标体系,力求比较全面和正确地反映我国职业技能开发的状况和培训成效;另一方面要求对培训实体施行评估、奖惩制度,以激励办学高效化,努力避免低效或无效投入,以促进有限培训资源的充分利用。

5. 学用一致原则

即劳动力的开发与利用应当紧密衔接，开发是手段，利用是目的，重在人才的充分利用。根据这一原则，国家有责任制定有效的宏观政策，调控劳动力的流向，调剂人才余缺，最大限度地满足培成人员用其所学的愿望，做到扬长避短，人尽其才，实现理论知识与实际的有机结合。根据这一原则，用人单位应当自觉地用人所长；培训实体应当按照实际生产、操作需要施教；劳动者则应当依本身从事的专业或愿意从事的专业就培，力争对口就业。

四、职业培训的分类和管理

根据《职业教育法》(1996年)的规定，职业培训包括从业前培训、转业培训、学徒培训、在岗培训、转岗培训以及其他职业性培训。它们依不同标准可以分为社会劳动力培训和职工培训，初级职业培训、中级职业培训和高级职业培训，职业培训实体培训和用人单位培训，自费培训、公费培训和委托代理培训，国内培训和国外培训。

我国的职业培训管理体系，由劳动行政部门管理、教育行政部门管理和行业主管部门管理所构成，其中，劳动行政部门管理是综合性、全面性的职业培训管理。劳动行政部门对职业培训的管理职权和范围大致包括下列各项：(1)制定职业培训的政策、规章、规则、标准等规范，统一制作有关证件和通用标准。(2)行使审批权。包括对职业培训实体的开办、职业技能鉴定机构的设立等进行审查和批准。(3)行使监督权，即它对整个培训活动实行全面监督，监督对象包括培训活动的开展，培训实体的设立和权益保护，培训合同的履行，培训经费的提取和使用，技能鉴定活动和发证工作。(4)组织和领导对培训实体的评估工作，奖励先进、倡导和组织开展技能竞赛活动。(5)对培训中的违约、违法行为进行处理或处罚。

第二节 职业培训的主要形式

一、学徒培训

它是指依托于企业或学校，以师傅指导徒弟的方式，主要通过岗位训练，使受训劳动者掌握一定生产技能和业务知识的培训形式。我国学徒培训正处在社会化转型阶段，即由企业传统学徒制转向企业新型学徒制〔7〕和现代学徒制〔8〕。这三种学徒制的制度要素比较，如表15－1所示。

表15－1

	企业传统学徒制	企业新型学徒制	现代学徒制
1	培训职责由企业承担	培训职责主要由企业承担	培训职责主要由学校承担
2	以16周年至22周岁的未婚青年(特殊职业或行业经批准可以小于16周岁)为对象	以签订6个月以上劳动合同的技能岗位新招用人员和新转岗人员为对象	以应届高中毕业生、中职毕业生和同等学历企业职工等为对象
3	招徒兼招工	招工即招生，入企即入校	招生即招工，入校即入企

〔7〕 依《人力资源社会保障部办公厅、财政部办公厅关于开展企业新型学徒制试点工作的通知》(人社厅发〔2015〕127号)的规定，自2015年以来在部分省(区、市)开展企业新型学徒制试点。

〔8〕 依《国务院关于加快发展现代职业教育的决定》(国发〔2014〕19号)、《教育部关于开展现代学徒制试点工作的意见》(教职成〔2014〕9号)的规定，自2014年以来在部分省(区、市)开展现代学徒制试点。

续表

<table>
<tr><th></th><th>企业传统学徒制</th><th>企业新型学徒制</th><th>现代学徒制</th></tr>
<tr><td>4</td><td>企业、师傅培养</td><td colspan="2">企校或校企联合、双师(师傅、教师)培养</td></tr>
<tr><td>5</td><td>岗位训练</td><td colspan="2">岗位训练与学校教学融合</td></tr>
<tr><td>6</td><td>学徒工身份</td><td colspan="2">学徒兼具企业员工和职业院校学生身份</td></tr>
<tr><td>7</td><td>学徒与企业订立学徒培训合同、与师傅订立师徒合同</td><td colspan="2">学徒与企业、学校与企业分别订立合同或学徒(年满16周岁未达到18周岁的加监护人)、学校和企业之间的三方协议</td></tr>
<tr><td>8</td><td>支付学徒生活费</td><td>支付不低于当地最低工资标准的学徒基本工资</td><td>支付合理报酬</td></tr>
<tr><td>9</td><td>以培养初级技术工人为目标,一般为3年或2年,不得少于2年,技术复杂的可适当延长</td><td>以培养中、高级技术工人为主,培养期限为1－2年,应不少于1年。</td><td>培养中职层次、专科学历层次人才</td></tr>
<tr><td>10</td><td>期满经考核合格,转为正式工</td><td>期满考核合格,取得相应职业资格证书或培训合格证书</td><td>期满考试考核合格,取得相应职业资格证书或学历证书</td></tr>
</table>

表15－1表明,企业新型学徒制和现代学徒制突破了企业传统学徒制的单一培训职责主体的局限,融企业培训与职业教育于一体,企校双主体育人、企业师傅与学校教师双导师教学、企业员工和职业院校学生双重身份,实现专业设置与产业需求对接、课程内容与职业标准对接、教学过程与生产过程对接、毕业证书与职业资格证书对接、职业教育与终身学习对接,推动职业培训教育体系与劳动就业体系互动发展,代表着学徒制社会化和现代化的方向,是职业技能人才培养模式的创新。

二、就业训练

它是指就业训练实体对求职人员在就业或上岗前所进行的、以培训具有初级职业技能水平的劳动者为主的培训形式。它包括就业前训练和转业训练。就业训练实体,包括劳动行政部门举办的就业训练中心和非劳动行政部门举办的就业训练实体。后者须经当地县级以上劳动就业服务管理机构核准,并领取“就业训练资格证”。就业训练对象包括:(1)初次求职人员、失业人员、在职人员、转岗转业人员、出国劳务人员、境外就业人员、个体劳动者以及农村中向非农产品转移的人员,农村向城镇流动就业的劳动者;(2)需要提供专门的职业技能培训的妇女、残疾人、少数民族人员及复转军人等特殊群体人员;(3)其他需要学习和提高职业技能的劳动者。就业训练中形成的法律关系,主要有培训法律关系和代培法律关系两种。

就业训练中的培训法律关系,是指就业训练实体与受培人员之间实施培训与接受培训的法律关系。就业训练实体有义务聘请合格教师,提供学习环境和学习条件,组织教学过程,维护教学秩序;有权依规定收取学费,并对受培人员进行管理、考核和发证。受培人员有权获得符合所报专业教学大纲和有良好质量的教学,获得符合规定的教学环境和各种必要条件,学习结束经考试合格有权获得相应的有效证书;有义务按规定缴纳学费、遵守学习纪律、尊重师长,认真完成学习任务。为明确双方权利义务,应订立培训合同。

就业训练中的代培法律关系,是指就业训练实体受用人单位委托对受培人员进行定向代培的法律关系。就业训练实体有义务按用人单位的要求培训合格劳动者;用人单位有义务向就业训练实体支付培训费用并接受培成的合格劳动者;用人单位中途解除代培关系或拒收培成人员，就业训练实体未能培成合格劳动者，都应当负赔偿责任。

就业训练考核分为结业考核和职业资格鉴定。结业考核标准按照培训标准确定；职业资格鉴定标准按照国家颁布的标准执行。就业训练结业证由省级劳动就业服务管理机构统一印制，县级以上劳动就业服务管理机构在劳动行政部门的监督指导下按有关规定颁发。

三、技工学校培训

它是指技工学校招收学生并对其进行系统的职业技能和文化教育，以培养合格的中级技术工人。技校主要招收初中毕业生，个别工种或专业确实需要的，也可招收高中毕业生，但须经省级劳动行政部门批准；被招者须身体健康，未婚，年龄一般为15～22周岁。技校的培养目标为：政治思想好，身体健康；在文化、技术知识方面要求学生掌握本工种（专业）所需要的文化知识和技术理论知识；在操作技术方面要求学生熟练地掌握本工种（专业）的基本操作技能，完成本工种（专业）中级技术水平的作业。技校入学前是初中毕业生的，学制为3年；是高中毕业生的，学制为1～2年。经考试合格者发给毕业证书，同时经技术技能考核合格者发给相应的技术等级证书。

各级劳动行政部门、各级行业主管部门、各企事业单位均可单独或联合举办技校。举办单位负责制订开办计划，办理申请审批和备案手续，提供开办技校所需的物质条件、人力和经费；有权安排需受培的人员和优先择用培成人员，有权对学校的总体活动进行监督。技校接受举办单位的委托独立开展培训教学活动，有权获得主办单位的各项物质支持，并有义务接受其监督和指导；有权按规定收取学费和自主使用经费，并有义务按规定和约定完成培训任务并颁发有效的毕业（结业）证件。举办单位以外用人单位从技校录用培成人员的，技校实行有偿输送，按规定或由双方商定收取培训费用。技校与委托培训单位应当订立代培合同，以确立代培关系。

四、劳动预备制培训

劳动预备制培训是劳动预备制的主要内容。劳动预备制是国家为提高青年劳动者素质、培养劳动后备军，组织新生劳动力和其他求职人员，在就业前接受1～3年的职业培训和职业教育，使其取得相应职业资格或掌握一定职业技能后，在国家政策的指导和帮助下，通过劳动力市场实现就业的制度。

劳动预备制培训的对象主要是城镇未能继续升学并准备就业，农村未能继续升学并准备从事非农产业工作或进城务工的初、高中毕业生。地方劳动行政部门通过申报、评估，将办学条件好、培训质量高、专业设置合理的技工学校、就业训练中心或其他职业学校和培训机构，认定为劳动预备制定点培训机构。劳动预备制培训对象凭初、高中毕业证书报名免试参加培训。

劳动预备制培训期限根据培训对象和岗位需求分别确定。城镇初中毕业生初级技能培训期限一般为1年以上，中级技能培训期限一般为2年以上；城镇高中毕业生中级技能培训期限一般为1年以上，高级技能培训一般为2年以上。应届初、高中毕业生参加培训以全日制为主，其他人员可采取非全日制、学分制与学时制相结合或参加远程培训等形式。参加1年以上培训的初中毕业生，学习期满，经考试合格可直接转为技工学校学生，学习期限连续计算；参加1年以上培训的高中毕业生可参加高级技工学校学习。培训所需经费，原则上由个人和用人单位共同承担，政府给予必要的支持。

劳动预备制培训人员学习期满，经考试合格，可获得劳动预备制培训合格证书；参加技术工种培训，取得劳动预备制培训合格证书后，经职业技能鉴定合格者可获得相应职业资格证书;达到中级技能水平的优秀学员,可通过相应考试,获得技工学校毕业证。就业服务机构应当把取得上述证书的劳动预备制培训人员纳入劳动力信息资源管理系统,根据国家就业方针和劳动力市场需求,组织双向选择,优先推荐就业。

五、职工培训

它又称职工教育或在职培训,是指为了使职工在原有的知识、技能的基础上得到提高或更新,按照工作需要对职工进行思想政治、职业道德、管理知识、业务技术、操作技能等方面的教育和训练活动。职工培训应当以培养有理想、有道德、有文化、有纪律、掌握职业技能的职工队伍为目标,促进职工队伍整体素质的提高;应当贯彻按需施教、学用结合、定向培训的原则。职工培训的形式,可分为两种:(1)在岗业余培训,是指职工基本不脱离工作岗位,在坚持正常工作的情况下参加培训。这种培训形式对于用人单位而言,可以在既不缺员又不增人的条件下获得提高劳动力质量的效果;对于职工而言,不受年龄和人数限制,可以普遍适用。其具体形式有岗位训练、短期培训班、专题讲座、自学、函授等。(2)离岗专门培训(即脱产学习),是指职工在一定期限内脱离工作岗位,进入学校或其他单位,带薪或不带薪参加培训。这种培训形式投资较大,培训对象有严格限制,培训效果更好。其具体形式主要是委托代培。

企业在职工培训方面的责任,主要有:(1)建立健全职工培训的规章制度,根据本单位的实际对职工进行在岗、转岗、晋升、转业培训,对学徒及其他新录用人员进行上岗前培训。(2)将职工培训列入本单位的中长期规划和年度计划,保证培训经费和其他培训条件。(3)将职工培训纳入厂长(经理)任职目标和经济责任制,接受职代会和上级主管部门的监督和考核。(4)应当结合劳动用工、分配制度改革,建立培训、考核与使用、待遇相结合的制度。(5)对经批准参加脱产半年以内的职工发放基本工资、奖金及相关福利待遇(双方另有约定的可除外)。(6)按照培训合同的规定,保证职工的学习时间,为职工创造必要的学习条件;在使用中发挥职工所学专长。

职工在培训方面的责任,主要有:(1)国有大中型企业高层管理人员应当按照国家有关规定参加职业资格培训,并在规定的期限内取得职业资格证书;从事技术工种的职工必须经过技术等级培训,参加职业技能鉴定,取得职业资格证书(技术等级证书)方能上岗;从事特种作业的职工,必须按照国家规定经过培训考核,并取得特种作业资格证书方能上岗。(2)参加由企业承担培训经费脱产、半脱产培训的职工,应当与企业订立培训合同,明确培训目标、内容、形式、期限、双方权利义务和违约责任。(3)职工应当按照国家规定和企业安排参加培训,自觉遵守培训的各项规章制度,并有义务向本企业其他职工传授所学的知识和技能。(4)职工应当履行培训合同规定的各项义务,服从单位工作安排,搞好本职工作。(5)由企业出资培训的职工提出与企业解除劳动关系的,已签订培训合同的按培训合同执行,未签订培训合同的按劳动合同执行。

第三节　职业技能鉴定

一、职业技能鉴定的概念、范围和体系

职业技能鉴定,是指职业技能鉴定机构对劳动者职业技能所达到的等级,依法进行考核、评定和证明,从而赋予劳动者一定的职业资格。《劳动法》规定,国家确定职业分类,对规定的职业制定职业技能标准,实行职业资格证书制度,由经过政府批准的考核鉴定机构负责对劳动者实施职业技能考核鉴定。职业技能鉴定的含义中有下述要点:(1)它由政府批准的专门机构负责实施;(2)它以劳动者所具有的并被列入国家规定职业范围的职业技能为鉴定对象;(3)它以国家制定的职业技能标准作为鉴定依据;(4)它以考核、考评作为鉴定劳动者职业技能等级的手段;(5)它以颁发职业资格证书作为确认、证明劳动者职业技能达到一定等级的法定形式。

职业技能鉴定的范围,即国家规定应列为职业技能鉴定对象的劳动者范围,它表明哪些劳动者的职业技能应当鉴定。根据我国现行立法的规定主要有下述内容:(1)各类职业技术学校和培训机构毕(结)业生,凡属技术等级考核的工作,逐步实行职业技能鉴定;(2)企事业单位学徒期满的学徒工,必须进行职业技能鉴定;(3)企事业单位的职工以及社会各类人员,根据需要,自愿申请职业技能鉴定。[1]

职业技能鉴定的体系,由各个类别(系列)、各个等级的职业技能鉴定所组成。按照鉴定对象不同,可划分为工人职业技能鉴定和职员职业技能鉴定两大类。按照鉴定等级不同,工人职业技能鉴定可划分为初级工、中级工、高级工和技师、高级技师职业技能鉴定;职员职业技能鉴定可划分为初级、中级、高级职员职业技能鉴定。在我国现阶段,工人职业技能鉴定和职员职业技能鉴定分别由劳动、人事行政部门综合管理。

二、职业技能鉴定的管理体制[2]

在我国,职业技能鉴定实行政府(通过劳动行政部门)指导下的、鉴定与行政和培训分开的社会化管理体制。职业技能鉴定分两个层次设置专门的事业性鉴定机构,即职业技能鉴定指导中心(简称指导中心)和职业技能鉴定站或所(简称鉴定站),并设置职业技能鉴定考评员(简称考评员)。

指导中心由国务院劳动行政部门和省级劳动行政部门设置,有关行业经劳动部批准可设行业指导中心,它们分别负责组织、协调、指导全国、本地区或本行业的职业技能鉴定工作。其主要职责一般包括:参与职业技能标准的制定,组建职业技能鉴定试题库,组织职业技能鉴定工作和考评员资格培训,开展职业技能鉴定的研究和咨询服务,推动职业技能竞赛活动。指导中心是事业性机构,在管理上实行中心主任负责制。

鉴定站的设立,必须完全具备法定的考核场地和设备、检测仪器、组织管理人员和考评员、管理办法等方面的必备条件;应当由申请建立的单位按规定审批权限报有审批权的劳动行政部门审批,并由审批机关发给《职业技能鉴定许可证》和授予统一的鉴定站标牌。鉴定站具体实施对劳动者职业技能鉴定,在《许可证》所规定的范围内享有独立鉴定权。

鉴定技能等级的考评员必须具有高级工或技师、中级专业技术职务以上的资格,鉴定技师资格的考评员必须具有高级技师、高级专业技术职务的资格。考评员由指导中心进行资格考核,由劳动行政部门核发行业资格证书和职业技能鉴定资格胸卡。鉴定站要在取得考评资格的人员中聘任相应工种、等级或类别的考评员,组成专业考评小组,考评员要严格遵守考评工作守则和执行考场规则。

---

〔1〕 参见《职业技能鉴定规定》(1993年7月9日,劳部发[1993]134号)。
〔2〕 参见《职业技能鉴定规定》(1993年7月9日,劳部发[1993]134号)。

国务院劳动行政部门综合管理全国职业技能鉴定工作,制定规划、政策和标准;审批有关行业的职业技能鉴定机构。各省级劳动行政部门综合管理本地区职业技能鉴定工作,审批各类职业鉴定的指导中心和鉴定站;制定职业技能鉴定的申报人员条件、鉴定程序、考核办法、考务考评人员工作守则、考评小组组成原则和管理办法、考场规则,以及《技术等级证书》的印鉴和核发办法。各级劳动行政部门有权对职业技能鉴定机构实行监督检查。

三、职业技能鉴定的标准

职业技能鉴定应当以现行的《工人技术等级标准》和《国家职业技能标准》等为依据对劳动者的职业技能进行考核和评定。职业技能标准,是由法定标准制定机构依法制定,用以衡量劳动者技术业务水平和工作能力,并据以确定其技术等级的统一尺度。它根据各工种(专业)要求的技术、业务复杂程度、劳动繁重程度和责任大小,规定技能等级的数目以及各个等级具体的技术要求。这里着重阐述《工人技术等级标准》的主要内容。

工人技术等级标准一般包括下列三方面内容:(1)专业理论知识要求(通常称为“应知”)。理论知识方面要求具有能胜任本工种、本等级工作所需的知识结构和知识水平。(2)职业技术操作要求(通常称为“应会”)。职业技能要求具有能胜任本工种、本等级工作所需要的实际技术业务能力结构和能力水平。(3)工作实例。在理论知识、业务技能考核的基础上,根据实际情况设置能体现本工种、本等级能力水平的典型工件或工作项目进行综合考核。

工人技术等级标准是一个独立的标准序列,依其适用的范围不同,可分为通用技术标准和专用技术标准。前者可在全国各行业适用,后者仅限于某个行业或某个地区,或者只限于特定企业使用;依技术标准的等级不同,可分为国家职业技能标准、行业技术标准和企业技术标准。技术等级的划分,一般以工种的技术复杂程度不同确定,工种技术复杂,且层次比较分明的,可设较多的等级数目;技术复杂程度较低的,所设等级数目相应较少。

我国的技术等级划分,在20世纪80年代中、后期以前实行八级等级制,通过改革,至20世纪90年代初,逐步实行新的技术等级制度。即技术复杂的工种设初级、中级、高级三个等级,技术复杂程度较低和层次区别较弱的,可设初、中两级和中、高两级。目前仍然实行八级制的,可将一、二、三级归入初级;四、五、六级归入中级;七、八级归入高级。在高级技术工人中实行技师、高级技师聘任制。

国务院劳动行政部门负责组织制定、颁布国家职业技能标准,行业技术等级标准由行业主管部门组织制定,经国务院劳动行政部门核准,两家联合颁布;企业标准和岗位规范由企业决定,由企业行政颁布实施。工人技术等级标准的制定应遵循先进、合理原则和国际化原则。前一原则要求以目前企业技术装备和劳动管理水平为基础,同时反映出未来一定时期的技术进步、设备更新,技术、工艺变革、产品换代以及管理改革的发展趋势,使大多数工人经过一定时期的努力都能达到期望的技术等级目标。后一原则要求技术标准的修订,着眼于我国改革开放的总格局和世界经济交流日益加强的总趋势,使我国的职业分类、工种划分及其技术等级的设定,能逐渐与国际标准相衔接。

依法确定、颁布的工人技术等级标准,是一种具有法律约束力的技术规范。其效力表现为:(1)它是确定培训目标、评估培训成效的主要依据。(2)它是工人录用、上岗、转岗、晋级考核的法定依据。(3)它是确定工人工资、福利待遇的有效依据。(4)它是制定岗位规范的法律依据,并构成岗位规范的主要内容。

四、职业技能鉴定的程序[3]

一般包括以下环节:(1)申请和受理。申请职业技能鉴定的单位和个人,可向当地鉴定站提出申请。凡符合申报条件和规定手续者,鉴定站应予受理登记,并签发准考证。(2)考核(或考评)。鉴定站应按规定的时间、方式进行考核(或考评)。考评小组应依法定原则组成,考评员参与考评实行回避制度,并应遵守考场规则;考试题目必须从题库中抽取,不得自行编制。(3)发证。劳动者经考核合格,由劳动行政部门核发相应的职业资格证书。

工人技术考核的内容,包括三项:(1)思想政治表现的考核。(2)生产、工作成绩的考核。(3)技术业务水平的考核。主要依据《国家职业技能标准》、《工人技术等级标准》、《岗位规范》以及技师任职条件进行技术业务理论和实际操作的考核。

五、职业资格证书[4]

职业资格,是指具备从事某一职业所必备的知识、技术和能力的基本要求,从而可以从事该职业的资格,包括从业资格和执业资格。职业资格证书,是有关部门通过学历认定、资格考试、专家评定、职业技能鉴定等方式作出综合评价,对合格者颁发的、具有法律效力的证明文件。它包括《技术等级证书》,《技术资格证书》和《高级技师资格证书》等多种。凡我国公民以及获准在我国境内就业的外籍人员均可依规定申请职业资格证书。

职业资格证书管理实行政府指导,劳动、人事行政部门综合管理的体制。依证书所证明的职业技能不同,区别为操作技能证书和专业技术证书,分别由劳动、人事行政部门负责;依证书的层次不同,分设为国家职业资格证书和地区职业资格证书,前者由国务院劳动、人事行政部门核发和管理,后者由省级劳动、人事行政部门负责实施。

职业培训证书的作用或社会功能,由国家法律赋予。一种模式是,只赋予它客观证明的效力,即证书所载内容只表明持证人所具有的技术等级或学历,供用人方参考,不涉及对持证人如何使用和给予何种待遇的效力;另一种模式是,不仅赋予证书客观证明的功能,而且赋予它权利凭证的性质,使证书所载的技术等级和学历,直接作为使用、待遇晋升的条件或资格。我国曾经适用后一种模式,现在正在向前一种模式过渡。

依《劳动法》规定,国家对进入职业领域的劳动者实行双证制度,即培训结束,经考试考核合格,获得毕业(结业)证书;经技术等级鉴定,获得《技术等级证书》和《职业资格证书》。上述证书,是国家和社会对劳动者职业能力(技能)的客观认可,是劳动者在国家境内求职、任职、独立开业的有效凭证,也是用人单位录用、聘用人员的主要依据,双证齐备者,具有优先录用资格;同时是公民境外就业、单位组织劳务输出进行公证的有效证件,如实现双边或多边互认的,还可直接作为境外就业的有效依据。

---

〔3〕 参见《工人考核条例》(1990年7月12日,劳动部令第1号)、《职业技能鉴定》(1993年7月9日,劳部发[1993]34号)和《职业资格证书规定》(1994年2月22日,劳部发[1994]98号)。

〔4〕 参见《工人考核条例》(1990年7月12日,劳动部令第1号)、《职业技能鉴定》(1993年7月9日,劳部发[1993]34号)和《职业资格证书规定》(1994年2月22日,劳部发[1994]98号)。

第十六章　职工社会保险

第一节　概　　述

一、社会保险的概念

社会保险是与劳动风险相对应的概念。劳动者以劳动为谋生手段，当其完全或部分丧失劳动能力，暂时或永久丧失劳动机会，而完全不能劳动、不能正常劳动或暂时终止劳动的情形下，就面临失去主要生活来源的危险，此即劳动风险。为了确保劳动者的生存和劳动力的再生产，国家和社会对因丧失劳动能力和劳动机会而不能劳动或暂时终止劳动的劳动者，采取的通过给予一定物质帮助，使其至少能维持基本生活需要的制度就是社会保险制度。

社会保险的基本属性有：(1)社会性。社会保险的范围比较广泛，包括社会上不同层次、不同行业、不同职业的劳动者。社会保险体现社会政策，具有保障社会安定的职能。(2)强制性。作为社会保险制度主干部分的国家基本保险，由国家立法强制实行，保险的项目、收费标准、待遇水平等内容，一般不由投保人和被保险人自主选择。(3)互济性。社会保险是用统筹调剂的方法集中和使用资金，以解决劳动者由于生、老、病、死、伤残、失业等造成的生活困难。(4)福利性。社会保险以帮助劳动者摆脱生活困难为目的，属于非盈利性、公益性服务事业，交纳保险费的多少不完全取决于风险发生的概率，享受保险待遇的水平也不完全取决于缴纳保险费多少，而是主要依据基本生活需要确定。国家对保险所需资金负有一定的支持责任。(5)补偿性。社会保险费用虽然主要由用人单位和政府直接负担，但来自社会总产品中应当分配给劳动者的消费品，只不过在分配给劳动者工资时已被扣除下来而已。社会保险就是将劳动者应得消费品的一部分集中起来以保险形式分配给劳动者。在此意义上，社会保险仍是对劳动者所作劳动贡献的一种补偿。(6)差别性。劳动者所得社会保险待遇往往由于工龄长短、保险事故、交纳保险费多少等因素的不同而有所差别。

社会保险作为一种社会保障形式，在整个社会保障体系中处于核心地位。所谓社会保障，是指为了使社会成员共同享受社会经济发展的成果，运用国家和社会的力量，通过国民收入的分配和再分配，给社会成员提供基本生活保障的一种制度。它主要由社会保险、社会福利和社会救济所组成。社会福利，是指国家和社会直接对属于特殊情况的社会成员提供生活照顾或给以生活方面，其对象仅限于因生理缺陷而部分或完全丧失劳动能力，或者为国家和社会尽义务作贡献而需要特殊照顾，因为无依无靠和未成年等必须借助社会力量对其赡养、抚养，以及处理其他特殊情况的社会成员。社会救济，是国家有关部门（如民政部门）对由于自然灾害或其他经济、社会原因而无法维持最低生活水平的社会成员，给予足以维持其最低生活需要的临时性物质帮助。社会保险在保障作用上与社会福利和社会救济有所不同，主要表现在：(1)社会保险的实际保障面更宽。凡是参与劳动关系的劳动者都是社会保险的实际受益者,而社会福利的实际受益者仅限于处于特殊境况者,社会救济的实际受益者仅限于无力维持最低生活者。(2)社会保险的保障标的更重要。劳动风险是各个劳动者都可能遇到和经常遇到的风险,并且是直接、普遍和经常影响物质资料再生产和劳动力再生产的风险,因而对劳动者、国家和社会都更重要。(3)社会保险的保障水平更高。社会福利的标准是维持或略高于一般生活水平;社会救济的资助额度仅限于维持最低生活需要,且属于临时性短期补助;社会保险待遇则在保障劳动者基本生活需要的前提下,略低于或不低于劳动者原有生活水平,并且属于经常性、长期性的物质帮助。所以,社会保险较之社会福利和社会救济,对社会成员生活、社会安定和经济发展具有更强的保障作用,是一种最重要的社会保障形式。

社会保险在一定意义上可以说是社会安全目标与商业保险(仅商业人身保险)机制的有机融合,即利用商业保险机制实现社会安全目标,依社会安全目标改造商业保险机制。故社会保险与商业人身保险有所不同。主要表现在:(1)基本属性不同。前者具有社会保障性质,后者具有商业性质。(2)保险对象不同。前者的对象是劳动者及其家属的基本生活,在我国,它是基于劳动关系而确定的,后者则任何人都可以参加,且以人的生命和身体为保险对象。(3)保险原则不同。前者实行强制原则、非营利原则、物质帮助原则和偏重公平原则,后者实行自愿原则、营利原则、经济补偿原则和偏重效率原则。(4)保险费负担不同。前者的保险费来自多层次、多方面,国家、企业和个人都要负担一部分,但以国家和企业负担为主,后者的保险费则来自投保人的缴纳,而不由国家负担。

二、国外社会保险制度的历史沿革

社会保险制度,即国家以法律形式规定的保障劳动者在发生劳动风险的情况下获得社会性物质帮助的制度。它是历史发展的产物,起源于产业革命的欧洲,首先出现在德国,以后逐步扩展到全世界。

产业革命前,并不存在现代意义的劳动保险,但出现过以劳动者因老、伤、病、死等所发生的困难为对象的保险形式。此后,许多手工劳动者通过行会等组织形式,互助互济,共担风险。但这种保险形式随着行会等职业组织被解散而消失。产业革命后,率先出现的劳动保险形式仍是劳动者之间的互济保险。现代意义的劳动保险(即社会保险)及其立法创始于德国。在1845年颁布的普鲁士工业法,首设强制劳工加入疾病共济社的规定,使各种共济社具有了强制保险性质。1883年颁布了《劳工疾病保险》,这是世界上第一部社会保险法律;1884年颁布了《劳工伤害保险法》;1889年颁布《残疾、老年和死亡保险法》。这三项法律在1911年合并,另增孤儿寡妇保险法,成为著名的社会保险法典(史称"帝国保险法")。

继德国之后,奥、匈、瑞士、法、英等国也相继效仿,进行社会保险立法。在第二次世界大战前的资本主义国家中,有49个国家设有疾病保险,41个国家设有养老保险,53个国家设有残疾保险,还有许多国家设立了失业保险。第二次世界大战以后,各资本主义国家普遍实行社会保险制度,并扩大社会保险的项目、内容和实施范围。

在社会主义国家中,社会保险制度自无产阶级掌握国家政权之初就开始建立,此后不断得到完善和发展。例如,苏联和东欧各社会主义国家在劳动法典中都规定了有关社会保险的内容,并制定了许多单项社会保险法规。我国早在1951年就制定了《劳动保险条例》,此后,在许多劳动法规中就劳动保险作了规定,并制定了一些专门的劳动保险法规。

社会保险制度在其发展过程中,受到了有关国际组织的关注和促进。国际劳工标准中,有很大部分属于社会保险标准。此类标准在第二次世界大战前主要涉及某些危险或不测事由,“二战”后则包括社会保险的各个部分或其中几个部分。1952 年的第 102 号公约《社会保障公约最低标准公约》是一个基本标准,它涉及九个部分,即医疗护理、疾病津贴,失业津贴、老年津贴、工伤津贴、家庭津贴,生育津贴、残废津贴和遗属津贴。它要求批准本公约的会员国应承允遵守公约规定的九项标准中的至少三项,并实施于指明的工人类别或部门。

三、我国社会保险制度的沿革和体系

我国的社会保险制度始于 20 世纪 50 年代初建立的劳动保险制度,依政务院 1951 年制定的《中华人民共和国劳动保险条例》规定,包括养老、工伤、医疗、生育保险,适用于国营、公私合营、私营和合作社经营的企业及其附属单位的职工。实行计划经济体制后,劳动保险制度主要适用于国有企业。在市场化经济体制改革进程中,劳动保险制度向社会保险制度的转化,可大致划分为图 16 - 1 所示几个阶段:

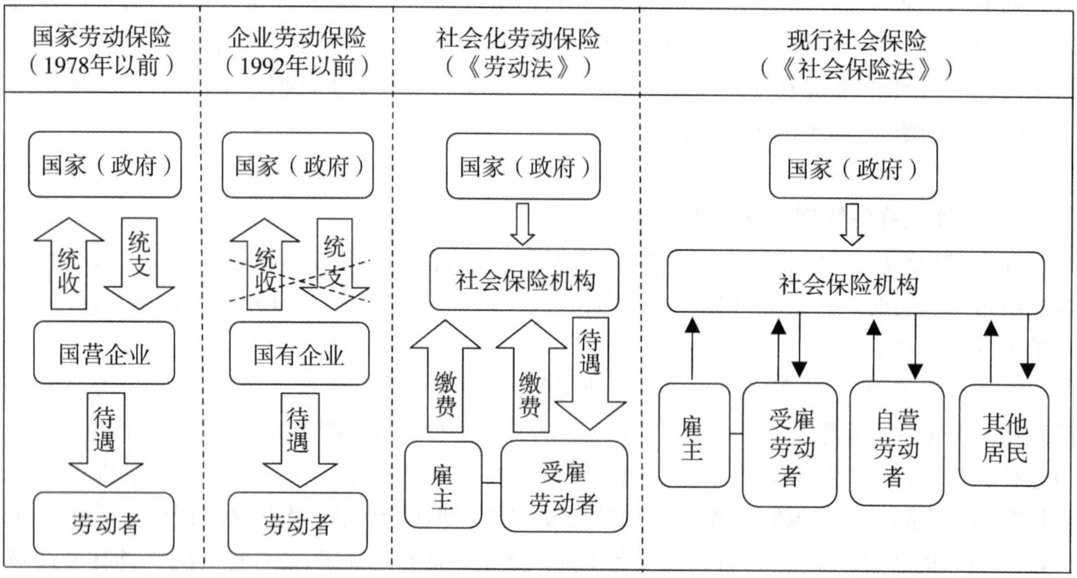

图 16 - 1

在上述几个阶段的制度沿革中,先后经历下述三次变迁:

(1)国家劳动保险转向企业劳动保险。在计划经济体制中,国营企业劳动保险形式上为企业保险,即以企业为保险人各自建立且保险待遇由职工所在企业各自支付;而实质上为国家保险,即在国家与企业之间统收统支的财务关系中,保险待遇支付实际上由国家“兜底”。在国有企业改革割断国家与企业之间统收统支的财务关系后,企业自负盈亏,劳动保险就转变为形式和实质上的企业保险,即劳动保险资金流由国家“兜底”降格为企业“兜底”。

(2)劳动保险社会化,即企业劳动保险转向社会化劳动保险。企业劳动保险由于受单个企业实力的限制和企业经营波动的影响,已不能起到分散劳动风险的保险作用,于是,劳动保险

社会化应运而生。其启动的标志是,1986 年国务院发布的《国营企业实行劳动合同制暂行规定》和《国营企业职工待业保险暂行规定》中,分别就养老保险社会化和待业保险社会化作出规定;其核心要点是,保险基金实行社会统筹,保险待遇主要由社会保险经办机构支付。1992 年,国家将社会主义市场经济确立为经济体制改革的目标模式,劳动保险社会化改革得以全面展开,1994 年《劳动法》中设置"社会保险和福利"专章,对社会保险制度改革的目标模式作出原则性的规定,即"国家发展社会保险事业,建立社会保险制度,设立社会保险基金,使劳动者在年老、患病、工伤、失业、生育等情况下获得帮助和补偿";"社会保险基金按照保险类型确定资金来源,逐步实行社会统筹";"用人单位和劳动者必须依法参加社会保险,缴纳社会保险费"。由此,社会化的劳动保险才具有社会法属性。

(3)劳动法体系中社会保险转向社会保障法体系中社会保险。以《劳动法》为依据的社会保险,虽然其适用范围已扩及各种所有制企业及其劳动者,而其覆盖范围仅以劳动关系为界限,故仍然是劳动法体系中的社会保险,但已不适应经济体制进一步市场化和构建和谐社会的要求。2010 年《社会保险法》,是我国第一部明确规定社会保险覆盖范围突破劳动关系界限而扩及全体居民的法律,不仅就职工社会保险作出制度设计,还要求对城乡居民实行基本养老保险和基本医疗保险。这是开启社会保险制度由劳动法体系组成部分向社会保障法体系组成部分转型的标志。

依《社会保险法》的设计,社会保险制度体系的结构如表 16 - 1 所示:

表 16 - 1

	职工社会保险	居民社会保险
基本养老保险	职工基本养老保险 (还覆盖灵活就业人员)	▲城镇居民社会养老保险 ▲新型农村社会养老保险
基本医疗保险	职工基本医疗保险 (还覆盖灵活就业人员)	▲城镇居民基本医疗保险 ▲新型农村合作医疗
工伤保险	工伤社会保险	
失业保险	失业保险	
生育保险	生育保险	

第二节　职工社会保险制度的基本要素

一、社会保险当事人

社会保险当事人包括保险人、投保人、被保险人和受益人,它们相互之间,即保险人与被保险人和受益人之间、投保人与被保险人和受益人之间、保险人与投保人之间,依法形成以收取和缴纳社会保险费、支付和享受社会保险待遇为核心内容的相互权利义务关系。

保险人,又称承保人,我国称社会保险经办机构,是指在统筹地区设立依法经办社会保险业务的主体,包括其在本统筹地区设立分支机构和服务网点。保险人的主要职责有:(1)基金收缴。即依法征收社会保险费,并对投保人和被保险人的缴费情况进行记录、检查和督促。(2)待遇给付。即依法向被保险人支付规定保险项目的社会保险待遇,并负责统筹范围内社会保险基金的调剂使用。(3)基金管理。即依法编制社会保险基金预决算草案,编报社会保险基金的财务、会计、统计报表,运营积累的社会保险基金,实行内部审计。(4)日常服务。即依法建立被保险人社会保险档案和个人账户;办理被保险人社会保险关系转移手续;向投保人和被保险人提供有关社会保险的咨询、查询;组织对被保险人的社会化服务。(5)不得牟利。即不得通过经办社会保险事务为本机构及其工作人员个人谋取任何利益。社会保险经办机构的人员经费和经办社会保险发生的基本运行费用、管理费用,由同级财政按照国家规定予以保障。

投保人,亦称要保人,是为被保险人利益向保险人投办社会保险的主体,一般为用人单位。在法定情形下,劳动者也是投保人,如灵活就业人员。投保人的主要义务是:按规定参加社会保险,为被保险人投办法定项目的社会保险,按期、足额向保险人缴纳保险费,就保险合同条款向被保险人作如实陈述,接受保险人的检查监督。其主要权利是:向保险人查验本单位缴费记录,要求保险人提供社会保险咨询,监督保险工作,就与本人有关的社会保险争议提请仲裁、行政裁决、行政复议或提起诉讼。

被保险人,亦称受保人,是直接对社会保险标的具有保险利益的主体。一般指已由用人单位为其投保或已由本人投办社会保险的劳动者。被保险人的权利主要是,依法领取社会保险金和享受其他社会保险待遇,查询与本人有关的社会保险缴费记录,要求保险人提供社会保险咨询及其他服务,监督保险人和用人单位的社会保险工作,就与本人有关的社会保险争议提请仲裁、行政裁决、行政复议或提起诉讼。被保险人的义务主要是,依法按时足额缴纳社会保险费。

受益人,是基于同被保险人的一定关系而享有一定保险利益的主体。可成为受益人的,一般只限于法定范围内的被保险人亲属。受益人的社会保险受益权,并不是就被保险人所得保险待遇分享利益,而是有权在被保险人所得保险待遇之外,或者在被保险人死亡之后,按照法定项目和标准获得物质帮助。这种权利实质上是被保险人权利的延伸和扩展。

二、社会保险结构

按照现代市场经济条件下公平和效率兼顾的要求,各种社会保险的组成结构中,都应当既有平等保障基本生活的组成部分,又有体现不同用人单位、不同劳动者之间由于经济效益差别和劳动贡献差别所决定的保险水平差别的组成部分。在1991年制定的《国务院关于企业职工养老保险制度改革的决定》中首次确立了国家基本养老保险、企业补充养老保险和个人储蓄养老保险相结合的养老保险结构。《劳动法》对这种结构作了可普遍适用于各种社会保险的肯定。即在强制实行国家基本社会保险的同时,鼓励用人单位根据本单位实际情况为劳动者建立补充保险;国家提倡劳动者个人进行储蓄性保险。因此,社会保险的各个险种都可设计由国家基本保险、用人单位补充保险和个人储蓄保险三个部分所构成。

1. 国家基本保险

它是由国家统一建立并强制实行的为全体劳动者平等的提供基本生活保障的社会保险。在各个险种的结构中,它属于基本组成部分。其主要特点有:(1)它是具有普遍性、持续性和强制性,即对各种用人单位和各种劳动者在任何时候都强实行;(2)它实行统一标准,即要求按照统一标准缴纳保险费用和支付保险待遇;(3)它为劳动者提供基本生活保障,即它所给予的物质帮助一般局限于满足劳动者基本生活需要,因而属于社会保险的基本组成部分;(4)它一般要求由用人单位、劳动者和国家三方合理负担费用,其中用人单位负担的费用属于劳动力再生产费用,应当列入用工成本。

2. 用人单位补充保险

它是由用人单位根据自己的经济实力,自主的为劳动者建立,旨在使本单位劳动者在已有基本生活保障的基础上进一步获得物质帮助的社会保险。它是对国家基本保险的补充。其主要特点有:(1)它是用人单位在按时足额缴纳国家基本保险费用后仍有经济承受能力的条件下实行的,属于量力而行的部分,并非每个用人单位,任何时候都必须实行;(2)它的保险水平因用人单位经济实力的大小和变化而相异,缴纳保险费的标准在经济实力增强时可自行提高,在经济实力减弱时可自行降低,不存在统一和固定的标准;(3)它的适用条件和保险水平(标准)可由集体合同或内部劳动规则具体规定。在规定的适用条件实际成立时,用人单位才有义务按规定的标准执行;(4)它的保险基金全部由用人单位缴纳,并从国家规定的项目列支;(5)它的保险基金中已记入劳动者个人账户的部分,应当归劳动者个人所有,未记入个人账户的部分可在本单位范围内调剂使用。

3. 个人储蓄保险

它是由劳动者个人根据自己的收入情况自愿以储蓄形式为自己建立的社会保险,它是对国家基本保险和社会用人单位补充保险的补充。它与后二者比较,其特点主要有:它是劳动者在国家的倡导下自愿参加的;具体险种和缴费数额全部由自己决定;费用全归自己负担和所有。但是它又不同于一般的居民储蓄,主要表现在:它以社会保险为目的,由社会保险经办机构承办,应当采用保值储蓄和其他有利于发挥社会保障作用的其他计息方式。

三、社会保险待遇享受的条件

享受社会保险待遇,必须具备法定条件。对于不同项目的社会保险待遇来说,其享受条件不尽相同。一般包括如下两项:

1. 具备享受社会保险待遇的主体资格

享受社会保险待遇者,必须是被保险人和受益人。已在社会保险经办机构办理社会保险登记并依法缴纳社会保险费的被保险人,即具备社会保险待遇享受资格。关于受益人的资格,我国有关法规列举规定了若干职工亲属可作为受益人,例如,祖父、父、夫,年满60周岁或完全丧失劳动能力者;祖母、母、妻,未从事有固定报酬工作者;子女(包括遗腹子女、养子女、继子女、非婚生子女),弟妹(包括同父异母或同母异父的弟妹),未满16周岁,或虽满16周岁但完全丧失劳动能力或尚在普通中学学习者;孙子女未满16周岁,或虽满16周岁但完全丧失劳动能力或尚在普通中学学习,其父死亡或完全丧失劳动能力,未从事有固定报酬工作者;职工依靠他人抚养长大,现抚养人男已满60周岁或完全丧失劳动能力,女未从事有固定报酬工作,需要依靠职工本人供养且共同居住者;等等。从这些规定所体现的精神看,作为受益人的职工亲属,应当是本人没有生活主要来源而职工对其负有供养义务者;其中,大多为直系亲属(如父母、祖父母、子女),还包括配偶和旁系亲属(如弟妹);在受益人之间无主要受益人与次要受益人之分,都依法具有平等的受益权。

2. 实际发生法定的社会保险事故

社会保险事故,是指衰老、失业、伤残、疾病、生育等劳动风险事故。只有在保险事故已实际发生的情况下,被保险人和受益人才有权实际获得社会保险待遇。法律上关于社会保险事故作为社会保险待遇享受条件的规定,主要有:(1)以保险事故作为划分险种的依据,发生不同的保险事故,则享受不同的保险待遇。(2)发生的保险事故必须限于保险责任范围内,否则不能享受保险待遇。(3)某些保险事故的发生须持合法有效的证明。例如,失业必须经失业登记,残废必须经残废等级鉴定等。

四、社会保险待遇的计算依据

社会保险是一个数量化的概念,一般表现为一定货币数额的物质帮助。保险人必须按照法定计算规则,确定被保险人或受益人应得社会保险待遇的具体数额。在法定计算规则中,一般只就决定和制约保险待遇数额的各种相关因素和各因素与保险待遇数额的函数关系做出规定。对不同保险项目的保险待遇来说,其具体计算规则不尽相同。一般言之,据以计算社会保险待遇数额的相关因素主要有下述各项:

1. 工资

据以确定保险待遇数额的工资主要有三种:(1)职工个人月工资。职工在职期间月工资在一定意义上可以反映其向社会提供的实际劳动贡献,因而通常被作为计算各项保险待遇数额的基础。其中,经常性支付的保险待遇数额一般按月工资的一定比例计算;一次性支付的保险待遇数额一般为若干个月的月工资总额。这里的月工资,就其包括项目来说,一般是指基本工资和缴费工资(即据以缴纳保险费的工资);或是职工本人在发生保险事故当时的月工资,或是职工本人在发生保险事故前一定时期内的月平均工资。(2)本单位月平均工资。这往往用作计算某项社会保险待遇(如丧葬费、抚恤金等)的基数。它是指职工所在单位在发生保险事故的上一年度或本年度的人均月均工资。(3)社会月平均工资。它是指法定某个部门或机构依法确定和公布的本地区职工在一定期限内的月平均工资。为了保障保险待遇免受物价上涨等因素影响,有的保险待遇项目有必要同社会月平均工资挂钩,形成保险待遇随着社会平均工资水平提高而增长的正常增长机制。例如,我国有关工伤保险法规中规定,当作为计算工伤保险待遇基数的伤残职工本人月工资低于社会月平均工资75%或高于社会月平均工资300%时,应以社会月平均工资的75%和300%为基数。

2. 工龄

工龄,又称工作年限,在严格意义上是指劳动者从事法定社会职业以获取工资收入作为生活主要来源的年限。工龄在法律上有一般工龄、连续工龄、缴费工龄之分。一般工龄,又称总工龄,是指劳动者从事有工资收入的法定社会职业的全部年限。连续工龄,是指依法能够连续计算的工龄,它包括本单位工龄以及依法可连续计算的以前在其他单位的工龄。一般工龄中,既包括连续工龄,还包括非连续工龄;但对于没有非连续工龄的劳动者来说,其一般工龄即其连续工龄。缴费工龄,是指由用人单位和职工本人已缴保险费的工龄。在我国,缴纳保险费制度开始于1986年,因而,对许多职工来说,其一般工龄、连续工龄中既包括缴费工龄还包括未缴费工龄。

以工龄作为据以计算保险待遇生活的一种因素,是对劳动者的资历和过去劳动总量的确认。在我国,可据以计算保险待遇数额的工龄,在“保险待遇数额 = 月工资额 × ×%(或 × 个月)”的公式中,工龄不同会导致其中“ ×%(或 × 个月)”的差别。关于连续工龄的计算规则,我国有关法规所规定的主要内容有:(1)规定在什么情况下,在不同单位的工作间断后的工龄可以连续计算(又称合并计算)。例如,被辞退人员重新就业后,被辞退前工龄可与重新就业后工龄合并计算。(2)规定在什么情况下,本单位工作前在其他单位的工龄和工作间断前的工龄,不得计入连续工龄。例如,职工被开除、劳动教养或判刑后重新就业的,其连续工龄从重新就业起重新计算。(3)规定职工在特定条件下停止工作的期间,在什么情况下应计入或不计入连续工龄。例如,职工因病或非工伤停止工作的医疗期,不超过 5 个月的计算为连续工龄,超过 6 个月而愈后仍回原单位工作者,超出 6 个月的期间不能计算为连续工龄。(4)规定在什么情况下,职工的实际工龄可按一定比例扩充折算为连续工龄。例如,长期在低温、高温、高寒地区工作以及从事有毒、有粉尘等有害身体健康工作的职工,每在此种场所工作一年,均按一年零若干个月计算连续工龄。

3. 保险费

缴纳保险费是同享受保险待遇相对应的义务,因而,缴纳保险费的数额和年限对计算保险待遇数额所依照的月工资的比例大小或月数多少有制约作用,即交费数额和年限与保险待遇水平呈正比。在这里,保险费数额是指已记入职工个人账户的用人单位和职工本人所缴纳的保险费总额;至于依法不应记入职工个人账户的保险费,则是以其缴费年限来制约保险待遇数额。

4. 特殊贡献

为了鼓励职工多做贡献和给予有特殊贡献职工以适当补偿,国家把职工个人的特殊贡献作为职工享受特殊保险待遇的一个重要依据。一般规定有特殊贡献职工的保险待遇高于同等条件下一般职工的保险待遇标准,通常是按据以计算保险待遇数额的月工资的比率或月数适当提高或增加。例如,荣获并保持省、部、军旗以上劳动模范、先进生产(工作)者等荣誉称号的职工,其退休费、病假工资在不超过月工资的限度内可高于规定标准的5% ~15%。在这里,可作为提高劳动保险标准之一的特殊贡献,究竟应包括哪些,应当由有关法规明确规定。

5. 经济社会政策

社会保险作为一种国民收入再分配的形式,受到国家经济、社会政策的调节。在我国,社会保险待遇的起点水平和计算标准,不同地区、行业(部门)、职业、单位、职工的保险待遇水平的差别幅度,往往要依据国家的经济社会政策的变化而确定和调整。

五、社会保险基金

(一)社会保险基金及其统筹的概念

社会保险基金,是指为了使社会保险有可靠的资金保障,国家通过立法要求全社会统一建立的,用于支付社会保险待遇的专项资金。它一般按不同险种分别单独建立,如养老保险基金、失业保险基金、工伤保险基金、医疗保险基金等。

社会保险基金统筹,是指在社会范围内,对社会保险基金的各种来源和用途做出统一的规定,规划和安排,并据此对社会保险基金进行统一的收支、管理和运营,以保证其收支平衡、合理使用和安全、保值、增值,充分发挥其社会保障职能。在社会保险的运行机制中,它是实现风险分摊职能和损失补偿职能的必需手段。

(二)社会保险基金的统筹范围

社会保险基金的统筹范围,表明应当在多大的空间范围内进行社会保险基金统筹,是社会保险的社会化程度和保障程度的一个重要标志。它一般包括:(1)用人单位范围。按照市场经济要求,应当把各种用人单位都纳入统筹范围,也就是说,凡属依法有义务为其职工缴纳保险费的用人单位(尤其是企业)都应参加统筹,不受所有制、法律形态、规模等因素的限制。(2)劳动者范围。根据劳动法对劳动者给以平等保护的原则,凡参加统筹的用人单位,都应将其依法有权获得社会保险待遇的职工全部纳入统筹范围。此外,还有必要把统筹范围逐步扩及其他劳动者。(3)险种和待遇项目范围。从保护劳动者的角度来看,原则上应当将各险种的各个待遇项目全部都纳入统筹范围。但是在一个国家的一定时期,往往受制于经济发展水平、社会保险需求等因素,只将部分险种,有的险种只将部分待遇项目纳入统筹范围。凡是未纳入统筹范围的险种和保险待遇项目,仍由用人单位向劳动者或其亲属承担给付责任。(4)地域范围。即在全国、全省、全市或全县的某一级范围内实行统筹。这要根据各种保险项目实际情况分别确定,一般应按由低到高的发展顺序,提高统筹的地域范围等级。对此,《社会保险法》要求,基本养老保险基金逐步实行全国统筹,其他社会保险基金逐步实行省级统筹,具体时间、步骤由国务院规定。

(三)社会保险基金的筹集渠道

社会保险基金只能从法定各种来源中筹集。归纳言之,其主要来源有:(1)用人单位按本单位工资总额的一定百分比定期缴纳保险费;(2)劳动者按本人工资额的一定百分比或按规定的数额定期缴纳保险费;(3)政府财政补贴;(4)社会保险基金的增值性收入;(5)社会保险基金所获得的捐赠和其他收入。[1]

在社会保险基金的来源构成中,社会保险费占首要地位,是社会保险基金统筹的主渠道。社会保险费的缴纳,以国家、用人单位和劳动者合理分担为原则。其要点包括:(1)社会保险费的分担主体。除由财政拨款的用人单位以外,养老、失业、医疗保险费由用人单位和劳动者合理分担缴纳,工伤、生育保险费全部由用人单位负担;国家机关和由财政拨款用人单位,养老、失业、医疗保险费主要由国家负担,劳动者也缴纳一部分,工伤、生育保险费全部由国家负担;但实行差额财政拨款的用人单位,对各项社会保险费都应缴纳一部分。(2)社会保险费分担比例。不由财政拨款的用人单位与其劳动者的社会保险费分担比例,应由县级以上政府依据本地区社会保险待遇给付需要和用人单位、劳动者经济承受能力分别确定;由财政拨款用人单位与其劳动者社会保险费分担比例,应由国家作出统一规定。(3)社会保险费的缴纳征收。用人单位应缴纳保险费,由其开户银行按社会保险经办机构的要求代扣;劳动者应缴纳保险费,由用人单位从工资中代为扣缴。用人单位遇有严重困难需缓交,应符合法定条件并依法办理审核和批准手续;用人单位依法破产,其应缴保险费,应列为第一顺序清偿债务。各项社会保险费一般应由社会保险经办机构统一合并征收,并按不同项目分别立账。(4)建立个人账户。对用人单位和劳动者缴纳的社会保险费,在建立统筹基金的同时建立劳动者个人账户,个人账户

---

〔1〕 参见《社会保险费征缴暂行条例》(1999年1月22日,国务院令第259号)。

及其储存额随劳动者就业转移而转移,劳动者死亡时,有的险种(如养老保险、医疗保险)的个人账户余额,可由其供养亲属或其他法定继承人依法继承。

(四)社会保险基金的筹集方式

社会保险基金的筹集方式,世界上有三种模式:(1)现收现付式,又称统筹分摊式、年度评估式。即先对近期需支付的保险金额进行测算,然后在以支定收的原则下,将预测所需基金数额按一定比例分摊到投保人和被保险人,并依次比例进行筹集。按这种方式,所筹集的基金与同期的保险金支出基本平衡。(2)完全积累式,又称全基金式,是在对人口生命和国民经济发展的有关指标进行远期预测的基础上,将被保险人在领取保险待遇期间所需保险金开支总和,按一定比例分摊到整个就业期间的每个年度,从被保险人开始就业时起由投保人和被保险人按规定比例逐月缴纳保险费,同时对不断筹集并已积累起来的保险基金由计划的转投经营,使其保值增值。(3)半积累式,又称部分基金式或混合式。它是上述两种方式的综合。即在现收现付的基础上,按收大于支、略有结余的原则确定投保人和被保险人定期缴纳保险费的比例,使所筹集的保险基金在用于支付保险待遇的同时还有部分形成积累并转投经营增值。这种方式,既可避免完全现收现付式所面临的收取比率不断上升,交费者负担日益沉重的问题,又可减轻完全积累式所带来的转投风险和计算困难等问题,以保证基金收支长期平衡。我国也应采取此种方式。

(五)社会保险基金的存储、使用和运营

社会保险基金应当在法定银行按不同项目分别设立各种基金专户,实行专款专项存储。存入银行的社会保险基金,一般情况下按居民同期存款利率计息,必要时应采取保全措施。

社会保险基金应当按照规定用途专项使用,分别独立核算,禁止任何形式的非法挪用,不敷支出时由同级政府临时拨付。社会保险基金的法定支出项目有:(1)按法定项目和标准支付被保险人的社会保险金和其他社会保险待遇;(2)按法定方法和比例提取社会保险服务费用和管理费用;(3)在失业保险基金中依法定标准支出再就业服务费用;(4)法定其他支出。[2]

积累的社会保险基金,为确保其保值和增值,可在保证正常支付社会保险待遇并留足必要的周转金的前提下,按照安全、有效的原则,依法将其用于投资。社会保险基金的投资收益,应全部并入社会保险基金。

六、社会保险的宏观管理和监督

国家负有发展社会保险事业的职责,应当对社会保险实行宏观管理。依《社会保险法》规定,其主要内容有:(1)管理体制。国务院和县级以上地方人民政府社会保险行政部门分别负责全国和本行政区域的社会保险管理工作;国务院和县级以上地方人民政府其他有关部门在各自的职责范围内负责有关的社会保险工作。(2)政策支持。县级以上人民政府将社会保险事业纳入国民经济和社会发展规划,对社会保险事业给予必要的经费支持;国家多渠道筹集社会保险资金,通过税收优惠政策支持社会保险事业。(3)基金监管。国家对社会保险基金实行严格监管。国务院和省级人民政府建立健全社会保险基金监督管理制度,保障社会保险基金安全、有效运行;县级以上人民政府采取措施,鼓励和支持社会各方面参与社会保险基金的

〔2〕 参见《社会保险会计制度》(1993年5月18日,劳部发[1993]46号)。

监督。

社会保险作为一项与国家和社会整体利益和长远利益密切联系的重要社会事业,应当由国家和社会实行监督。依《社会保险法》规定,其主要内容包括:(1)权力机关监督。各级人大常委会听取和审议本级人民政府对社会保险基金的收支、管理、投资运营以及监督检查情况的专项工作报告,组织对本法实施情况的执法检查等,依法行使监督职权。(2)社会保险行政部门监督。社会保险行政部门负责对用人单位和个人遵守社会保险法律、法规情况的监督检查;对社会保险基金的收支、管理和投资运营情况进行监督检查,发现存在问题的,应当提出整改建议,依法作出处理决定或者向有关行政部门提出处理建议。(3)财政、审计部门监督。财政部门、审计机关按照各自职责,对社会保险基金的收支、管理和投资运营情况实施监督。(4)社会保险监督委员会监督。统筹地区人民政府成立由用人单位代表、参保人员代表,以及工会代表、专家等组成的社会保险监督委员会,掌握、分析社会保险基金的收支、管理和投资运营情况,对社会保险工作提出咨询意见和建议,实施社会监督。社会保险经办机构应当定期向社会保险监督委员会汇报社会保险基金的收支、管理和投资运营情况。社会保险监督委员会可以聘请会计师事务所对社会保险基金的收支、管理和投资运营情况进行年度审计和专项审计。社会保险监督委员会发现社会保险基金收支、管理和投资运营中存在问题的,有权提出改正建议;对社会保险经办机构及其工作人员的违法行为,有权向有关部门提出依法处理建议。(5)举报和投诉。任何组织或者个人有权对违反社会保险法律、法规的行为进行举报、投诉。社会保险行政部门、卫生行政部门、社会保险经办机构、社会保险费征收机构和财政部门、审计机关对属于本部门、本机构职责范围的举报、投诉,应当依法处理;对不属于本部门、本机构职责范围的,应当书面通知并移交有权处理的部门、机构处理。有权处理的部门、机构应当及时处理,不得推诿。(6)行政复议和行政诉讼。用人单位或者个人认为社会保险费征收机构的行为侵害自己合法权益的;对社会保险经办机构不依法办理社会保险登记、核定社会保险费、支付社会保险待遇、办理社会保险转移接续手续或者侵害其他社会保险权益的行为,都可以依法申请行政复议或者提起行政诉讼。

第三节　基本养老保险

一、养老保险的概念和形式

养老保险,是指劳动者在因年老或病残而丧失劳动能力的情况下,退出劳动领域,定期领取生活费用的一种社会保险制度。依《社会保险法》规定,这里的"职工"还包括参加基本养老保险的灵活就业人员。

我国职工养老保险有三种形式:(1)退休。即职工因年老或病残而完全丧失劳动能力,退出生产和工作岗位养老休息时获得一定物质帮助的制度。它是养老保险的基本形式,其适用范围具有普遍性。(2)离休。即新中国成立前参加革命工作的老干部到达一定年龄后离职休养的制度。它既是一种特殊的干部安置措施,又是一种特殊的退休形式。(3)退职。即职工不符合退休条件但完全丧失劳动能力而退出职务和工作岗位进行休养的制度。在养老保险体系中，它作为退休的一种补充形式而存在，以补充退休在适用范围上的不足。

二、养老保险待遇的享受条件

1. 退休年龄

我国关于退休年龄的规定，主要内容包括：[3]（1）一般退休年龄。男60岁，女50岁（工人）和55岁（职员）。（2）提前退休年龄。国家公务员的提前退休年龄为，男55岁、女50岁；因从事有害身体健康工作和工伤（职业病）致残而完全丧失劳动能力的职工和连续工龄满30岁的国家公务员，退休不受年龄限制。（3）延迟退休年龄。例如，高级专家经批准可延迟退休，但正职不超过70岁、副职不超过65岁。

2. 退休工龄或累计缴费年限

享受退休待遇，除达到退休年龄外，一般还应同时达到一定的工龄或累计缴费年限。

未实行缴费制度的职工，退休一般需连续工龄满10年；国家公务员提前退休一般需连续工龄满20年，连续工龄满30年者提前退休可不受年龄限制；但因工伤（职业病）致残完全丧失劳动能力的职工，退休不以连续工龄为条件。[4]

实行社会保险制度改革后，凡个人缴纳基本养老保险费的职工，退休的连续工龄条件被缴费年限条件所取代。实行缴费制度以后才初次就业的劳动者，达到法定退休年龄时须累计缴费满15年；累计缴费不足15年的，可以延长缴费至满15年。《社会保险法》实施前参保、延长缴费5年后仍不足15年的，可以一次性缴费至满15年。

3. 其他退休条件

除上述条件外，在有的情况下还需具备其他特殊条件。例如，我国规定，提前和延迟退休，都应经有关部门和机构批准；从事有害身体健康工作的职工和因工伤（职业病）致残的职工提前退休，须经依法证明完全丧失劳动能力者。

4. 离休和离职条件

我国现行法规中规定的离休条件，包括年龄条件和身份条件两种。离休年龄与国家公务员退休年龄相同。身份条件是指离休者必须是新中国成立前参加革命工作的老干部。国务院在有关法规中就“新中国成立前参加革命工作”作了具体界定。其中主要包括：[5]（1）1949年9月30日前，参加中国共产党领导的革命军队的干部，在解放区参加革命工作并脱产享受供给制待遇的干部，在敌占区从事地下革命工作的干部。（2）1948年以前，在解放区参加革命工作并享受薪金制待遇的干部。（3）“政协”第一次全会召开前加入各民主党派，一直拥护中国共产党、坚持革命工作的干部。

我国现行法规所规定的退职条件包括：（1）经依法证明完全丧失劳动能力；（2）不具备某项退休条件，如未达到规定的退休年龄或连续工龄。

---

〔3〕 参见《国务院关于工人退休退职的暂行办法》和《国务院关于安置老弱病残干部的暂行办法》（国发［1978］104号）。

〔4〕 参见《国务院关于工人退休退职的暂行办法》和《国务院关于安置老弱病残干部的暂行办法》（国发［1978］104号）。

〔5〕 参见《关于确定建国前参加革命工作时间的规定》（中组发［1982］11号）和《贯彻国务院关于老干部离职修养规定中具体问题的处理意见》（劳人老［1982］10号）。

5. 权利丧失条件

这是立法特别规定的应当使被保险人丧失享受养老保险待遇之权利的条件。例如,被保险人在服刑期间,就可规定为此种条件。

三、养老保险待遇的内容、标准和给付

(一)职工养老保险待遇的内容

退休待遇的内容,一般包括:[6](1)基本养老金,又称退休金。从退休的第二个月起停发工资,每月按规定标准发给退休金,直至去世为止。(2)医疗待遇和死亡待遇与在职职工相同。(3)其他待遇。如易地安家补助费、易地安置车旅费、住房补贴、冬季取暖补贴,均按规定的标准执行。

离休待遇,实行"基本政治待遇不变、生活待遇略为从优"的原则,其水平高于退休待遇。主要内容有:[7](1)颁发离休干部荣誉证,提高干部级别。(2)原工资照发,并每年按离休前标准工资增发一定月数的工资作为生活补助费,还按规定标准每月加发补贴。(3)享受公费医疗和司局级以上干部的保健医疗。(4)按规定标准发给安置补助费和护理费。(5)其他非生产性福利待遇与同级在职干部相同。

退职待遇的水平低于退休待遇。其主要内容包括:[8](1)按月发给相当于本人退职前基本工资一定比例的退职生活费,其数额不得低于国家规定的最低标准。(2)医疗待遇和死亡待遇与在职职工相同。

(二)基本养老金的标准

基本养老金,即退休人员依法领取的生活费用。它由统筹养老金和个人账户养老金所组成,根据个人累计缴费年限、缴费工资、当地职工平均工资、个人账户金额、城镇人口平均预期寿命等因素确定。确定和调整基本养老金标准的规则应当由立法规定,其要点有:(1)基本养老金同在职工资收入要保持可比性,其工资取代率应当因连续工龄(或缴费年限)长短、是否工伤(职业病)、有无特殊贡献等因素而有所不同。(2)基本养老金工资取代率应当以在职时实得工资的全部为基数,而不应以现行的标准工资为基数。(3)考虑到工资收入差别在扩大的趋势,有必要采用基本养老金工资取代率与工资收入成反比的倾斜政策。(4)基本养老金最低额不应低于保障退休人员基本生活需要的数额,即不应低于本地区最低生活费用,最高额一般不应超过在职的正常工资收入。(5)建立基本养老金正常调整机制,即根据职工平均工资增长、物价上涨情况,适时提高基本养老保险待遇水平。

(三)养老保险待遇的给付

养老保险待遇的给付有用人单位给付和保险人给付两种方式。改革前我国一直采取由用人单位给付的方式。按照改革的目标模式,应当以社会保险经办机构给付为主,用人单位给付为辅。社会保险经办机构给付的一般规则要点有:(1)养老金由社会保险经办机构从养老保险统筹基金和个人账户储存额中开支,一般按月发给,直至死亡。被保险人死亡后,其个人账户

---

[6] 参见《国务院关于工人退休退职的暂行办法》(国发[1978]104号)。

[7] 参见《贯彻国务院关于老干部离职休养规定中具体问题的处理意见》(劳人老[1982]10号)。

[8] 参见《国务院关于工人退休退职的暂行办法》(国发[1978]104号)。

中的余额,可由其供养亲属或其他法定继承人依法继承。(2)医疗保险待遇所需费用的支付,按医疗保险有关规定执行。按照医疗保险制度改革的目标模式,应当按规定比例从医疗保险统筹基金和个人账户中支付,其余部分由个人负担,但个人负担部分应低于未退休者。(3)被保险人因病或者非因工死亡的,其遗属可以领取丧葬补助金和抚恤金;在未达到法定退休年龄时因病或者非因工致残完全丧失劳动能力的,可以领取病残津贴。(4)被保险人在达到法定领取基本养老金条件前离境定居的,其个人账户予以保留,达到法定领取条件时,按照国家规定享受相应的养老保险待遇。(5)跨省流动就业而转移基本养老保险关系的被保险人达到法定退休年龄时,基本养老金按国务院规定分段计算、统一支付。

还有两种特殊给付规则:其一,《社会保险法》实施前参保、延长缴费五年后仍不足十五年的,可以申请转入户籍所在地新型农村社会养老保险或者城镇居民社会养老保险,享受相应的养老保险待遇;或者书面申请终止职工基本养老保险关系,一次性领取个人账户储存额。其二,被保险人在达到法定的领取基本养老金条件前离境定居,且丧失中华人民共和国国籍的,可以在其离境时或者离境后书面申请终止职工基本养老保险关系,一次性领取个人账户储存额。

四、养老保险基金的统筹

在我国社会保险的各险种中,养老保险率先实行基金统筹制度。它于20世纪80年代初开始施行,1986年为立法所规定,此后逐步推广和完善。依《社会保险法》规定,养老保险基金统筹制度的要点有:(1)基本养老保险费由用人单位和职工共同缴纳,无雇工的个体工商户、未在用人单位参加基本养老保险的非全日制从业人员以及其他灵活就业人员的基本养老保险费由个人缴纳。(2)基本养老保险基本养老保险基金由用人单位和个人缴费以及政府补贴等组成,实行社会统筹与个人账户相结合。用人单位应当按照国家规定的本单位职工工资总额的比例缴纳基本养老保险费,记入基本养老保险统筹基金;职工应当按照国家规定的本人工资的比例缴纳基本养老保险费,记入个人账户;灵活就业人员应当按照国家规定缴纳基本养老保险费,分别记入基本养老保险统筹基金和个人账户。国有企业、事业单位职工参加基本养老保险前,视同缴费年限期间应当缴纳的基本养老保险费由政府承担。基本养老保险基金出现支付不足时,政府给予补贴。(3)个人跨统筹地区就业的,其基本养老保险关系按国务院规定转移接续,缴费年限累计计算。

第四节　职工基本医疗保险

一、医疗保险的概念和立法

医疗保险是指保障劳动者及其供养亲属非因工患病或负伤后在医疗上获得物质帮助的一种社会保险制度。医疗保险的保险事故仅限于职业病以外患病和工伤以外负伤,以及该病伤所致残废。

医疗保险起源于19世纪的西欧,是起源最早的社会保险项目。在历史上被视为社会保险制度开端的立法,就是1883年的《德国劳工疾病保险法》。后来,不少国家都相继制定了类似立法。国际劳工组织1927年第24号公约《工商业工人及家庭佣工疾病保险公约》和第25号公约《农业工人疾病保险公约》,分别要求在工商业和农业实行强制疾病保险制度。1969年的第130号公约《医疗护理和疾病津贴公约》,又扩大了适用范围。现在,所有发达国家和许多发展中国家都建立了医疗保险制度。

中国医疗保险制度立法较早,在1951年《劳动保险条例》中就建立起了劳动医疗保险制度。随着改革开放的实行,到20世纪70年代末,传统医疗保险法律制度存在的弊病日益突出,如医疗费用国家和企业包的太多,超出国家生产力水平;缺乏有效的医疗费用控制机制,医疗费用增长过快;医疗保险覆盖面狭窄,仅覆盖全国20%~25%的人口;管理和服务社会化程度低。自1984年开始,各地试行一些小幅度的医疗保险改革。1998年12月14日,国务院发布《关于建立城镇职工基本医疗保险制度的决定》。此外,原劳动和社会保障部与有关部委就医疗保险改革的具体问题制定一系列操作规则,主要包括:《关于城镇职工基本医疗保险诊疗项目管理的意见》、《城镇职工基本医疗保险用药范围管理暂行办法》、《关于确定城镇职工基本医疗保险医疗服务设施范围和支付标准的意见》、《城镇职工基本医疗保险定点零售药店管理暂行办法》和《城镇职工基本医疗保险费用结算管理的意见》等。

《社会保险法》设置"基本医疗保险"专章,包括职工基本医疗保险、城镇居民基本医疗保险和新型农村合作医疗。

二、职工基本医疗保险待遇的内容和给付

(一)一般规定

(1)医疗待遇。职工一般可在与社会保险经办机构签订医疗保险合同的定点医院选择就医。其保险待遇项目主要有:规定范围内的药品费用,规定的检查费用和治疗费用,规定标准的住院费用。其中,职工个人账户用于支付小额医疗费用,社会统筹基金用于支付大额医疗费用。[9] 此外,职工供养亲属患病治疗时,一般仅就某些项目(如药费、手术费等)的医疗费用给予一定比例(一般为50%)的医疗补助。

符合基本医疗保险药品目录、诊疗项目、医疗服务设施标准以及急诊、抢救的医疗费用,按照国家规定从基本医疗保险基金中支付,由社会保险经办机构与医疗机构、药品经营单位直接结算。应当从工伤保险基金中支付、应当由第三人负担、应当由公共卫生负担、在境外就医的医疗费用,不纳入基本医疗保险基金支付范围。

(2)医疗期待遇。职工享受医疗保险待遇,除完全丧失劳动能力者外,只限于规定的医疗期内。医疗期的长度根据职工本人连续工龄和本单位工龄分档次确定,最短不少于3个月,最长一般不超过24个月;难以治愈的疾病,经医疗机构提出,本人申请,劳动行政部门批准后,可适当延长医疗期,但延长期限最多为6个月。[10]

(3)疾病津贴。又称病假工资。职工患病或非因工负伤,停止工作满1个月以上的,停发工资,由用人单位按其工龄长短给付相当于本人工资一定比例的疾病津贴,不得低于当地最低

---

〔9〕 参见《国务院关于建立城镇职工基本医疗保险制度的决定》(国发[1998]44号)。

〔10〕 参见《企业职工患病或非因工负伤医疗期的规定》(劳部发[1994]479号)。

工资标准的80%。

（二）特殊规定

参保人员确需急诊、抢救的，可以在非协议医疗机构就医；因抢救必须使用的药品可以适当放宽范围。其医疗服务具体管理办法由统筹地区根据当地实际情况制定。社会保险行政部门和卫生行政部门应当建立异地就医医疗费用结算制度，方便参保人员享受基本医疗保险待遇。

参加职工基本医疗保险的个人，达到法定退休年龄时累计缴费达到国家规定年限的，退休后不再缴纳基本医疗保险费，按照国家规定享受基本医疗保险待遇。

医疗费用依法应当由第三人负担，第三人不支付或者无法确定第三人的，由基本医疗保险基金先行支付。基本医疗保险基金先行支付后，有权向第三人追偿。

三、医疗保险合同

根据《国务院关于建立城镇职工基本医疗保险制度的决定》（国发［1998］44号）的规定，医疗保险经办机构与定点医疗机构和定点药品经营单位应当签订医疗保险服务合同，规定服务和付费条件，规范医疗服务行为。

医疗保险合同的主体，一方是医疗保险经办机构，即设在社会保险行政机关内，负责医疗保险事务的专门机构；另一方是定点医院和定点药店。国务院社会保险行政部门会同卫生部、财政部等有关部门制定定点医院和定点药店的资格审定办法。社会保险经办机构应当根据中西医并举，基层、专科和综合医疗机构兼顾，方便职工就医的原则，负责确定定点医院和定点药店，并同定点医院和定点药店签订合同，明确各自的权利和义务。

医疗保险合同期限为1年。为了引进竞争机制，职工可选择若干定点医疗机构就医、购药，也可持处方在若干定点药店购药。医疗保险经办机构在每一年度内，必须同若干家定点医院和定点药店签订医保合同，为自己的客户提供优质服务。

四、职工基本医疗保险基金的筹集、使用和管理〔11〕

（一）覆盖范围和缴费办法

职工应当参加职工基本医疗保险，由用人单位和职工按照国家规定共同缴纳基本医疗保险费。无雇工的个体工商户、未在用人单位参加职工基本医疗保险的非全日制从业人员以及其他灵活就业人员可以参加职工基本医疗保险，由个人按照国家规定缴纳基本医疗保险费。被保险人基本医疗保险关系转移接续时，基本医疗保险缴费年限累计计算。

被保险人达到法定退休年龄时累计缴费未达到国家规定年限的，可以缴费至国家规定年限，具体按照各地规定执行。

所有用人单位及其职工都要按照属地管理原则参加所在统筹地区的基本医疗保险，执行统一政策，实行基本医疗保险基金的统一筹集、使用和管理。铁路、电力、远洋运输等跨地区、生产流动性较大的企业及其职工，可以相对集中的方式异地参加统筹地区的基本医疗保险。

---

〔11〕参见《社会保险法》、《国务院关于建立城镇职工基本医疗保险制度的决定》（国发［1998］44号）。

用人单位缴费率应控制在职工工资总额的6%左右,职工缴费率一般为本人工资收入的2%。随着经济发展,用人单位和职工缴费率可作相应调整。

(二)基本医疗保险统筹基金和个人账户

基本医疗保险基金由统筹基金和个人账户构成。职工个人缴纳的基本医疗保险费,全部记入个人账户。用人单位缴纳的基本医疗保险费分为两个部分:一部分用于建立统筹基金,一部分划入职工个人账户。划入个人账户的比例一般为用人单位缴费的30%左右,具体比例由统筹地区根据个人账户的支付范围和职工年龄等因素确定。统筹基金和个人账户要划定各自的支付范围,分别核算,不得互相挤占。要确定统筹基金的起付标准和最高支付限额,起付标准原则上控制在当地职工年平均工资的10%左右,最高支付限额原则上控制在当地职工年平均工资的4倍左右。起付标准以下的医疗费用,从个人账户中支付或由个人自付。起付标准以上、最高支付限额以下的医疗费用,主要从统筹基金中支付,个人也要负担一定比例。超过最高支付限额的医疗费用,可以通过商业医疗保险等途径解决。统筹基金的具体起付标准、最高支付限额以及在起付标准以上和最高支付限额以下医疗费用的个人负担比例,由统筹地区根据以收定支、收支平衡的原则确定。

健全基本医疗保险基金的管理和监督机制。基本医疗保险基金纳入财政专户管理,专款专用,不得挤占挪用。社会保险经办机构负责基本医疗保险基金的筹集、管理和支付,并要建立健全预决算制度、财务会计制度和内部审计制度。社会保险经办机构的事业经费不得从基金中提取,由各级财政预算解决。基本医疗保险基金的银行计息办法是:当年筹集的部分,按活期存款利率计息;上年结转的基金本息,按3个月期整存整取银行存款利率计息;存入社会保障财政专户的沉淀资金,比照3年期零存整取储蓄存款利率计息,并不低于该档次利率水平。个人账户的本金和利息归个人所有,可以结转使用和继承。各级劳动保障和财政部门,要加强对基本医疗保险基金的监督管理。审计部门要定期对社会保险经办机构的基金收支情况和管理情况进行审计。统筹地区应设立由政府有关部门代表、用人单位代表、医疗机构代表、工会代表和有关专家参加的医疗保险基金监督组织,加强对基本医疗保险基金的社会监督。

第五节 工 伤 保 险

一、工伤保险的概念

工伤保险,又称职业伤害赔偿保险,是指职工因工而致伤、病、残、死亡,依法获得经济赔偿和物质帮助的一种社会保险制度。它通过对工伤职工及其家庭提供医疗照顾、生活保障和经济赔偿,减轻工伤职工所受经济上的损害,并减轻用人单位的负担。其特征有:(1)它是基于对工伤职工的赔偿责任而设立的一种社会保险,其他社会保险则是基于对职工生活困难的帮助和补偿责任而设立的。(2)它是由用人单位承担全部责任的一种社会保险,职工个人不负缴纳保险费的义务。(3)其赔偿责任实行无过错责任原则,而不同于一般民事赔偿责任。(4)其被保险人范围包括全体职工,不论何种用工形式的职工,也不论是正式职工还是临时工、学徒工和试用期职工,都平等的享受工伤保险待遇。(5)其目的不仅在于对受伤害者的事后救济,而且还注重对职业伤害的预防。

在我国,工伤保险一直是社会保险体系的重要组成部分,新中国成立初期制定了《劳动保险条例》和后来制定的《劳动保险条例实施细则》都对工伤保险作了具体规定。1996 年 8 月,劳动部制定的《企业职工工伤保险试行办法》,不仅规定了工伤保险的原则,而且对工伤范围及其认定、劳动鉴定和工伤评残、工伤保险待遇、工伤保险基金、工伤预防和职业康复、工伤保险管理和监督检查、企业和职工责任争议处理等事项,分列专章规定。2003 年 4 月 27 日国务院颁布了《工伤保险条例》,就工伤保险基金、工伤的认定、工伤保险待遇、监督管理和法律责任等问题作出明确具体规定,标志着我国工伤保险立法进入一个新的阶段。

二、工伤保险的归责规则

(一)工伤赔偿的归责原则

在现代各国的工伤保险立法中,关于工伤赔偿责任的规定,都通行两项归责原则,即用人单位(雇主)单方责任原则和无过错责任原则。上述两项原则都是以现代劳动法理论和损害赔偿理论为理论依据的。(1)按照现代劳动法理论,在劳动关系中,用人单位作为劳动力的使用者和劳动条件的提供者,单方负有保护劳动者在劳动过程中安全和健康的法定义务,这既是对劳动者义务也是对国家的义务。发生工伤事故,就意味着用人单位违反了这一法定义务。因而,用人单位单方对受伤害者负有赔偿责任。这是一种直接基于法律规定而非合同约定所产生的赔偿责任,并且是一种不论受伤害者有无过失的赔偿责任。所以,受伤害者经济损失应由用人单位全部负责,这既不能在合同中约定减免,也不能以受伤害者有过失而推卸。(2)按照现代损害赔偿理论,当在有高度危险来源的场合发生损害事故时,高度危险来源本身就是高度危险来源拥有者就该损害事故承担赔偿责任的依据,而不必考虑赔偿责任者有无过错。在机器生产和现代化生产条件下,职业危险属于有高度危险来源的危险,工伤是以高度危险来源为基础的一种特殊侵权行为,因而,用人单位的工伤赔偿责任不应以过错为要件,即无论对工伤事故有无过错,都应承担工伤赔偿责任。

上述两项原则的确立,使用人单位的工伤赔偿责任具有绝对性。但是,就单个用人单位来说,这种赔偿责任是受其支付能力限制的。市场经济中,为了使工伤职工获得赔偿的权益免受其盈亏状况变化和破产的经营风险的影响,国家提出了强制保险的要求,即在立法上规定,用人单位必须以投办保险的方式和兼用投办保险和直接支付方式承担对工伤职工的全部赔偿责任,并且,承担全部保险费的缴纳义务。

(二)特殊情形下的工伤保险归则规则[12]

在我国立法中,还就用人单位承担工伤保险责任的若干特殊情况作了规定。其主要内容有:(1)职工与两个或两个以上单位建立劳动关系,工伤事故发生时,职工为之工作的单位承担工伤保险责任。(2)用人单位分立、合并、转让的,承继单位应当承担原用人单位的工伤保险责任;原用人单位已经参加工伤保险的,承继单位应当到当地经办机构办理工伤保险变更登记。(3)单位指派到其他单位工作的职工因工伤亡的,指派单位承担工伤保险责任。(4)被派遣职

---

〔12〕 参见《工伤保险条例》(2010 年 12 月修订,国务院令第 586 号);《最高人民法院关于审理工伤保险行政案件若干问题的规定》(2014 年 9 月)。

工在用工单位工作期间因工伤亡的,派遣单位承担工伤保险责任。(5)用人单位实行承包经营的,工伤保险责任由职工劳动关系所在单位承担。(6)用工单位违法将承包业务转包给不具备用工主体资格的组织或者自然人,该组织或者自然人聘用的职工从事承包业务时因工伤亡的,用工单位承担工伤保险责任,但有权追偿。(7)个人挂靠其他单位对外经营,其聘用的人员因工伤亡的,被挂靠单位承担工伤保险责任,但有权追偿。(8)职工被借调期间受到工伤事故伤害的,由原用人单位承担工伤保险责任,但原用人单位与借调单位可以约定补偿办法。(9)职工被派遣出境工作,依据前往国家或者地区的法律应当参加当地工伤保险的,参加当地工伤保险,其国内工伤保险关系中止;不能参加当地工伤保险的,其国内工伤保险关系不中止。

三、工伤保险事故的界定

(一)概念辨析

学界和立法中表示劳动关系中劳动者的人身安全和健康受到伤害的现象,有多个概念,如工伤、职业病、职业伤害、职业灾害等。有的将工伤作广义理解,其中包括职业病;有的将工伤作狭义理解,仅限于事故伤害,职业病则与之并列;对于工伤(狭义)和职业病,有的统称为职业伤害,有的则统称为职业灾害(如德国、日本和我国台湾地区立法)。

如果不仅考虑其词义,而且还考虑其词义所蕴含的社会意义和理念,“职业灾害”概念更为可取。这是因为:“职业灾害”中的“灾害”,其词义中含有工伤、职业病或职业伤害的词义所难以明确表示的含义和震撼力。灾害,亦称灾难、祸害、灾祸,是指由自然因素、人为因素或二者兼有的原因给人类生存和社会发展带来严重危害后果的自然社会现象,以自然变异为主因产生并表现为自然态的灾害,称为自然灾害;而以人为影响为主因产生并表现为人为态的灾害,称之为人为灾害。“职业灾害”的词义中,不只是表明对受害人个体的伤害,更重要的是表明了危害后果的严重性,如工伤和职业病的多发性,受害人的规模性,危害内容的综合性,危害后果的外部性。并且,“职业灾害”的概念还能引导人们以灾害的意识和理念来对待工伤和职业病现象。仅以我国工伤和职业病的伤、残、亡人数而言,堪与地震、战争等灾害可比。可以肯定地说,我国大陆地区的工伤和职业病现象之所以还如此普遍和频发,就是缺少对待工伤和职业病现象的灾害意识和灾害理念的表现。

职业灾害作为一种人为因素与自然因素交织且以人为因素为主所引发的社会—自然灾害现象,其直接危害至少包括以下几个层次的内容:(1)劳动是谋生手段,而劳动依赖于劳动力的持续再生产。职业灾害直接破坏劳动者的劳动力再生产机制,侵害劳动者及其供养亲属的生存权。(2)劳动者的劳动力不只具有个体意义,而是具有社会意义的社会人力资源。职业灾害是对社会人力资源的破坏,对职业灾害控制不力,将导致社会人力资源的萎缩甚至枯竭。(3)职业灾害的经济危害性不仅表现为职业灾害事故所造成的巨大财产损失和经济机会损失,而且还表现为因破坏社会人力资源而损害社会生产力和经济发展后劲。(4)职业灾害导致劳动者的生活和家庭陷入困境,是社会不稳定的重要因素,将增加国家和社会的福利成本。如果将上述危害作出量化描述,必定是天文数字。故将其称之为“灾害”,一点也不过分。

(二)工伤的概念和范围

我国现行立法中,工伤概念包括职业病在内,即因工负伤。其中的“工”,就其本质而言,是指职工在劳动过程中执行职务(业务)的行为,既可能是在工作地点和工作时间之内,也可能是在其他地点或时间;其中的“伤”,是与劳动安全卫生相对应的反义词,劳动安全卫生即劳动过程中职工所处的未受伤害的状态,或者预防劳动过程中发生伤害的技术措施,因而,这里的“伤”,包括职工在劳动过程中所受到的急性伤害(即事故伤害)和慢性伤害(职业病)。所以,工伤可定义为,职工在劳动过程中因执行职务(业务)而受到的急性和慢性伤害。

工伤与非工伤的界限,通常有:(1)时间界限。即工伤一般只限于工作时间之内所发生的急性伤害。(2)空间界限。即工伤一般只限于生产、工作区域之内所发生的急性伤害。(3)职业(业务)界限。即工伤一般只限于执行职业(业务)而发生的急性伤害。只要急性伤害是因执行职务(业务)而发生的,即使发生在工作时间或工作区域之外,也属于工作上。(4)主观过错界限。即除了职工本人故意造成的急性伤害不应属于工伤外,发生在职工本人有过失或无过错的主观心理状态下的伤害,只要符合其他工伤条件,都应属于工伤。(5)法定特殊界限。即立法上明确规定,在工伤的一般界限之外亦属于工伤的特殊情况。我国有关法规规定,从事抢险救灾,维护社会和人民利益而遭到的伤害,应属于工伤。

工伤范围的界定,必须以立法中的明文规定为依据。关于工伤范围的法律规定,一般有三类:

第一,规定有哪些情形下发生的急性伤害应当属于工伤。《工伤保险条例》第14条规定,职工由于下列情形之一而伤亡的,应认定为工伤:(1)在工作时间和工作场所内,因工作原因受到事故伤害;(2)工作时间前后在工作场所内,从事与工作有关的预备性或者收尾性工作受到事故伤害;(3)在工作时间和工作场所内,因履行工作职责受到暴力等意外伤害;(4)患职业病;(5)因工外出期间,由于工作原因受到伤害或者发生事故下落不明;(6)在上下班途中,受到非本人主要责任的交通事故或者城市轨道交通、客运轮渡、火车事故伤害;(7)法律、行政法规规定应当认定为工伤的其他情形。

第二,规定在哪些情形下发生的急性伤害,虽不属于工伤,但视同工伤。《工伤保险条例》第15条规定的这类情形有:(1)在工作时间和工作岗位,突发疾病死亡或者在48小时之内经抢救无效死亡;(2)在抢险救灾等维护国家利益、公共利益活动中受到伤害;(3)职工原在军队服役,因战、因公负伤致残,已取得革命伤残军人证,到用人单位后旧伤复发。

第三,规定在哪些情形下发生的急性伤害不属于工伤。《社会保险法》第37条规定,职工因下列情形之一导致本人在工作中伤亡的,不认定为工伤:(1)故意犯罪;(2)醉酒或者吸毒;(3)自残或者自杀;(4)法律、行政法规规定的其他情形。

(三)职业病的概念、范围和诊断

职业病一般是指劳动者在劳动过程中接触职业性有害因素所致疾病。它同特定职业密切联系,与劳动卫生相对应,属于职业性有害因素对劳动者健康的慢性伤害。用人单位负有保障劳动卫生的法定义务,即依法必须采取有效措施预防职业性有害因素对劳动者健康的慢性伤害。因而与工伤一样,应对职业病患者承担赔偿责任。

职业病作为一种慢性伤害,在实践中比工伤更难认定。一般来说,各种职业都难免有一定有害因素,但具体存在何种有害因素以及有害因素的危害程度如何,均应以技术检测的结果为准。因而,职业性有害因素和职业病均应具有可检查性,用人单位保障劳动卫生的具体义务和职业病赔偿的责任范围均应至于技术检测的基础之上。所以,关于职业病的范围,各国均由有关法规直接规定或者授权政府特定部门具体确定。只有被列入法规和法定部门所规定职业病名单的疾病,才是法律上承认的职业病。我国现行的法定职业病范围,以《职业病范围和职业病患者处理办法的规定》(1957 年卫生部颁发,1987 年卫生部、劳动人事部、财政部、全国总工会修订办法)中所规定的《职业病名单》,包括职业中毒、尘肺、物理因素职业病、职业性传染病、职业性皮肤病、职业性肿瘤和其他职业病等九种类,共 99 种。随着经济发展、科技的进步和劳动卫生工作的加强,职业病范围将逐步扩大。

根据《职业病防治法》第四章的规定,职业病诊断制度的要点有:(1)诊断机构。医疗卫生机构承担职业病诊断,应当具备法定必备条件,如持有《医疗机构执业许可证》,具有与开展职业病诊断相适应的医疗卫生技术人员、仪器、设备,以及健全的职业病诊断质量管理制度;并经省级政府卫生行政部门批准和公布名单。(2)诊断启动。医疗卫生机构发现疑似职业病病人时,应当告知劳动者本人并及时通知用人单位。用人单位应当及时安排对疑似职业病病人进行诊断。劳动者可以在用人单位所在地或者本人居住地依法承担职业病诊断的医疗卫生机构进行职业病诊断,该医疗卫生机构不得拒绝劳动者进行职业病诊断的要求。(3)诊断规则。职业病诊断,应当综合分析病人职业史、职业病危害接触史和工作场所职业病危害因素检测资料、临床表现以及辅助检查结果等因素;没有证据否定职业病危害因素与病人临床表现之间必然联系的,应当诊断为职业病;诊断机构应当组织三名以上取得职业病诊断资格的执业医师集体诊断;职业病诊断证明书应当由参与诊断的医师共同签署,并经承担职业病诊断的医疗卫生机构审核盖章。(4)诊断结果报告。用人单位和医疗卫生机构发现职业病病人或者疑似职业病病人时,应当及时向所在地卫生行政部门和负责工作场所职业卫生监督管理的部门报告;确诊为职业病的,用人单位还应当向所在地人力资源社会保障部门报告。接到报告的部门应当依法作出处理。(5)诊断异议、争议鉴定。当事人对职业病诊断有异议的,可以向诊断机构所在地地方政府卫生行政部门申请鉴定。职业病诊断争议由设区的市级以上地方政府卫生行政部门根据当事人的申请,组织职业病诊断鉴定委员会进行鉴定;当事人鉴定结论不服的,可以向省级政府卫生行政部门申请再鉴定。职业病诊断鉴定委员会应当按照国务院卫生行政部门颁布的职业病诊断标准和职业病诊断、鉴定办法进行鉴定,向当事人出具职业病诊断鉴定书。(6)证据举证和收集。用人单位应当如实提供职业病诊断、鉴定所需的劳动者职业史和职业病危害接触史、工作场所职业病危害因素检测结果等资料;负责工作场所职业卫生监督管理的部门应当监督检查和督促用人单位提供上述资料;劳动者和有关机构也应当提供与职业病诊断、鉴定有关的资料。诊断、鉴定机构认为需要时,可以对工作场所进行现场调查,负责工作场所职业卫生监督管理的部门应当予以配合;用人单位不得拒绝、阻挠。用人单位不提供工作场所职业病危害因素检测结果等资料的,诊断、鉴定机构应当结合劳动者的临床表现、辅助检查结果和劳动者的职业史、职业病危害接触史,并参考劳动者的自述、负责工作场所职业卫生监督管理的部门提供的日常监督检查信息等,作出职业病诊断、鉴定结论。劳动者对用人单位提供的工作场所职业病危害因素检测结果等资料有异议,或者因劳动者的用人单位解散、破产,无用人单位提供上述资料的,诊断、鉴定机构应当提请负责工作场所职业卫生监督管理的部门进行调查,由该部门对存在异议的资料或者工作场所职业病危害因素状况作出判定;有关部门应当配合。(7)劳动关系认定。职业病诊断、鉴定过程中,在确认劳动者职业史、职业病危害接触史时,当事人对劳动关系、工种、工作岗位或者在岗时间有争议的,按劳动争议仲裁、诉讼程序处理。其特别规则有:仲裁机构应当受理并在 30 日内作出裁决;用人单位对仲裁裁决不服、拟向人民法院提起诉讼的，应当在职业病诊断、鉴定程序结束之日起15日内提起诉讼。（8）费用承担。疑似职业病病人在诊断、医学观察期间的费用，职业病诊断、鉴定费用，由用人单位承担；劳动关系认定争议诉讼期间，劳动者的治疗费用按照职业病待遇规定的途径支付。

（四）工伤致残程度和因工死亡范围

致残和死亡是工伤后果的两种主要形式，在认定属于工伤的基础上还应当对工伤致残程度和因工死亡范围依法予以界定。关于工伤致残程度，我国《工伤与职业病致残程度鉴定标准》按照职工伤残后丧失劳动能力程度和护理依赖程度将残废划分为十个等级，符合评残标准一级至四级的为全部丧失劳动能力；五级至六级的为大部分丧失劳动能力；七级至十级的为部分丧失劳动能力。关于因工死亡范围，我国规定，因工死亡是指因工伤事故和职业中毒直接导致死亡、工伤或职业病医疗期间死亡、工伤旧伤复发或职业病旧病复发死亡，以及因公致残（一级至四级）享受伤残抚恤金期间死亡。

（五）工伤认定和劳动能力鉴定程序

1. 工伤认定程序

职工发生事故伤害或者按照职业病防治法规定被诊断、鉴定为职业病，所在单位应当自事故伤害发生之日或者被诊断、鉴定为职业病之日起30日内，向统筹地区社会保险行政部门提出工伤认定申请。遇有特殊情况，经报社会保险行政部门同意，申请时限可以适当延长。用人单位未按法律规定提出工伤认定申请的，工伤职工或者其近亲属、工会组织在事故伤害发生之日或者被诊断、鉴定为职业病之日起1年内，可以直接向用人单位所在地统筹地区社会保险行政部门提出工伤认定申请。

社会保险行政部门受理工伤认定申请后，根据审核需要可以对事故伤害进行调查核实，用人单位、职工、工会组织、医疗机构以及有关部门应当予以协助。对依照《职业病防治法》的规定法取得职业病诊断证明书或者职业病诊断鉴定书的，社会保险行政部门不再进行调查核实。

社会保险行政部门应当自受理工伤认定申请之日起60日内作出工伤认定的决定，对受理的事实清楚、权利义务明确的工伤认定申请应当在15日内作出工伤认定的决定。作出工伤认定决定需要以司法机关或者有关行政主管部门的结论为依据的，在司法机关或者有关行政主管部门尚未作出结论期间，作出工伤认定决定的时限中止。工伤认定决定应当书面通知申请工伤认定的职工或者其近亲属和该职工所在单位。

社会保险行政部门工作人员与工伤认定申请人有利害关系的，应当回避。职工或者其近亲属认为是工伤，用人单位不认为是工伤的，由用人单位承担举证责任。

2. 劳动能力鉴定程序

劳动能力鉴定，亦即工伤职工伤残等级鉴定，是指劳动能力鉴定委员会依法对工伤职工的劳动功能障碍程度和生活自理障碍程度的等级鉴定。劳动功能障碍分为十个伤残等级，最重的为一级，最轻的为十级；生活自理障碍分为三个等级：生活完全不能自理、生活大部分不能自理和生活部分不能自理。劳动能力鉴定标准由国务院社会保险行政部门会同国务院卫生行政部门等部门制定。

劳动能力鉴定委员会分省级和设区的市级，分别由省级和市级社会保险行政部门、卫生行政部门、工会组织、社会保险经办机构代表以及用人单位代表组成。劳动能力鉴定委员会建立医疗卫生专家库。

劳动能力鉴定由用人单位、工伤职工或者其近亲属向市级劳动能力鉴定委员会提出申请,并提供工伤认定决定和职工工伤医疗的有关资料。劳动能力鉴定委员会收到劳动能力鉴定申请后,应当从其建立的医疗卫生专家库中随机抽取3名或者5名相关专家组成专家组,由专家组提出鉴定意;并根据专家组的鉴定意见作出工伤职工劳动能力鉴定结论,必要时,可以委托具备资格的医疗机构协助进行有关的诊断。劳动能力鉴定委员会组成人员或者参加鉴定的专家与当事人有利害关系的,应当回避。

市级劳动能力鉴定委员会应当自收到劳动能力鉴定申请之日起60日内作出劳动能力鉴定结论,必要时,作出劳动能力鉴定结论的期限可以延长30日。劳动能力鉴定结论应当及时送达申请鉴定的单位和个人。

申请鉴定的单位或者个人对市级劳动能力鉴定委员会作出的鉴定结论不服的,可以在收到该鉴定结论之日起15日内向省级劳动能力鉴定委员会提出再次鉴定申请。省级劳动能力鉴定委员会作出的劳动能力鉴定结论为最终结论。

自劳动能力鉴定结论作出之日起1年后,工伤职工或者其近亲属、所在单位或者经办机构认为伤残情况发生变化的,可以申请劳动能力复查鉴定。

四、工伤保险待遇的内容和标准〔13〕

(一)工伤医疗期间待遇

工伤医疗期,即职工因工负伤或患职业病而停工治疗并领取工伤津贴的期限。按照轻伤和重伤的不同情况确定为依据24个月,严重工伤和职业病需要延长,最长不超过36个月。医疗期长短由指定治疗工伤医院和医疗机构提出意见,经劳动行政鉴定委员会确认并通知有关用人单位和工伤职工。工伤医疗期满后仍需治疗的,继续享受工伤医疗待遇。在工伤医疗期间的保险待遇包括两部分:

1. 医疗待遇

职工治疗工伤应当在签订服务协议的医疗机构就医,情况紧急时可以先到就近的医疗机构急救。治疗工伤所需费用符合工伤保险诊疗项目目录、工伤保险药品目录、工伤保险住院服务标准的,从工伤保险基金支付。职工住院治疗工伤的,由所在单位按照本单位因公出差伙食补助标准的70%发给住院伙食补助费;经医疗机构出具证明,报经办机构同意,工伤职工到统筹地区以外就医的,所需交通、食宿费用由所在单位按照本单位职工因公出差标准报销。工伤职工到签订服务协议的医疗机构进行康复性治疗的费用,符合有关规定的,从工伤保险基金支付。治疗工伤和职业病所需的挂号费、住院费、医疗费、药费、就医路费全额报销。需住院治疗的,按照当地因公出差伙食补助标准的2/3发给住院伙食补助费;经批准转外地治疗的,所需交通、食宿费用按照本单位职工因公出差标准报销。如同时治疗非工伤范围的疾病,其医疗费用按照医疗保险的规定执行。工伤职工因日常生活或者就业需要,经劳动能力鉴定委员会确认,可以安装假肢、矫形器、假眼、假牙和配置轮椅等辅助器具,所需费用按照国家规定的标准从工伤保险基金支付。社会保险行政部门作出认定为工伤的决定后发生行政复议、行政诉讼的,行政复议和行政诉讼期间不停止支付治疗工伤的医疗费用。

---

〔13〕 参见参见《社会保险法》、《工伤保险条例》(2010年12月修订,国务院令第586号)。

2. 停工留薪待遇

工伤职工需要暂停工作接受工伤医疗的，在停工留薪期内，原工资福利待遇不变，由所在单位按月支付。停工留薪期一般不超过 12 个月。伤情严重或者情况特殊，经设区的市级劳动能力鉴定委员会确认，可以适当延长，但延长不得超过 12 个月。生活不能自理的工伤职工在停工留薪期需要护理的，由所在单位负责。工伤职工在停工留薪期满后仍需治疗的，继续享受工伤医疗待遇。

（二）工伤致残待遇

职工因工致残被鉴定为一级至四级伤残的，保留劳动关系，退出工作岗位，享受以下待遇：（1）从工伤保险基金按伤残等级支付一次性伤残补助金，标准为：一级伤残为 27 个月的本人工资，二级伤残为 25 个月的本人工资，三级伤残为 23 个月的本人工资，四级伤残为 21 个月的本人工资；（2）从工伤保险基金按月支付伤残津贴，标准为：一级伤残为本人工资的 90%，二级伤残为本人工资的 85%，三级伤残为本人工资的 80%，四级伤残为本人工资的 75%。伤残津贴实际金额低于当地最低工资标准的，由工伤保险基金补足差额；（3）工伤职工达到退休年龄并办理退休手续后，停发伤残津贴，享受基本养老保险待遇。基本养老保险待遇低于伤残津贴的，由工伤保险基金补足差额。

职工因工致残被鉴定为五级、六级伤残的，享受以下待遇：（1）从工伤保险基金按伤残等级支付一次性伤残补助金，标准为：五级伤残为 18 个月的本人工资，六级伤残为 16 个月的本人工资；（2）保留与用人单位的劳动关系，由用人单位安排适当工作。难以安排工作的，由用人单位按月发给伤残津贴，标准为：五级伤残为本人工资的 70%，六级伤残为本人工资的 60%，并由用人单位按照规定为其缴纳应缴纳的各项社会保险费。伤残津贴实际金额低于当地最低工资标准的，由用人单位补足差额。

经工伤职工本人提出，该职工可以与用人单位解除或者终止劳动关系，由工伤保险基金支付一次性工伤医疗补助金，由用人单位支付一次性伤残就业补助金。具体标准由省级人民政府规定。

职工因工致残被鉴定为七级至十级伤残的，享受以下待遇：（1）从工伤保险基金按伤残等级支付一次性伤残补助金，标准为：七级伤残为 13 个月的本人工资，八级伤残为 11 个月的本人工资，九级伤残为 9 个月的本人工资，十级伤残为 7 个月的本人工资；（2）劳动合同期满终止，或者职工本人提出解除劳动合同的，由工伤保险基金支付一次性工伤医疗补助金，由用人单位支付一次性伤残就业补助金。具体标准由省级人民政府规定。

（三）因工死亡待遇

职工因工死亡，其直系亲属按照下列规定从工伤保险基金领取丧葬补助金、供养亲属抚恤金和一次性工亡补助金：（1）丧葬补助金为 6 个月的统筹地区上年度职工月平均工资；（2）供养亲属抚恤金按照职工本人工资的一定比例发给由因工死亡职工生前提供主要生活来源、无劳动能力的亲属。标准为：配偶每月 40%，其他亲属每人每月 30%，孤寡老人或者孤儿每人每月在上述标准的基础上增加 10%。核定的各供养亲属的抚恤金之和不应高于因工死亡职工生前的工资。供养亲属的具体范围由国务院劳动保障行政部门规定；（3）一次性工亡补助金标准为为上一年度全国城镇居民人均可支配收入的 20 倍。

伤残职工在停工留薪期内因工伤导致死亡的，其直系亲属也享受上述待遇；一级至四级伤残职工在停工留薪期满后死亡的,其近亲属可以享受上述丧葬补助金、抚恤金待遇。

伤残津贴、供养亲属抚恤金、生活护理费由统筹地区社会保险行政部门根据职工平均工资和生活费用变化等情况适时调整。调整办法由省级人民政府规定。

职工因工外出期间发生事故或者在抢险救灾中下落不明的,从事故发生当月起3个月内照发工资,从第4个月起停发工资,由工伤保险基金向其供养亲属按月支付供养亲属抚恤金。生活有困难的,可以预支一次性工亡补助金的50%。职工被人民法院宣告死亡的,按照职工因工死亡的规定处理。

五、工伤保险待遇的给付〔14〕

工伤保险待遇的给付,以给付标的不同,可分为劳务给付和物质给付。前者主要是医疗服务给付和职业康复服务给付,后者主要是货币给付;以给付主体不同,可分为工伤保险经办机构(即工伤保险基金)给付、医疗和康复机构给付以及用人单位给付。

1. 工伤保险待遇的劳务给付

关于工伤保险待遇的劳务给付,现行立法规定了下述要点:(1)工伤职工应当到工伤医疗合同医院进行治疗,紧急时可以到就近医院和医疗机构就治;需要转院治疗或者到外地就医的,由工伤合同医院提出意见,并经工伤保险经办机构批准。(2)企业必须落实工伤医疗抢救措施,确保工伤职工得到及时救治。(3)有条件的地区应当兴办工伤职工康复事业,帮助工伤残疾人员恢复和补偿劳动能力。(4)对具有一定劳动能力并需要通过专门培训恢复和提高劳动能力的工伤残疾人,社会保险行政部门及企业应当积极组织专门培训。

2. 工伤保险基金给付与用人单位给付的范围

《社会保险法》对工伤保险基金给付和用人单位给付的范围作出明确界定。第38条规定,从工伤保险基金中支付的项目包括:治疗工伤的医疗费用和康复费用;住院伙食补助费;到统筹地区以外就医的交通食宿费;安装配置伤残辅助器具所需费用;生活不能自理经劳动能力鉴定委员会确认的生活护理费;一次性伤残补助金和一至四级伤残职工按月领取的伤残津贴;终止或者解除劳动合同时应当享受的一次性医疗补助金;因工死亡的,其遗属领取的丧葬补助金、供养亲属抚恤金和因工死亡补助金;劳动能力鉴定费。第39条规定,由用人单位支付的项目包括:治疗工伤期间的工资福利;五级、六级伤残职工按月领取的伤残津贴;终止或者解除劳动合同时应当享受的一次性伤残就业补助金。

为促使用人单位依法参加工伤保险和及时申请工伤认定,现行立法还特别规定:职工所在用人单位未依法缴纳工伤保险费,发生工伤事故的,由用人单位按法定的项目和标准给付工伤保险待遇;用人单位未在法定时限内提交工伤认定申请,在此期间发生符合法定要求的工伤待遇等有关费用由该用人单位负担。

3. 交通事故所致工伤的保险待遇给付

在交通事故所引起的工伤中,存在工伤保险赔偿与交通事故赔偿的重叠。对这两种赔偿的关系,有"替代"、"交叉"(或称"部分替代")和"并存"三种处理模式。

《企业职工工伤保险试行办法》(1996年)选择了"替代"模式。根据其第28条的规定,工

〔14〕 参见《社会保险法》、《工伤保险条例》(2010年12月修订,国务院令第586号)。

伤保险待遇给付与交通事故赔偿的关系按下述规则处理:(1)交通事故赔偿已给付了医疗费、丧葬费、护理费、残疾用具费、误工工资的,不再支付相应的工伤保险待遇;用人单位和工伤保险经办机构先期垫付有关费用的,职工或其亲属获得交通事故赔偿后应当予以偿还。(2)交通事故赔偿给付的死亡补偿费和残疾生活补助费已由伤亡职工或其亲属领取的,如果低于工伤保险的一次性工伤补助金和一次性伤残补助金,用人单位和工伤保险经办机构应补足差额部分。(3)职工因交通事故死亡或致残的,除交通事故赔偿以给付的与工伤保险待遇项目相适应的部分以外,其他工伤保险待遇应当按规定给付。(4)由于交通肇事者逃逸或其他原因使受伤职工不能获得交通事故赔偿的,应当按规定给付工伤保险待遇。(5)用人单位和工伤保险经办机构应当帮助职工向肇事者索赔,获得赔偿前可垫付有关医疗、津贴等费用。

有的地方性法规选择了"交叉"模式。如《广东省社会工伤保险条例》(1998年)第33条规定:同一工伤事故兼有民事赔偿或商业性人身、人寿保险赔偿的,按民事赔偿或商业保险赔偿、社会工伤保险补偿的顺序处理。除医疗费和丧葬费不重复支付外,本条例规定的其他工伤保险待遇照发。

有的地方性法规选择了"并存"模式。如《深圳经济特区工伤保险条例》(1993年)第23条规定,已获得商业保险支付或者赔偿的因工伤残员工或者因工死亡员工的亲属,仍可以依本条例享受工伤保险待遇。

在《工伤保险条例》(2003年)中没有出现《企业职工工伤保险试行办法》第28条的规定,这表明不再采用"替代"模式,但对是采用"交叉"还是"并存"模式,则没有作明确规定。而依《职业病防治法》(2011年)第54条和《安全生产法》(2014年)第53条的规定,职业病病人和因生产安全事故受到损害的从业人员,除依法享有工伤社会保险外,依照有关民事法律尚有获得赔偿的权利的,有权向本单位提出赔偿要求。这似乎表明是采用"并存"模式,即在获得工伤保险赔偿的同时,还可依法获得交通事故赔偿。

4. 工伤保险基金的先行垫付

(1)代用人单位先行垫付。依《社会保险法》第41条规定,职工所在用人单位未依法缴纳工伤保险费,发生工伤事故而用人单位不支付支付工伤保险待遇的,从工伤保险基金中先行支付工伤保险待遇,在由用人单位偿还;用人单位不偿还的,社会保险经办机构可以依照强制追缴社会保险欠费的法律规定追偿。

(2)代第三人先行垫付。依《社会保险法》第42条规定,由于第三人的原因造成工伤,第三人不支付工伤医疗费用或者无法确定第三人的,由工伤保险基金先行支付;工伤保险基金先行支付后,有权向第三人追偿。

5. 保险待遇给付的其他特殊情形

(1)出国(境)人员工伤的保险待遇给付。劳动关系在国内并已参加工伤保险的出国(境)人员在境外发生伤亡事故而获得伤害赔偿,外方给付的赔偿金应归当事人或其亲属所有,但须偿还我国有关单位垫付的费用。除境外伤害赔偿金低于国内工伤保险一次性工伤补助金和一次性伤残补助金而应补足差额部分外,不再发给国内工伤保险一次性工伤补助金和一次性伤残补助金,但国内工伤保险的其他待遇则可以发给。

(2)境外定居人员的保险待遇给付。享受伤残抚恤金和供养亲属抚恤金的人员到境外定居后,可以凭生存证明继续领取抚恤金,但生存证明应每年向工伤保险经办机构提供一次;也可以按规定一次性领取有关待遇,并终止工伤保险关系。

(3)破产清算时的保险待遇给付。企业破产的,在破产清算时依法拨付应由用人单位支付的工伤保险待遇费用。

(4)劳动教养和服刑人员的保险待遇给付。享受工伤保险待遇的人员,在劳动教养期间、服刑但未收监执行期间,也可以发给工伤保险待遇。

6. 保险待遇的停止给付

工伤职工有丧失享受待遇条件、拒不接受劳动能力鉴定、拒绝治疗等法定情形之一的,停止享受工伤保险待遇。

工伤职工达到退休年龄并办理退休手续后,停发伤残津贴,按照国家有关规定享受基本养老保险待遇。基本养老保险待遇低于伤残津贴的,由工伤保险基金补足差额。

7. 职业病待遇的特别规定[15]

用人单位应当保障职业病病人依法享受国家规定的职业病待遇。主要包括:应当按照国家有关规定,安排职业病病人进行治疗、康复和定期检查;对不适宜继续从事原工作的职业病病人,应当调离原岗位,并妥善安置;对从事接触职业病危害的作业的劳动者,应当给予适当岗位津贴。

用人单位已经不存在或者无法确认劳动关系的职业病病人,可以向地方政府民政部门申请医疗救助和生活等方面的救助。

六、工伤保险基金的筹集[16]

根据现行立法的规定和社会保险制度改革的目标模式,工伤保险基金统筹制度有下述要点:(1)工伤保险基金统筹范围中,有强制统筹项目和任意统筹项目。法定应纳入统筹范围的工伤保险待遇项目有工伤医疗费、护理费、伤残抚恤,一次性伤残补助金、残疾辅助器具费、丧葬补助金、供养亲属抚恤金、一次性工伤补助金等。(2)工伤保险费用全部由用人单位负担,即由用人单位应当按照本单位工资总额,根据社会保险经办机构确定的费率缴纳工伤保险费。对难以按照工资总额缴纳工伤保险费的行业,其缴纳工伤保险费的具体方式,由国务院社会保险行政部门规定。(3)用人单位未按时足额缴纳社会保险费的,由社会保险费征收机构责令其限期缴纳或者补足。用人单位逾期仍未缴纳或者补足社会保险费的,社会保险费征收机构可以向银行和其他金融机构查询其存款账户;并可以申请县级以上有关行政部门作出划拨社会保险费的决定,书面通知其开户银行或者其他金融机构划拨社会保险费。用人单位账户余额少于应当缴纳的社会保险费的,社会保险费征收机构可以要求该用人单位提供担保,签订延期缴费协议。(4)国家根据不同行业的工伤风险程度确定行业的差别费率,并根据使用工伤保险基金、工伤发生率等情况在每个行业内确定费率档次。行业差别费率和行业内费率档次由国务院社会保险行政部门制定,报国务院批准后公布施行。社会保险经办机构根据用人单位使用工伤保险基金、工伤发生率和所属行业费率档次等情况,确定用人单位缴费费率。(5)工伤保险基金逐步实行省级统筹。跨地区、生产流动性较大的行业,可以采取相对集中的方式异地

---

[15] 《职业病防治法》第57条、第62条。

[16] 参见《社会保险法》、《工伤保险条例》(2010年12月修订,国务院令第586号)。

参加统筹地区的工伤保险。具体办法由国务院社会保险行政部门会同有关行业的主管部门制定。(6)工伤保险基金存入社会保障基金财政专户,用于法定定的工伤保险待遇,劳动能力鉴定,工伤预防的宣传、培训等费用,以及法律、法规规定的用于工伤保险的其他费用的支付。工伤预防费用的提取比例、使用和管理的具体办法,由国务院社会保险行政部门会同国务院财政、卫生行政、安全生产监督管理等部门规定。(7)对于当年未发生工伤事故和职业病,或者其发生率低于本行业平均水平用人单位,工伤保险经办机构可以从该用人单位当年缴纳的工伤保险费中返还5%～20%给用人单位,用于安全卫生宣传和职工安全卫生教育培训工作,奖励对安全卫生工作做出贡献单位和个人,适当补偿企业为降低工伤事故和职业病而先期投入安全卫生设施、设备建设中的部分资金不足。

第六节　失 业 保 险

一、失业保险的概念

失业保险,我国曾称待业保险,是指由国家和社会给予一定物质帮助,为失业者维持基本生活和实现再就业,并为有失业风险者稳定就业提供保障的一种社会保险制度。此概念包含下述要点:(1)失业保险的保险事故仅限于非自愿事业,不包括自愿失业。(2)失业保险中的物质帮助,不仅指失业救济金,还包括组织生产自救、转业训练等其他物质帮助形式。(3)失业保险具有三重功能,即既保障失业者的基本生活,又促进失业者实现再就业,还预防劳动者失业,从而减少失业。

二、失业保险待遇的享受条件

依《社会保险法》规定,享受失业保险待遇的条件有:(1)失业前用人单位和本人已经缴纳失业保险费满1年;(2)非本人意愿中断就业;(3)已经办理失业登记,并有求职要求。

非因本人意愿中断就业的情形由法律、法规、规章规定,包括劳动关系因劳动合同期满或用人单位消灭而终止、被辞退、劳动合同因用人单位提出而协议解除、因用人单位过错而辞职等。

三、失业保险待遇的内容、标准和给付〔17〕

(一)失业保险待遇的内容

在我国现行立法中,失业保险待遇主要包括:(1)失业保险金。又称失业救济金,即失业者在规定的失业期间领取的生活费。失业人员失业前用人单位和本人累计缴费满1年不足5年的,领取失业保险金的期限最长为12个月;累计缴费满5年不足10年的,领取失业保险金的期限最长为18个月;累计缴费10年以上的,领取失业保险金的期限最长为24个月。重新就业后,再次失业的,缴费时间重新计算,领取失业保险金的期限与前次失业应当领取而尚未领取

---

〔17〕 参见《失业保险条例》(1999年1月22日,国务院令第258号)。

失业保险金的期限合并计算,最长不超过24个月。(2)基本医疗保险待遇。失业者在领取失业保险金期间,参加职工基本医疗保险,享受基本医疗保险待遇。其应当缴纳的基本医疗保险费从失业保险基金中支付,个人不缴纳基本医疗保险费。(3)丧葬补助金和抚恤金。失业这在领取失业保险金期间死亡的,参照当地对在职职工死亡的规定,向其遗属发给一次性丧葬补助金和抚恤金。所需资金从失业保险基金中支付。个人死亡同时符合领取基本养老保险丧葬补助金、工伤保险丧葬补助金和失业保险丧葬补助金条件的,其遗属只能选择领取其中的一项。(4)再就业服务。失业者在领取失业保险金期间,应当积极求职,接受职业介绍和职业培训。其接受职业介绍、职业培训的补贴由失业保险基金按照规定支付。

(二)失业保险金的标准

失业保险金是保障失业者基本生活的主要保险待遇,其标准依法决定。失业保险金标准的确定,应当兼顾失业保险的保障和促进双重功能。标准太低不足以保障事业者的基本生活,标准太高则不足以调动失业者再就业积极性。因而,其高低限应当适当。我国现行立法规定失业救济金应相当于当地民政部门规定社会救济金额的120% ~150%,并授权省级政府在此幅度内规定本地区社会救济金标准的具体金额。

(三)失业保险待遇的给付

失业保险待遇的给付有货币给付和非货币给付之分。货币给付是由失业保险经办机构从失业保险基金中直接给付失业者作为失业保险待遇的一定数额货币。非货币给付,一般是由某种就业服务机构和职业培训机构向失业者提供特定的非货币的失业保险待遇(如培训),其费用则由失业保险经办机构从失业保险基金中开支。

(四)停止享受失业保险待遇的法定情形

失业者具备下述条件之一的,停止享受失业保险待遇:(1)重新就业;(2)应征服兵役;(3)移居境外;(4)享受基本养老保险;(5)无正当理由,拒不接受当地政府指定部门或者机构介绍的适当工作或者提供的培训;(6)被判刑和收监执行;(7)有法律、行政法规规定的其他情形。

四、失业保险基金的筹集[18]

在我国,按现行规定,失业保险基金主要由三部分构成:用人单位和职工缴纳的失业保险费;失业保险基金利息收入;财政补贴。其中,用人单位按本单位工资总额的2%缴纳失业保险费,职工个人缴纳比例为个人工资的1%(城镇企业事业单位录用的农民合同制工人不交费);失业保险经办机构的管理费用由国家财政拨款。交费单位向当地社会保险经办机构登记、申报和和交费;职工个人交费由单位代扣,同单位交费一同缴纳。

五、预防失业功能的探索

鉴于我国现行失业保险制度促进再就业功能的弱小和预防失业功能的缺失,失业保险制度改革将以完善其功能体系为追求,在加强促进再就业功能的同时,增加预防失业功能。我国

[18] 参见《失业保险条例》(1999年1月22日,国务院令第258号)。

有的地方,正在探索如何发挥失业保险制度的预防失业的功能。例如,建立稳定岗位补贴制度,鼓励企业在生产经营不景气期间,通过调整工时、工资等措施减少裁员,对其可裁而未裁人员,比照失业保险金的标准给予一定期限的稳定岗位补贴。人力资源和社会保障部等部门《关于失业保险支持企业稳定岗位有关问题的通知》(人社部发[2015]76号)规定,对在调整优化产业结构过程中不裁员、少裁员的企业,由失业保险基金给予稳岗补贴。稳岗补贴政策主要适用于实施兼并重组、化解严重过剩产能或淘汰落后产能。企业申请稳岗补贴的必备条件包括:(1)生产经营活动符合国家及所在区域产业结构调整政策和环保政策;(2)依法参加失业保险并足额缴纳失业保险费;(3)上年度未裁员或裁员率低于统筹地区城镇登记失业率;企业财务制度健全、管理运行规范。稳岗补贴额度上限,为该企业及其职工上年度实际缴纳失业保险费总额的50%。

第七节　生育和死亡保险

一、生育保险

(一)生育保险的概念

生育保险,是指保障女职工因怀孕和分娩而从社会上获得物质帮助的一种社会保险制度。妇女劳动者除肩负劳动职责外,还负有生育子女,使劳动力再生产不断延续的天职,而妇女劳动者在生育期间,由于暂时丧失了劳动能力,而暂时失去了主要生活来源,需要给付维持基本生活的物质帮助,所以,建立生育保险制度对保护妇女劳动者的身体健康和保证劳动力的再生产都具有十分重大的意义。因而,生育保险一直为各国社会保险立法所重视。我国《劳动法》明确规定应为女职工建立生育保险制度,劳动部1994年12月发布《企业职工生育保险试行办法》、《社会保险法》对生育保险作出专章规定。

(二)生育保险的对象

生育保险制度虽是一项社会经济制度,但它也受到国家政策的制约。在我国现行立法中,生育保险的对象范围是有限的,具体为:(1)生育保险只对已婚妇女劳动者实行经济帮助。当然,不排除其子女、配偶也可分享到一定的待遇。如有些地区在妇女劳动者生育后,给予配偶15天的假期,假期工资照发;(2)生育保险只适用于达到法定结婚年龄的已婚女职工,并且还必须符合国家计划生育的规定。即对于不符合法律规定的已婚妇女劳动者生育、妇女劳动者非婚生育,均不得享受生育保险待遇。

(三)生育保险待遇的标准和给付〔19〕

生育保险属于短期性补助,其待遇包括医疗费用、产假和生育津贴,所需资金从生育保险基金中支付。用人单位已经缴纳生育保险费的,其职工享受生育保险待遇;职工未就业配偶按照国家规定享受生育医疗费用待遇。在具备享受生育保险待遇的条件下,可享受到下列生育保险待遇:

---

〔19〕 参见《社会保险法》、《企业职工生育保险试行办法》(劳部发[1994]504号)。

(1)医疗费用。即为妇女生育提供医疗服务的费用。生育医疗费用包括生育、计划生育的医疗费用以及法律、法规规定的其他项目费用。生育医疗费用包括生育的检查费、接生费、手术费、住院费和药费,因生育引起疾病的医疗费;计划生育的医疗费用即采取避孕措施控制生育的费用。女职工生育出院后非因生育引起的疾病的治疗,产假期满后的休息治疗,则按照医疗保险规定办理。

(2)产假。产假是为妇女怀孕、生育和产后照顾婴儿而设立的休假。为了保障劳动力和人口再生产的顺利进行,对生育妇女必须给予足够的假期,不仅包括生育假期,还要包括怀孕假期和产后照料婴儿的假期。我国现行立法规定,法定产假为90天,其中产前休息15天,难产增加15天,如系多胞生育,每多生一名婴儿增加产假15天。

(3)生育津贴。生育津贴也就是生育社会保险的收入补偿,它在社会保险各险种中是最高的,相当于女性劳动者生育前的工资标准,大多数国家为原工资的100%,也就是说,妇女产假期间仍照样领取原有的工资,不作丝毫扣减。

我国现行立法规定,女职工享受产假、计划生育手术休假和有法定其他情形的,可以按照国家规定享受生育津贴。在法定产假期间,停发工资,按月从生育保险基金中支付生育津贴,其标准为用人单位上年度职工月平均工资。

(四)生育保险基金的筹集〔20〕

在我国,为了均衡企业与职工生育保险费用的负担,国家要求建立生育保险基金,实行社会统筹。具体规定如下:(1)生育保险基金由用人单位全部负担,职工个人不缴纳生育保险费;(2)用人单位应按照其工资总额的一定比例向社会保险经办机构缴纳生育保险费。该比例由当地人民政府根据计划内生育人数和生育津贴、生育医疗费等各项费用确定,并可根据费用支出情况适时调整,但最高不得超过工资总额的1%;(3)企业缴纳的生育保险费,应列入企业管理费中。

二、死亡保险

死亡保险,又称遗属保险,是指保障被保险人供养亲属在被保险人死亡后,或者被保险人在其供养亲属死亡后,从社会上获得物质帮助的一种社会保险制度。这里的被保险人,包括职工和已享受养老保险待遇者。在社会保险体系中,死亡保险和养老保险、工伤保险、疾病保险有一定的交叉关系。

死亡保险待遇的内容包括两部分:(1)为帮助克服安葬死者所遇到的经济困难而提供的物质帮助,一般称为丧葬补助金和丧葬费。(2)为保障死者生前所供养亲属基本生活而提供的物质帮助,一般称抚恤金和遗属年金。

在我国,死亡保险待遇,因职工死亡或职工供养亲属死亡,职工因公或非因工死亡之区别,而有所不同。关于死亡保险待遇的现行规定,有下述主要内容:(1)职工非因工死亡,包括职工非因工负伤后死亡或者退(离)休、退职后死亡,向死者生前供养亲属按国家规定标准发给丧葬费,并按供养亲属人数依国家规定标准按月发给抚恤金直至失去受供养条件为止,供养亲属生活困难的,还可在最高不超过当地社会救济标准的限度内给予定期或不定期生活补助费。(2)职

---

〔20〕 参见《社会保险法》、《企业职工生育保险试行办法》(劳部发[1994]504号)。

工因工死亡的保险代理项目与非因工死亡相同，但待遇标准高于非因工死亡，获得烈士称号的按烈士待遇标准执行。(3)职工供养亲属死亡待遇的项目，仅限于发给职工丧葬费，其标准低于职工非因工死亡丧葬费标准，且因死者年龄在10周岁以下或以上而有所不同，不足周岁者不发给。国家规定，死亡保险待遇标准的确定，还应考虑遗属所在地区居民收入和生活水平，可因地区差别、城乡差别而有高低之分。(4)死亡保险待遇，退休后死亡的由养老保险基金支付；因工死亡或因工全残后死亡的由工伤保险基金支付；其他情况由用人单位支付。

在我国，死亡保险基金也有实行社会统筹的必要，尤其是遗属抚恤金和生活补助费用的社会统筹更为迫切。实行统筹时，死亡保险金应以企业缴纳为主、财政补贴为辅，由社会保险经办机构管理。

第十七章　职 工 福 利

第一节　概　　述

一、职工福利的概念

职工福利，又称职业福利或劳动福利，是指用人单位和有关社会服务机构为满足劳动者生活的共同需要和特殊需要，在工资和社会保险之外向职工及其亲属提供一定货币、实物、服务等形式的物质帮助。其中包括：为减少劳动者生活费用开支和解决劳动者生活困难而提供的各种补贴；为方便劳动者生活和减轻职工家务负担而提供的各种生活设施和服务；为活跃劳动者文化生活而提供的各种文化设施和服务。它具有下述基本属性：(1)补偿性。即职工福利是对劳动者所提供的劳动的一种物质补偿，享受职工福利须以履行劳动义务为前提。(2)均等性。企业职工福利在职工之间的分配和享受，具有一定程度的机会均等和利益均沾特点。每个职工都有享受本单位职工福利的均等权利，都能共同享受本单位分配的福利补贴和举办的各种福利事业。(3)补充性。即职工福利是对按劳分配的补充。实行按劳分配难以避免各个劳动者由于劳动能力、供养人口等因素的差别所导致的个人消费品满足程度不平等和部分职工生活困难，职工福利可以在一定程度上缓解按劳分配带来的生活富裕程度差别。所以，职工福利不是个人消费品分配的主要形式，而仅仅是工资的必要补充。(4)集体性。即职工福利的主要形式是举办集体福利事业，职工主要是通过集体消费和共同使用公共设施的方式分享职工福利。虽然某些职工福利项目要分配给个人，但不是福利的主要部分。(5)差别性。即在不同的用人单位之间，职工福利由于同经济效益相联系而有一定差别；在同一用人单位的各个职工之间，因某些职工福利项目同个人劳动贡献相联系有一定差别。

职工福利是社会福利的重要组成部分，是个人生活消费品分配的一种重要形式。因此，应当从下述几个方面的比较中认识职工福利的特征和地位：

(1)职工福利与公共福利。社会福利体系主要由公共福利和职工福利所构成，二者都是以满足社会成员的物质和精神生活需要和提高社会成员的生活质量为基本任务，以实现社会公平为主要价值目标的物质帮助形式；并且，在职工福利社会化的过程中，职工福利设施可以兼有一定的公共福利职能，公共福利设施可以承担一定的职工福利任务。职工福利与公共福利的主要区别在于：首先，前者由用人单位举办和负担费用；后者由国家和社会举办和负担费用。其次，前者的享受主体只限于特定用人单位的职工（包括退休人员）及其亲属；后者的享受主体则是全社会成员。

(2)职工福利与工资和社会保险。在个人消费品分配体系中，职工福利与工资和社会保险一样，都是基于劳动关系的个人消费品分配形式，都以劳动者向社会提供了劳动作为享受的前提,都来自劳动者的必要劳动所创造的价值,都属于劳动力再生产的费用。它们的区别主要在于:首先,工资是在劳动过程中进行个人消费品分配的主要形式;社会保险是在劳动者丧失劳动能力和劳动机会期间进行个人消费品分配的主要形式,即工资的替代形式;职工福利则一般是劳动过程中进行个人消费品分配的辅助形式,即工资的补充形式。其次,工资是对劳动者当前劳动的报酬,实行按劳分配原则,即工资差别与劳动者所提供的劳动数量和质量差别承担成比例;社会保险是对劳动者以往所提供劳动的补偿,主要按劳动者的基本生活需要进行分配;职工福利虽然要求劳动者以提供劳动为享受前提,但不要求与劳动义务对等,而是按照需要和可能、均沾和共享的原则进行分配。最后,工资由用人单位以货币形式直接给付,完全由职工个人自由支配;社会保险待遇主要由社会经办机构和有关社会服务机构以货币、服务等形式给付,即货币给付部分由享受者自由支配;职工福利主要由用人单位以兴办公用设施、提供集体服务的形式给付,仅发给个人的补贴、实物,才由享受者自由支配。

二、职工福利的立法概况

在许多国家和地区的劳动立法中,都就职工福利作出专门规定。例如,《法国劳动法典》将《工厂福利服务》列为第二卷的第五篇;《利比亚劳工法》在第三篇中设置了《工人福利和保护工人免受工伤》专章;《沙特阿拉伯劳工法》中设置了《保护和社会服务》专章;我国台湾地区在"工厂法"中列有"工人福利"专章,并制定了"职工福利金条例"及其"施行细则";在其他国家的劳动基本法中,大多有关于职工福利的专门条款;在各国的工会法中,都规定工会有为职工谋求福利、举办集体福利事业的任务。

在我国劳动立法和相关立法中,有许多关于职工福利的规定。《宪法》规定,国家在发展生产的基础上提高劳动者的福利待遇,国家发展劳动者休息与修养的设施。《劳动法》列有《社会保险和福利》专章。其中规定,国家发展社会福利事业,兴建公共福利设施,为劳动者休息、修养和疗养提供条件;用人单位应当创造条件,改善集体福利,提供劳动者的福利待遇。《工会法》规定,工会协助企业、事业单位、机关行政方面办好职工集体福利事业,会同行政方面组织职工开展文艺、体育活动,国有企业召开讨论有关职工福利的会议,应当有工会代表参加;中外合资企业、中外合作企业研究决定有关职工福利等问题,应当听取工会的意见;外资企业工会可对职工福利事项提出意见,通知企业行政方面协商处理;工会所属的为职工服务的企业、事业单位,其隶属关系不得随意改变。《公司法》规定,公司研究决定有关职工福利问题,应当事先听取公司工会和职工的意见,并邀请工会和职工代表列席有关会议;公司分配当年税后利润时,应当提取法定公益金,用于本公司职工的集体福利。此外,国务院及其所属的劳动、人事、财政、卫生等有关部门和全国总工会,在有关法规和规章中对职工福利的机构、基金、内容、标准和实施,作出具体规定。例如,《国务院关于国家机关工作人员福利费掌管使用的暂行规定的通知》(1957 年)、《国务院关于企业职工福利补助费开支办法的规定》(1962 年)、《国务院关于提高主要副食品销价后发给职工副食品价格补贴的几项具体规定》(1979 年)、《国务院关于职工探亲待遇的规定》(1981 年)、《关于中央级事业单位、行政机关从预算包干结余中提取的集体福利费开支范围的暂行规定》(1981 年)、《劳动部、财政部、全国总工会关于适当提高城镇职工生活困难补助标准的通知》(1988 年)、《国家税务局关于调整集体企业职工福利基金、职工教育经费、工会经费提取有关规定的通知》(1992 年)等。

三、职工福利立法的任务

根据我国职工福利事业发展的经验和我国职工福利制度改革的目标模式,我国的职工福利立法的基本任务有下述几个方面:

1. 确立职工福利的地位

在职工个人消费品分配体系中,职工福利和工资都是重要的分配形式,相对而言,前者因具有均等性和共享性而偏重公平目标,后者实行按劳分配而偏重效率目标。所以,应当按照效率优先、兼顾公平的要求来确立职工福利在职工个人消费品分配体系中的地位,确立工资为主、福利为辅的地位。根据这种地位,应当改变目前存在的“低工资,多补贴”的现象,在个人消费品分配中,增加工资的比重,缩小职工福利的比重,使职工福利成为本来意义上的补充形式。这就要求划清工资构成单元和职工福利构成单元的界限,既不能把本应作为工资单元的项目列入职工福利的构成,也不能把本应作为职工福利待遇的项目列入工资的构成,从而消除工资福利化和福利工资化的倾向。现阶段主要是精简职工福利项目,使之进入工资。

2. 确立职工福利的水平

我国是一个发展中国家,职工福利立法所规定的如何确定职工福利水平的规则,应当体现在经济发展的基础上逐步提高职工福利水平的精神。这是因为职工福利对企业而言,既属于消费品分配,也属于人力资本投资。作为消费品分配,职工福利水平的提高应当以经济发展为基础,取决于经济发展的规模、水平和速度,不得超出经济发展所支出的社会和企业的承受能力。作为人力资本投资,职工福利水平的提高可以调动职工积极性,提高职工的素质,增强企业的凝聚力,从而促进经济的发展。如果职工福利水平不能随着经济发展而相应提高,就会影响经济发展的后劲。所以应当正确处理职工福利经济发展的关系,以经济发展作为提高职工福利水平的前提,使职工福利水平伴随着经济发展在企业财力和国家政策法律所允许的限度内不断提高。

3. 优化职工福利的结构

职工福利是一个由多种福利项目组成复合体,各种福利项目都以职工的某种生活需要作为特定的满足对象。职工福利结构合理与否,制约着职工福利对职工多元生活需要的满足程度。因而,应当按照最大限度的满足职工生活需要要求,设计和调整职工福利结构。针对目前职工福利结构不合理的现象,应当强调如下几点:(1)集体福利为主、个人补贴为辅。即职工福利应当以满足职工生活方面的共同需要为主,多举办集体福利事业,改变目前个人补贴增长快于集体福利增长的趋势。(2)满足基本生存需要为主,满足享受和发展需要为辅。即首先应当保证满足职工基本生活所需要的福利项目,在此基础上逐步建立满足职工享受和发展需要的福利项目。(3)重点发展职工最需要的职工福利项目。在每个阶段都应当明确职工福利工作的重点内容,优先建立职工最迫切需要的福利项目,帮助解决最困难最突出的职工生活困难。(4)调出本不属于福利的项目。在现有的职工福利项目中,还存在某些本来不属于福利的项目,从而挤占了大量福利费用。为此,应当针对不同的情况,将这些项目调出职工福利范围,分别纳入各自本来应当归属的范围。例如,医疗费和医疗保险费应当列入社会保险范围;集体福利设施的服务人员工资和保证职工基本生活需要的某些补贴应当列入工资总额范围。

4. 设计职工福利的举办方式

职工福利具有受益范围广泛、内容复杂多样、需求不断提高的特点，因而，不宜由国家包揽，而应当动员社会各方面的力量，多渠道、多层次、多形式的举办职工福利事业，国家、集体、个人三方面合理分担的道路。在职工福利立法中，应当既主张国家对大型项目实行扶助，又要求用人单位自立自主举办职工福利事业，还提倡社会团体、个人参与和资助兴办职工福利事业。

在现代生产方式的社会化和专业化的基础上逐步实现职工福利社会化，可以扩大职工福利的受益范围，有助于消除不同所有制的用人单位之间、不同用工形式的职工之间在福利上的苦乐不均现象，有利于集体福利设施的充分利用。因而，职工福利立法应当把职工集体福利社会化作为改善职工福利举办方式的方向。主张职工集体福利社会化，并不是主张全部集体福利事业都由国家、社会来办，而是要求将以往那种用孤立、封闭的小生产方式办职工福利的模式，逐步改变为由社会各方面以专业化分工和协作的方式按职工福利的模式。其中，集体福利设施可以由国家、社会直接举办，也可以由用人单位联合举办，还可以由用人单位举办并对社会开放。国家应当结合第三产业的发展，把职工集体福利纳入城市发展和社区建设规划，统一安排和布局，形成结构合理，功能齐全、形式多样的生活福利网络。

第二节　职工福利机构和基金

一、职工福利机构

职工福利机构，是指在用人单位内部依法设置的，由单位行政代表、职工代表和福利事业工作人员组成的，管理职工福利事业的机构。设置职工福利机构，是实施职工福利的组织保障，便于协助和监督用人单位办好职工福利事业。

社会福利机构是一个由综合性机构和专门性机构所构成的，在实施福利的过程中统一领导、分工协作的组织系统。综合型职工福利机构，即职工福利委员会，是对本单位各层次各门类的职工福利工作实行全面和统一管理的机构。专门性职工福利机构，是指在职工福利委员会统一领导下分管特定福利项目的机构。一般有：(1)职工福利基金管理机构，分管职工，以及福利补贴发放、产品(服务)优待、职工互助基金等项事务；(2)职工住宅管理机构，分管职工住宅资金的筹集、建设规划、分配、物业管理等项事务；(3)职工生活管理机构，分管职工食堂、职工义务机构、职工幼儿园和职业学校、公共澡堂等职工基本生活服务机构；(4)职工文体管理机构，分管职工业余文化娱乐、体育方面等事务；(5)女职工福利管理机构，分管女职工所特有的各项福利事务。

职工福利机构是一种具有职工民主管理(劳资合作)性质的机构。主要表现在：(1)职工福利机构的成员中，必须有一定比例的职工代表。在我国实践中，一般要求有工会代表和职工群众代表参加职工福利机构，所占比例不应低于2/3，职工群众代表由职工代表大会选派和职工群众推举。(2)职工福利机构应当对职工代表大会负责，并向其报告工作，接受其监督。(3)职工福利机构的日常办事机构设在工会，由工会领导其日常工作。

职工福利委员会应当依法决定组织章程和办事规则,具体规定其组织机构、基本职责,职能分工、议事方式、办事程序等内容。其基本职责包括:协助和监督制订职工福利制度、方案和计划;组织和监督职工福利制度、方案和计划实施;审议和监督实施职工福利基金的提取和分配方案,监督职工福利基金的保管和使用;研究和解决职工获得福利过程中的重大问题;为单位行政、福利服务机构和职工提供有关职工福利的咨询和指导。职工福利委员会具有相对独立性,依据法规、政策和规章从事活动,不受单位行政非法干预。

二、职工福利基金

职工福利基金,即用人单位依法筹集的专门用于职工福利的基金。它是职工福利事业的财力基础。职工福利基金管理制度,主要有下述几方面的内容:

1. 职工福利基金来源

根据1993年制定的《企业财务通则》和《企业会计准则》的规定,职工福利基金的提取主要有下述规则:(1)按工资总额的40%计提职工福利费,列入成本,用于职工集体福利设施以外的职工福利支出。(2)税后利润在支付被没收财物损失、违反税法的滞纳金和罚款,弥补以前年度亏损后,按一定比例(《公司法》规定为5%)计提公益金,用于职工集体福利设施支出,并且在使用后转为盈余公积金。

2. 职工福利基金的保管和使用

职工福利基金提取后,应当转入法定机构保管。在我国实践中,保管职工福利基金是职工福利委员会的职责,其账务可委托用人单位财务部门经管,其现金应当按照国家关于现金管理的规定,存入银行。

职工福利基金的使用应当遵循国家法定的和职工福利委员会规定的使用范围和程序,实行专款专用。关于职工福利基金的使用范围,我国规定,职工福利费主要用于职工的医药费(包括缴纳的医疗保险费),医护人员工资和医务经费,职工因公负伤赴外地就医路费,职工生活困难补助,职工浴室、理发室、幼儿园、托儿所人员的工资,以及按国家规定开支的其他职工福利支出,但不包括职工集体福利设施支出。公益金主要用于职工集体福利设施支出,如兴建职工宿舍、职工俱乐部等。对全国性或省市地区性工会举办的福利项目,经向主管部门备案,可提拔一定限额的职工福利基金进行赞助;职工福利基金原则上用于职工福利计划项目,对无计划、无预算的项目不予支付。计划外项目须经职工福利委员会审批才可使用职工福利基金。禁止将职工福利基金都有挪作他用,不得用于发放奖金、分红、劳动合同解除补偿金等非福利性支出。

3. 职工福利基金的保护和监督

职工福利基金不同一般企业财产,它与全体职工的基本利益密切相关,应当受到特别保护。立法规定的特别保护措施主要有:(1)任何部门不得没收职工福利基金;(2)职工福利基金有优先受偿权,企业受破产宣告时未依法提取的职工福利基金,应依法足额提取;(3)企业停产或被合并使尚未依法提取的职工福利基金,应依法照章提取;(4)不提取或少提取职工福利基金的,由主管部门责令补提取,并对企业给以经济处罚,对责任人员给予行政处分;(5)因保管人过失致使职工福利基金遭受损失的,保管人应负赔偿责任;(6)对职工福利基金有贪污、侵占或其他营私舞弊行为,应从重追究刑事责任。

职工福利基金的收支，应受到有关部门和职工福利委员会的严格监督。其主要措施有：(1)用人单位财务部门于每月应将据以提取福利基金的有关报表的资料报送职工福利委员会备查；(2)职工福利委员会主管人员会同财务部门每月汇总职工福利基金收支情况，报送职工福利委员会审查备案，所有账目应向职工福利委员会公开；(3)用人单位财务部门应于每年年终汇总本年度职工福利基金收支情况，报主管部门审查备案，并予以公告。

第三节 职工个人福利和集体福利

职工福利依其分配方式和消费主体的不同，可划分为职工个人福利和职工集体福利。前者是直接分配给职工个人消费的福利，主要表现为职工个人福利补贴。后者是分配给职工集体消费的福利，主要表现为职工集体福利设施和服务。

一、职工个人福利补贴

职工个人福利补贴，是指由职工福利基金和其他有关经费中开支的，主要以货币形式直接支付给职工个人的福利待遇。它作为工资的补充形式构成职工个人收入。它对减轻职工的生活负担和提高职工生活水平具有重要意义。我国立法中关于职工个人福利补贴的项目和标准的规定，对国家机关、事业组织和社会团体而言，属于强制性规范；对企业而言，一般属于任意性规范，因其在集体合同、内部劳动规则和劳动合同中被选择适用而具有约束力。根据我国有关政策法规的规定，职工福利补贴的主要内容有以下几方面：

1. 职工探亲补贴

职工探亲制度，是用人单位为关怀职工已分居两地的配偶、父母团聚和减轻其因团聚所产生的经济负担，而给予探亲假期、工资补贴和旅费补贴的福利制度。其中的福利补贴有：(1)工资补贴。探亲假期间，按照本人标准工资的百分之百发给工资。(2)旅费补贴。职工探望配偶、未婚职工探望父母的往返车船费，全部由用人单位负担；已婚职工探望父母的往返路费(包括车船费、市内交通费、住宿费)，在本人标准工资30%以内的由本人自理，超过的部分由用人单位负担。乘火车的，报销硬席座位费，凡年满50岁、连续乘火车48小时以上的可报销硬卧铺费；乘轮船的报销四等舱位费；乘长途公共汽车和其他民用交通工具，凭据按实报销；因故乘飞机的，可按直线车船票价报销，多支部分由职工自理。途中必须中转住宿的，每中转一次可按普通床位凭据报销一天的住宿费；途中夜间停驶必须住宿的，凭据报销住宿费；途中遇到交通事故造成交通暂停，其等待恢复期间的住宿费，可凭交通机关证明和住宿单据报销。符合由农村户口转为城镇户口条件的煤矿井下职工家属如不到矿区落城镇户口的，在职工探亲之外，其配偶每年可到矿区探亲一次，往返路费全部由企业负担。凡符合国家探亲规定的归侨、侨眷职工和港澳台职工出境探亲的，其境内路段往返路费按规定由用人单位负担，境外路费由本人自理。

2. 职工上下班交通费补贴

省级政府所在地的城市，人口在50万以上的城市和不足50万的主要工矿区，经批准可以实行职工上下班交通费补贴制度；住家距离工作单位4华里以上，必须乘坐公共汽车、电车和骑自行车上下班的职工,都可以享受上下班交通费补贴。职工上下班乘公共汽车、电车的交通费,由本人和用人单位各负担一部分,本人负担部分不少于规定限额,其余部分由用人单位补贴。骑自行车上下班的,每月补贴规定限额的修理费。

3. 职工冬季宿舍取暖补贴

职工冬季宿舍取暖补贴,是用人单位对居住在寒冷地区的职工,为照顾地区原有习惯和减轻职工经济负担,就其宿舍取暖设施实行的一种福利补贴。除了广东、广西、福建、浙江、湖南、湖北、四川、贵州等省、自治区,江苏、安徽、河南等省的淮河以南地区,山西省的秦岭以南地区以外,其他地区可以发给职工宿舍冬季取暖补贴;但职工及其家属住宅装有暖气设备的宿舍并且免费供暖的除外。补贴的期限和标准,根据不同地区和各自情况而有所不同。

4. 职工生活困难补助

职工生活困难补助,是国家和用人单位对由于各种原因造成生活困难的职工,为保证其基本生活需要而给予的临时或长期性生活费补助。凡享受此项补助,须以职工家庭人均收入低于一定标准条件。此项补助由基层工会具体实施。凡是生活困难的职工,可向所在工会提出申请,由工会审核确定补助金额和补助期限。补助金费的来源,即可以按一定比例从职工福利费中提取,也可以按一定比例从工会会员费中提取,还可以从上级工会、劳动行政部门、财政部门安排的专项经费中开支。

5. 职工住房补贴

在城镇职工住房福利改革中,最终将住房实物分配转变了住房货币分配,即向职工发放住房补贴以替代以前的职工住房分配。发放住房补贴的对象一般限于未享受住房实物分配(包括未购买或租赁房改房、安居房、解困房等政策性住房,下同)或未参加集资合作建房的无房职工,以及已享受住房实物分配或已参加集资合作建房,但住房面积未达到控制标准的职工。住房补贴的标准由有关政策法规规定。

6. 其他福利补贴

(1)生活消费品价格补贴。因地区生活消费品价格上涨致使职工生活消费支出增加,用人单位可按国家规定的项目和标准行业向职工发放特定的补贴。其主要项目有粮油补贴、副食补贴、水电补贴、燃气补贴、房租补贴、伙食补贴、修理费、书刊费等多项,其中有些补贴项目,可在工资调整和工资改革过程中并入工资构成。

(2)独生子女补贴。根据国家计划生育政策的规定,用人单位可以向持有《独生子女证》的职工按月发给儿童保健费,出生时领证的发10年,4周岁后领证的发至14周岁止;还可以酌情减免独生子女入托、入园、入学、就医的费用。

(3)婚丧假、年休假工资。职工本人结婚和职工的父母、配偶、子女死亡时,经用人单位批准婚丧假(1~3天)和路程假的,假期发给基本工资。职工享受年休假期间,工资照发;应当享受的年休假在劳动关系终止时尚未享受的,应当给予相当于年休假工资的补偿金。

(4)职工互助互济金。职工群众在工会的组织和倡导下,自愿建立互助储金会,当职工由于购房、家属医疗、灾害、家属死亡等原因而发生生活困难时提供一定资助。

二、职工集体福利设施和服务

职工集体福利设施和服务,是指用人单位举办或者通过社会服务机构举办的供职工集体享用的福利性设施和服务。其内容包括物质生活福利和精神生活福利。职工福利的发展方向表明,集体福利应当成为职工福利的主要形式。

职工集体生活福利设施的主要项目有:(1)职工食堂,包括职工内部食堂、职工营养食堂、民族食堂、班中餐食堂和街道职工食堂;(2)托幼设施,包括托儿所、幼儿园等;(3)卫生设施,包括职工医疗和疗养设施、浴室、理发室、公共卫生间、休息间;(4)文娱体育设施,包括文化宫、俱乐部、图书馆、体育场馆等;(5)职工集体宿舍。上述福利设施,在其各自营业范围内为职工集体免费或者低费提供服务。

我国的职工集体生活福利设施社会化程度较低,大多为用人单位自办,使用率低、浪费严重,经济效益差。按照现代市场经济要求,职工集体生活福利设施应当逐步实现社会化,即改变企业办社会的局面,打破用孤立、封闭的小生产方式办福利的格局,采取专业化分工、协作的方式办福利。其具体步骤为:第一步,鼓励大型企事业单位将利用率不高的生活服务设施向中小企业开放,有条件的也可以向社会开放,开放后合理收取费用;对于小单位,由上级主管部门和社会团体、街道办事处牵头,按社区和系统联合举办集体福利事业,其营业和管理费用,按各单位职工的受益程度,由各单位职工福利费拨交。第二步,由地方政府根据需要与可能,结合发展第三产业,跨地区统筹城市福利设施建设规划,组织专业化的福利服务机构,为本地区所有用人单位的职工服务。所需经费由受益单位按受益程度拨交职工福利费,或者通过征收地方税予以解决。政府及其有关部门对集体生活福利事业应当采取税收优惠等措施予以扶持。

通过职工集体生活福利设施社会化,集体福利事业中的大部分由用人单位转为社会承包,职工原在本单位享受的福利待遇转由社会提供。与此相应,用人单位向职工发放补贴,即由向集体福利设施暗补贴变为职工个人的明补贴。

集体福利设施不论是否实行社会化,都应实行企业化管理,即进行独立核算,自负盈亏,以提高其服务质量和经济效益。

第四节　社会化职工住宅福利

一、职工住宅商品化改革

职工住宅是职工及其家属休息和生活的场所,属于必需的基本生活资料。在我国,由于长期实行低工资政策,大部分职工无力自行新建或购买住宅,所以,长期以来由国家和用人单位向职工提供住宅,成为职工集体福利的一项重要内容。传统的职工住宅福利表现为:国家和用人单位拿出一定的积累基金和福利基金进行住房建设,然后低租金分配给职工居住;并且对部分职工发放房租补贴。其特点可概括为低房租、高补贴、分配制。

针对传统的职工住宅制度,曾进行职工住宅商品化改革。主要从两个方面进行:(1)职工购买住宅。即把交换引入住宅再生产过程,以交换原则代替福利原则,以交换关系代替单纯分配关系,发挥价值规律在住宅生产、交换、分配过程中的作用。具体做法是,以国家规定的优惠性标准价格出售给符合规定条件的职工,出售住宅所回收的资金再投入住宅建设。(2)逐步提高房租。即将福利性租赁关系逐步转化为商品性租赁关系,将福利租金逐步变为商品租金,取消补贴,列入工资。具体步骤为:第一步是按维修费和管理费确定租金,以租养房;第二步是收取成本租金(包括折旧费、维修费和管理费),实现住宅的简单再生产;第三步是收取房屋租金(包括折旧费、维修费、管理费、房产税、利息、地租、保险费、利润等),实现住宅的扩大再生产。在此过程中,房租改革与工资改革配套,相应的提高工资,将原来在住宅方面的暗补贴转化为明工资。

二、职工住宅社会化改革

职工住宅商品化改革完成后,但仍为完全解决职工住宅问题,尤其是中低收入职工和农民工的住宅问题非常突出。进一步改革的主要内容是建立下述三种制度:

1. 住房公积金制度

其法律依据主要有《住房公积金管理条例》(2002 年修订)等。住房公积金,是指国家机关、国有企业、城镇集体企业、外商投资企业、城镇私营企业及其他城镇企业、事业单位、民办非企业单位、社会团体及其在职职工缴存的长期住房储金。职工个人缴存的住房公积金和职工所在单位为职工缴存的住房公积金,属于职工个人所有。住房公积金应当用于职工购买、建造、翻建、大修自住住房,任何单位和个人不得挪作他用。缴存住房公积金的职工,在购买、建造、翻建、大修自住住房时,可以向住房公积金管理中心申请住房公积金贷款。职工有下列情形之一的,可以提取职工住房公积金账户内的存储余额:(1)购买、建造、翻建、大修自住住房的;(2)离休、退休的;(3)完全丧失劳动能力,并与单位终止劳动关系的;(4)出境定居的;(5)偿还购房贷款本息的;(6)房租超出家庭工资收入的规定比例的。

2. 经济适用房制度

其法律依据主要有《经济适用住房管理办法》(2004 年)等。经济适用住房,是指政府提供政策优惠,限定建设标准、供应对象和销售价格,具有保障性质的政策性商品住房。发展经济适用住房应当坚持"在国家宏观政策指导下,各地区因地制宜、分别决策"的原则,由市、县人民政府根据当地经济社会发展水平、居民住房状况和收入水平等因素,合理确定经济适用住房的政策目标、建设标准、供应范围和供应对象等,并负责组织实施。购买经济适用住房实行申请、审批和公示制度。购买经济适用住房的个人向商业银行申请贷款,除符合《个人住房贷款管理办法》规定外,还应当提供准予购买经济适用住房的证明。确定经济适用住房的价格应当以保本微利为原则。申请购买或承租一套经济适用住房须符合下列条件:(1)有当地城镇户口(含符合当地安置条件的军队人员)或市、县政府确定的供应对象;(2)无房或现住房面积低于市、县政府规定标准的住房困难家庭;(3)家庭收入符合市、县政府划定的收入线标准;(4)市、县政府规定的其他条件。

集资、合作建房是经济适用住房的组成部分,其建设标准、优惠政策、上市条件、供应对象的审核等均按照经济适用住房的有关规定,严格执行。住房困难户较多的工矿区和困难企业,经市、县政府批准,可以在符合土地利用总体规划、城市规划和单位发展计划的前提下,利用单位自用土地进行集资、合作建房。参加集资、合作建房的对象,必须限定在本单位无房户和符合市、县政府规定的住房困难家庭。

3. 廉租住房制度

其主要法律依据有《城镇最低收入家庭廉租住房管理办法》(2004 年)等。地方政府应当在国家统一政策指导下，根据当地经济社会发展的实际情况，因地制宜，建立城镇最低收入家庭廉租住房制度。廉租住房保障水平应当以满足基本住房需要为原则，根据当地财政承受能力和居民住房状况合理确定，面积标准原则上不超过当地人均住房面积的60%；保障方式应当以发放租赁住房补贴为主，实物配租、租金核减为辅。符合市、县政府规定的住房困难的最低收入家庭，可以申请廉租住房，须经审核、公示等程序。享受廉租住房待遇的最低收入家庭应当按年度向房地产行政主管部门或者其委托的机构如实申报家庭收入、家庭人口及住房变动情况。房地产行政主管部门应当会同有关部门对其申报情况进行复核，并按照复核结果，调整租赁住房补贴或者廉租住房。对家庭收入连续一年以上超出规定收入标准的，应当取消其廉租住房保障资格，停发租赁住房补贴，或者在合理期限内收回廉租住房，或者停止租金核减。

法律救济篇

第十八章　劳动争议处理

第一节　概　　述

一、劳动争议的学理界定

(一)广义和狭义

劳动争议,又称劳动纠纷,许多国家和地区则称劳资争议和劳资纠纷。其广义与狭义的界定,有两种理解:(1)以对应的社会关系为标准的界定。与劳动法域中社会关系的全部对应的劳动争议为广义劳动争议。有学者将其定义为以劳动关系为中心所发生的一切争议。[1] 其中包括劳动法域中各种主体相互间的争议,如劳动合同争议、劳动保险争议、劳动行政争议、集体合同争议等。与劳动关系对应的劳动争议为狭义劳动争议,即劳动关系双方当事人之间关于劳动权利和劳动义务的争议。(2)以对应的劳动关系为标准的界定。劳动关系有单个劳动关系与集体(团体)劳动关系之区分。与单个劳动关系对应的劳动争议为狭义劳动争议,即劳动者与用人单位之间关于劳动权利义务的争议。与集体(团体)劳动关系和单个劳动关系对应的劳动争议为广义劳动争议,即劳动关系双方当事人或其团体之间关于劳动权利和劳动义务的争议,其中包括狭义劳动争议和集体(团体)劳动争议。在劳动立法和劳动法学中,一般取其狭义。

对狭义劳动争议可从当事人和标的这两种角度来理解:(1)对争议当事人的两种理解:一是作为劳动关系当事人的劳动者和用人单位。二是劳动关系缔结前和缔结后的劳动者和用人单位。依前种理解,劳动者与用人单位在劳动关系缔结前发生的争议不属于劳动争议。(2)对争议标的的两种理解:一是劳动权利义务的实现;二是劳动权利义务的确定和实现。依前种理解,劳动合同和集体合同订立过程中发生的争议,未包括在劳动争议范围之内。

在劳动争议的含义中,应当明确下述要点:(1)劳动争议的当事人,一方为劳动者或其团体,另一方为用人单位或其团体。若争议不是发生在劳动关系双方当事人或其团体之间,即使争议内容涉及劳动问题,也不属于劳动争议。(2)劳动争议的内容,涉及劳动权利和劳动义务。即是说,劳动争议以劳动权利和劳动义务为标的。劳动权利和劳动义务是依据劳动法、集体合同和劳动合同具体确定,因而劳动争议在一定意义上是因遵守劳动法,订立、履行、变更和终止集体合同和劳动合同所发生的争议;劳动权利和劳动义务的内容,包括就业、工时、工资、劳动保护、保险福利、职业培训、民主管理、奖励惩罚等各个方面,因而,劳动争议的内容相当广泛。

---

〔1〕 史尚宽:《劳动法原论》,正大印书馆1978年重版,第241页。

凡是以劳动权利义务之外权利与义务为标的的争议,不属于劳动争议。(3)劳动争议的形式,表现为当事人双方提出不同主张或要求的意思表示。即当事人双方对劳动权利和劳动义务的确定或实现各持己见,既包括当事人一方反驳另一方的主张或者拒绝另一方要求,也包括当事人向国家机关、劳动争议处理机构和有关团体提出给予保护和处理争议的请求。

劳动争议在一定意义上就是劳动者与用人单位之间的利益矛盾,就其矛盾性质而言,具有下述特征:(1)劳动争议既可以是非对抗性矛盾,也可以是对抗性矛盾。在劳动关系双方当事人之间,一方面具有共同的利益和合作的基础,另一方面具有利益的差别性和冲突的必然性。劳动争议是表现为非对抗性矛盾还是表现为对抗性矛盾,取决于这两个方面各自在劳动争议中所占的分量。(2)劳动争议的矛盾性质在一定条件下可以发生转化。在现代社会中,劳动争议一般表现为非对抗性矛盾,但是它非常容易激化,若处理不当或者不及时,会转化为对抗性矛盾,给经济和社会造成破坏性后果。对于已成为对抗性矛盾的劳动争议,实践表明,只要采取有效的措施,也可以促使其向非对抗性矛盾转化,并最终得到解决。

(二)主要分类

1. 单个劳动争议与集体劳动争议

单个劳动争议,又称个别劳动争议,在立法中一般称劳动争议,是指单个劳动者与用人单位之间关于劳动关系中的权利义务发生的争议。其特点有:(1)它是关于单个劳动关系的争议,而不是关于集体劳动关系的争议。(2)争议当事人限于劳动关系当事人双方,即已建立劳动关系的劳动者与用人单位。(3)争议标的为劳动关系中法定和约定的权利义务,通常为劳动合同履行争议。

单个劳动争议中,有一种特殊类型,因劳动者人数达到一定数额而被立法在程序上给予特别要求,即多人劳动争议。其特点在于:(1)劳方当事人达到法定人数,即 10 人以上。[2] (2)10 人以上劳动者在劳动争议中有共同利益,即对同一用人单位有共同诉求。(3)10 人以上劳动者可以推举代表参加调解、仲裁或者诉讼活动。

集体劳动争议[3],又称集体合同争议,即集体劳动关系运行中的劳动争议,依《劳动法》第 84 条和《集体合同规定》第七章所作的规定,包括集体协商争议和集体合同履行争议。前者即就订立或变更集体合同进行集体协商过程中发生的争议,这与西方国家立法、理论界和实务界对集体劳动争议的共识基本一致,《劳动法》第 84 条第 1 款规定,“当事人协商解决不成的,当地人民政府劳动行政部门可以组织有关各方协调处理”。后者发生于集体合同履行过程中,因违反集体合同而引起,其中,有的争议发生于单个劳动关系运行过程中,因违反集体合同的标准性条款或单个劳动关系运行规则条款而损害单个劳动者权益,与单个劳动争议竞合,或者说,实质上属于单个劳动争议,故适用单个劳动争议调解、仲裁、诉讼程序;有的争议发生于集

---

〔2〕 多人争议的法定人数,《国营企业劳动争议处理暂行规定》(1987 年 7 月国务院发布)第 4 条曾规定为 10 人以上;《企业劳动争议处理条例》(国务院令第 117 号,1993 年)第 5 条曾规定为 3 人以上;《劳动争议调解仲裁法》(2007 年)第 7 条规定为 10 人以上。

〔3〕 《国营企业劳动争议处理暂行规定》(1987 年 7 月国务院发布)第 4 条规定:发生劳动争议的职工一方,人数在十人以上,并且具有共同理由的,为集体劳动争议。集体劳动争议的职工当事人应当推举一至三名代表参加调解或者仲裁活动。这里所称“集体劳动争议”即单个劳动争议中的多人劳动争议。在《劳动法》及其以后的立法中,集体劳动争议概念已不再有这种含义。

体劳动关系运行过程中，因违反集体合同的目标性条款或集体劳动关系运行规则条款，或因企业劳动规章制度违反集体合同的劳动条件标准条款，而损害全体劳动者或不特定劳动者权益，不能归类于单个劳动争议，即为狭义集体合同履行争议，但鉴于其仍属于权利争议，故《劳动法》第 84 条第 2 款规定“当事人协商解决不成的，可以向劳动争议仲裁委员会申请仲裁”。[4]

2. 权利争议和利益争议

权利争议，又称实现既定权利的争议，还可称为履约争议，是指因实现劳动法、集体合同和劳动合同所规定的权利和义务所发生的争议。在当事人权利和义务既定的情况下，只要当事人双方都按照法规和合同的规定行使权利和履行义务，一般不会发生争议；如果当事人一方不按规定行使权利和履行义务，侵犯另一方既定合法权益，或者当事人双方对如何行使权利和义务理解上存在分歧，争议就会发生。因而，权利争议也就是应遵守劳动法，履行集体合同或劳动合同所发生的争议。其中，作为争议标的的权利和义务，如果适用劳动法中强行性规范所规定的，该权利争议就只属于遵守劳动法的争议；如果是由集体合同、劳动合同依据劳动法中任意性规范具体规定的，该权利争议就属于履行集体合同或劳动合同的争议。

利益争议，又称确定权利的争议，还可称缔约争议，是指因主张有待确定的权利和义务所发生的争议，即争议的标的是尚未确定为权利和义务的利益。缔约双方对权利和义务的确定有不同的主张，就会发生争议。争议的目的是，要求在合同中依法确定当事人的某种利益，使之上升为权利。在订立劳动合同时如果存在争议就不可能成立劳动合同，签约双方可能还未成为劳动关系当事人，因而这种争议，虽然属于利益争议，但在劳动争议处理制度中不作为劳动争议对待。而在集体合同订立或变更中，集体劳动关系当事人双方是既定的，其对尚未确定为权利和义务的利益发生争议，甚至集体谈判陷入僵局或者失败，就需要通过一定的协调程序予以化解，故被作为劳动争议对待。利益争议一般不是通过调解、仲裁、诉讼程序解决，而是在政府干预下由双方协商解决，且作为集体合同订立程序的一个重要环节。

3. 群体劳动争议

群体劳动争议，是我国现阶段，尤其是 2008 年国际金融危机冲击以来，在某些地区出现的一种新型的劳动争议现象，在政策文件中被称为“劳动关系群体性纠纷”和“劳动关系群体性事件”，[5] 而现行立法中无此概念。

将现实中的群体劳动争议与法定的集体劳动争议比较，其区别在于：(1)集体劳动争议的劳方当事人一般是工会及其代表的全体或部分劳动者，故在境外又称为“团体劳动争议”；群体劳动争议的劳方当事人则仅是企业的部分劳动者，在争议发生时并无工会充当其代表。(2)集体劳动争议是因签订或变更集体合同而集体协商过程中的争议，或者是因履行集体合同而发生的争议；群体劳动争议则不是围绕集体合同发生的，往往是先发生群体劳动争议，而后可能启动集体协商。(3)集体协商中发生的集体劳动争议，其标的是尚未成为法定或约定权利的利益，故称为利益争议；群体劳动争议就其标的而言，多为权利争议或权利争议与利益争议的混合。有的争议一开始就两种标的并存，有的争议是始于权利争议而后引发利益争议，或者始于

---

[4] 关于集体合同条款的分类(标准性条款、目标性条款、集体劳动关系运行规则条款、单个劳动关系运行规则条款)及其不同效力，参见王全兴：《劳动法》，法律出版社 1997 年版，第 199 ~ 200、210 ~ 212 页。

[5] 《中共中央、国务院关于构建和谐劳动关系的意见》(2015 年)第(十六)项。

利益争议而后引发权利争议。(4)集体劳动争议中的罢工(停工)仅针对雇主;群体劳动争议中的罢工(停工)则多在针对雇主的同时还针对政府。

群体劳动争议可否被视为一种特殊的单个劳动争议呢?例如,有的将其视为"群体性的个人争议"或"个人争议的集合"[6];有的将其视为多人劳动争议[7]。我们以为,群体劳动争议也不应归类单个劳动争议或多人劳动争议。这是因为:(1)《劳动争议调解仲裁法》中的劳动争议限于权利争议,而群体劳动争议则多为权利争议或权利争议与利益争议的混合。(2)即使仅以权利为标的的群体劳动争议,也不同于《劳动争议调解仲裁法》第7条中的多人劳动争议。其一,就其人数看,群体劳动争议远远超出数以十计即"10人以上"的范围,多是数以百计或数以千计,并且具有开放性,即利益相关的劳动者可能随时加入或退出。其二,就其形式看,群体劳动争议不是各个劳动者分别提出相同诉求,且多不限于以平和的方式提出诉求,而是众多劳动者聚合在一起共同提出相同诉求,其中虽然没有特定组织代表和参与,但也不乏一定程度的组织性,且多以激烈的方式甚至群体抗争的方式提出请求。其三,从其原因看,群体劳动争议多由企业不针对特定单个劳动者而针对特定劳动者群体的行为所引起,例如,企业改制忽视职工安置等权益,较大面积欠薪、拒缴或少缴社会保险费,劳动规章制度不合理或违法而使特定劳动者群体的权益受损,等等。其四,从其处理方式看,群体劳动争议难以像对待多人劳动争议那样拆分为多个一般单个劳动争议分别处理,而需要一并处理。可见,《劳动争议调解仲裁法》中的许多程序规则对群体劳动争议难以或不能直接适用。

4. 国内劳动争议和涉外劳动争议

国内劳动争议,是指具有中国国籍的劳动者与用人单位之间的劳动争议。其中包括:我国在国外(境)外设立的机构与我国派往该机构工作的人员之间、外商投资企业与中国职工之间所发生劳动争议。

涉外劳动争议,是指当事人一方或双方具有外国国籍或无国籍的劳动争议。它包括:中国用人单位与外籍职工之间、外籍雇主与中国职工之间、在华外籍雇主与外籍职工之间的劳动争议。涉外劳动争议的处理,应当按照国际惯例,适用雇主所在地法。凡用人单位(雇主)在我国境内的涉外劳动争议,都应当适用我国法律进行处理。

二、劳动争议的法律界定(受案范围)

严格意义上说,劳动争议界定与受案范围界定是两个既有联系也有区别的概念,但就立法对劳动争议的界定而言,往往是以对受案范围的界定来具体体现的,在此意义上,可以将立法对受案范围的界定视为是对劳动争议的界定。

(一)《劳动争议调解仲裁法》以前立法的规定及其评析

1.《企业劳动争议处理条例》(1993年,以下简称《条例》)的规定及其评析

《条例》在第2条将劳动争议仲裁受案范围界定为企业与职工之间:(1)因企业开除、除名、辞退职工和职工辞职、自动离职发生的争议;(2)因执行国家有关工资、保险、福利、培训、劳动保护的规定发生的争议;(3)因履行劳动合同发生的争议;(4)法律、法规规定应当依照本条例

---

[6] 肖竹:《群体性劳动争议应对中的政府角色》,载《行政法学研究》2014年第2期。

[7] 王天玉:《集体劳动争议的成因差异与分类治理》,载《当代法学》2013年第5期。

处理的其他劳动争议。同时在第39条规定：国家机关、事业单位、社会团体与本单位工人之间，个体工商户与帮工、学徒之间，发生的劳动争议参照本条例执行。

《条例》以争议当事人和标的为标准，对劳动争议（受案范围）的界定确立了两个标志：（1）争议当事人只限于作为劳动关系当事人的用人单位和职工，其中不包括劳动关系缔结前的争议。（2）争议标的仅限于列举的事项，就列举事项之外的劳动权利义务所发生的争议不在劳动争议范围之内。

可见，《条例》所界定的劳动争议范围显得过窄，一是争议当事人未包括劳动关系缔结前的用人单位和劳动者，也未包括劳动者和用人单位以外的主体；二是所列举的作为争议标的的事项未能涵盖劳动权利义务的全部内容，如因企业给予职工开除、除名、辞退以外的行政处分所发生的争议未包括在内。

2.《劳动法》的规定及其评析

《劳动法》第77条将劳动争议界定为："用人单位与劳动者发生的争议。"《劳动法》颁布后，劳动部《关于贯彻执行〈中华人民共和国劳动法〉若干问题的意见》（1995年，以下简称《意见》）第82条对第77条作了补充性说明：用人单位与劳动者发生劳动争议不论是否订立劳动合同，只要存在事实劳动关系，并符合劳动法的适用范围和《条例》规定的受案范围，劳动争议仲裁委员会均应受理。

《劳动法》及《意见》主要以争议当事人为标准界定劳动争议（受案范围），较之《条例》，其规定的争议当事人范围更宽，明确把事实劳动关系当事人包括其中。不过，这种范围只限定于作为劳动关系当事人的劳动者和用人单位。但是，《劳动法》没有从争议标的的角度来界定劳动争议，这不能不说是一种缺陷。

3.《集体合同规定》（2003年）的规定及其评析

《集体合同规定》第55条规定：因履行集体合同发生的争议，当事人协商不成的，可以依法向劳动争议仲裁委员会申请仲裁。

此规定补充了《条例》和《劳动法》的不足，把履行集体合同的争议纳入受案范围，这突破了狭义劳动争议的范围。

4.司法解释的规定及其评析

《最高人民法院关于审理劳动争议案件适用法律若干问题的解释》（法释[2001]14号）第1条则将法院受案范围界定为：（1）劳动者与用人单位在履行劳动合同过程中发生的纠纷；（2）劳动者与用人单位之间没有订立书面劳动合同，但已形成劳动关系后发生的纠纷；（3）劳动者退休后，与尚未参加社会保险统筹的原用人单位因追索养老金、医疗费、工伤保险待遇和其他社会保险费而发生的纠纷。还在第7条规定，"劳动争议仲裁委员会仲裁的事项不属于人民法院受理的案例范围，当事人不服，依法向人民法院起诉的，裁定不予受理或驳回起诉。"

《最高人民法院关于人民法院审理事业单位人事争议案件若干问题的规定》（法释[2003]13号）第1条将人事争议界定为"事业单位与其工作人员之间因辞职、辞退及履行聘用合同所发生的争议"，并规定其适用《劳动法》的规定处理。

《最高人民法院关于审理劳动争议案件适用法律若干问题的解释（二）》（法释[2006]6号）用排除式规定对劳动争议作出界定。即在第7条规定下列纠纷不属于劳动争议：（1）劳动者请求社会保险经办机构发放社会保险金的纠纷；（2）劳动者与用人单位因住房制度改革产生的公有住房转让纠纷;(3)劳动者对劳动能力鉴定委员会的伤残等级鉴定结论或者对职业病诊断鉴定委员会的职业病诊断鉴定结论的异议纠纷;(4)家庭或者个人与家政服务人员之间的纠纷;(5)个体工匠与帮工、学徒之间的纠纷;(6)农村承包经营户与受雇人之间的纠纷。

《法释[2001]14号》第1条对劳动争议的界定宽于《条例》的界定,既包括劳动关系存续期间劳动者与用人单位的争议,也包括劳动关系终止后劳动者与用人单位的非统筹劳动保险争议。但是《法释[2001]14号》第7条的规定,表明《条例》和《法释[2001]14号》所界定的劳动争议范围可能不尽相同。有人认为,这里所说的不属于法院受理案件范围的事项,是指用人单位对职工进行劳动行政管理、职工下岗或整体拖欠职工工资所引发的争议。[8]《法释[2003]13号》赋予人事争议以劳动争议的法律属性,其中,将履行聘用合同的争议作为履行劳动合同的争议,未突破《劳动法》第2条第2款所规定的适用范围;而将因辞职、辞退发生的争议作为劳动争议,则突破了《劳动法》第2条第2款所规定的适用范围,因为辞职或被辞退的职工有可能与事业单位存在非合同劳动关系。《法释[2006]6号》是以排除方式界定劳动争议,基本上是以劳动法所调整的劳动关系为界定标准,但是,将"劳动者与用人单位因住房制度改革产生的公有住房转让纠纷"排除在外,不符合职工住宅福利属于劳动权利的原理。

5. 小结

上述表明,我国以往立法在界定劳动争议时存在着多重标准,导致不同立法例对劳动争议(受案范围)的界定各有差异。《条例》和《集体合同规定》对劳动争议的界定,既是对劳动仲裁受案范围的界定,也在一定意义上是对法院受案范围的界定,因为只有经过仲裁的劳动争议案件,才可能由法院受理。但是,司法解释对劳动争议的界定只适用于劳动诉讼。

(二)《劳动争议调解仲裁法》的规定及其评析

《劳动争议调解仲裁法》第2条规定,我国境内的用人单位与劳动者发生的下列劳动争议,适用本法:(1)因确认劳动关系发生的争议;(2)因订立、履行、变更、解除和终止劳动合同发生的争议;(3)因除名、辞退和辞职、离职发生的争议;(4)因工作时间、休息休假、社会保险、福利、培训以及劳动保护发生的争议;(5)因劳动报酬、工伤医疗费、经济补偿或者赔偿金等发生的争议;(6)法律、法规规定的其他劳动争议。

与以往立法比较,其突破在于扩大了受案范围:(1)基于《劳动合同法》将事业单位聘用制劳动关系纳入其适用范围的规定,受案范围中包含了以往所称的"人事争议"。(2)明确将因订立劳动合同发生的争议纳入受案范围。对此类争议的理解还存有分歧。一种理解认为,仅限于先建立劳动关系后订立书面劳动合同的劳动者与用人单位因订立书面劳动合同所发生的争议。另一种理解认为,还应当包括尚未建立劳动关系的劳动者与用人单位在订立劳动合同过程中发生的争议,这主要是关于就业权的争议,例如,大学毕业生与用人单位签订了就业协议后,毕业生按期到用人单位报到而用人单位拒绝接受,由此引起争议;又如,用人单位在招工招聘时歧视妇女劳动者、残疾人劳动者等,也会引起争议。如果将这种争议作为民事争议来处理,就不足以保护劳动者的就业权,因为民事争议处理程序和民法一般未将劳动者视为弱者。如果将这种争议纳入劳动监察渠道,监察机构虽然可以纠正用人单位的行为,并对用人单位进行行政处罚、罚款,但按《劳动保障监察条例》的规定,无权解决其中的赔偿问题。《就业促进

---

[8] 韩延斌:《〈关于审理劳动争议案件适用法律若干问题的解释〉的理解与适用》,载《人民司法》2001年第6期。

法》第62条虽然规定“违反本法规定，实施就业歧视的，劳动者可以向人民法院提起诉讼”，但未指明属于何种诉讼。《劳动争议调解仲裁法》第2条的规定则表明，包括就业歧视在内的就业争议可作为劳动争议处理。(3)明确将因确认劳动关系发生的争议纳入受案范围。这有利于在劳动关系与劳务关系混淆不清的场合，保护劳动者的合法权益。

三、劳动争议处理的立法概况

西方国家劳动争议处理的立法，是在劳资矛盾不断激化的情势下产生的，并且在劳动争议处理的实践中不断完善。初期，劳动争议全凭劳资双方的力量强弱来决定胜负，于是，罢工、闭厂等对抗事件经常发生。为了避免劳资矛盾激化为两败俱伤的后果，调解和仲裁等缓解矛盾的方式受到劳资双方的欢迎而逐渐兴起，随之为立法所确认。例如，早在1824年的英国、1890年的德国、1892年的法国、1896年的新西兰等，都制定了有关劳动争议调解和仲裁的专门法规。在现代，无论发达国家或发展中国家，都有了完备或比较完备的关于劳动争议调解、仲裁和审判的立法。例如，美国的《国家劳动关系法》(1935年)和《劳工管理关系法》(1947年)、日本的《劳动关系调整法》(1946年)、英国的《工会和劳动关系法》(1974年)、西班牙的《集体劳资争议处理法》(1975年)、芬兰的《劳动法庭法》(1974年)等。

我国的劳动争议处理立法，经历了一个曲折的发展过程。共和国成立初期，中华全国总工会于1949年11月制定了《关于劳资关系暂行处理办法》和《劳资争议处理程序》，劳动部于1950年制定了《市劳动争议仲裁委员会组织工作规则》和《关于劳动争议解决程序的办法》，根据这些法规，我国初步建立了一套包括协商、调解、仲裁和审判的劳动争议处理制度。随着资本主义工商业社会主义改造的完成，国家进一步强调计划经济体制，劳动关系越来越单一，劳动争议逐年减少，加之当时对社会主义法制缺乏正确的认识，劳动争议仲裁和审判制度于1955年7月以后中断，原有法规自行停止施行。此后的劳动争议处理工作，由信访部门承担。直到1987年7月国务院发布《国营企业劳动争议处理暂行规定》，中断30年的劳动争议处理制度才得以恢复。在党和国家把建立社会主义市场经济体制明确规定为经济体制改革的目标模式以后，劳动争议处理制度及其立法进展迅速并趋向完善。目前，我国关于劳动争议处理的现行立法，主要包括《劳动法》中的劳动争议处理专章规定，2007年制定的《劳动争议调解仲裁法》，1993年制定的《企业劳动争议处理条例》[9]，国务院劳动行政部门1993年制定的《劳动争议仲裁委员会组织规则》、《劳动争议仲裁委员会办案规则》和《企业劳动争议调解委员会组织及工作规则》，以及2001年的《最高人民法院关于审理劳动争议案件适用法律若干问题的解释》、2006年的《最高人民法院关于审理劳动争议案件适用法律若干问题的解释(二)》。[10]

四、劳动争议的处理机构

各国的劳动争议处理机构，大致可分为三种类型，即调解(调停)机构、仲裁机构和司法机构。

---

〔9〕《企业劳动争议处理条例》(1993年7月6日，国务院令第117号)于2010年12月被废止。见《国务院关于废止和修改部分行政法规的决定》(2010年12月29日，国务院令第588号)。

〔10〕《劳动争议调解仲裁法》已经于2007年8月26日提请十届全国人大常委会第29次会议首次审议。

劳动争议调解(调停)机构,可分为四种:(1)劳动(劳工)行政部门所属机构,如新加坡劳工部的劳工关系属所属的调解处和雇佣准则处。(2)政府所属机构,如菲律宾的国家调解斡旋委员会、美国的联邦调停调解处。(3)社区性专门调解机构,如丹麦、瑞典等国设置的由工会和雇主协会共同协商建立并完全独立于政府系统的劳动争议调解机构,我国在乡镇、街道设立的具有劳动争议调解职能的组织。(4)民事调解机构,如我国的基层人民调解组织。(5)企业内调解机构。我国的企业劳动争议调解委员会即属此种机构。上述前三种机构中,有的是单独设立的,有的与仲裁机构合一。

劳动争议仲裁机构,可分为三种:(1)半官方机构,它由政府、工会和雇主协会三方共同建立,如菲律宾国家劳动关系委员会。这种机构为大多数国家所设置,我国的劳动争议仲裁委员会也属此类。(2)民间机构,它由工会、雇主协会共同协商建立或者由其民间组织单独成立,如日本劳动关系委员会等。这种机构存在于许多国家中。(3)官方机构,它由政府单独设立,如沙特阿拉伯劳工纠纷局等。这种机构仅见诸少数国家。

劳动争议司法机构,可分为两种:(1)普通法院,即国家建立的统一审理包括劳动争议案件在内的各种案件的司法审判机构,如法国、澳大利亚和我国等国家的法院。(2)劳动法院(法庭),即国家设立的专门负责审理劳动争议案件的司法审判机构,如德国劳动法院、芬兰劳工法庭等。在现代,设置这种机构的国家较多。

五、劳动争议的处理方式

各国处理劳动争议的具体方式,各有特色并且多种多样,归纳言之,可分为合意方式和裁判方式两大类。

劳动争议处理的合意方式,即当事人双方通过自己协商或者在特定机构干预下协商,互相妥协或单方妥协,从而达成解决劳动争议的协议,因而又称为妥协方式或协议方式。其具体形式主要表现为:(1)和解。即当事人双方自行协商,达成解决劳动争议的协议。特征主要是,无第三人参与,不受程序约束,协议的达成和遵守完全由双方自愿。(2)调解。即在第三人主持下,通过说服、劝导,使劳动争议在当事人双方互谅互让的基础上得到解决。我国立法中的劳动争议调解,包括用人单位调解机构调解、社会组织调解、人民调解、仲裁程序中调解和诉讼程序中调解。(3)调停。即当事人双方在第三人的居中调和下,按照第三人提出的关于解决有争议问题的建议(即调停方案),达成解决劳动争议的建议。调停与调解的主要区别在于,调解机构只促使当事人和解而不提出建议,调停机构则要提出调停方案并促使当事人接受。

劳动争议处理的裁判方式,即由特定机构对劳动争议依法进行审理并做出具有法律效力的处理决定,使其得以解决。其具体形式主要表现为:(1)裁决。即由仲裁机构或有关行政机构依法对劳动争议做出裁决;(2)判决。即由审判机构依法对劳动争议做出判决。

六、劳动争议的请求权

劳动争议处理的请求权是指劳动争议当事人依法享有的请求劳动争议处理机构依法解决争议并保护其合法权益的权利。它类似于民事诉讼中的诉权,而且由于劳动争议的解决包含了仲裁和诉讼等多种方式,因而劳动争议处理请求权中也包含了诉权部分。和诉权一样,劳动争议处理请求权也具有两重性,即程序意义上的请求权和实体意义上的请求权。

所谓程序意义上的请求权,是指劳动争议当事人之间发生争议,或一方当事人在其合法权益受到损害时,向劳动争议处理机构请求保护的一种权能。依据这一权利,劳动争议当事人在认为自己合法权益受到侵害时,可以向劳动争议调解机构申请调解,或者向劳动争议仲裁机构或司法机构申请仲裁或提起诉讼。

实体意义的请求权则是指劳动争议当事人,请求劳动争议仲裁或审判方法,保护其实体权利的权能。当事人的实体权利是在劳动关系中产生的,直接为劳动法、集体合同、劳动合同所规定的权利。当这些权利受到侵害时,被侵害的当事人可以请求劳动争议仲裁机构或司法机构强制对方当事人履行义务,以实现自己的既定权利。因此,劳动争议当事人只有既具备程序意义上的请求权,又具备实体意义上的请求权,其实体权利才能获得保护并最终实现。

劳动争议处理的请求权中,包括有对劳动争议处理方式的选择权。各国立法赋予劳动争议当事人的劳动争议处理方式选择权限,大小不尽相同。归纳言之,所遵循的原则有自愿原则和强制原则两种。根据自愿原则,劳动争议发生后,由当事人双方协议确定是否调解或仲裁;选择仲裁的,仲裁员和仲裁程序也可由当事人自愿选择。根据强制原则,劳动争议发生后,任何一方当事人都可以自行请求调解或仲裁,调解或仲裁机构也有权主动进行调解或仲裁,仲裁员由仲裁机构指定,仲裁规则由仲裁机构制定或者由立法规定。实行劳动争议调解和仲裁制度较早的一些工业化国家,遵循自愿原则的较多,如比利时、法国、美国、爱尔兰等。强制原则是调解和仲裁制度在发展过程中,因适应不同国家劳动关系和劳动争议的国情而形成的,第二次世界大战以后获得发展,为许多国家尤其是发展中国家所实行。就世界趋势而言,已明显表现出以自愿原则为主、强制原则为辅的方向。在我国,根据现实规定,对当事人选择基层调解实行自愿原则,对当事人选择仲裁则实行强制原则,即自愿调解和强制仲裁相结合。

七、劳动争议的处理原则

根据我国立法的规定,劳动争议处理机构处理劳动争议案件应当遵循的原则主要有:[11](1)合法、公正、及时处理原则。所谓合法,即处理劳动争议应当以法律为准绳,并遵循法定程序;所谓公正,即在劳动争议处理过程的各个阶段,不论适用实体法还是适用程序法,应当对双方当事人都应当一视同仁,公正地对待双方当事人,在程序和结果上都不得偏袒其中任何一方,尤其是要确保双方当事人享有平等的法律地位,使双方当事人的实体法权利和请求解决争议、举证、辩解、陈述、要求回避等程序法权利,都获得平等的保护。所谓及时,即受理劳动争议案件后,应当尽快查明事实,分清是非,并在此基础上尽快调解、裁决或判决,不得违背时限方面的法定要求。(2)着重调解原则。即在处理劳动争议的过程中,应当注重运用调解方式解决劳动争议,不仅基层调解机构应当促使当事人双方达成调解协议,而且仲裁机构在裁决前、审判机构在判决前,对适于调解的劳动争议案件也应当先行调解,调解不成才进入下道的程序。

---

〔11〕 参见《企业劳动争议处理条例》(1993 年国务院令第 117 号)和《劳动法》(1994 年 7 月 5 日)。

第二节 劳动争议处理体制

劳动争议处理体制,又称劳动争议处理体系,是指由劳动争议处理的各种机构和方式在劳动争议处理过程中的各自地位和相互关系所构成有机整体,它表明劳动争议发生后应当通过哪些途径、由哪些机构、哪些方式处理。各国的劳动争议处理体制有一个共同特征,即权利争议和利益争议分别由不同的机构处理,亦即建立分别处理权利争议和利益争议的两套体制。本节仅阐述权利争议处理体制。我国劳动争议处理的目标模式尚未确定,需要在理论上和实践中作出探索。

一、先裁后审模式的评析

依据《劳动法》和《条例》的规定,劳动行政部门出面组建有工会和用人单位方面参与的非政府性质的仲裁劳动争议的专门机构;劳动争议未能和解,并且当事人不愿申请基层调解机构调解或基层调解机构调解不成的,须先经劳动仲裁机构仲裁,才能向法院提起诉讼;仲裁无须当事人事先达成仲裁协议,一方申请即可启动仲裁程序,另一方则被动强制参加仲裁。此即"一调一裁两审"体制,如图 18－1 所示:

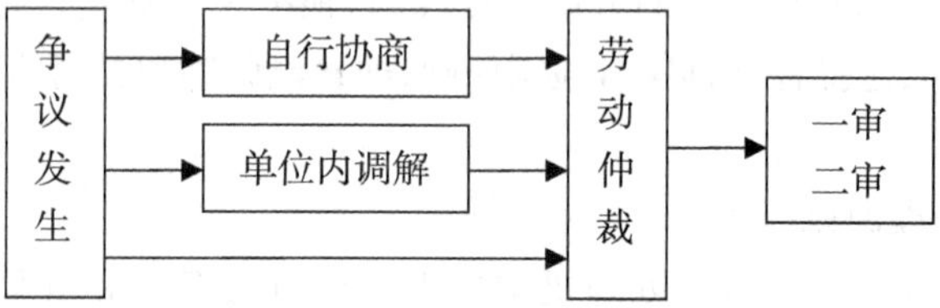

图 18－1

这种仲裁兼有民间仲裁和行政仲裁双重属性,又不同于民间仲裁和行政仲裁,且属于强制仲裁。它在一定程度上也能符合劳动争议的特点。(1)以仲裁机构的半官方性代替仲裁机构的纯民间性,以参与仲裁的强制性代替参与仲裁的自愿性。劳动行政部门熟悉劳动关系和劳动管理的专门业务,处于劳动者和用人单位之间的中立地位,由其主导劳动仲裁,便于劳动争议的公正处理。劳动争议双方当事人存在强弱差别,申请仲裁的多为劳动者,强制用人单位参与仲裁程序,可防止用人单位拒绝仲裁,有利于劳动者权益的保护。这在工会力量不强的情况下更是如此。(2)劳动争议仲裁实行"三方原则"。劳动仲裁机构中的政府代表,是在劳动仲裁中通过适度干预而坚持社会公共利益的重要保证;工会和用人单位方面的代表共同参与劳动争议的处理,则可以在劳动仲裁中说服争议双方相互妥协,缓和冲突,避免矛盾激化,从而有利于劳动争议的顺利解决。(3)把仲裁作为诉讼前的必经阶段。这可以把部分劳动争议案件从司法管辖中分流出去,在一定程度上减轻法院的诉讼负荷。

然而,从发展的角度看,现行的先裁后审的模式并非我国劳动争议处理体制的最佳选择,实践中已显露其诸多弊端。(1)"一裁两审"的程序安排,环节过多,程序过于复杂,不利于劳动争议的迅速解决,增加了处理劳动争议的成本,尤其是加重了劳动者的负担;还有可能导致矛盾的激化,产生不必要的严重后果。同时,在法律援助资源不足,工会组织没有明确的支持起诉义务的今天,过长的程序安排最终拖垮的是弱者——劳动者一方,而非用人单位一方。(2)劳动仲裁机构虽然具有独立的准司法地位,但其与行政权密切联系,难以摆脱行政权力的干预和影响。目前的仲裁办兼有劳动争议仲裁委员会办事机构和劳动行政部门职能机构双重身份。这使劳动仲裁机构作为准司法地位的独立性很难得到保证。(3)裁、审脱节。即仲裁和诉讼是两个彼此独立的阶段,诉讼是仲裁后的重新处理,既不以仲裁为基础,也不构成对仲裁的监督。这种制度安排在实践中被证明是案件处理周期过长的原因,尤其是案件处理周期过长的问题主要集中于仲裁裁决后起诉率较高和诉讼时间较长,并且由于诉讼不以仲裁为基础且对仲裁无监督作用,不利于仲裁机构加强提高办案质量的责任感,以致草率裁决而把案件推到诉讼阶段。近些年来,由法院审理的劳动争议案件以平均25%的幅度递增。这就违背了当初试图减轻法院诉讼负荷的初衷。

二、或裁或审模式的评析

面对先裁后审模式裁审关系中的缺陷,在立法讨论中曾有"或裁或审"的主张,仿照民商事案件的裁审关系,调解不成的案件,由当事人自主选择,或裁或审,各自终局。的确,这种模式有许多优点,如充分尊重当事人的选择权,减少环节,降低成本,有利于劳动争议案件的快速解决。

这虽然可以在一定程度上避免案件处理周期过长的问题,但存在以下几点不足:(1)在调解效果不好,大量案件进入裁审程序,而仲裁机构和法院能力有限的状况短期内难以根本转变的情况下,实行"或裁或审"模式,如果过多的案件向其中的一条渠道特别是向诉讼渠道集中,势必造成一部分资源得不到充分利用而另一部分资源更加紧张的局面。这虽然形式上减少了程序环节,但实际上反而延长了个案处理时间。(2)在集体劳动关系不发达的背景下,劳动争议中的多人争议占很大比例。而在多人争议中,如果不同劳动者分别选择了裁、审两条路径,一旦最终处理结果不一致,不仅导致法律适用上的不平等,而且极有可能引发进一步的争议。(3)在就业形势严峻、劳动者组织化程度不高的条件下,劳动者和用人单位之间的强弱地位悬殊,双方当事人自主协商选择争议处理渠道缺乏应有的基础。实行"或裁或审",很有可能导致两种结果:一是"双方当事人选择"演变成"用人单位单方决定";二是"双方当事人选择"不一致,援用法定程序作兜底渠道。前者与劳动法倾斜保护劳动者的宗旨相违背;后者则使"或裁或审"失去意义。(4)劳动立法还不完善,劳动关系的调整主要依赖于政策性文件和低位阶规范性文件,这种不成熟的实体法状况难以满足法院法律适用方面的高标准要求,这不利于法院走到劳动争议处理的最前沿。

"或裁或审"模式是完全套用商事争议处理体制。其设想虽然有利于劳动力市场中劳资主体地位平等观的建立以及我国劳动法由公法向私法的转化,但是,从劳动关系的特殊性和商事仲裁的特点看,它并不完全适用于劳动争议处理。商事仲裁的基础应是仲裁协议。无论仲裁协议是属于程序法上的契约,还是实体法上的契约,亦或其他,当事人应在平等、自愿的基础上订立,其中,平等是自愿的前提。然而,事实上劳动争议当事人双方并非完全平等,其中劳动者一方总是处于相对弱者地位。在此情况下作出的选择仲裁的协议,其自愿的真实性值得怀疑。

此外仲裁机构的民间性和程序的灵活性使仲裁的强制力和权威性明显不如诉讼程序正规,其裁决还是有赖于司法部门的配合执行。加之我国商事仲裁观念没有深入人心,民众对法院审判的偏好远远大于民间仲裁。所以,一旦发生劳动争议,人们往往宁愿放弃仲裁而选择法院解决争议。于是,“或裁或审”可能导致仲裁虚化和诉讼爆炸。

三、单一机构处理模式的选择

单一机构处理模式,即劳动争议只由劳动仲裁机构或劳动司法机构处理,而不是仲裁和司法并存。较之上述两种模式,它不仅有利于提高解决争议的效率,也有利于克服法律适用上的不统一。世界上多数国家采用这种模式。该模式目前有两种方案可供选择:一是单一劳动仲裁机构模式,即由劳动仲裁机构专门处理劳动案件,仲裁终局,法院不再受理。二是单一司法机构模式,即成立专门的劳动法庭或劳动法院,适用特别的劳动诉讼程序处理劳动争议。

(一)国外单一机构模式简介

1. 单一仲裁机构模式

采用这种模式的国家有澳大利亚、韩国等。澳大利亚是个联邦制国家,联邦有关劳动关系的第一部法律是1904年的《联邦调解与仲裁法》,1988年代之以《产业关系法》,1996年自由党执政后,将其改为《工作场所关系法》。根据澳大利亚法律规定,处理劳动争议的专门机构是澳大利亚联邦及各州的产业关系委员会和产业关系法院。产业关系委员会对具体劳动权益引发的争议进行仲裁,并实行强制仲裁和两裁终局。联邦产业关系委员会处理州际间的劳资争议,州产业关系委员会处理本州内的劳资争议。产业关系法院仅对因法律条款适用引起的争议进行判决和强制执行仲裁裁决[12]。为了更好地发挥仲裁职能,要求建立相应的产业工会和雇主组织并要求这些机构符合仲裁制度的需要。如原《澳大利亚调解与仲裁法》规定这些机构是强制仲裁所附带的机构。实践表明,澳大利亚劳资关系的处理主要依据于调解和寻求达成意见一致上,工会组织和雇主组织在协调处理劳动争议中发挥了积极的作用。

澳大利亚的劳动争议处理体制有以下特点:(1)立法确定强制仲裁的体制;(2)重视雇主和雇员双方组织的培育,重视工会的作用,落实“三方机制”;(3)仲裁中强调劳资双方的友好合作;(4)仲裁职能和司法职能相分离,仲裁最后置于司法的监督之下;(5)联邦产业关系委员会和州产业关系委员会并存,各自管辖范围明确;(6)两裁终局加强了仲裁的权威性,有利于监督。

2. 单一司法机构模式

德国、意大利、瑞典、芬兰、新西兰、智利、法国等国家纷纷建立了劳动法庭或劳动法院。它们虽冠以法庭或法院的头衔,但在其组织构成、程序等诸多方面都与普通法庭或法院有较大区别。以德国为例,1926年的《劳动法院法》规定,劳动法院第一审为独立法院,二、三审则附属于联邦法院及帝国法院;并规定律师仅可于上诉时代理出庭,法院的行政事务由劳动部与司法部会同进行。1945年纳粹溃败,1946年联军管制委员会颁布的第21号法案,除去劳动法院与普通法院间在司法行政上的紧密关系,而使其成为受劳动行政当局监督的独立法院。1953年的新《劳动法院法》在某些方面保留了1926年劳动法院法的规定,然而组织上则保持了第21号

---

〔12〕 劳动和社会保障部赴澳大利亚考察团:《澳大利亚劳动争议处理体制介绍》,载《中国劳动》2001年第1期。

法案的分离措施,因此今天所有审级均为独立法院。[13] 其特点主要表现在:(1)组织结构遵循“三方原则”。劳动法院的法官由具有职业法官资格的专业法官和2名荣誉法官组成。荣誉法官由最高劳动行政部门依据劳资双方团体提供的推荐名单任命。法律规定,荣誉法官受特别保护,即任何人不得因担任荣誉法官之职务而遭受不利。荣誉法官根据法律规定定期选举产生。(2)因有劳资双方代表参与审理,加之审理过程中尽量奉行自愿和协商原则,从而有利于追求劳动争议的友好、和平解决。(3)在程序设置上往往考虑到劳动争议案件的特殊性,采用简单、迅速的方式尽快结案,避免诉讼的过度迟延而导致劳资双方矛盾的激化。(4)收费低廉。裁判费因采用单一的收费标准而较之一般民事诉讼费用低,且可以先不缴纳。(5)审理非公开化。此外,法院组织法中所规定的诉讼救济也适用于劳动案件。

此类特殊法庭或法院是各国司法界针对某些特殊案件和司法现状进行改革的结果。它既有司法的强制性特点即可由一方当事人申请启动程序,另一方须强制参加;也有传统仲裁制度的特点,即机构组成、审理程序、审理方式、费用收取上与传统仲裁极为相似,从而实现了仲裁和诉讼有机结合。

(二)构建我国单一机构模式的现有条件

我国目前处理劳动争议的官方机构有劳动仲裁机构和法院。在此基础上构建单一机构模式,则存在着明显的不足。

1. 现有劳动仲裁机构不足以支撑单一仲裁模式

我国现有的劳动仲裁机构(即劳动仲裁委员会)是在劳动行政部门主持下由劳动行政部门、同级工会和用人单位团体或代表用人单位方面的特定部门各自选派的代表组成的劳动争议处理机构。主任由劳动行政部门负责人担任;副主任由仲裁委员会委员协商产生。其办事机构即仲裁办公室具有仲裁和行政的双重身份和双重职能。从现状看,至少有以下弊端:(1)独立性不强。劳动仲裁委员会的设置和结构的特点导致了行政权干预的可能性极大。加之用人单位团体缺位,工会的维权职能不强。其行政附属性紧密与否决定了劳动仲裁机构的独立性和三方主体力量的均衡。(2)权威性不强。劳动仲裁机构无任何的强制手段。不仅在仲裁过程中没有任何的先予执行、财产保全等强制措施,其生效仲裁结果也有赖于法院的强制执行。(3)缺少监督机制。现行立法并没有规定“两裁终局”,假如采用单一仲裁机构模式只可能适用一裁终局,而我国劳动仲裁委员会的自我监督受局限且缺乏纵向监督,导致对现有的劳动仲裁无法进行有力的监督。[14] (4)资源明显不足。现有仲裁人员整体专业化、职业化程度较低,难以独立担当解决劳动争议的重任。劳动争议的专业性、复杂性和多发性对现有的劳动仲裁资源提出挑战。

2. 现有司法机构不足以支撑单一司法模式

依现行劳动争议处理体制,法院是劳动争议案件的最后审理者,其劳动司法职能由民事审判庭承担。实践中表现出来的弊端有:(1)法院审理劳动争议案件采用合议制或独任制的审判方式,显然不符合劳动争议处理所惯行的“三方原则”。没有职工方和用人单位方代表的参与,不利于实现劳动法协调劳动关系的功能。(2)劳动争议不同与一般民事争议,其实体法的公法

---

〔13〕 王益英:《外国劳动法和社会保障法》,中国人民大学出版社2001年版,第192~194页。

〔14〕 董平:《应当重视加强和完善劳动仲裁监督工作》,载《中国劳动》2001年第1期。

与私法融合的属性,决定与其配套的诉讼法与一般民事诉讼法应有所不同。由于现行立法并未针对劳动争议和劳动法的特殊性就劳动诉讼做出特别规定,以至《民事诉讼法》中许多规定难以适应劳动争议的处理。[15] (3)劳动争议案件的发生率逐年提高,不服仲裁起诉到法院的劳动争议案件也逐年增多,目前受理劳动争议案件的民事审判庭已普遍力量不足。如果没有仲裁前置的环节,以民庭目前的资源看根本无法胜任。

(三)构建我国单一机构模式的对策

我国在构建单一机构模式时,有两种选择:一是单一仲裁机构模式,借鉴澳大利亚的强制仲裁制;二是单一司法机构模式,借鉴德国、芬兰、瑞典等国家的劳动法庭或劳动法院。无论何种选择,都必须对我国现有的劳动争议处理机构进行改革。

1. 构建单一劳动仲裁机构模式的对策

我国现行的仲裁制度,类似于澳大利亚的强制仲裁制度,所不同的是我国仲裁只是诉讼前的必经阶段,且不存在"两裁"程序。而如前所述,澳大利亚的劳动争议案件主要是在仲裁中处理,严格意义上,法院一般不涉及劳动争议;基本上是"两裁终局"。相对于我国现行体制而言,环节少,程序简单,适用法律统一。如果我国劳动仲裁借鉴这种模式,有以下优势:(1)减少了劳动争议处理的环节,有利于劳动争议的迅速解决。(2)赋予了仲裁的终局效力,增加了仲裁的权威性。(3)减轻了法院系统的负荷,保证了法律适用的统一性。故单一劳动仲裁模式可以成为弥补现行劳动争议处理体制不足的有效选择。

由于现有劳动仲裁机构存在诸多弊端,在设计这种模式时须采取以下对策:(1)确立劳动仲裁机构作为一种组织实体的独立地位,有的地方如深圳市,正在进行劳动争议仲裁院建设,就是作折衷努力。(2)落实和完善两裁终局,通过程序上的合理设计,尽量弥补当事人在诉权享有上的缺憾。(3)健全工会组织,建立用人主体团体,落实三方机制。(4)充分尊重当事人的意愿,把企业劳动争议调解委员会作为仲裁的前置阶段,在仲裁中坚持裁决前先调解的原则。(5)赋予仲裁机构在仲裁中采取相应强制措施和对违反程序法者予以相应处罚的权力,以加强劳动仲裁的权威性,但裁决的强制执行权仍由法院行使。(6)建立有效的仲裁监督机制。(7)建立仲裁员资格管理和业务考核制度,提高仲裁员素质,实行仲裁员质量责任制。

2. 构建单一劳动司法机构模式的对策

我国也可考虑设立劳动法庭或劳动法院专门受理劳动争议案件。这种模式具备以下优势:(1)减少劳动争议处理的环节。(2)司法机关和行政部门分离,有助于实现劳动司法的独立。(3)劳动争议的司法最终解决,有助于强化劳动法的效力。(4)增强劳动争议案件处理的权威性,便于案件结果的尽快执行以及审理过程中的先予执行。(5)符合人们在选择法律救济途径时对司法偏好大于对仲裁偏好的国情。

关于我国劳动司法机构应当选择何种类型,有下述几种方案:(1)"独立型"。即建立一种独立于现有人民法院系统之外的劳动司法机构即劳动法院,由其专门行使劳动争议审判权,其审判组织由职业法官和工会、用人单位方面委派的法官所组成。(2)"兼审非独立型"。又称"维持现状型",即在人民法院内不设立专门的劳动审判机构,而由民事审判机构兼职行使劳动争议审判权。(3)"普通专审非独立型"。即在现有人民法院内设立劳动法庭作为审理劳动争

---

[15] 侯玲玲、王全兴:《民事诉讼法适应劳动诉讼的立法建议》,载《中国劳动》2001年第6期。

议的专门机构,但其审判组织同民事、经济、行政等专门审判机构一样,仅由职业法官组成。(4)“特别专审非独立型”。即在现有人民法院内设立劳动法庭,作为专门行使劳动争议审判权的特别审判机构,但审判组织不同于民事、经济、行政等专门审判机构,它由职业法官和工会、用人单位团体委派的法官所组成。

上述各种不同类案中,“兼审非独立型”已被历史和现实所证明不能满足劳动司法的需求;“普通专审非独立型”只起了将劳动争议案件从民庭分流出来的作用,与劳动争议的特殊性不符合,故不宜采用。因而,争议的焦点主要在于“特别专审非独立型”即特别劳动法庭或“独立型”即劳动法院的选择上。选择特别劳动法庭,可体现“三方原则”,且对现行司法体制冲击不大。但是,它忽视了以下问题:(1)普通法院系统的资源有限和诉讼爆炸已成为各国司法界所共同面临的难题。劳动法庭的设立不仅没有丝毫减轻普通法院的压力,相反还增加了其压力。(2)劳动案件有发生率高的特点。越是经济发达,人们权利意识增强,劳动争议也就越多。目前,劳动争议已进入多发期,受案范围日趋扩大,从客观上说,劳动法庭难负重荷。(3)劳动法庭的组织结构若实行“三方原则”,与现行普通法院组织结构不符,强行将其纳入普通法院体系就破坏了普通法院体系中组织原则适用的统一性。因此,将劳动司法机构从普通法院中独立出来更为合理。同时,在不改变原有人民法院组织法的前提下另行制定《劳动法院法》,对劳动法院的地位、劳动裁判权、机构组织、管辖、审判程序等予以科学的设计,以满足劳动争议处理的需要。德国在这方面已有很好的尝试,值得我国借鉴。[16]

建立劳动法院的方式有“新建”和“改造”两种。从我国国情看,将原有的劳动仲裁机构改造为劳动法院似为更优选择。(1)“改造”方式有利于现有社会资源的合理使用,减少社会组织成本。由于我国劳动仲裁实行的是一种强制性仲裁,它在诸多方面与劳动法院有相似之处,易于向劳动法院转化。利用现有的劳动仲裁机构,可以避免机构的重复建设。(2)劳动仲裁机构在长期的劳动争议的处理实践中已经积累了大量的经验,拥有了解决案件的专有人员和专有技术。将其改造为劳动法院有利于案件的审理和劳动争议处理体制转换的平稳过渡。

(四)单一劳动仲裁机构模式和单一劳动法院模式的国情选择

尽管单一劳动仲裁机构模式和劳动法院模式各有特色,在不同的国家起着重要的作用,但单一劳动仲裁机构模式存在着内在的缺陷:(1)劳动仲裁机构大多是在政府的主持下设立的,实际上是政府职能的延伸,赋予其准司法权,很难实现行政权和司法权的分离,而司法独立是法治的要求。如在韩国认为劳动强制仲裁是行政仲裁,当事人不服可向法院提起行政诉讼或申请复议,澳大利亚的趋势是仲裁职能与司法职能分离。[17] (2)劳动仲裁是强制性仲裁,没有以自愿为前提,赋予它终局的效力,实际上是以牺牲当事人的诉讼权为代价的。从司法最终解决的必要性来看,缺乏法院系统及其司法权的保护仍是公民权利享有的缺憾。(3)劳动仲裁中的先予执行以及裁决结果依然有赖于法院的配合,其权威性仍不如法院,执行程序亦显复杂。(4)不符合对审判偏好大于对仲裁偏好的国情。所以,这种模式亦不是最优方案。相对而言,劳动法院模式应更有优势。如德国的劳动法院不仅有利于司法独立,也保留了劳动行政部门的监督,符合劳动争议的特殊需求。

---

〔16〕 王益英:《外国劳动法和社会保障法》,中国人民大学出版社 2001 年版,第 185 ~ 199 页。

〔17〕 [日]T. 哈纳米、[比]R. 布兰佩因:《市场经济国家解决劳资冲突的对策》,中国方正出版社 1997 年版,第 80 页。

然而,就我国目前实际情况而言,这种模式的建立存在相当大的困难。(1)它是对我国传统的司法模式提出的挑战,如要被公众和官方接受还需观念的更新。(2)建立劳动法院需要大量的立法活动,如修改现有的法院组织法,制订《劳动法院法》,修改《劳动法》等。(3)劳动仲裁机构改造为劳动法院是一个极为复杂的过程,它需要许多细致的工作和充分的准备。这些工作短期内是无法完成的,而现有的劳动争议处理体制亟待改革。所以,这种模式只可能是一个远期目标,不是现阶段的选择。

采用单一劳动仲裁机构模式虽有缺陷,但也较为现实可行。如前文所述,劳动仲裁机构是我国法定的劳动争议处理的专门准司法机构,在长期的积累中已有丰富的审理经验,劳动法观念已深入其中。将它作为受理劳动争议的单一机构,有以下优势:(1)对现实冲击不大,容易被司法机构和政府部门所接受。(2)无须进行大量的立法活动和复杂的改造活动,可很快构建和投入使用。(3)有利于减轻现行司法系统的压力。(4)可为向单一司法机构模式的过渡奠定基础。所以,在现阶段,这种模式更符合国情。综上所述,我们主张单一劳动仲裁机构模式是阶段选择,单一的劳动司法机构模式则是最终目标。

四、《劳动争议调解仲裁法》的选择

《劳动争议调解仲裁法》所规定的劳动争议处理体制,即"一调一裁两审与一调一裁分流"体制,如图 18 – 2 所示:

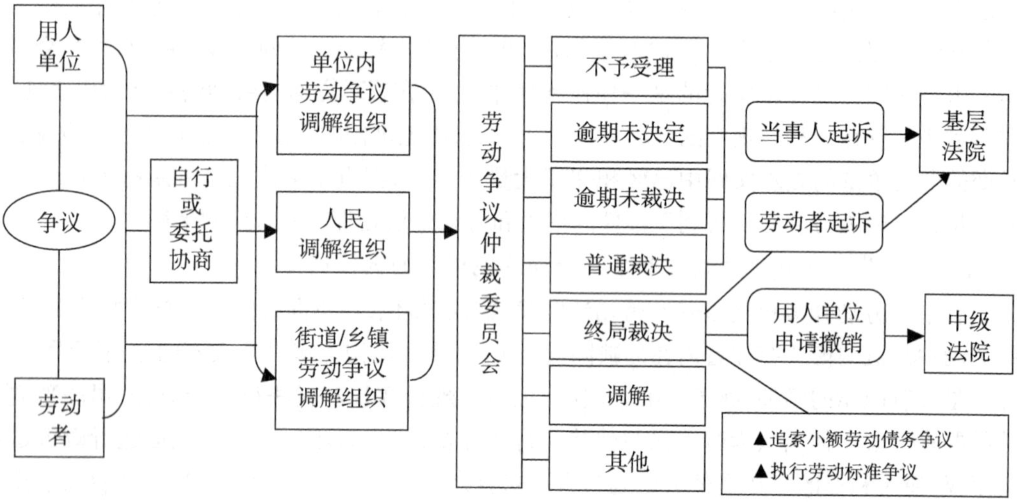

图 18 – 2

此即发生劳动争议,劳动者可以与用人单位协商,也可以请工会或者第三方共同与用人单位协商,达成和解协议;当事人不愿协商、协商不成或者达成和解协议后不履行的,可以向调解组织申请调解;不愿调解、调解不成或者达成调解协议后不履行的,可以向劳动争议仲裁委员会申请仲裁。对仲裁裁决不服的,若是追索劳动报酬、工伤医疗费、经济补偿或者赔偿金且不超过当地月最低工资标准 12 个月金额的争议,或执行劳动标准的争议,为终局裁决;若是其他争议,可以向法院提起诉讼。对于终局裁决,劳动者不服的可依法向基层人民法院提起诉讼,用人单位在法定条件下可依法向中级人民法院申请撤销裁决。此种模式较之原模式,有两个重要特点：

（一）裁审前程序的地位提升

劳动争议处理程序的全过程由裁审前程序和裁审程序所组成，裁审前程序包括协商和调解，裁审程序包括仲裁和诉讼。在劳动争议处理体制中，裁审程序是裁审前程序的后续，裁审前程序的地位和效果决定着裁审程序的地位和负担。

由“自行协商、企业内调解—仲裁—诉讼”构成的劳动争议处理体制，其设计的宗旨是通过当事人自行协商和企业内调解，减少进入仲裁的劳动争议案件；再通过仲裁的拦截，进一步减少进入诉讼的劳动争议案件。然而现实是，在企业内部，劳动争议预防机制缺失，当事人自行协商和解的劳动争议不多，劳动争议调解委员会的职能虚化，以致申请劳动仲裁的案件在发生的劳动争议案件中所占比例和向法院起诉的劳动争议案件在经仲裁的劳动争议案件中所占比例均居高不下，劳动仲裁机构和法院的劳动争议处理能力均严重不足。而在西方发达国家，劳动争议在裁审前程序解决的比例高达80%以上。这表明，在劳动争议处理体制中，如果不扭转裁审前程序地位不高、职能弱小的局面，裁审程序无论如何改进，都难以承担劳动争议处理的重任。

因此，《劳动争议调解仲裁法》力图将裁审前程序与裁审程序置于并重的地位，据此进行制度设计。这主要表现在：

第一，完善劳动争议协商和解机制。即在当事人双方自行协商和解的方式之外，增加工会或者第三方参与和促成当事人双方协商和解的方式，允许劳动者在这两种方式中选择。

第二，完善劳动争议调解机制。主要措施有：(1)加强调解力量。利用和开发调解劳动争议的社会资源，将调解组织由一元扩展为多元、由企业内部开拓到企业外部。即在企业劳动争议调解委员会之外，增加社会化调解力量，赋予基层人民调解组织以调解劳动争议的职能，并要求在乡镇、街道设立的专门调解劳动争议的组织。(2)强化调解协议的法律效力。一方面，赋予调解协议以一般合同效力；另一方面，赋予特定调解协议以可申请支付令的特殊法律效力。

（二）裁审关系的重构

《劳动争议调解仲裁法》尽管对裁审前程序作出了提升地位的制度设计，但并不意味着可当然减轻裁审程序的负担。而立法对裁审程序的设计，取决于裁审前程序的实际效果。在我国现阶段，裁审前程序无论如何设计，其拦截劳动争议进入裁审程序的效果难以好转。故裁审程序的设计应当以大部分案件进入裁审程序的现实为事实前提。为此，《劳动争议调解仲裁法》选择了区别案件类型，先裁后审与司法监督下一裁终局分流的模式。即追索劳动报酬、工伤医疗费、经济补偿或者赔偿金且不超过当地月最低工资标准 12 个月金额，或执行法定劳动标准的案件，实行司法监督下的“一裁终局”；其他劳动争议案件，仍然实行先裁后审。在这种裁审关系中，对劳动争议处理的任务和责任的配置，有两个特点：(1)将劳动仲裁机构作为劳动争议处理的主力军，并扩大其权力，加重其责任。这既可充分利用已有长期积累和发展的劳动仲裁资源，又可促使劳动仲裁机构提高办案效率和质量，从而发挥拦截劳动争议案件进入诉讼的作用。(2)将法院作为劳动争议处理的最后防线。这符合法治国家的司法最终解决原则，既保障劳动争议当事人尤其是劳动者享有充分的诉权，又提高劳动法的法律地位和规范能力。

五、劳动争议处理体制中的"三方机制"

劳动争议处理体制中的"三方机制",即国家、工会和用人单位团体三方代表参与劳动争议处理过程,共同协调劳动争议当事人双方利益的机制,是劳动关系协调的"三方原则"在劳动争议处理体制中的具体贯彻。关于其内容,有的仅理解为组织机制,即主张只需劳动争议处理机构的仲裁或审判组织由三方代表组成即可,而不必要求三方代表都参与办案;有的理解为办案机制,即主张劳动争议的仲裁和审判事务,都应由三方代表共同办理;有的则理解为综合机制,即主张应当从劳动争议处理体制的各个方面综合落实"三方原则",而不能只强调其中某个方面。我们持后一种观点,主张我国在劳动争议处理体制中建立和完善"三方机制",应当在组织、人事、权限配置等方面落实"三方原则"。

1. "三方原则"在组织方面的落实

即在劳动争议处理机构中应当建立由国家、工会和用人单位三方代表组成的组织。在劳动争议仲裁机构中,劳动争议仲裁委员会应当由地方劳动行政部门、同级地方工会组织和用人单位团体委派的代表所组成;劳动争议仲裁庭的成员也应当从三方各自委派的仲裁员中指定或选定。在劳动争议审判机构中,合议庭的组成应当分别由工会和用人单位团体委派陪审员的制度;审判委员会处理劳动争议案件,也应当有工会、用人单位团体委派的代表参加。

2. "三方原则"在人事方面的落实

其要求主要有:(1)设立正式编制。即劳动行政部门、工会和用人单位团体选派的劳动争议仲裁委员会委员和仲裁员,工会和用人单位团体选派的人民法院合议庭陪审员和审判委员会委员,都应当纳入各自的正式编制。(2)统一资格标准。即无论哪一方向劳动争议处理机构选派的代表,都应当遵循统一的资格标准,尤其是选派的仲裁员和陪审员,都应当具备法定任职条件并取得法定任职资格,以确保其素质。

3. "三方原则"在权限配置方面的落实

即劳动争议处理的各项权利都应当依其特点在三方之间进行合理配置。其中,劳动争议处理规则的制定权,重大案件和疑难案件的处理权,应当由三方分享并共同行使;一般案件的处理权,总体上应当三方分享并共同行使,但具体到每个案件则不一定由三方分享和共同行使;劳动争议处理的监督权,应当由三方分享,但不一定三方共同行使,也可以由各方分别行使。

第三节　劳动争议基层调解

一、劳动争议基层调解的概念

劳动争议基层调解,是指劳动争议调解组织对当事人双方自愿申请调解的劳动争议,在查明事实、分清是非的前提下,依据法律、法规、政策的规定和集体合同、劳动合同的约定,通过说服、劝导和教育,促使当事人双方在平等协商,互谅互让的基础上自愿达成解决劳动争议的协议。在我国劳动争议处理体系中,它是一种普遍适用的重要形式。

劳动争议基层调解属于民间调解，它与官方调解（行政调解和司法调解）相比较，有下述主要特点：（1）其调解机构是社会组织，而不是国家机关；（2）其调解活动具有任意性，基本上不受固定程序和形式的约束，也可将道德规范、社会习惯作为调解的依据；（3）调解书仅具有合同性质，不具有强制执行的效力。

二、劳动争议调解组织

根据《劳动争议调解仲裁法》第10条的规定，可供当事人选择劳动争议调解组织有三种：

1. 企业劳动争议调解委员会

企业劳动争议调解委员会，是在企业内部依法设立的，负责调解本单位劳动争议的组织。它的设立和组成，在已成立工会的企业，严格遵循法律规定；在未成立工会的企业，则由职工代表与企业代表协商决定。各企业都可以设立调解委员会，设有分支机构的企业还可以在总部和分支机构分别设立调解委员会。

企业劳动争议调解委员会由职工代表和企业代表组成。职工代表由工会成员担任或者由全体职工推举产生，企业代表由企业负责人指定，各方推举或指定的代表都只能代表一方参加调解委员会。其主任由工会成员或者双方推举的人员担任。成员名单应报送地方总工会和地方劳动争议仲裁委员会备案。

企业劳动争议调解委员会在用人单位中具有相对独立的地位。它不隶属于任何一个机构和组织，尤其是独立于单位行政和劳动者之外。其办事机构设在基层工会，其调解工作接受用人单位所在地地方工会（或行业工会）和地方劳动争议仲裁委员会的指导。用人单位应当支持调解委员会的工作，并承担活动经费和给其他物质帮助。

企业劳动争议调解委员会的职责包括：调解本单位劳动争议；检查督促争议双方当事人履行调解协议；对职工进行劳动法制宣传教育，做好劳动争议预防工作。

2. 基层人民调解组织

基层人民调解组织，是指根据《人民调解委员会组织条例》（1989年）的规定，由村民委员会和居民委员会设立的调解民间纠纷的群众性组织。企业、事业单位根据需要可参照《人民调解委员会组织条例》规定设立的人民调解委员会。

人民调解委员会由委员3至9人组成，设主任1人，必要时可以设副主任；委员除由村民委员会成员或者居民委员会成员兼任的以外由群众选举产生，每3年改选1次，可以连选连任；多民族居住地区的人民调解委员会中，应当有人数较少的民族的成员；委员不能任职时，由原选举单位补选；委员严重失职或者违法乱纪的，由原选举单位撤换。

人民调解委员会在基层人民政府和基层人民法院指导下进行工作；基层人民政府及其派出机关指导人民调解委员会的日常工作由司法助理员负责。

人民调解委员会被赋予劳动争议调解职能后，应当根据劳动争议调解的特点制定相应的特殊规则。例如，劳动行政部门和劳动仲裁机构也应当成为人民调解委员会调解劳动争议的指导机构。

3. 乡镇、街道劳动争议调解组织

乡镇、街道劳动争议调解组织，是指在企业比较集中的乡镇、街道依法设立的调解劳动争议区域性或行业性组织。有的地方性法规对此作出规定。《宁波市劳动争议处理办法》（2001

年)第5条规定:行业组织、乡镇人民政府、街道办事处可以设立劳动关系协调组织或者劳动争议调解组织,调解本行业、乡镇、街道范围内发生的劳动争议;该组织的设立,应当报当地劳动争议仲裁委员会和总工会备案。《青岛市劳动争议处理条例》(2002年)第9条规定:乡镇(街道)、行业可以设立劳动争议调解委员会;劳动争议调解委员会依照各自职责,负责劳动争议调解工作;劳动争议调解委员会由职工代表、用人单位方面的代表和工会代表组成,主任由同级工会代表担任,办事机构设在同级工会。

三、劳动争议基层调解的程序[18]

1. 申请调解

劳动争议当事人向调解组织申请调解,有三个要点:(1)自愿申请,即劳动争议发生后,如果当事人通过协商不能解决,或者不愿意协商解决,可以自愿选择申请调解或仲裁。(2)申请调解受时间限制,即应当自争议发生之日起30日内提出申请。(3)申请形式既可以是口头也可以是书面,口头申请的,调解组织应当当场记录申请人基本情况、申请调解的争议事项、理由和时间。

2. 争议受理

调解组织接到调解申请后,应征询对方当事人的意见,对方当事人不愿意调解的,应作好记录,在3日内以书面形式通知申请人;对方当事人表示愿意调解的,应在4日内进行审查并作出受理或不受理的决定。

调解组织在受理审查中,要审查申请事由是否属于劳动争议,申请人是否合格,申请对方是否明确,调解请求和事实根据是否明确。经审查认为符合受理条件的,予以受理,并通知双方当事人;如不受理的,应向申请人说明理由,并告知应向何处申诉。对于调解组织无法决定应否受理的案件,可由调解组织主任决定是否受理。

3. 调解前准备

受理劳动争议后,为保证顺利和及时调解,应事先进行下述准备工作:(1)进一步审查申请书内容,如发现内容欠缺,应及时通知申请人补充。(2)要求对方当事人就申请实体请求、事实、理由提出意见及证据。(3)指派调解员对争议事项进行全面调查核实,收集有关证据。(4)拟定调解方案和调解建议。(5)告知双方当事人调解时间和地点。

调解员中有是争议当事人或其近亲属者,与劳动争议有利害关系者,或者与争议当事人有其他关系而可能影响公正调解者,当事人有权口头或书面申请其回避。调解组织对回避申请应及时作出决定,并口头或书面通知当事人。调解委员的回避由调解组织主任决定,调解组织主任的回避由调解组织集体研究决定。

4. 实施调解

《劳动争议调解仲裁法》第13条规定,调解劳动争议,应当充分听取双方当事人对事实和理由的陈述,耐心疏导,帮助其达成协议;第14条规定,经调解达成协议的,应当制作调解协议书。

---

〔18〕 参见《企业劳动争议处理条例》(1993年,国务院令第117号)、《企业劳动争议协商调解规定》(2011年11月,人力资源和社会保障部令第17号)。

实施调解的一般形式，是由调解组织主任主持召开有争议双方当事人参加的调解会议。有关单位和个人可以参加调解会议协助调解；争议的职工方在3人以上并有共同利益申诉理由，应当推举代表参加调解活动。简单的争议，可由调解委员会决定1至2名调解员进行调解。

举行调解会议的程序包括：(1)会议主持人宣布会议开始，书记员向主持人报告大会人员情况；(2)主持人宣布调解目的和调解纪律，告知当事人应有权利和义务，并宣布申请人请求调解的争议事项；(3)申请人宣读申请书或口头陈述申请事由和理由，最后由对方当事人宣读答辩书或口头陈述；(4)主持人宣讲与争议有关的法规政策，然后出示有关证据；(5)当事人双方对宣布的事实、证据发表意见；(6)调解委员会依据查明的事实，提出调解建议，征求双方当事人的意见；(7)如双方当事人均表示接受调解建议，可在此建议的基础上达成调解协议，并依法制作调解协议书；(8)如经调解达不成协议，应如实记录，并在调解意见书上说明情况。

调解应当自提出申请之日起15日结束，到期未结束的，视为调解不成，当事人可以依法申请仲裁。

5. 调解协议的效力

调解协议书由双方当事人签名或者盖章，经调解员签名并加盖调解组织印章后生效。调解协议的效力可分为：

(1)一般效力。调解协议对双方当事人具有约束力，当事人应当履行。一方当事人在协议约定期限内不履行调解协议的，另一方当事人可以依法申请仲裁。

(2)特殊效力。因支付拖欠劳动报酬、工伤医疗费、经济补偿或者赔偿金事项达成调解协议，用人单位在协议约定期限内不履行的，劳动者可以持调解协议书依法向法院申请支付令。法院应当依法发出支付令。

双方当事人应当自觉履行调解协议；如在履行调解协议时反悔的，调解委员会只能劝解说服当事人履行，无权强制执行或限制当事人申请仲裁。

6. 调解协议的效力加固〔19〕

劳动争议基层调解协议的效力，无论是劳动合同的约束力还是可申请支付令的约束力，都因其固有的自愿性和当事人单方的反悔权，加之违约责任缺失，都没有获得足够的司法权威支持而不含有强制执行力，难以实现有效拦截劳动争议案件进入仲裁或诉讼程序的目标。迫于大量劳动争议案件涌入仲裁或诉讼的压力，实践中产生了基层调解协议效力加固的探索，即通过一定程序，赋予基层调解协议以强制执行的约束力。在现有法律框架内和操作实践中，效力加固主要有两种模式即司法确认和仲裁置换。

司法确认模式，即民间调解协议的效力经法院依法审查、确认，而取得强制执行的约束力。其最早的规范性文件依据是最高人民法院《关于建立健全诉讼与非诉讼相衔接的矛盾纠纷解决机制的若干意见》(法发[2009]45号)的规定。根据其第1条和第25条的规定，经《劳动争议调解仲裁法》规定的调解组织调解达成的劳动争议调解协议，由双方当事人签名或者盖章，经调解员签名并加盖调解组织印章后生效，对双方当事人具有合同约束力；双方当事人可以不经仲裁程序，直接向法院申请确认调解协议效力；法院依法审查后，决定是否确认调解协议的

---

〔19〕 王全兴、林欧：《劳动争议民间调解协议的效力及其加固》，载《上海师范大学学报(哲学社会科学版)》2012年第5期。

效力;法院不予确认的,当事人可以向劳动争议仲裁委员会申请仲裁;法院确认调解协议效力的决定送达双方当事人后发生法律效力,一方当事人拒绝履行的,另一方当事人可以依法申请法院强制执行。此后的最高人民法院《关于人民调解协议司法确认程序的若干规定》(法释[2011]5号),依据《人民调解法》第33条关于人民调解委员会调解协议司法确认的原则规定,对司法确认程序的若干问题作出具体规定,这也可适用于人民调解委员会调解劳动争议所达成的调解协议。

仲裁置换模式,即民间调解协议经劳动争议仲裁机构依法审查,置换为可依法申请强制执行的仲裁调解协议[20]。其依据多见之于地方部门规章。如广东省劳动争议仲裁委员会《关于加快劳动争议仲裁案件处理的若干意见》(粤劳仲[2005]3号)第5条第2款规定:"对各级劳动仲裁机构授权或指导设立的劳动争议调解组织主持双方当事人达成调解协议的案件,劳动争议调解组织或双方当事人可持已达成的调解协议,到有管辖权的劳动仲裁机构置换《劳动仲裁调解书》。《劳动仲裁调解书》一经送达,就立即发生法律效力。"有些地方还制定了专门的实施细则[21]。就此作出规定的中央级文件仅有《企业劳动争议协商调解规定》,其第27条第2款规定,仲裁委员会受理调解协议双方当事人提出的仲裁审查申请后,"应当对调解协议进行审查,并根据《劳动人事争议仲裁办案规则》第54条规定,对程序和内容合法有效的调解协议,出具调解书。"

这两种效力加固模式的相同之处在于:(1)都由调解协议双方当事人自愿共同申请;(2)都需遵循简易程序且对调解协议进行合法性审查;(3)调解协议经确认/置换的,具有强制执行力;(4)决定不予确认/置换的,当事人仍可以就劳动争议向劳动争议仲裁委员会申请仲裁。

第四节　劳动争议仲裁

一、劳动争议仲裁的概念

劳动争议仲裁,是指劳动争议仲裁机构对当事人请求解决的劳动争议,依法居中公断的执法行为,包括对劳动争议依法审理并进行调解、裁决的一系列活动。在我国的劳动争议处理体制中,它作为诉讼前的法定必经程序,是处理劳动争议的一种主要方式。

较之劳动争议基层调解,劳动争议仲裁具有下述特点:(1)仲裁机构是一种依法定原则所组成的半官方机构,而非民间组织;(2)仲裁申请可以由任何一方当事人提起,无需双方当事人合意;(3)仲裁机构在调解不成的情况下可作出裁决,仲裁调解和裁决依法生效后具有强制执行的效力。

较之劳动争议诉讼,劳动争议仲裁的特点表现在:(1)仲裁机构不属于司法机关,在处理劳动争议的过程中无权采取强制措施;(2)仲裁程序较简便,不及诉讼程序严密和复杂;(3)仲裁

---

[20] 《劳动争议调解仲裁法》第51条规定:当事人对发生法律效力的调解书、裁决书,应当依照规定的期限履行。一方当事人逾期不履行的,另一方当事人可以依照民事诉讼法的有关规定向人民法院申请执行。受理申请的人民法院应当依法执行。

[21] 如南京市劳动争议仲裁委员会《关于非诉调解协议置换劳动争议仲裁调解书的实施意见》(宁劳仲委[2010]2号)。

调解和裁决除法定终局裁决外，均不具有最终解决争议的效力，也不能由仲裁机构自己强制执行。

劳动争议仲裁就其法律属性而言，是一种兼有行政性和准司法性的执法行为。其行政性主要表现在：劳动行政部门的代表在仲裁机构组成中居首席地位，仲裁机构的办事机构设在劳动行政部门，仲裁行为中含有行政仲裁的某些因素。其准司法性主要表现在：仲裁机构的设立、职责、权限、组织活动原则和方式具有与司法机关特别是审判机关共同或类似的特点。例如，它是国家依法设立的处理劳动争议的专门机构；具有依法独立行使仲裁权，不受行政机关、团体和个人干涉的法律地位；审理案件须实行仲裁庭、时效、回避等制度，采取调查取证、辩论、调解、裁决等方式。

二、劳动争议仲裁的机构和参加人[22]

（一）劳动争议仲裁委员会

劳动争议仲裁委员会是依法设立的，经国家授权依法独立仲裁处理劳动争议案件的专门机构。

设立劳动争议仲裁委员会的规则为：（1）按照统筹规划、合理布局和适应实际需要的原则设立；（2）省、自治区政府可以决定在市、县设立；直辖市政府可以决定在区、县设立；（3）直辖市、设区的市也可以设立一个或者若干个劳动争议仲裁委员会；（4）劳动争议仲裁委员会不按行政区划层层设立。各级仲裁委员会相互间不存在行政隶属关系，各自独立仲裁本行政区域内发生的劳动争议案件，各自向同级政府负责并报告工作。省级劳动行政部门对本行政区域的劳动争议仲裁工作进行指导。

劳动争议仲裁委员会由劳动行政部门代表、工会代表和企业方面代表组成。其组成人员应当是单数，且三方代表人数相等。主任由劳动行政部门负责人担任；副主任由仲裁委员会委员协商产生。至于每方代表的具体人数，则由三方协商确定，其组成不符合规定的由同级政府予以调整，其委员的确认或者更换，需报同级政府批准。

劳动争议仲裁委员会依法履行下列职责：（1）聘任、解聘专职或者兼职仲裁员；（2）受理劳动争议案件；（3）讨论重大或者疑难的劳动争议案件；（4）对仲裁活动进行监督。劳动争议仲裁委员会实行集体领导，在召开会议决定有关事项时应有2/3以上的委员参加，并且应当按照少数服从多数的原则作出决定。

（二）劳动争议仲裁委员会办事机构

劳动争议仲裁委员会以劳动行政部门的劳动争议调解、仲裁业务管理机构（通常称仲裁办公室），作为其办事机构，负责办理其日常事务。也就是说，仲裁办公室具有双重身份和双重职能，它既是仲裁委员会的办事机构，又是劳动行政部门的职能机构。作为劳动争议仲裁委员会的办事机构，它在劳动争议仲裁委员会的领导下，处理劳动争议案件的日常工作；根据劳动争议仲裁委员会的授权负责管理仲裁员，组成仲裁庭、管理仲裁委员会的文书、档案、印鉴；负责劳动争议及其处理方面的法律、法规和政策咨询；向劳动争议仲裁委员会汇报、请示工作；办理劳动争议仲裁委员会授权或交办的其他事项。作为劳动行政部门的职能机构，它主要是组织

---

〔22〕 参见《企业劳动争议处理条例》（1993年，国务院令第117号）、《劳动争议仲裁委员会办案规则》（1993年10月18日，劳部发［1993］276号）和《劳动争议仲裁委员会组织规则》（1993年11月5日，劳部发［1993］300号）。

劳动争议处理的理论研究、政策法规研究；制定和完善劳动争议处理的有关制度；监督检查用人单位执行劳动法规和政策的情况，制止、纠正违反劳动法的行为；做好劳动法规和政策的宣传教育工作等。

(三)劳动争议仲裁庭

仲裁庭是劳动争议仲裁委员会处理劳动争议案件的基本组织形式。劳动争议仲裁委员会裁决劳动争议案件实行仲裁庭制度，即依照“一案一庭”的原则组成仲裁庭，受理劳动争议案件。

仲裁庭的组织形式可分为独任制和合议制两种。独任制，是由仲裁委员会指定1名仲裁员独任审理仲裁，适用于事实清楚、案情简单、法律适用明确的劳动争议案件。合议制，是由劳动争议仲裁委员会指定3名或3名以上单数仲裁员共同审理争议仲裁。除简单劳动争议案件外，均应组成合议仲裁庭。它又可分为普通合议仲裁庭和特别合议仲裁庭。凡职工方在30人以上的劳动争议案件，应组成特别合议仲裁庭。普通仲裁庭由1名首席仲裁员和2名仲裁员组成，首席仲裁员由仲裁委员会负责人或授权其办事机构负责人指定，另两名仲裁员由仲裁委员会授权其办事机构负责人指定或者由当事人双方各选1名。其中不符合规定的，由仲裁委员会予以撤销，重新组成仲裁庭。

仲裁庭在劳动争议仲裁委员会领导下依法处理劳动争议。仲裁庭对重大或疑难案件，可以提交劳动争议仲裁委员会讨论决定；劳动争议仲裁委员会的决定，仲裁庭必须执行；仲裁庭处理劳动争议结案时，应报劳动争议仲裁委员会主任审批；劳动争议仲裁委员会主任认为有必要，也可提交劳动争议仲裁委员会审批。仲裁庭制作的调解书或裁决书，由仲裁员署名，加盖劳动争议仲裁委员会印章，以劳动争议仲裁委员会名义送达双方当事人。

(四)劳动争议仲裁员

仲裁员，是指由劳动争议仲裁委员会依法聘任的，可以成为仲裁庭组成人员而从事劳动争议处理工作的职员。它有专职仲裁员和兼职仲裁员两种。专职仲裁员由仲裁委员会从劳动行政部门内专门从事劳动争议处理工作，并具有仲裁员资格的人员中聘任；兼职仲裁员由仲裁委员会从具有仲裁员资格的劳动行政部门或其他行政部门工作人员或工会工作人员、专家、学者、律师中聘任；劳动争议仲裁委员会成员也可以由仲裁委员会聘为专职或兼职仲裁员。兼职仲裁员与专职仲裁员在执行公务时，享有同等权利；但兼职仲裁员从事仲裁活动应当征得所在单位同意，所在单位应当给予支持。劳动争议仲裁委员会应当设仲裁员名册。

仲裁员应当公道正派并符合下列条件之一：(1)曾任审判员的；(2)从事法律研究、教学工作并具有中级以上职称的；(3)具有法律知识、从事人力资源管理或者工会等专业工作满五年的；(4)律师执业满三年的。经省级以上劳动行政部门考核认定，具备上述各项条件的，才赋予仲裁员资格。

仲裁员应当履行法定职责。其主要职责有：(1)接受仲裁委员会办事机构交办的劳动争议案件，参加仲裁庭；(2)进行调查取证，有权以调阅文件或档案、询问证人、现场勘查、技术鉴定等方式向当事人及有关单位、人员进行调查；(3)根据有关法规和政策提出处理方案；(4)对争议当事人双方进行调解工作，促使其达成调解协议；(5)审查申诉人的撤诉申请；(6)参加仲裁庭合议，对案件提出裁决意见；(7)案件处理终结时，填报《结案审批表》；(8)及时做好调解、仲裁的文书工作及案卷的整理归档工作；(9)宣传劳动法规政策；(10)对案件涉及的秘密和个人隐私应当保密。

仲裁员私自会见当事人、代理人，或者接受当事人、代理人的请客送礼的，或者有索贿受贿、徇私舞弊、枉法裁决行为的，应当依法承担法律责任，仲裁委员会应当将其解聘。

（五）劳动争议仲裁的参加人

劳动争议仲裁的参加人包括：（1）劳动争议当事人。发生劳动争议的劳动者和用人单位为劳动争议仲裁案件的双方当事人。劳务派遣单位或者用工单位与劳动者发生劳动争议的，劳务派遣单位和用工单位为共同当事人。（2）代表人。用人单位由其法定代表人或主要负责人参加仲裁活动；职工方当事人在10人以上并有共同理由的，应当推举代表参加仲裁活动，代表人数由仲裁委员会确定。（3）代理人。当事人可以委托代理人参加仲裁活动。委托他人参加仲裁活动，应当向仲裁委员会提交有委托人签名或者盖章的委托书，委托书应当载明委托事项和权限。丧失或者部分丧失民事行为能力的劳动者，由其法定代理人代为参加仲裁活动；无法定代理人的，由仲裁委员会为其指定代理人。劳动者死亡的，由其近亲属或者代理人参加仲裁活动。（4）第三人。与劳动争议案件的处理结果有利害关系的第三人，可以申请参加仲裁活动或者由仲裁委员会通知其参加仲裁活动。

三、劳动争议仲裁管辖〔23〕

劳动争议仲裁管辖，是指各级仲裁委员会之间、同级仲裁委员会之间，受理劳动争议案件的分工和权限。它向当事人表明，劳动争议发生后，应当向哪一级和哪一个仲裁委员会申请仲裁。它为各级和各个仲裁委员会行使仲裁权，界定空间范围。确定仲裁管辖，应当坚持既便于当事人行使申诉权、应诉权，又便于仲裁委员会行使仲裁权，并且原则性与灵活性相结合的原则。我国仲裁管辖的内容，主要包括下述几个方面：

1. 地域管辖

即同级仲裁委员会之间依行政区域确定的仲裁管辖。它包括：（1）一般地域管辖，是指劳动争议案件由其发生地的仲裁委员会管辖。立法规定，仲裁委员会负责管辖本区域内发生的劳动争议案件。（2）特殊地域管辖，是指某种劳动争议案件依其特定标准由某地仲裁委员会管辖。立法规定，劳动争议由劳动合同履行地或者用人单位所在地的仲裁委员会管辖；双方当事人分别向劳动合同履行地和用人单位所在地的仲裁委员会申请仲裁的，由劳动合同履行地的仲裁委员会管辖；发生劳动争议的用人单位与劳动者不在同一个仲裁委员会管辖区域内，由劳动者工资所在地的仲裁委员会管辖。（3）专属管辖，是指法定的某国家机关经立法授权，依法确定某种劳动争议案件专属某地仲裁委员会管辖。原劳动部规定，我国公民与国（境）外企业签订的劳动（工作）合同履行地在我国领域内，因履行该合同发生争议的，由合同履行地仲裁委员会受理。

2. 级别管辖

即各级仲裁委员会受理劳动争议案件的特定范围，它主要根据案件的性质、影响范围和繁简程度确定。通常规定，省级仲裁委员会和设区的市仲裁委员会，负责处理外商投资企业发生的劳动争议案件和在全省、全市有重大影响的劳动争议案件。

---

〔23〕　参见《劳动争议仲裁委员会办案规则》（1993年10月18日，劳部发[1993]276号）。

3. 移送管辖

即仲裁委员会将已受理的自己无权管辖或不便于管辖的劳动争议案件,依法移送有管辖权和便于审理此案的仲裁委员会受理。立法规定,仲裁委员会发现受理的案件不属本委员会管辖时,应移送有管辖权的仲裁委员会;县级仲裁委员会认为有必要的,可将集体劳动争议报请市(地、州、盟)仲裁委员会处理。在实践中,也可将疑难案件移送有管辖权的仲裁委员会处理。受移送的仲裁委员会对接受的移送案件不得自行再移送;如果认为自己对接受的移送案件确无管辖权,可以报告劳动行政部门决定是否由它管辖。

4. 指定管辖

即劳动行政部门依法将因管辖权发生争议的劳动争议案件决定由某仲裁委员会管辖。立法规定,仲裁委员会之间因管辖权发生争议,由双方协商解决,协商不成时,有共同的上级劳动行政部门指定管辖。

四、劳动争议仲裁时效

劳动争议仲裁时效(简称仲裁时效),是指劳动者和用人单位在法定期限内不向劳动争议仲裁机构申请仲裁,而丧失请求劳动争议仲裁机构保护其权利实现之权利的制度。有下述要点:

1. 仲裁时效的起点和期间

仲裁时效期间从当事人知道或者应当知道其权利被侵害之日起计算,为期 1 年。劳动关系存续期间因拖欠劳动报酬发生争议的,劳动者申请仲裁不受此时效期间的限制;但是,劳动关系终止的,应当自劳动关系终止之日起 1 年内提出。

2. 仲裁时效的中断、中止

仲裁时效,因当事人一方向对方当事人主张权利,或者向有关部门请求权利救济,或者对方当事人同意履行义务而中断。从中断时起,仲裁时效期间重新计算。

依《企业劳动争议协商调解规定》第 31 条和《劳动人事争议仲裁办案规则》第 10 条的规定,引起仲裁时效中断的事由有:(1)一方当事人提出协商要求后,另一方当事人不同意协商或者在 5 日内不做出回应;(2)在约定的协商期限内,一方或者双方当事人不同意继续协商;(3)在约定的协商期限内未达成一致;(4)达成和解协议后,一方或者双方当事人在约定的期限内不履行和解协议;(5)一方当事人提出调解申请后,另一方当事人不同意调解;(6)调解委员会受理调解申请后,在 15 日内一方或者双方当事人不同意调解;(7)自受理调解申请之日起 15 日内期限内未达成调解协议;(8)达成调解协议后,一方当事人在约定期限内不履行调解协议。如此规定,旨在为支持当事人参与协商调解。

因不可抗力或者有其他正当理由,当事人不能在仲裁时效期间申请仲裁的,仲裁时效中止。从中止时效的原因消除之日起,仲裁时效期间继续计算。

3. 仲裁时效完成的法律后果

仲裁时效完成,是指仲裁时效期间已经届满而当事人仍未向仲裁委员会提出要求仲裁的书面请求。具体表现为两种情形:(1)自当事人知道或者应当知道其权利被侵害之日起经过 1 年又不存在引起仲裁时效中止、中断和延长的法定事由,当事人仍不申请仲裁;(2)仲裁时效期间在依法中止、中断和延长后届满,当事人仍不申请仲裁。

对于超过仲裁时效的仲裁申请，仲裁委员会可以作出不予受理的书面决定，当事人不服而依法向法院起诉的，法院应当受理；对确已超过仲裁时效期间的，依法驳回其诉讼请求。

4. 仲裁时效的法律属性

仲裁时效完成的法律后果表明，仲裁时效在整体上属于消灭时效，即因时效完成而消灭当事人实体意义上的诉权（胜诉权），但在仲裁和诉讼阶段的法律属性则有所差异。在仲裁阶段，因实效完成而仲裁委员会不予受理，其消灭的是程序意义上的诉权（仲裁申请权）。由于仲裁申请权的消灭，也同时意味着仲裁阶段胜诉权的消灭，所以，这是一种特殊意义的消灭时效。如此规定的优越性在于，既未减少当事人获得法律救济的机会，又便于当事人尽快向法院起诉。而在诉讼阶段，因时效完成而消灭的只是当事人实体意义上的诉权，这属于一般意义的消灭时效。

五、劳动争议仲裁的程序

（一）申请

劳动争议发生后，不愿自行协商解决或协商不成的，不愿申请调解或调解不成的，当事人均可在仲裁时效期间内，向有管辖权的仲裁委员会提出解决劳动争议的书面申请。申请人申请仲裁应当提交书面仲裁申请，并按照被申请人人数提交副本。委托他人代理参加仲裁的，还需要提交授权委托书。

仲裁申请书应当载明下列事项：(1)劳动者的姓名、性别、年龄、职业、工作单位和住所，用人单位的名称、住所和法定代表人或者主要负责人的姓名、职务；(2)仲裁请求和所根据的事实、理由；(3)证据和证据来源、证人姓名和住所。书写仲裁申请确有困难的，可以口头申请，由劳动争议仲裁委员会记入笔录，并告知对方当事人。

（二）受理

仲裁委员会办事机构接到仲裁申请后应依法进行审查。审查内容包括：申诉人是否与本案有直接利害关系，申请仲裁的争议是否属于劳动争议，是否属于仲裁委员会受理内容，是否属于本仲裁委员会管辖，申请书及有关材料是否齐备并符合要求，申诉时间是否符合仲裁时效规定。对申诉材料不齐备和有关情况不明确的，应指导申诉人补齐；主要证据不齐的，要求申诉人补齐。

仲裁委员会办事机构收到仲裁申请之日起 5 日内，认为符合受理条件的，应当受理，并通知申请人；认为不符合受理条件的，应当书面通知申请人不予受理，并说明理由。对仲裁委员会不予受理或者逾期未作出决定的，申请人可以就该劳动争议事项向法院提起诉讼。

仲裁委员会受理仲裁申请后，应当在 5 日内将仲裁申请书副本送达被申请人。被申请人收到仲裁申请书副本后，应当在 10 日内向仲裁委员会提交答辩书。仲裁委员会收到答辩书后，应当在 5 日内将答辩书副本送达申请人。被申请人未提交答辩书的，不影响仲裁程序的进行。

（三）仲裁准备

仲裁委员会对决定受理的案件，应当在受理仲裁申请之日起 5 日内依法组成仲裁庭，并仲裁庭的组成情况书面通知当事人。

仲裁员有下列情形之一，应当回避，当事人也有权以口头或者书面方式提出回避申请：(1)是本案当事人或者当事人、代理人的近亲属的;(2)与本案有利害关系的;(3)与本案当事人、代理人有其他关系,可能影响公正裁决的;(4)私自会见当事人、代理人,或者接受当事人、代理人的请客送礼的。仲裁委员会对回避申请应当及时作出决定,并以口头或者书面方式通知当事人。仲裁委员会主任的回避由仲裁委员会决定,其他各种人员的回避由仲裁委员会主任决定。

仲裁庭成员应认真审阅申诉、答辩材料,调查、收集证据,查明争议事实,拟定处理方案。仲裁庭应当在开庭 5 日前,将开庭日期、地点书面通知双方当事人。当事人有正当理由的,可以在开庭 3 日前请求延期开庭。是否延期,由仲裁委员会决定。

(四)开庭

其要点有:(1)开庭的形式。劳动争议仲裁公开进行,但当事人协议不公开进行或者涉及国家秘密、商业秘密和个人隐私的除外。(2)专门性问题鉴定。仲裁庭对专门性问题认为需要鉴定的,可以交由当事人约定的鉴定机构鉴定;当事人没有约定或者无法达成约定的,由仲裁庭指定的鉴定机构鉴定。根据当事人的请求或者仲裁庭的要求,鉴定机构应当派鉴定人参加开庭。当事人经仲裁庭许可,可以向鉴定人提问。(3)质证和辩论。当事人在仲裁过程中有权进行质证和辩论,终结时首席仲裁员或者独任仲裁员应当征询当事人的最后意见。(4)证据的意义。当事人提供的证据经查证属实的,仲裁庭应当将其作为认定事实的根据。(5)用人单位的举证责任。劳动者无法提供由用人单位掌握管理的与仲裁请求有关的证据,仲裁庭可以要求用人单位在指定期限内提供。用人单位在指定期限内不提供的,应当承担不利后果。(6)开庭笔录。仲裁庭应当将开庭情况记入笔录。当事人和其他仲裁参加人认为对自己陈述的记录有遗漏或者差错的,有权申请补正。如果不予补正,应当记录该申请。笔录由仲裁员、记录人员、当事人和其他仲裁参加人签名或者盖章。

(五)和解与调解

当事人申请劳动争议仲裁后,可以自行和解。达成和解协议的,可以撤回仲裁申请。

仲裁庭在作出裁决前,应当先行调解,即在查明事实的基础上促使双方当事人自愿达成协议。经调解达成协议的,仲裁庭应当根据协议内容制作仲裁调解书。调解书应当写明仲裁请求和当事人协议的结果;由仲裁员签名,加盖仲裁委员会印章,送达双方当事人。调解书经双方当事人签收后,发生法律效力。

(六)裁决规则

其要点有:(1)前提。双方当事人经调解达不成协议,调解书送达前当事人反悔,或者当事人拒绝接收调解书,均为调解不成,应及时裁决。(2)开庭裁决。仲裁庭开庭裁决,可根据案情选择查明仲裁参加人是否到庭,宣布仲裁纪律、开庭和案由及仲裁庭成员名单,告知当事人权利义务并询问是否申请回避,庭审调查,听取辩论和当事人最后陈述,当庭再行调解,休庭合议,复庭宣布裁决或延期裁决等项程序。当事人接到开庭的通知书无正当理由拒不到庭或者未经仲裁庭同意中途退庭的,对申请人按撤诉处理,对被申请人可缺席裁决。仲裁庭就裁决进行合议时,裁决应当按照多数仲裁员的意见作出,少数仲裁员的不同意见应当记入笔录。仲裁庭不能形成多数意见时,裁决应当按照首席仲裁员的意见作出。对管辖区域内有重大影响的案件,以及经仲裁庭合议难做结论的疑难案件,仲裁庭可在查明事实后提交仲裁委员会决定。作出裁决前申诉人申请撤诉,仲裁庭须在 7 日内进行审查并决定撤诉是否成立。(3)裁决内容。仲裁庭作出裁决时,对涉及经济赔偿和补偿的争议标的可作变更裁决,对其他争议标的可在作出肯定或否定裁决的同时,另向当事人提出书面仲裁建议。仲裁庭对案件中一部分事实已经清楚,可以就该部分先行裁决。仲裁庭对追索劳动报酬、工伤医疗费、经济补偿或者赔偿金的案件,当事人之间权利义务关系明确且不先予执行将严重影响申请人的生活的,根据当事人的申请,可以裁决先予执行,移送人民法院执行。劳动者申请先予执行的,可以不提供担保。(4)制作并送达裁决书。仲裁庭作出裁决后应制作裁决书。裁决书应当载明仲裁请求、争议事实、裁决理由、裁决结果和裁决日期。裁决书由仲裁员签名,加盖劳动争议仲裁委员会印章。对裁决持不同意见的仲裁员,可以签名,也可以不签名。当庭裁决的应在七日内发送裁决书,定期另庭裁决的当庭发给裁决书。

(七)结案

仲裁庭裁决劳动争议案件,应当自仲裁委员会受理仲裁申请之日起45日内结束。案情复杂需要延期的,经仲裁委员会主任批准,可以延期并书面通知当事人,但是延长期限不得超过15日。逾期未作出仲裁裁决的,当事人可以就该劳动争议事项向法院提起诉讼。结案时,仲裁庭应填写《仲裁结案审批表》报仲裁委员会主任审批;仲裁委员会主任认为有必要,也可提交仲裁委员会审批。

(八)裁决效力

1. 终局裁决

终局裁决的适用范围。仅限于:(1)追索劳动报酬、工伤医疗费、经济补偿或者赔偿金,不超过当地月最低工资标准12个月金额的争议;(2)因执行国家的劳动标准在工作时间、休息休假、社会保险等方面发生的争议。

终局裁决生效的条件。劳动者未因不服裁决而依法起诉,且用人单位未依法申请撤销裁决的,裁决书自作出之日起发生法律效力。

终局裁决的司法监督。其形式有两种:(1)劳动者对仲裁裁决不服的,可以自收到仲裁裁决书之日起15日内向法院提起诉讼。(2)用人单位有证据证明仲裁裁决适用法律、法规确有错误;或者仲裁委员会无管辖权的;或者违反法定程序的;或者据以裁决的证据是伪造的;或者对方当事人隐瞒了足以影响公正裁决的证据的;或者仲裁员在仲裁该案时有索贿受贿、徇私舞弊、枉法裁决行为的,可以自收到仲裁裁决书之日起30日内向仲裁委员会所在地的中级法院申请撤销裁决。法院经组成合议庭审查核实后应当裁定撤销。仲裁裁决被法院裁定撤销的,当事人可以自收到裁定书之日起15日内就该劳动争议事项向法院提起诉讼。

2. 普通裁决

当事人对拖欠争议、执行劳动标准争议以外的其他劳动争议案件的仲裁裁决不服的,可以自收到仲裁裁决书之日起15日内向法院提起诉讼;期满不起诉的,裁决书发生法律效力。

3. 先予执行裁决

仲裁庭对追索劳动报酬、工伤医疗费、经济补偿或者赔偿金的案件,根据当事人的申请,可以裁决先予执行,移送人民法院执行。裁决先予执行的,应当符合两项条件:(1)当事人之间权利义务关系明确;(2)不先予执行将严重影响申请人的生活。劳动者申请先予执行的,可以不提供担保。

(九)强制执行

当事人对发生法律效力的调解书、裁决书,应当依照规定的期限履行。一方当事人逾期不履行的,另一方当事人可以依照民事诉讼法的有关规定向法院申请执行。受理申请的法院应当依法执行。

第五节　劳 动 诉 讼

劳动诉讼,是指法院在劳动争议双方当事人和其他诉讼参与人的参加下,依法审理和解决劳动争议案件的活动。在劳动争议处理过程中,它作为解决劳动争议的最后阶段,与仲裁的关系可概括为:仲裁是诉讼前的必经处理方式,诉讼是仲裁后的重新处理方式,二者既相互联系又彼此独立。在我国,劳动诉讼是法院以民事诉讼的方式来审理和解决劳动争议案件,实体上适用劳动法,程序上适用民事诉讼法。《民事诉讼法》(1991 年)是与民法对应的,民法是私法,民事诉讼实质上是私法诉讼;而劳动法是公法与私法兼容的法律部门,按照《民事诉讼法》规定的程序来适用劳动法,就难免产生程序法与实体法的冲突。为消除《民事诉讼法》对劳动诉讼的不适应,需要就劳动诉讼制定特别规则。《法释[2001]14 号》的程序法意义就在于此。

一、仲裁结局与起诉

仲裁以当事人撤回申诉或达成调解协议而结案的,当事人无权起诉;仲裁以裁决结案的,当事人不服裁决,有权在收到裁决书之日起 15 日内起诉;仲裁机构以超过仲裁时效等为理由决定不予受理的,当事人也应当有权在收到不予受理的书面通知或决定之日起 15 日内起诉。

仲裁委员会作出仲裁裁决后,当事人对裁决中的部分事项不服,依法向法院起诉的,仲裁裁决不发生法律效力。仲裁委员会对多个劳动者的劳动争议作出仲裁裁决后,部分劳动者对仲裁裁决不服,依法向法院起诉的,仲裁裁决对提出起诉的劳动者不发生法律效力;对未提出起诉的部分劳动者,发生法律效力。

二、受案范围

1. 法院受理劳动争议案件的一般范围

劳动者与用人单位之间发生的《劳动争议调解仲裁法》第 2 条规定的劳动争议,当事人不服仲裁委员会作出的裁决,依法向法院起诉的,法院应当受理。

2. 法院受理劳动争议案件的特殊情形

主要有:(1)仲裁委员会以当事人申请仲裁的事项不属于劳动争议为由,作出不予受理的书面裁决、决定或者通知,当事人不服,依法向法院起诉的,属于劳动争议案件的,应当受理;虽不属于劳动争议案件,但属于法院主管的其他案件,应当依法受理。(2)仲裁委员会根据《劳动争议调解仲裁法》第 27 条规定以当事人的仲裁申请超过仲裁时效期间为由,作出不予受理的书面裁定,当事人不服,依法向法院起诉的,法院应当受理。(3)仲裁委员会以申请仲裁的主体不适格为由,作出不予受理的书面裁决、决定或者通知,当事人不服,依法向法院起诉的,经审查,确属主体不适格的,裁定不予受理或者驳回起诉。(4)仲裁委员会为纠正原仲裁裁决错误重新作出裁决,当事人不服,依法向法院起诉的,法院应当受理。(5)仲裁委员会仲裁的事项不属于法院受理的案件范围，当事人不服，依法向法院起诉的，裁定不予受理或者驳回起诉。(6)仲裁委员会未在法定结案期限内作出仲裁裁决，当事人就该劳动争议事项向法院起诉的，法院应当受理。

三、审理范围

仲裁审理范围既取决于仲裁请求也取决于劳动争议性质，只限于仲裁当事人请求的属于劳动权利义务的事项。虽然与争议的劳动权利义务事项相联系但不具有劳动权利义务性质的事项，仲裁机构则无权处理。当事人的诉讼请求中如果包括有与劳动权利义务事项相联系的民事权利义务事项，法院则应当将其与劳动权利义务事项一并审理，只不过适用的实体法有所不同而已。

当事人在诉讼请求中如果提出了超出仲裁请求事项并且与仲裁请求事项不可分的劳动权利义务事项，从方便当事人和节约争议处理成本的原则考虑，法院也应当将其列入审理范围。当事人的诉讼请求事项如果少于仲裁裁决的事项，法院只需将诉讼请求事项列入审理范围即可。

法院受理劳动争议案件后，当事人增加诉讼请求的，如该诉讼请求与讼争的劳动争议具有不可分性，应当合并审理；如属独立的劳动争议，应当告知当事人向仲裁委员会申请仲裁。

四、诉讼管辖

仲裁管辖和诉讼管辖各有其规则，当事人不服仲裁裁决而起诉时，不应当要求诉讼管辖与仲裁管辖完全对应。例如，仲裁有彼此完全独立的省、市、市辖区（县）三级，级别管辖划分尚无完备的法律规定，实践作法各地不一，因而，即使是省、市级仲裁管辖的劳动争议案件，当事人不服仲裁裁决而起诉时，一般应当由当地基层法院管辖，除非该案件符合法定的高级法院、中级法院管辖的标准。

劳动争议案件由用人单位所在地或者劳动合同履行地的基层人民法院管辖。劳动合同履行地不明确的，由用人单位所在地的基层法院管辖。当事人双方就同一仲裁裁决分别向有管辖权的法院起诉的，由先受理的法院管辖，后受理的法院应当将案件移送给先受理的法院。

五、诉讼主体

仲裁当事人（申诉人与被诉人）和诉讼当事人（原告人与被告人）都只限于劳动者和用人单位，不服仲裁裁决的劳动者或用人单位，只能以仲裁阶段的对方当事人为被告人向法院起诉，而不能以仲裁机构为被告人。当事人双方不服仲裁委员会作出的同一仲裁裁决，均向同一法院起诉的，先起诉的一方当事人为原告，但对双方的诉讼请求，法院应当一并作出裁决。

用人单位与其他单位合并的，合并前发生的劳动争议，由合并后的单位为当事人；用人单位分立为若干单位的，其分立前发生的劳动争议，由分立后的实际用人单位为当事人；用人单位分立为若干单位后，对承受劳动权利义务的单位不明确的，分立后的单位均为当事人；用人单位招用尚未解除劳动合同的劳动者，原用人单位与劳动者发生的劳动争议，可以列新的用人单位为第三人；原用人单位以新的用人单位侵权为由向法院起诉的，可以列劳动者为第三人；原用人单位以新的用人单位和劳动者共同侵权为由向法院起诉的，新的用人单位和劳动者列为共同被告。劳动者在用人单位与其他平等主体之间的承包经营期间,与发包方和承包方双方或者一方发生劳动争议,依法向法院起诉的,应当将承包方和发包方作为当事人。

六、诉讼结局

当事人不服仲裁裁决而在法定期限内向法院起诉,仲裁裁决就处于尚未生效状态。这种效力不确定的仲裁裁决因诉讼结局不同而有不同的法律后果。如果以当事人撤诉结案,仲裁裁决在法定期限届满后生效;如果以调解或判决结案,仲裁裁决就不生效。诉讼调解或判决与仲裁裁决之间应当是一种概括性取代关系,即诉讼调解或判决的事项与仲裁裁决的事项无论是否对应,仲裁裁决的各事项都不具有效力。例如,仲裁裁决的内容包括 A、B、C 项,而诉讼调解或判决的内容只有 A、B 项,那么,仲裁裁决中的 C 项仍不具有效力。

用人单位对劳动者作出的开除、除名、辞退等处理,或者因其他原因解除劳动合同确有错误的,法院可以依法判决予以撤销。对于追索劳动报酬、养老金、医疗费以及工伤保险待遇、经济补偿金、培训费及其他相关费用等案件,给付数额不当的,法院可以予以变更。

七、强制执行仲裁裁决和调解书

当事人申请法院执行劳动争议仲裁机构作出的发生法律效力的裁决书、调解书,被申请人提出证据证明劳动争议仲裁裁决书、调解书有下列情形之一,并经审查核实的,法院可以根据《民事诉讼法》第 217 条之规定,裁定不予执行:(1)裁决的事项不属于劳动争议仲裁范围,或者劳动争议仲裁机构无权仲裁的;(2)适用法律确有错误的;(3)仲裁员仲裁该案时,有徇私舞弊、枉法裁决行为的;(4)人民法院认定执行该劳动争议仲裁裁决违背社会公共利益的。法院在不予执行的裁定书中,应当告知当事人在收到裁定书之次日起 30 日内,可以就该劳动争议事项向人民法院起诉。

八、仍然存在的不适应问题

《法释[2001]14 号》部分解决了《民事诉讼法》不适应劳动诉讼的问题,但《民事诉讼法》中还存在着与劳动诉讼不适应的下述问题:

1. 审判组织方式不符合“三方原则”

劳动争议处理适用“三方原则”,已是国际通例,许多国家的劳动法院、劳动法庭都适用“三方原则”,其审判组织由中立的法官和工会、雇主团体分别选派的法官所组成;我国的劳动争议仲裁机构也是按“三方原则”组建的。而《民事诉讼法》所规定民事审判组织形式,都未能体现“三方原则”。

2. 调解原则不完全适应劳动争议案件

民事诉讼中的调解原则,是以私法的意思自治和契约自由原则为基础的,而劳动法中的公法规范(如劳动基准法规范)不是任意性规范,它所规定的劳动者利益标准不得以协议方式降低。所以,劳动争议案件只能实行有限调解原则,即有的案件或事项不宜调解,否则就违反了合法调解原则。

3. 工会支持劳动者起诉缺乏强有力的法律依据

《民事诉讼法》第 15 条规定:“机关、社会团体、企业事业单位对损害国家、集体或个人民事权益的行为，可以支持受损害的单位或个人向人民法院起诉。”这虽然可以作为工会支持劳动者起诉的原则性法律依据，但缺少可操作性和约束力。例如，当劳动者要求工会支持起诉时，工会是可以还是应当支持起诉？工会如何支持劳动者起诉？工会支持起诉有何效力？等等，都没有明确规定。

4. 财产保全和先予执行的规定不完全适应劳动者

《民事诉讼法》第92条规定，法院根据当事人的申请采取财产保全措施，可以责令申请人提供担保；申请人不提供担保的，驳回申请。其中，“责令担保”的规定，实际上剥夺了劳动者申请财产保全的权利，因为劳动者作为弱者往往没有足够的财产提供担保。这显然不利于保护劳动者权益。《劳动争议调解仲裁法》仅对先予执行作出劳动者可不提供担保的特别规定，但对财产保全未作特别规定。

第六节　举 证 责 任

举证责任，是指当法律要件事实在争议处理程序中处于真伪不明状态时，负有证实法律要件的当事人一方所承受的裁判者作出于其不利判断的危险。[24] 举证责任的分配直接关系到争议当事人在争议处理过程中是否处于有利地位。

一、举证责任分配的原则与例外

关于劳动争议案件的举证责任，有三种观点：一是全面适用“谁主张，谁举证”的原则；二是全面实行用人单位负举证责任而劳动者不负举证责任；三是在部分场合由用人单位负举证责任。现行立法关于劳动争议处理中举证责任分配的规定，以“谁主张，谁举证”为原则，即《劳动争议调解仲裁法》第6条中所规定的，“发生劳动争议，当事人对自己提出的主张，有责任提供证据”；同时，还针对劳动争议的特殊性，规定了专属用人单位举证的若干种例外情形。

1. 用人单位单方决定的举证责任

《法释[2001]14号》第13条规定，“因用人单位作出的开除、除名、辞退、解除劳动合同、减少劳动报酬、计算劳动者工作年限等决定而发生的劳动争议，用人单位负举证责任。”之所以如此规定，是因为在劳动管理中，用人单位针对劳动者单方作出决定的行为，类似于具体行政行为，在劳动争议处理中由用人单位负举证责任与在行政诉讼中由行政机关负举证责任同理。

2. 用人单位所掌管证据的举证责任

《劳动争议调解仲裁法》第6条和第39条第2款中规定：与争议事项有关的证据属于用人单位掌握管理的，用人单位应当提供；劳动者无法提供由用人单位掌握管理的与仲裁请求有关的证据，仲裁庭可以要求用人单位在指定期限内提供。用人单位不提供的，应当承担不利后果。此规定未采用列举式，而是概括地明确指出用人单位负举证责任的要件：（1）必须是与争

---

〔24〕 参见江伟：《民事诉讼法学原理》，中国人民大学出版社1999年版，第494页。

议事项有关的证据;(2)必须是属于用人单位掌握管理的证据;(3)与劳动者的请求事项有关的证据,必须是劳动者无法提供的证据。

3. 工伤和职业病认定的举证责任

(1)工伤认定的举证责任。工伤案件中,在劳动条件是由用人单位提供的情况下,由劳动者提供证明是工伤的证据是极为困难的,而用人单位负有提供符合安全要求的劳动条件的法定义务,并且是劳动过程的管理者,应当了解所提供的劳动条件是否符合安全要求及其与劳动者人身伤害是否有因果关系。因而,在劳动者主张是工伤而用人单位主张不是工伤时,劳动者只需举证证明人身伤害是在法定应当认定为工伤的情形下发生即可,而不应当承担证明用人单位未尽到安全义务及其与本人人身伤害有因果关系的举证责任;用人单位则应当承担证明否定工伤的举证责任,如果不能举证证明劳动者人身伤害是由劳动安全条件以外的原因所致,就应当认定为工伤。故《工伤保险条例》(2003 年)第 19 条规定,职工或其直系亲属认为是工伤而用人单位不认为是工伤的,由用人单位负举证责任;《工伤认定办法》(2003 年)第 14 条进一步规定,用人单位拒不举证的,劳动保障部门可以根据受伤职工提供的证据依法作出工伤认定结论。

(2)职业病认定的举证责任。《职业病防治法》(2001 年)第 42 条第 2 款规定没有证据否定职业病危害因素与病人临床表现之间的必然联系的,在排除其他致病因素后,应当诊断为职业病。该法第 53 条规定,劳动者被诊断患有职业病,但用人单位没有依法参加工伤社会保险的,其医疗和生活保障由最后的用人单位承担;最后的用人单位有证据证明该职业病是先前用人单位的职业病危害造成的,由先前的用人单位承担。这都表明,在劳动者与用人单位就用人单位有无职业病危害因素和劳动者患病是否由用人单位职业病危害因素所致发生争议时,用人单位对其无职业病危害因素和劳动者患病不是其职业病危害因素所致的主张负有举证责任,而劳动者对其提出的用人单位具有职业病危害因素和该职业病危害因素致使劳动者患病的主张,不应当负举证责任。

4. 工资拖欠的举证责任

工资拖欠案件中,劳动者只需要举证证明其已履行劳动义务即可,而对用人单位未付工资的事实不应当负举证责任。这是因为:《工资支付暂行规定》(1994 年)第 6 条第 3 款规定,用人单位必须书面记录支付劳动者工资的数额、时间、领取者的姓名以及签字,并保存两年以上备查。这表明,用人单位有义务保存已支付工资的证据,而劳动者一般不可能掌握未支付工资的证据,在劳动者提出已履行劳动义务的证据并提出追索拖欠工资的主张时,如果用人单位不能举证证明已支付工资,就应当认定未支付工资的事实并支持劳动者的主张。

关于拖欠加班费的案件,《法释[2010]12 号》在第 9 条作出特别规定,即:劳动者主张加班费的,应当就加班事实的存在承担举证责任。但劳动者有证据证明用人单位掌握加班事实存在的证据,用人单位不提供的,由用人单位承担不利后果。值得注意的是,劳动者对加班事实是否承担举证责任,取决于劳动者有无证据证明用人单位掌握加班事实之证据,而这又取决于用人单位的考勤和加班管理是否规范,若用人单位的考勤和加班管理不规范,劳动者则须对加班事实承担举证责任承担。故如此规定,就有放纵和诱导用人单位疏于考勤和加班管理之嫌。当然,加重劳动者对加班事实的举证责任,可促使劳动者在加班后尽早请求加班费,但这与劳动报酬仲裁时效制度[25]的基本精神不一致。因此,有必要补充规定,用人单位考勤和加班管理不规范的,应当对加班事实负举证责任。

二、举证责任专属不同于举证责任倒置

举证责任倒置,作为谁主张谁举证原则的一种例外,是指提出主张的原告对自己所提出的主张不负举证责任,法定由被告负举证责任。举证责任专属则是指,无论是那一方提出主张,法定都由特定一方负举证责任。用人单位所负举证责任到底是"举证责任倒置",还是"举证责任专属",有待明确。《最高人民法院关于适用〈中华人民共和国民事诉讼法〉若干问题的意见》(1992年)第74条规定的六类侵权诉讼中,对原告提出的侵权事实,被告否认的,由被告负责举证。在这里,原告只可能是认为自己权利被侵害者,所以"举证责任倒置"的说法是适当的。《法释[2001]14号》第13条规定的用人单位负举证责任的劳动争议,即因用人单位作出的开除、除名、辞退、解除劳动合同、减少劳动报酬、计算劳动者工作年限等决定而发生的劳动争议,原告必然是职工,被告必然是作出处理决定的用人单位,因而"举证责任倒置"的说法也是正确的。但是,如果将工资、工伤案件中用人单位的举证责任也称为"举证责任倒置"则不准确,因为这些情形中,劳动者或用人单位都可能会成为原告或被告,在用人单位是原告时,"举证责任倒置"就无法适用,所以,劳动争议案件中,无论原告是劳动者还是用人单位,对于必须由用人单位负举证责任的,应当称之为举证责任专属。而《法释[2001]14号》第13条只规定由用人单位负举证责任,并未规定是举证责任倒置,故理解为举证责任专属更为适当。《劳动争议调解仲裁法》第6条中"与争议事项有关的证据属于用人单位掌握管理的,用人单位应当提供"的规定,也应当理解为是用人单位的专属举证责任。

三、与举证责任相关的问题

1. 提供证据的期限

提供证据的期限,是履行举证责任的时间界限。有人认为,为体现程序正义和程序效益的原则,应当对劳动争议处理中举证的时限,作出以下规定:(1)法定举证时限应在法庭辩论结束前届满;(2)超期举证应承担一定的法律后果。当事人故意逾期举证的,法院不予采纳;当事人确有理由逾期举证的,即使在二审程序甚至再审程序提出新证据,法院可以酌情采纳,但当事人应承担逾期举证而造成的诉讼费用。[26]

根据《劳动争议调解仲裁法》第39条第2款的规定,劳动者无法提供由用人单位掌握管理的与仲裁请求有关的证据,用人单位的提供证据的期限可以由仲裁庭指定,用人单位在指定期限内不提供的,应当承担不利后果。

2. 证据的调查收集

当事人的举证责任与法官或仲裁员调查收集证据的责任是相对的。一般而言,调查收集证据的责任基本上由当事人及其仲裁或诉讼代理人负担,但法官、仲裁员依法对证据的调查收

---

〔25〕《劳动争议调解仲裁法》第27条第4款:劳动关系存续期间因拖欠劳动报酬发生争议的,劳动者申请仲裁不受本条第一款规定的仲裁时效期间的限制;但是,劳动关系终止的,应当自劳动关系终止之日起一年内提出。

〔26〕丁胜如:《劳动争议诉讼三题》,载《工会理论与实践》2003年第1期。

集仍负有一定的责任。

法官的职责主要有两项:一是通过发给当事人"举证须知"的方式使当事人明确举证的内容及其范围和要求,对当事人收集证据的活动进行指导;二是必要时依据法律的规定调查收集证据。《民事诉讼法》第64条及其解释虽然规定了法院收集证据的范围,但对劳动争议案件中证据收集的特殊问题,则没有规定。对此,有人认为,基于劳动争议的特殊性,对于应当由劳动者提供,但出于客观条件限制难以提供而又必要的证据,法院应当依职权主动收集。[27]

现行立法对劳动仲裁证据制度的规定过于简单,尤其是仲裁庭调查收集证据责任的规定。《劳动争议仲裁委员会办案规则》第20条仅规定:仲裁庭成员应认真审阅申诉、答辩材料、调查、收集证据,查明争议事实。有人认为,现行立法没有对仲裁机构收集、审查和判断证据的程序及方式作出具体规定,致使实践中无法切实有效地杜绝伪证,给办案增加了难度;也未规定仲裁庭调查收集证据的范围,仲裁机构实际上承担了大量证据收集的责任,从而影响了劳动争议处理的效率和质量。故建议明确仲裁庭的调查取证的职责范围,确立质证规则,保证证据的真实性、合法性。[28]

有人进一步认为:(1)建立和实行劳动仲裁证据收集责任追究制度。一方面要追究当事人不作为、弄虚作假、作伪证,以及妨碍仲裁机构调查取证的单位和人员的法律责任;另一方面对办案人员在收集证据中弄虚作假、徇私舞弊、失职渎职的行为,应视其情节追究其法纪责任。(2)规定仲裁机构收集证据的规则。其中包括:证据收集的范围;当事人无须举证的事项;收集证据的途径和基本方法;分析判断收集的证据;当庭质证。[29]

第七节 集体合同争议处理

一、集体合同争议的概念

集体合同争议,是指集体合同当事人双方在集体合同运行过程中发生的关于设定和实现集体劳动权利义务的争议。在各国的立法和法理中,它一般分为利益争议和权利争议。前者即因签订或变更集体合同发生的争议,是指在签订或变更集体合同过程中当事人双方就如何确定合同条款所发生的争议,其标的是在合同中如何设定尚未确定的劳动者利益。它往往表现为集体谈判出现僵局和破裂,罢工、闭厂是其最激烈的形式。后者即因履行集体合同发生的争议,是指在履行集体合同过程中当事人双方就如何将合同条款付诸实现所发生的争议,其标的是实现合同中已经设定并且表现为权利义务的劳动者利益。它往往由于解释合同条款有分歧和违法所导致。

集体合同争议涉及面广,是影响社会安定和经济发展的重要因素。因而,各国都十分重视集体合同争议的处理,即在立法中作出明确规定,并设置专门的处理机构。我国《劳动法》对集

---

〔27〕 陈自忠:《法院审理劳动争议案件的几个法律问题》,载《学海》1999年第5期。
〔28〕 余成斌、杨云蛟:《完善劳动争议仲裁证据制度之思考》,载《法学》1997年第8期。
〔29〕 朱亚明:《试论劳动争议仲裁的证据收集》,载《中国劳动》2002年第2期。

体合同争议处理作了原则性规定,在劳动部1994年制定的《集体合同规定》中,还设置了集体合同争议处理的专章。

集体合同争议的处理方式,可分为约定方式和法定方式两种。约定方式,即集体合同中所约定的争议处理方式。许多国家在立法中明确要求在集体合同中必须具有争议处理条款。法定方式,即法律上规定处理集体合同争议应当采用的方式。凡有集体合同立法的国家,都规定了处理争议的特定方式。

从各国的实践和立法来看,集体合同争议的处理方式往往因争议是权利争议还是利益争议而有所不同。权利争议的处理方式与劳动合同争议的处理方式基本相同;利益争议不能通过诉讼程序来处理,而一般由政府有关部门和机构来解决。我国《劳动法》规定,因签订集体合同发生争议,当事人协商解决不成的,当地劳动行政部门可以组织有关各方协调处理;因履行集体合同发生争议的,当事人协商解决不成的,可以向劳动争议仲裁委员会申请仲裁,对仲裁裁决不服的可以在法定期限内向人民法院提起诉讼。

二、利益争议的处理[30]

1. 争议处理的机构及其职责

劳动行政部门是代表政府协调处理利益争议的职能机构,它所设置的劳动争议协调处理机构,是处理利益争议的日常工作机构。劳动行政部门协调处理利益争议时,应组织同级工会代表、企业方面代表和其他有关方面代表共同进行。因而,同级工会和有权代表企业的经济主管部门和社会团体以及争议有关的其他部门,是协调处理利益争议的协助机构。

劳动行政部门作为利益争议的协调处理机构,其主要职责是:(1)掌握了解利益争议发生情况及发展动态。主要是针对当前的社会条件、经济条件变化,通过调查研究,了解签订集体合同过程中出现的新情况、新问题,为政府制定有关政策提供依据。(2)研究制定协调处理利益争议的方案和对策。主要是在调查研究的基础上,针对争议的内容制定协调处理方案,提出解决问题的具体办法。(3)向政府报告情况并提出建议。当争议双方矛盾尖锐,有可能进一步激化,造成罢工、游行、闭厂、集体上访等严重后果时,协调处理机构应及时向政府报告情况,并提出解决争议的建议。(4)组织力量对利益争议进行协调处理。当争议发生后,协调处理机构应迅速查清争议的问题,争议双方各自的理由,并组织有关各方进行磋商,促使争议解决。(5)制定《协调处理协议书》并监督其执行。(6)统计归档并将处理结果报上级劳动行政部门备案。

2. 争议处理的管辖

利益争议处理实行属地管辖。管辖范围的界定,依企业是否跨省(自治区、直辖市,下同)而有所不同。不跨省的地方用人单位的利益争议的处理,由省级劳动行政部门规定具体管辖范围;中央管辖的企业以及跨省的用人单位的利益争议,由国务院劳动行政部门指定省级劳动行政部门组织同级工会和企业团体等三方面的人员协调处理或由国务院劳动行政部门直接组织有关方面协调处理。

3. 争议处理的和平义务

在处理集体合同争议的过程中,双方当事人都负有以和平方式解决争议的义务。其主要

〔30〕 参见《集体合同规定》(2004年1月20日,劳动和社会保障部令第22号)。

内容有:(1)发生争议时,双方当事人应当平等的进行协商,以期取得一致的意见;即使双方要求的距离过大,难以取得一致意见,不能协商解决,也应通过正常程序,向劳动行政部门申请协调处理,而不得自行采取罢工、闭厂、集体上访、游行等过激方式。(2)在申请和协调处理期间,双方当事人也不得采取前述过激行为,同时企业不得解除职工代表的劳动关系。

4. 争议处理的程序和期限

协调处理利益争议的程序,一般包括下述环节:(1)申请和受理。发生利益争议,双方当事人不能自行协商解决的,当事人一方或双方可向劳动行政部门的劳动争议协调处理机构书面提出协调处理申请。该机构收到申请后立即进行调查了解并决定受理,未提出申请的,劳动行政部门认为必要时可以进行协调处理。(2)选派当事人代表。协调处理利益争议,双方当事人应当各选派人数相等的代表 3 至 10 名参加,并指定一名首席代表。企业方代表由企业法定代表人担任或指派,职工方代表由工会委派或由职工民主推举产生。在协调处理争议期间,企业不得解除职工方代表的劳动关系。(3)调查了解争议的情况。(4)报告政府。劳动行政部门遇到公用及交通行业或具有危险性、特殊性的行业发生争议,有可能扩及或影响到其他企业的争议,有罢工或闭厂行为的争议,有可能引发过激行为、造成严重后果的争议,应当立即向政府报告。(5)协调处理。劳动行政部门受理争议案件后,应立即组织有关各方成立联合工作组,采取派员协调、召开会议协调和其他方式,对争议双方进行调解或调停。经协调达成协议,劳动行政部门应制作《协调处理协议书》,由双方当事人首席代表和协调处理负责人共同签字盖章,然后下达双方当事人执行。

劳动行政部门处理利益争议,应自决定受理之日起 30 日内结案;争议复杂或遇到影响处理的其他客观原因需要延期的,延期最长不得超过 15 日。

三、权利争议的处理

权利争议与劳动合同争议都是因履行合同而发生的、以既定权利义务为标的的争议,因而,立法规定权利争议依据劳动合同争议处理程序法处理。但是,权利争议是工会代表全体劳动者与用人单位之间以全体劳动者共同权利义务为标的的争议,这不同于一般的劳动合同争议。所以,法定的权利争议处理程序有其特点,即:(1)权利争议处理不适用基层调解,不能自行协商解决的,就向仲裁机构申请仲裁;(2)权利争议仲裁适用劳动合同争议处理程序法中关于集体争议仲裁的特别规定。

我国现行立法中关于集体争议仲裁的特别规定[31],内容主要包括:(1)管辖方面。县级仲裁委员会认为有必要,可以将争议报请上一级仲裁委员会处理。(2)受理方面。仲裁委员会应当自收到申诉书之日起三日内作出受理或不予受理的决定。受理通知书送达或受理布告公布后,当事人不得有激化矛盾的行为。(3)仲裁组织方面。仲裁委员会应当在作出受理决定的同时,组成特别仲裁庭。(4)仲裁方式方面。仲裁庭应按照就地、就近的原则进行处理,开庭场所可设在发生争议的企业或其他便于及时办案的地方。仲裁庭应先行调解,或者促成双方召开协商会议,在查明事实的基础上促使当事人自愿达成协议;调解或协商未能达成协议的,应及时裁决,并制作裁决书送达当事人或用布告形式公布。(5)仲裁期限方面。仲裁庭处理争议,

---

〔31〕 参见《企业劳动争议处理条例》(1993 年,国务院令第 117 号)和《集体合同规定》(劳部发[1994]485 号)。

应当自组成仲裁庭之日起15日内结案;案情复杂需要延期的,经报仲裁委员会批准后可适当延期,但延长的期限不得超过15日。(6)其他方面。仲裁委员会对受理的争议及其处理结果,应及时向当地政府汇报。

第八节　群体劳动争议处理

关于群体劳动争议处理,虽然近些年来多有实践,但现行立法尚无规定。鉴于群体劳动争议作为一种新型的劳动争议现象而难以直接适用现行立法所规定劳动争议处理途径和程序,《中共中央、国务院关于构建和谐劳动关系的意见》(2015年)要求“健全党委领导下的政府负责,有关部门和工会、企业代表组织共同参与的群体性事件应急联动处置机制”。这作为常规劳动法律救济途径之外的一种劳动争议特别处理机制,应当具有应急快捷、多家联动、协调处理、与常规机制对接等功能。基此要求,其规范化的重点在于处理体制的选择和处理程序的安排。

一、群体劳动争议处理体制的选择

对于群体劳动争议应当由什么机构处理的问题,各地探索不尽相同。其主要有两种模式:其一,以行政处理为主,以劳动监察和劳动争议仲裁处理为辅;其二,以劳动监察和劳动争议仲裁处理为主,以行政处理为辅。实践中,前一种模式已成为常态,但后一种模式也有实例,其对象多是参与人数不太多、抗争手段不太激烈的群体劳动争议。而在行政处理为主的模式中亦有不同类型:一是由当地党委、政府牵头,“联动”党政和社会力量,包括人大、公安、工商、劳动监察、法院、劳动争议仲裁机构、工会、企业代表组织等,共同处理;二是由劳动监察机构或劳动争议仲裁机构牵头,多家联动处理。

在实践中,劳动监察和劳动仲裁处理为主模式有其局限性。即在这种模式中,面临着有效维护社会稳定的政治压力,对群体劳动争议一般会选择单独立案、并案处理或者单独立案、分案处理。[32] 而这种方式其实并不适合处理群体劳动争议。不仅是因为群体劳动争议中的利益争议不宜由劳动监察和劳动仲裁解决,而且是因为劳动监察和劳动仲裁审理劳动争议时所遵循的程序运行规则、证据规则、时效规则等都对处理结果产生影响,一旦结果不利于劳动者,则不仅不能平息争议,反而会使争议扩大化。例如,群体劳动争议处理,若进入仲裁程序,原则上只限于实体请求权的享有者才能提起仲裁并成为当事人。然而,群体劳动争议的参与者并不限于实体权利的享有者。又如,由于针对单个劳动者的裁决没有扩张效力,其他受害劳动者要获得赔偿,需重新走一遍程序,这也会让劳动者对这种程序失望,进而选择采取激进的对抗手段来达到快速获得赔偿的目的。

在实践中,行政处理为主的模式具有较大的政策优势。在国家社会治理政策中,对处理群体争议,历来主张:“要处理好越来越突出的矛盾纠纷与有限的司法资源之间的矛盾,解决好维

〔32〕 李娜等:《群体性劳动争议解决机制研究——以和谐社会的构建为视角》,载《法治论坛》2009年第2期。

护稳定工作中源头预防与末端处理之间的关系,必须充分发挥政治优势,主要依靠各级党政组织、社会组织和广大群众化解矛盾纠纷、调整利益关系。不能把依靠政治优势可以解决的矛盾都引向司法渠道。"[33]因此,各地更多地选择行政处理为主的模式。然而,由当地党委、政府牵头,"联动"各方党政力量共同处理群体劳动争议,实乃出于政治考量而举全力进行处理的体制,既不节省公共资源,又没有形成长效处理机制,还缺乏具体牵头负责部门的机制。所以,应确定一个具体的牵头负责部门。鉴于劳动监察机构和劳动争议仲裁机构已有专门处理劳动争议的能力和资源可资利用,故应当在充分利用现有资源的基础上开拓新资源,并追求现有资源与新资源的优化整合。至于上文所述劳动监察和劳动争议仲裁处理群体劳动争议在程序规则上的局限,可以通过设计特别规则来弥补。就劳动监察机构与劳动争议仲裁机构比较,由于劳动争议仲裁机构兼有一定的行政性,既可调解又可裁决,在群体劳动争议处理中有其优势。因此,建议以劳动争议仲裁机构为中心,多家联动参与处理。当然,为应对群体劳动争议内容的多元性,也可以由劳动监察机构与劳动争议仲裁机构合署办公为中心,多家联动参与处理。

二、群体劳动争议处理程序的安排

实践表明,由于劳动监察和劳动争议仲裁程序难以直接适用于群体劳动争议,就需要设计处理群体劳动争议的特别程序。其中下述环节尤其值得重视:

1. 查明争议内容和原因

鉴于群体劳动争议内容的多元性,处理群体劳动争议,首先需要厘清争议中包括哪些具体争议内容或标的,以便辨识整体争议事项的性质和分类争议事项各自的性质,亦即基准权利争议、约定权利争议或利益争议,进而选择恰当的处理方式和解决方案。鉴于群体劳动争议原因的复杂性,可能既有企业原因,也有政府原因或其他方面原因,查明原因才可以明确责任归属。而明确引发群体劳动争议之原因的责任归属,就可以要求相应的责任主体在群体劳动争议处理中承担相应的协同、配合义务。

2. 平息对抗性行动

群体劳动争议中,当事人双方尤其是劳动者群体所采取的手段多有对抗性,只有平息这种对抗性行动,后续的协调措施才可顺利进行。对此,各地政府基于维稳的考量都制定了相应的应急机制。其主要包括:事态控制,即制定现场应急方案,动员多方力量并采取一切可能措施先疏散聚集的群众,并进行上报和组织实施,及时向上级领导汇报现场工作进展情况;教育引导,即了解争议群众提出的主要问题,并进行对话,做好解释疏导工作;协调联络,即通知争议群众所在单位负责人赴现场进行劝导,动员家人参与做好思想教育工作,等等。

为平息争议双方尤其是劳动者群体的对抗性行动,设立专门的咨询机构尤为必要。因为咨询有助于争议双方对事态有清楚、正确的预判,也有助于争议双方采取理性的行动。英国的咨询调解与仲裁委员会(ACAS)和美国的联邦调停调解局(FMCS)都具有为劳资双方提供咨询的功能。咨询机构的组建应注意的要点有:(1)咨询团队应由政府牵头组建,成员主要是在社会上具有一定公信力的学者、律师、社会组织,且应具有一定的独立性,以取得劳资双方的信任。(2)劳资双方可以自主选择咨询专家。(3)咨询专家应当在法律法规咨询和争议解决途径

---

〔33〕 罗干:《政法机关在构建和谐社会中担负重大历史使命和政治责任》,载《求是》2007年第3期。

上为争议群体作出解答,并尽量说服争议群体不要采取暴力或其他具有破坏性的行动。

3. 协商调解

对协商调解的内容不宜作限制,既可以是实体权利义务事项,也可以是尚未成为权利义务的实体利益事项,还可以是争议处理的途径。也就是说,达成的调解协议,既可以是关于实体权利义务或实体利益如何处分的协议,也可以是就争议整体选择何种途径解决(如劳动争议仲裁、劳动监察、集体协商)或者就争议事项分类如何分别选择何种途径解决的协议。

可见,群体劳动争议协商调解应当与集体劳动关系协调机制和常规劳动法律救济途径对接,亦即就实体权利义务或实体利益如何处分所进行的协商调解,应当纳入集体协商的轨道;就争议事项如何选择解决途径所进行的协商调解,应当作为启动常规劳动法律救济途径的依据。这就需要就以下要点进行制度设计:(1)引导协商调解。参与争议处理的各政府部门和各方社会组织,都有职责引导争议当事人选择协商调解方式解决争议,并有职责为当事人双方协商调解提供条件和营造环境。(2)协商主体。《劳动法》、《集体合同规定》对集体协商中的劳方协商主体的规定已体现一定的灵活性,即原则上以企业工会为协商主体,如果没有工会,则由全体职工选举产生的职工代表为协商主体。在群体劳动争议协商调解中,对劳方协商主体需要有更灵活的规定,既可以是经参与争议的劳动者群体认可的企业工会或上级工会,也可以是经参与争议的劳动者群体选举产生的职工代表,还可以允许参与争议的劳动者群体共同委托代理人参与协商调解。(3)协商行为规则。协商调解期间,争议双方应当遵守自愿协商、和平协商和诚信协商的规则;对激化矛盾、不诚信协商等不当行为,应当有对应的责任约束。(4)调解协议效力。经协商达成的调解协议,虽然涉及的多是参与争议的劳动者群体的权利和利益,但应当赋予其相当于集体合同的效力,即将其作为特殊的集体合同,而要求用人单位和劳动者群体履行。

4. 强制仲裁

对于经协商调解而达不成协议的群体劳动争议,为防止争议久拖不决,须由群体劳动争议处理机构进行裁决。对于其中的权利争议,既可以作出处分实体权利义务的裁决,也可以作出选择争议解决途径(即约定权利争议选择劳动争议仲裁、法定权利争议选择劳动监察或劳动争议仲裁)的裁决。对于其中的利益争议,则不宜作出利益处分的裁决,而只可作出双方就利益争议进行集体协商的裁决。因为利益争议为缔约争议,仍需由劳资双方协商确定,而不能由第三方确定一个协议或进行利益分配然后再强加于劳资双方。

第十九章　劳动监督

第一节　概　　述

一、劳动监督的概念

劳动监督，又称劳动法监督，是指法定监督主体为保护劳动者合法权益，依法对用人单位和劳动服务主体遵守劳动法的情况，实行检查、督促、纠偏、处罚等一系列监督活动。在各项监督措施中，检查的地位和作用特别重要。因而，立法和实践中通常把劳动监督称为劳动监督检查和劳动检查。

理解劳动监督的含义，应明确下述要点：(1)监督主体是依法享有劳动监督权的行政机关、社会团体、有关单位和劳动者个人。其中，劳动行政部门和工会组织在劳动监督体制中的地位尤为重要。(2)监督的目的是为了实现劳动法的主旨，即保护劳动者合法权益。(3)监督客体是用人单位和劳动服务主体遵守劳动法规行为，即用人行为和劳动服务行为。这是因为，劳动法赋予劳动者的权益对应体现为劳动法赋予用人单位和劳动服务主体的义务，对用人单位和劳动服务主体遵守劳动法的行为进行监督，才能保证劳动者合法权益的实现。(4)监督方式表现为依法行使监督权的各项措施，其中主要有：对遵守劳动法的情况进行检查，对检查中发现的违反劳动法的行为及时制止和纠正，依法追究违法行为人的法律责任等。

劳动监督作为一种守法监督形式，是劳动法制的重要环节。它有利于增强各种劳动法律主体的法制观念，尤其是用人单位依法用工观念；有利于维护劳动力市场秩序和劳动秩序；有利于避免或减少违法事件发生；有利于劳动立法的完善。

二、劳动监督的立法概况

劳动监督立法开始于工厂法阶段，但比工厂法的产生稍晚。最初的工厂法规，并不规定专门的执法机构，而是委托自治团体的公务人员、医务人员或宗教人员，或者委托警察、法官负责工厂法实施。在实践中，工厂主遵守工厂法的情况并不理想。于是就产生了设置专门机构和官员负责执行工厂法的必要。1833 年英国颁布的工厂法中，首创工厂检查制度，即政府委任高级人员为工厂监察员，实地视察、督促各工厂实施劳工法。英国的这些措施被认为是现代意义的劳动监察制度的雏形。美国 1867 年首先由马萨诸塞州颁布劳工检查制度并逐步完善。法国、瑞士、德国、奥地利、荷兰、瑞典、意大利、罗马尼亚等国，于 19 世纪 70 年代至 20 世纪初，陆续在立法中设立劳工检查制度。第一次世界大战后缔结的《凡尔赛和平条约》所编入的文件中，就有“各国设立监察制度，以保证劳动立法的实施”的规定。第二次世界大战前，国际劳工组织的劳工检查权仅限于制定建议书。第二次世界大战后，国际劳工组织于 1947 年通过了第 81 号公约《工商业劳工检查公约》和第 85 号公约《非本部领土检查公约》；于 1978 年通过了第 158 号公约《劳动行政管理公约》和第 161 号同名建议书；于 1981 年通过了第 161 号公约《关于职业安全和健康公约》。现在，各国在劳动立法中更加重视劳动监督。在劳动法典的劳动基本法中，都有关于劳动监督的专门规定，并且，立法所规定的劳动监督内容，也由早期的工作时间、劳动安全卫生、童工和女工劳动保护等方面的监督，扩大到全面的劳动监督。

在我国，劳动监督立法一直是劳动立法的一个重要组成部分。1950 年政务院财经委员会发布《关于各省、市人民政府劳动局与当地国营企业工作关系的决定》中规定，劳动局有权监督、检查国营企业内有关劳动保护、劳动保险、工资待遇、童工女工、雇佣解雇、集体合同、文化教育等劳动政策法令的执行；各个国营企业行政方面，有供给上述有关材料并按规定报告的义务，对劳动局持有正式证明文件派往检察工作人员不得拒绝。这表明，我国的劳动监督是全面检查。但在立法实践中，一直把重点放在劳动保护监察上，相继制定了《矿山安全监察条例》、《锅炉压力容器安全监察暂行条例》及其《实施细则》等项法规，初步形成一套较完善的劳动保护监察制度；而其他方面的劳动监察立法则十分薄弱。自经济体制改革以来，其他方面劳动监察的立法取得了长足发展。1993 年劳动部制定了《劳动监察规定》，对劳动监察的一般规则和劳动保护监察以外其他方面的劳动监察的规则作了规定。从此，我国由劳动保护监察步入全面劳动监察阶段。1994 年制定的《劳动法》中，设有“监督检察”专章，对劳动监督的机构和职权作了原则性的规定。与此配套，又相继制定了《劳动监察员管理办法》、《矿山安全监察员管理办法》、《劳动安全卫生监察员管理办法》、《劳动监察员准则》、《劳动监察程序规定》、《矿山安全监察工作规则》，《建设项目（工程）劳动安全卫生监察规定》、《矿山建设工程安全监督实施办法》、《压力管道安全管理监察规定》、《处理举报劳动违法行为规定》等多项法规，并且，《劳动监察法》的制定，已列入立法规划。此外，全国总工会还就劳动监督制定了专项规章。1985 年，由全国总工会决定并经国务院有关行政部门转发的《工会劳动保护监督检查员暂行条例》、《基层和（车间）工会劳动保护监督检察委员会工作条例》和《工会小组劳动保护检查员工作条例》中，对工会劳动保护监督制度作了具体规定。1995 年，全国总工会根据《劳动法》和《工会法》有关规定，制定了《工会劳动法律监督试行办法》，就劳动保护监督以外的劳动监督，作了具体规定。2004 年，国务院制定了《劳动保障监察条例》，劳动和社会保障部制定了《关于实施〈劳动保障监察条例〉若干规定》。

三、劳动监督的体系

我国《劳动法》规定：“县级以上各级人民政府劳动行政部门依法对用人单位遵守劳动法律、法规的情况进行监督检查，对违反劳动法律、法规的行为有权制止，并责令改正”；“县级以上各级人民政府有关部门在各自职责范围内，对用人单位遵守劳动法律、法规的情况进行监督”；“各级工会依法维护劳动者合法权益，对用人单位遵守劳动法律、法规的情况进行监督”；“任何组织和个人对于违反劳动法律、法规的行为有权检举和控告”。这些规定表明，我国的劳动监督体系由行政监督和社会监督相结合而构成。其中，行政监督由劳动监察和相关行政监督所组成，社会监督主要由工会监督和群众监督所组成。

1. 劳动行政部门监督

在劳动监督体系中,劳动行政部门监督处于其他劳动监督形式所不及的重要地位。其主要表现在:(1)它是全面的劳动监督。即其监督范围及于各项劳动法律制度和劳动法规,不论何种劳动关系,不论劳动关系的哪部分内容和哪个运行环节,也不论用人单位的隶属关系和所在行业(部门),都可依法纳入其监督范围。其他主体的劳动监督大多只在特定范围内对劳动法实施的情况进行监督,或者只限于某项或某几项劳动法律制度,或者局限于某个行业(部门),或者只限于劳动关系的某部分内容或某个环节。(2)它是约束力度最大的劳动监督。即劳动行政部门作为本级政府主管劳动工作的职能部门,其劳动监督行为是代表本级政府实施的,属于国家劳动监察,具有高于其他劳动监督形式的法律效力。这两点表明,在劳动监督体系中,劳动行政部门监督是最基本、最有效的劳动监督形式,其他劳动监督形式都是配合劳动监督实施的,并且只有在劳动监督的保障下才能发挥应有的作用。因此,加强劳动监督,首先就是要加强劳动行政部门监督。

2. 相关行政部门监督

在劳动监督体系中,之所以把相关行政部门监督作为必要的组成部分,这是因为:(1)劳动法与其他法律部门在内容上存在交叉,有的违法行为既违反了劳动法,也同时违反了其他法律部门的有关规定,需要其他行政部门与劳动行政部门配合处理。(2)违反劳动法的行政制裁措施中,某些制裁措施只能由劳动行政部门以外的特定行政部门实施。例如,吊销营业执照的权力专属工商行政部门,治安处罚的权力专属公安部门,用人单位中有关责任人员的行政处分则只能按照干部管理权限为特定主管部门实施。所以,为了保障劳动法的全面实施,应当由有关行政部门在各自职责范围内,对劳动法遵守的情况实行监督。

相关行政部门监督可大致分为两类:

(1)用人单位主管部门的监督。例如,矿山企业主管部门应当把检查矿山企业遵守矿山安全法规的情况作为其首要管理职责。

(2)安全生产监督、卫生行政、工商行政、公安、等专项执法部门的监督。《安全生产法》(2002年)第9条规定:国务院负责安全生产监督管理的部门依照本法对全国安全生产工作实施综合监督管理,县级以上地方各级政府负责安全生产监督管理的部门依照本法对本行政区域内安全生产工作实施综合监督管理;国务院有关部门依照本法和其他有关法律、行政法规的规定在各自的职责范围内对有关的安全生产工作实施监督管理,县级以上地方各级人民政府有关部门依照本法和其他有关法律、法规的规定在各自的职责范围内对有关的安全生产工作实施监督管理。《职业病防治法》(2001年)第8条规定,国务院卫生行政部门统一负责全国职业病防治的监督管理工作,国务院有关部门在各自的职责范围内负责职业病防治的有关监督管理工作;县级以上地方政府卫生行政部门负责本行政区域内职业病防治的监督管理工作,县级以上地方政府有关部门在各自的职责范围内负责职业病防治的有关监督管理工作。第55条规定,县级以上政府卫生行政部门依照职业病防治法律、法规、国家职业卫生标准和卫生要求,依据职责划分,对职业病防治工作及职业病危害检测、评价活动进行监督检查。根据《禁止使用童工规定》,工商、教育、公安等部门负有禁止使用童工的监督职责;根据劳动卫生法规的规定,卫生行政部门负有防尘防毒等防治职业病的监督职责。

相关行政部门的监督方式主要有三种:(1)依法独立开展劳动监督活动;(2)依法对劳动行

政部门、其他行政部门和工会组织的建议进行调查处理;(3)会同劳动行政部门等监督主体实施劳动监督。

3. 工会监督

监督用人单位遵守劳动法,是《劳动法》和《工会法》赋予工会的一项基本职责。工会监督与行政监督的区别在于:后者是一种行政执法行为,前者是一种社会监督行为;后者的职权中包含有行政处罚权和强制措施权,而前者的职权中则无这两项内容,只能就用人单位违反劳动法的处理提出意见、建议和要求。工会监督是一种最重要的社会监督。这是因为,工会监督是一种有组织的社会监督,特别是工会拥有一套全国统一并且几乎遍及各个用人单位的组织体系,且以全体职工为后盾。其他任何分散性的社会监督无法与之相比。所以,行政监督只有在工会监督的密切配合下,才能全面和有效地保证劳动法实施。

4. 群众监督

在劳动监督体系中,群众监督是对行政监督和工会监督的必要补充。其主要特点是:(1)监督主体具有分散性和广泛性。任何组织和个人,都有权对劳动法的遵守情况进行监督。(2)监督方式具有特定性和任意性。即群众监督的方式只限于检举和控告,具体采取何种形式可由群众自行选择。并且,检举和控告既可以是口头形式也可以是书面形式。

为了加强群众监督,有关部门要为群众举报和控告提供方便,并保护检举人、控告人的合法权益。

第二节　劳　动　监　察

一、劳动监察的概念

劳动监察,国外又称劳工检查,是指法定专门机关代表国家对劳动法的遵守情况依法进行的检查、纠举、处罚等一系列监督活动。它作为保障劳动者实施的一种强制性手段,广为世界各国所利用。

劳动监察具有下述基本属性:(1)法定性。劳动监察规则直接为法律所规定,并且这种法律规定是强行性规范,监察主体必须严格依据法律实施检查活动,被监察主体不得以协议或其他任何方式规避监察。(2)行政性。劳动监察属于行政执法和行政监督的范畴,是行使行政权力的具体行政行为。(3)专门性。劳动监察是由法定的专门机关针对劳动法的遵守所实施的专门监督。(4)唯一性。在劳动监督体系中,仅有劳动监察是以国家名义对劳动法的遵守实施统一和全面的监督。

劳动监察同劳动仲裁具有明显的区别。主要表现在:(1)劳动仲裁机构由劳动行政部门、工会和用人单位团体三方代表组成;劳动监察机构则是劳动行政部门的职能机构。(2)劳动仲裁是一种社会干预行为;劳动监察则是一种行政执法行为。(3)劳动仲裁直接以处理劳动争议为目的;劳动监察则以查处、纠正监察相对人违反劳动法行为,督促监察相对人遵守劳动法为目的。(4)劳动仲裁机构应劳动争议当事人的请求而实施仲裁;劳动监察主体对其职权范围内的事项则应当主动进行监察。(5)劳动仲裁所依据的实体法既可以是强行性规范也可以是任意性规范,并且还能够依据合法有效的合同条款、企业劳动规章制定进行调解和裁决;劳动监察所依据的实体法只限于强行性规范,不得以合同条款和企业劳动规章制定作为监察决定的依据。(6)劳动仲裁时效为知道或应当知道权利被侵害之日起1年;劳动监察时效则为用人单位违法之日起2年。即违反劳动法的行为在2年内未被劳动行政部门发现,也未被举报、投诉的,劳动行政部门不再查处。该期限自违法行为发生之日起计算,违法行为有连续或继续状态的,自行为终了之日起计算。(7)劳动仲裁机构无权对劳动争议当事人进行处罚,但对劳动争议有调解权;劳动监察主体则对违反劳动法的监察相对人有一定的处罚权,但对被监察事项无调解权。(8)劳动争议当事人不服仲裁裁决,可依法提出民事诉讼;监察相对人不服监察决定,则可依法申请行政复议或提起行政诉讼。

劳动监察与劳动争议处理(尤其是劳动仲裁)之间,按照现行立法的规定,存在一定的竞合。《劳动合同法》第77条规定,劳动者合法权益受到侵害的,有权要求有关部门依法处理,或者依法申请仲裁、提起诉讼。《劳动争议调解仲裁法》第9条规定,用人单位违反国家规定,拖欠或者未足额支付劳动报酬,或者拖欠工伤医疗费、经济补偿或者赔偿金的,劳动者可以向劳动行政部门投诉,劳动行政部门应当依法处理。这表明,劳动者可以在劳动监察和劳动仲裁(或诉讼)这两种法律救济途径中作出选择。而《劳动保障监察条例》第21条则对劳动者的选择作出一定限制,即规定:(1)用人单位违反劳动法给劳动者造成损失的行为虽然在劳动监察的范围内,但劳动者与用人单位就赔偿发生争议的,依照国家有关劳动争议处理的规定处理。(2)应当通过劳动争议处理程序解决的事项,或者已经按照劳动争议处理程序申请调解、仲裁或提起诉讼的事项,劳动者向劳动监察机构投诉的,劳动监察机构应当告知投诉人依照劳动争议处理程序办理。

劳动监察和行政监察是两个不同的法律概念。行政监察是指行政监察机关代表国家对各级行政机关及其公务员履行其行政职责的情况依法进行监督。它同劳动监察一样,都属于国家监察,也具有法定性、行政性、专门性和唯一性。二者有下述主要区别:(1)行政监察机关是县级以上各级政府所属的行政监察职能部门;劳动监察机关则是县级以上各级政府所属的劳动行政部门,它在内部依法设置专门的劳动监察职能机构。(2)行政监察对象是各级行政机关(政府及其所属各部门)及其公务员的行政执法活动,因而属于执法监督;劳动监察的对象则是作为劳动行政相对人的用人单位和有关劳动服务主体遵守劳动法的活动,因而属于守法监督。(3)行政监察机关对行政监察相对人有行政处分权和行政处罚建议权;劳动监察机关对监察相对人则有行政处罚权和行政处分建议权。(4)行政监察相对人不服监察决定可申诉复审、复核,而不得提起行政复议和行政诉讼;劳动监察相对人不服监察决定的,则可提请行政复议和行政诉讼。

二、劳动监察的形式

1. 专门机构监察和专任人员监察

专门机构监察,是指由法定专门机构实行的劳动监察。各国通常由劳动行政部门设置专职劳动监察职能的机构,在中央政府劳动行政部门的统一控制下行使劳动监察权。我国在劳动行政部门设置有专门的劳动监察机构。

专任人员监察,是指由依法任命的专职或兼职的劳动监察员实行劳动监察。在我国,县级以上各级劳动行政部门根据需要配备有专职劳动监察员和兼职劳动监察员，从事劳动监察工作。

2. 自行监察和委托监察

自行监察，是指劳动监察机构和劳动监察官员在其法定职权范围内亲自对监察对象进行劳动监察。这是各国劳动监察的主要形式。除了在法律另有特别规定的场合，劳动监察机构和劳动监察官员都必须采用这种监察方式。

委托监察，是指劳动监察机构和劳动监察官员将其职权范围内的监察事务，依法委托给特定机构和人员代为实施。由于现代市场高度专业化、社会化、科技化，许多领域劳动监察业务需要以一定的专业知识和职业经验为基础。因此，许多国家立法上容许采用委托监察形式。

3. 立案监察和不立案监察

立案监察，是指劳动监察机构发现用人单位有违反劳动法的行为，而立案调查处理。其程序有受理与立案、调查与检查、处理与处罚、行政复议等环节，规则较严密。

不立案监察，是指劳动监察机构尚未发现用人单位有违法行为而不立案，仅对用人单位进行例行检查、不定期检查，其程序较简单。其工作方式一般有日常巡视检查、书面材料审查、专项检查、受理举报和投诉。

4. 综合监察和专项监察

综合监察，是指在劳动监察机构和劳动监察官员的法定职权范围内包括有多项检查内容。在各国的劳动监察体系中，都设置了具有综合监察职能的劳动监察机构和劳动监察员，除法律明确为专项检查的少数监察项目外，全包括在它的监察范围内。如我国《劳动监察规定》所称的劳动监察即为综合检查，它包括有十多项内容。

专项监察，是将技术性、专业性很强的劳动监察项目单列，分别设立专门机构并按其特定规则行使监察权。在我国，对矿山安全监察和锅炉压力容器安全监察分别制定了专项法规，并分别设立专门机构行使监察权。

5. 普通监察和特殊监察

普通监察，是以一般的国民经济部门为监察范围的劳动监察。它由一般行政主管部门（主要是劳动行政部门）设置的劳动监察机构和劳动监察官员行使监察权。在劳动监察体系中，大多数为普通监察。

特殊监察，通常是指对国防军工部队的企业实施的劳动监察。由于国防军工企业涉及国防军事机密和高科技等因素，情况特殊，许多国家对其劳动监察作了特殊规定。

三、劳动监察的主体

（一）劳动监察机构

劳动监察机构，在国外亦称劳工检查机构，是经法律授权代表国家对劳动法的遵守情况实行监察的专门机构。其法律地位受制于劳动监察体制。对劳动监察体制可按不同标准进行分类，其中的主要分类有：(1)中央地方分层监察体制和中央或地方单层监察体制。前者即分别在中央政府和地方政府都设立劳动监察机构；后者仅在中央政府或地方政府设立劳动监察机构。(2)单一部门监察体制和多部门监察体制。前者即仅由政府的某个部门（通常为劳动行政部门)统一行使劳动监察权,亦即仅在政府的某个部门内设立劳动监察机构;后者即由政府的多个部门共同行使劳动监察权,亦即分别在政府的多个部门设立劳动监察机构,各自按分工执行一定的劳动监察职能。

在我国,国务院劳动行政部门主管全国的劳动监察工作;县级以上地方各级劳动行政部门主管本行政区域内的劳动监察工作;县级、设区的市级劳动行政部门可以委托符合监察执法条件的组织实施劳动监察;县级以上各级政府有关部门根据各自职责,支持、协助劳动行政部门的劳动监察工作。

在我国,县级以上劳动行政部门都设置综合性劳动监察机构,具体负责处理劳动安全卫生监察以外各项劳动监察工作;国务院和省级政府有关部门还设立锅炉压力容器安全监察机构和矿山安全监察机构,工业和矿山集中的地区(市)有关部门,也分别设立锅炉压力容器安全监察机构和矿山安全监察机构。各级劳动监察机构都分别受同级劳动行政部门或有关部门领导和上级劳动监察机构业务指导。

对用人单位的劳动监察,由用人单位用工所在地的县级或者设区的市级劳动行政部门管辖。上级劳动行政部门根据工作需要,可以调查处理下级劳动行政部门管辖的案件。劳动行政部门对劳动监察管辖发生争议的,报请共同的上一级劳动行政部门指定管辖。省级政府可以对劳动监察的管辖制定具体办法。

(二)劳动监察员

劳动监察员,国外又称劳工检查员或劳工检察官,是指国家设立的执行劳动监察的专职或兼职人员。凡担任劳动监察人员者,必须具备法定的资格,且由劳动行政部门或其行政首长任免。我国立法要求,劳动监察机构应当配备专职劳动监察员和兼职劳动监察员。其中,兼职劳动监察员主要负责与其本职业务相关的单项检查,而行政处罚权应会同专职监察员行使。

关于劳动监察员的任职条件,我国有关法规对一般劳动监察员和矿山安全监察员、锅炉压力容器安全监察员分别作出规定。归纳言之,包括下述几个方面:(1)专业知识条件。例如,一般劳动监察员须熟悉劳动业务和劳动法规知识;矿山安全监察员须熟悉关于矿山安全的技术知识和法规、技术规范和技术规程;锅炉压力容器安全监察员须具有锅炉压力容器安全技术知识。(2)专业培训和学历条件。例如,一般劳动监察员需经劳动部和省级劳动部门劳动监察专业培训合格;矿山安全监察员须具有中等以上采矿工程专业或相关专业学历。(3)技术职称条件。例如,矿山安全监察员须具备担任助理工程师以上职务的专业技术水平条件;锅炉压力容器安全监察员须从高级工程师、工程师、助理工程师和工人技师中选任。(4)工作经历条件。例如,一般劳动监察员需在劳动行政部门从事劳动行政业务工作三年以上;矿山安全监察员须有两年以上矿山现场工作经验和一年以上矿山安全监察工作经历。(5)身体条件。例如,矿山安全监察员须身体健康,能胜任矿山井下检查工作。(6)品行条件。例如,须坚持原则、作风正派、勤政廉洁。

关于劳动监察员任命的权限和程序,我国有关法规对一般劳动监察员和矿山安全监察员、锅炉压力容器监察人员作了有所不同的规定。一般劳动监察员中,专职劳动监察员由劳动监察机构负责提出任命建议填写劳动监察员审批表,经同级人事管理机构审核,报劳动行政部门领导批准;兼职劳动监察员由有关业务工作机构按规定推荐人选,并填写劳动监察员审批表,经同级劳动监察机构和人事管理机构审核,报劳动行政部门领导批准。经批准任命的专职和兼职劳动监察员,都由劳动监察机构办理颁发劳动监察证件手续。国家矿山安全监察机构和锅炉压力容器安全监察机构的监察员,都由国务院安全生产监督管理部门考核任命;地方矿山安全监察机构和锅炉压力容器安全监察机构的监察员,都由省级安全生产监督管理部门考核任命,报国务院安全生产监督管理部门备案。矿山安全监察员和锅炉压力容器安全监察员经考核合格后,由任命机关发给相应的监察员证和监察标志。各种监察员证和监察标志均由劳动部统一制作。

(三)国外劳动监察的三方管理体制〔1〕

许多国家建立了劳动监察的三方管理体制,即在劳动监察组织上设置一个三方机构(如三方性理事会或委员会)领导劳动监察工作,由它来监督监察机构,制定监察政策,监督政策执行,评价监察结果,分配资源,并对监察部门的正常运作承担总体责任。这种三方性机构本身在政治上可能要向某一位政府部长负责,或者像有些国家那样直接向议会负责。英国是采取三方性管理体制国家的一个典范。卫生和安全委员会负责起草法律并监督监察机构——卫生和安全执行局。在瑞典,三方性全国职业安全和卫生委员会负责监督该国 7 个区的劳动监察部门。其他国家也有处理劳动保护问题的三方性机构。在匈牙利和荷兰,这种三方机构具有一种咨询职能,尽管它享有很高的声誉,但它们并不作为执行机构的领导来开展工作。在社会保障作为一个监察部门的体系(德国和瑞士)中,对社会保障机构及其预防性活动的监督可能仅由双边机构或委员会执行,但这是很少见的例外情况。

三方性管理机构的存在并正常发挥作用,只有具备了某些制度条件才是可能的,即社会伙伴力量强大、组织完善并具有独立性;这些社会伙伴乐于参加处理劳动保护问题;愿意让政府承认它们是劳动监察事务的伙伴。在这种情况下,政府的有关部门的权力可能发生较大的转移。

四、劳动监察客体

劳动监察客体,即劳动监察的对象,一般是指监察相对人(或称被监察主体)实施的为劳动法所规范的行为。对劳动监察客体范围的界定,包括以下几个方面:

(一)监察相对人的范围界定

界定监察相对人的范围,首先应当明确,在劳动关系当事人双方,只有用人单位方才是监察相对人。在我国 1993 年制定《劳动监察规定》中,曾将用人单位和劳动者都作为监察相对人;后来《劳动法》对此作了修改,它明确规定"县级以上各级人民政府劳动行政部门依法对用人单位遵守劳动法律、法规的情况进行监督检查。"立法之所以如此,其主要理由是:(1)劳动关系双方当事人虽然都必须遵守劳动法,并且都必须受到监督,但是,劳动法已将执行劳动纪律的权力赋予用人单位,用人单位可依法对劳动者行使生产和工作指挥权和违纪行为裁决权。其中已包含了对劳动者遵守劳动法的监督。相反,劳动者在劳动关系中处于从属地位,对于用人单位遵守劳动法的情况,不可能像用人单位监督劳动者那样单凭自己的力量进行有效的监督。(2)劳动法以保护劳动者为主旨,对劳动者实行的是权利本位主义,用人单位实行的则是

---

〔1〕 摘自[德]沃尔夫根·冯·李希霍芬:《劳动监察》,劳动和社会保障部国际劳工与信息研究所译,中国劳动社会保障出版社 2004 年版,第 122 ~ 123 页。

义务本位主义。因而,用人单位遵守劳动法的责任和难度都大于劳动者,这就特别要求对用人单位遵守劳动法的情况实行监督。(3)在劳动法中,劳动基准法所规定的是用人单位向劳动者提供劳动条件所必须达到的最低标准,亦即为用人单位设立的最基本义务,以保证劳动基准法的遵守为目的的劳动监察,当然只能以用人单位作为被监察主体。(4)劳动监察最初是在雇主不遵守劳动法的现象相当普遍和严重的背景下产生的,一开始就直接以监督雇主遵守劳动法为目的,后来的发展实践也一直表明劳动监察坚持此目的是必要的。于是,以雇主方作为监察相对人,在世界上已成为传统性和普遍性的劳动监察规则。可见,在劳动关系当事人双方中,只将用人单位作为监察相对人,与劳动关系和劳动法的本质要求相符。

在肯定不应将劳动者方作为监察相对人的同时,还应当明确:(1)将劳动者置于劳动监察相对人范围之外,并不意味着劳动者遵守劳动法的情况不受监督,更不意味着劳动者违反劳动法而不受处罚。实际上,劳动者在劳动过程中始终处于用人单位的监督之下;劳动者不履行劳动义务,不仅会受到用人单位的纪律制裁,而且还应承担违约责任,甚至还受到刑事处罚。但是,这些都不属于劳动监察的内容。(2)将劳动者方不包括在劳动监察相对人范围之内,并不排除在用人单位中担任一定管理职务的劳动者仍应列为监察相对人。但在这里,劳动者是作为用人单位的代表人或代理人,而不是作为劳动关系中用人单位的对方当事人列入检查相对人范围的。

界定监察相对人的范围,还应当明确,有必要把某些劳动服务主体也列为监察相对人。因为,劳动服务主体与劳动者权益紧密联系,甚至在一定意义上决定着劳动者权益的实现,尤其是决定着劳动基准的实施。把它们列为监察相对人,有利于保护劳动者的权益。根据我国有关法规的规定,职业介绍机构、职业培训机构、职业技能鉴定机构、社会保险机构和境外就业服务机构,都应当列为监察相对人;劳动保护检测、检验机构,矿山工程的设计、施工单位,锅炉压力容器的设计、制造、安装、检验、修理单位,劳动防护用品的生产、经营单位等,都应当列为劳动保护监察的监察相对人。

(二)被监察法律规范的范围界定

所谓被监察法律规范,即劳动监察所应保障实施的监察相对人应当遵守的劳动法律规范。只有违背监察法律规范所规范的行为,才是劳动监察的客体。在劳动法中,究竟哪些法律规范需要由劳动监察来保障实施,是劳动监察立法所必须明确规定的问题。然而,我国现行劳动监察立法对此未作明确规定。在法理上和立法实践中,对被监察法律规范的范围有三种主张:(1)只限于劳动基准法。即凡是规定劳动条件最低标准的法律规范,如最低工资法、工时法、劳动安全卫生法、女工和未成年工特殊保护法等,都是应由劳动监察保障实施的法律规范;而劳动基准法以外的法律规范则不属于此。(2)包括全部劳动法律规范。即劳动监察应保证各种劳动法律规范的实施。(3)仅限于强行性劳动法律规范。在法理上,劳动法律规范按其规定事项不同,可划分为关于劳动者实体权利义务的法律规范和关于劳动关系运行规则的法律规范;按其法律约束力不同,可划分为强行性法律规范和任意性法律规范。关于劳动者实体权利和劳动关系运行规则的任意性法律规范,允许当事人自主选择(双方协议或单方确定)是否遵守和如何遵守。因而,不应当监督遵守。有必要通过劳动监察来监督遵守的劳动法律规范,应当只限于关于劳动者实体权利的强制性法律规范(即关于劳动者权益最低标准的法律规定)和关于劳动关系运行规则的强行性法律规范(如禁止招用童工等法律规定)。

（三）被监察事项的范围界定

根据我国《劳动合同法》第74条和《劳动保障监察条例》第11条的规定，劳动保护监察以外劳动监察所管辖的事项包括：（1）用人单位制定劳动规章制度及其执行的情况；（2）用人单位与劳动者订立和解除劳动合同的情况；（3）劳务派遣单位和用工单位遵守劳务派遣有关规定的情况；（4）用人单位遵守禁止使用童工规定的情况；（5）用人单位遵守女职工和未成年工特殊劳动保护规定的情况；（6）用人单位遵守国家关于劳动者工作时间和休息休假规定的情况；（7）用人单位支付劳动合同约定的劳动报酬和执行最低工资标准的情况；（8）用人单位参加各项社会保险和缴纳社会保险费的情况；（9）职业介绍机构、职业技能培训机构和职业技能考核鉴定机构遵守国家有关职业介绍、职业技能培训和职业技能考核鉴定的规定的情况；（10）法律、法规规定的其他劳动监察事项。

根据我国《劳动法》、《矿山安全法》、《矿山安全监察条例》和《锅炉压力容器安全监察暂行条例》等劳动安全卫生法规的规定，劳动保护监察所管辖的具体事项有：（1）企业（包括矿山）新建、扩建、改建工程和重大技术改造工程的设计和竣工验收；（2）锅炉压力容器和其他特种危险设备的设计、制造、安装、使用、检验、修理和改造；（3）特种危险物品的生产、储存、运输和使用；（4）劳动保护用品的设计、生产、经营和发放；（5）企业劳动安全卫生技术措施计划的实施和劳动安全卫生技术措施经费的使用；（6）劳动安全卫生技术的培训、考试和发证；（7）有关劳动安全卫生新技术、新工艺、新设备、新材料的鉴定；（8）女职工和未成年工的特殊劳动保护；（9）劳动安全卫生法规所规定的其他事项。

上述法律规定表明，我国劳动监察的对事范围过于宽泛，与劳动行政的对象范围几乎相同。我们认为，劳动监察虽然也属于劳动行政，但具有不同于一般劳动行政的特殊性。因而，劳动监察的对象范围与劳动行政的对象范围不宜完全重合。为适当确定劳动监察的对象范围，应明确以下几点：（1）劳动监察产生和存在的必要在于实施劳动基准，而劳动基准只适用于已参加劳动关系的劳动者。所以，劳动监察所管辖的事项只应当是同参与劳动关系后的劳动者实现劳动基准所规定之利益相关的事项，而仅同劳动关系缔结前或终止后的劳动者相关的事项不宜纳入劳动监察范围。（2）劳动监察旨在实现为劳动基准所规定的劳动者最低利益。所以，劳动监察所管辖的事项应当是实现劳动者最低利益相关的事项，仅同实现劳动者最低利益以上之利益相关的事项则不宜纳入劳动监察的对事范围。（3）劳动监察在劳动行政部门的各项事务中是约束力度最大，程序最严格的行政手段。如果其对事范围过于宽泛，就会分散劳动监察机构的力量，从而影响劳动监察的效果。

五、劳动监察的职责

劳动监察主体在履行监察职责过程中所享有的法定权力主要有：（1）检查权。在我国，劳动监察机构及劳动监察员有权根据工作需要随时进入有关单位进行检查，在必要时向用人单位和劳动者下达《劳动监察询问通知书》、《劳动监察指令书》，并要求其在收到该通知书或指令书之日起10日内据实向劳动监察机构作出书面答复；查阅和复制被检查单位的有关资料，询问有关人员。（2）审查认证权。我国劳动保护监察法规中规定，劳动保护监察机构有权对用人单位的劳动安全卫生条件和生产指挥、特种设备操作等人员，进行考核、考试、审查、鉴定，并对其中的合格者颁发许可证、合格证、操作证等资格证件；有权对劳动安全卫生设施建设项目的可行性论证报告、预评价报告和设计,以及劳动安全卫生设备和劳动防护用品的设计,进行审查批准;有权对劳动安全卫生设施的设计单位、施工单位,以及劳动安全卫生设备、劳动防护用品的设计单位、制造单位、经营单位的资格进行认证。(3)处置权。又称指令制止和责令纠正权。在我国,按照有关劳动保护监察法规的规定,劳动保护监察机构对事故隐患,特别是重大隐患有权命令企业限期整改;对违章现象有权纠正和制止,遇有紧急、严重的不安全、不卫生情况,或企业在接到《监察意见通知书》后无故不采取补救措施或不停止违章行为,有权采取责令停止机器运转、封闭矿井、组织和支持工人撤离现场等措施。(4)处罚权。各国法律都赋予劳动监察主体对违反劳动法的直接进行处罚的权利。在我国,按现行法规规定,劳动监察主体有权对违反劳动法的监察相对人,依法分别给予警告、通报批评、罚款、吊销许可证、责令停产停业整顿等处罚;对触犯其他行政法规的,有建议行政处罚权;对触犯刑法的,有权建议司法机关追究刑事责任;对阻挠、刁难、殴打劳动监察员、妨碍劳动监察公务的,或者不按规定时间对《劳动监察询问通知书》、《劳动监察指令书》作出答复的,以及不如实反映情况的,劳动监察主体有权给予责任人员以行政处罚;对触犯治安管理处罚条例的,有权建议公安机关处理。

关于处罚权,《劳动保障监察条例》第 30 条规定,有下列行为之一的,由劳动保障行政部门责令改正;对有第(1)、(2)项或者第(3)项规定的行为的,处 2000 元以上 2 万元以下的罚款:(1)无理抗拒、阻挠劳动保障行政部门依照本条例的规定实施劳动保障监察的;(2)不按照劳动保障行政部门的要求报送书面材料,隐瞒事实真相,出具伪证或者隐匿、毁灭证据的;(3)经劳动保障行政部门责令改正拒不改正,或者拒不履行劳动保障行政部门的行政处理决定的;(4)打击报复举报人、投诉人的。

劳动监察主体在履行监察职责过程中,同时负有法定义务。根据我国现行规定,主要有:(1)执行监察公务时,必须出示证件,并由两名以上检查人员参加;(2)遵守有关法规,秉公执法,不滥用职权,不营私舞弊;(3)进入劳动场所进行实地检查时,应当遵守相关纪律和规章制度;(4)不得泄露被检查单位和个人的秘密;(5)为检举和举报者保密。《劳动保障监察条例》第 31 条规定:劳动保障监察员滥用职权、玩忽职守、徇私舞弊或者泄露在履行职责过程中知悉的商业秘密的,依法给予行政处分;构成犯罪的,依法追究刑事责任。劳动行政部门和劳动监察员违法行使职权,侵犯用人单位或者劳动者的合法权益的,依法承担赔偿责任。

实施劳动监察,应当遵循公正、公开、高效、便民的原则;坚持教育与处罚相结合,接受社会监督。劳动监察员依法履行劳动监察职责,受法律保护;在履行监察职责过程中,应当忠于职守,秉公执法,勤政廉洁,保守秘密。任何组织或者个人对劳动监察员的违法违纪行为,有权向劳动保障行政部门或者有关机关检举、控告。

六、劳动监察的程序

劳动监察员须遵循法定程序,这是劳动监察行为具有法律效力的一个必要条件。劳动监察程序因监察形式不同而有所差别。我国现行立法所规定的劳动监察程序,有普通劳动监察程序与劳动保护监察程序,不立案监察程序与立案监察程序之区分。

(一)普通不立案检查程序

普通不立案监察程序,因现场检查和书面查询而不同。关于现场检查规则,其要点有:检查应由两名以上劳动监察员共同进行;劳动监察员进入被检查场所,应出示劳动监察证件和说明身份；检查前劳动监察员应当向用人单位告知检查的目的、内容、要求和方法；检查时应了解用人单位遵守劳动法的情况，并巡视劳动场所；现场检查情况应有笔录，笔录应由劳动监察员和用人单位法定代表人（或其委托代理人）签名或盖章；用人单位法定代表人拒不签名、盖章的，应注明拒签情况；检查中发现的一般性缺陷可不作立案处理，但应记录检查结果和建议；对重要问题应及时向监察机构汇报并建议立案调查。关于书面查询规则，其要点有：劳动监察机构在必要时，可向用人单位发出《劳动监察询问通知书》；用人单位应当在收到通知书之日起10日内向劳动监察机构作出书面答复。

（二）普通立案监察程序

普通立案监察程序，即立案查处违反劳动法案件的程序。其规则见诸于《劳动保障监察条例》和《关于实施〈劳动保障监察条例〉若干规定》等法规，主要内容有：

1. 受理与立案

任何组织或个人对违反劳动保障法律的行为，有权向劳动监察机构举报。劳动监察机构对举报人反映的违反劳动保障法律的行为应当依法予以查处，并为举报人保密；对举报属实，为查处重大违反劳动保障法律的行为提供主要线索和证据的举报人，给予奖励。

劳动者对用人单位违反劳动保障法律、侵犯其合法权益的行为，有权向劳动监察机构投诉；对因同一事由引起的集体投诉，投诉人可推荐代表投诉。投诉应当递交投诉文书；书写投诉文书确有困难的，可以口头投诉，由劳动监察机构进行笔录，并由投诉人签字。投诉文书应当载明：投诉人的姓名、性别、年龄、职业、工作单位、住所和联系方式，被投诉用人单位的名称、住所、法定代表人或者主要负责人的姓名、职务；劳动保障合法权益受到侵害的事实和投诉请求事项。

劳动监察机构对投诉应当依不同情形分别处理：（1）受理并立案。对符合下列条件的投诉，应当在接到投诉之日起5个工作日内依法受理，并于受理之日立案查处：①违反劳动保障法律的行为发生在2年内的；②有明确的被投诉用人单位，且投诉人的合法权益受到侵害是被投诉用人单位违反劳动保障法律的行为所造成的；③属于劳动保障监察职权范围并由受理投诉的劳动监察机构管辖。不符合第①项条件的，应当在接到投诉之日起5个工作日内决定不予受理，并书面通知投诉人。不符合第②项条件的，应当告知投诉人补正投诉材料。不符合第③项条件的，即不属于劳动监察职权范围的，应当告诉投诉人；属于劳动监察职权范围但不属于受理投诉的劳动监察机构管辖的，应当告知投诉人向有管辖权的劳动监察机构提出。（2）告知其他处理途径。有下列情形之一的投诉，应当告知投诉人依照劳动争议处理或者诉讼程序办理：①应当通过劳动争议处理程序解决的；②已经按照劳动争议处理程序申请调解、仲裁的；③已经提起劳动争议诉讼的。

劳动监察机构通过日常巡视检查、书面审查、举报等发现用人单位有违反劳动保障法律的行为，需要进行调查处理的，应当及时立案查处。立案应当填写立案审批表，报劳动监察机构负责人审查批准。批准之日即为立案之日。

2. 调查与检查

劳动监察员进行调查、检查不得少于2人，劳动监察机构应指定其中1名为主办劳动监察员。

劳动监察员在实施劳动监察时，有下列情形之一的，应当回避：（1）本人是用人单位法定代表人或主要负责人的近亲属的;(2)本人或其近亲属与承办查处的案件事项有直接利害关系的;(3)因其他原因可能影响案件公正处理的。当事人认为劳动监察员依法应当回避的,有权向劳动行政部门提出要求其回避的书面申请。回避决定应在收到申请之日起3个工作日内作出并告知申请人。作出回避决定前,承办人员不得停止对案件的调查处理。承办人员的回避,由劳动监察机构负责人决定;劳动监察机构负责人的回避,由劳动行政部门负责人决定。

劳动监察员对用人单位进行监察,应当遵循以下规定:(1)进入用人单位时,应佩戴劳动监察执法标志,出示劳动监察证件,并说明身份;(2)就调查事项制作笔录,应由劳动监察员和被调查人(或其委托代理人)签名或盖章。被调查人拒不签名、盖章的,应注明拒签情况。

劳动监察机构实施劳动监察,有权采取下列措施:(1)进入用人单位的劳动场所进行检查;(2)就调查、检查事项询问有关人员;(3)要求用人单位提供与调查、检查事项相关的文件资料,必要时可以发出调查询问书;(4)采取记录、录音、录像、照相和复制等方式收集有关的情况和资料;(5)对事实确凿、可以当场处理的违反劳动保障法律、法规或规章的行为当场予以纠正;(6)可以委托注册会计师事务所对用人单位工资支付、缴纳社会保险费的情况进行审计;(7)法律、法规规定可以由劳动监察机构采取的其他调查、检查措施。

劳动监察机构调查、检查时,遇有可能导致证据灭失的情形,或者不采取证据登记保存措施以后难以取得的,可依法定程序采取证据登记保存措施。在证据登记保存期内,当事人或者有关人员不得销毁或者转移证据;劳动监察机构及劳动监察员可以随时调取证据。劳动监察中涉及异地调查取证的,可以委托当地劳动监察机构协助调查。受委托方的协助调查应在双方商定的时间内完成。

调查应当自立案之日起60个工作日内完成;情况复杂的,经劳动行政部门负责人批准,可以延长30个工作日。

3. 案件处理

对用人单位存在的违反劳动保障法律的行为事实确凿并有法定处罚(处理)依据的,可以当场作出限期整改指令或依法当场作出行政处罚决定。劳动监察员应当填写预定格式、编有号码的限期整改指令书或行政处罚决定书,当场交付当事人。当场处以警告或罚款处罚的,应当按照下列程序进行:(1)口头告知当事人违法行为的基本事实、拟作出的行政处罚、依据及其依法享有的权利;(2)听取当事人的陈述和申辩;(3)填写预定格式的处罚决定书;(4)当场处罚决定书应当由劳动监察员签名或者盖章;(5)将处罚决定书当场交付当事人,由当事人签收。劳动监察员应当在2日内将当场限期整改指令和行政处罚决定书存档联交所属劳动行政部门存档。

对不能当场作出处理的违法案件,劳动监察员经调查取证,应当提出初步处理建议,并填写案件处理报批表。对违反劳动保障法律的行为作出行政处罚或者行政处理决定前,应当告知用人单位,听取其陈述和申辩;法律、法规规定应当依法听证的,应当告知用人单位有权依法要求举行听证;用人单位要求听证的,应当组织听证。劳动监察机构对违反劳动保障法律的行为,根据调查、检查的结果,作出以下处理:(1)对依法应当受到行政处罚的,依法作出行政处罚决定;(2)对应当改正未改正的,依法责令改正或者作出相应的行政处理决定;(3)对情节轻微,且已改正的,撤销立案。

经调查、检查,劳动监察机构认定违法事实不能成立的,应当撤销立案;发现违法案件不属于劳动监察事项的，应当及时移送有关部门处理；涉嫌犯罪的，应当依法移送司法机关。

劳动监察机构立案调查完成，应在15个工作日内作出行政处罚（行政处理或者责令改正）或者撤销立案决定；特殊情况，经劳动监察机构负责人批准可以延长。

4. 执行

劳动监察限期整改指令书、劳动行政处理决定书、劳动行政处罚决定书应当在宣告后当场交付当事人；当事人不在场的，应当在7日内依照《民事诉讼法》的有关规定，将劳动监察限期整改指令书、劳动行政处理决定书、劳动行政处罚决定书送达当事人。当事人对劳动行政处理或行政处罚决定不服申请行政复议或者提起行政诉讼的，行政处理或行政处罚决定不停止执行。

当事人确有经济困难，需要延期或者分期缴纳罚款的，经当事人申请和劳动行政部门批准，可以暂缓或者分期缴纳。当事人对行政处罚决定、责令支付劳动者工资报酬、赔偿金或者征缴社会保险费等行政处理决定逾期不履行的，劳动行政部门可以申请人民法院强制执行，或者依法强制执行。

（三）劳动保护监察程序

劳动保护监察程序具有专业性，即矿山安全卫生监察、锅炉压力容器等特种设备安全检查、建设项目（工程）劳动安全卫生监察等专项检查的程序各有其特殊的程序规则。根据《矿山安全监察条例》，《矿山安全监察工作规则》、《锅炉压力容器安全监察暂行条例》及其《实施细则》、《建设项目（工程）劳动安全卫生监察规定》等法规的规定以及监察实践，劳动保护监察程序一般包括以下几个主要环节：

（1）监察准备。主要工作有：制定监察计划；查阅有关安全卫生法规和标准，了解被检查单位的工艺流程图、工艺条件、操作规程和安全卫生要点；准备必要的检测工具、仪器、表格；挑选和训练检查人员。

（2）实施检查。其主要任务是，根据检查表和检查提纲，查清被查单位是否遵守劳动保护法规，发现和掌握违法事实并作出结论。其检查方式包括立案检查和不立案检查，事前检查、事中检查和事后检查，现场检查、样品检查和书面检查。其检查措施有询问、查阅、审查、检测、检验、勘验、考核、验收、评价等多种。在检查过程中，发现危及安全的紧急情况，应要求被检查单位立即处理。检查结束后，要写出检查报告，阐明查证的事实和结论，提出处理意见。

（3）纠正违章。即纠正已经认定的违反劳动保护法规、标准的行为。其中，既包括物质条件方面，如建筑物、构筑物、设备、设施、工具、仪器、原材料和作业场所等方面的缺陷、隐患和危害；也包括管理工作方面，如生产技术管理、规章制度、劳动组织、人员素质、安全管理等方面的欠缺和问题。对经过立案检查所认定的违章行为，可采取下列纠正步骤：确认违章性质，提出处理意见；发出《劳动保护监察意见通知书》，要求违章单位在限期内解决；监督违章单位执行《劳动保护监察意见通知书》；检查整改结果。

实施处罚。基于对违章单位作出行政处罚决定，对违章责任人员作出行政处分建议，对构成犯罪的移交司法机关追究。

七、世界各国劳动监察面临的挑战[2]

随着科学技术的发展和经济全球化的加快,各国劳动监察制度面临着诸多新的挑战。其主要表现在:(1)劳动世界中新技术、新科学领域、危险物资和新生产工序呈指数化增长。(2)新风险的出现,不论是技术创新、危险物资或生产工序采用的结果,还是作为一种日益普遍化的现象,都与劳动世界中的变化有关。(3)作为其结果之一,是法规数量的指数增长,尽管它还常常严重落后于技术创新。(4)与这些发展变化同步的是劳动力市场的不断分割,工作的脆弱性越来越突出,非法就业劳动关系(童工劳动)、转承包方式、假自营就业者(所谓"依附性独立劳动者")等日益增加。(5)对于工业化国家来说,人口因数的影响以及年老(女性)雇员的未来增长,导致对劳动保护(如人机工程学)的挑战以及随之而来的对劳动监察工作的挑战。(6)与跨国服务日益扩大相关的问题难以解决,强制执行对国外工人的劳动保护法规存在法律上或实践上的困难。(7)管理方面的变化,包括工作时间的灵活化,新的非正规工作方式,企业的流动性,工作场所的多样化,虚拟公司的发展,就业缺乏保障性,越来越激烈的竞争,要求劳动监察工作迅速适应不断发展的技术、经济或社会变革的需要。(8)无论是在企业内部,还是在行业和国家一级,劳动监察传统合作伙伴的力量在不断削弱,因此,有必要寻求新的战略伙伴。(9)服务行业的快速发展,监察者应采用一种与"传统"(工业)风险不同的方式开展工作。

面对挑战,劳动监察机构必须解决以下问题:(1)如何最好地适应劳工世界中的变化?(2)如何激励企业系统地改善工作条件?(3)如何使劳动监察覆盖到所有的企业,尤其是中小企业?

第三节　工会劳动监督

一、工会普通劳动监督[3]

工会普通劳动监督,是指各级工会对用人单位遵守劳动保护法以外劳动法律规范的情况所进行的监督。其监督客体包括:用人单位遵守国家有关就业、劳动合同、工作时间和休息休假、工资报酬、职业培训和职业技能考核、职工保险福利等规定的情况,以及履行集体合同的情况。

(一)工会的普通劳动监督机构

县级以上工会领导机关和基层工会和职代会都设立工会劳动法律监督委员会(以下简称监督委员会),其中县级以上监督委员会由工会内部相关业务部门的人员组成,也可以吸收社会有关人士参加,其日常工作由工会有关部门负责。各级监督委员会受同级工会委员会领导,并接受上级监督委员会的业务指导;职代会设立的监督委员会对职代会负责。

各级工会还设立工会劳动法律监督员(以下简称监督员)具体实施劳动法律监督工作。监

---

〔2〕[德]沃尔夫根·冯·李希霍芬:《劳动监察》,劳动和社会保障部国际劳工与信息研究所译,中国劳动社会保障出版社2004年版,第42~43页。

〔3〕参见《工会法》(2001年)、《劳动法》(1994年)和《工会劳动法律监督试行办法》(1995年)。

督员的必备条件为:熟悉劳动法律法规;热心为群众说话办事;奉公守法,清正廉洁。县级以上监督委员会成员为本级工会的监督员。县级以上工会可以聘请社会有关人士担任兼职监督员;县级以上监督员由上一级工会培训、考核,并颁发由全国总工会统一印制的《工会劳动法律监督员证书》。监督员应履行监督职责受到打击报复时,有权向上级工会反映,向劳动行政部门检举或向法院起诉,上级工会应予以支持和帮助。监督员工作成绩显著者由工会或有关部门给予表彰奖励,不称职者由工会取消其监督员资格。

(二)工会的普通劳动监督职权和规则

工会的普通劳动监督职权,有下述主要内容:(1)调查权。监督委员会有权根据职工的申诉、举报对用人单位遵守劳动法规情况进行调查。(2)参与监督权。工会有权派出代表参与有关国家机关对用人单位遵守劳动法的情况进行的监督活动,尤其是参与对劳动法实施的检查,以及对用人单位违反劳动法情况的调查和处理。(3)要求改正权。工会发现用人单位有违反劳动法的行为,有权向用人单位提出意见,要求其改正。(4)要求查处权。工会对用人单位违反劳动法的行为,有权要求有查处权的国家机关依法进行查处。(5)支持举报控告权。工会有权支持职工对用人单位违反劳动法的行为向有关国家机关进行举报或控告。(6)舆论监督权。工会有权运用合法的舆论手段,监督用人单位遵守劳动法规。

《劳动合同法》第78条规定:工会依法维护劳动者的合法权益,对用人单位履行劳动合同、集体合同的情况进行监督。用人单位违反劳动法律、法规和劳动合同、集体合同的,工会有权提出意见或者要求纠正;劳动者申请仲裁、提起诉讼的,工会依法给予支持和帮助。

工会的普通劳动监督规则,由下述要点:(1)县级以上工会参加同级人大、政协组织的对劳动法实施的检查,须经组织者同意;也可以与劳动行政部门及其他有关行政部门联合组织对劳动法实施的检查。(2)监督员对用人单位进行调查时应不少于二人,用人单位应当提供方便,协助企业了解情况、查阅资料。(3)监督员执行任务时,应将调查结果在现场如实记录,给用人单位核阅后,由调查人员和用人单位有关人员共同签名或盖章,用人单位拒绝签名或盖章的应在记录上注明。(4)工会对调查中发现的违反劳动法的问题,应当向用人单位指出并提出整改意见;严重问题向劳动监察部门通报,并要求查处。(5)基层工会的监督委员会对劳动过程中发生的违反劳动法行为,应及时向生产管理人员提出改进意见;对严重损害劳动者合法权益的,可同时向上级工会和当地劳动监察机构报告,要求迅速查处。(6)职代会设立的监督委员会应当定期向职代会报告工作,针对存在的问题提出意见和议案,经职代会作出决议,督促企业行政执行。(7)各级监督委员会应将工作情况、违法案件处理结果及统计资料,每年向上级监督委员会报告;重大案件应当及时向上级监督委员会及劳动监察部门报告。

二、工会劳动保护监督[4]

工会劳动保护监督,是指工会对用人单位遵守劳动保护法的情况所进行的专项监督。它包括下述三个层次:

---

〔4〕 参见《工会法》(2001年)、《劳动法》(1994年)和全国总工会1985年发布的《工会劳动保护监督检查员暂行条例》、《基层(和车间)工会劳动保护监督检察委员会工作条例》、《工会小组劳动保护检查员工作条例》。

(一)工会领导机关的劳动保护监督

市以上工会领导机关(即总工会)劳动保护部门配备劳动保护监督检查员,分别由全国总工会和省级总工会任命。

工会领导机关劳动保护部门和监督检查员的职责有:(1)宣传党和国家劳动保护政策、法规,会同有关部门研究制订劳动保护法规制度,并监督其实施;(2)监督检查新建、扩建、改建及重大技术改造项目的劳动保护设施严格按照“三同时”的规定实行;(3)监督检查劳动保护措施经费的提取、使用和劳动保护措施计划执行情况,检查企业的劳动保护设施,发现问题,提出口头或书面的建议,限期解决;(4)发现违章指挥、强令工人冒险作业,或在生产过程中发现明显重大隐患和职业危害、危及职工安全和将造成国家财产损失时,有权向企业行政或在场指挥人员提出停产解决的建议;如无效,即应支持和组织职工拒绝操作,撤离危险现场,职工工资照发;(5)监督检查职工伤亡事故报告和处理制度的实施,查明事故的原因和责任,总结经验教训,采取防范措施,对于造成伤亡事故和财产损失的责任者,负责要求有关部门查处,必要时有权向司法机关提出控告。

工会劳动保护监督检查员执行任务时,应出示证件,有关单位必须提供方便,不得阻挠进入生产(工作)现场和到有关部门了解情况、索取资料、听取反映。

(二)基层(车间)工会的劳动保护监督

300 人以上的基层工会和 500 人以上的车间工会,设劳动保护监督检查委员会(以下简称监督检查委员会),不足此人数的基层工会和车间工会,设劳动保护监督检查委员(以下简称监督检查委员),均在同级工会委员会领导下和上级工会劳动保护部门指导下工作。监督检查委员会成员通过民主协商产生,经同级工会委员会批准;委员应由具有较高的安全卫生技术知识、热心劳动保护工作的职工担任。

监督检查委员会及委员的职责有:(1)向职工群众宣传劳动保护政策法规及企业安全卫生规章制度,进行遵守规章和劳动保护科学技术知识的教育;(2)监督检查劳动保护措施计划和经费的落实,搜集、整理企业劳动保护工作方面的意见、问题和要求,提交职工代表大会列入议程;(3)监督检查扩建、改建和技术改造工程项目的劳动保护设施,严格遵守“三同时”规定;(4)经常检查劳动保护设施状况,发现问题立即报告,并督促有关部门及时解决;(5)督促和协助企业行政在推行经济责任制的同时,落实安全生产责任制,要求把实行安全生产责任制情况作为评比、计分、计酬的重要条件;(6)督促企业行政按照国家规定发放劳动防护用品;(7)监督企业行政遵守国家关于工作时间和休息时间的规定,制止危害职工安全健康的任意加班加点;(8)会同女工工作委员会做好女职工的劳动保护工作,监督和协助企业行政建设国家有关保护女职工的规定,切实做好女职工的“四期”保护工作;(9)参加职工伤亡事故和职业伤害的调查处理,协助查清事故原因,总结经验教训,采取防范措施,并提出对事故责任者严肃处理的意见;并有权代表伤亡职工家属对事故的主要责任者提出控告,追究其法律责任;(10)发现违章指挥,强令工人冒险作业,或者生产过程中发现明显重大事故隐患和职业危害危及职工生命安全和会造成国家财产损失的,有权代表职工向企业行政或现场指挥人员提出停产解决的建议,如无效即应支持或组织职工停止操作,撤离危险现场。

(三)工会小组的劳动保护监督

工会小组劳动保护检查员,从技术水平高、热心劳动保护工作、勇于坚持原则的职工中民主推举产生，在工会小组长领导下工作。其职责有：(1)组织本组职工学习劳动保护政策法规、企业安全卫生规章制度和安全卫生技术知识；(2)协助班组长经常对本组工人，特别是新工人和调换工种的工人进行安全教育；(3)经常检查各种生产设备的安全装置和防尘防毒的状况，发现问题及时向班组长反映，督促解决；(4)协助班组长和有关部门检查有毒有害、易燃易爆等危险品运输、保管和使用情况，发现问题督促解决；(5)发生伤亡或中毒事故，立即报告，参加抢救，协助班组长分析原因，采取防范措施；(6)督促班组长及时领取、发放劳动防护用品，并指导工人正确使用；(7)协助班组长做好本组女工"四期"保护工作。

劳动保护检查员在工作中，有权制止任何人违章指挥、冒险作业，并将情况向领导和有关部门报告，发现生产设备、作业环境危及安全的紧急情况，有权停止作业，并组织工人立即撤离危险岗位，及时向领导报告；因进行正常的监督活动受到打击报复时，有权向上级报告，要求严肃处理。

第二十章　法 律 责 任

第一节　概　　述

一、法律责任的概念和立法概况

劳动法中的法律责任，即违反劳动法的法律责任，是指用人单位和劳动者等各种劳动法主体因违反劳动法而依法应当承担的法律后果。作为劳动法体系中的一项法律制度，即劳动法律责任制度，其特点主要表现在：(1)它在劳动法体系中是既跨越其他各项劳动法律制度又分别作为其他各项劳动法律制度必要组成部分的一项法律制度；(2)它在法律责任制度体系中是兼有民事、行政、刑事责任制度内容而以保障劳动法实施为目的的一项法律责任制度。

在各国劳动立法中，关于法律责任的立法有两种模式：(1)集中立法。即在劳动法典或其他形式劳动基本法中，对法律责任作集中性规定。有的只作原则性规定，如前苏联的《劳动立法纲要》、《蒙古人民共和国劳动法》等；有的则作具体规定，如《日本劳动标准法》、《土耳其劳工法》等。(2)分散立法。即各项劳动法规中分别就违反该法规的法律责任作出具体规定。世界上没有罚则部分或罚则条款的劳动法规，极为鲜见。现代各国都将上述两种模式结合使用，以分散立法作为集中立法的具体化或补充，凡劳动法典或其他形式劳动基本法中未规定法律责任或对此规定不具体的，则适用其他劳动法规中的罚则条款。

在我国劳动立法中，《劳动法》设置“法律责任”专章，集中对违反《劳动法》的法律责任作了既具有原则性又具有一定可操作性的规定；《劳动合同法》也设置“法律责任”专章，集中对违反《劳动合同法》的法律责任作了较为具体的规定；并且，还有若干关于法律责任的专项法规，例如，制定于《劳动法》颁布之前且已废止的《企业职工奖励条例》(1982 年)和《国营企业辞退违纪职工暂行规定》(1986 年)，制定于《劳动法》颁布之后的《违反和解除劳动合同的经济补偿办法》(1994 年)、《违反〈劳动法〉行政处罚办法》(1994 年)和《违反〈劳动法〉有关劳动合同规定的赔偿办法》(1995 年)等；此外，几乎各项劳动法规中都有关于法律责任的规定。

二、法律责任的多元综合性

劳动法领域的法律责任，就其整体而言，具有多元综合性。对此特征可以从多种视角加以理解。(1)责任形式的多元综合。劳动法领域的法律责任，既有传统的民事责任、行政责任和刑事责任，还有新型的法律责任形式。民事责任、行政责任、刑事责任运用于劳动法领域时各自表现形式、适用范围和构成要件上都呈现其特征，新型责任形式也有其特殊的适用范围和构成要件。不同法律责任形式之间的组合，既有民事责任、行政责任、刑事责任之间，也有不同民事责任形式之间、不同行政责任形式之间，还有新型责任形式与传统责任形式之间，基于职能分工与配合的组合。(2)归责原则的多元综合。在法律责任的变迁过程中，已形成多种归责原则。传统私法和传统公法各有其特定的归责原则，而私法公法化和公法私法化，则导致私法领域、公法领域和社会法领域都出现了归责原则的混合现象。劳动法领域由于综合运用了多元法律责任，就需要形成为实现劳动法宗旨所必要的归责原则体系，既要界定各项归责原则在劳动法领域的适用范围，又要恰当确立各项归责原则在归责原则体系中的地位，当不同归责原则发生竞合和冲突时，还需要确定其选择规则。(3)责任所依存本体制度的多元综合。在劳动法体系中，法律责任是分别寓于劳动合同、集体合同等各项本体法律制度之中的法律救济制度，受各项本体法律制度的制约，分别形成合同法律责任、基准法律责任和社会保险法律责任。它们之间既各有界限又相互衔接，既有分工配合问题又有发生竞合时的选择问题。(4)责任主体的多元综合。劳动法领域有多种主体，各种主体都参与多种社会关系，在各种社会关系中都有相应的多种法律责任。这就需要分别基于各种主体在劳动法主体体系中的地位，以各种主体为中心进行法律责任组合。并且，各种劳动法主体作为法律责任主体都有其特殊问题。如，劳动者的法律责任，应当以纪律责任为重点；用人单位的法律责任中，有单位责任和责任人员责任两个层次；工会作为法律责任主体，其责任能力具有特殊性，尤其是财产责任能力有限。

三、法律责任的承担条件

承担法律责任以具备法定的违法行为的构成要件为前提。立法中关于违反劳动法行为构成要件的规定，往往由于法律责任形式、违法行为类型、行为人主体资格等因素的不同而有所差别。一般而言，可作为承担法律责任之必备条件的，包括：(1)行为人有责任能力；(2)行为人有违反劳动法的作为或不作为；(3)行为人的行为造成或足以造成一定的社会危害，即危害后果与违反劳动法行为之间存在因果关系；(4)行为人有过错。上述条件中，前三项条件，在任何情况下都是承担法律责任的必要条件，后一项条件，对于承担法律责任来说，一般情况下是必要条件，在法规有明确规定的某些情况下则不是必要条件。

四、法律责任的形式

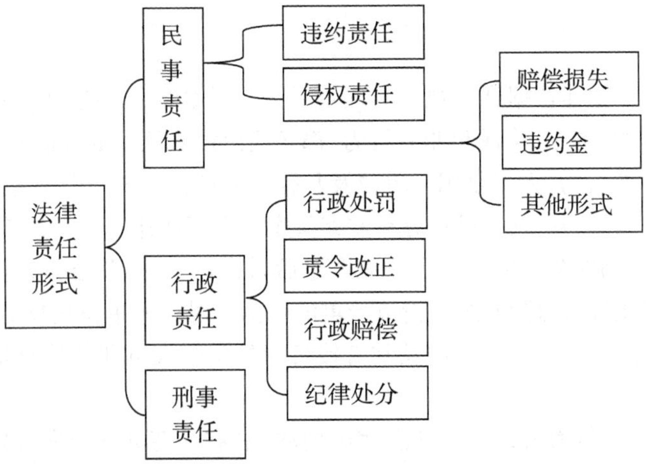

图 20－1

(一)行政责任

行政责任,是违法行为人依法应当承担的,由有关行政机关或违法行为人所在单位以行政处罚或纪律处分的方式予以追究的法律责任。

违反劳动法的行政处罚,大多由劳动行政部门(劳动监察机构)实施,有的则由其他特定行政部门或政府实施。实施行政处罚时,对具有数种违反劳动法行为的,应分别决定处罚,合并执行;不能合并执行的可以从重处罚。处以罚款时,应遵循法定罚款标准,其中加重处罚的,可按原罚款标准的法定倍数计算罚款金额。

违反劳动法的纪律处分,可分为两大类:(1)有关行政机关作为行政管理主体对其公务人员的行政处分,和对在其人事管理权限内的用人单位或劳动服务单位领导人员或其他管理人员的行政处分,包括警告、记过、记大过、降级、撤职、留用察看和开除。(2)用人单位对其职工的纪律处分,包括惩戒性辞退(解除劳动合同),以及罚款、扣发或停发工资(奖金)等经济处罚。

(二)民事责任

民事责任,是违法行为人依法应当承担的,向违法行为相对人以给付一定财产、做出一定行为等履行债务的方式恢复其特定权益的法律责任。表现为赔偿损失、经济补偿、补发工资等劳动待遇、补缴保险费、强制继续履行合同、停止侵权行为、提供安全卫生条件等多种形式。劳动法中的民事责任,较之一般民事责任具有以下特点:(1)以法定责任为主、约定责任为辅。违法行为人应当承担的民事责任,大多由有关法规直接规定其具体形式和标准,当事人之间关于民事责任的约定必须与法定的形式和标准相符,许多国家还禁止在劳动合同中就违约金、赔偿金的数额做出约定。(2)劳动者和用人单位承担责任的原则不尽相同。例如,劳动者承担民事责任普遍适用过错责任原则,用人单位承担民事责任在许多场合适用无过错责任原则。又如,劳动者承担赔偿责任一般适用合理赔偿(或称酌情赔偿)原则,赔偿额可适当小于实际损失额;用人单位承担赔偿责任则适用等额(或称全额)赔偿原则,要求赔偿额与损失额相符。(3)以责令支付作为实现民事责任的主要方式。根据《劳动法》、《劳动合同法》和有关法规的规定,补发工资、支付经济补偿、赔偿损失等民事责任形式,都可由劳动行政部门以责令支付的方式来实现。这就使民事责任兼有行政责任实现方式的特色。(4)要求采用某些特殊的民事责任形式。即某些民事责任形式为劳动法所特有,例如,向劳动者支付经济补偿金、为劳动者或其亲属提供物质帮助,等等。

(三)刑事责任

刑事责任,即犯罪主体依据刑法规定必须承受刑事处罚的一种法律责任。凡是违反劳动法的严重程度达到触犯刑法、构成犯罪的行为,都必须由司法机关依法追究刑事责任。在实践中,违反劳动法的犯罪行为,大多是用人单位及其管理人员违反劳动安全卫生、禁止使用童工、保护劳动者民主权利和人身自由、维护劳动监察秩序等方面法律规定且情节严重的行为,劳动者违反劳动纪律或劳动安全卫生规程且造成严重后果的行为,有关公务人员在劳动行政管理中,严重渎职或者挪用社会保险基金且情节严重的行为。对用人单位违反劳动法的犯罪行为,应按照单位犯罪的处罚原则,追究单位及其直接负责的主管人员和其他直接责任人员的法律责任。

违反劳动法的犯罪行为及其刑事责任,由《刑法》和有关劳动法律所规定。劳动法律中的刑事罚则与《刑法》的关系,主要有两种:(1)它与《刑法总则》的关系,相当于《刑法分则》,即依据劳动法律中的刑事罚则追究刑事责任，应当符合《刑法总则》的规定。(2)它与《刑法分则》的关系，则是特别法与一般法的关系，即在法律适用上，特别法优于一般法。

第二节 用人单位的法律责任

一、用人单位法律责任的特征

用人单位法律责任，就广义而言，是指用人单位违反劳动法所导致的依法应当由用人单位及其责任人员承担的法律责任；就狭义而言，仅指其中应当由用人单位承担的法律责任。本节取其广义。

用人单位法律责任的主要特征有：(1)它在劳动法的法律责任体系中居于首要地位。劳动法对劳动者是权利本位，对用人单位则是义务本位。故各国劳动法中的法律责任制度，都以规定用人单位法律责任为重点。在我国《劳动法》的法律责任专章中，绝大部分条文是关于用人单位法律责任的规定。(2)它以单位责任为主、责任人员个人责任为辅。用人单位违反劳动法的行为，都是由作为单位行政组成部分的管理人员具体实施的。当用人单位违反劳动法时，除了对用人单位追究法律责任以外，还有必要在一定场合追究责任人员个人的法律责任。这样，更能促使用人单位遵守劳动法。(3)它大多由立法直接规定。除违约责任可由劳动合同和集体合同约定外，用人单位的其他法律责任都由有关法规具体规定；即使违约责任的约定，也须符合法定标准。至于在哪些场合应当追究责任人员个人的法律责任，一般由立法规定，内部劳动规则关于这方面的规定是对立法规定的具体化。

二、用人单位法律责任的结构

我国现行立法所规定的用人单位法律责任，依其对应的违法行为或依存的本体制度的不同，可大致分为如下几类：

(一)违法确立劳动关系或订立劳动合同的法律责任

用人单位确立劳动关系，必须遵守法定的劳动关系运行规则，其中主要是依法订立劳动合同，不得招用尚未解除劳动合同的劳动者和不合格劳动者，违反这方面的法定义务，应当承担法律责任。我国劳动法关于这方面的规定，主要有[1]：(1)违法不订立书面劳动合同或不定期劳动合同的法律责任。用人单位自用工之日起超过1个月不满1年未与劳动者订立书面劳动合同的，应当向劳动者每月支付2倍的工资；用人单位违法不与劳动者订立不定期劳动合同的，自应当订立不定期劳动合同之日起向劳动者每月支付2倍的工资。(2)订立无效合同的法律责任。由于用人单位的过错订立的无效合同，给劳动者造成损害的，应当承担赔偿责任。(3)劳动合同欠缺法定必备条款或不依法交付劳动合同文本的法律责任。用人单位提供的劳动合同文本未载明本法规定的劳动合同必备条款或者用人单位未将劳动合同文本交付劳动者

---

〔1〕 参见《劳动法》、《劳动合同法》、《禁止招用童工规定》(2002年)、《违反〈劳动法〉有关劳动合同规定的赔偿办法》(1995年5月10日，劳部发[1995]223号)等。

的,由劳动行政部门责令改正;给劳动者造成损害的,应当承担赔偿责任。(4)违法约定试用期的法律责任。用人单位违法与劳动者约定试用期的,由劳动行政部门责令改正;违法约定的试用期已经履行的,由用人单位以劳动者试用期满月工资为标准,按已经履行的超过法定试用期的期间向劳动者支付赔偿金。(5)违法扣押劳动者证件或设立担保或变相担保的法律责任。用人单位违法扣押劳动者居民身份证等证件的,由劳动行政部门责令限期退还劳动者本人,并依照有关法律规定给予处罚;违法以担保或者其他名义向劳动者收取财物的,或者违法扣押劳动者档案或者其他物品的,由劳动行政部门责令限期退还劳动者本人,并按法定标准处以罚款;给劳动者造成损害的,应当承担赔偿责任。(6)非法使用童工的法律责任。除了文艺、体育和特种工艺单位经县级以上劳动部门批准招用未满16周岁的工作者、运动员和艺徒以外,任何与未满16周岁的未成人发生劳动关系的情况,都属于非法招用童工。对此,除了由劳动行政部门责令改正外,应当承担安置、治疗和赔偿等民事责任,以及吊销营业执照、行政处分、治安处罚等行政责任;构成犯罪的,由司法机关依法追究刑事责任。(7)招用在职劳动者的法律责任。用人单位招用与其他用人单位尚未解除或者终止劳动合同的劳动者,给其他用人单位造成损失的,应当承担连带赔偿责任。

(二)违反劳动合同和集体合同的法律责任

这类法律责任,亦即劳动法规、集体合同和劳动合同所规定的用人单位及其责任人员所承担的违约责任。关于这类法律责任,应当明确下述两种关系:(1)法定违约责任与约定违约责任的关系。用人单位违约所导致的法律责任中,有的只能由法律规定而不能由合同约定,如刑事责任、行政处罚和特定责任人员的行政处分;有的在由法律作出原则性规定或规定其标准的同时,允许由合同依此规定作进一步的约定;有的在法律上未作规定,而由合同作出合法约定。概言之,约定违约责任是对法定违约责任的补充和具体化。(2)集体合同违约责任与劳动合同违约责任的关系。集体合同的条款在一定条件下应作为劳动合同内容的补充,违反这种条款的法律责任,就既是集体合同违约责任又是劳动合同违约责任;此外,集体合同违约责任和劳动合同违约责任则各自有别。目前,我国的集体合同立法还处在起步阶段,很不完备,故集体合同违约责任主要由集体合同约定。

我国劳动法关于这类法律责任的规定,主要有[2]:(1)制定违法劳动规章制度的法律责任。用人单位制定的劳动规章制度违反法律、法规规定的,由劳动行政部门责令改正,给予警告;给劳动者造成损害的,应当承担赔偿责任。违法劳动规章属于无效劳动规章,自制定之日起就不能作为确定劳动者权利和义务的依据,在其实施过程中会侵害劳动者合法权益,例如,会使劳动者所得利益低于劳动法规或集体合同所规定的标准,甚至使劳动者承受错误的纪律处分。劳动者由此所遭受的损失,应当由用人单位赔偿。(2)不履行或不完全履行以及违法履行劳动合同的法律责任。用人单位对劳动合同规定的义务有过错地全部或部分不履行的,除了不能或无需继续履行的情况外,应当继续履行合同;对劳动者因此所遭受的损害,应当予以赔偿;在双方都有过错的情况下,应当按照各自过错的大小承担违约责任。如果在履行期间,用人单位以暴力、威胁或者非法限制人身自由的手段强迫劳动,违章指挥或者强令冒险作业危

〔2〕 参见《劳动法》、《劳动合同法》、《集体合同规定》(2004年)、《违反〈劳动法〉有关劳动合同规定的赔偿办法》(1995年5月10日,劳部发[1995]223号)等。

及劳动者人身安全,侮辱、体罚、殴打、非法搜查或者拘禁劳动者,或者劳动条件恶劣、环境污染严重,给劳动者身心健康造成严重损害的,依法给予行政处罚;构成犯罪的,依法追究刑事责任;给劳动者造成损害的,应当承担赔偿责任。(3)违法解除或终止劳动合同的法律责任。用人单位违法解除或者终止劳动合同的,应当依照劳动合同解除或终止的经济补偿标准的2倍向劳动者支付赔偿金。(4)未依法支付劳动合同解除或终止经济补偿金的法律责任。劳动合同解除或终止后,用人单位应当向劳动者支付经济补偿金,而未按法定标准向劳动者支付经济补偿金的,必须按照劳动者要求或劳动行政部门责令,全额发给违法未付的经济补偿金,并按规定支付额外经济补偿金和赔偿金。(5)不履行或不完全履行集体合同的法律责任。用人单位对集体合同规定的义务有过错地全部或部分不履行的,除了不能或无需继续履行的情况外,应当继续履行合同;对劳动者因此所遭的损害,应当予以赔偿;在双方都有过错的情况下,应当按照各自过错的大小承担违约责任。

(三)违反劳动基准法的法律责任

用人单位违反劳动基准法的法律责任,有下述特点:(1)单方责任。即用人单位违反劳动基准法的法律责任,无劳动者违反劳动基准法的法律责任与之对应。这是因为,在劳动关系中,遵守劳动基准法是用人单位单方承担的义务。(2)法定责任。即用人单位违反劳动基准法的法律责任是法定责任而非约定责任。凡法律规定,用人单位应当承担法律责任的,劳动关系当事人双方不能事先和事后约定减免这种法律责任。(3)客观责任。即用人单位因违反劳动基准法而承担法律责任,大多不以有过错为要件,只要客观上有违反劳动基准法行为及其危害后果即可,过错只可作为影响责任大小的一种因素;但是,用人单位违反劳动基准法所导致的责任人员个人承担法律责任,以有过错为要件。

我国劳动法关于这类法律责任的规定,主要有:(1)违反工时法的法律责任。用人单位强迫延长工时或超过法定时数延长工时的,由劳动行政部门给予警告,责令改正,并可处以罚款。[3] (2)违反工资法的法律责任。用人单位没有按法律规定支付工资报酬或经济补偿的,即克扣工资、无故拖欠工资、拒付延长工时工资报酬或支付工资低于最低工资标准的,由劳动行政部门责令支付劳动者的工资报酬、经济补偿,并可以责令支付赔偿金。[4] (3)违反劳动安全卫生法的法律责任。劳动安全卫生法在劳动法体系中是一个法规最多、内容最复杂的子系统,与此相应,违反劳动安全卫生法的法律责任非常庞杂,几乎在每一项劳动安全卫生法律法规中都有关于法律责任的专门章节或若干条款。在《劳动法》中,对用人单位违反劳动安全卫生法的法律责任作了原则性规定。在《安全生产法》、《职业病防治法》、《矿山安全法》、《企业职工伤亡事故报告和处理规定》和《特别重大事故调查程序暂行规定》等法律法规中对用人单位及其责任人员的法律责任作了具体的规定。(4)违反女职工和未成年工特殊劳动保护法的法律责任。《劳动法》规定,"用人单位违反本法对女职工和未成年工的保护规定,侵害其合法权益的,由劳动行政部门责令改正,处以罚款;对女职工或者未成年工造成损害的,应当承担赔偿责任。"《违反〈劳动法〉行政处罚办法》、《女职工劳动保护规定》等法规对此作了具体规定。

---

〔3〕 参见《劳动法》、《违反〈劳动法〉行政处罚办法》(1994年)。

〔4〕 参见《劳动法》、《违反〈劳动法〉有关劳动合同规定的赔偿办法》(1995年5月10日,劳部发[1995]223号)。

(四)违反劳动法其他规定的法律责任

其对应的违法行为主要有:违反公平就业法律规定,歧视劳动者;未经劳动就业服务管理机构核准,随意发布、刊播、张贴招工或招聘广告;不按时足额缴纳社会保险费;无理阻挠劳动行政部门、有关部门及其工作人员行使监督检查权;等等。对此,《劳动法》、《劳动保障监察条例》、《就业服务与就业管理规定》和《违反〈劳动法〉行政处罚办法》等法律法规规定了相应的民事、行政、刑事责任。

三、用人单位法律责任的两种特殊情形

(一)不合格用人单位违法的法律责任

不合格用人单位主要是不具备合法经营资格的企业、民办非企业单位和个体经济组织。其违法行为,既包括无照(证)经营行为,也包括非法用工行为,还包括其他违法行为;所违反的法律,既包括劳动法,也包括民商法、经济法、行政法和其他法律。关于不合格用人单位的法律责任,《劳动合同法》第93条规定,"对不具备合法经营资格的用人单位的违法犯罪行为,依法追究法律责任;劳动者已经付出劳动的,该单位或者其出资人应当依照本法有关规定向劳动者支付劳动报酬、经济补偿、赔偿金;给劳动者造成损害的,应当承担赔偿责任。"在不合格用人单位的民事责任、行政责任和刑事责任中,其特殊性主要体现在民事责任上。

1. 民事责任主体

关于不合格用人单位与其出资人作为责任主体是否有连带关系的问题,在"该单位或者出资人"应当承担责任的规定中,并不明确。从无照(证)经营主体依法应当被查处(取缔)的情况看,当其被依法处理后还有财产时,就应当由其承担作为不合格用人单位对劳动者的民事责任;当其被依法处理后没有财产或者其财产不足以承担该项民事责任时,就应当由其出资人承担。而从"该单位或者其出资人"应当承担责任的表述看,劳动者有权向不合格用人单位或其出资人请求承担全部责任。实践中,用人单位之所以不具备合法经营资格,既有经营者的原因,也有其出资人的原因,且经营者与其出资人的利益往往不可分割。因而,强调不合格用人单位与其出资人对劳动者承担责任的连带关系,是非常有必要的。

2. 不适用劳动合同无效制度

用人单位不合格是劳动合同不能生效的事由,但是,《劳动合同法》第26条第1款在劳动合同无效的事由中未将用人单位不合格列入。对此有两种理解:(1)用人单位不合格属于本法第26条第1款所列举劳动合同无效事由中的"违反法律、行政法规强制性规定的"情形,对此就应当适用劳动合同无效制度。(2)用人单位不合格不属于本法第26条第1款所列举劳动合同无效事由,对此不应当适用劳动合同无效制度。

我们认为,应当作出劳动合同无效制度不适用于用人单位不合格的选择,这是因为,虽然无效劳动合同所引起的劳动关系和用人单位不合格的劳动关系都属于事实劳动关系,但《劳动合同法》对劳动合同无效和用人单位不合格的法律后果作出了有所不同的规定。其不同点主要在于:(1)劳动合同无效在当事人双方有争议的情形下须经劳动仲裁机构或法院确认,否则不发生劳动合同无效的法律后果;而用人单位不合格无需经过劳动合同无效确认程序就可发生相应的法律后果,劳动者可直接依法主张权利,有关国家机关可直接依法查处。(2)劳动合同被确认无效后,其是否存续,由无过错的当事人选择;用人单位不合格的劳动关系,则应当强

制终止，除非用人单位由不合格依法转化为合格。(3)无效劳动合同订立至被确认期间，劳动者已付出劳动的，用人单位的责任仅是参照本单位相同或者相近岗位劳动者的劳动报酬水平向劳动者支付劳动报酬；而用人单位不合格的劳动关系在存续期间，劳动者已付出劳动的，用人单位或者其出资人应当依照本法有关规定向劳动者支付劳动报酬、经济补偿、赔偿金。可见，用人单位不合格不适用于劳动合同无效制度，更有利于劳动者合法权益的保护。

3. 民事责任内容

用人单位不合格的劳动关系属于事实劳动关系，在此种事实劳动关系存续期间，劳动者已经付出劳动的，其合法权益不因用人单位不合格而受影响，用人单位或其出资人应当依照法定的规则向劳动者支付劳动报酬、劳动合同终止经济补偿、拖欠劳动报酬等违法违约行为的赔偿金。由于用人单位不合格的劳动合同不作为无效劳动合同处理，故其关于劳动报酬的约定只要不违法，劳动者应得劳动报酬、经济补偿、赔偿金的数额就应当按照约定的劳动报酬标准确定。此外，劳动者即使已得到与其已付出的劳动相对应的劳动报酬、经济补偿、赔偿金，还会因用人单位不合格而受到其他损害，如因事实劳动关系的终止而造成的就业机会损失，用人单位或其出资人也应当承担赔偿责任。

（二）承包人违法用工的法律责任

承包经营有内部承包与外部承包之区分。在内部承包中，对承包人所使用的劳动者而言，发包人是用人单位，承包人不是独立用工主体，故其违法用工的法律责任由发包人承担，承包人并非责任主体；而在外部承包中，对承包人所使用的劳动者而言，承包人是用人单位或独立用工主体，因而对违法用工才有独立承担法律责任的主体资格基础。故在外包用工中，才有必要对承包人违法用工的法律责任作出特别规定。我国现行立法所规定的外包用工的法律责任，因承包人的主体资格不同而对责任主体有不同安排：承包人具有法人资格的，由其独立承担违法用工的法律责任，发包人不负连带赔偿责任；承包人为个人的，其对违法用工的法律责任的承担不具有独立性，发包人与其承担连带赔偿责任。

1. 法人承包人违法用工的法律责任

对于承包人是法人的外包用工，现行立法只规定承包者是违法用工的责任主体，其缺陷在于，未考虑外包是否合法、承包人责任能力等因素。在外包合法而承包人用工违法的场合，由承包人独立承担法律责任不无道理。但在外包违法的场合，如承包人不具备承包资格、分包人再次分包等，则有必要规定发包人对承包人违法用工承担连带赔偿责任。即使外包合法，由于承包人的经济实力和责任能力一般弱于发包人，而发包人从承包经营项目中所得利润率一般高于承包人，故也有必要在一定条件下要求发包人对承包人违法用工承担连带赔偿责任或其他形式的责任，尤其在承包人无力承担责任的场合。

2. 个人承包人违法用工的法律责任

《劳动合同法》第94条规定，“个人承包经营违反本法规定招用劳动者，给劳动者造成损害的，发包的组织与个人承包经营者承担连带赔偿责任。”此规定的不足在于，未明确对作为承包人的“个人”如何界定。

关于其中“个人”的界定，一般可作两种理解：(1)狭义理解。即相对于组织的个人，仅指法人和非法人组织之外的自然人，其不具备用人单位资格。(2)广义理解。即相对于法人的个人，不仅包括自然人，还包括具有用人单位资格的非法人组织（个体经济组织、个人合伙和个人独资企业等)。

基于《劳动合同法》第94条的立法目的,应当对其中的“个人”作广义理解。理由在于:如果这里的“个人”仅指“自然人”,则其适用范围过于狭窄,达不到本条的立法目的。因为《劳动合同法》作出这种连带责任的规定,目的在于当承包人的责任能力不足时,保护其所雇劳动者的利益。一般言之,自然人和非法人组织的责任能力较差,通常要求承担无限责任,而法人因其拥有独立的财产,故其责任能力一般高于自然人和非法人组织。相应地,对劳动者的责任承担能力也大于自然人和非法人组织,故其作为承包人时,对于发包人承担连带责任的需求也相对较小。此外,如果将这里的“个人”仅解释为自然人,与《关于确立劳动关系有关事项的通知》(劳社部发[2005]12号)第4条的规定相比较,还有倒退的嫌疑。因为,根据其规定,作为承包人的自然人由于不具备用人单位资格的,就由发包人作为用人单位对承包人所雇劳动者承担劳动法责任,这比由发包人对承包人所雇劳动者负连带赔偿责任,对劳动者更为有利。

因此,发包人与个人承包人对劳动者承担连带赔偿责任,须具备下述条件:(1)发包人为具备用人单位资格的组织;(2)承包人为不具有法人资格的个人,既可以是具有用人单位资格的个人,也可以是不具有用人单位资格的个人;(3)劳动者仅限于承包人在完成所承包项目过程中所使用的劳动者;(4)承包人招用劳动者违反劳动法的规定,即承包人不具备用人单位资格,或者具备用人单位资格但用工行为违反劳动法;(5)承包人违反劳动法给劳动者造成损害。

当个人承包人不具备合法经营资格而给劳动者造成损害时,就发生《劳动合同法》第93条与第94条竞合的问题。第93条要求不合格用人单位不能对劳动者承担责任时由出资人承担责任,这对于个人承包人而言,已是非法人组织无限责任制度中本来就有的含义,但由于不要求发包人承担连带责任,不足以保障劳动者合法权益。而第94条由于要求发包人承担连带责任,比第93条对劳动者更有利。所以,应当适用第94条而不适用第93条,即要求发包人承担连带赔偿责任。

第三节 劳动者的法律责任

一、劳动者法律责任的特征

劳动者法律责任,即劳动者因违反劳动法所承担的法律责任。其特征主要表现在:(1)以约定责任为主。劳动法偏重于保护劳动者,对劳动者是权利本位,因而,它对劳动者法律责任的规定大大少于用人单位法律责任。我国《劳动法》的法律责任专章中,关于劳动者的法律责任仅规定一个条文。于是,劳动者法律责任主要由劳动合同和作为其附件的内部劳动规则,以及集体合同规定。(2)违纪责任寓于违约责任之中。劳动法赋予劳动者的义务主要是履行劳动合同和集体合同,遵守劳动纪律,由此决定了劳动者的法律责任主要表现为违约责任和违纪责任。其中,违纪责任属于违约责任的组成部分。这是因为,劳动纪律是劳动合同的法定必要条款,存在于作为劳动合同附件的内部劳动规则之中,违反劳动纪律亦即违反劳动合同,因而违纪责任属于违约责任。(3)集体合同违约责任通过承担劳动合同违约责任实现。集体合同条款依法可以取代和补充劳动合同内容,当单个劳动者因违反集体合同而应当向用人单位承担违约责任时,就应当按照违反劳动合同一样承担违约责任。(4)实行过错责任原则,劳动者因违反劳动法而承担法律责任,必须以主观上有过错为要件。

二、劳动者违反劳动合同的法律责任

(一)劳动者违法解除劳动合同的法律责任

劳动者违法解除合同,又可称违法辞职,是指劳动者违反法定或约定的劳动合同解除条件或程序,而单方解除劳动合同的行为。认定违法辞职行为,应当以《劳动合同法》第37、38条的规定为依据。违法辞职行为主要有:(1)试用期外预告辞职而预告期短于30日或未作书面预告;(2)试用期内辞职而未提前3日预告;(3)不具备随时通知辞职的法定或约定许可行条件而随时通知辞职;(4)不具备无需通知即时辞职的法定许可行条件却不经通知而辞职。

根据《劳动合同法》和有关规定,其法律责任包括:(1)符合劳动合同解除条件但不符合解除程序的,应当补办手续;(2)不符合劳动合同解除条件的,如果用人单位要求继续履行劳动合同,应当继续履行劳动合同;(3)对用人单位造成损失的,应当予以赔偿。其中的赔偿项目包括:招收录用劳动者所支付的费用;为劳动者支付的培训费用(双方另有约定的按约定办理);对生产、经营和工资造成的直接经济损失;劳动合同约定的其他赔偿项目。

(二)劳动者违反约定保密义务或竞业限制的法律责任

认定劳动者违反约定保密义务或竞业限制的行为,应当以《劳动合同法》第23、24条的规定以及劳动合同和劳动规章制度的保密条款和竞业限制条款为依据。违反约定保密义务的行为,是指劳动者在劳动关系存续期间和依法或违法解除或终止劳动合同后的保密期内,泄露用人单位商业秘密或与知识产权相关的保密事项的行为。违反约定竞业限制的行为,是指劳动者在依法或违法解除或终止劳动合同后的竞业限制期内,且用人单位依约定支付经济补偿的情况下,就业超出竞业限制范围的行为。

根据《劳动合同法》的规定,劳动者违反保密义务的违约责任仅为赔偿损失,而违反竞业限制的违约责任则有违约金和赔偿损失。其要点有:(1)劳动者违反保密义务和竞业限制给用人单位造成损失的,按《反不正当竞争法》(1993年)第20条的规定给予赔偿。如果损失难以计算的,赔偿额为侵权人在侵权期间因侵权所获得的利润;并应当承担被侵害人因调查侵权人侵犯其合法权益的不正当竞争行为所支付的合理费用。(2)关于违反竞业限制的违约金与赔偿损失的关系,《劳动合同法》未作规定,依据该法与《合同法》(1999年)之间特别法与一般法之关系的法理,应当适用《合同法》第114条第2款的规定,即:"约定的违约金低于造成的损失的,当事人可以请求人民法院或者仲裁机构予以增加;约定的违约金过分高于造成的损失的,当事人可以请求人民法院或者仲裁机构予以适当减少。"根据《反不正当竞争法》第25条的规定,市场监督检查部门对侵犯商业秘密的行为应当责令停止违法行为,并可以根据情节处以1万元以上20万元以下的罚款。

违反约定保密义务给用人造成重大损失或者特别严重后果的,即构成侵犯商业秘密罪,应当依据《刑法》第218条追究刑事责任。

(三)劳动者违反服务期约定的法律责任

劳动者接受用人单位出资培训后,未按约定在该用人单位工作,或者在该用人单位工作未满约定服务期的,在一定条件下应当向该用人单位支付违约金。确定此违约金责任,应注意以下几点:(1)支付违约金应当以劳动合同中有关于出资培训服务期及其违约金的约定为前提,无此约定则不应当要求承担此责任。(2)支付违约金只能发生在违法辞职和合法辞职而用人单位无过错的场合,如果劳动者是由于用人单位有过错行为而导致即时辞职的,就不应当要求此违约金。(3)违约金的数额不得超过用人单位提供的培训费用。为此,至少应当划清两个界限:①劳动者在本单位的生产过程中接受培训的,应当划清培训费与生产费用的界限,只有因培训该劳动者而在正常生产费用之外增加的费用,才可以认为是培训费用;②劳动者在脱产培训期间所得工资福利等项待遇是对劳动者履行劳动义务(即参加培训)的补偿,不应当列入培训费。(4)劳动者在结束培训后工作一定期限辞职的,支付的违约金不得超过服务期尚未履行部分所应分摊的培训费用,即应当按照已工作期限在约定服务期中所占比例相应减少违约金,劳动者只就剩余的约定服务期支付相应的部分违约金。

三、劳动者违反劳动纪律的法律责任

劳动者违反劳动纪律的法律责任,主要包括纪律处分(或称纪律责任)、赔偿责任和构成犯罪者的刑事责任。其中,纪律处分有的国家以立法规定为主,有的国家则以劳动规章制度规定为主;赔偿责任一般以立法规定为主;刑事责任只能由立法规定。

(一)纪律处分

1. 纪律处分的立法模式

纪律处分,一般是指用人单位依据劳动法规和劳动纪律对违纪劳动者实施的处罚措施。纪律处分立法是劳动规章制度立法的重要组成部分,其任务和内容因劳动规章制度立法的模式不同而有差别。在实行授权式劳动规章制度立法的国家,立法对纪律处分规则一般不直接规定,而是授权用人单位依法自主规定,并且授权用人单位单方解除严重违纪者的劳动合同。市场经济国家大都如此。其理论依据主要有,劳动纪律是劳动合同内容的一部分,劳动者违纪也即违约,纪律处分是用人单位追究违约责任的一种方式,最重者莫过于单方解除违纪者劳动合同(惩罚性辞退)。所以,立法只需对违约责任作出规定即可,不必对纪律处分再作规定。在实行纲要式劳动规章制度立法的国家,立法对纪律处分规则作出纲要式规定,以此作为用人单位制定纪律处分具体规则的依据和实施纪律处分的准则。计划经济国家均如此。究其原因,主要是,在计划经济体制下,几乎不存在劳动合同,用人主体实质上是国家,因而,通常由国家直接通过立法规定纪律处分规则,企业则作为国家职权的执行机构,代表国家对违纪者实施纪律处分。故许多纪律处分措施往往被称为“行政处分”。

我国关于纪律处分的立法正处在转型阶段。《企业职工奖惩条例》刚被废止,《劳动法》、《劳动合同法》授权用人单位制定劳动纪律,把劳动纪律规定为劳动合同的必要条款,并规定用人单位对严重违纪者有权解除合同。但就立法是否仍有必要对纪律处分作出规定和如何作出规定的问题,还有探讨的必要。我们认为,由立法规定纪律处分规则,对于防止用人单位滥用纪律处分权,规范纪律处分行为,确有积极意义;且我国原有的纪律处分立法中,仍含有某些合理内容。所以,我国有必要按照社会主义市场经济的要求,修改和完善纪律处分立法,授权用人单位在劳动者参与下制定纪律处分具体规则,并通过劳动合同予以确认;同时,对纪律处分的严厉形式(如惩戒性解除劳动合同、罚款)作出限制性规定,将纪律处分程序中的某些有助于防止滥用纪律处分权的环节规定为必经程序,但对纪律处分的条件和一般形式只作原则性或示范性规定即可。

2. 纪律处分的法律属性和原则

纪律处分作为用人单位劳动管理和劳动合同运行中的法律行为，可定性为惩戒性违约责任。其惩戒性主要表现在，纪律处分对劳动者而言，是因违法劳动纪律而承担的不利后果；对用人单位而言，既是对违纪劳动者单方行使惩戒权，也是应对劳动者违纪行为的一种自力救济。其契约性主要表现在，劳动纪律作为劳动规章制度的组成部分是劳动合同的附件，违法劳动纪律即是违约，纪律处分就是用人单位对违纪劳动者追究违约责任。

在纪律处分的立法和实践中，应当体现下述原则：(1)教育为主、惩罚为辅原则。它赋予用人单位开展纪律教育的职责，表明惩罚不是目的而是教育劳动者遵守纪律的手段，在经批评教育无效的情况下才给予适当惩罚，要求对违纪者重在教育，并且把违纪者的认错态度和悔改表现作为影响惩罚轻重的一个重要因素。(2)惩罚适当原则。即惩罚应当与违纪行为相适应。它要求，只对违反劳动纪律者才给予惩罚，如果劳动者只是违反与劳动纪律无关的道德、法律和政策规范而未违反劳动纪律，就不应当依据劳动纪律给予处罚；对违反劳动纪律者的惩罚轻重程度，应当同违纪轻重程度对应，并且不得超出法定的严厉限度。(3)一事不再罚原则。即对劳动者的违纪行为已依法给予纪律处分或决定免予纪律处分的，就不得再给予纪律处分；在对劳动者的现行违纪事实进行处罚时，就不应当连同以往已处罚过的违纪行为一并处罚。(4)过时不罚原则。即劳动者的违纪行为实施后或者被查明后经过一定期限未给予纪律处分的，就不予以追究。申言之，对于超过规定追究期限的违纪行为，只要在规定追究期限内劳动者不再违纪，就表明已达到促使违纪者改正错误、遵守纪律的教育目的，而不必要给予惩罚。

3. 纪律处分的形式

纪律处分的形式，依其是否直接以经济利益为内容，可大致分为三类：(1)经济处罚，是指直接使违纪劳动者承受经济利益方面不利后果的处罚，或者表现为强制劳动者支付一定财产，如罚款等；或者表现为强制劳动者丧失或减少一定可得财产，如减发或停发工资报酬等。其中最严厉的形式是罚款。(2)非经济处罚，是指直接使违纪者承受非经济利益方面不利后果的处罚，它往往间接地有损于承受者的经济利益，但不直接表现为财产的给付、丧失或减少。主要表现为承受精神上的谴责的警戒，如警告、记过、通报批评、开除、除名和辞退等。其中，最重者是诸如开除、除名和辞退之类的惩戒性解除劳动关系。(3)混合性处罚，兼有经济处罚和非经济处罚的属性，主要表现为单方强制性变更劳动合同，并同时附带经济处罚，会产生丧失或减少劳动报酬的后果，如降级(降低工资级别)、降职、撤职、留用察看等。其本身具有非经济性处罚的特征，但降职(级)、撤职处分的可以同时降低其工资级别；留用察看期间停发工资，发给生活费。从劳动合同运行的视角看，这些纪律处分形式可分为劳动合同解除、履行和变更行为。在立法中，除了对最重的经济处罚形式和非经济处罚形式，在适用条件和标准上作限制性规定外，对其他形式一般只宜作示范性规定，有的甚至可不作规定。

关于惩戒性解除劳动关系，我国立法[5]的规定存在下述问题：(1)形式或名称不统一。有开除、除名、惩戒性辞退和惩戒性解除劳动合同四种形式或称谓。(2)性质不明确。除了开除

---

〔5〕 参见《劳动法》(1994年)、《劳动合同法》(2007年)、《企业职工奖惩条例》(1982年)和《国营企业辞退违纪职工暂行规定》(1986年)。

被规定为行政处分的一种形式外,除名、惩戒性辞退和惩戒性解除劳动合同却性质归属不明。(3)适用条件几乎无差别。除了除名只适用于严重旷工外,关于开除、惩戒性辞退和惩戒性解除劳动合同各自适用条件的规定几乎无差别,都是对严重违纪者的惩罚。

关于企业对有重大过错行为的职工的处理方式,现行立法规定了两种:(1)《企业职工奖惩条例》规定的,以严重旷工为对象的除名;以玩忽职守、违反技术操作规程和安全规程,或者违章指挥,造成事故,人民财产遭受损失的情形为对象的开除。(2)《劳动法》和《劳动合同法》规定的惩戒性解除劳动合同,其对象中包括劳动者严重违反劳动纪律或用人单位规章制度(简称严重违纪);严重失职,营私舞弊,对用人单位利益造成重大损害(简称严重失职)的情形。

这两种处理方式的共同点在于:其对象都是有重大过错行为的职工;其实质都是一种惩戒性的手段;其事实后果都是终止劳动关系。不同点在于:除名为列入行政处分,开除是一种行政处分,而惩戒性解除劳动合同不属于行政处分;开除导致连续工龄中断,而惩戒性解除劳动合同不引起连续工龄中断;开除的程序比惩戒性解除劳动合同的程序复杂和严格;开除、除名只适用于国有用人单位,惩戒性解除劳动合同则适用于各种用人单位。

鉴于劳动关系中行政化程度的减弱和市场化程度的提高,劳动立法中有必要把纪律处分中最重的非经济处罚形式统一规定为惩戒性解除劳动合同(或称惩戒性辞退),仅对公务员和其他公职人员仍规定为开除,都只适用于严重违纪或严重失职者,至于严重违纪或失职与一般违纪或失职的界限,可由立法作原则性规定。

关于罚款,劳动立法中应当规定对严重违纪或失职者和较严重违纪或失职者可并处罚款;并且,根据惩罚效果和劳动者一般经济承受能力,分档次规定与违犯严重程度相适应的罚款标准。由于罚款具有浓厚的行政处罚色彩,企业不应当有罚款权,故在企业不宜适用。

(二)赔偿责任

劳动者违反劳动纪律给用人单位造成经济损失的,应当承担赔偿责任。但这种赔偿责任不宜适用等额(或称全额)赔偿原则,而应当实行合理(又称酌情)赔偿原则。即劳动者对其违纪行为所造成的经济损失,不是一律要求赔偿全部实际损失额,而是考虑实际损失额大小、违纪情节轻重、认错态度和悔改表现、经济承受能力等因素,酌情要求给予适当数额或比例的赔偿,但也不排除在本人经济承受能力限度内的与实际损失额相等的赔偿。之所以实行合理赔偿原则,其理由主要在于:(1)劳动者违纪给用人单位所造成的经济损失往往数额大,要求全额赔偿远远超出劳动者个人的经济关系承受能力,从而使全额赔偿成为不可能。(2)根据工资支付保障的法律规定,从劳动者本人工资中扣除其应付赔偿金每月不得超过月工资的20%,这就使得在发生大额实际损失的情况下,难以执行全额赔偿责任。(3)劳动过程中的风险应当由用人单位承担而不由劳动者承担。这是因为,在劳动关系中,用人单位作为生产资料的占有者和劳动力的使用者,既有权支配劳动者的劳动又有权取得劳动所创造的利润,当然应当承担劳动过程中的风险;而劳动者只是劳动力的提供者,由用人单位组织参与劳动过程,所取得的是作为生活消费品分配形式的劳动报酬,一般不以劳动者身份分享劳动所创造的利润,这样,使用劳动力的风险,同劳动过程中发生的其他风险一样,用人单位也有责任承担。所以,劳动者违纪所造成的经济损失,应当由用人单位承担与其风险责任相对应的一部分。(4)按照教育与惩罚相结合的原则,对过失违纪者和认错态度好或有悔改表现的违纪者,适当减轻其赔偿责任,有利于对劳动者的思想教育和劳动关系的协调。

正因为如此，立法应当按照合理赔偿原则的要求，规定如何确定赔偿标准的规则，其中应包括赔偿的高标准和确定具体赔偿标准需综合考虑的因素。劳动者违纪的赔偿金可从本人工资中扣除，但这种扣除应不限制在能保障劳动者基本生活需要的数额内。对此我国规定，每月扣除的部分不得超过劳动者工资的20%，且扣除后的剩余部分不得低于当地最低工资标准。

四、劳动者违反劳动基准法的法律责任

劳动基准法，特别是劳动安全卫生法，在主要规定用人单位的义务的同时，也少量规定劳动者的义务。因而，在劳动基准法中，也有关于劳动者负法律责任的规定。例如，《安全生产法》第90条规定，生产经营单位的从业人员不服从管理，违反安全生产规章制度或者操作规程的，由生产经营单位给予批评教育，依照有关规章制度给予处分；造成重大事故，构成犯罪的，依照刑法有关规定追究刑事责任。

第四节　其他劳动法主体的法律责任

一、工会违反劳动法的法律责任

工会违反劳动法的法律责任包括对用人单位、对劳动者的法律责任和对政府的法律责任，其中，最重要的是对用人单位的法律责任，集中表现为在集体合同签订和履行过程中违反劳动法和集体合同的法律责任，即违反法定集体谈判规则的法律责任和违反集体合同的法律责任。

工会在签订集体合同的过程中，负有遵循法定集体谈判规则，以和平方式与用人单位或其团体进行集体谈判的义务。如果工会在集体谈判过程中不按照法定规则进行活动，或者违法使用组织罢工等过激手段，应当责令改正；对其责任人员可给予纪律处分，构成犯罪的应当依法追究刑事责任。

工会违反集体合同的法律责任，在立法中有两种模式：(1)苏联、东欧国家实行计划经济体制时期的立法规定，工会违反集体合同的，不承担物质责任，而只对上级工会承担纪律责任，对劳动者承担道义责任。(2)西方市场经济国家的立法规定，工会违反集体合同的，同用人单位及其团体违反集体合同一样，应承担物质责任，即违反集体合同给用人单位造成经济损失的，应当赔偿。例如，《法国劳动法典》规定，有资格指控和受控以及受集体劳动协议约束的各个团体，均可以自己的名义对那些受集体劳动协议约束又未履行集体劳动协议所规定义务的团体及其成员或个人进行起诉，以要求其赔偿损失。又如，《卢旺达劳工法》规定，受集体契约约束的职业组织或人员若不履行或违反集体契约规定的义务，对方有权要求赔偿。

在我国现行立法中，对工会违反集体合同应否向用人单位承担赔偿责任的问题，尚缺乏规定。我们认为，在此问题上首先需要明确，工会承担违约责任应当与其责任能力相符，工会违约责任与劳动者违约责任应当各自独立。基此认为，我国立法目前以不要求工会因违约而承担赔偿责任为宜。这是因为：(1)在工会是否承担赔偿责任的问题上，关键是工会是否具有财产责任能力。我国基层工会的经费，目前主要由用人单位依法定标准拨给，会员所缴会费和其他收入在工会经费中一般仅占次要地位。在此情形下,要求工会因违约而向用人单位承担赔偿责任,似乎意义不大。(2)工会经费依工会宗旨应当用于劳动者服务,要求工会因违约而向用人单位承担赔偿责任,就有损于工会为劳动者服务的职能,在此意义上赔偿责任实际由劳动者承担。劳动者违约应由其个人承担违约责任,但工会违约责任不应向劳动者个人转嫁。至于今后,如果工会经费来源结构发生变化,财产责任能力增强,也可要求工会因违约而向用人单位承担一定赔偿责任。但赔偿额应当以赔偿后仍可保障工会实现其基本职能为限。

所以,我国立法对工会违反集体合同的法律责任,可规定为:工会应当按照用人单位的要求继续履行集体合同,并且对上级工会组织承担纪律责任,对劳动者承担道歉、接受批评和谴责的责任;同时,工会中的责任人员应当承担纪律责任,其中包括承受一定的经济处罚。

二、劳动行政部门和其他行政管理主体违反劳动法的法律责任

在《劳动法》、《劳动合同法》和其他有关法律法规中,对劳动行政部门和有关部门及其工作人员在进行劳动行政管理过程中违反劳动法的法律责任,作了原则性规定或具体规定。例如,《劳动法》规定,劳动行政部门或者有关行政部门的工作人员滥用职权、玩忽职守、徇私舞弊的,构成犯罪者依法追究刑事责任,不构成犯罪者给予行政处分;国家工作人员贪污、挪用社会保险基金的,依法追究刑事责任。又如,《劳动合同法》规定,劳动行政部门和其他有关主管部门及其工作人员玩忽职守、不履行法定职责,或者违法行使职权,给劳动者或者用人单位造成损害的,应当承担赔偿责任;对直接负责的主管人员和其他直接责任人员,依法给予行政处分;构成犯罪的,依法追究刑事责任。再如,《职业病防治法》的规定,卫生行政部门不按照规定报告职业病和职业病危害事故的,由上一级卫生行政部门责令改正、通报批评、给予警告,虚报、瞒报的,对单位负责人、直接负责的主管人员和其他直接责任人员依法给予降级、撤职或者开除的行政处分;卫生行政部门及其职业卫生监督执法人员对不符合法定条件者发给建设项目有关证明文件、资质证明文件或者予以批准,对已经取得有关证明文件者不履行监督检查职责,发现用人单位存在职业病危害、可能造成职业病危害事故而不及时依法采取控制措施,或者有其他违反本法的行为,导致职业病危害事故发生的,构成犯罪者依法追究刑事责任,尚不构成犯罪的,对单位负责人、直接负责的主管人员和其他直接责任人员依法给予降级、撤职或者开除的行政处分。

劳动行政部门和其他有关主管部门及其工作人员玩忽职守、不履行法定职责,或者违法行使职权,给劳动者或者用人单位造成损害,所应当承担的赔偿责任,在法律属性上应当作行政赔偿责任和民事赔偿责任之区分。劳动行政部门和其他有关主管部门及其工作人员的违法行为,若构成《国家赔偿法》(1994年)第3条或第4条[6]所规定违法行为的,应当承担行政赔偿

---

〔6〕《国家赔偿法》第3条规定:行政机关及其工作人员在行使行政职权时有下列侵犯人身权情形之一的,受害人有取得赔偿的权利:(一)违法拘留或者违法采取限制公民人身自由的行政强制措施的;(二)非法拘禁或者以其他方法非法剥夺公民人身自由的;(三)以殴打等暴力行为或者唆使他人以殴打等暴力行为造成公民身体伤害或者死亡的;(四)违法使用武器、警械造成公民身体伤害或者死亡的;(五)造成公民身体伤害或者死亡的其他违法行为。第4条规定:行政机关及其工作人员在行使行政职权时有下列侵犯财产权情形之一的,受害人有取得赔偿的权利:(一)违法实施罚款、吊销许可证和执照、责令停产停业、没收财物等行政处罚的;(二)违法对财产采取查封、扣押、冻结等行政强制措施的;(三)违反国家规定征收财物、摊派费用的;(四)造成财产损害的其他违法行为。

责任;若不构成《国家赔偿法》第 3 条和第 4 条所规定违法行为的,应当根据《民法通则》(1986 年)第 121 条[7]的规定,承担民事赔偿责任。

三、劳动服务主体违反劳动法的法律责任

在《劳动法》和其他有关法规中,对有关劳动服务主体在就业服务、职业培训、劳动安全卫生服务社会保险服务等方面违反劳动法的行为,规定了相应的法律责任。

---

〔7〕《民法通则》第 121 条规定:国家机关或者国家机关工作人员在执行职务时,侵犯公民、法人的合法权益造成损害的,应当承担民事责任。

参 考 文 献

1. 吴超民:《劳动法通论》,华中师范大学出版社 1988 年版。
2. 史探径:《劳动法》,经济科学出版社 1990 年版。
3. 许建宇:《劳动法新论》,杭州大学出版社 1996 年版。
4. 王全兴:《劳动法》,法律出版社 1997 年版。
5. 冯彦君:《劳动法学》,吉林大学出版社 1999 年版。
6. 周长征:《劳动法原理》,科学出版社 2007 年版。
7. 沈同仙:《劳动法学》,北京大学出版社 2009 年版。
8. 贾俊玲:《劳动法学》,北京大学出版社 2003 年版。
9. 王全兴:《劳动法学》,高等教育出版社 2004 年版。
10. 郑尚元:《劳动和社会保障法学》,北京师范大学出版社 2010 年版。
11. 郭捷:《劳动法与社会保障法》(第四版),中国政法大学出版社 2012 年版。
12. 林嘉:《劳动法与社会保障法》(第三版),中国人民大学出版社 2014 年版。
13. 郭捷、冯彦君、郑尚元、谢德成:《劳动法学》,高等教育出版社 2014 年版。
14. 任扶善:《世界劳动立法》,中国劳动出版社 1991 年版。
15. 常凯:《劳动关系·劳动者·劳动权——当代中国的劳动问题》,中国劳动出版社 1995 年版。
16. 夏积智:《中国劳动法若干重要理论与政策问题研究》,中国劳动社会保障出版社 1999 年版。
17. 董保华:《劳动关系调整的法律机制》,上海交通大学出版社 2000 年版。
18. 董保华等:《社会法原论》,中国政法大学出版社 2001 年版。
19. 周长征:《全球化与中国劳动法制问题研究》,南京大学出版社 2003 年版。
20. 黎建飞:《劳动法的理论与实践》,中国人民公安大学出版社 2004 年版。
21. 谢增毅:《劳动法的改革与完善》,社会科学文献出版社 2005 年版。
22. 谢增毅:《劳动法的比较与反思》,社会科学文献出版社 2011 年版。
23. 林嘉:《劳动法的原理、体系与问题》,法律出版社 2016 年版。
24. 郑尚元:《劳动合同法的制度与理念》,中国政法大学出版社 2008 年版。
25. 王全兴:《劳动合同法条文精解》,中国法制出版社 2008 年版。
26. 林燕玲:《国际劳工标准》,中国工人出版社 2002 年版。
27. 佘云霞:《国际劳工标准:演变与争议》,社会科学文献出版社 2006 年版。
28. 林燕玲:《国际劳工标准与中国劳动法比较研究》,中国工人出版社 2015 年版
29. 王益英:《外国劳动法和社会保障法》,中国人民大学出版社 2001 年版。
30. 杨燕绥:《劳动与社会保障立法国际比较研究》,中国劳动保障出版社 2001 年版。
31. 林晓云:《美国劳动雇佣法》,法律出版社 2007 年版。
32. 郑爱青:《法国劳动合同法概要》,光明日报出版社 2010 年版。
33. 田思路:《日本劳动法研究》,中国社会科学出版社 2013 年版。

34. 王倩、朱军:《德国联邦劳动法院典型判例研究》,法律出版社 2015 年版。
35. 柯振兴:《美国劳动法》,中国政法大学出版社 2014 版。
36. 史尚宽:《劳动法原论》,正大印书馆 1977 年重刊。
37. 黄越钦:《劳动法新论》,王惠玲监修,翰芦图书出版有限公司 2012 年版。
38. 黄程贯:《劳动法》(修订再版),“国立”空中大学 2001 年印行。
39. 台湾劳动法学会:《劳动基准法释义——施行 20 年之回顾与展望》,新学林出版股份有限公司 2005 年版。
40. 焦兴铠:《劳工法与劳工权利之保障》,月旦出版股份有限公司 1995 年版。
41. 焦兴铠:《劳动法制之最新发展趋势》,月旦出版股份有限公司 1997 年版。
42. 刘志鹏:《劳动法理论与判决研究》,元照出版有限公司 2000 年版。
43. 杨通轩:《集体劳工法(理论与实务)》(第三版),五南图书出版股份有限公司 2012 年版。
44. 杨通轩:《个别劳工法(理论与实务)》(第三版),五南图书出版股份有限公司 2013 年版。
45. 林佳和:《劳动与法论文集》(Ⅰ、Ⅱ、Ⅲ),元照出版有限公司 2014 年版。
46. [美]道格拉斯·L. 莱斯利:《劳动法概要》,张强等译,中国社会科学出版社 1997 年版。
47. [美]罗伯特·A. 高尔曼:《劳动法基本教程——劳工联合与集体谈判》,马静等译,中国政法大学出版社 2003 年版。
48. [美]迈克尔·C. 哈珀、[美]萨缪尔·艾斯托伊克、[美]琼·弗林:《美国劳动法:案例、材料和问题》(上、下册),李坤刚、闫冬、吴文芳译,商务印书馆 2015 年版。
49. [美]丹尼尔·奎因·米尔斯:《劳工关系》,李丽林等译,机械工业出版社 2000 年版。
50. [德]W. 杜茨:《劳动法》(第 5 版),张国文译,法律出版社 2003 年版。
51. [德]雷蒙德·瓦尔特曼:《德国劳动法》,沈建锋译,法律出版社 2015 年版。
52. [德]沃尔夫冈·多伊普勒:《德国劳动法》(第 11 版),王倩译,上海人民出版社 2016 年版。
53. [英]凯瑟琳·巴纳德:《欧盟劳动法》(第 2 版),付欣译,中国法制出版社 2005 年版。
54. [瑞典]RonnieEklund:《瑞典劳动法导读》,叶静漪等译,北京大学出版社 2008 年版。
55. [日]荒木尚志:《日本劳动法》(增补版),李坤刚、牛志奎译,北京大学出版社 2010 年版。
56. [日]T. 哈纳米、[比]R. 布兰佩因:《市场经济国家解决劳资冲突的对策》,佘云霞等译,中国方正出版社 1997 年版。
57. [意]T. 特雷乌:《意大利劳动法与劳资关系》,刘艺工、刘吉明译,商务印书馆 2012 年版。
58. [比]罗杰·布兰潘:《欧洲劳动法》(第一册),付欣、张蕊楠译,商务印书馆 2016 年版。
59. [加]A. E. 奥斯特、L. 夏莱特:《雇用合同》,王南译,中国对外翻译出版公司 1995 年版。
60. [荷]约里斯·范·鲁塞弗尔达特、耶勒·菲瑟主编:《欧洲劳资关系——传统与转变》,佘云霞等译,世界知识出版社 2000 年版。
61. 国际劳工组织:《劳动争议调解与仲裁程序比较研究》,李德齐等译,中国工人出版社 1998 年版。
62. [国际劳工局]约翰·P. 温德姆勒等:《工业化市场经济国家的集体谈判》,何平等译,中国劳动出版社 1994 年版。
63. [国际劳工局]斯塔尔:《最低工资——实践与问题的国际评述》,经济管理出版社 1997 年版。
64. [国际劳工局]沃尔夫根·冯·李希霍芬:《劳动监察:监察职业指南》,劳动和社会保障部、国际劳工与信息研究所译,中国劳动社会保障出版社 2004 年版。

图书在版编目(CIP)数据

劳动法 / 王全兴著. -- 4 版. -- 北京:法律出版社,2017.2(2024.12 重印)
ISBN 978-7-5197-0606-7

Ⅰ. ①劳… Ⅱ. ①王… Ⅲ. ①劳动法—研究—中国
Ⅳ. ①D922.504

中国版本图书馆 CIP 数据核字(2017)第 027981 号

劳动法(第四版)
LAODONGFA
(DI-SI BAN)

王全兴 著

责任编辑 徐 蕊
装帧设计 乔智炜

出版发行 法律出版社
编辑统筹 法律教育出版分社
责任校对 郑怡萍
责任印制 刘晓伟
经　　销 新华书店

开本 787 毫米×1092 毫米 1/16
印张 34.75　　字数 774 千
版本 2017 年 2 月第 4 版
印次 2024 年 12 月第 5 次印刷
印刷 北京新生代彩印制版有限公司

地址:北京市丰台区莲花池西里 7 号(100073)
网址:www.lawpress.com.cn
投稿邮箱:info@lawpress.com.cn
举报盗版邮箱:jbwq@lawpress.com.cn
销售电话:010-83938349
客服电话:010-83938350
咨询电话:010-63939796

书号:ISBN 978-7-5197-0606-7
定价:56.00 元
凡购买本社图书,如有印装错误,我社负责退换。电话:010-83938349